复旦谈译录 |第一辑

TRANSLOGOPOEIA:
A FUDAN JOURNAL
OF TRANSLATION STUDIES I

范若恩　戴从容　主编
复旦大学文学翻译研究中心　主办

上海三联书店

目　录

翻译模式与理论的构建

翻译文学与批评新进展

跨学科视野中的翻译

译者雅言与雅集

附　录

序

为《复旦谈译录》而作 *

陈思和

巍巍学府，焕焕文章。
中西学术，兼并相长。
语言做媒，经纬八荒。
其源严子，严译煌煌。

马恩新说，远涉重洋。
仰天望道，俯首植芳。

* 《复旦谈译录》为复旦大学文学翻译研究中心出版的不定期刊物，复旦师生切磋翻译之学术论坛。主编戴从容嘱我为之作序，特写三十二句赞词，叙述复旦谈译历史。上追复旦公学第二任校长严复，中述陈望道译马恩《共产党宣言》、贾植芳译恩格斯《住宅问题》的历史功勋，再赞杨必、孙大雨、伍蠡甫、陆谷孙等翻译大家的煌煌成就，以励当下青年俊杰弘扬前贤筚路蓝缕之精神，光大复旦译介经典之传统，在学校"双一流"建设中努力形成自己的品牌。戴从容还告诉我，"谈译录"的英文名另定为"Translogopoeia"。其中 Logopoeia 为诗人艾兹拉·庞德自造之词，意思为思想的诗意，在语词和思想之间起舞的智性。"谈译录"译为"Translogopoeia"也有在讨论翻译的过程中感受到思想诗意的意思。所以我用了佛典故事：拈花谈译，天女散香，表示祝贺与称颂。

宣言初版，星斗导航。
住宅三论，暗夜爝光。

杨家有女，名利曰场。
莎翁有孙，黎琊为王。
传承伍译，文论西方。
汉英大典，陆氏担纲。

巴比建塔，人类梦乡。
前贤之路，后辈弘扬。
拈花谈译，天女散香。
旦兮复旦，世纪永昌。

中国文学走出去的
契机与反思

对中国文学外译的几点看法 [*]

陈思和 ^{**}

一

我刚才坐在这儿，想起20年前，我第一次去瑞典斯德哥尔摩大学。当年他们举办了一个会，与今天的会类似，主题叫"沟通"。参加会议的中国作家有余华、史铁生、朱文、杨炼、多多、林白等，参加的人很少，一半是中国的作家，另一半是汉学家和翻译家，评论家也有，就我和陈晓明，还有朱伟，其他人都是作家。

那个会也没有什么明确的主题，主题就是"沟通"，也不谈翻译，我们今天开会还有点儿技术性的内容，比较实际地讨论翻译问题。瑞典那个会就是谈文学，作家们谈自己认为的中国

---

* 2014年5月2日，由中国社科院外文所、《东吴学术》杂志等联合举办"当代中国文学翻译高峰论坛"，在沈阳召开。本文是作者在论坛上的发言，2014年12月27日根据录音整理，初刊于《东吴学术》2015年第1期，2015年7月11日第二次修订，2017年4月第三次修订。

** 陈思和，复旦大学中文系教授、博士生导师，教育部"长江学者"特聘教授，教育部高等学校教学名师，复旦大学图书馆长。研究方向为中国现当代文学、比较文学和当代文学批评。

文学应该是什么样的状况，翻译家也谈他们心目当中的中国文学应该是怎么样的，然后相互之间就不停地提问讨论。我印象中，那次讨论很深入。

我听斯德哥尔摩大学的主办者说，因为觉得瑞典文学院对中国文学不够了解，他们就想通过这种广泛的对话来了解中国文学。我有一个很深的印象，当年参加这个会的很多汉学家都在讨论高行健。因为中国内地的作家与海外隔膜很深，也不了解海外作家做了些什么。高行健很早就到欧洲去了，中国的作家都不大了解他，了解的就是以前他在国内的情况。因此大家就很纳闷，不明白为什么汉学家都在那儿讨论高行健。

会议结束那天，在马悦然家里。我们在书房里聊天，不知怎么说到了北岛，因为一直传说北岛要获诺贝尔文学奖，可是一直没有。那天我就提了这个问题，马悦然马上把话头打断，他说他觉得高行健也很好，我听了有些惊讶，就说，高行健以前创作的剧本我们比较了解，现在到国外就不知道怎么样了。马悦然马上从桌上拿了一本高行健的《灵山》，递给我说，你拿去好好学习学习。

我接过了书，看到上面是高行健送给马悦然的题签，我觉得不大好拿人家的书，马悦然就说，这本书他不需要了。因为他已经把它翻成瑞典文，正式出版了。他说那个话的时候是1996年，当时参加这个会议的中国作家没有人认为高行健会获奖，好多人都觉得这是不可思议的事情，但大家觉得很奇怪，为什么会有这么一个信号出现。

但是在海外的汉学家和翻译家里面，觉得高行健可能获奖，一点不奇怪，来参加会议的好几个人在主题发言里面都在说高行健。我们开会是1996年，才过了四年，高行健就得奖了。所以说，一个中国作家在海外产生影响，不是偶然的，而是在海外有一个长时间地被研究、推广、介绍的过程，这是我们不了解的。以前我们的国门都是关闭的，我们不了解海外发生了什么事，都是自己关着门在自吹自擂，与外部世界是不发生关系的。

我们今天的会，主题也是一种"沟通"，提供一个充分展示的平台让中国作家和外国翻译家、汉学家有比较亲密的，或者说比较具体的接触。我觉得这是很重要的问题。因为通常翻译者可能是先读了一些作品，然后去认识作家的。我们也是这样，我们讲外国作家的时候都是看了译文，看了作品，对作家本人我们是不了解的。

但是，作为一种真正意义的文化沟通，首先是翻译家和作家要成为朋友。翻译家如果对作家有充分的了解，他对作家的作品总体风格的把握，包括作家的精神气质，都会有具体、感性的认识。这样的交流，我们现在做得还不够。我们的作家往往觉得翻译家愿意翻译就翻译，与自己没有什么关系。或者即使承认有关系，也没有机会与翻译家有充分的沟通。

翻译家也是这样的。我在大学里工作，经常接触汉学家，或者是现在学汉语的一些留学生，他们都希望翻译中国小说，但他们都会问，哪一部小说好啊，或者哪一部可以推荐啊。都是这样，并没有他们自己的选择。

如果没有一个充分展示和沟通的平台，我们相互之间的文化还是存在很深隔阂，这种隔阂对我们真正理解作家，或者说，翻译真正的好作品，还是有妨碍的。

二

其次，我想说的是，想把中国文学推广到海外去，这是一个很早以前就开始做的工作，不是从现在才开始的。

在20世纪80年代，或者在80年代早期，中国作协也推过"熊猫"丛书，更早的，还有《中国文学》杂志的英文版。那个时候，也是希望把中国作家的作品介绍到外国去，中国政府也希望能够掌控中国作家在海外的影响。但这是一厢情愿，尤其是在中国政府出了钱的时候，它就更觉得自己有话语权，似乎可以决定谁可以在国外获得某种奖项荣誉，那就变得很滑稽，好像现在中国的土豪出国旅行挥金如土一般。

还有第二种情况，大约从80年代后期开始，承担中国文学外译的工作主要归功于汉学家，这是了不起的工作。由于汉学家的努力，中国现代文学开始进入西方大学的课堂，有些中国作家的名字也开始在西方汉学界流行。因为，过去在西方国家里，中国文学大约除了《红楼梦》等少数几本经典外，一般是人们不大了解的。

可是我在90年代遇到一个海外作家，他的英文非常好，用中英文写作。他当时就不以为然地对我说，中国的文学作品翻译到外面去有什么用啊，最多是在高校里给一些读中国文学的学生看的。他说他自己啊，他的书是进入商业书店流通的，在市场上卖的。他说如果一本中国文学作品不在文化市场里流转的话，等于没有影响。他这个话可能有偏见，但还是有道理的。文学作品首先是被大众阅读的，不能仅仅满足于学院里流转。

但是，今天，中国文学在国外的情况就完全不一样了。大概新世纪以后，中国许多重要作家的作品，中文本刚出版，英文版也跟着出版了。我们讨论苏童的《河岸》，单行本刚出版，我还没来得及看，它的英文版已经在亚洲获奖了。这个速度之快，几乎是同步的。而且，现在出版中国作家书籍的外国出版社，也都是国外很有名的出版社，不再是小出版社，或者不再是一些仅仅提供教材的高校出版社。我们现在到欧洲的一些大书店里去看，也能看到中国作家的作品，至少莫言的小说是很多的。

在这样一个慢慢变化的过程当中，我们的汉学家真的是立了汗马功劳，这是我们要向他们致敬的，这是一个很艰难的普及的工作。

新世纪以后，差不多近十多来年，变化越来越大了，莫言获奖当然是原因之一，主要的原因还是中国的经济实力增强了，中国的经济起飞了。中国经济在飞跃发展的过程当中，必然上上下下都希望中国的主流文化、中国的文化意识形态也能够向世界传递，这个想法大概在中国现在也是占主导的地位。

我们现在只要向政府有关部门提出把中国书翻译成外文，很容易获得国家资助，中书外译成了一种国家行为。在这种情况下，上上下下都希望把自己的好东西输送出去。但这其实是很危险的。中国的问题是，人口实在太多，上上下下都喜欢用搞运动的方式去做事情，这是我们中国当代文化发展中的一个极大的破坏性障碍。什么事情都不是依靠真才实学的专家们安安静静地去做，都是搞运动式的，当作国策遍地开花。像孔子学院就是遍地开花，然后也会有一天把中国所有的文字垃圾都翻译成外文，也是遍地开花，这种事情中国人是做得出来的。就像阎连科的寓言小说用的一个词：炸裂。

国家给孔子学院投了很多钱，可能教会几个外国人包饺子，或者教会几个汉字。但具体到文学作品的翻译，如果不是很认真去做的话，很可能就是一堆垃圾，翻译出来的东西，自己人看不懂，外国人也不看，经常是这样。但是成堆的钱，上亿的钱就花出去了。这样一个状况，我们是不得不面对的。不仅国家，各个省，尤其是一些号称是文化大省的，都拿出大把的钱，要把自己省的作品都翻译出去，甚至要把自己地区从古到今的学者的书全部翻译成外文，现在各个地方大学里面外文系教师的日子是非常好过的。

但翻得好不好，能不能被外界接受，是很大的问题。我们学术研究也是国家行为，既然国家给了钱，就必须限定你几年内要完成外译多少书，最后必然导致粗制滥造，这种问题的恶果现在还看不到，但是根据以前的经验来说，这将会是很普遍的现象。

所以，我想，我们今天开这样一个会，我们面对的是一个中国的问题，我们的学者，我们的作家，我们的翻译者，大家坐在一起讨论，怎么把中国的事情做得更好。现在中国不缺钱，但问题是光靠钱，文化工作没办法做，文化交流也没办法做好，这是个很尖锐的问题。

三

对我们今天来说，最重要的还是沟通。在中国方面，不管是投钱还是执行，如果对外面世界都不了解的话，做出的决策肯定有问题。反过来也一样，西方的学者，包括汉学家、翻译者，如果对中国文化没有充分理解的话，要做好翻译也是困难的。所以我想，我们今天这样是开了很好的头，我们要做的就是沟通。这个沟通不应该仅仅是表层上的，比如认识哪个人，读过哪个作家的书，关键是要对文化有深层次的理解，我觉得这是可以理解的。以前我们经常抱怨中国字复杂，外国人都不懂，中国文化与西方文化不同根，所以我们之间没有办法真正沟通。其实不是这样的，我觉得文化是可以沟通的。

我举一个例子，莫言得奖以后，很多外面的议论，就说瑞典文学院的院士大多数都不懂中文，他们根本不理解莫言的书。但后来我听颁奖主席宣读的颁奖词，就很佩服这个人。我开始以为这个稿子是别人写的，后来我问了，说就是他自己写的。

他对莫言的每个作品都有评价，而且非常准确。每个评价都深得我心，比我们国内的很多批评家要到位很多。他有一个判断，说莫言是拉伯雷、斯威夫特传统的最优秀的继承者，我当时在颁奖现场，听到这句话很感动，我们中国人在讨论莫言的时候，往往说他是蒲松龄的传统啊，而一个外国人，一个瑞典文学院的院士，他在考察莫言的时候，没有把莫言仅仅理解成一个东方人，这样的话，莫言与他们是没有关系的，他们只是给了一个奖而已。但他是把莫言列入到世界文化的行列，他认为莫言是拉伯雷、斯威夫特传统里的优秀作家。这样莫言就与西方有了关系，中国与西方也有了关系。其实，不仅仅是莫言，我们中国的作家如贾平凹、阎连科、欧阳江河、杨炼、王安忆、余华、苏童、严歌苓等等，都是世界性的作家，是人类的作家。我们是在人类的共同传统当中，表达我们的态度，我们的感情，我们的生活。

莫言未必读过拉伯雷的书。我们今天学文学的学生，如果不是法语专业的，恐怕也没有多少人会读拉伯雷，但我们大概都读过巴赫金的关于拉伯雷时代和民间传统的研究，巴赫金对拉伯雷的很多理解，包括他对民间狂欢，对下半身文化的理解，对我们是有影响的。这就是批评与翻译的作用。我在大学教当代文学，曾经指导一个韩国留学生研究莫言，我与她一起读了一整本莫言的小说。我与留学生上课就是一起读书，一句一句地读，然后分析。莫言小说里有很多细节都涉及粗鄙化修辞，什么大肠啊、什么排泄啊，我就不得不用巴赫金的民间狂欢的理论来分析。只有在民间理论的框架里面才能给莫言的小说定位。

果然瑞典文学院对莫言的评价也是这样的。拉伯雷在欧洲文学里也不是主流，我们说莎士比亚、但丁、塞万提斯的传统是主流，也不会说拉伯雷的传统是主流，但瑞典文学院的评委们就是在这个非主流的传统里面看到了中国一部分作家的努力。

所以，我觉得，我们不要把自己封闭在中国的、传统的、民族的、东方的范畴里，好像我们是独立的，与西方世界文化是隔阂的。用这种似是而非的理论观点来模糊我们与世界的普遍联系，以此来保护自己的一些落后野蛮的文化因素，譬如专制体制。我们要承认，我们是全人类的一部分，我们的文化也是这个世界的人类的文化，全人类是相通的，在深层次上我们与西方世界完全能够沟通。但这个工作是要努力去做的，只有做充分了，你才能理解原来中国作家的创作也属于世界，西方人完全能看得懂中国的文化。

四

还有一个作家的个人风格与翻译的问题。每个作家的风格是不一样的，翻译中有没有可能把它体现出来？我有个不成熟的想法。作家同样写小说，但他们所擅长的小说元素是不一样的。小说的某些元素，在某些作家的作品里体现最突出。比如严歌苓，她是讲故事的能手，她的小说里，每一个故事都非常生动，每个故事都有非常特殊的、与别人不一样的理解和描写，包含了丰富的内涵。严歌苓的小说可以改编成影视作品，因为容易被大家接受。

但莫言就不一样了，他的小说特征是在叙事。莫言小说的故事很一般，大家都知道的，都是我们在农村耳熟能详的，可是在叙事方面，他会出现驴啊、马啊、牛啊、孩子啊、刽子手啊，奇奇怪怪，他会用各种各样不同的方式来讲一件事。阎连科也是这样，阎连科的每个小说都会有特定的叙事，这个叙事是他自己特有的叙事方法。

我想如果用翻译严歌苓小说的方法来翻译莫言、阎连科的小说，肯定会有问题的。因为把阎连科、莫言的小说讲成一个故事，还原成一个故事，是很容易的，但是他们个人的风格就没有了。

莫言的《红高粱》，因为我不懂日语，我不知道最早译成日语是怎样的。但是作为一个中国读者，我觉得《红高粱》的叙事，很难解读。我曾经和我的学生一起读这个作品，我把《红高粱》的故事发生时间与叙事时间排成两个图表，然后中间画了很多线，画得像蜘蛛网一样，完全是时空错乱，颠三倒四。那就是莫言。如果莫言把这个故事叙述成一个朴素的、口语的，像赵树理那样直白的故事，恐怕当时就很难出版。小说写土匪余占鳌与酒店女老板九儿图财害命、风流通奸什么的，这在当时很难被接受。但是他把故事叙述得颠三倒四，效果就不一样了。如果翻译《红高粱》时把这样一个叙事技巧拿掉的话，也就剩下了一个故事原型，但是这个故事就不是莫言的故事了。这次《红高粱》拍成电视剧，就是一个典型的例子。拍出来的就不是莫言的风格了。

再比如王安忆。王安忆的小说被翻译成外文比较少。为什么？王安忆自己也说，她的小说没法翻译，王安忆的小说没故事，她把故事转化为细节，你看《天香》，一会儿刺绣啊，一会儿制墨啊，一会儿园林啊等等，所有的全都是细节。细节是孤立的，一段一段，不厌其烦，津津乐道，如果没耐心的话，也许读不下去。但是如果有耐心去读的话，读出来的也不是故事。她的小说的味道全在那种精致的细节的描绘与刻画，这就形成她自己非常独特的叙述风格。但对于这样的叙述，翻译者如果没有杨宪益、戴乃迭的本领，真是无法翻译。

所以我一直不了解，《红楼梦》在中国是顶尖的文学，翻成外文到底呈现的是怎样一个文本。其实这种很密集的细节铺陈，要用另外一种语言表现是很困难的。就像我们读欧洲的古典文学，史诗也是非常好的，但很可能我们读不出味道，因为我们的阅读习惯不同。

比王安忆更复杂、更难翻译的是贾平凹的作品，我是很喜欢老贾的叙事，但他的小说是很难翻译的。为什么？首先，他的陕西话人家就不懂，别说外国人不懂，我听他的话都是要很认真地听，否则我也听不懂。那还不是语言的问题，关键是老贾的语言有力量，他所有的功力都放在一个一个句子上，几乎每一个句子都是独立的。你把他的小说拆开来看，他的小说叙事很难讲成一个完整的故事，不要说没有故事，有时候连很多细节，我觉得也是很难表述的，可是他的小说语言就是好，句子好，段落也好，一个段落的句子不多，写的是非常传神的一个小世界。

贾平凹的小说是很乡土的叙事，可是他的小说元素的内涵却很现代，他把整个故事情节都拆散了，拆成一个一个的句子，这一句一句的话怎么去表达，就是他的小说特有的魅力。他的小说，我常常读好几遍才读完，但是沉浸到他的小说里，会感到文学趣味就在一句句话里面。但这个怎么翻译？如果把他的小说当成莫言的小说去翻译的话，可能就没有了味道，即便翻译出来，也是很平常的，或者很乏味的农村生活场景。

但如果真的能够把这样的句子的功能表现出来的话，就是一个了不起的翻译家，这就需要很深层次的沟通。有人觉得识得几个中国字，或者读了中国当代文学史，就能够翻译中国文学作品了，当然也是能翻译的，但翻译得好不好就是另外一回事了。所以我也不大赞成别人宣扬葛浩文先生时经常流露出来的一种观点，葛浩文先生是个特例，他能够自己改写中国作家的作品，改得很好，这是一个特例，不是翻译界的通例。葛浩文先生的中文非常之好，这个没问题。但是如果把这个作为一种通例，就是说，为了满足西方的阅读市场，为了把它改编成西方口味的故事，翻译家可以任意地改写文本，那样的话，还不如请翻译家自己去写一本小说。

但如果你是翻译中国作家的话，那就要把那个作家独有的风格翻译出来。比如读《尤利西斯》，我就希望了解乔伊斯的文学风格，外语好的能直接看原著，但如果读译文的话，我还是希望能够读出这个作家的语言风格，这个作家本来的一种追求和他主要的叙事特点。如果中国的翻译家把《尤利西斯》翻译成一个赵树理式的中国故事，我想看不看都无所谓了。

有的时候，评价翻译与评价文学的标准还是差不多的，以发行量为标准，比拥有多少读者，那绝对是通俗小说比纯文学的读者多得多。如果我们把中国纯文学的作品翻译成通俗文学给外国人看，当然也可能拥有很多读者，但这还是不是这个中国作家，是不是还能够让外国人真正了解中国文学的特点和它的精华所在，我很怀疑。

五

我想这样一些问题，可以成为我们今天安安静静讨论的一个话题。大家都有很好的经验，可以把自己的困惑、困难、问题提出来，有一个充分的交流。这对于未来的翻译事业的发展，可能会有很好的意义。

我们的学者、作家，包括翻译者，应该都有这种自觉意识，要共同参与，要在一个很小的范围内进行。复旦大学最近建立了两个中心，一个是中华文明研究中心，它拨了一笔不小的经费，邀请西方的汉学家、研究中国文学的青年学者，去做长期的或者短期的访问，开设工作坊。我很希望西方汉学家和翻译者，向这个中心去提申请，然后由他们出钱，在复旦住一年半年，建立一个工作坊，认真做研究和翻译。另外一个是中文系的翻译中心，这个中心也是刚刚成立不久，我们也是计划把一些作家请来，比如我们翻译阎连科的作品，我们就把阎连科和翻译者都请到我们这里来，住在复旦，我们还可以找一些研究阎连科的专家一起来讨论沟通，开一些小型研讨会，关于翻译的问题、对作品的理解等等。只要大家肯花工夫去做，国家现在有经费；但我们要把钱用到实处，这样慢慢来做，好好地做一些翻译的工作坊，好好地来解决一些实际问题。比如几位学者志同道合，喜欢某一个作家的，可以集中起来翻译，被翻译的诗人和作家，还有一些研究者，都一起来工作，做半年一年，把作家和作品理解透彻了，可能会给以后翻译者的工作带来很大好处，这比那种把一笔钱给出版社要有效得多。这个工作还是需要我们自己来做。

中国文学走出去[*]

——问题与实质

谢天振[**]

一

中国文学如何才能切实有效地走出去？随着中国经济实力的增强和国际地位的提升，这个问题被越来越多的人所关注，从国家领导人到普通百姓大众。追溯起来，中国人通过自己亲历亲为的翻译活动让中国文学走出去的努力其实早就开始了。不追得太远的话，可以举出被称为"东学西渐第一人"的陈季同，他于1884年出版的《中国人自画像》一书中即把我国唐代诗人李白、杜甫、孟浩然、白居易等人的诗翻译成了法文，他同年出版的另一本书《中国故事》则把《聊斋志异》中的一些故事译介给了法语读者。至于辜鸿铭在其所著的《春秋大义》中把儒家经典的一些片段翻译成了英文、敬隐渔把《阿 Q 正传》翻译成

---

* 原载《中国比较文学》2014 年第 1 期；同年被《新华文摘》第 7 期作为重点文章全文转载；又载于《向世界讲好中国故事——文化外交官高级研修班教程》（上海社会科学院出版社，2016）。

** 谢天振，上海外国语大学高级翻译学院比较文学暨翻译学教授，博士生导师；现同时被聘为广西民族大学相思湖讲席教授，并任比较文学译介学博士生导师。

法文、林语堂把中国文化译介给英语世界等等，都为中国文学、文化走出去做出了各自的贡献。

当然，有意识、有组织、有规模地向世界译介中国文学和文化，那还是1949年以后的事。1949年新中国建国以后，新中国的领导人迫切希望向世界宣传新生共和国的情况，而文学作品的外译是一个很合适的宣传渠道，因此对中国文学作品的外译非常重视，于1951年创办了英文版的期刊《中国文学》（*Chinese Literature*）。该期刊自1958年起改为定期出版，最后发展成月刊，并同时推出了法文版。前后共出版了590期，介绍中国古今作家和艺术家2000多人次，在相当长的时期里，它是新中国向外译介中国文学的最主要的渠道。"文革"期间停刊，"文革"后复刊，但后来国外读者越来越少，于2000年最终停刊。

创办了半个世纪之久的英、法文版《中国文学》最终竟不得不黯然停刊，令人不胜唏嘘，同时也发人深省。研究者郑晔博士在她的博士论文《中国文学在现当代美国的传播和接受——以〈中国文学〉（1951—2000）的对外译介为个案》中总结了其中的经验教训，她归纳为四条：一是译介主体的问题。她认为像《中国文学》这样国家机构赞助下的译介行为必然受国家主流意识形态和诗学的制约，这是由赞助机制自身决定的。译本和编译人员不可能摆脱它们的控制，只能在其允许的范围内做出有限的选择。这种机制既有好处，也有坏处。好处是国家有能力为刊物和专业人员提供资金保障，并保证刊物通过书刊审查制度得以顺利出版发行；坏处是由于国家赞助人的过多行政干预和指令性要求，出版社和译者缺乏自主性和能动性，刊物的内容和翻译容易带有保守色彩，逐渐对读者失去吸引力。二是用对外宣传的政策来指导文学译介并不合理，也达不到外宣的目的，最终反而让国家赞助人失去信心，从而撤资停止译介。三是只在源语（输出方）环境下考察译者和译作（指在《中国文学》上发表的译文）并不能说明其真正的翻译水平，也不能说明这个团队整体的翻译水平，必须通过接受方的反馈才能发现在译语环境下哪些译者的哪些翻译能够被接受，哪些译者的哪些翻译不能够被接受。四是国家垄断翻译文学的译介并不可取，应该允许更多译者生产更多不同风格不同形式的译本，通过各种渠道对外译介，由市场规律去淘汰不合格的译者和译本。[1]"文革"以后，在 20 世纪的八九十年代，我们国家在向外译介中国文学方面还有过一个引人注目的行为，那就是由著名翻译家杨宪益主持编辑、组织翻译、出版的《熊猫丛书》（*Panda Books*）。这套《熊猫丛书》共翻译出版了 195 部文学作品，包括小说 145 部，诗歌 24 部，民间传说 14 部，散文 8 部，寓言 3 部，戏剧 1 部。但这套丛书正如研究者所指出的，同样"并未获得预期的效果。除个别译本获得英美读者的欢迎外，大部分译本并未在他们中间产生任何反响"。因此，《熊猫丛书》最后也难以为继，而同样于 2000 年黯然收场。

《熊猫丛书》未能取得预期效果原因，研究者耿强博士在他的博士论文《文学译介与中国文学"走向世界"——"熊猫丛书"英译中国文学研究》中总结为五点：一是缺乏清醒的文学译介意识。他质疑，完成了"合格的译本"之后，是否就意味着它一

---

[1]　有关《中国文学》译介中国文学的详细分析，可参阅上海外国语大学郑晔的博士论文《中国文学在现当代美国的传播和接受——以〈中国文学〉(1951—2000) 的对外译介为个案》。

定能获得海外读者的阅读和欢迎？二是"审查制度"对译介选材方面的限制和干扰。三是通过国家机构对外译介的这种模式，虽然可以投入巨大的人力、物力和财力，也能生产出高质量的译本，但却无法保证其传播的顺畅。四是翻译策略。他认为"要尽量采取归化策略及'跨文化阐释'的翻译方法，使译作阅读起来流畅自然，增加译本的可接受性，避免过于生硬和陌生化的文本"。五是对跨文化译介的阶段性性质认识不足，看不到目前中国当代文学的对外译介尚处于起步阶段这种性质。[1]

进入新世纪以后，我们国家有关部门又推出了一个规模浩大的、目前正进行得热火朝天的中国文化走出去"工程"，那就是汉英对照的《大中华文库》的翻译与出版。这套标举"全面系统地翻译介绍中国传统文化典籍"、旨在让"中学西传"的丛书，规模宏大，拟译选题达 200 种，几乎囊括了全部中国古典文学名著和传统文化典籍。迄今为止，这套丛书已经翻译出版了一百余种选题，一百七八十册，然而除个别几个选题被国外相关出版机构看中被购买走版权外，其余绝大多数已经出版的选题都局限在国内的发行圈内，似尚未真正"传出去"。

不难发现，新中国建国 60 余年来，我们国家的领导人和相关翻译出版部门在推动中国文学、文化走出去一事上倾注了极大的热情和关怀，组织了一大批国内（还有部分国外的）中译外的翻译专家，投入了大量的人力、物力、财力，然而总体而言，如上所述，收效甚微，实际效果并不理想。

---

[1] 详见上海外国语大学耿强的博士论文《文学译介与中国文学"走向世界"——"熊猫丛书"英译中国文学研究》。

二

2012年年底，第一位中国籍作家莫言获得诺贝尔文学奖之后曾引发国内学术界和翻译界围绕中国文学、文化走出去问题的广泛讨论，并想通过对莫言获得诺贝尔文学奖背后翻译问题的讨论获得对中国文学、文化典籍外译的启示。我当时就撰文指出，严格而言，对莫言获奖背后的翻译问题的讨论已经超出了传统翻译认识和研究中那种狭隘的语言文字转换层面上的讨论，而是进入到了译介学的层面，这就意味着我们今天在讨论中国文学、文化外译问题时不仅要关注如何翻译的问题，还要关注译作的传播与接受等问题。在我看来，"经过了中外翻译界一两千年的讨论，前一个问题已经基本解决，'翻译应该忠实原作'已是译界的基本常识，无须赘言；至于应该'逐字译''逐意译'还是两相结合等等，具有独特追求的翻译家自有其主张，也不必强求一律。倒是对后一个问题，即译作的传播与接受等问题，长期以来遭到我们的忽视甚至无视，需要我们认真对待。由于长期以来我们国家对外来的先进文化和优秀文学作品一直有一种强烈的需求，所以我们的翻译家只需关心如何把原作翻译好，而甚少，甚至根本无须关心译作在我国的传播与接受问题。然而今天我们面对的却是一个新的问题：中国文学与文化的外译问题。更有甚者，在国外，尤其在西方尚未形成像我们国家这样一个对外来文化、文学有强烈需求的接受环境，这就要求我们必须考虑如何在国外，尤其是在西方国家培育中国文学和文化的受众和接受环境的问题"[1]。

---

[1] 谢天振：《莫言作品"外译"成功的启示》，《文汇读书周报》，2012年12月14日。

莫言作品外译的成功让我们注意到了以往我们在思考、讨论翻译时所忽视的一些问题。一是"谁来译"的问题。莫言作品的外译者都是国外著名的汉学家、翻译家，虽然单就外语水平而言，我们国内并不缺乏与这些国外翻译家水平相当的翻译家。但是在对译入语国家读者细微的用语习惯、独特的文字偏好、微妙的审美品味等方面的把握方面，我们还是得承认，国外翻译家显示出了我们国内翻译家较难企及的优势，这也就是为什么由这些国外翻译家翻译的中国文学作品更易为国外读者接受的原因。有些人对这个问题不理解，觉得这些国外的翻译家在对原文的理解，甚至表达方面有时候其实还比不上我们自己的翻译家，我们为何不能用自己的翻译家呢？这个问题其实只要换位思考一下就很容易解释清楚，试想一想，我们国家的读者接受国外文学、文化典籍是通过自己翻译家的翻译作品接受外来文学、文化的呢，还是通过外国翻译家把他们的文学作品、文化典籍译介给我们的？设想在你面前摆着两本巴尔扎克小说的译作，一本是一位精通中文的法国汉学家翻译成中文的，一本是我国著名翻译家傅雷翻译的，你会选择哪一本呢？答案是不言而喻的。实际上可以说世界上绝大多数的国家和民族接受外来文学和文化主要都是通过他们自己国家和民族的翻译家的翻译来接受外国文学和外国文化的，这是文学、文化跨语言，跨国界译介的一条基本规律。

　　二是"作者对译者的态度"问题。莫言在对待他的作品的外译者方面表现得特别宽容和大度，给予了充分的理解和尊重。他不仅没有把译者当作自己的"奴隶"，而且还对他们明确放手："外文我不懂，我把书交给你翻译，这就是你的书了，你做主吧，想怎么弄就怎么弄。"正是由于莫言对待译者的这种宽容大度，所以他的译者才得以放开手脚，大胆地"连译带改"以适应译入语环境读者的阅读习惯和审美趣味，从而让莫言作品的外译本顺利跨越了"中西方文化心理与叙述模式差异"的"隐形门槛"，并成功地进入了西方的主流阅读语境。我们国内有的作家不懂这个道理，自以为很认真，要求国外翻译家先试译一两个章节给他看。其实这个作家本人并不懂外文，而是请他懂外文的两个朋友帮忙审阅。然而这两个朋友能审阅出什么问题来呢？无非是看看译文有无错译、漏译、文字是否顺畅而已。然而一个没有错译、漏译、文字顺畅的译文能否保证译文在译入语环境中受到欢迎，并得到广泛的传播来产生影响呢？这个事实应该引起我们的有些作家，更应该引起我们国内的翻译界的反思。

三是"谁来出版"的问题。莫言作品的译作都是由国外一流的出版社出版，譬如他的法译本的出版社瑟伊（Seuil）出版社就是法国最重要的出版社之一，这使得莫言的外译作品能很快进入西方的主流发行渠道，也使得莫言的作品在西方得到有效的传播。反之，如果莫言的译作全是由国内出版社出版的，恐怕就很难取得目前的成功。近年来国内出版社已经注意到这一问题，并开始积极开展与国外出版社的合作，很值得肯定。

四是"作品本身的可译性"也是一个需要予以注意的问题。这里的可译性不是指的一般意义上的作品翻译时的难易程度，而是指的作品在翻译过程中其原有的风格、创作特征、原作特有的"滋味"的可传递性，在翻译成外文后这些风格、这些特征、这些"滋味"能否基本保留下来并被译入语读者所理解和接受。譬如有的作品以独特的语言风格见长，其"土得掉渣"的语言让中国读者印象深刻并颇为欣赏，但是经过翻译后它的"土味"荡然无存，也就不易获得在中文语境中同样的接受效果。莫言作品翻译成外文后，"既接近西方社会的文学标准，又符合西方世界对中国文学的期待"，这就让西方读者较易接受。其实类似情况在中国文学史上也早有先例，譬如白居易、寒山的诗外译的就很多，传播也广，相比较而言，李商隐的诗的外译和传播就要少，原因就在于前两者的诗浅显、直白，易于译介。寒山诗更由于其内容中的"禅意"而在正好盛行学禅之风的20世纪五六十年代的日本和美国得到广泛传播，其地位甚至超过了孟浩然。作品本身的可译性问题提醒我们在对外译介中国文学作品、文化典籍时，如何挑选具有可译性的，也就是在译入语环境里容易接受的作品首先进行译介。

三

以上关于莫言作品外译成功原因的几点分析，其触及的几个问题其实也还是表面上的，如果我们对上述《中国文学》期刊等几个个案进行进一步深入分析的话，那么当能发现，真正影响中国文学、文化切实有效地走出去的还与以下几个实质性问题有关。

首先，与我们在对翻译的认识上存在误区有关。

大家都知道，中国文学、文化要走出去里面有个翻译的问题，然而却远非所有的人都清楚翻译是个什么样的问题。绝大多数的人都以为，翻译么，无非就是两种语言文字之间的转换。我们要让中国文学、文化走出去，只要把用中国语言文字写成的文学作品、典籍作品翻译成外文就可以了。应该说，这样的翻译认识不仅仅是我们翻译界、学术界，甚至还是我们全社会的一个共识。譬如我们的权威工具书《辞海》(1980年版)对"翻译"的释义就是："把一种语言文字的意义用另一种语言文字表达出来。"另一部权威工具书《中国大百科全书·语言文字卷》(1988年版)对"翻译"的定义也与此相仿："把已说出或写出的话的意思用另一种语言表达出来的活动。"正是在这样的翻译认识或翻译思想的指导下,长期以来在进行中国文学作品、文化典籍外译时,我们考虑的问题也就只是如何尽可能忠实、准确地进行两种语言文字之间的转换,或者说得更具体一些,考虑的问题就是如何交出一份"合格的译文"。然而问题是交出一份"合格的译文"后是否就意味着能够让中国文学、文化自然而然地"走出去"了呢?上述几个个案表明,事情显然并没有那么简单,因为在上述几个个案里,无论是长达半个世纪的英、法文版《中国文学》杂志,还是杨宪益主持的"熊猫丛书",以及目前仍然在热闹地进行着的《大中华文库》的编辑、翻译、出版,其中的大多数甚至绝大多数译文都堪称"合格"。然而一个无可回避且不免让人感到沮丧的事实是,这些"合格"的译文除了极小部分外,却并没有促成我们的中国文学、文化切实有效地"走出去"。

问题出在哪里?我以为就出在我们对翻译的有失偏颇的认识上。我们一直简单地认为翻译就只是两种语言文字之间的转换行为,却忽视了翻译的任务和目标。我们相当忠实地、准确地实现了两种语言文字之间的转换,或者说我们交出了一份份"合格的译文",然而如果这些行为和译文并不能促成两种文化之间的有效交际,并不能让翻译成外文的中国文学作品、中国文化典籍在译入语环境中被接受、被传播,并产生影响,那么这样的转换(翻译行为)及其成果(译文)恐怕就很难说是成功的,这样的译文，尽管从传统的翻译标准来看都不失为一篇篇"合格的译文"，但恐怕与一堆废纸都并无实质性的差异。这个话也许说得重了些，但事实就是如此。当你看到那一本本堆放在我们各地高校图书馆里的翻译成外文的中国文学、文化典籍无人借阅、无人问津时，你会作何感想呢？事实上，国外已经有学者从职业翻译的角度指出，"翻译质量在于交际效果，而不是表达方式和方法"[1]。

为此，我以为我们今天在定义翻译的概念时倒是有必要重温我国唐代贾公彦在其所撰《周礼义疏》里对翻译所下的定义，他的翻译定义是："译即易，谓换易言语使相解也。"我很欣赏一千多年前贾公彦所下的这个翻译定义，寥寥十几个字，言简意赅，简洁却不失全面。这个定义首先指出"翻译就是两种语言之间的转换"（译即易），然后强调"换易言语"的目的是"使相解也"，也即要促成交际双方相互理解，达成有效的交流。如果把它与上述两个权威工具书对翻译所下的定义进行一下对照的话，我们可以发现，贾公彦的翻译定义并没有仅仅局限在对两种语言文字转换的描述上，而是把翻译的目的、任务也一并包含进去了。而在我看来，这才是一个比较完整的翻译定义，一个在今天仍然不失其现实意义的翻译定义。我们应该看到，两种语言文字之间的转换（包括口头的和书面的）只是翻译的表象，而翻译的目的和任务，也即是促成操不同语言的双方实现切实有效的交流、达成交际双方相互之间切实有效的理解和沟通，这才是翻译的本质。然而，一千多年来我们在谈论翻译的认识或是在进行翻译活动（尤其是笔译活动）时，恰恰是在这个翻译

[1] 达尼尔·葛岱克著，刘和平、文韫译：《职业翻译与翻译职业》，外语教学与研究出版社，2011年，第6页。

的本质问题上偏离了，甚至迷失了方向：我们经常只顾盯着完成两种语言文字之间的转换，却忘了完成这种语言文字转换的目的是什么，任务是什么。我们的翻译研究者也把他们的研究对象局限在探讨"怎么译""怎样才能译得更好、译得更准确"等问题上，于是在相当长的历史时期内我们的翻译研究就一直停留在研究翻译技巧的层面上。这也许就是这60多年来尽管我们花了大量的人力、物力、财力进行中国文学、文化典籍的外译，希望以此能够推动中国文学、文化走出去，然而却未能取得预期效果的一个重要原因吧。

其次，与我们看不到译入（in-coming translation）与译出（out-going translation）这两种翻译行为之间的区别有关。

因为对翻译的认识存在偏颇，偏离甚至迷失了翻译的本质目标，于是对于译入与译出两种翻译行为之间的区别也就同样未能引起充分的重视。只看到它们都是两种语言文字之间的转换，而看不到两者之间的极为重要的实质性差别，以为仅只是翻译的方向有所不同而已。其实前者(译入)是建立在一个国家、一个民族内在的对异族他国文学、文化的强烈需求基础上的翻译行为，而后者(译出)在多数情况下则是一个国家、一个民族一厢情愿地向异族他国译介自己的文学和文化，对方对你的文学、文化不一定有强烈的需求。这样，由于译入行为所处的语境对外来文学、文化已经具有一种强烈的内在需求，因此译入活动的发起者和具体从事译入活动的译介者考虑的问题就只是如何把外来的文学作品、文化典籍译得忠实、准确和流畅，也就是传统译学理念中的交出一份"合格的译作"，而基本不考虑译入语环境中制约或影响翻译行为的诸多因素。对他们而言，他们只要交出了"合格的译作"，他们的翻译活动及其翻译成果也就自然而然地能够赢得读者、赢得市场，甚至在译入语环境里产生一定的影响。过去两千多年来，我们国家的翻译活动基本上就是这样一种性质的活动，即建立在以外译中为主的基础上的译入行为。无论是历史上长达千年之久的佛经翻译，还是清末民初以来这一百多年间的文学名著和社科经典翻译，莫不如此。

但是译出行为则不然。由于译出行为的目的语方对你的文学、文化尚未产生强烈的内在需求，更遑论形成一个比较成熟的接受群体和接受环境，在这样的情况下，译出行为的发起者和译者如果也像译入行为的发起者和译介者一样，只考虑译得忠实、准确、流畅，而不考虑其他许多制约和影响翻译活动成败得失的因素，包括目的语国家读者的阅读习惯、审美趣味，包括目的语国家的意识形态、诗学观念，以及译介者自己的译介方式、方法、策略等因素，那么这样的译介行为能否取得预期的成功显然是值得怀疑的。

然而令人遗憾的是，这样一个显而易见的道理却并没有被我们国家发起和从事中国文学、中国文化典籍外译工作的有关领导和具体翻译工作者所理解和接受。其原因同样是显而易见的，这是因为在两千年来的译入翻译实践(从古代的佛经翻译到清末民初以来的文学名著、社科经典翻译)中形成的译学理念——奉"忠实原文"为翻译的唯一标准、拜"原文至上"为圭臬等——已经深深地扎根在这些领导和翻译工作者的脑海之中，他们以建立在译入翻译实践基础上的这些翻译理念、标准、方法论来看待和指导今天的中国文学、文化典籍的译出行为，继续只关心语言文字转换层面的"怎么译"的问题，而甚少甚至完全不考虑翻译行为以外的诸种因素，如传播手段、接受环境、译出行为的目的语国家的意识形态、诗学观念等等。由此我们也就不难明白：上述几个个案之所以未能取得理想的译出效果，完全是情理之中的事了。所以我在拙著《隐身与现身——从传统译论到现代译论》中明确指出："简单地用建立在'译入'翻译实践基础上的翻译理论(更遑论经验)来指导当今的中国文学、文化'走出去'的'译出'翻译实践，那就不可能取得预期的成功。"[1]

再次，是对文学、文化的跨语言传播与交流的基本译介规律缺乏应有的认识。一般情况下，文化总是由强势文化向弱势文化译介，而且总是由弱势文化语境里的译者主动地把强势文化译入自己的文化语境。所以法国学者葛岱克教授会说："当一个国家在技术、经济和文化上属于强国时，其语言和文化的译出量一定很大；而当一个国家在技术、经济和文化上属于弱国时，语言和文化的译入量一定很大。在第一种情况下，这个国家属于语言和文化的出口国，而在第二种情况下，它则变为语言和文化的进口国。"[2] 历史上，当中华文化处于强势文化地位时，我们周边的东南亚国家就曾纷纷主动地把中华文化译入他们各自的国家即是一例，当时我国的语言和文化的译出量确实很大。然而当西方文化处于强势地位、中华文化处于弱势地位时，譬如在我国的晚清时期，我国的知识分子也是积极主动地把西方文化译介给我国读者的，于是我国的译文和文化的译入量同样变得很大。今天在整个世界文化格局中西方文化仍然处于强势地位，与之相比，中华文化也仍然处于弱势地位，这从各自国家的翻译出版物的数量也可见出：数年前联合国教科

---

[1] 谢天振：《隐身与现身——从传统译论到现代译论》，北京大学出版社，2014年，第13页。

[2] 同上书，第10页。

文组织的一份统计资料表明，翻译出版物仅占美国的全部出版物总数的百分之三，占英国的全部出版物总数的百分之五。而在我们国家，我虽然没有看到具体的数据，但粗略估计一下，说翻译出版物占我国出版物总数将近一半恐怕不会算太过吧。

与此同时，翻译出版物占一个国家总出版物数量比例的高低还从一个方面折射出这个国家对待外来文学、文化的态度和立场。翻译出版物在英美两国以及相关的英语国家的总出版物中所占的相当低的比例，反映出来的正是英语世界对待发展中国家包括中国的文学、文化的那种强势文化国家的心态和立场。由此可见，要让中国文学、文化走出去（其实质首先是希望走进英语世界）实际上是一种由弱势文化向强势文化的"逆势"译介行为，这样的译介行为要取得成功，那就不能仅仅停留在把中国文学、文化典籍翻译成外文、交出一份所谓的"合格的译文"就算完事，而必须从译介学规律的高度全面审时度势并对之进行合理的调整。

最后，迄今为止我们在中国文学、文化走出去一事上未能取得预期的理想效果还与我们未能认识到并正视在中西文化交流中存在着的两个特殊现象或称事实有关，那就是"时间差"（time gap）和"语言差"（language gap）[1]。

所谓时间差，指的是中国人全面、深入地认识西方、了解西方已经有一百多年的历史了，而当代西方人对中国开始有比较全面深入的了解，也就是最近这短短的二三十年的时间罢了。具体而言，从鸦片战争时期起，西方列强已经开始进入中国并带来了西方文化，从清末民初时期起中国人更是兴起了积极主

---

[1] 这两个术语的英译由史志康教授提供，我以为史译较好地传递出了我提出并使用的这两个术语"时间差"和"语言差"的语义内涵。

动学习西方文化的热潮。与之形成对照的是，西方国家对我们开始有比较多的人积极主动地来认识和了解中国文学、文化就是最近这二三十年的事。这种时间上的差别，使得我们拥有丰厚的西方文化的积累，我们的广大读者也都能较轻松地阅读和理解译自西方的文学作品和学术著作，而西方则不具备我们这样的条件和优势，他们更缺乏相当数量的能够轻松阅读和理解译自中国的文学作品和学术著作的读者。从某种程度上而言，当今西方各国的中国文学作品和文化典籍的普通读者，其接受水平相当于我们国家严复、林纾那个年代的阅读西方作品的中国读者。我们不妨回想一下，在严复、林纾那个年代，我们国家的西方文学、西方文化典籍的读者是怎样的接受水平：译自西方的学术著作肯定都有大幅度的删节，如严复翻译的《天演论》；译自西方的小说，其中的风景描写、心理描写等通常都会被删去，如林纾、伍光建的译作。不仅如此，有时整部小说的形式都要被改造成章回体小说的样子，还要给每一章取一个对联式的标题，在每一章的结尾处还要写上"欲知后事如何，且听下回分解"等等。更有甚者，一些译者明确标榜："译者宜参以己见，当笔则笔，当削则削耳。"[1] 明乎此，我们也就能够理解，为什么当今西方国家的翻译家们在翻译中国作品时，多会采取归化的手法，且对原作都会有不同程度甚至大幅度的删节。

时间差这个事实提醒我们，在积极推进中国文学、文化走出去一事时，现阶段不宜贪大求全，编译一本诸如《先秦诸子百家寓言故事选》《聊斋志异故事选》《唐宋传奇故事选》也许比你花了大力气翻译出版的一大套诸子百家的全集更受当代西

---

[1] 详见谢天振《译介学》（增订本），译林出版社，2013年，第63页。

方读者的欢迎。有人担心如此迁就西方读者的接受水平和阅读趣味，他们会接触不到中国文化的精华，读不到中国文学的名著。这些人是把文学交流与文化交际同开设文学史课与文化教程混为一谈了，想一想我们当初接受西方文学和文化难道都非得是从荷马史诗、柏拉图、亚里士多德开始的吗？

所谓语言差，指的是操汉语的中国人在学习、掌握英语等现代西方语言并理解与之相关的文化方面，比操英、法、德、西、俄等西方现代语言的各西方国家的人民学习、掌握汉语要来得容易。这种语言差使得我们国家能够有一批精通英、法、德、西、俄等西方语言并理解相关文化的专家学者，甚至还有一大批粗通这些语言并比较了解与之相关的民族文化的普通读者，而在西方我们就不可能指望他们也有许多精通汉语并深刻理解博大精深的中国文化的专家学者，更不可能指望有一大批能够直接阅读中文作品、轻松理解中国文化的普通读者。

语言差这个事实告诉我们，在现阶段乃至今后相当长的一个时期里，在西方国家中国文学和文化典籍的读者注定还是相当有限的，能够胜任和从事中国文学和文化译介工作的当地汉学家、翻译家也将是有限的，这就要求我们在推动中国文学、文化走出去的同时，还必须关注如何在西方国家培育中国文学、文化的接受群体的问题——近年来我们与有关国家互相举办对方国家的"文化年"即是一个相当不错且有效的举措，还必须关注如何扩大国外汉学家、翻译家的队伍问题，关注如何为他们提供切实有效的帮助，从项目资金到提供专家咨询和配备翻译合作者等。

文学、文化的跨语言、跨国界传播是一项牵涉面广、制约因素复杂的活动，决定文学译介的效果更是有多方面的原因，但只要我们树立起正确、全面的翻译理念，理解译介学的规律，正视中西文化交流中存在的"语言差""时间差"等实际情况，确立起正确的指导思想，那么中国文学和文化就一定能够切实有效地"走出去"。

从本土古典到域外经典 *
——英译中国诗歌融入英语（世界）文学之历程

王建开 **

最先被介绍到英美的中国文学类型是(因年代出现最早也必然是)古诗，汉学家选取其中的精华译为英语，并持续不断，直至21世纪。正是由于他们的不懈努力，中国诗成为西方普遍知晓的中国文学门类。

说到中国诗影响的产生，除了汉学家的英译，还要涉及影响产生的轨迹。首先要勾勒一个框架，显示影响产生线条，包括这样几个方面：期刊转载、入选各类英美文学选集、专业评论、对本土诗人的影响。然后须指出其原因。以下的讨论将以20世纪英美汉学家的代表人物韦利、庞德、华兹生为例，观察他们的英译汉诗如何逐渐融入到英美的文学语境当中，以具体译文展示及解释影响产生的原因。这或许对今天的中国文学走出去有所借鉴。

* 本文原刊载在《翻译界》2016年第二辑，第1—19页，外语教学与研究出版社，2016年11月。

** 王建开，复旦大学外文学院教授、博士生导师，教育部高等学校翻译专业教学协作组成员，上海翻译家协会理事。

一、中国诗渗入英美文学体系简述

中国诗如何在漫长的历史岁月中逐渐融入英美文学体系，值得更多的探讨。为阐述这一点，以下以韦利、庞德、华兹生这三位成就卓著的英美汉学家为例，观察其译诗产生影响的事例，再辅之以分析，以一个侧面展现这一过程。

（一）韦利译诗的持久影响

韦利（Arthur Waley）堪称中国诗英译的成大器者，虽从未到过中国，却翻译了大量中国作品。他起初在不列颠博物馆工作，后来自己写诗并译诗，尤以中国古典诗歌英译最有影响且长盛不衰。在世时即受同辈人赞许，中外后学及汉学家更是将其英译文收入各类文集，在海外享有很高声誉。

1916 年，韦利出于兴趣翻译了《中国诗歌》（*Chinese Poems*）并自费在伦敦刊印，并于次年正式出版《汉诗选译170 首》（*A Hundred and Seventy Chinese Poems*，含《翻译方法》一文），原诗多半选自《昭明文选》（一些原作者不明或有争议），其中有个别散文如，宋玉《风赋》（*The Man Wind and the Woman Wind*）、《登徒子好色赋》（*Master Teng-t'u*）前半部。这本译诗集后于 1918 年分别在伦敦和纽约再次出版，得到学者和普通读者的认可[1]，1919 年美国再版，至 1946 年已十二次重

---

[1] 详见陈惠：《阿瑟·韦利诗歌翻译思想探究》，载《湘潭大学学报》（哲社版），2011 年第 3 期，第 153—156 页。

印[1]。《汉诗选译170首》（1917）出版后立即引起了回应，《伦敦大学东方学院学刊》（*Bulletin of the School of Oriental Studies*）1917年创刊号（第33—78页）选载了韦利译诗《初唐前诗歌选译》（"Pre-T'ang Poetry"）37首和《白居易诗38首》（"Thirty-eight Poems by Po Chü-I"），数量可观。[2]评论界也给予了关注，远在美国的庞德在其主编的《小评论》（*Little Review*）4卷6期（1917年10月第3—7页）选载了韦利已发表的《白居易诗38首》译诗中的8首，但该期杂志因故被纽约邮局查没，该刊又于4卷8期（1917年12月）重新刊登。后来，美国著名杂志《诗刊》1920年3月号发表该刊创始人门罗的文章加以评述。[3]

韦利译诗不仅被英美期刊转载，出版的单行本也多次再版，更被选入各种英美文学丛书、选集，以下是一部分［（1）—（7）引自程章灿《东方古典与西方经典——魏理英译汉诗在欧美的传播及其经典化》第39—40页，其余是补充。为节省篇幅，仅列收录的页码，具体篇目略］：

（1）《来自中国的诗》作为《盛世英语诗歌丛书》第二辑第

---

[1] A. Waley, *Chinese Poems*, London: Lowe Brothers, 1916; A. Waley, *A Hundred and Seventy Chinese Poems*. London: Constable and Co, 1917; A. Waley, *A Hundred and Seventy Chinese Poems*. London: George Allen & Unwin Ltd./ New York：Alfred A. Knopf; A. Waley, *A Hundred & Seventy Chinese Poems*. New York: Alfred A Knopf, 1919; A. Waley, *Poems from the Chinese* (The Augustan Books of English Poetry, Second Series Number Seven). London: Ernest Benn, Ltd, 1927; A. Waley, *Translations from the Chinese* (illustrated by Cyrus Le Roy Baldridge). New York: Alfred A. Knopf, Inc, 1941.

[2] 程章灿：《东方古典与西方经典——魏理英译汉诗在欧美的传播及其经典化》，载《中国比较文学》，2007年第1期，第31—45页。后文出自同一著作的引文，将随文标出该著名称首字和引文出处页码，不再另注。

[3] H. Monroe, "The Floating World: Waley's Translations from the Chinese", in *Poetry: A Magazine of Verse March* (1920), pp.337-342.

七本出版（Waley, Arthur, 1927, "The Augustan Books of English Poetry", Second Series Number Seven）；

（2）《现代英国诗选评》（Untermeyer, 1930: pp.630-632）；

（3）《牛津现代诗选 1892—1935》（Yeats, 1936: pp.247-256）；

（4）《1938 年度诗选》（Roberts, D. K. et al, 1938: pp.22-24）；

（5）《大西洋英美诗选》（Sitwell, 1958: pp.1027-1031）；

（6）《企鹅当代诗集 1918—1960》（Allott, 1962: pp.111-112）；

（7）《牛津战争诗选》（Stallworthy, 1984: p.10）（收入韦利英译屈原《九歌·国殇》，切合该书主题）；

（8）韦利译诗《中国诗百七十首》列入《现代诗章：英、法、美百部诗集，1880—1950》（Connolly, 1965）。该书列举了英、法、美三个国家的一百部重要诗歌集，而韦利的英译并非创作却也被纳入其中。有评论认为，编者康诺利此举的一个目的，是要将中国文明引入英国诗歌。[1]

（9）韦利的一首诗 "Censorship: A Poem in the Chinese Style To Hsiao Ch'ien" 入选《袖珍本现代诗选》（Williams, 1954: p.325），此书收录过去一百年间从惠特曼到迪伦·托马斯这样的名家作品（书名下方的文字说："English and American Poetry of the Last Hundred Years From Walt Whitman to Dylan Thomas。"）韦利这首诗是仿中国诗体而作，被等同于英语诗而录入。

以上所列均为英美文学作品集，有严格的选择要求，即使本国作家若达不到水准也难以入选，但韦利的译诗竟然被收入，可以说是因为译作充分展现了原作所具有的文学性和艺术性。

---

[1] Francis A. Johns, "Manifestations of Arthur Waley: Some Bibliographical and Other Notes" in *British Library Journal*, 9（2）, pp.171-184.

因此，韦利的译诗从1916年起被收入各类英美文集，持续半个多世纪，由此融入西方文学体系并积淀为西方经典。

（二）庞德阐释性译诗的接受

庞德是20世纪20年代美国新诗运动的主要人物。当时，一些诗人、学者(庞德、桑德堡、斯奈德、洛威尔等)都尝试阅读、翻译、改写中国诗并运用其中的意象和结构来写诗，中国诗歌由此在美国兴盛。美国杂志《诗刊》1913—1922年间刊载各国诗歌的翻译、创作和评论，其中显示出对中国诗的关注明显增长。[1]

在美国新诗运动的诗人群体中，庞德颇为特殊。他不懂中文，其对中国诗的了解来自美国东方学学者费诺罗萨（Ernest Fellonosa）的未完成论文《中国书面汉字》（"The Chinese Written Character"）及相关笔记，后来庞德将此文编辑并发表（1918年），并以此作为理解和英译中国诗的基础[2]。尽管如此，他的译诗仍很有影响（堪称美国版林纾）。

论及庞德的译诗，李白《长干行》（Ezra Pound，"The River-Merchant's Wife: A Letter"，1915）最为突出，被收入以下英美文学选集：

---

[1] 赵毅衡：《远游的诗神：中国古典诗歌对美国新诗运动的影响》，四川人民出版社，1985年，第55—57页。

[2] 编者在他英译的《长干行》附有脚注："The River-Merchant's Wife: Adapted from the Chinese of Li T'ai Po, an eighth century poet whose name in Japanese is Rihaku. Pound worked from translations of Chinese ideograms in the papers of American Orientalist Ernest Fenollosa." B. Lawn, ed., *Literature: 150 Masterpieces of Fiction*, *Poetry*, *and Drama*, New York: St. Martin's Press, 1991, pp. 412-413. 后文出自同一著作的引文，将随文标出该著作名称首词和引文出处页码，不再另注。

（1）叶芝编选的《牛津现代诗选》[1]，主要收录英国和爱尔兰诗人的作品（丁尼生未入选），兼收少量印度（泰戈尔）和美国诗作，至 1941 年四次再版。其中没有收录庞德的诗作，却收录了他译的《长干行》，来自他的《华夏集》（*The Cathay*，又译《神州集》）。主编叶芝在长篇序言里评价了庞德，后者曾是他的秘书。

（2）《英语诗歌评论：1900—1950》。[2]

（3）《文学：150 篇小说、诗歌、戏剧名作》（*Literature*: pp. 412-413），该书编者声称本书刻意收集经典作品，反映和确认英语国家文学史和文学传统的财富……更进一步的目的是展示英语国家文学声音的真实多样性，例如，给予女性和族裔作家的作品以足够的表达。"（*Literature*: pp.iii-iv）[3]。须指出，庞德英译《长干行》与庞德名诗"In a Station of the Metro"一同入选此书（*Literature*: pp.412-413），把一位诗人的创作与英译同时进入英美文学诗集，确实罕见，可见译文与原创的相同价值得到认可。入选该书的全是英美文学大师（弥尔顿、布莱克、莎士比亚、D.H.劳伦斯、乔伊斯、奥康纳、惠特曼、狄金森、霍桑），同时凡符合编者经典标准的其他国家的文学作品也有收入，如索福克利斯、易卜生、契诃夫等公认的世界文豪。

（4）《袖珍本现代诗选》收入庞德的 7 首诗作及译诗《长干

[1]　W. B. Yeats, ed, *The Oxford Book of Modern Verse, 1892-1935*. Oxford: Clarendon Press. 参见吴伏生：《汉诗英译研究：理雅各、翟理斯、韦利、庞德》，学苑出版社，2012 年，第 321 页。

[2]　Charles H.Sisson, *English Poetry, 1900-1950: An Assessment*. London/New York: Metheun & Co.Ltd, 1981, p.117.

[3]　一同入录此书的还有庞德名诗"In a Station of the Metro"，pp. 412-413。

行》（1954 年出版，1970 年修订），[1] 依次为："A Fact"，"Ancient Music"，"Canto I"，"Sestina: Altaforte"，"The River-Merchant's Wife: A Letter"，"The Seafarer: From the Anglo-Saxon"，"Ballad of the Goodly Fere"，"Canto XLV"。这本诗选共收 126 位英美诗人的诗作（正文的诗人英文名的首字母均小写），均为 20 世纪 50 年代公认的 20 世纪重要英美诗人的作品，足见这首庞德译诗已被作为英文的创作作品对待（钟玲，2010：54）。[2]

（5）《长干行》译诗入选《诺顿美国文学选集》，与庞德诗作 9 首（包括《诗章》3 首）一同现身于 1979 年首次出版的该选集 Volume D（1914—1945），编者解释"Rihaku"是李白的日语译名（Loeffelholz, 2007: 1482）。[3] 庞德译诗与诗作入选同一部文学选集，这与《文学：150 篇小说、诗歌、戏剧名作》（*Literature*: pp. 412-413）的情况一样。

（三）华兹生英译中国诗入选文学教材

华兹生（曾受教于华裔学者王际真）英译的中国文学作品数量众多，堪称美国汉学家的多产者。他向英语读者推介中国诗歌、历史和哲学，这方面的贡献之大或许无人能及

---

[1] O. Williams, ed., *The Pocket Book of Modern Verse*. New York: Washington Square Press, 1954, pp.305-316.

[2] 钟玲：《中国诗歌英译文如何在美国成为本土化传统：以简·何丝费尔吸纳杜甫译文为例》，载《中国比较文学》，（2），第 41—52 页。

[3] M. Loeffelholz, ed., *The Norton Anthology of American Literature*（Volume D: 1914-1945）. New York / London: W.W. Norton & Company, 2007, 1482.

（Balcom，2005：7）[1]。 他仅熟悉中国古代文学（在海外学成中文，不谙现代汉语），英译作品限于古诗和典籍（Interview：pp.7-12）。 在长期的翻译过程中逐步成熟，其译文也得到认可，被收入文学选集，主要见于以下两种。

（1）英译寒山诗9首入选《诺顿世界文学选集》（以下简称《诺顿》），[2] 包括《登陟寒山道》（"I climb the road to Cold Mountain"）等[3]；

（2）英译作品入选《贝德福德世界文学选集》（以下简称《贝德福德》），[4] 该选集汇集了西方文学和世界文学中的一流作品，编者通过阐释作品的文学、历史和文化背景，帮助学习者探索世界各国的文学精品。

《诺顿》和《贝德福德》两部世界文学选集具有较高学术性、权威性和经典性，主要作为大学教材，通常用于欧美大学课堂，多次再版[5]。《诺顿》2002年出第二版，并专门配备二册教学参

---

[1]　J. Balcom，"An Interview with Burton Watson"，in *Translation Review*，70（2005），pp. 7-12. 后文出自同一著作的引文，将随文标出该著名称首词和引文出处页码，不再另注。

[2]　S. Lawall，et al.，eds，*The Norton Anthology of World Literature*（Volume B: 100-1500，second edition）. New York/London: W.W. Norton & Company，2002，1376-1379. 后文出自同一著作的引文，将随文标出该著名称首词和引文出处页码，不再另注。

[3]　这9首英译寒山诗包括《登陟寒山道》《寒山多幽奇》（"Cold Mountain is full of weird sights"）、《可笑寒山道》（"Wonderful, this road to Cold Mountain—"）、《时人见寒山》（"When people see the man of Cold Mountain"）、《高高峰顶上》（"High, high from the summit of the peak"）、《人生在尘蒙》（"Man, living in the dust"）、《人问寒山道》（"People asked the way to Cold Mountain"）、《有身与无身》（"Have I a body or have I none?"）、《寒山出此语》（"So Han-shan writes you these words"）。

[4]　Benjamin P. Davis，et al.，eds，*The Bedford Anthology of World Literature*（Book 1: The Ancient World，Beginnings to 100 C.E.）. Boston: Bedford / St. Martin's，2003.

[5]　《诺顿世界文学选集》1956年出版，后于1965、1973、1979、1985、1992、1995、1997、1999多次重印，2002年第二版。《贝德福德》2003年出版后于2004、2010重印。

考书。[1] 入选此选集的作品兼顾专业读者和普通读者，拥有的读者多、影响广，是作品经典化的一个重要途径。

华兹生的英译是为大学生学习之用，由哥伦比亚大学出版社出版的英译《论语》，他说该译本最直接目的是为哥大一年级学生的公选课提供教材，希望这些学生在首次接触《论语》时就有印象，知道这是一本什么样的书以及其中重要的思想是什么。[2]

为此目的，他的译文特别用心，既要顾及原文，又要注意译入语读者的语言期待。所幸这两点他都做到了。美国汉学家伊维德说："与韦利相比，我更喜欢华兹生的译诗，因为它更贴近于原诗。"[3] 另一位美国汉学家傅汉思认为，"在当今还健在的人群中，没有第二个人可以像华兹生那样用优雅的英文为读者翻译这么多中国文学、历史和哲学作品。从这位孜孜不倦的翻译家笔下译出的每一本新书，都让人感到如此欣慰"。[4]

如此，华兹生的译诗不仅顺应了普通阅读的需求，也获得了更高层次的认可，获得了多个重要奖项，包括 1965 年美国古根海姆研究奖（Guggenhaim Fellowship）、1981 与 1995 年两次获得笔会美国中心 "笔会翻译奖"（PEN American Canter,

---

[1] P. Berggren, (with the editors), *Teaching with The Norton Anthology of World Literature: A Guide for Instructors* (for Volumes A-C: Beginnings to 1650, D-F: 1500 to the modern world). New York / London: W.W. Norton & Company (Second edition), 2002.

[2] B. Watson, *The Analects of Confucius*, New York: Columbia University Press, 2009, pp. 167-168.

[3] W. Lukas Idema, "The Columbia Book of Chinese Poetry: From Early Times to the Thirteenth Century by Burton Watson", in *Toung Pao*. Vol. 71, 1985, pp. 295-296.

[4] H. Frankel, "The Columbia Book of Chinese Poetry: From Early Times to the Thirteenth Century by Burton Watson", in *Harvard Journal of Asiatic Studies*. 46(1). p. 288.

PEN Translation Prize)、2005 年美国艺术与文学研究院（The American Academy of Arts and Letters）"文学奖"和 2015 年笔会美国中心"拉夫·曼海姆翻译终身成就奖"（The PEN/Ralph Manheim Medal for Translation）。很难想象这些奖项不是对他优秀译文的褒奖。

华兹生的译诗还被收入"联合国教科文组织各国代表作品丛书"（UNESCO Collection of Representative Works，1948—2005），此丛书的中国代表作品共 28 部（Chinese Series，1958—1969 年间出版），其中有 7 部为华兹生所译（裴克安，1991：53—55），[1] 包括 1970 年出版的《寒山诗百首》，[2] 可见其权威地位。

二、译文得体：中国诗英译融入英美文学体系的主因

中国诗英译之所以能够进入英美文学选集，得益于译文的得体，这是首要因素（诗歌包含的中国传统思想文化具有魅力是另一个原因）。在翻译中国诗的过程中，汉学家首先考虑的是译文语言并下足功夫对之加以锤炼，力图反映出原文的形式和内涵（基于个人理解），在这一点上无一例外。为行文方便，以下仍以上述的三位汉学家为例，分析其译文特点，解释其影响因素。

---

[1] 裴克安译：《联合国教科文组织各国代表作品丛书简介》，《中国翻译》，1991 年第 2 期，第 53—55 页。

[2] B. Watson, *Cold Mountains*: 100 *Poems by the Tang Poet Han-shan*. New York: Columbia University Press, 1970.

（一）韦利：发挥母语者译笔流畅的优势

虽然偶有误译，如将"阿苏已二八"（陶渊明《责子》）译作"A-shu is eighteen"[1]，"赤脚大仙"（《西游记》）译为"红脚大仙"（张隆溪，2014：16），[2] 但瑕不掩瑜，韦利的英译总体译笔流畅，可读性强，受到普通读者的认可，销量持续不减即是明证。《汉诗选译170首》的重印导言说该书"出版四十年以来，销售一直很平稳，我觉得其中一个原因就是这本书受到了那些通常不看诗的人的喜欢"。[3] 他的手法之一是不刻意用韵（庞德译《长干行》也是不用韵），《译中国诗》（*Poems from the Chinese*）的前言对此有特意声明，因为读者关心的是诗歌的内容，如果用韵，难免因声害意[4]。白居易《观刈麦》[5] 的译文即是一例：

Watching the Reapers

Tillers of the soil have few idle months;

In the fifth month their toil is double-fold.

A south-wind visits the fields at night;

Suddenly the hill is covered with yellow corn.

Wives and daughters shoulder baskets of rice;

---

[1]　林以亮（宋淇）：《翻译的理论与实践》载于《翻译研究论文集（1949—1983）》，外语教学与研究出版社，1984年，第212页。

[2]　张隆溪：《中国文学和文化的翻译与传播：问题与挑战》，载《光明日报》2014年12月15日第16版。

[3]　详见陈惠：《阿瑟·韦利诗歌翻译思想探究》，第153—156页。

[4]　参见 A. Waley, *A Hundred and Seventy Chinese Poems*. London: Constable and Co, 1917.

[5]　白居易《观刈麦》原文：田家少闲月，五月人倍忙。/夜来南风起，小麦覆陇黄。/妇姑荷箪食，童稚携壶浆，/相随饷田去，丁壮在南冈。/足蒸暑土气，背灼炎天光，/力尽不知热，但惜夏日长。

Youths and boys carry the flasks of wine.

Following after they bring a wage of meat

To the strong reapers toiling on the south hill,

Whose feet are burned by the hot earth they tread,

Whose backs are scorched by flames of the shining sky.

Tired they toil, caring nothing for the heat,

Grudging the shortness of the long summer day.[1]

　　此译文在结构、语序和用词上做到了与原文对应，译笔流畅且不损害原诗的结构，既体现了原文的文风，又揭示了内涵（收割的辛劳和农家的艰辛），形式和内容得以同时兼顾。若是用韵，恐怕难以达到同样的效果。

　　韦利凭借其英语母语者的有利条件，将自己的英语造诣注入译文，地道的译文堪与英美诗歌精品比肩，因而赢得英美文学界的好评。《汉诗选译170首》（Waley，1917）出版不久，英国杂志《新政治家》（*New Statesman*）于1917年10月13日（pp. 37-38）、11月23日（pp. 185-186）转载其中白居易诗17首，编辑认为这些译诗艺术优美，可以将其作为英语诗歌来欣赏（《东》：34）。这部译诗集后来甚至成为德国作家布莱希特（Bertolt Brecht）翻译的底本，他直接把韦利英译白居易等人的7首中国诗转译为德语，发表在莫斯科出版的德文杂志《发言》（*Das Wort*）1938年8月号（《东》：37—38）。韦利译诗集《来自中国的诗》作为《盛世英语诗歌丛书》第二辑第七本出版（Waley，*Poems from*

---

[1] S. Lawall, et al., eds, *The Norton Anthology of World Literature* (Volume B: 100-1500, second edition), 1394.

the Chinese, 1927），《丛书》编者的"前言"说，"韦利不仅是把一种语言译为另一种语言，而几乎是把一部杰作译为另一部杰作，由此产生了一部鲜活的诗集，我们完全有理由相信他原汁原味地再造了中国诗人的作品。……我们应该把这些译诗当作出自一位 20 世纪英国人的作品并以此进行评价"。[1] 上文提到《现代诗章：英、法、美百部诗集，1880—1950》，其编者认为韦利英译的中国诗歌毫无疑问能够被视作对英语诗歌的独特贡献，因而将其收入欧美重要文学作品书目，尽管他声明这本集子不收译文，唯独韦利例外。[2] 英国诗人沃尔夫替韦利的英译《中国诗歌集》作序，直陈在英国能够胜任英汉诗歌比较者寥寥无几，因此在面对韦利的译诗时应将其"视作出自一个 20 世纪英国人的创作，并基于此来评判"。[3]

韦利逝世之际，英国汉学家霍克斯发表评论，直言韦利英译的《西游记》(Monkey) 和《源氏物语》(The Tale of Genji)"两者都有可能在英国文学中保留永久的一席，堪与伯纳斯、德莱顿等人的翻译作品占据的地位相媲美"(Hawkes, 1966:146) [4]。

1953 年，因诗歌翻译的成就，韦利获颁女王诗歌勋章(Queen's Medal of Poetry)。

韦利的中国诗英译至今仍在发挥影响。2006 年 1 月，伦敦和上海地铁开展诗歌文化交流(Poems On The Underground: The Exchange Programme) 活动，两个城市分别在对方的地

---

[1] H. Wolfe, ed., "Preface", in *Poems From the Chinese*. London: Ernest Benn Ltd, 1927, p. iii.

[2] London: published jointly by André Deutsch Ltd. and Hamish Hamilton Ltd, 1965, p. 7.

[3] H. Wolfe, ed., "Prefaxe", p. iii.

[4] David Hawkes, "Obituary of Dr. Arthur Waley", in *Asian Major*, N.S., XII, 1966, pp.143-147.

铁展示各自的诗歌精品，其中作为中国文化季（the China in London Season）100项活动之一的"中国在伦敦"在英国伦敦地铁车厢内布置了2000个告示牌展示中国诗歌（Chinese Poems on the Underground），包括白居易的《红鹦鹉》（"The Red Cockatoo"）、李白的《听蜀僧濬弹琴》（"Listening to a Monk from Shu Playing the Lute"）和《送友人》（"Taking Leave of a Friend"）、杜甫的《春夜喜雨》（"Spring Rain"）、无名氏的《青青河畔草》等。其中白居易《红鹦鹉》、无名氏《青青河畔草》的英译文正是韦利的译笔[1]，出自韦利的《汉诗选译170首》（Waley，1917）[2]。

（二）庞德：创译（trans-creation）弥补中文缺失

庞德对中国诗的意象十分喜爱，对那些堆积意象的诗尤为青睐（如马致远《天净沙·秋思》），认为意象引发连篇的浮想，这才是诗歌应有的所为和魅力。他译中国诗多半直译，以此突出诗意并给美国诗歌创作带来突破，也把读者的注意力引向想象和意境。与此同时，他十分注意译文的优美。

庞德译诗很注意原文的"形"[3]，他译的《击壤歌》甚至字对字，可为一例。此外，他的译诗也注意表现人物外貌或肢

---

[1] 参看《文汇报》2006年2月8日的报道《杜甫李白白居易名句本月起亮相伦敦地铁》。

[2] 白居易《红鹦鹉》原文：安南远进红鹦鹉，/ 色似桃花语似人。/ 文章辩慧皆如此，/ 笼槛何年出得身？韦利译文：The Red Cockatoo by Po Chu-I（translated by Arthur Waley）: Sent as a present from Annam/ A red cockatoo./ Coloured like the peach-tree blossom, / Speaking with the speech of men./ And they did to it what is always done/ To the learned and eloquent./ They took a cage with stout bars/ And shut it up inside.

[3] 张保红：《庞德英译〈长干行〉的多维艺术综合》，载《外语研究》2012第5期，第77—81页。

体动作，按照他个人的理解还原历史意象。请看李白《送友人》[1]译文：

Blue mountains to the north of the walls，

While river winding about the them；

Here we must make separation

And go out through a thousand miles of dead grass.

Mind like the parting of old acquaintances

Who bow over their clasped hands at a distance，

Our horses neigh to each other as we are departing.

原文是"挥手"，译文却成了"bow over their clasped hands"（垂首双手合十），很是生动和独特。联想到僧人见面和告别的礼节姿势（合十作揖），以及李白曾经与僧人过从甚密，就不难理解了。另外，译文增添"at a distance"以及拟人化的坐骑相互嘶鸣示意（"Our horses neigh to each other"），更使依依不舍之情跃然纸上。他译李白《长干行》也有同样的尝试，"妾发初覆额"译作"While my hair was still cut across my forehead"，呈现"刘海"发式（此为古时未成年女童的习俗），人物形象顿时生动起来，切合原诗青梅竹马的主题。他的译诗实际上是在别人（费诺罗萨）阐释的基础上再阐释，这种创译反而得到文学界和学术界的赞许。

霍克斯这样评论韦利和庞德的译诗：两人都译过《诗经》，必须将他们都译过的那些诗加以比较，因为二者的诗集英译本

---

[1] 原文：青山横北郭，白水绕东城。/此地一为别，孤蓬万里征。/浮云游子意，落日故人情。/挥手自兹去，萧萧班马鸣。

碰巧都在书店陈列出售；并且从文学的角度来阅读的话，韦利译诗精巧、鲜活、敏感，而庞德译诗则优美而令人回味、俏皮有趣或者是平庸、质朴单纯——这是他成功的一面[1]。

这样的译诗是在创造，艾略特直言"庞德是我们这个时代的中国诗歌创造者……通过他的译诗，我们终于真实地领会了原文"[2]。艾略特此言不是出于他对中文的理解，而是出于他对英诗具有绝对的判断力，而与艾略特有同感的批评家叶威廉也认为庞德的译诗集《神州集》从根本上来说是一组绝好的诗集。[3] 这样的译诗甚至可以教会读者如何领会原作，例如庞德译李白《玉阶怨》：The jeweled steps are already quite white with dew, / It is so late that the dew soaks my gauze stockings, / And I let down the crystal curtain / And watch the moon through the clear autumn。评论者认为此译文的语气、句法和音调直截了当，显示出原诗完美相遇于庞德具有直率和精确意象的现代眼光[4]。

庞德的创造性译法或可称为"阐译"，[5] 使其译诗得以融入译入语的文学语境，接纳的标准是艺术性，是中西审美共性所致。

（三）华兹生：兼顾内容与形式

华兹生英译的特点是文笔通俗化，不加注释，突出可读性，

---

[1] 引自 John Minford et al, 2000:87. John Minford, et al, eds, *Classical Chinese Literature: An Anthology of Translations*, Volume I: From Antiquity to the Tang Dynasty, New York: Columbia University Press/ Hong Kong: The Chinese University Press, 2000。

[2] T. S. Eliot, "Introduction". In *Ezra Pound: Selected Poems*, London: Faber and Faber, p. 14.

[3] Wai-lim Yip, *Ezra Pound's Cathay*. Princeton: Princeton University Press, 1969, p. 3.

[4] Adam Kirsch, "Disturbances of Peace", in New Republic, May 20, 2009, www.newrepublic.com / article / books / disturbances-peace.

[5] 王克非：《阐译与显化——许国璋翻译思想解析》，载《现代外语》，2015 年第 6 期，第 859—862 页。

适合普通大众，在这一点上与韦利有相似之处。吸引读者并不意味着忽视译文质量一味迎合读者，而是要坚持运用好的语言尽力展现原文的魅力。这里有一个矛盾需要平衡：一方面中国诗的语言古朴精炼，有高度艺术性，内容又是古代东方文化；另一方面，诗歌译文的读者生活在当下，有自己的语言习惯和现实关注。所以既不能损失原文，又须考虑当代读者的习惯，二者要兼得。

为确保译诗的语言水平，华兹生尽量多读优秀的当代美国诗歌，从中择取好的表达用于译诗，同时他表示从不尝试把中国诗译成古色风味的英语（*Interview*: pp.7-12）。艺术性和可读性都要兼顾，颇有难度。

杜甫诗《登高》曰：风急天高猿啸哀，/ 渚清沙白鸟飞回。/ 无边落木萧萧下，/ 不尽长江滚滚来。华兹生译文：

Wind shrill in the tall sky, gibbons wailing
dolefully ;
Beaches clean, sand white, over head the circling
birds :
Leaves fall, no end to them, rustling, rustling
down ;
Ceaselessly the long river rushes, rushes on.
（"Climbing to a High Place"）

译文对应了原文的叠词，体现节奏感并复制出原文的音韵效果和简洁的风格。"rustling, rustling down" "rushes, rushes on"，读起来朗朗上口，也将原文"萧萧下""滚滚来"的气势体现无遗，形式与内容两不误。

另有李白《将进酒》，韦利、葛瑞汉、华兹生均有译文，在对比了原诗前五句的三种译文后，许国璋(1979：9—11)认为华兹生的译文"If life is to have meaning, seize every joy you can"（对应"人生得意须尽欢"）有新意，而"Boil the mutton, roast the ox—we will be merry"（对应"烹羊宰牛且为乐"）是佳作，由此评道："看来，后继有人，有些地方竟是后人胜了前人。勃顿·华森继前而又胜前，很出色。"[1] 华兹生另有《庄子》英译，中国学者给出这样的评语："华兹生的译文用的是流畅的当代英语，译文中甚至用了不少口语词和俚语，还用了不少成对词跟汉语原文的连绵词相对应，读起来琅琅上口、通俗易懂，是《庄子》英译本中的佼佼者。"[2] 此言不虚，因为评价者自己也译了《庄子》。

三、影响的扩展：译诗进入文学教材

前述汉学家的中国诗英译进入了英美文学选集，有的选集是作为大学教材使用，由于覆盖的读者面广，对中国作品的扩散产生了有力影响。例如《文学：150 篇小说、诗歌、戏剧名作》(*Literature*:p.150) 收入庞德译《长干行》，这本书的编辑目的是面向母语为英语的学生，供他们的课程学习阅读 (*Literature*: p.iii)。

---

[1] 许国璋：《借鉴与拿来》，载《外国语》，1979 年第 3 期，第 1—13 页。

[2] 榕培英译（秦旭卿、孙雍长今译）：《庄子（汉英对照）》，湖南人民出版社，1999 年，第 37 页。

不止于此，除了入选英美文学选集，另有一些中国诗英译入选《诺顿世界文学选集》。仍以英译《长干行》为例，这首译诗同时也收录在《诺顿》。同样入选《诺顿》的还有华兹生的寒山诗9首英译，寒山诗在美国不止一种英译文，斯奈德等其他3人都曾译过，而且编者也说同样优秀(1376)，但《诺顿》选择华兹生的译文，不能不说是其译文有独到之处，正如编者所说，"华兹生译的《寒山诗》囊括了对寒山诗选的生动翻译"(1376)。

《诺顿》主要用作大学教材，附有教学参考书二册，其读者是大学生，人数众多。入选的作品按照年代顺序分为六卷(A—F)，B卷(公元100—1500)的"China's Middle Period"部分选取陶渊明及唐朝诗人的作品，其中白居易《观刈麦》等12首是韦利的译文，寒山9首(以诗解禅、悟禅)的译文则来自华兹生。入选作品是历代读者所一直喜爱的(p. xxviii)，入选译文无疑是佳译，因为不能完美体现原文的译文将破坏编者的初衷。《诺顿》编者选择作品的考虑是在专业人士(研究者)的关注和普通读者(学生)的宽泛需求之间作平衡，力求兼顾二者(p. xxviii)。事实证明此举是成功的，自1956年出版(英文书名为*Norton Anthology of World Masterpieces*)以来，至2002年已再版九次(见于版权页)。相比供研究者阅读的文学选集，《诺顿》这样的教材对中国诗在海外的经典化起到了更大的普及作用，而这离不开精选的英译。

至此，本文粗略考察了中国诗在英美的翻译及接受历程，虽只是一部分，也展示出基本概貌和轮廓。从中可以看出中国诗融入英美文学体系的方式、途径和原因，其共同特点是译文语言贴近原文风格同时又有可读性，学者和普通读者均予以认可。

出版、业内好评、进入只收精品的各种英美文学选集、入选作为教材的《诺顿》、获奖、后学仿写，中国诗就这样经由汉学家的英译一步步走向西方的学术界和广大读者。这种融入是主动行为，不是外人的推介。译者(汉学家)出于自身的文学兴趣和对读者的考虑来选取作品和译法。

他们的英译本为中国文学在西方的接受打开了大门，更激发一批又一批年轻人走上汉学研究的道路。华兹生在哥伦比亚大学讲授中国文学史课程时，与夏志清一起读过中国古典小说，但不是原文而是英译本（*Interview*: pp.7-12），美国女诗人凯莎从阅读中国诗英译走上诗歌创作道路，坦言道："我从小就一直读韦理的译诗，他的译诗给予我的受益和享受无以言说，一如其他现代诗人。"[1] 她后来出版了诗集《敲唤寂寞》，其中有一组"拟中国古诗"（Chinese Imitations），模仿《乐府诗集》《子夜歌》的诗作《夏天河畔》，[2] 这首模拟诗与史奈德译的寒山诗入选各种美国文学选集。[3] 另一位美国女诗人简·何丝费尔（Jane Hirshfield）不懂中文，但喜欢阅读英译的中国古典诗歌，自称中国诗人寒山和杜甫对她影响最大，曾写过呼应杜甫的诗。[4] 还有女诗人洛威尔（Amy Lowell），她与美国作家艾

---

[1] C. Ashley Kizer, " Acknowledgements ", in *Knock upon Silence: Poems by Carolyn Kizer*. Seattle and London: University of Washington Press, 1965.

[2] 参看乐黛云《中西比较文学教程》，高等教育出版社，1988 年，第 274—275 页。

[3] 钟玲：《美国诗与中国梦：美国现代诗里的中国文化模式》，广西师范大学出版社，2003 年，第 34—36 页。

[4] 钟玲：《中国诗歌英译文如何在美国成为本土化传统：以简·何丝费尔吸纳杜甫译文为例》，第 41—52 页。

思柯（Florence Ayscough）合译中国古典诗歌译文集《松花笺》（*Fir-Flower Tablets*），英译反过来促进了她的创作。宇文所安（Stephen Owen）、韩南（Patrick D. Hanan）、康达维（David R. Knechtges）在采访时均表示得益于韦利英译的汉诗及其他汉学著作（《东》：36）。

一些后学为表达受益的感激之情，将自己的成果题献给前人表示敬意。白之（Cyril Birch）把他的《中国文学选集》题献给韦利[1]，华兹生自称受韦利译诗的影响，他的译诗集（*Chinese Rhyme-prose: Poems in the Fu Form from the Han and Six Dynasties Periods*）因此题献给了后者（*Interview*: pp.7-12）。

如今，20世纪后半期涌现的汉学家自身成绩卓著(白之、华兹生、伊维德、宇文所安、汉乐逸等)，成为中国文学海外传播群体的中坚力量。他们所在的欧美大学东亚系，每年培养中国文学和文化的博士生，成为传播和传承中国文学的基地，可谓"江山代有人才出，各领风骚数百年"。其成功自然而成，不可复制。

---

[1] Cyril Birch, *Anthology of Chinese Literature: Volume II: From the Fourteenth Century to the Present Day*, edited and with an introduction by Cyril Birch, Grove Press Inc., 1972.

经典的通俗化 *
——论《论语》当代英译走向民间之良策

陶友兰 **

  《论语》是记录孔子及其弟子思想观念的一部语录体著作。现代学者和作家林语堂说过："孔子品格的动人处，就在于他的和蔼温逊，由他对弟子的语气腔调就可清清楚楚看得出。《论语》里记载的孔子对弟子的谈话，只可以看作一个风趣的教师与弟子之间的漫谈，其中偶尔点缀着几处隽永的警语。以这样的态度去读《论语》，孔子在最为漫不经心时说出一言半语，那才是妙不可言呢。"[1] 林语堂为此在20世纪提倡语录体，被称作《论语》派。可见儒家的经典充满着世俗人情的意味，是通俗化很强的一部书。

  同时，《论语》又是一部涉及人类生活诸多方面的儒家经典，距今有两千四百多年的历史，是若干断片的集合体。要正确理解全文，需要"字音词义、语法规则、修辞方式、历史知识、

---

* 本文原载于香港《翻译季刊》2015 年第 77 期第 1—25 页。

** 陶友兰，复旦大学外文学院教授，研究方向为翻译学。

[1] 转引自袁济喜：《从孔子〈论语〉对话风采看文艺批评》，载《中国人民大学学报》2008 年第 3 期，第 139 页。

地理沿革、名物制度和风俗习惯的考证"[1]。《论语》虽然篇幅不长，实际上其哲学内涵精微深奥，概念复杂，语义多歧，以致历来注疏众多，莫衷一是。海外学者郑文君[2]曾说，古汉语典籍中没有任何别的文本(可能除了《易经》之外)能像《论语》这样如此一贯地对我们的创造性诠释能力提出挑战，以至于理解文本的重担从作者转到了读者的身上。

对于这样一部融通俗和经典于一体的著作，该如何翻译呢？从《论语》三百多年的英译历史看来，海外译者中主要有两种倾向：一种是译成学术型著作，面向专业读者。这类译文注重考证原文的义理辞章，尽量贴近原文的解释，注重译出中国哲学著作的内涵，如理雅各、韦利、刘殿爵、黄继忠、程石泉、安乐哲、白氏夫妇等译者都在追求再现《论语》的哲学本原。还有一种倾向就是译成通俗性著作，面向普通读者，意在向英语读者介绍中华文化，传播东方智慧，如林语堂(节译)、李祥甫、道森、华兹生、亨顿、庞德、魏鲁男、森舸澜等译者通过各种翻译策略，还原《论语》通俗易懂的一面，让英语读者读起来亲切并引起共鸣。

对于经典著作如《论语》的翻译，何刚强教授曾如是说：

> 我们不能为翻译而翻译，不能陶醉于把中国典籍变成了外文而满足。依我的观点看，现在我们大规模翻译这类著作，好像主要面向西方的学术界、国外的汉学家或相关研究机构，没有考虑欧美广大普通的读

---

[1] 杨伯峻：《论语注释》，中华书局，2009年，第34页。

[2] Alice W. Cheang, "The Master's Voice: On Reading, Translating and Interpreting the 'Analects' of Confucius", in *The Review of Politics*, 62(3), pp. 563-581.

者群的需求。而恰恰是这些普通的读者群对中国、对中国的传统文化了解得很少。面向他们，我们进行翻译工作需要在选题上、内容上，尤其在翻译的策略上进行周到的谋划。我认为，这类翻译应当深入浅出，以普及性的文字与风格出现，尽量让广大的读者有一种喜闻乐见的感觉。再有文化魅力的作品，如果不看宣传对象，一味"死心眼"地翻译，表面上煌煌巨册，实际上可能"和（读）者盖寡"[1]。

本文也认为，典籍英译如果要走出国门，还是要面对那些对中华文化不是很了解的普通读者。由于语言、文化的差异，要让外国人理解、接受、热爱我们的传统文化是不容易的。潘文国教授提出，"在典籍英译过程中一定要研究读者，研究读者心理，要研究怎样用他们最认可的方式、接受他们最需要，当然同时也是我们认为最值得提供给他们的东西。不要辛辛苦苦做了半天，做完了束之高阁，到头来只能自我欣赏、自我陶醉"[2]。译文必须在内容和形式上服务于译文读者。"从某种意义上说，这好比进行市场调查，测试公众对市场产品的反应。对某种产品，不管理论上认为它有多好，也不管它陈列时显得有多美观，如果反应不好，那就不会被接受。"[3] 因此，要照顾英语世界普通读者的品味和阅读能力，《论语》英译除学术型取向外，还应有第二种倾向，即走通俗化道路。

---

[1] 何刚强，《传播中国文化不只是翻译〈论语〉》，载《广州日报》，2012 年 9 月 12 日。

[2] 潘文国，中国英汉语比较研究会第七届全国典籍翻译学术研讨会致辞。

[3] E. A. Nida, et al., *The Theory and Practice of Translation*. Shanghai: Shanghai Foreign Language Education Press, 1969 / 2004, p.165.

一、经典通俗化的翻译策略

为了发挥经典的文化与教化作用，中国古代历来注重对于经典解释过程中的通俗化。过去有所谓蒙学，就是将经典普及化，综观中国历史上的循吏与良吏，都非常重视用儒家经典教化百姓，风化地方。所以，对于《论语》的解读，也可以将其通俗化，体现其实践理性的丰富内涵。

对中华典籍的英译是一种跨文化解读。"中华文化属于一种世俗文化，四书五经都是教人立身行事之类，兼具学术与意识形态、宗教教化的性质，倡导的是知行合一的人格，与世界其他各国的经典多属神学系统大为不同。"[1] 所以，在英译典籍的过程中，也应发挥原文本的功能，使《论语》通俗化的一面在英语世界里得到再现和传播。

孔子思想所以成为中华民族文化心理的承载者，影响深远，"是因为它承载着中华民族的实践理性，符合中国人的人生观与理性观念，中国人不喜欢将理论变成灰色的思辨的对象，而喜欢知行合一，履践为上的知性与悟性，在悟性中渗透着深刻的哲理。《论语》正体现出这样的境界。因此，解说经典不妨深入浅出，但必须有着深湛的人生阅历与丰富的学识方能臻于此境"[2]。经典通俗化不等于经典庸俗化、世俗化，需要采取一定的翻译策略，进行精心解读，才能达到跨文化交际的目的。纵观《论语》英译的三十多个译本，我们发现让《论语》英译本走向民间可通过以下"六化"策略：口语化，语境化，本土化，故

---

[1] 袁济喜：《经典与通俗》，载《中国教育报》2007年8月24日理论版。
[2] 同上。

事化，时代化，多媒体化。

（一）口语化

《论语》成书于战国时代，距今有两千多年的历史，其使用的语言在当时基本上属于口语，"是把当时流行的'雅言'、群众的口语和前人的书面语三者结合起来而产生的一种新风格语言。这种语言的一大特色就是通俗化、口语化"[1]。因此，英译《论语》首要注重的就是选择什么样的英语来翻译，正如华兹生在其译本的前言中所写："译文的语言并不是为了反映原文的古代特色，而是采用了口语式英语，即如果这些对话发生在今天所用的那种语言。"[2] 因此，他的译本简约通俗，富有口语色彩。例如：

1. 子谓子贱，"君子哉若人！……"

The Master said of Zijian, A real gentleman, this one![3] (36)

华兹生用"A real gentleman, this one!"来译"君子哉若人"，真是形神兼备，既译出了原文赞叹的语气，很口语化，又和原文的语序、形式保持了高度一致，看似简单，实则体现了译者拿捏语言的娴熟和用心。试比较安乐哲和罗思文的译文是：He is truly an exemplary person![4]

口语化还表现在使用简短易懂的句型，干净利索地传达原文语气。例如利斯的译文：

---

[1]　韩江玲：《简评〈论语〉的语言特色》，载《作家》2008年第9期，第133页。

[2]　Burton Watson, trans, *The Analects of Confucius*. New York: Columbia University Press, 2007, 13.

[3]　Watson, 2007：36.

[4]　Roger T.Ames, et al., trans., *The Analects of Confucius: A Philosophical Translation*, New York: The Random House Publishing Group, 1998, p.95.

2．子曰：吾与回言终日，不违，如愚。退而省其私，亦足以发。回也不愚。

The Master said: "I can talk all day to Yan Hui—he never raises any objection, he looks stupid. Yet, observe him when he is on his own: his actions fully reflect what he learned. Oh no, Hui is not stupid!" [1]

该译文基本上是顺着原文的顺序翻译的，句式简短，娓娓道来。中间加了一个"yet"，表明前后的转折关系。特别是加了一个口语化的表达"Oh no"，加强了语气，突出了孔子对自己前面猜测的否定，对颜回的表现感到惊喜。

"口语化"不等于简单化，而是用简洁、自然的字眼，恰如其分地译出口语化的特色，就像是孔子或其弟子在说话，通俗易懂，易为普通读者所理解。庞德的译本[2]也有这种体现。"庞德非常在意将《论语》中的许多的词汇表达做了通俗化的加工，使译文让人一读就懂。"[3]例如：

3．子曰："道千乘之国，敬事而信，节用而爱人，使民以时。"

He said: "To keep things going in a state of ten thousand cars: respect what you do and keep your word, keep accurate accounts and be friendly to others, employ the people in season." (34 words)

这一节译得干净利落，特别是"道千乘之国"以"keep

---

[1] Simon Leys, trans., *The Analects of Confucius*. New York: W. W. Norton & Company, 1997, p. 7.

[2] Ezra Pound, trans. *Confucian Analects*. London: Peter Owen Limited, 1951.

[3] 何刚强：《简洁通俗，不落窠臼——庞德的〈论语〉英译赏评》，载《翻译教学与研究》第二辑，2011年，第4页。

things going in a state of ten thousand cars"这样的方式来对应，显得很地道、别致，把一个"道"字译得深入浅出，而且语序和原文一致，读起来朗朗上口。

由此可以看出，"口语化"对译者语言的要求很高，"以学者的态度深入钻研原文，而出之以浅易的英文，达到通俗易晓的效果"[1]。

（二）语境化

由于《论语》文本具有模糊性，所以对于不熟悉中国文化的读者来说，需要译者担负起解释的责任，提供一些背景知识和解释，帮助读者理解一些没有上下文语句的含义。例如：

4. 子曰："觚不觚，觚哉觚哉！"

The Master said: "the drinking vessel is no longer a drinking vessel. Drinking vessel！ Drinking vessel！"[2]

此处如果不加注释，就是一般的中文读者都会感到莫名其妙，不用说英语读者了，更是一头雾水。李祥甫（David H. Li）的译文就提供了详细的注释，提到"觚"有两个用途，一是喝酒用的仪器，二是限定饮酒的酒量。按照"礼"的要求，一般只能喝一杯，不可多喝。觚是一种有角的酒杯，有人为了扩大酒杯的容量，就把觚上的角去掉了，把四边向外弯，把长方形的容器变成了椭圆形。这种变形，尤其是实行变形的原因，让孔子悲叹"酒杯不再是酒杯了"。再往深处考察，孔子看到了

---

[1] 潘文国：《典籍英译心里要有读者——序吴国珍〈论语〉最新英文全译全注本》，《吉林师范大学学报》2012年第1期，第18页。

[2] David H. Li, trans., *The Analects of Confucius: A New-millennium Translation*. Bethesda: Premier Publ., 1999, p.77.

更严重的现实：沉溺于饮酒只不过是个现象，真正让人担忧的是人们对"礼"不再尊重。所以，这里的"觚"是个委婉语，孔子真正悲叹的是"礼啊！礼啊！"而安乐哲和罗斯文的译文没有任何注释，只是将"觚"加了个解释性说明，译文是：The Master said，"A gu ritual drinking vessel that is not a gu ritual drinking vessel— a gu indeed！A gu indeed！"[1]

《论语》中除了这些具有特别含义的具体事物以外，还有一些历史人物也需要译文补充语境，才能让读者明白。再看一例：

5．子曰："甚矣吾衰也！久矣吾不复梦见周公。"

The Master said: "Oh！I am getting old. I have not dreamed of Duke Zhou for a long time." [2]

原文中"周公"是第一次在《论语》中出现，如果不加注释，会让读者感到迷惑。李祥甫的注释中指出，周公即周公旦，是西周政治礼乐典章制度的主要制作者，是鲁国的始祖，为鲁国留下了丰富的文化遗产。他是孔子所崇尚的古代圣贤之一。孔子一直以周公之道为理想，"梦见周公"喻指他想如同周公对周朝那样，为鲁国的文化繁荣做出自己的努力。上引"久矣吾不复梦见周公"是指孔子估计实现自己抱负的可能性很小而发出的慨叹。这样的注释，可以让读者在了解周公这个人物的同时，也能明白孔子的说话智慧和向先贤看齐的做人态度。

上述注释都为读者提供了大量的补充信息，让读者能够领会原文要表达的真正含义，同时帮助读者梳理阅读思路，提醒

[1] Roger T.Ames, et al., trans, *The Analects of Confucius: A Philosophical Translation*. New York: The Random House Publishing Group, 1998, p. 109.

[2] David H. Li, trans, *The Analects of Confucius: A New-millennium* Translation. Bethesda: Premier Publ, 1999, p. 82.

他们要在一定的语境中理解《论语》。必要时，还要对原文中含而不宣的言外之意或委婉语表述进行引申解释。例如，

子贡问曰："赐也何如?"子曰："女器也。"曰："何器也?"曰："瑚琏也。"

对孔子在这里的回答，詹林斯的译文是，"You are a receptacle. One for high and sacred use"[1]。在注释5.3中，译者指出"瑚琏"是一种用于皇家祭祀的贵重器皿，而孔子这种隐喻的答案，既含有褒扬之义，又不容弟子自恃完美。经过译者这样的解释，使得一些看似不知所云的表述，意义变得明晰，增强可读性。

（三）本土化

跨文化传播的适应原理认为，一种文化传播到另一种文化中时，必须能够适应另一文化的特点。如果缺乏这种适应，传播便不能顺利进行，甚至出现失败。马莱茨克传播模式[2]认为，传播过程中不仅有背景、环境等多方面的限制，也有信息内容和媒介形式等产生的约束，还有对接受者情况的了解和认识程度、对传播者形象的接受程度。

如果传播者能很好地适应新的文化环境，就可以选取适宜的信息内容，选择恰当的媒介形式，把传播内容最大限度地传播给受众。明末以利玛窦为代表的西方传教士在华成功传教的实例，在一定程度上说明了"入乡随俗"的"本土化"策略很重

---

[1] William Jennings, trans, *The Confucian Analects*, *A translation*, *with annotations and an introduction*. London and New York: George Routledge and Sons, 1895, p 67.

[2] 刘京林:《大众传播心理学（修订本）》，中国传媒大学出版社，2005 年。

要^[1]。这一策略主要是对两种文化中的"异质"进行适当变通，以译入语读者熟悉或者能够接受的形式，传播原文化信息。在《论语》英译过程中，很多译者都采用了这种策略，对跨文化交流做出了巨大贡献。

作为汉学家的利斯，对一些具有鲜明中国古代文化特色，且无法在西方文化中找到对应的事物，就采用了西方的概念对应了中国特色的事物，然后在注释中进一步说明翻译策略并补充信息，有助于扫除西方读者的理解障碍，同时又消除了其陌生感，达到促进儒学传播、提升文化交流的主要目的。例如：

6．子见齐衰者、冕衣裳者与瞽者，见之，虽少必作，过之，必趋。

Whenever the Master saw someone in mourning, or in ceremonial dress, or when he saw a blind man, even one younger than he was, he always stood up, or respectfully moved aside.^[2]

原文里讲到古代中国文化里表示尊敬的方式，就是在经过别人身边时，快走几步，以示敬意。在利斯的译文里，他把这种尊敬的方式归化为"很尊敬地让到一旁"，比较符合现代社会的礼仪，容易为读者所接受。虽然西方读者可能失去了了解中国古代表示尊敬的方式，但是不影响他们理解孔子的谦虚和为人恭敬的品德。

7．虽疏食菜羹，必祭，必齐如也。

这句是讲孔子非常尊敬祖先，即使吃的是糙米饭小菜汤，

[1]　谭雅昕：《明末西方传教士跨文化传播策略研究——以利玛窦为例》（博士论文），重庆大学，2010 年。

[2]　Simon Leys, trans., *The Analects of Confucius*. New York: W. W. Norton & Company, 1997, p.40. 后文出自同一著作的引文，将随文标出该著名称首词和引文出处页码，不再另注。

吃之前也要从中拿出来一些，放在食器之间，祭最初发明饮食的人。这是中国古代文化祭祀的一种方式，表示后人不忘祖先之恩。例如刘殿爵先生的译文就完全保留了这些因素，但是西方读者可能不明白为什么要这样做。而利斯则将其改头换面，用了基督教中的饭前祷告（pray）祝谢的方式来翻译，感谢上帝的施予和恩典。虽然形式不一样，但是传达的意思是一致的。英文读者很容易理解和接受，当然这也有可能让他们误认为中国古人饭前也会有祷告这一习惯。

However coarse the fare, one should pray before every meal, and pray devoutly（46）.

Even when a meal consisted only of coarse rice and vegetable broth, he invariably made an offering from them and invariably did so solemnly.[1]

"本土化"策略最根本的是发挥"移情"作用，帮助读者理解译文，表现在与译入语读者三个方面的"靠近"：在符号表达方式、思维方式上与他们的相近，心理上与他们能够形成某种契合。通过这样的方式，才能使传播变为传通，使感知层次上升为理解层次，使交流变为共享。

"本土化"策略体现在翻译实践中，首先是语言本土化，因为从信息接受的角度说，人们对本民族的语言有一种天然的亲和力和感知力，所以，如果译者是以英语为母语的人，译出的语言容易为本族人所理解和接受。其次就是本土化的内容，例如利斯的译本受欢迎，还因为"利斯喜欢借题发挥，阐述如今

---

[1] D.C. Lau trans., *Confucius: The Analects*. Beijing: Zhonghua Book Company, 2008, p.171.

中国通俗文化和社会文化中仍然流行的那些理念"[1]，例如通识教育、科技与文化、修身养性、交友之道、家庭亲情和爱国之情、孝顺长辈、上下级之间关系等等。而这些问题在英语文化国家同样存在，所以能够引起读者的共鸣。第三就是本土化的用人，即《论语》译者最好是在异域文化中生活，"言传身教"地传播中华文化，并且能起"意见领袖"的作用，如知名的汉学家、海外有影响的华人作家和翻译家。他们翻译的《论语》译本可能传播的效果会更好，更有说服力。现有的译本中就有很多这样的例子。"本土化"策略，"应该以跨文化交际为目的，努力让本土读者感觉《论语》的晓畅易懂"[2]。

但是，"本土化"策略的运用要有度。它适合在"异域文化引入期"使用，即在两种文化刚开始接触，彼此不是很了解时，译者首先是为了引导译入语读者了解异域文化，吸引他们的注意力而消除原文化的"陌生感"。这可能是跨文化传播过程中不可避免的一个阶段，因为异质文化的传播都是沿文化的迎合、文化的冲突与协调、文化的适应、文化的对话和文化的汇通五个阶段由低级向高级逐渐推进的范式[3]。

（四）故事化

莫言获得诺贝尔文学奖后，发表获奖感言时说："我是一个讲故事的人。因为讲故事我获得了诺贝尔文学奖。"他用自己的方式，讲自己的故事，赢得了国际读者的认可。据中国网报导，

---

[1] Anne Cheng, " Review of The Analects of Confucius by Simon Leys and The Analects of Confucius（Lunyu）: A Literal Translation by Huang Chichung", in *Bulletin of the School of Oriental and African Studies*, University of London, 62.2（1999）, 387.

[2] Raymond Dawson, *Confucius: The Analects*. New York: Hill and Wang, 1982, p.xxvii.

[3] 谭雅昕:《明末西方传教士跨文化传播策略研究——以利玛窦为例》（博士论文）。

辽宁教育出版社出版的介绍五千年中国文明史的《中国读本》一书，译成英文后，在海外的发行非常成功[1]。其成功的一个主要原因就是，他们在进行翻译时，并不是简单地把文本从中文翻译成英文，而是在原文的基础上进行了深度再加工，再创作，用西方的语言，按西方人喜欢并乐意接受的方式讲西方人听得懂的"中国故事"。

吴国珍的《论语》最新英文全译全注本2012年5月问世，国家汉办邀请有关专家进行评审，得出了"准确、简练、通俗、地道"的结论，认为其内容易为外国读者理解，将之列入孔子学院赠书书目。这个译注本的最大特点是有丰富的史料可供学术研究参考，更因其中无数动人的小故事而成为一本有趣的读物，任何有中级英语水平的学员都能轻松阅读。

这几个成功的实例告诉我们，《论语》英译过程中，某些内容可以故事化，加强趣味性。但文化生活化，故事是中国的，讲故事的方式是应该国际化的，所以要注意怎样以通俗易懂的形式，把中国的故事讲得栩栩如生，吸引异域读者。

例如，森舸澜（E.Slingerland）翻译《论语》时就很灵活，"他通过征引典故的做法，将原文思想化抽象为具体、变单调为丰富，既挑起了读者的阅读兴趣，又帮助读者理解和感悟儒家思想"[2]。例如：

8．子曰："君子和而不同，小人同而不和。"

The Master said, "The gentleman harmonizes（he 和），and

---

[1] "让西方人看得懂《中国读本》营销海外的启示"，http://www.china.com.cn/book/txt/2008-05/08/content_15109985.htm。

[2] 张德福：《学识接古今，译作称厚重——试探森舸澜〈论语〉英译之"丰厚"特色》（未发表），2013年。

does not merely agree (tong 同). The petty person agrees, but he does not harmonize." [1]

注释中引出了这样一个故事：

The best commentary on this passage is a story from the Zuo Commentary: The Marquis of Qi had returned from a hunt, and was being attended by Master Yan at the Chuan pavilion when Ran Qiu came galloping up to them at full speed. The Marquis remarked, "It is only Ran Qiu who harmonizes (he) with me!" Master Yan replied, "Certainly Ran Qiu agrees (tong) with you, but how can you say that he harmonizes with you?" The Marquis asked, "Is there a difference between agreeing and harmonizing?" Master Yan answered, "There is a difference. Harmonizing is like cooking soup. You have water, fire, vinegar, pickle, salt, and plums with which to cook fish and meat. You heat it by means of firewood, and then the cook harmonizes the ingredients, balancing the various flavors, strengthening the taste of whatever is lacking and moderating the taste of whatever is excessive. Then the gentleman eats it, and it serves to relax his heart. The relationship between lord and minister is just like this. If in what the lord declares to be acceptable there is something that is not right, the minister submits to him that it is not right, and in this way what the lord declares acceptable is made perfect. If in what the lord declares to be wrong there is something that is, in fact,

---

[1]   E.Slingerland, *Confucius Analects: With Selections from Traditional Commentaries*, Indianapolis / Cambridge: Hackett Publishing Company, Inc, 2003, p. 149.

acceptable, the minister submits to him that it is acceptable, and in this way the inappropriate aspects of what the lord declares wrong are discarded. In this way, government is perfected, with no infringement upon what is right, and the common people are rendered free of contentiousness... (An extended musical metaphor follows, where different notes are brought together and harmonized to please the heart of the gentleman.) Now, Ran Qiu is not like this. What his lord declares acceptable, he also declares acceptable ; what his lord declares wrong, he also declares wrong. This is like trying to season water with more water—who would be willing to eat it? It is like playing nothing but a single note on your zither—who would want to listen to it? This is why it is not acceptable for a minister to merely agree."

For the danger caused to a state by a minister who merely agrees, also see 13.15.

上例的评论篇幅较长，除了告诉读者惟命是从的大臣之于国邦的危害可参见13.15外，为了帮助普通英语读者理解原文抽象的含义，整个评论主要在引述出自《左传·昭公二十年》的一个故事：

> 齐侯至自田，晏子侍于遄台，子犹驰而造焉。公曰："唯据与我和夫！"晏子对曰："据亦同也，焉得为和？"公曰："和与同异乎？"对曰："异。和如羹焉，水、火、醯、醢、盐、梅，以烹鱼肉，燀之以薪，宰夫和之，齐之以味，济其不及，以泄其过。君子食之，以平其心。

君臣亦然。君所谓可而有否焉，臣献其否以成其可；君所谓否而有可焉，臣献其可以去其否。是以政平而不干，民无争心。

从表面上看，译者花费如此多的笔墨写一个故事多少让人费解；其实引述这个故事确实能够帮助普通英语读者理解原文抽象的含义，颇有合理之处。经过查证发现，即便国内学者如刘宝楠（《论语正义》）、钱锺书（《管锥篇》）等在探讨"和而不同"的思想时，也都几近完整地引鉴晏婴之喻论"和"与"同"的故事。

还有李祥甫的译本，他设想的读者是美籍青年华人，他们对中华文化知识了解不会很多很深，所以译者为他们计，不遗余力地提供尽可能多的信息。专门进行脚注的人物有尧、舜、禹、管仲、晏平仲、伯夷、叔齐、左丘明、周公、泰伯、后羿、侯稷、微生亩、柳下惠、公子纠、比干、南子等。对这些人物的介绍，还配有一些古闻逸事，如尧、舜、禹时期实行禅让制；伯夷、叔齐不食周粟饿死；后羿射日、比干因上谏而被剖心等。这些历史与人物传说的知识给读者带来一些遐想，颇能激起青年读者的兴趣。

上述讲的是在译文的注释里插入故事。还有一种办法是像《圣经故事》那样，专门编译《论语故事》，让读者在阅读故事的过程中，深入理解《论语》精髓。同时，大量生动的历史故事可以开阔读者的历史视野，勾起异域读者对中华文化的好奇心。国内的《论语故事》大都是给青少年读的，有的配有拼音和图画，浅显易懂。但是日本的著名教育家与作家下村湖人却很好地演绎了《论语故事》。他精研《论语》，以《论语》章句为骨架，悉心揣摩，以丰富的想象、精妙的语言和擅长心理分析的笔触结撰成一篇篇活泼生动、发人深省的故事，栩栩如生地再现了两千五百年前孔门师生的音容笑貌、气质精神。全书有夫子言志、子入大庙、宰予昼寝、冉求自限、犁子之子、瑚琏之器、夫子击磬、天之木铎等28个故事。该《论语故事》在日本已被公认为日本汉学的经典文献，公元2000年被译为中文后，在香港、台湾及中国大陆地区亦多次再版，引起广大读者重重无尽的心灵震撼。而国内图书市场上目前还没有英语版的《论语故事》，值得所有《论语》研究者和译者深思。

（五）时代化

阅读经典，意味着站在今天的角度对经典的重释，以释放出经典所蕴藏的跨越时空的巨大能量。解读经典，就是让经典中的智慧指导当前充满矛盾的现实，让读者吸取切合当今社会需要的重要道德理念和思想精华。从事汉学研究长达30年的汉学家利斯，在英译《论语》时就赋予了《论语》以现代性，他首要是针对非专业人士——那些希望扩大自己的文化视野而又不能直接阅读原著的读者。他没有将《论语》看成是经典著作，而是作为现代作品来欣赏。他"可以不带偏见地看待这部著作，好像是全新的作品"（xvii）。

利斯的译本是被广泛誉为质量较高的一个版本。美国汉学家、史学家史景迁（Jonathan Spence）指出利斯的翻译清晰而优美，目的是使《论语》既成为不朽之作，也对解决我们当前困境有着现实的意义。[1] 利斯为了体现《论语》对现代社会的意义，

---

[1] Jonathan Spence, "What Confucius Said", in *New York Review of Books*, April 10 (1997).

其翻译加入了主观诠释。法国汉学家程艾蓝[1]也积极肯定了利斯的《论语》译本采取的近现代视角解读，评说他的译文风格简练，采取近似翻译法，而不是传统意义上精确、忠实的译法，有时对一些文化背景知识的细节进行改动，或者让意思变得相对模糊。中国学者杨平（2011）评论说利斯采取的是一种古为今用、中为西用的翻译原则，他强调《论语》的现代性，目的在于用孔子学说疗治西方社会的弊病或补救西方社会的缺陷，强调儒家学说的现代意义和普遍价值。[2]

9．子夏曰："仕而优则学，学而优则仕。"

Zixia said: "Leisure from politics should be devoted to learning. Leisure from learning should be devoted to politics." （96）

根据杨伯峻的解释，此处的原文意思是"做官了，有余力便去学习；学习了，有余力便去做官"。大部分译文都是根据这个解释来翻译的。但是利斯在注释里却做出另一番解释："优"一般被解释为"余力（left-over energy）"，其实用"leisure"来翻译更合适，因为这个词有语文学和哲学上的渊源。"优"这一概念和古希腊词语 schole 相似，用来描述一个人属于他自己时的状态，可以自由地处理自己的事情。（古希腊词语 schole 不仅指休息、休闲，而且还指如何利用闲暇研究，学习，甚至延伸到学习研究的书房或是学校。英语单词就是 school 从 schole 派

---

[1]　Anne Cheng, " Review of The Analects of Confucius by Simon Leys and The Analects of Confucius（Lunyu）: A Literal Translation by Huang Chichung ", in *Bulletin of the School of Oriental and African Studies*, University of London, 62（2）.

[2]　杨平:《西方汉学视域中的〈论语〉英译研究》，光明日报出版社，2011 年。

生出来的。）根据孔子的见解，政治和文化是闲暇的产物，所以作为独自拥有自由时间的君子应该承担起责任：从政和学习。古希腊也有同样的理念，如在柏拉图一次对话中，苏格拉底就问道："我们是奴隶，还是拥有闲暇？"[1] 英国古典主义学家伯纳德·劳克斯也评论道："闲暇是被看作幸福生活不可缺少的一个条件，也是自由人的特征。正如一句希腊谚语所说，'奴隶，没有闲暇——这就是其定义"。在欧洲文化中，也有对闲暇的积极论述。例如赛缪尔·约翰森就说，"所有的知识上的进步都源自闲暇"。尼采就曾撰文大肆批评由于美国的影响破坏了欧洲"优雅的闲暇（civilized leisure）"。[2]

由此，利斯感叹今天的社会，一方面有人诅咒大规模的失业带来的强制性"闲暇"，另一方面，教育精英们在抱怨自己受制于无休止的工作，其人文职业都变成了毫无意义的挣钱机器。从这句译文和解释中，我们可以看到利斯的人文主义思想。他把孔子思想与当今社会紧密联系在一起，具有教育和借鉴意义。

利斯的英译本最大特色就是用词简练、句型简洁，文体清新易懂，旨在通俗性、大众化，像是孔子站在读者的身边娓娓道来，"这是一个大家的孔子"[3]。郑文君评价说，利斯在英语读者和译文之间创造了一种默契，让读者在共同的人性基础之上和书中的人物相遇。同时，在注释里，把孔子和西方的思想家、作家、警言作者放在一起，谈古论今，用他们的话来阐述同样深刻的道理，这样，利斯也让西方的传统在共同人性的基础上

---

[1]　原文 " Are we slaves, or do we have leisure"，详见 Leys trans., *The Analects of Confucius*, p. 209。

[2]　编译自利斯的译本第 209 页注释，见 Leys trans., *The Analects of Confucius*, p.209。

[3]　W. Cheang, " The Master's Voice: On Reading, Translating and Interpreting the ' Analects ' of Confucius", in *The Review of Politics*, 62.3(2000), p. 567.

和孔子相逢。因此，该译本较好地沟通了读者和译本之间的互动，促进了中西文化的交流。

据百度搜索统计，《于丹〈论语〉心得》一书简体中文版累计销量已达600余万册，多次再版，已被译为30余种文字在各国发行，目前外文版销量已达40万册。这虽不是正宗的《论语》，但足以说明《论语》如果与现实联系起来，其传播力和影响力巨大无比。

（六）多媒体化

在信息全球化时代，新技术的使用和推广使得纸质书本已跟不上读者的要求，需要电子化、网络化。据统计，现在每隔半个小时，就有一个新网络与互联网相连，每过一个月就有100万的网络用户加盟。毫不夸张的说，任何信息一旦进入互联网几乎就可以同时被世界各地的网民所接受。因此，翻译作品，如同一件社会产品，也应该多媒体化，进入网络传播时代。

网络传播模式主要有：在线信息，网络出版物，专题网站。有三大特点：(1)以用户为本的网络出版形式拉近了读者与刊物之间的距离，大大提高了信息的时效性；(2)通过"自由网版"吸引了大量读者，增加了访问量，进一步扩大了影响；(3)网络出版使受众自由度增强，是受众参与科学传播的主动性和个性增强的体现。《论语》英译本也可以采取以上三种形式进行制作和传播，以便更多的读者能够知晓《论语》，进而阅读并欣赏《论语》，最终接受或认同中华文化理念。

根据网络统计，赖发洛《论语》英译本传播媒介最多——唯一同时拥有纸质、Kindle版、iBooks版、AudioBooks版，三种电子版为其带来了任何译本无可比拟的读者规模，其受众均以欧美人群为主，达到了传播《论语》精髓的目的。所以，从翻译的传播模式和受众角度出发，新时代《论语》译本可以多模态推广，主要采取以下几种方式：（1）译本电子版：译本由纸质版变成电子版是很容易的，只要解决版权问题，理论上讲电子版会更畅销，因为便于读者携带和阅读。（2）译本网络版：很多《论语》译本都可以从网上下载阅读，如柯大卫、辜鸿铭、莱尔、苏慧廉、森舸澜、缪勒等的译本。（3）译本视频化：模仿《百家讲坛》，给外国人开设《论语》英译频道，在不同时间段对不同受众解说翻译。（4）译本漫画版：据强晓统计，目前已出版四本漫画版《论语》，如 1997 年，新加坡 ASIAPAC BOOKS 出版社出版了多人合作完成的《论语》漫画英译本 *The Complete Analects of Confucius*[1]；2005 年，台湾漫画家蔡志忠和美国学者布莱恩·波路亚（Brian Bruya）合作的《论语》漫画英译本 *The Analects of Confucius* 由现代出版社在中国和海外同步出版；2008 年，画家及独立撰稿人周春才和保罗·怀特（Paul White）合作的 *The Illustrated Book of the Analects* 由新世界出版社在中国出版；2010 年，该书又由 Long River Press 在美国出版。国家汉办和孔子学院总部 2011 年也组织编写了《漫画〈论语〉全译本》一书。（5）译本影视版/动画片：从电影《花木兰》在西方成功地宣传了中国文化元素的实例可以看出，《论语》影视版会更有效地让《论语》走向西方民间观众。2008 年由山东盛世孔文化传播有限公司制作的《论语故事》国产动画片 52 集，每集长度为 11 分钟，寓教于乐，非常有启发和教育意义。如果译成英文，在外语频道或

---

[1] 强晓：《海外〈论语〉漫画英译评鉴》，载《上海翻译》，2014 年第 2 期，第 48—53 页。

海外汉语频道播出，对青少年读者学习《论语》将会有很大的帮助。

二、经典通俗化翻译对翻译研究的启示

经典的翻译历来被视为严肃的学术翻译，要尊重原著的完整性和哲理性，要严谨认真，字斟句酌，考证分析，方有可能忠实地表达原作的内涵。但在一个近似疯狂般追逐感性娱乐的年代，经典若想走向广大读者，以传统的阅读欣赏途径传播，因其"曲高和寡"，容易被埋没在故纸堆里，所以通过口语化、语境化、本土化、故事化、时代化、多媒体化等多种通俗化策略，从语言形式、具体内容、传播方式等方面多方位地将经典推向大众，让经典"活"在每一代人的心里，不失为一种有效的途径。

对经典著作采取通俗化的翻译策略，会得出以下几点思考：(1)经典著作的翻译与一般文本翻译不同，不同译者在不同时代不同语境下可能对原文本有不同的解读，所以研究经典翻译，其译文的评判标准应该是多元化的，不能仅仅以是否忠实于原文或固定注疏为最高标准。(2)翻译经典的过程中，译者具有较大的主观能动性，可根据翻译目的和读者的需求，对经典著作进行一定程度的改编和再创作，可以增加补充信息或赏析评论，丰富经典在不同文化语境中折射出的内涵。(3)经典的翻译要考虑到读者对象，译文读者所处的社会环境，其意识形态、价值观、文化传统，以及受教育程度和兴趣爱好等往往会影响到他们对信息的解读。因此，既要面对专业读者，满足他们较高的

品味和欣赏要求，也要为普通读者着想，让他们能够轻松地阅读经典，吸取他们所需要的智慧。所以，经典的翻译应该分层次，针对不同水平的读者，深入研究读者的期待心理，采取不同翻译策略，根据目标语语言特点，选用易接受的表达方式，推出有针对性的翻译，如经典的儿童版、青少年版、大学生版、学者版、研究者版。(4)对经典著作的翻译要采取宽容的态度，允许译者有自己的解读。随着两种文化的交流和加深，不断"求同存异"，力求还其真义，最终达到不同文化间的共识融合。(5)添加副文本是经典著作翻译的常用策略，也是译入语读者的期盼，亚马逊网站上读者评价中提及最多的就是喜欢译本提供的相关背景信息。由于经典的内涵丰富，言简义丰，译者在翻译时，同时告诉读者原作中涉及的历史人物、人名地名背后的含义以及当时的历史语境等，便于海外读者理解全面详尽地了解中国历史及文化。

三、经典通俗化翻译与中华文化对外传播

中华文化走出去战略是我国根据国家发展的整体利益、顺应全球经济和文化发展规律而提出的一项综合性的国家战略。文化走出去既要注意对精英受众的影响，更要注重在普通大众中的影响力。中国当前在文化走出去的过程中尤其要注意这一点。在以广播、影视、国际互联网、报刊为载体的大众媒介可以"立竿见影"地改变人们的"见解和政治态度"的社会里，影响国际关系行为的因素和力量比以前更为广泛复杂、更为直接和个人化，应当越来越重视文化对于普通大众的影响力。

像《论语》这样的承载中华文明重要思想的经典著作的翻

译和传播，对传播中华文化意义深刻。所以，要把经典著作的翻译提到国家战略高度上加以重视，让其融入"中华文化走出去"工程，让中华文化在海外的传播先从民间开始，先大众化再精英化。《论语》的翻译和传播可以和海外的400多家孔子学院结合起来。孔子学院是以孔子作为中国文化的形象品牌的，《论语》理应成为孔子学院的必备课程，但是现在很少开设这门课，也还没有这样一部给外国人讲授《论语》的教材。"编写适合于不同国家文化背景的人易学易理解的、篇幅较小、浅显易懂的国别化《论语》教材是非常急迫和重要的。其他像《大学》《中庸》、老子的《道德经》等中国文化经典，也应早日走进孔子学院的课堂。"[1]

深入研究《论语》英译可以带来以下启示：

第一，在译者的选择上，要让经典通俗化，对译入语语言的要求很高，不是具备一般英语水平的人都可以来翻译典籍著作。因此，在中华文化进入英语世界的"引入期"[2]，译者最好是以英语为母语的作家或汉学家，他们的语言表达方式应该更能得到英语读者的青睐，也更容易让普通读者接受他们翻译的作品。在全球最大的亚马逊英文图书网站上输入"Analects"（2014-12-29），出现3170项搜查结果，其中读者关注度前7名的《论语》英译本的译者分别是韦利（29人）、安乐哲（23人）、利斯（22人）、理雅各布（21人）、刘殿爵（20人）、苏慧廉（13人）、森舸澜（13人）。这些译者都有着深厚的汉学研究基础，

---

[1] 顾村言：《孔子"全球化"仅是一个表象——孔子学院"大跃进"下的冷思考》，载《东方早报》2009年12月24日。

[2] 来自市场营销理论中的产品生命周期理论，即产品生命要经历引入期（或称导入期）（introduction）、成长期（growth）、成熟期（maturity）、衰退期（decline）四个阶段，每个阶段要采取不同的营销策略（Kotler, 2011: pp.310-317）。对于译著进入异域文化的开始时期，宜以导入为主，由本族人翻译为好。

了解、熟悉西方读者及其阅读审美情趣，这才使其译作广泛地被海外读者所接受。但是，外国译者对原文的理解水平普遍不及中国译者，即使是非常有成就的西方汉学家也存在理解偏差问题。因此，典籍英译最佳译者组合应该是以汉学家为主、中国儒家学者为辅的模式，因为译本的可读性和可接受性更重要，"坏的翻译会消灭原作"（钱锺书语）。这也说明了为什么汉学家的译本尽管错误不少，还是很受英语读者的欢迎。

第二，传播翻译的经典作品，方式上，可以采用纸质版书籍，制作成光盘，同时开设专门网站，将典籍作品的汉语版和英译版都放在网页上，利于中外读者获得典籍作品的双语数据，展开阅读并便于理解，从而实现对典籍作品所代表的中华文化的广泛普及和传播。还可以采用多种艺术形式，例如典籍英译后的作品可以改变成具有地方特色的评书，抑或是大众所接受的话剧，抑或是英语国家人民喜欢的歌剧和戏剧等，在国内外进行各种公演和巡演，让英语读者以最直接和有效的方式来了解中华传统文化，产生兴趣，进而实现对中华优秀文化的广泛传播[1]。

第三，在经典著作内容的选择上，不一定要全部翻译，可以像林语堂那样节译或编译经典中代表中华文化的精华部分，突出其时代性和趣味性，吸引更多的入门读者。

如何让典籍外译更好地传播中国文化，塑造积极"正面"的、独立于西方视阈的中国形象，应该是典籍翻译研究的重点。但

---

[1] 白丽敏等：《典籍英译与文化"走出去"策略思考》，载《短篇小说》2013年第8期，第20页。

中华文化对外的传播过程是渐进性的，史志康教授[1]认为，"文化交流是双向的，中国文化'走出去'也有一个阶段，要遵循文化交流的客观规律"。先接受意译作品，再追求直译作品，这是当初中国引进西方文化和典籍时走过的一条接受之路。"如今，很多西方人开始学习、理解中国文化，也会经历一个类似的阶段。"[2]

　　中华文化走出去，我们要有"和而不同，尊重差异"的文化胸襟，依托高质量的外译经典作品，力求超越社会制度和意识形态的差异，塑造中国现代文明新形象，为世界文化的繁荣和人类文明进步贡献中华文化的智慧。

---

[1] 转引自樊丽萍:《教授"另类"讲〈论语〉，"借帆出海"译法可行？》，《文汇报》2011 年 12 月 19 日。

[2] 同上。

翻译与传播 *
——中国新诗在英语世界

海　岸 **

几年前，笔者在编选《中西诗歌翻译百年论集》[1]（2007）时，发现中国诗歌在英语世界的翻译与传播已历经几个世纪，但重心无疑落在中国古典诗歌，对新诗的译介显然起步晚、影响弱，但也经历了中国古诗从欧洲英伦传入美国的相似历程，在近二十年间获得迅速的发展。

一、中国新诗的译介与传播

最早的中国新诗英译本见之于英裔作家哈罗德·阿克顿（Harold Acton）和其北大学生陈世骧先生（1912—1971）合译

* 原载《中国社会科学报》（2012 年 4 月 6 日），最新修订稿为"上海临港·纪念新诗百年理论研讨会"上的发言（2017 年 5 月 5 日）。

** 海岸（李定军），诗人，学者，翻译家。复旦大学文学翻译研究中心 / 复旦中澳创意写作中心成员。2013—2016 年主持国家社科基金后期资助项目《英汉医学大辞典》（入选 2014 年首届"上海高校服务国家重大战略出版工程"），现为《英汉医学辞典》（第 4 版）主编。著有《海岸诗选》（2001）、《英汉医学词汇学》（2006）、《挽歌》（长诗，2012），译有《狄兰·托马斯诗选》（2002、2014、2015）、《贝克特全集：诗集》（与余中先合译，2016），编 / 译有《中西诗歌翻译百年论集》（2007）、《中国当代诗歌前浪》（汉英对照，欧洲 / 青海，2009）等。2014、2015、2016 年连续荣获复旦外文学院颁发的"卡西欧翻译－词典奖"，2011、2016 年荣获上海翻译家协会颁发的"STA 翻译新人奖、翻译成就奖"。

[1] 海岸编选：《中西诗歌翻译百年论集》，上海外语教育出版社，2007 年。

的《中国现代诗选》(伦敦，1936)，随之是美籍英裔作家白英（Robert Payne）英译的《中国当代诗选》(伦敦，1947)。而优秀的中国新诗英译本出现在美国，例如，美籍华裔学者许芥昱教授(1922—1982)编译的《二十世纪中国诗选》(1963)，第一部全面介绍中国现代诗的英译诗集，常被认为是英译中国现代诗的经典。香港著名翻译家宋淇与英国汉学家闵福德（John Minford）较早地在《译丛》(*Renditions*，1983年春秋19—20卷)向外译介《朦胧诗选》(后经香港中文大学翻译研究中心翻印)，编译出版了《山上的树：中国新诗选》(*Trees on the Mountain: An Anthology of New Chinese Writing*, *A Reditions Book*, *1984*)；北京新世界出版社推出了由新西兰汉学家路易·艾黎（Rewi Alley，1897—1987）编译的《大道上的光影：中国现代诗选》(*Light and Shadow Along a Great Road*：*An Anthology of Modern Chinese Poetry*, 1984)。而著名美籍华裔诗人叶维廉教授选编翻译的两部中国新诗选集：《中国现代诗歌：1955—1965》(1976)、《防空洞抒情诗：中国现代诗歌，1930—1950》(1992)可谓是英译中国新诗的里程碑式译本，明显改变了以往在英语世界翻译与传播中国诗歌重古典、轻新诗的局面。他在第二部选集中选译了包括"九叶派诗人"在内的18位中国现代诗人的作品，其中一篇长达68页的绪论，几乎占全书三分之一的篇幅，集中探讨"为什么在三十、四十年代的中国诗坛会出现现代主义"这个问题，对西方读者了解与接受中国新诗具有重要的参考价值，在英译中国新诗领域做出了令世人瞩目的贡献。

然而，许多重要的英译本未能收入20世纪90年代以后出现的中国新诗作品，致使中国当代文学的先锋诗歌看起来近似历史的陈迹；例如，美国翻译家爱德华·莫林（Edward Morin）编译的《红色杜鹃花：中国"文革"以来诗歌选集》(1990)、著名美籍华裔汉学家奚密（Michelle Yeh）教授编译的《中国现代诗选》(1992)、美国诗人翻译家托尼·巴恩斯通（Tony Barnstone）编译的《风暴之后：中国新诗》(1994)。而个人诗集的英译大多集中于朦胧派诗人；例如，汉学家杜博妮（Bonnie S. McDougall）英译的北岛诗集《旧雪》(1991)，大卫·欣顿（David Hinton）英译的北岛三部诗集《距离的形式》(1993)、《零度以上的风景》(1995)和《在天涯》(2001)，克莱顿·埃什尔曼（Clayton Eshleman）与卢卡斯·克莱因（Lucas Klein）英译的《容忍》(*Endure*, 2011)。又如，陈顺研（Mabel Lee）英译的《面具与鳄鱼：中国当代诗人杨炼及其诗歌》(1990)，霍布恩（Brian Holton）英译的杨炼诗集《无人称》(1994)、《大海停止之处》(1999)、《同心圆》(2005)和《骑乘双鱼座：五诗集选》(2008)，格里高利·李（Gregory Lee）和约翰·卡雷（John Cayley）英译的多多诗集《从死亡的方向看》，森·戈尔登（Sen Golden）和朱志瑜英译的《顾城诗选》(1990)，艾伦·克里平（Aaron Crippen）英译的《无名的小花：顾城诗选》(2005)，约瑟夫·艾伦（Joseph R. Allen）英译的《海之梦：顾城诗选》以及孔慧怡（Eva Hung）编译的《舒婷诗选》(1994)等（金介甫，2006)。[1]

美籍华裔诗人、学者王屏编译的《新一代：中国当代诗选》(1999)开始重点关注朦胧诗之后出现的新一代诗人的作品。另

---

[1] 金介甫（Kinkley, Jeffrey），中国文学（1949—1999）的英译本出版情况述评 [J]. 查明建译，齐邦媛、王德威编：*Chinese Literature in the Second Half of a Modern Century: A Critical Survey* [C] 附录 A Bibliographic Survey of Publications on Chinese Literature in Translation from 1949-1999. Bloomington and Indianapolis: Indiana University Press, 2000. 当代作家评论 . 2006(3):66. 2006(4):137.

一位美籍华裔诗人、学者张耳(陈东东编选)与美国多位诗人合作英译的《别处的集结：中国当代诗选》(2008)、中国大陆诗人译者海岸与英美诗人合作翻译的《中国当代诗歌前浪》(2009)则将目光转向、聚焦于后朦胧诗诗人90年代以来的作品。而旅居英伦的诗人杨炼编选、英国诗人威廉·赫伯特(William Herbert)、翻译家霍布恩(Brian Holton)等英译的《玉梯：中国当代诗选》[1]、旅居美国的诗人翻译家明迪主编、16位诗人译者通力合作的《新华夏集：当代中国诗选》[2]则将这种译介中国现当代新诗的浪潮推往更高处，给西方读者带来更大的惊喜。值得注意的是，美国翻译家近年来开始译介中国第三代诗人的诗集。例如，美国著名的新方向出版社出版了一本由卢卡斯·克莱因英译的西川诗选《蚊子志》(2012)，获2013年度美国翻译协会卢西恩·斯泰克(Lucien Stryk)亚洲翻译奖，一种专门奖励优秀的亚洲诗歌翻译奖。

> 我来到世上的目的之一，便是被蚊子叮咬。它们
> 在我的皮肤上扎进针管，它们在我的影子里相约纳凉，
> 它们在我有毒的呼吸里昏死过去。
>
> （西川《蚊子志》）

One of my goals in this world is to be bitten by a mosquito. They pierce their needles into my skin, they convene to cool off in my shadow, they expire in the poison of my breath.

（英译：卢卡斯·克莱因）

---

[1] 英国血斧(Bloodaxe)出版社，2012年。

[2] 美国蓝果树(Tupelo)出版社与美国诗歌基金会联合出版，2013年。

哈罗德·阿克顿与陈世骧：
《中国现代诗选》内封（1936）书影

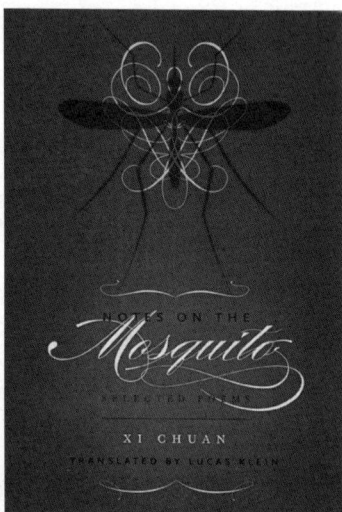

西川：《蚊子志》（2012）书影

又如，香港出版了一本由美国诗人梅丹理（Denis Mair）英译的孟浪诗选《教育诗篇二十五首》（*Verses on Education: Twenty-Five Poems*，2014）；澳洲流浪者（Vagabond）出版社出版了一本由诗人译者明迪与尼尔·艾特肯（Neil Aitken）合作英译的臧棣诗选《仙鹤丛书》（*The Book of Cranes*，2015）；美国新世界译丛推出的一本由史春波（Diana Shi）和乔治·欧康奈尔（George O'connell）英译的王家新诗选《变暗的镜子》（2016），并由1995—1997美国桂冠诗人、普利策奖得主罗伯特·哈斯（Robert Hass）作序——"王家新：冬天的精神"。美国俄克拉荷马大学出版社今年即将推出的一本由梅丹理主译的杨克诗选《地球，苹果的一半》（*Two Halves of the World Apple*，2017）。

香港中文大学出版社与美国西风（Zephyr）出版社从2012年开始陆续联合推出中国第三代诗人的双语诗集系列，包括诗人于坚的《便条集》、欧阳江河的《重影》《凤凰》、韩东的《来自大连的电话》、柏桦的《风在说》、翟永明的《更衣室》、宇向的《我几乎看到滚滚尘埃》、张枣的《镜中》、王小妮的《有什么在我心中一过：王小妮诗选》、臧棣的《慧根丛书》（2017年即出）等十本个人诗集。其中，由美国翻译家凌静怡（Andrea Lingenfelter）英译的翟永明诗集《更衣室》（2012）荣获美国第31届北加州图书奖诗歌翻译类大奖：

> 她秘密的一瞥使我精疲力竭
> 我突然想起这个季节鱼都会死去
> 而每条路正在穿越飞鸟的痕迹
>
> （翟永明组诗《女人·预感》）

> Just one secretive glance leaves me spent
> I realize with a start: this is the season when
> all fish die
> And every road is criss-crossed with traces of
> birds in flight
>
> （英译：凌静怡）

凌静怡先后负笈耶鲁大学和华盛顿大学，是一位勤勉的翻译家。她的英文译著包括绵绵的小说《糖》、李碧华的《霸王别姬》《川岛芳子》等。她还曾参与笔者主持的2008—2009年度《中国当代诗歌前浪》的英译工作，提供了包括诗人吉狄马加、海子、翟永明、王寅的译作，并为在欧洲出版的诗选作序。另一本由美国诗人翻译家顾爱玲（Eleanor Goodman）英译的《有什么在我心里一过：王小妮诗选》（2014）荣获 2015 年度美国翻译协会卢西恩·斯泰克亚洲翻译奖并入围加拿大格里芬（Griffin）诗歌奖：

> 骨瘦如枝的贵州胆小又紧张
>
> 越坐越古老越陷越深
>
> 像黑山羊的尸体钻出风暴掀乱的墓地。
>
> （王小妮《过贵州记》）

> Twig-frail Guizhou is timid and nervous
>
> the older the longer it sits there，dug in deeper
>
> and deeper
>
> like a cemetery where a black goat＇s corpse
>
> has just been unearthed in a windstorm.
>
> （英译：顾爱玲）

2013 年秋笔者赴美完成国家社科项目在波士顿收集资料约见王敖时听她聊起哈佛大学费正清研究中心有位优秀的诗歌翻译家顾爱玲，那时她正在北京大学做中美富布莱特访问学者，2014 年在上海见了面，2015 年在复旦中文系"奇境译坊"一起参与"北极光诗系：经典译丛与当代译丛"的策划，今年又见她推出臧棣诗选，可喜可贺！

2016年在上海纽约大学一次诗歌活动中遇见一位毕业于耶鲁大学的诗歌翻译家温侯廷（Austin Woerner），讲他在译的杨键诗选，目前他已翻译出版了两本欧阳江河诗选《重影》(2012)和《凤凰》(2014)，他精通英文诗歌语言又喜欢创造性翻译，"捕捉到欧阳江河诗歌中的散漫哲学，以及一时幽默、一时暗黑的风格特征，成功地将诗人最晦涩的诗行介绍到了中文不同的语言学语境中"，显然也注入了译者自己独特的理解。(顾爱玲，2017)[1]

> 手枪可以拆开
> 拆作两件不相关的东西
> 一件是手，一件是枪
> 枪变长可以成为一个党
> 手涂黑可以成为另外一个党
>
> （欧阳江河《手枪》）

> a handgun can be disassembled
> into unrelated things:
> a hand, a gun
> a hand plus its opposite equals a weapon
> a gun plus its opposite equals itself
>
> （英译：温侯廷）

---

[1] 顾爱玲（Goodman, Eleanor），"翟永明、王小妮、芒克……共同的英译出版社'和风'"，2017年4月13日，https://www.jintian.net/today/html/47/n-69947.html。

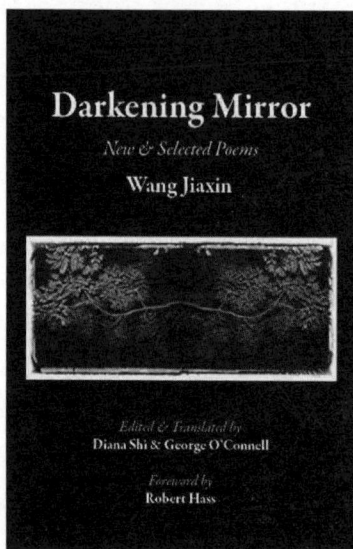

王家新：《变暗的镜子》（2016）书影　　　臧棣：《慧根丛书》（2017）书影

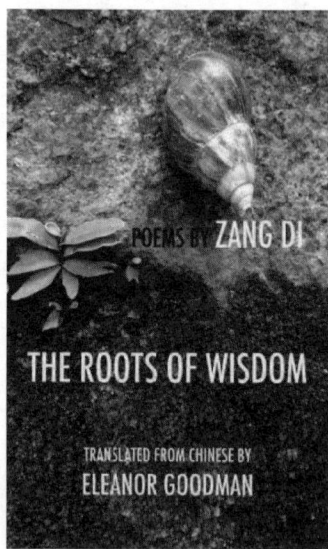

二、从"玉书"到"玉梯"的文化传统

据杨炼曾私下透露，《玉梯》(*Jade Ladder*, 2012) 诗选的立意在于达成中英诗人间的深度交流，在思想上和语言上，必须传达出当代中国文化转型的特征：观念性和实验性。这部诗选其实是在描绘一张"文革"以来的中国思想地图。我们刻意用极端的原创，挑战极端的翻译——不是空谈诗歌的可译与否，而是由原作设定美学要求，不容不可译的可能！事实上，当听到诗人杨炼及其编译者将他们英译的中国当代诗歌选集命名为《玉梯》时，笔者立刻就明白了编译者的意图——自觉地将中国新诗的翻译归入到西方对中国诗歌译介与传播的文化传统中，心中不免为之暗暗叫绝，显然《玉梯》试图攀越《玉山》

（*The Jade Mountain*，1929，美国诗人宾纳的英译经典：《唐诗三百首》）轻松地抵达《玉书》（*Le Livre de Jade*，1867）这一译介中国诗歌的西方源头。而诗人翻译家明迪及其编译者将他们英译的当代中国诗选命名为《新华夏集》（*New Cathay*，2013），不就是想将中国新诗的翻译纳入到庞德在《华夏集》（*Cathay*，1915）中开创的创造性翻译与传播的文化传统中。

《玉书》原是法国龚古尔学院女院士茉迪·戈蒂叶（Judith Gautier，1845—1917）与其中文教师丁敦龄合作翻译的中国古诗集，因其优美的法文成为世界级的经典，对欧美文化界产生巨大的冲击，后被译成欧洲多国文字出版了几十个版本，更是多次被转译成英文。这些从法文译本转译而来的英文译本，为中国古诗在英语世界的翻译与接受铺平了道路，随之《玉书》也成为"美国本土化中国诗歌小传统"的源头。

据香港浸会大学的钟玲教授阐述，这个本土化的中国诗歌小传统在美国文学上的成就规模不大，但却是实在的。首先，有些中国古典诗的英译本身已成为英文创作的经典，包括庞德翻译的李白《长干行》、王红公（Kenneth Rexroth）翻译的30多首杜甫诗，以及斯奈德（Gary Snyder）翻译的24首寒山诗。第二种成就是对美国作家与知识分子的思想和生活产生影响，成为他们生命中重要转变的因素之一，如影响一些美国作家去接近大自然或回归田园生活。第三种成就是全新的中国文化因素对美国作家的创作产生了冲击，无论是在诗的内容或表现手法上都有新的呈现，为美国诗歌添加了新的风貌和美感经验。看来近三十年间，由于国际政治格局的变化，随着文学翻译研究领域"文化转向"的趋势日趋展开，更兼中国传统文化的博大精深与中国诗歌的独特魅力，中国诗歌的翻译与传播已历经

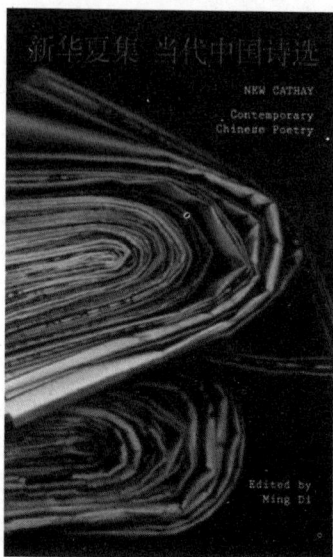

《新华夏集：当代中国诗选 1990–2012》　　《玉梯：中国当代诗选》
（2013）书影　　　　　　　　　　　　　（2012）书影

从弱势文化、平等交流到优秀译作逐渐被"经典化"的过程而步入西方主流文化。[1]

三、介入与揭示绝非是想象

中国当代新诗的翻译往往与文学研究并驾齐驱。例如，美国加州大学著名华裔学者奚密教授在翻译中国现当代诗歌的同时对20世纪80—90年代中国大陆民间诗歌有过深入的研究。

---

[1] 钟玲：《美国诗与中国梦——美国现代诗里的中国文化模式》[M]，广西师范大学出版社，2003年。

她曾在《从边缘出发：现代汉诗的另类传统》(2000)第7章中，连续引用了上海三位当代诗人宋琳、醉权、刘漫流的诗作，从该章节的"参考文献"中获悉，她竟然也收集到笔者当年参与编印的上海诗歌民刊第五期《喂》(1990)。值得一提的是当年笔者在《喂》中有意识地设立"英译栏目"，确保每期每人有一首同名英译诗，这也许是大陆诗歌民刊最早引入双语版式的记录。这一点近年来引起包括奚密教授在内的海外汉学家的关注。奚密教授准确地把握住中国当代诗歌"危机意识"这一显著特征，并认为它的出现既可以理解为对具体政治情况的反应——任何重大的政治事件均对中国人生活的各方面有实质的影响，另一方面奚密对政治与文学之间任何简单、直接、未经中介的对应关系的解释，均持保留的态度。她以为先锋诗人的危机意识源自更深的压抑和疏离。这些压抑和疏离的根源不仅是政治上的，而且也是经济和文化上的。

奚密教授判断，当诗人一方面面对压抑的文化建制，另一方面又面对使他们退到边缘的消费社会时，危机意识便激发了一种潜存于"诗歌崇拜"核心的英雄主义。经历巨大危机的先锋诗人秉持与社会疏离的敏锐心灵，勇于反思和挑战现存的价值体系，构建另类的价值体系。他们信奉诗歌一方面是在肯定个人价值，疏解异化，另一方面也暗示了对一切建制和物质至上主义的批判和摒弃。诗歌不仅仅是意识形态的一种产物，更要承担起以独特的语言文字敞开一个被遮蔽世界的任务；诗歌的神圣职责还在于发现人与物之间的联系，在于揭示人在外在世界存在的本质。[1]

荷兰莱顿大学汉学研究院柯雷（Maghiel van Crevel）教授

---

[1] 奚密：《从边缘出发：现代汉诗的另类传统》[M]，广东人民出版社，2000年。

撰写的"中国民间诗刊研究札记及书（刊）目评注"（Crevel，2007），[1] 以丰富详尽的民刊资料信息揭示中国当代先锋诗人近三十年来纷乱、心碎的心路历程。而他的弟子美国学者戴迈河（Michael M. Dai）曾在 1982—1992 年间，深入四川成都重庆等地，直接介入当地先锋诗人的诗写生活，英译 20 位四川诗人几百首诗歌，后写出博士论文《第二诗界：四川先锋诗人，1982—1992》，向世界提供了较为真实的中国当代诗歌——一段客观存在却被人为遮蔽的当代诗歌现状，一段民族整体深陷文化危机，试图找回自由、独立人文精神的历史。诚然，一位优秀的译者不仅要熟悉 20 世纪 80 年代中国先锋诗人对主流文化的迷恋与怀疑及沉浮于社会变革中的强烈躁动，继而在 90年代所谓边缘化的处境下对公共价值的审视和对自我价值的纠正，更要了解他们在新世纪借助诗歌承担起对当代文化精神的思考、批判与构建。这一切绝非所谓"他者"的想象。

四、中外译者需要真诚合作

八十余年中国新诗英译史，乃至几个世纪的中国古典诗歌英译史，表明成功的译本往往离不开中外诗人间的真诚合作。无论是早期理雅各（James Legge）与王韬合作翻译《诗经》，宾纳（Witteer Bynner）与江亢虎合作翻译《玉山》，还是后来的译者如杨宪益夫妇、王红公与钟铃、罗郁正与舒威霖（William Schultz）、丁祖馨与拉菲尔（Burton Raffel）等都是绝佳的例

---

[1] Crevel, Maghiel. *Unofficial Poetry Journals from the People's Republic of China: A Research Note and an Annotated Bibliography* [J], MCLC Resource Center Publication, Feb. 2007.

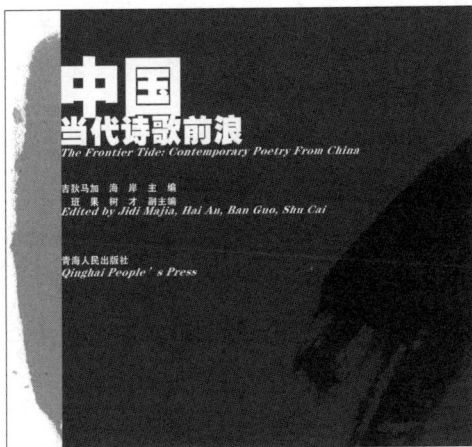

《中国当代诗歌前浪》
（青海版，2009）书影

证，为中外合作英译中国诗歌提供了非常有益的示范与启示。
2008—2009年间，笔者也曾编译出版过一本《中国当代诗歌
前浪》(2009)。"前浪"选编了中国大陆80位大多在20世纪60
年代出生，至今在世界范围内坚持汉语写作的先锋诗人的作
品，也收录了代表更年轻一代审美取向与文化观念的"70
后""80后"的诗人作品。"前浪"以汉英双语形式呈现新世纪全
球经济一体化背景下，具有悠久诗歌传统的中国当代新诗全貌。
诗歌英译大致可分为两类：学术翻译和诗人翻译，全书约二分
之一的英译出自英语世界一流的学者、诗人、翻译家之手，如
霍布恩、柯雷、戴迈河、凌静怡、西敏（Simon Patton）、梅丹
理、戴维（David Perry）等，余下部分先由我提供英译初稿，再
分别与当年旅居上海的美国诗人、2008—2009年中美富布赖
特访问学者徐载宇（Lynn Xu）合作完成，最终由比利时－西班
牙的国际诗歌出版社（Point Editions）顺利出版，并于2009年
在欧洲最古老的"第48届马其顿斯特鲁加国际诗歌节(2009)"
开幕当天首发，随之进入当年的德国汉堡国际书展与比利时安

特卫普国际书展。青海版《中国当代诗歌前浪》(2009)在"第2届中国青海湖国际诗歌节(2009)"推出。

一代人

黑夜给了我黑色的眼睛
我却用它寻找光明

（顾城）

One Generation

Dark eyes I got from the dark night
But I use them to look for light

（英译：海岸、梅丹理）

Even with these dark eyes, a gift of the dark night
I go to seek the shining light

（英译：周文龙）

经历了近几年的译编工作，笔者才深刻地体会到霍布恩在英译诗人杨炼《同心圆》时的那番感言："要想提高汉英文学翻译的质量，唯有依靠英汉本族语译者之间的小范围合作。汉语不是我的母语，我永远无法彻底理解汉语文本的微妙与深奥；反之，非英语本族语的译者，要想将此类内涵丰富的文本翻译成富有文学价值的英语，且达到惟妙惟肖的程度，绝非一件容易的事。可一旦同心协力，何患而不成？"[1]

值此国家大力创导"中国文化走出去"的转型期，中国新诗的外译工作方兴未艾，目前从事这项工作的诗人、翻译家太少。在此笔者呼吁全国社科规划部门更应将中国诗歌外译的工作纳入国家社科基金中华学术外译项目规划中，激励更多的青年才俊参与其中。总之，随着全球经济一体化进程的深入，各国文化交流日趋频繁，中国新诗英译的前景更值得期待。毋庸置疑，在西方汉学界，无论

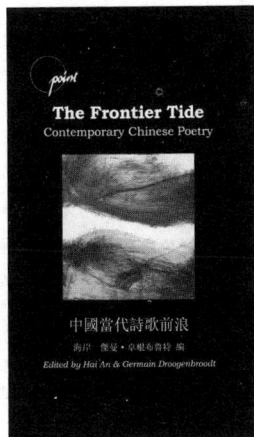

《中国当代诗歌前浪》
（欧洲版，2009）书影

是德国的顾彬（Wolfgang Kubin）教授，还是荷兰的柯雷教授，都颇为推崇中国当代诗歌在世界文学领域所取得的成就。柯雷教授曾经来函说："首先，中国当代诗歌创作已经繁荣到我无法用简单的语言来描述，它的色彩不是红的、蓝的这样单色调的，而是多彩的；早期的朦胧诗尤其值得一提，这些诗歌中特有的意象手法是我们这些外国人最感兴趣的；另外，中国诗歌有着与其他国家诗歌一样的特点，那就是这些诗歌反映了诗歌产生的那个年代的一切，我们把这些诗歌同它的时代和地域联系起来，可以看到一个国家的文化和发展。通过中国诗人的作品，我们可以了解到中国的过去、现在，特别是看到了中国的发展。"

---

[1] 霍布恩（Holton, Brian）：《驶向天堂的码头——杨炼长诗〈同心圆〉译后记》[J]。海岸选编：《中西诗歌翻译百年论集》(C)，上海外语教育出版社，2007年。

翻译模式与
理论的构建

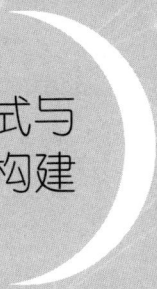

在三门通用语的阴影下 *
——翻译在东亚的重新定位

陈德鸿 **

范若恩　高屹璇　译

近来随着中日及日韩之间分别就钓鱼岛和独岛问题出现争端，实现东亚整合似乎只是幻想而已[1]。然而，东亚地区国家交流往来历史悠久，泛亚地区的文化源头可被追溯至至少一千年以前。进入20世纪以来，不断有学者重提"亚洲精神"。这个概念的提出与一系列环境因素密不可分，其中包括了对东方文化和价值观的优越感。20世纪20年代，一场关于"西风"和"东风"谁能胜出的大争论，其内涵为当时国内一些知识分子反感西方文明对中国社会产生了不良影响。第二次世界大战前夕，日本精英阶层为满足帝国主义扩张的需求，将东亚的独特性进行理论化，其核心为大东亚共荣圈的概念。随着冷战结束和随后的

---

*　感谢在中国河南新乡开会期间，豪斯（Juliane House）为我提供了很多见解以及会后许多关于全球英语研究方面的资料。我们就这一问题在"全球英语与翻译"会议上都做了主题演讲。文中所有不当之处造成的后果均由本人承担。

**　陈德鸿，香港岭南大学翻译系教授、系主任。

[1]　本文中"东亚"主要指的是包括台湾地区在内的中国、日本和韩国。这一概念需要与"大东亚"进行区分，其在二战日本领土扩张期间包含了除上述三个国家以外满蒙和东南亚部分或全部地区。

日本经济奇迹的出现，东亚这一概念又一次在日本人的思考中定格。这一热潮在韩国、香港和台湾地区、新加坡"亚洲四小龙"跟随日本之后经济崛起而升温。大约在同一时期，一批美国著名东亚学家(以哥伦比亚大学西奥多·德·贝里为代表)提出了观点认为儒家价值观是东亚地区能取得今天成就的文化保证。最近刚刚出版的《亚细亚主义：历史文献》，一套煌煌两卷本全部以第一手资料组成，它表明，20世纪以来的泛亚主义的讨论即使一本书都难以穷尽。

进入21世纪以来，韩国学者如彭俊军等加入了中国阵营(以外交部长王毅为代表)，也有学者加入了日本阵营，这一致肯定了这一区域的自主性和三个民族国家共享的历史。引人关注的是，当代生活中的"东亚维度"体现在社会、经济、政治和文化领域，尤其三国分享的大众文化(如香港电影、韩国电视剧和日本动漫)即为佐证。虽然"东亚方式"得到了很多人的支持，但阻碍地区一体化语言上的阻力仍然很大。虽然历史上日语和韩语都受到了汉语的影响，我们在这两门语言中也可以发现一些汉字仍旧在被使用，但随着这些汉字逐渐被本民族语言使用者忽略、淡化，甚至剔除，三门语言之间共通的地方已经少之又少。很多情况下，英语才是实现中日韩三种语言人群交流的唯一中介。因此一些学者得出结论，"本地语"反而阻碍泛亚进程得以推进。然而，在面对部分人士提议让英语变为东亚的桥梁语言时，翻译理论家不禁要问，如果英语这门非亚洲语言与意识形态纠缠太深而被人拒绝，是否可以让翻译服务于该地区的语言整合？

有人曾经期待能确定东亚的地区身份的各种参数。然而对如何界定东亚(以中国、日本和韩国为主要国家)，有许多彼此分歧难以融合的观点。因此，不论哪一种方式都只不过被一小部分同领域的专家所接受。有人以更可靠的方式认为，东亚这个概念事实上是极大地受了日本明治维新后跻身世界列强的影响，它也受以白鸟库吉为代表的一部分历史学家提出以东洋对抗西洋的影响[1]。许多顶级日本研究专家随即提出了更多界定这一区域的相关理论。其中像阿里吉，滨下武至和塞尔登的立场影响甚广。[2] 在这些学者看来，由之前"欧洲经验"里总结出来的世界体系理论如今已经受到了东亚的挑战。即便20世纪以来中日两国争霸竞争日益激烈，美国的干涉又加剧了这一地区局势的复杂，东亚地区的融合特征仍毋庸置疑。如今普遍认为，支撑它的是数世纪的东亚朝贡和贸易体系，这一体系在现代形式下将依旧运作良好。三位日本研究专家大胆地以"中国中心说"的视角来看东亚历史，认为"中国悠久的历史特征就是集权和分权、强盛和衰落、侵略与被侵略、闭关和开放策略的循环往复"。[3] 就目前东亚地区的发展而言，我们应该看到在过去的二十多年中，随着自由贸易协定的签署，地区经济一体化已初

---

[1] 讨论所谓"东亚"实体的出现不能不提日本。除了白鸟，著名社会学家、翻译家竹内好认为，"东亚"这一概念的出现是为了对抗相应"西方"这一概念（See Richard F. Calichman, ed. & trans, *What is Modernity? Writings of Takeuchi Yoshimi*, New York: Columbia University Press, 2005, p. 58）。后者提出的这一概念随后起了关注。持反对意见的人主要来自明治时期的思想家和政治家福泽谕吉，其认为东洋包括了中国和朝鲜，但不包括日本。中方和日方对东洋这一概念也有各自不同的理解，主要体现在范围的差异上（即东亚和亚洲）。东洋最初是由日语翻译英语"Occident"而来，以及日本对此的含糊态度 [Chen Jianting, and Shi Zhiyu. Zhongri hequn? Riben zhishijie lunzheng "Zhongguojueqi" de jindai yuanliu 中日合群？日本知识界论争"中国崛起"的近代源流（Chinese-Japanese Alliance?The Modern Origins of the Japanese Intellectuals' Debate on "The Rise of China"）.Taipei: Taida zhengzhixi Zhongguo zhongxin 2007, pp. 41–44.]。

[2] 参见 Arrighi, Giovanni, Takeshi Hamashita, and Mark Selden. 1997. "The Rise of East Asia in World Historical Perspective." Accessed June 30, 2011. http://www2.binghamton. edu / fbc / archive / ar- hamsel.htm。

[3] Ibid.

步取得成效，有望采取美国模式的财政联邦体系。[1] 然而，就语言融合来说，全球英语热到底是机遇还是挑战，这是最难回答的问题。

一、汉语：语言与民族主义

安伯托·艾柯和本雅明分别提出的"完美的语言"和"纯语言"，被大量和翻译放在一起谈论。但最近最受关注的无疑是通用语，即"一种用以推动广泛交流的语言"。历史上，法语曾经是世界范围内接受度最高的通用语。除此之外，英语、汉语和日语都曾是或正在充当全球或地区内的通用语。[2] 在全球英语出现以前，东亚的主要通用语是汉语和日语。汉语国家书面语(国语)的作用巨大，在语言上统一了由不同方言组成的整个中国，意义重大，这因此也算是前现代时期富有远见的民族主义形式[3]。即使在今天的中国，当口头交流受阻时，人们还是会求助于书面表达以保证信息准确传达，可见语标汉字是必不可少的。[4] 标准汉语口语语体又被称为普通话，因受地区方言影响，不同地区的人在讲普通话时都会带有口音。从这个意义上

---

[1] Fujita Masahisa, ed., *Regional Integration in East Asia: From the Viewpoint of Spatial Economics*, New York: Palgrave Macmillan, 2007.

[2] 参见 Furukawa, Chikashi, Lin Chu-sheue, and Takayuki Kawaguchi, eds. 2008. Taiwan, Kankoku, Okinawa de Nihongo wa nani o shita no ka 台湾・韓国・沖縄で日本語は何をしたのか(*What Did the Japanese Language Do in Taiwan, Korea and Okinawa*). Taipei: Zhiliang chubanshe。

[3] "民族主义"用于指前现代主义时期的中国，如今当然已经过时。考虑到中国文化的影响范围包括了中原到周边省份的广大地区，将其概括为"文化民族主义"则更加准确。

[4] 参见 David C. S. Li, "Chinese as a Lingua Franca in Greater China", In *Annual Review of Applied Linguistics*, 26(2006), p. 152。

讲，不论是书面形式还是口语表达，汉语都是国家的通用语。不过若是把目光放在一个更宽泛的范围里，即包含了香港、澳门、新加坡、台湾地区和海外华人聚集地的大中华区，中国方言和其他语言都是官方语言，那汉语的意义就超出了单纯的民族层面。例如在台湾地区，闽南话的使用程度和普通话一样广泛；在香港，粤语比普通话更加普及；在新加坡，汉语和英语、马来语、泰米尔语都是官方语言，普通话和其他三种语言一样流行。因此可以说，国家有时候和地区是同一个意思。一方面，汉语是加强民族联结的纽带，避免了民族语言太多带来的困扰。另一个方面，它为不同汉语人群提供了区域和谐。

在过去，日本和韩国等国的读书人在学校学习文言文，文言文作为地区通用语被广泛地用于中国邻国和中国的交流。即使1910年至1945年间日语在朝鲜广泛使用，文言文作为交流手段（至少在精英中如此）依然广泛使用，或多或少削弱了将中文译为各种东亚语言的必要性。[1] 日本和韩国精通文言文的读者过去都可以大量接触到汉语原著或者其他语言的汉语译本，特别是佛经译本。仅仅是在帝制晚期，伴随着中文白话小说的出现，中文作品的日语和韩语翻译才大规模兴起。有学者认为，由于当时日本和朝鲜的精英阶层都掌握了文言，加上《文言训读》在日本的出现，翻译并非必要的沟通媒介，因此现代意义上的翻译作为一个术语(其含义基本与当代所提到的"翻译"相同)直到16世纪才出现在东亚。[2] 当代亦有这一观点，即到了

---

[1] 殖民时期朝鲜人具备了阅读日文的能力，译入朝鲜的日文书籍数量减少，由此可知翻译也受到了影响。

[2] Judy Wakabayashi, "Translation in the East Asian Cultural Sphere: Shared Roots, Divergent Paths?", in eds., et al., Eva Hung, *Asian Translation Traditions*, Manchester: St. Jerome Publishing, 2005, p. 30.

21世纪，通用语的流行一样会削弱人们对翻译的需求。随之而来的就是如下问题：未来随着英语作为全球通用语的地位日益稳固加强，翻译是否依旧在交流中扮演重要角色。相反，在可预见的未来里，虽然汉语长期以来建立的区域性使用量会增长，汉语并不能成为可以代替英语的全球通用语。我们甚至不能说，汉语是否可以在文化更接近中国的国家中与英语相抗衡。

通过深入了解日本人学习《文言训读》阅读汉语文本的方式，我们可以发现汉语成为通用语的潜质和特性。[1]《文言训读》在过去被广泛使用，甚至在今日仍拥有其特定的读者群。通过大量丰富的注释，解释汉语的句法和语法结构，这个学习汉语的办法已被使用了好几个世纪。对于一些当今研究翻译的学者来说，训读就等于翻译，文言即是介于汉语和日语间的过渡语言。当然也有人认为这并非翻译。客观地说，训读帮助理解另一门语言，并不需要进行语际翻译。在汉语还是通用语的时候，通过在学校接受教育，日本读者可以通过已有的一点汉语知识，借助《文言训读》阅读汉语原著。通过这样一种阅读汉语的独特方式，日本读者按日语的读音拼读汉字。同时，通过查询词语顺序标注和送假名(语法标注)，调换词语顺序等，即可知道原文的意思。这个办法不久后就被18世纪荻生徂徕等儒家学者所批判，最终被正式汉译日取代。[2]

最新研究显示，训读最早来自8世纪汉译佛教经文的僧侣。

---

[1] Yukino Semizu, "Invisible Translation: Reading Chinese Texts in Ancient Japan", In Theo Hermans ed., *Translating Others*, edited by Theo Hermans, Manchester: St. Jerome Publishing, 2006, pp. 283–295.

[2] Emiko Okayama, 2010. "Reconsidering Kanbun Kundoku: A Transnational Practice." Paper presented at the Fourth International Lingnan-Tsinghua Translation Symposium: 'Translation and Interpreting Research: Global and Local Contexts', Hong Kong, December, 18–19, 2010.

他们用汉字标注梵语发音，这一方法类似于汉语训读。另外，有韩国学者认为，这一方法的使用出现在更早的古代朝鲜王国新罗，用来阅读已被翻译成汉语的佛教经文，而在毗邻中国的阿尔泰诸国，如契丹人和维吾尔人中亦已存在此方法，读者已经可以不去专门学习汉语就能读懂汉语文本了。[1] 即使是作为一种历史实践，这些史实都证明了汉语汉字在讲不同语言的地区起到了传播文化思想的作用，虽然当时还没有出现明确的翻译活动。同时也说明了汉语曾作为通用语在东亚地区的特殊地位，其文化影响甚至一度延伸至中华文化圈的西部边缘。在日本，即便《汉语训读》地位衰落、汉语的主导地位于19世纪开始被削弱，汉语的语言习惯和特色依旧在明治时代影响着西方术语的译入。这说明了通用语有需求的年代提供交流资源，有其自身的强大和实用性[2]。

汉纳斯对汉语象形文字的全盘否定[3] 正好与热衷于废除几个世纪以来汉语通用语的亲华派不谋而合。但是认为汉语象形文字会消亡的观点终究是站不住脚的。不管怎么说，十六年过去，这一预言并未实现，汉字并没有被拼音替代。甚至越来越多的国外学者也随着中国经济政治地位的提升开始学习汉语。事实上，在过去的二十多年里，人们对汉语的认识也经历了一个转变的过程。1987年，拉多格奥尔基提出了"语言的无限扩

---

[1] See Moon-kyong Kim, "Dongya Huawen xundu qiyuan yu Fojing Hanyi zhi guanxi:Jiantan qi xiangguan yuyanguan ji shijieguan 东亚华文训读起源与佛经汉译之关系：兼谈其相关语言观及世界观（The Origins of Kun-reading in East Asia and Its Relationship to Chinese Bud- dhist Translations, Together with Comments on Related Views on Language and the World）." Riyu xuexi yu yanjiu 2（159）, 2012, 22–23.

[2] 同一时期，朝鲜重新将汉字纳入朝鲜语，进一步证明了汉语对其周边国家的持续影响力。

[3] William C. Hannas, *Asia's Orthographic Dilemma*. Honululu: University of Hawaii Press. 1997.

散"和"有限扩散"，用二元对立的方法将语言分类 [1]，汉语、日语、阿拉伯语和朝鲜语被描述为密集的、集中的、有限的语言，直接被归入了后者。而英语、德语、西班牙语、意大利语和俄语作为广泛的、分散的、包罗万象的语言，被归入前者。[2] 随着英语被广泛使用，有人开始怀疑如果连汉语日益增长的影响力都只能被纳入"有限扩散"的语言行列，俄语如何成为一门"无限扩散"的语言。同理，某位学者1991年提出的关于汉语的语言影响力也很偏颇，"历史上，中国文化之于亚洲的影响恰似希腊罗马文化于西欧的影响。但是，当我们把汉语放在一个全球范围中去看时，中国文化就显得相对简单了。关键要在'全球范围'看。就汉语在亚洲，尤其是远东的影响来讲，它是一门'有限扩散的语言'"。[3] 汉语为应对政治、经济、文化局势的变化而采取的扩大影响的方式，是一个课题，对于这个课题，绝对的判断往往会忽略其研究目标，有必要对此课题进一步研究。

二、日语：语言和地方主义

关于日本在东亚的统治本质尤其是20世纪前半段对中国台湾和朝鲜的统治，向来众说纷纭。就台湾而言，陈培丰谈论过，日本在没有西方殖民势力使用的基督教意识形态工具时，如何借助国体观加强团结和扩展统治：这将会不限于日本殖民者而

---

[1] 讨论汉语在中国周边国家的接受和影响，需要区分汉语和汉字这两个概念。汉纳斯的研究对象表面上是汉字，但汉字的废弃不可能不影响到汉语。

[2] György Radó, "A Typology of LLD Translation Problems", in *Babel* 33 (1), pp. 6-13.

[3] Song Yo-In, "Remarks on Cultural Transfer from an LLD", in *TTR*, 41 (1991), pp. 63-79.

会延伸至对殖民状态的台湾地区。日语作为日本民族"精神血统"的象征，必须在殖民对象中传播。因此，虽然殖民者以各种方式向台湾地区移植殖民文化，同化只能通过语言才能实现。日语作为第二语言的教学在面向大众的台湾地区教育体系中获得成功，这是日本对台湾地区统治一个最令人困惑的后果。[1]陈的观点明显与持萨义德后殖民理论的对日批评者保持距离，夸大了日本统治者为台湾地区现代化进程做出的贡献和日语对台湾地区文化的持续影响。

　　第二次世界大战结束，日本向盟国投降时，日据台湾地区有一部分受过教育的精英阶层认为日语是他们的日常语言之一，有些人的日语写和说的能力甚至超过了中文。从某种程度上说，这颠覆了以中国为语言中心周边国家和地区接受其语言文化先进性的旧模式。当然，就日语的例子来说，在1895—1945五十年间，日语传播的区域越窄，日语传播的速度就越迅速。已有学者指出，在"定居型殖民地"和"掠夺型殖民地"不同殖民者的语言统治有所不同。台湾地区明显属于前者；在日本统治时期，日本目标就是同化台湾地区，要采取各种手段用日语取代本土语。这与后一类殖民地是有区别的，在掠夺型殖民地，日本人通过让一部分被殖民者学习英语，而达到方便交流的目的。[2]随着1946年国民政府颁布的相关禁令，日语在台湾地区的统治戛然而止。朝鲜的情形也基本与之相似，这进一步表明了日本撤离殖民地时日语作为一门广泛使用的区域性(东亚)通

---

[1]　Peifeng Chen, Dōka no doushōimu "同化" の同床異夢(*The Different Intentions behind the Semblance of Dōka*).Tokyo: Sangensha, 2001.

[2]　Salikoko S. Mufwene, " Globalization, Global English, World English(es)", in Nikolas Coupland ed., *Handbook of Language and Globalization*, West Sussex: Wiley-Blackwell of Hong Kong Press, 2010, pp. 31-55.

用语的影响程度。

　　自20世纪30年代末以来，日本在朝鲜地区也采用了相似的同化政策。日本总督于1937年颁布了一系列法令，要求学校一律采用日语教学，在校期间学生不准使用朝鲜语。正如在台湾地区的统治一样，这一法令的颁布意在让全部朝鲜人都成为使用日语的臣民。在强行推广日语以外，日本人严重地改变了朝鲜风俗、信仰和日常生活，以加速朝鲜的日本化。具体措施包括，强制要求采用日本姓名、鼓励在日本神道教圣地进行朝拜、鼓励民众崇拜日本天皇。但是在所有措施中，成效最显著的是语言方面的。整整一代朝鲜人生活在看不到用朝鲜语书写读物的时代。正如安德里娅和威廉姆·肖所说："如果1945年后日本继续对朝鲜的统治，朝鲜语不知道会面临着什么危险。"[1]这也回应了陈培丰日本对台湾地区殖民的描述，它表明，即便有日本殖民者希望通过对台湾地区的统治做出一定的调整，改变语言依旧是他们倾向选择的手段。

　　日语作为通用语在东亚的崛起对我们来说在多方面极具启发意义。即便军事力量可以赋予语言强大的力量，语言有着其本身的兴衰进程。解读语言兴衰的方式有很多种，因此就可以理解为什么语言学家一直保持着对世界主要语言进行研究的兴趣。读一篇1995年的数据报告会让我们吃惊地发现1995年后世界发生了多大的改变。那份报告用于评估全球影响力的语言模型按照优先等级对12门语言进行排序。英语以100分的索引

---

[1] Andrea Savada, and William Shaw, *South Korea: A Country Study*, Washington: GPO for the Library of Congress, 1990. Accessed January 20, 2012. http://countrystudies. us / south-korea /.

指数排名第一，汉语(22分)排在了德语(42分)、法语(33分)、日语(32分)和西班牙语(31分)之后(格兰多 1997, 59)。[1] 汉语和日语的地位在接下来的十八年里发生一系列改变。以上是全球范围内的排名，我们可以由此想象地区的排名会经历怎样更加剧烈的洗牌变化。东亚就是如此。一方面英语的影响范围不断扩大，另一方面日语在邓小平时期中国改革开放后逐渐失去了其优先地位。随着地区贸易往来的频繁、电讯的快速进步，香港、北京、上海、东京、首尔和台北间旅游的发展，汉语开始流行，变为这几年东亚地区的交流工具。促进这一发展的主要原因有：首先，流散海外华人群体间有共同的民族纽带；其次，数个世纪中一直让中日韩紧密联系的东亚文化(它使得这三个国家拍的电影和电视剧在东亚内部广泛流通和受到追捧)。格兰多对未来东亚可能出现的通用语这样总结说："出于在地区而非国际竞争中争取统治地位的需要，未来中日韩会越来越需要精通邻国语言的能力。"[2]

这将会对东亚地区目前的翻译图景造成怎样的影响？就东亚地区的翻译活动来看，俄日战争(1904—1905)后一段时期，日语作为目标语的翻译大量出现，标志着日本跃升为该地区的超级大国。在此之前大量翻译的都是汉语文本，其中古典文本和白话小说占据相当大比例。进入20世纪以后，出现日语文本被译为汉语的转向。前现代时期从中文翻译成其他语言的文本与进入20世纪后被译成日语的文本在数量上形成了对比——这

---

[1] Gradol David, *The Future of English? A Guide to Forecasting the Popularity of the English Language in the 21st Century*, London: British Council, p. 59, 1997. Accessed December 12, 2012. http://www.britishcouncil.org/learning_elf_future.pdf.

[2] Ibid.

与两国的权力关系的变化有着明显关系。根据谭汝谦和王克非的统计显示，在甲午中日战争前的三百年里，翻译成日语的汉语文本是翻译成汉语的日语文本数量上的十多倍(汉语译成日语的129例，日语译成汉语的12例)。1895年后的十五年里出现了严重倒置，日语书籍译入汉语的有958例，汉语书籍译入日语的16例。在进入20世纪到1939年二战爆发的这段时间里，随着中国沦为半殖民地国家，中国的日语译作持续增长，数量上仅次于英语译作。日语的地位在那个时候变得更加优越，成了在交流中被广泛采用的语言。另外，大量由日语译入的欧洲文本在这一时期被转译成汉语和朝鲜语，日语扮演了中间者的角色。[1]

安田俊明在梳理了日本帝国通过强制大东亚共荣圈殖民地居民学习日语以控制东亚的历史后，这样预测东亚地区新的语言分布："21世纪语言等级观已不再具有必要性，语言学习应该体现东亚的多样性和多民族性。"[2] 这一看法彻底颠覆了二战以来日本思想家认为东亚不同的民族应该组成一个被称为"东亚族"的共同体、(甚至进一步而言)讲同一种语言的语言观。然而，就算没有东亚全面大融合，在翻译、改编和跨文化同化的帮助下，区域内部大量语言交流已经不可避免。[3]

---

[1] Xianbin He, "Cultural Status and Language Selection in Translation", in *Journal of Language and Politics*, 5(4) 2006, p. 416.

[2] Yasuda Toshiaki, "Language and Ethnicity in Modern Japan." In *Sungkyun Journal of East Asian Studies*, 4(1), 2004, pp. 25-44.

[3] Karen L.Thornber, *Empire of Texts in Motion: Chinese, Korean and Taiwanese Transculturations of Japanese Literature*, Cambridge, MA: Harvard University Press, 2009.

三、英语：语言和全球主义

　　海尔布伦认为，从世界翻译经济值的角度看，中日韩三国的书籍只有1%被译成其他语言，而英文书籍却占了所有翻译作品总量的55%—60%，因此可以说东亚的三种主要语言都处在世界语言中"弱小"或"边缘"地位。事实上，豪斯2013年就英语主要的源语言被翻译这一事实给出了更新的数据。根据欧洲委员会翻译理事会的一项统计，被外译的英语原作以总量的72.5%远远超过了法语（11.8%）和德语（2.7%）（House，2013，279）。[1] 讽刺的是，世界上讲汉语、日语和韩语的人数一共有十二亿四千九百万人，至少汉语是一个主要语言。相比之下，格莱姆斯的统计显示讲英语的人只有五亿一千万。[2] 蒙哥马利的数据则显示英语母语者人数为三亿六千万到三亿八千万（见表1）。[3] 更讽刺的是，中国和日本都已分别成为世界第二大和第三大经济体。同时，被翻译成汉语、日语和韩语的英文书籍量胜过从三种语言译为英文的书籍量，这就像"进出口平衡是不可能的"。[4] 与经济交流的顺差相比，文化交流却出现逆差。

　　海尔布伦从翻译看英语的支配地位和东亚国家语言文字在世界语言中的"边缘"地位，他发现：

---

[1]　Juliane House, "English as a Lingua Franca and Translation", in *The Interpreter and Translator Trainer*, 7(2), p. 279.

[2]　Barbara F. Grimes, Ethnologue: Languages of the World. 15th ed. Dallas, TX: Summer Institute of Linguists, 2005.

[3]　Scott L. Montgomery, *Does Science Need a Global Language*? Chicago: University of Chicago Press, 2013, p. 44.

[4]　Johan Heilbron, "Structure and Dynamics of the World System of Translation." Paper presented at the UNESCO International Symposium on Translation and Cultural Mediation, February 22-23, 2010, p. 4. Accessed September 30, 2012.

一门语言在翻译系统中越处在中心位置，它越有能力扮演中介语言或运载语言的角色。即在讲边缘语言或半边缘语言的群体间充当交流方式(2010，5)。[1]

世界十大语言母语者分布（综合不同资料源头）

语言	母语人数	国家数	非母语人数
中文（普通话）	8.5 亿—9.3 亿	20—30（增长中）	1.5 千万—2 千万
西班牙语	3.6 亿—4 亿	45—50（增长中）	5 千万—7 千万
英语	3.6 亿—3.8 亿	115—140(增长中)	1.5 亿—1.6 亿
印地语	3.6 亿—3.8 亿	20—25（固定）	1.2 亿—1.5 亿
阿拉伯语	2.2 亿—2.75 亿	57—60（增长中）	1 亿—1.5 亿
葡萄牙语	1.8 亿—2.1 亿	37—40（下降中）	1.5 亿—2 亿
孟加拉语	1.8 亿—2.05 亿	10—12（固定）	3 千万—5 千万
俄语	1.5 亿—2 亿	33—35（下降中）	7.5 千万—1 亿
日语	1.25 亿—1.26 亿	15—20（下降中）	< 1 千万
德语	0.9 亿—1.2 亿	40—43（下降中）	1 千万—2 千万
总计	2.875 亿—3.226 亿		1.916 亿—2.19 亿

注：

虽然海尔布伦和格莱姆斯没有明确声明，他们的统计的调查对象都是母语使用者。蒙哥马利的数据表明英语为非母语的使用者有 15 亿至 16 亿，这颇具争议性。一个能讲几句英文句子的人是否也可以被看作英语为非母语的使用者？

事实上，很多人已然精通英语这一第二语言，因此，母语为边缘语言或"弱小"的读者，在如日语典籍等文本未被译为本

---

[1]　Johan Heilbron，"Structure and Dynamics of the World System of Translation"，p. 5.

国语时，会不得不阅读其英语译本。有些人认为英语会进一步在可见的将来延伸它的霸权地位，有人由此得出假设，东亚地区本族语言的使用及翻译将会逐步减少。作为唯一的世界通用语，英语成为翻译中首要语言，因此也弱化了本族语的使用。米迦勒·克罗宁把翻译中用到的语言分为两类。在全球化趋势逐步加强的世界范围内，当两个语言不通的群体需要交流时，大量的资料会被翻译成英语。由此英文也会成为方便交流的中介语。它在两个都讲次要地位语言的群体间的作用使它地位增强并且使用频率高。再加上如今每个区域都渴望通过通用语获得信息实现全球化，英语在翻译中的支配地位将会更加明显。

然而，海尔布伦的统计中只涉及了书籍翻译。如今的时代已经出现了视觉形式、非传统形式的翻译，尤其是电影配音、字幕和网络翻译，这些新形式翻译的出现对加强东亚地区交流和联系有着非常强大的作用。像在电视、日本动漫、戏剧、电影和其他形式的娱乐领域，人们越来越倾向于使用本族语而非外语。首先，韩流在东亚各国产生了对韩国文化产品的兴趣。根据翻译数量索引的一篇报道，这一兴趣在1990—2006年使得越来越多的韩剧和电影被译制成汉语和日语。[1] 大量日文和韩文电视剧被译制成汉语供大中华地区的观众欣赏。台湾地区翻译家将大量日本漫画译成汉语，销量十分可观。这些翻译作品通过再版、改写供大陆和香港公众消费。对于网络翻译，需要强调的是网络促进了英文使用，其他语种的翻译同样有着可

---

[1] Hyeonju Kim, "Translating the Other in the Korean Wave." Paper presented at the 2010 International Symposium on Translation and Cultural Mediation, 2010. Accessed January 3, 2012. http://portal.unesco.org/culture/en/files/40656/12689887033Abstract_in_English_Hyeonju_KIM.pdf/Abstract_in_English_Hyeonju%2BKIM.pdf.

观的增长态势。豪斯还通过引用多语种新闻广播、本族语间商业交流、网络学习等例子详细阐述了信息网络如何带动了翻译的发展。她尤其强调了本地化产业在商业和科技活动的贡献。让产品以多种语言形式出现是营销策略是否成功的关键，因此"翻译是世界范围内本地化和全球本土化的进程中的一部分"。[1]最后，就刚才探讨过的全球英语而言，格兰多展示的数据却让人颇感意外——英语作为传播信息的通用语，其翻译占翻译总量的比例从20世纪90年代的90%跌至本世纪头十年的40%。[2]在信息时代，多语种内容将继续保持增长，本族语翻译在这一过程中的作用将不容忽视。

世界英语运动致力推动英语成为通用语，只要英语可以帮助人们跨越语言界限互相理解即可，并不在意使用时的非标准特征。世界英语运动的这一活动与本文讨论相关联。在这一运动的语言学家中，柯克帕特里克详细列举了世界英语的概念及其使用如何有效地引入亚洲，尤其是东南亚，那是他熟悉的地方。[3]然而对于这一运动的领导者来说，存在三个基本问题。首先，大部分支持这一运动的人都是英语人士，从事英语作为第二语言或外语教学活动，而非多样的地区和本土化语境中把英语当作通用语的学习者和使用者。第二，大量支持全球英语的例证都主要来自于世界英语的外圈(印度英语、加勒比英语等)，而非衍生圈(东亚国家)。其隐含的观念为，后者的语言状

---

[1] Juliane House，"English as a Lingua Franca and Translation"，in *The Interpreter and Translator Trainer*，7(2)，2013，p. 284．

[2] David Gradol，*English Next: Why Global English May Mean the End of "English as a Foreign Language"*．London: British Council，2006．Accessed September 1，2012. http://www.britishcouncil.org/learning-research-english-next.pdf.

[3] Andy Kirkpatrick，*English as a Lingua Franca in Asean*. Hong Kong: University of Hong Kong Press，2010．

况现在或未来将和前者并无差异。第三，过于强调世界英语在民族内部低基础层次交流过程中起到的作用，忽视了语言使用的等级维度，或者忽视了与国际英语使用密切相关的意识形态和身份等问题。

关于世界英语的争论可以简单概括如下：许多争论都源自20世纪90年代早期《今日英语》组织的那场著名辩论。奎克和卡奇卢分别在期刊若干期发表了是否需要坚持英语语言标准的不同看法。反方卡奇卢驳斥了正方提出的"亏欠语言学"观点，在他看来，正方把英语看成了一头不可被亵渎的神牛。他打破了原先英语为母语在非母语使用者之间二元对立的观点，认为社会文化间的差异并不是永远不变的。[1] 然而，奎克坚定的保守主义恰恰并非卡奇卢说的那样不知所云。奎克强调了母语使用者对母语的直觉具有不可传递性，强调正确使用语言和不正确使用的本质区别。同时他着重指出把语言学习过程中犯的错误看作一种创造性行为是愚蠢的。他的这些观点对我们认识英语作为一门通用语、英译外和外译英很有意义。需要补充的是，卡奇卢对衍生圈国家的情况欠缺思考。如果缺乏对各个语言社区整体的理解，语言错误就会被当成缺少教育者的语言用法而非仅仅为英语非母语者产生的变体。在这个问题上，卡奇卢对英语使用过程中强加的语言霸权问题认识缺乏敏感性。

当然了，衍生圈还是有人支持世界英语这一说法的。一些中国学者提出了"中国英语"这一概念，中国英语作为英语的一个语体与之前的中式英语相对。中式英语是之前用来描述中国相当一部分人讲出的中英混杂的语言，带有贬低的意味，而中

---

[1]　Kachru, Braj B. 1992. "Teaching World Englishes". In *The Other Tongue: English Across Cultures*, edited by B. B. Kachru, 2nd ed., pp.355-366. Urbana: University of Illinois Press.

国英语被认为是英语的变体。有学者认为，中国英语就发音、句法、语法和词法层面与标准英语有所不同，但它的确在交流过程中起到了至关重要的作用，因此不能说中国英语就是"低级"或"糟糕"的英语。[1] 这很好的回应了世界英语的支持者们之前提出的看法：对于英语为外语的人来说，没必对其变化过的语法、句法、用词和表达进行判断。我们甚至能期待出现日本英语、韩国英语类似的中性术语。

有趣的是，有人严厉地指出了世界英语运动中出现的一些容易被忽略的错误，并强烈的对上述越来越多人推动的英语作为通用语的一边倒观点提出了反驳。此人是一位德语学者。阿蒙借助"语言主义"这个概念，即不同社区使用的各类语言被用作划分等级的基础，注意到，在外圈和延伸圈国家，人们会在体制框架内经常并有规律地用到英语，英语为母语的人或英语内圈国家还是会掌控着语言正确与否的标杆。尽管期刊在免责声明中会说那些不符合标准英文的语言不影响录用决定，然而期刊审稿人和编辑会借口"读不懂"，对科技和学术类投稿给出否定意见。[2] 他尤其指出其他语言中（比如德语）不同于英语的论证结构和它们如何影响观点表达。阿蒙在列举英语国家学者怎样在出版中拥有不公平的优势之后，阿蒙对在非英语核心圈的地域学术英语的使用明确表达了他的立场：

我反对英语国家对国际英语标准的独断控制。越

---

[1] Hu Xiaoqiong, "Why China English Should Stand Alongside British, American, and the Other 'World Englishes'", in *English Today*, 20(2), 2004, p. 26-33.

[2] Ulrich Ammon, "Towards more Fairness in International English: Linguistic Rights of Non-native Speakers?" in Robert Phillipson ed, *Rights to Language: Equity, Power, and Education*, Mahwah, NJ: Lawrence Erlbaum, 2000, p. 112.

来越多非英语国家的人开始讲英语，这种控制缺乏合理可言。就以往的例子来看，我们可以建立一个像世界语那样的跨国机构来进行运作。[1]

显然阿蒙是支持改革而非放弃世界英语，但他提出的关于语言主义的问题非常值得关注。抛开学术出版的问题，他的立场也值得去思考，尤其这还关系到翻译的问题。他提出"少数享有优先待遇的人对大部分处在劣势中的人造成的压迫"[2]，这正好适用于高层次交流——母语非英语者被迫需要以一种复杂的方式和英语国家的人用英语去交流，比如现在国际会议或研讨会基本都只说英语，不提供口译服务。

世界英语学派认为，不同语言的人都可以跨越语言界限通过英语进行交流，英语作为一门通用语已备受尊荣。在此基础上，甚至有人建议所有的翻译都应该把英语作为目的语，因为非英语国家的人可以在没有母语译本时阅读英语译本。这个观点又一次宣扬英语堪比能够沟通另外两种"次要"语言的中介语。如果真是那样的话，任何一种翻译都能胜任此项任务。在隐喻意义上，我们可以说翻译是终极意义的通用语。即便是临时而言，它和全球英语一样，可以让人们不借助外语就能交流，即使是英语水平有限无法将之作为替代语言或中介语言使用的人，也可以借助翻译进行交流。因此，如果学习一门外语在今日世界日益受重视，我们也应该同样重视培养能够为两个语言群体的人们提供语言服务帮助他们有效工作的译者。我们没有理由

---

[1] Ulrich Ammon, "Towards more Fairness in International English: Linguistic Rights of Non-native Speakers?" p. 116.

[2] Ibid.

认为，随着讲英语的人越来越多，翻译需求量会降低，尤其在东亚地区更加不会如此。

从另一方面讲，尽管随着说英语的人口在上涨，尤其越来越多的多语种社区既说母语也说英语，完全精通英语或者习得英语其实不可能做到。可能会出现某些场合，在交流双方不会对方语言时，需要英语充当交流媒介(比如说汉语者和说日语者)，但双方的通用语掌握不足，交流难免磕磕碰碰。全球英语并不一定是解决世界中交流问题的最好方式。未来最有可能发生的是，当英语作为一门国际通用语地位加强时，我们在各个层次的语言交往进一步增长，对翻译的需求会更加强化。完全精通英语无法实现，有些外交场合在礼仪上还是需要翻译(为了保证不同国家的外交官交流时保持平等地位)。借助于翻译，本土语在国际舞台上更好地发挥作用。从这个角度来说，我们可以将"翻译的运作过程本身视为语言持续的存在"[1]。

四、结论：翻译有无必要？

有人担心国际英语的支配地位可能会导致其他语言的灭绝，这是杞人忧天，因为当不同国家的个体调整其语言行为以应对如何平衡区域和全球之间矛盾的挑战时，我们必须得考虑区域——全球一体化存在不同的程度。在许多国家，英语仅仅为受过教育的精英阶层的通用语，英语和其他语言共生在一个多语种的环境中。穆夫文认为，在许多东亚国家和地区，比如日

---

[1] Michael Cronin, *Translation and Globalization*. London: Routledge, 2003, p. 146.

本和中国台湾，把英语作为第二外语教学是"低收益投资"，因为大部分人在生活中只有去英语国家旅游才用得到英语，或者认为升职时即使不积极使用，亦需要懂英语。[1]中国和韩国亦如此。另外，例如去日本旅游的人要离开主要城市去周边泡温泉，英语的功能性很受限制。在这一点上，香港可能例外，因为在香港以英语为母语的人机会要大得多。但不管在哪个例子中，人们都缺乏平均水平的英语能力。毕竟东亚仅仅在英语影响的延伸圈，[2]虽然人们越来越多地使用英语，但真正能追求流利英语的人仅为少数。因此，全球英语的传播是不均匀的，每个国家和地区都各不相同。我们把东亚和非洲，或者拉丁美洲做一个比较就知道了。用弱势化的语言进行的翻译或两种"弱势"语言之间的翻译(如韩日互译)需要我们认真分析，观察其如何抗衡英语霸权的入侵。

从更广泛的角度讲，东亚地区在过去数十年中为世界发展最快的区域，翻译作为反抗全球化的一种形式可以和寻求东亚语言统一相结合研究。在英语成为通用语之前，历史上汉语和日语曾先后成为东亚的通用语。这三门用作"更广交流的语言"的作用毋庸置疑，既有积极又有消极影响。[3]东亚地区将英语

---

[1] Salikoko S. Mufwene, "Globalization, Global English, World English(es)", pp. 45, 49.

[2] Braj B. Kachru, "Standards, Codification, and Sociological Realism: The English Language in the Outer Circle", in Randolph Quirk, et al., eds., *English in the World: Teaching and Learning the Language and Literatures*, Cambridge: Cambridge University Press, 1985.

[3] 参见 Chikashi Furukawa, et al., eds., Taiwan, Kankoku, Okinawa de Nihongo wa na-ni o shita no ka 台湾・韩国・冲縄で日本語は何をしたのか。随着英语跃升为通用语，它导致东亚各社区担忧其会变为令人恐惧的统治语言。Rey Chow, *The Protestant Ethn ic and the Spirit of Capitalism*. New York: Columbia University Press, 2002, p. 146; Amy B. M. Tsui, et al., eds., *Language Policy, Culture and Identity in Asian Contexts*, Mahwah, NJ: Lawrence Erlbaum Associates, 2007。

当作外语学习仅一个多世纪，就已经担心它对民族身份产生的"负面影响"并怀疑帮助学生学习一个强大之极的"他者"语言的政策是否具有实际可行性。正如以上所说，翻译不失为一种稳定的替代方式。无论如何，欧盟的经验证明了翻译为真正的民主化提供了条件。欧盟委员会进行多国语言译入的重要性表明了，多民族、多语种官方机构能够通过翻译与不同听众交流又能有效保护各种地域身份。[1] 目前，主流翻译理论家已然强调翻译在保护地方价值(反对全球化)中能够起的作用。同时，遗憾的是，翻译的这一作用并未能进而惠及东亚这一世界中最具活力的区域保护它的区域价值。

在一个全球化趋势日益增长的世界，尤其当人们耗费大量的时间和精力去学习一门语言，而它的用途并非像全球英语支持者鼓吹的那样无处不在时，单一语言主义很难为继，学习外语无疑可以帮助人们开拓眼界，但其在智力活动能力方面带来的负面效应值得我们更深入思考研究。在形成逻辑思维、表达个人感情方面，母语的作用依然很大：人们只能在先天习得的语言中更好地思考和表达。斯奈尔-霍恩比在最近发表的一篇文章中直接解答英语作为一门全球通用语和翻译语言方面的问题，其中她严厉批评许多无力以英语写作的学者所面对的不公平性。虽然她的焦点是在以英语母语为标准提高人们的英语，她直接提出了一个至关重要的观点，即从事翻译的学者能够通过他们的著作在逆转这一潮流发挥作用。[2] 无论如何，随着英语这一全球语言的学习和使用进一步加强，翻译可以尝试着发

---

[1] Kaisa Koskinen, *Translating Institutions: An Ethnographic Study of EU Translation.* Manchester: St. Jerome Publishing, 2008, p. 22.

[2] Mary Snell-Hornby, "Mind the GAB." *The Linguist* (June / July), 2010, pp. 18-19.

挥重要的补充功能。它能确保每一种文化都能稳固保存自身，每一种语言都能获得尊重，及非英语人士不论掌握的全球英语水平如何，都能继续用母语进行思考、概念性理解和表达。

比较诗学的翻译与译者诗学的操控 *

——兼论 21 世纪后孔子时代的中国知识分子

杨乃乔 **

近几年来，我们一个学术群体一直在编译一套两卷本的《比较诗学读本》(西方卷和中国卷)。最初，我们以为这仅是一项纯然的学术编译工作，然而，在策划、选目、翻译与出版的过程中，我们却遭遇了多种学术困惑。在这项学术工作即将结束之际，我们感觉到有必要就相关问题做一个反思，以引起学界的讨论。

雷纳·艾田伯(René Etiemble)是法国著名比较文学研究者，20世纪60年代，他发表了《从比较文学到比较诗学》("From Comparative Literature to Comparative Poetry")这篇重要的文章。在这篇文章中，雷纳·艾田伯准确地预言了比较文学将不可遏制地导向比较诗学，从而揭示了当时欧美比较文学研究倾

---

* 本文原载于《汉语言文学研究》，2013 年第 4 卷第 2 期；全文转载于《人大复印资料》(外国文学研究卷)，2013 年第 10 期；作为文摘转载于《中国社会科学文摘》，2013 年第 11 期；作为《序言》，刊载于《比较诗学读本》(中国卷、西方卷，首都师范大学出版社，2014)；2017 年 4 月 13 日全文经过作者本人修订。

** 杨乃乔，文学博士，复旦大学中文系教授、博士生导师，主要从事比较文学、比较诗学、翻译研究，及中国经学诠释与西方诠释学的比较研究。

向于理论化的学术迹象：

> 　　历史的质询和批评的或美学的沉思，这两种方
> 法认为它们自己是直接相对立的，而事实上，它们
> 必须相互补充，如果把这两种方法结合起来，那么
> 比较文学将不可遏制地导向比较诗学（comparative
> poetry）。[1]

　　众所周知，法国是比较文学研究崛起的创生地，并且在影响研究的学术观念上崇尚跨国文献之整理与考据的方法论，也以此构成了显赫一时的法国学派。当然，法国学派之所以倚重从跨国文学史研究的视域展开比较文学研究，这与法国学派诸学者在哲学的层面上崇尚唯事实主义（factualism）、唯科学主义（scientism）与唯历史主义（historicism）有着密切的学缘关系，因为，那个时代的法国学界受孔德、穆勒和斯宾塞实证主义哲学的影响。

　　在中国古代学术思想史上，规避于汉语本土崇尚文献整理

---

[1]　[法]雷纳·艾田伯：《从比较文学到比较诗学》（René Etiemble，"From Comparative Literature to Comparative Poetry"），见于雷纳·艾田伯：《比较文学的危机》（René Etiemble，*The Crisis In Comparative Literature*，Michigan State University Press，1966，p.54.）。按：英文译本原文如下："By combining the two methods which consider themselves diametrically opposed but which，in fact，must complement each other—the historical inquiry and the critical or aesthetic reflection—comparative literature would then be irresistibly drawn towards comparative poetry."按：需要注意的是，在雷纳·艾田伯这篇文章的英译文本中，其"poetry"在术语的操品上的确是用错了，准确地讲，应该使用"poetics"这个术语。究竟是英译错了，还是雷纳·艾田伯在法文原文的书写中就用错了，学界应该在理论文献的翻译与原典关系的逻辑上做一个术语系谱的考证。法国学派关于比较文学研究的方法论主张文献的跨国考据以拒斥美学，然而，雷纳·艾田伯作为法国比较文学研究者，他所预言的国际比较文学研究发展趋向比较诗学的态势则是极具前瞻性的。

与考据的乾嘉学派，其生成是那个时代官方大兴文字狱的结果，当然，其中也潜含着一个不可或缺的学术逻辑，即乾嘉时期的经古文学家对宋代理学与明代心学从义理的角度空疏释经的抵制。而有着共通性的是，或许我们也可以操用现代学术话语给出一个评判：呈现在文学研究的方法论及其学术观念上，乾嘉学派表现在文学研究的面向上也是拒斥批评、理论与美学的，当然，那个时代的中国古代文学研究只有评点式的批评及潜在的理论思想与美学思想。在《读〈拉奥孔〉》一文中，钱锺书提及狄德罗的《关于戏剧演员的诡论》及其戏剧表演理论时认为：

> 中国古代民间的大众智慧也觉察那个道理，简括为七字谚语："先学无情后学戏"。狄德罗的理论使我们回过头来，对这句中国老话刮目相看，认识到它的深厚的义蕴；同时，这句中国老话也仿佛在十万八千里外给狄德罗以声援，我们因而认识到他那理论不是一个洋人的偏见和诡辩。[1]

西方比较文学研究的法国学派与中国古代文学研究的乾嘉学派也仿佛在十万八千里之外相互呼应着，我们千万不能在学术观念与方法论上有一种错觉，认定西方学术更多的是在哲学及其相关理论的推导下把文学研究带向理论的逻辑思辨，实际上，法国学派在那个时代对文献的跨国整理与考据之讲求，其较之于乾嘉学派有过之而无不及。的确，法国学派与乾嘉学派在文学史研究的方法论上获有一致性，然而两者的学术观念与

---

[1] 钱锺书著：《读〈拉奥孔〉》，见于《钱锺书集·七缀集》，生活·读书·新知三联书店 2001 年版，第 35 页。

学术视域则有着本质上的差异：法国学派崛起的动力学因素是源起于那个时代西方哲学的信仰，在方法论上，其是走向国际的文献整理；而乾嘉学派生成的动力学因素是规避于那个时代官方政治的话语暴力，在方法论上，其是止限于本土传统文化之文献的考据与训诂等。

无论如何，法国学派的崛起为止限于本土语境下的文献整理与考据敞开了一方国际性研究视域，也顺应了语际文献整理与跨国考据形成的必然性；当然，同时法国学派也宣告了文学研究在学术本质之观念上与批评、理论及美学的绝交。理解了这一点，也就理解了早期法国比较文学研究者梵・第根（P. Van Tieghem）在《比较文学论》(1931)中第一次为比较文学所给出的相对完整的定义：

> 真正的"比较文学"的特质，正如一切历史科学的特质一样，是把尽可能多的来源不同的事实采纳在一起，以便充分地把每一个事实加以解释；是扩大认识的基础，以便找到尽可能多的种种结果的原因。总之，"比较"这两个字应该摆脱了全部美学的涵义，而取得一个科学的涵义的。而那对于用不同的语言文字写的两种或许多种书籍、场面、主题或文章等所有的同点和异点的考察，只是那使我们可以发现一种影响，一种假借，以及其它等等，并因而使我们可以局部地用一个作品解释另一个作品的必然的出发点而已。[1]

[1] ［法］梵・第根著，戴望舒译：《比较文学论》，商务印书馆 1937 年版，第 17—18 页。按：当时戴望舒在《比较文学论》一书把作者名 "P. Van Tieghem" 翻译为 "提格亨"，现按当下学术界约定俗成，重标作者名为 "梵・第根"。

我们都知道雷纳·韦勒克（Rene Wellek）在《文学理论》（*Theory of Literature*）一书中关于文学研究三个层面的著名划界：即文学史、文学批评与文学理论。的确，从文献整理与考据的层面展开文学研究，这无疑为研究者其论题的生成、论点的成立与结论的形成奠定了无可非议的材料基础，但是，文学毕竟是在审美想象的体验性记忆中凝固为物质文本的修辞性语言。如果我们把文学批评与文学理论逐出文学研究的领地，仅存留下文学史研究作为唯一的学术方法论；那么，文学则会被降解为贫血的及拒斥审美想象的纯粹物质文本。因此，我想"文学研究的贫血者"则应该成为法国学派在崛起后不断被指责的罪名，而乾嘉学派关于文学研究的贫血性则被那个时代的官方政治极权及其意识形态的话语暴力所遮蔽，这种遮蔽给后世之学者留下一种对乾嘉学者无尽同情的历史可怜，当然，还有对他们之小学功底无限尊崇的心态。

事实上，国际比较文学界内部总是获有一种自我调整的逻辑力量，从学缘谱系上来看，后来崛起的美国学派以平行研究的美学姿态一反法国学派的影响研究，在学术策动的逻辑上推动了比较文学研究向批评、理论与美学的转型。

1958年，在美国北卡罗来纳大学所在地教堂山召开了国际比较文学学会的第二次会议，可以说，这是美国比较文学研究者第一次与欧洲比较文学研究者（特别是法国比较文学研究者）的正式遭遇。在这次会议上，耶鲁大学比较文学教授雷纳·韦勒克作为美国学派崛起期的首席人物，向与会学者提交了他的那篇著名的报告：《比较文学的危机》（"The Crisis of Comparative Literature"）。在这篇报告中，雷纳·韦勒克对国际比较文学界晚近凝滞于文献跨国整理与语际考据的状况给予了全面的质疑，认为由于法国学派讲唱和推行的实证性学术业绩及基于这一业绩之上的得意与傲慢，"比较文学已成为一潭死水!"[1] 雷纳·韦勒克向法国学派以放送者的姿态所操作的比较文学研究方法论提出了激烈的挑战：

> 我认为巴尔登斯伯格、梵·第根、伽列和基亚提出的纲领声明还没有解决这个基本任务。他们把陈旧的方法论强加于比较文学研究，把比较文学置放于19世纪唯事实主义、唯学科主义和唯历史相对论的死亡之手。[2]

这篇文章以毫不掩饰的批判性学术修辞宣示了雷纳·韦勒克刻意表现的精深的论战性，在呈现美国学者第一次直面法国学派的挑战时，雷纳·韦勒克强调了在没有实事材料考据的基础上，比较文学可以展开跨语言、跨民族、跨文化与跨学科的理论性研究，即以美学作为比较视域的平行研究。无论如何，雷纳·韦勒克开始把美学及统摄于美学这个指称之下的文学批评与文学理论带入了国际比较文学研究的视域中，以美国学派崇尚的平行研究对以往法国学派主导的影响研究给予了全方位的抵抗与转型式的调整，从而开始凸显了比较文学研究的文学性、审美性与普适性。当然，关于把美学及其相关文学批评与

---

[1]　[美]雷纳·韦勒克:《比较文学的危机》(René Wellek, "The Crisis of Comparative Literature"), 见于张隆溪选编:《比较文学译文集》, 北京大学出版社 1982 年版, 第 30 页。

[2]　[美]雷纳·韦勒克:《比较文学的危机》, 见于 [美]雷纳·韦勒克:《批评的诸种概念》(René Wellek, Concepts of Criticism, New Haven and London: Yale University Press, 1963, p.282)。

文学理论带入比较文学研究中的这一观念，另一位美国比较文学研究者乌尔利希·韦斯坦因（Ulrich Weisstein）后来在《比较文学与文学理论》（*Comparative Literature and Literary Theory*）一书中给予了更为详实的鼓吹与论述："如果文学研究降格为一种纯粹的材料堆砌，那就丧失了它的神圣性，因此文学作品的美学特征就不再被看重了。"[1] 的确，文学的文学性就存在其审美的观念中，而文学研究又有什么理由拒斥文学性，即一厢情愿地把文学研究单一地封闭于非审美的文献整理与纯粹的考据中。浪漫的法国人怎么了？那个时代的法国比较文学研究者栖居于那个浪漫依旧的法国，以放弃文学性与审美性为代价而成就自己学者姿态的严谨与严肃，这多少让我们有些感佩。其实，他们是希望以不可更改的语际文献考据而力图证明法国对周边国家、民族与区域的介入性影响。

文献考据的背后是一种独断论意识的存在。

需要强调的是，中国学者一般都把雷纳·韦勒克认同为美国著名的文学理论家，其实他首先是一位优秀的国际性比较文学研究者，他于1946年任教于耶鲁大学，并在耶鲁大学创办了比较文学系且担任系主任的职务。

美国学派崛起后行走至70年代，其在学科理论的体系构架上则完全成熟了。1970年，在另外一篇文章《比较文学的名称与性质》（"The Name and Nature of Comparative literature"）中，雷纳·韦勒克对比较文学这一概念的定义给予了更为成熟与丰富的表达：

---

[1]　［美］乌尔利希·韦斯坦因：《比较文学与文学理论》（Ulrich Weisstein, *Comparative Literature and Literary Theory*, Bloomington and London: Indiana University Press, 1973, p.4）。

比较文学将从一种国际的视域研究所有的文学，在研究中有意识地把一切文学创作与经验作为一个整体。在这种观念中（这是我的观念），比较文学就与独立于语言学、人种学和政治范围之外的文学研究完全相等。比较文学不能够限定于一种方法，在比较文学的话语中除了比较之外，还可以有描写、特征陈述、转述、叙述、解释、评价等。比较也不能仅仅局限在历史的事实联系中。正如最近语言学家的经验向文学研究者表明的那样，比较的价值既存在于事实联系的影响研究中，也存在于毫无历史关系的语言现象或类型的平行比较中。[1]

并且这篇文章中，雷纳·韦勒克再度明确地声明："比较文学不能只限定在文学史中而把文学批评与当代文学排除在外。"[2]

可以说，雷纳·韦勒克在"教堂山会议"的肇事曾是国际比较文学界轰动一时的具有标志性的学术事件。此后，国际比较文学的研究中心开始逐渐从欧洲转向美国，也因此美学及统摄于美学这个指称之下的文学批评与文学理论逐渐成为了国际比较文学研究趋之若鹜的主脉。

其实，我们对法国学派的崛起及美国学派的挑战之学术背景的陈述，是国际比较文学研究发展史上众所周知的重大学术

---

[1] ［美］雷纳·韦勒克：《比较文学的名称与性质》（René Wellek, " The Name and Nature of Comparative literature"），见于［美］雷纳·韦勒克：《鉴别：续批评的诸种概念》（René Wellek, *Discriminations: Further Concepts of Criticism*, New Haven and London: Yale University Press, 1970, p.19）。

[2] 同上，p.20.

事件，我们在此给予反思，是为了在学术发展史的时间维度上描绘出一个历史的坐标：美国比较文学研究者雷纳·韦勒克关于《比较文学的危机》之报告是1958年发表的，而法国比较文学研究者雷纳·艾田伯则于60年代中期，以《从比较文学到比较诗学》一文公开承认了国际比较文学研究理论化倾向的不可遏制性与合法性，一位法国学者以接纳的姿态承认且宣告比较文学将不可遏制地导向比较诗学，这不能不说是源起于法国学派内部的研究观念在走向分化与决裂，或者我们也可以说，雷纳·艾田伯是国际比较文学研究从材料考据向理论分析转型的识时务者。当然，雷纳·韦勒克另外一篇文章《比较文学的名称与性质》于1970年的刊发，更让我们感受到比较文学研究坚挺于美学的姿态为美国学派所获取的国际主脉立场。

雷纳·韦勒克关于文学研究三个层面的著名划界：文学史、文学批评与文学理论，应该是一位国际文学研究者所同时持有的知识结构与研究观念；倘若文学研究仅仅是偏执于其中一个面向，那么在学术观念及研究方法论上，这一定是一位学术自闭者、学术偏执者和单向度的学术激进主义者。

我们特别注意到，雷纳·艾田伯在《从比较文学到比较诗学》一文中所给出的表达："历史的质询和批评的或美学的沉思"，其中"historical inquiry"（历史的质询）指涉的即是文献的跨国整理与语际考据，其中"critical or aesthetic reflection"（批评的或美学的沉思）指涉的是文学批评与文学理论，启用另外一个术语总纳而言，即美学。我们应该特别注意雷纳·艾田伯的表述："如果把这两种方法结合起来，那么比较文学将不可遏制地导向比较诗学。"众所周知，诗学就是文艺理论，而比较诗学即是跨语言、跨民族、跨文化与跨学科的文艺理论沉思，而雷纳·艾田伯对崛起的比较诗学的预言，其学理背后所涵盖的恰恰是文学史、文学批评与文学理论三个层面的整合。由此看来，雷纳·艾田伯对比较诗学崛起的肯定获有一种成熟学者的气质、期待与判断：比较文学从不可遏制的理论化倾向中所走向的比较诗学，是基于跨界文学史研究基础之上所展开的跨界文学批评与跨界文学理论，即国际文学研究平台上具有普适性的美学沉思。在这里，我们还可以替换一个术语来表述，跨界文学史研究、跨界文学批评与跨界文学理论也就是语际文学史研究、语际文学批评与语际文学理论。

当然，雷纳·艾田伯的姿态也证明，法国学派在持有自己的方法论立场上，开始能够坦然地接纳且承认美国学派，并心悦诚服地认同了把美学及相关语际批评、语际理论带入比较文学研究之观念与视域中的合法性。我们认为，这是一位学术心理健康的国际文学研究者或比较文学研究者应该持有的学术立场。的确，从国际文学研究的方法论及其相关持有的研究视域上来评判，法国学派与美国学派应该是互补、互动的，影响研究与平行研究也应该是互视、互见的，文献考据与文学批评、文学理论更应该是互存、互益的。总纳而言，文献的考据与美学的沉思应该是一枚分币的两个面向，两者是在相互依存中而不可剥离的逻辑整体。这两个面向在逻辑上的剥离与分裂，其必须错铸一种偏执且不健康的学术心理，当然在这里，我们就不再讨论这种非健康学术心理者的文学研究方法论及生存境遇的学术伦理问题了。

说到底，这还是触及学术道德与学术伦理的问题了。

无论如何，比较文学研究因美国学派的崛起及美学的介入，而导致了理论化倾向的加重，其最终必然走向了比较诗学。思考至这里，还有一个导致比较文学研究理论化倾向加重的关键学术背景，我们也希望在这里简约扼要地陈述一下。

实际上，在美国学派崛起之前，也可以追溯于法国学派崛起之前，比较文学研究走向理论化，其获有一种潜在推波助澜的学术动力，即受制于一种重要的国际性文学思潮的形成与影响：这就是总体文学——"general literature"。

在比较文学的学科理论上，一般地认为比较文学是对两个民族、国家与区域之间的文学现象进行汇通性研究；而总体文学是对三个以上民族、国家与区域之间的文学现象进行汇通性研究。我们曾在《比较文学概论》(第四版)就总体文学这个概念的学缘逻辑与本质定义曾给予了介绍，指出在以往西方比较文学研究的领域中，"general literature"这个概念经常被比较文学研究者与文学批评家、文学理论家所操用，而且具有相当广泛的操用频度。我们注意到在《比较文学论》一书中，法国比较文学研究者梵·第根曾就总体文学的本质给出过自己的界定：

> 总体文学（一般文学）是与国别文学（各本国文学、民族文学）以及比较文学有别的。这是关于文学本身的美学上的或心理学上的研究，和文学之史的发展是无关的。"总体"文学史也不就是"世界"文学史。它只要站在一个相当宽大的国际的观点上，便可以研究那些最短的时期中的最有限制的命题。这是空间的伸展，又可以说是地理上的扩张——这是它的特点。[1]

---

[1] ［法］梵·第根著，戴望舒译：《比较文学论》，商务印书馆，1937年，第206—207页。

需要提醒中国学界比较文学研究者注意的是，在《比较文学论》一书中，梵·第根曾以其显著的偏执、真诚的保守姿态拒斥美学进入比较文学研究领地，即"总之，'比较'这两个字应该摆脱了全部美学的涵义，而取得一个科学的涵义的"。注意，梵·第根在这里所给出的一句危言耸听的评判：即美学的介入让比较文学研究失去了科学性。然而令人惊诧的是，在《比较文学论》一书中，他又从美学与心理学的高度为总体文学做出了一个热情洋溢的理解与解释，并且在学理上把总体文学置放在与比较文学平起平坐的国际学术领地。

正如我们在《比较文学概论》(第四版)的《本体论》一章中讨论总体文学时所给出的基本陈述，总体文学是指涉在历史的共时性上于多个民族、国家与区域同时发生的一种共同文学思潮，总体文学强调了同一文学现象作为思潮在跨民族、跨语言、跨文化与跨学科中所发生及研究的历史共时性，而不是强调历史的历时性。[1] 根据梵·第根上述的陈述来分析，在历史的时空观念上，总体文学研究的客体是发生在一段历史短期的横断面上覆盖多个民族、国家与区域的共同文学现象及其思潮，这种共同文学现象及其思潮是受限于一种理论命题下的，并且这种文学思潮是以理论的总结而给予命名的。关于这种共同文学现象及其思潮存在的境遇及以理论总结给予命名的情状，在《比较文学论》一书中，梵·第根给出了具体的表达：

它（总体文学）可以研究的文学事实很多很多，其本质又很不同。这有时是一种国际的影响：彼特拉克

---

[1] 按：关于总体文学的基本理论概述，见于杨乃乔主编：《比较文学概论》(第四版)，北京大学出版社，2016年，第104—107页。

主义、伏尔泰主义、卢梭主义、拜伦主义、托尔斯泰主义、纪德主义……；有时是一种更广泛的思想、情感或艺术之潮流：人文主义、古典主义、纯理性主义、浪漫主义、感伤主义、自然主义、象征主义……；有时是一种艺术或风格的共有形式：十四行诗体、古典主义悲剧、浪漫派戏剧、田园小说、刻画、为艺术而艺术，以及其他等等。[1]

可见，总体文学强调国际上对波及多个民族、国家与区域之文学现象研究的历史共时性，而不强调其历史的历时性，但其以理论性所命名的文学思潮又是显而易见的。我们应该注意到，梵·第根在上述所列举的种种"主义"，其的确是在历史短期的共时性上同时发生于国际文学地理空间中的共同文学思潮，并且这种共同文学思潮都有着自己的理论性本质，且被理论所命名。这种理论性的共同文学思潮在短期内的跨界性移动非常迅捷，其之所以迅捷，就在于它们是以理论与美学的性质在语际的多元文化意识形态中所传播，较之于跨界及语际的物质移动与转递，作为意识形态层面的文化，其来得更为迅速与迅猛。因为，无论是在欧洲宗主国以战争与经济向外扩张的殖民时期，还是在西方发达国家以后现代数码科技打造的全球化时代，思想、思潮、理论与美学等作为形而上的意识形态文化当然比形而下的物质文化传播得更为便捷与通畅。

我们在《比较文学概论》(第四版)讨论比较文学学科安身立

---

[1] ［法］梵·第根著，戴望舒译：《比较文学论》，商务印书馆，1937年，第208—209页。

命的本体时，曾给总体文学下了一个定义：

> 什么是总体文学？总体文学是以三种以上的国族
> 文学为研究客体，并且这一研究客体在历史短期的共
> 时性上表现为在多个民族与多个国家所形成的共同文
> 学思潮与共同文学流派，这些共同的文学思潮与共同
> 的文学流派随着在空间上的伸展、在地理上的扩张，
> 已从纯粹的文学作品层面整合、升华到文学批评、文
> 学理论、诗学与美学的高度被研究，这就是总体文学。
> 从另外一个角度来解释，总体文学就是比较诗学。[1]

实际上，总体文学即是指涉国际学术语境下的文学批评、
文学理论、诗学或文艺理论，总体文学是一种在语际文学史横
断面上具有传播性与覆盖性的共通美学思潮，或即文学艺术思
潮。因此，我们在《比较文学概论》(第四版)还曾给出过以下的
理解与解释：

> 在概念上我们了解了总体文学的定义，反思在西
> 方60、70年代发生并于80、90年代波及中国的诸种理
> 论及其背后的文学思潮，如后结构主义、后现代主义、
> 解构主义、后殖民主义、新历史主义、女性主义及文
> 化研究等，从全球化的视域来说，这些理论及其背后
> 的文学思潮属于总体文学研究的客体，或者说是比较

---

[1] 杨乃乔主编：《比较文学概论》(第四版)，北京大学出版社，2016年，第107页。

诗学研究的客体。只是国内学术界一直对总体文学这个概念缺少明晰的解释与定义，以至这个概念在中国汉语学术界失去了有效的学理使用价值，这是很可惜的。[1]

理解了这一点，我们不难发现所谓比较文学在走向理论化后就是总体文学的升级版，并且在这个升级版中，当然比较诗学成了其中的主脉，同时，也就理解了印地安纳大学比较文学系与美国比较文学学会（The American Comparative Literature Association）、英语教师全国委员会（The National Council of Teachers of English）合办的那本著名的刊物：《比较文学与总体文学年鉴》（*Yearbook of Comparative and General Literature*），而正是这本刊物在其命名上告诉我们，西方文学研究者是把比较文学与总体文学整合一起来给予认同的。而我们从以下这部1976年出版的文集命题上也可以见出这一情况：《法国总体和比较文学学会第13次大会论文集》（*Proceedings of the Thirteenth Congress of the SFLGC*）。事实上，走向理论化后的比较文学与总体文学之间的确有着巨大的交集，而这个交集恰恰可以被一个成熟的、自觉的学科概念——比较诗学所命名。

上述我们曾如是说："一般地认为比较文学是对两个民族、国家与区域之间的文学现象进行汇通性研究；而总体文学是对三个以上民族、国家与区域之间的文学现象进行汇通性研究。"其实，在学理的发展上，全球化时代的比较文学研究已经把三个以上民族、国家与区域之间的文学现象进行汇通性研究收入

---

[1] 杨乃乔主编：《比较文学概论》（第四版），北京大学出版社，2016年，第107页。

了自己的领地，比较文学与理论化十足的总体文学趋同了，这种趋同在学理的本质上也加重了比较文学研究理论化的倾向性；所以我们没有理由不如此认同：总体文学与比较文学的趋同，也是导致比较文学必然不可遏制地走向比较诗学的一个重要学理因素。

当然，从西方文学及其相关批评、理论的发展系谱来检讨，我们或许还可以把总体文学生成的情状追溯至曾波及、震撼整个欧洲的文艺复兴。

无论如何，从20世纪60年代以来，国际比较文学研究呈现出显著的理论化倾向，其不可遏制地走向了比较诗学；事实上，比较诗学也终于成为国际比较文学界诸多精英学者选择及介入其中的主脉。我们注意到，从20世纪80年代以来，对汉语中国文学研究界给予理论性影响的那些欧美教授们大多是在比较文学系任教或从事比较文学研究的优秀学者，因为，欧美高校本来就没有文艺学这个专业。文艺学是从前苏联学界引入的一个学科概念。简言之，这也是国际比较文学研究为什么走向理论化的重要学理原因之一。

实际上，从20世纪80年代初以来，比较文学研究开始在中国学界崛起后，即在理论化的倾向中势不可阻地发展着自己，因此，比较诗学也一直是国内比较文学研究领域中的主脉；当然，这也与近三十年来西方诸种哲学、美学及相关文艺理论思潮在翻译中对中国学界的渗透与影响有着必然的语际逻辑关系；另外，这也与文艺学在中国高校中文系是一个强势研究方向有着密切的关系。我们注意到，在国内从事比较诗学研究的学者往往来自文艺学或比较文学，而挂名在比较诗学方向下招收硕士生与博士生的专业，也是来自文艺学或比较文学。多年来，学术行动的实事也证明，文艺学专业的比较诗学研究者与比较文学专业的比较诗学研究者，大家一直在友好且有效的学术交往中互识、互动、互敬与互重，学科的疆界也正是在这样的交集中被跨越了。

无疑，当下是一个学术研究在跨界中互为欣赏与互领风骚的时代。

问题在于，比较诗学在某种程度上成为当下文学研究领域中的主脉，我们又究竟能够就比较诗学给出一个怎样的学理性定义？什么是比较诗学？这是中国当代学术思想史行走到21世纪第二个十年所不得不给出的设问。在《比较文学概论》（第四版）的《诗学论》一章中，我们曾从比较诗学研究的角度给比较视域下过一个定义，从这个定义中我们不难见出比较诗学的学科本质：

> 思考到这里，我们不妨从比较诗学研究的角度给比较视域下一个定义，比较视域是比较诗学在学科上成立并且得以展开学术研究的基点——本体，是比较诗学研究者对中外诗学其及相关学科进行汇通性研究所秉有的一种眼光，不同于国别诗学研究的是，比较视域决定了比较诗学在学科上的成立以研究主体定位，把跨民族、跨语言、跨文化与跨学科作为自觉展开研究的前提条件，以中外诗学之间的互文性、中外诗学及其相关学科之间的互文性为自己的研究客体，追问包容在两种互文性之间诗学理论的普遍性原则与差异性原则，从而使比较诗学研究者能够在一个国际的、全球的、宽阔的、包容的与开放的研究视域中有效地

回答和解决中外诗学的诸种理论问题。[1]

当我们思路走到这里后必然要强调：比较诗学研究主体是在多种视域的交集中重构一种崭新的诗学体系，即我们所说的在批评与理论的思考上汇通于中外与古今而形成的第三种立场与第三种诗学，所以在学科本质上，比较诗学研究者必然是持有第三种诗学立场的语际批评家（interlingual critics）或语际理论家（interlingual theorist）。

非常有趣的是，我们在编译这套两卷本的《比较诗学读本》（西方卷和中国卷）时，在一定的范围内相对阅尽了西方学者与中国学者所撰写的能够被带入比较诗学领域中的优秀文章与经典著作，然而，并未直接发现任何一位学者曾经在自己的思考中就比较诗学的本质，给出过一个严谨且自洽的定义。

《比较诗学读本·西方卷》主要是对西方学界能够被带入比较诗学领域中的重要文章及相关重要著作的章节的翻译，我们遴选相关学者的文章与著作时，在较大的范围内延展了我们的阅读，然而在西方学术史的发展脉络上，我们也没有追问到曾有哪一位西方学者第一次直接、准确且自觉地使用过"比较诗学"这个概念。只是雷纳·韦勒克在《比较文学的名称与性质》一文中提到这样一个踪迹，是德国学者莫里茨·豪普特（Moriz Haupt）于1878年首先使用了"comparative poetics"一词。有趣的是，整整一百年后，即1978年，D.W. 佛克马（D.W.Fokkema）、易布思（E.Kunne-Ibsch）与左埃斯特（A.J.A.Van Zoest）三位学者共同主编了这样一个读本：《比较

---

[1] 杨乃乔主编：《比较文学概论》（第四版），北京大学出版社，2016年，第423—424页。

诗学……》(*Comparative Poetics…*),当然,我们猜想在此一百年中,一定会有许多学者曾自觉不自觉地操用或定义过"比较诗学"这个概念,关于这一点,在这篇文章有限的空间中,我们无法一一追问与疏理出一个发展逻辑细密的谱系。[1]然而,我们还是应该提一下,1985年,两位美国学者 A. 巴拉坎(A. Balakian)和 C. 吉连(C. Guillen)主编、出版了《比较诗学》(*Comparative Poetics*)一书;1990年,美国著名比较文学家厄尔·迈纳(Earl Miner)推出了他的那部著名读本:《比较诗学:文学理论的跨文化研究文集》(*Comparative Poetics-An Intercultural Essay on Theories of Literature*),当然还有很多。无论如何,我们希望当下的学者应该是在准确与自觉的学理观念上使用比较诗学这个学科概念。

不错,比较诗学是一个从西方学界舶来的术语及研究方向,然而我们甚至发现近三十年来,国际学界对比较诗学及其学理意义的提取,也有着望文生义的误读,如把比较文学误读为"文学比较"一样。如在《比较文学概论》(第四版)的《诗学论》一章中,我们在讨论"对比较诗学产生误读的四种可能性分析"时,曾列举了这样一个案例:

> 需要指出的是,这种现象不仅初步存在于中国汉语学术界,在国际学术界也是已经存在着的现象,所以国际学界需要逐渐地给予学理上的规范。如埃及开罗的美国大学(American University)其英语与比较文学系出版的刊物《艾利夫:比较诗学期刊》(*Alif:*

---

[1]　按:关于疏理"比较诗学"这一概念在西方学术史上发展的逻辑谱系,我们特别期待能有学者就这一谱系的成立给出一个细密的逻辑清理。

Journal Comparative Poetics）就显出种类杂混的现象。我们在这里只要列举出《艾利夫：比较诗学期刊》2003年第23期目录上的五篇文章，就可以捕获到这样的感觉：迈克尔·夫瑞考卜（Michael Frishkopf）的 "Authorship in Sufi Poetry"（《苏菲诗歌中的作者身份》），塞拉·卡米尔·赛利姆（Salah Kamil Salim）的 "New Poetry and Sacred Masks: A Reading in Medieval Poetic Discourse"（《新诗与宗教的面具：对中世纪诗歌话语的一种读解》），安沃·穆罕默德·阿伯拉黑姆（Anwar Mohamed Ibrahim） 的 "Dostoevsky: The Dialectic of Skepticism and Faith"（《陀斯妥耶夫斯基：怀疑与信仰的辩证法》），斯科特·库格（ScottKugle）的 "Pilgrim Clouds: The Polymorphous Sacred in Indo Muslim Imagination"（《朝圣者的玄想：印度穆斯林想象中的多形之神者》），赛义德·塔乌费克（Said Tawfik）的 "The Beautiful and the Sacred in Art and Religion"（《艺术与宗教中的美与神圣》）。在这里，我们不妨给上述五篇文章划出各自的学科归属，为初学比较诗学者提供一种划分的学科视域：第一篇文章应该归属于诗歌研究，第二篇文章应该归属于比较文学研究方向下的跨学科研究，第三篇文章应该归属于国别文学研究，第四篇文章应该归属于宗教学研究，第五篇文章应该归属于比较诗学中的跨学科研究。[1]

---

[1] 杨乃乔主编：《比较文学概论》（第四版），北京大学出版社，2016年，第397—398页。

我们曾就上述五篇文章的本质属性划出各自的学科归属，在这里不妨再度重复如下："第一篇文章应该归属于诗歌研究，第二篇文章应该归属于比较文学研究方向下的跨学科研究，第三篇文章应该归属于国别文学研究，第四篇文章应该归属于宗教学研究，第五篇文章应该归属于比较诗学中的跨学科研究。"[1] 陈述到这里，我们必须强调的是，汉语"诗学"是一个从源语"poetics"翻译过来的译入语概念，至少在西方学界"poetics"也有着狭义与广义的界分，狭义的"poetics"概念是专指诗歌研究，而广义的"poetics"概念泛指文艺理论研究。关于诗学这两个层面的界分，已在学界约定俗成，我们在此不再赘述。我们想申明的是，比较诗学这个学科概念所启用的学理意义是指涉广义的诗学，比较诗学是倚重于比较文学的学科理论、学科观念与学科视域所展开的语际文艺理论研究。在文艺学方向下，有一批学贯中西与学贯古今的优秀学者依凭自己的学养在从事比较诗学研究，他们可以驻足于自己所从事的文艺学研究领地，不必设问与回答什么是比较诗学及其学科的研究边界问题，因为他们集中精力所需要设问与回答的是"什么是文艺学"的问题；而在比较文学专业研究方向下从事比较诗学的研究者，就有责任设问与回答"什么是比较诗学"及其学科研究边界的问题了，因为这是比较诗学这个学科多年来其本然所面对的本质问题。

毫无疑问，在后现代工业文明时代，后数码科技打造的新媒体及其跨界效应使人类栖居的地球村在相对缩小，当然，这

---

[1] 按：这五篇文章见于《艾利夫：比较诗学期刊》2003 年第 23 期的目录（*Alif*: *Journal Comparative Poetics*，http://www.jstor.org / journals / 11108673.html，© American University in Cairo Press, 2004），"Alif"是阿拉伯文的第一个字母，在这里标识着这部比较诗学期刊是在阿拉伯文化语境下编辑与出版的文化身份，我们以音译的方式译出。

种生存景观让当下学界的知识分子遭遇了前所未有的开放性与兼容性。具体地说，这种开放性与兼容性导致了多门学科本质与学科边界的模糊和缺席，再具体地说，学科本质与学科边界的模糊和缺席给比较诗学的学科定位及研究带来了很大的困惑。当然，这种现象也不仅仅是比较诗学这一学科所遭遇的问题，在全球化时代，似乎许多学科都存在着学科本质与边界解体和缺席的危机。

严格地讲，在《比较诗学读本·西方卷》名义下遴选的文章与著作节选，其应该涵盖西方语际文艺理论及相关跨学科思考的经典，如果是这样，那可选入的文章与著作节选是太多了，因为比较诗学的边界太宽阔了，西方的语际文艺理论发展史也太漫长了。那么究竟应该怎样遴选呢？当然每一部读本都有着选家自己的眼光与原则，我们此次在"西方卷"选入的文章与著作节选也必然有着自己的眼光与原则。

第一，在以往的相关"西方文学理论读本"、"西方美学理论读本"及"西方艺术理论读本"所反复选入的已知文章与著作节选之外，我们另辟蹊径重新选目，尽量回避与以往的相关选本在选目上的重复，并且把选目的眼光置放在西方当代学界。

第二，以贴合于本科生与研究生的阅读与接受的眼光进行选目，因此所选入的相关理论文章与著作节选比较基础与稳定；所以这部"西方卷"特别适用于本科生与研究生的比较文学、比较诗学或西方文艺理论的教学所用。

第三，《比较诗学读本·西方卷》所选入的文章与著作节选更多是贴合于比较诗学的学科意识而完成的，这一点是非常重要的，因为这套读本必须突出比较诗学的学科意识，其不仅简单的是一部西方当代文艺理论的新面孔读本。

第四，需要说明的是，我们在遴选时特别注意征求与尊重研究生自己的阅读眼光，因此他们的建议与推荐在当下的选目中起到了重要的作用，因为我们的意图是"西方卷"选目的眼光与原则，应该距离作为现下或未来读者的本科生与研究生越近越好。当然，选家的眼光与原则不因为是研究生而放低了要求，而一定是经过提纯、提炼与提高后的学术视域。

关于《比较诗学读本·中国卷》的选目，我们也有着自己的选家眼光与原则，并且这种选家眼光与原则的兑现，让我们收获了怎样恰如其分地编选一部"中国比较诗学读本"的学术乐趣。

第一，我们把比较诗学的学科意识准确地带入《比较诗学读本·中国卷》的选目中，以此为王国维以来的、自觉的中国比较诗学研究勾画出一脉发展史的逻辑谱系。其实，关于中国比较诗学研究发展史的基本逻辑谱系，从我们选目的排序上，一眼即可以见出。当然需要说明的是，由于"中国卷"读本的字数是有限制的，所以还有很多优秀学者的比较诗学研究文章与著作节选无法被纳入其中。

第二，我们选目的眼光与原则也必然扩展于中国本土之外的国际学术领域，把那些栖居于西方学界的华裔学者以英语书写的关于中国诗学研究的文章与著作节选纳入其中，以此告诉阅读这套读本的本科生、研究生及相关学者，在古今中外知识结构汇通的视域下，比较诗学在解决中国本土诗学文化传统的问题时，那些以英语书写、思考的比较诗学研究成果在国际学界有着重要的学术地位，并且在研究与思考的观念上，其对中国本土中国古代文学研究者与中国古代文学批评研究者应该也可以有着重要的启示性。以此我们也能够切实地证明，比较诗学研究的展开必须是多元文化语境下的语际文学批评与语际文学理论。

第三，我们特别希望以《比较诗学读本·中国卷》的选目，为本科生、研究生及相关学者提供一种关于中国古代文学研究与中国古代文学批评研究的国际性学术视域，让中国古代文学研究与中国古代文学批评研究不仅守护为中国本土学者的私人话语(本土话语)，也更应该敞开为国际学者的公共话语(国际话语)。同时，我们也希望"中国卷"能够使本科生、研究生及相关学者在阅读中获取这样一种学术体验：即一位国际性比较诗学研究者驻足于异质文化的学术立场，可以操用他者视域而完成语际文学批评与语际文学理论的研究，从而获取打通中外学术的新鲜感与通畅感。

第四，我们特别希望以"中国卷"的选目告诉本科生、研究生及相关学者，较之于西方比较诗学研究者，中国本土及华裔比较诗学研究者是非常优秀的，他们的科研成果在学术语言的操用、学术观念的敞开、学术知识的融通与学术心理的健康等方面是优秀的。甚至在多种维度上，中国本土及华裔比较诗学研究者比西方比较诗学研究者要优秀得多与厚重得多。比较文学与比较诗学在中国汉语语境下的崛起与发展，不仅是告诫中国本土学者应该坦然地敞开自己的学术视界，以获有一种阳光且健康的学术心理，以此与国际学界接轨；当然，其也必然告诫中国本土学者应该持有一种学术自信心，在了解了西方后，也用不着对西方学者在绵密地讨好中贡献那种"西方的月亮比中国圆"的盲目崇拜。

说到底，比较文学研究与比较诗学研究就是文学及其理论研究的国际化，研究主体是驻足于一方国际化的平台上，以敞开的视界观览、思考本土文学及相关理论与外域文学及相关理论，而不再是以一种原教旨主义的姿态把文学及相关理论研究狭隘地理解为是对本土文化传统的守护，或者以一种偏激的抵抗姿态把外域文学及其理论仇视为一种文化侵略。

客观地讲，我们在翻译《比较诗学读本》(西方卷)与(中国卷)其中大部分文章时，在某种程度上是以西方理论话语在我们的翻译中"失语"而完成的，因为，这两部读本中关涉西方学者诗学与华裔学者诗学的文章是从英语翻译为汉语的。大卫·达姆罗什（David Damrosch）是哈佛大学比较文学系教授，2003年他向国际学界贡献了《什么是世界文学？》（*What is World Literature*?）一书，其中他以三重定义的方法为全球化时代的世界文学重新给出了一个界说：

1. 世界文学是不同民族文学的一种椭圆折射。（World literature is an elliptical refraction of national literatures.）

2. 世界文学是在翻译中获益的书写。（World literature is writing that gains in translation.）

3. 世界文学不是文本的一种固定经典而是一种阅读模式，一种超然相远地与我们自身时间空之外的那些世界进行交流的方式。（World literature is not a set canon of texts but a mode of reading: a form of detached engagement with worlds beyond our own place and time.）[1]

---

[1] ［美］大卫·达姆罗什：《什么是世界文学？》（David Damrosch, *What is World Literature*? Princeton University Press, 2003, p.281）。

大卫·达姆罗什特别强调了在全球化时代翻译对世界文学形成的内在推动作用。当然，在世界文化与文明的跨界移动中，翻译直接推动了不同语言之间的解码与转码，这种语言的间际解码与转码推动着源语文化与目的语文化在语际中走向相互的融合。大卫·达姆罗什所界定的因翻译推动所形成的世界文学就是比较文学研究所不可或缺的客体，也是比较诗学得以建基之上所可能形成理论表达的背景语境。不仅世界文学是在翻译中获益的审美性书写，而比较诗学也是在翻译中获益的理论性书写。当一个民族、国家与区域的批评家与理论家栖居于本土，操用本土母语与本土视域对异域诗学进行研究时，其在本质上无可争议地走向了比较诗学，因为他们的研究必然要依赖于翻译的诗学读本；当一个民族、国家与区域的批评家与理论家栖居于异域，操用异域语言与他者视域对本土的母语诗学进行研究时，其在本质上无可争议地走向了比较诗学，因为他们的研究对异域诗学读本的阅读也是翻译；当一个民族、国家与区域的诗学因翻译向异域做语际移动时，其在本质上更是无可争议地走向了比较诗学。我们想说的是，关于这部《比较诗学读本》(西方卷和中国卷)其中文章与著作节选的翻译，其本身就构成了比较诗学研究过程中的一个重要的环节，译者们以自己的翻译行为推动了诗学在语际之间的移动与融合，诗学不可遏制地走向了比较诗学。

不错，比较诗学是在诗学翻译中获益的书写。

《比较诗学读本·西方卷》是一部完全翻译的读本，而《比较诗学读本·中国卷》的部分文章与著作节选也是从英语翻译为汉语的。在这里，我们必须提及的是，"西方卷"是从英语在解码与转码中重新书写为汉语的一次翻译，而"中国卷"中的部分翻译文章与著作节选是在解码与转码中重新书写为汉语的二次翻译。关于"二次翻译"是在比较诗学研究中一个应该引起学界关注的重要现象，我们在这里举例来说明这一点：如美籍华裔学者陈世骧撰写的《中国诗学与禅学》一文。

《中国诗学与禅学》是陈世骧用英文书写的一篇比较诗学研究的典范文章。在这篇文章中，陈世骧把其所涉及的相关中国古代汉语文献翻译为英语，当然这篇文章也更是作者操用英语在书写中对相关中国古代诗学与禅学的审美观念给予解码与转码，说到底，这篇文章是把以汉语书写的相关中国古代诗学与禅学的审美观念在解码中转码为英语出场，再说到底，其在本质上还是翻译。特别需要提及的是，中国译者再把陈世骧的这篇文章从英语再度解码与转码为汉语，这就是我们所说的二次翻译。"二次翻译"是西方华裔比较诗学研究者之文章与著作被翻译为汉语后在中国学界所呈现的最为显著的学术特点。可以说，"二次翻译"是一个应该被学界所关注的重要术语。

刘若愚的 *Chinese Theories of Literature* 是在美国本土学界操用英语所撰写的读本，当中国汉语学者在阅读翻译为汉语的《中国文学理论》时，我不知道中国汉语学者是否意识到这部汉语读本在某种程度上是二次翻译的结果。关于华裔比较诗学研究者之文章与著作的二次翻译问题，的确是值得展开讨论的比较诗学现象，当然，在这里我们没有更多的空间与时间可以给予展开性讨论。我们想表达的是，诗学及其观念在语际中经历了从汉语走向英语的一次翻译，又经历了从英语返回汉语的二次翻译，不要说其中带入了太多的异质文化观念、他者学术立场、外域审美姿态与另类价值判断的融入，还有更多的创造性理解、过度理解与语言误读等无可回避的主客观两个面向上的技术性问题；因此，比较诗学必然是在中外诗学理论关系之间所生成的第三种诗学。在第三种诗学中，既含有双方的文化背景及相关的多种学术因子，也更有不同于任何一方由研究者与翻译者整合出的崭新的诗学元素，这就是我们所说的比较诗学是持有第三种立场的语际理论。在第三种诗学与第三种立场中，翻译是其背后的重要学术推动力之一。在这个意义上，诗学翻译又怎能不是创造性的"rewriting"呢？我们也正是在这个意义层面上宣称：客观地讲，我们在翻译《比较诗学读本》(西方卷和中国卷)其中大部分文章时，在某种程度上是以西方理论话语在我们的翻译中"失语"而完成的。可以说，西方文学理论被翻译为汉语后，从来就没有在其原初意义的推动下准确地执行过源语语境中的批评策略，当然，对于以语言构筑的文本来说，其本然就没有原初意义，这已经是诠释学理论所解决的一个最为基本的问题了，文本不证自明的原初意义是文字学家在一厢情愿的假设中设定的先验存在。

实际上，在学界我们经常用心地倾听这样一种贬损性表述："用西方的理论框架来套中国的文献材料，或用中国的文献材料为西方的理论框架来做注。"我们想澄清的是，这种表述本身在学理上就存在着问题。需要提及的是，所谓"西方的理论框架"应该理解为是翻译为汉语的西方理论，西方的源语理论在翻译的旅行中因上述我们指出的诸种原因，其中有着太多的"失语"，可以说，作为汉语译入语的西方理论在汉语学界从来就没有准确地执行过其在源语语境下所达向的理论价值评判，因此，有许多西方学者或汉学家惊诧西方的理论为什么在中国汉语学界被翻译、误读或过度诠释到如此地步。并且较之于西方源语语境下的整体理论框架及其体系性构成，翻译为汉语的西方理论是其中太少的一部分了，并且是脱离了源语语境的西方理论，所以其在体系上必然是支离破碎的，谈不上"框架"；"框架"在其隐喻的表达中指涉的就是"体系"，我们对其完全不应该操用"西方理论框架"以此对汉语译入的西方理论给予逻辑体系上的称呼。

倘若，我们把自己思考的立场转置于西方学界，不难发现，西方学者可能会认为中国学者是操用汉语在翻译中解构或丰富了西方理论，并且在具体的研究中，中国学者又操用了中国的文献材料来重新诠释了西方理论，也以此解构或丰富了西方的理论。

学界皆知，推动西方理论与中国文学材料进行语际视域的互相参证，早在王国维那里即开始了，并且得到了陈寅恪的认同。在《王静安先生遗书序》一文中，陈寅恪曾对王国维的学术观念进行了三种划分，其第三种即是："三曰取外来之观念，与固有之材料互相参证。凡属于文艺批评及小说戏曲之作，如《红楼梦》与《宋元戏曲考》《唐宋大曲考》等是也。"[1]王国维可以这样做，陈寅恪可以这样认同，并且也这样做，中国现当代学术在整体上也是这样发展的。其实，我想对于某种人来说，大可不必看到在文学研究中把西方理论与中国文学材料互相参证，就大惊小怪，如临洪水猛兽。天下文章不可能是一种路数！在这里，我们忽然想起那位著名的语言文字学家与史学家杨树达。杨树达在日本留学时曾接受了西方文法学与语源学的研究方法论，他也坦承自己的文字学研究方法论受到了欧洲文字语源学的影响。的确，杨树达也正是在西方的

---

[1] 陈寅恪著：《王静安先生遗书序》，见于陈寅恪著：《金明馆丛稿二编》，生活·读书·新知三联书店，2001年，第247页。

"philology"与中国的文字学相互参证与相互融合的学术观念中成就了自己的学术辉煌。

其实，我还想，对于某类人来说，大概是对西方理论与中国文学材料的互相参证必有一个方面不太熟悉，有些阅读困难，故伤及了自己的权威感，所以裹挟着愤气骤然奋起，以一种拒斥的心理来掩饰自己的知识缺憾，以致不再顾及自己多年积攒的学术形象，以个人的学术私语打起这个时代的隐性学术政治牌；而这种人面对着钱锺书的《谈艺录》《七缀集》与《管锥编》等又收拾起自己的傲慢，小心翼翼地携带着敬重退守在沉默中压抑。其实大可不必如此！不要说小小的学术，大到一个国家的发展也必然是国际性的、世界性的，像朝鲜那样以极端的自闭守护其落后观念的国家毕竟是极少数的。马克思主义也是西方理论，其不是也被中国所接受，进入到中国社会发展的历史进程中，与中国的社会实践互相参证，最终形成了中国的马克思主义嘛！

说到这里，需要强调的是，我们在这里无意于打政治牌，我们谈的是学术问题。有趣的是，1953年，有关方面出面曾请陈寅恪出任中国科学院历史研究所第二所所长，而陈寅恪就此聘任提出了他的两个就任条件：一是允许中古史研究所不宗奉马列主义，并且不学习政治；二是请毛公（毛泽东）或刘公（刘少奇）出具一张允许证明书，以其作为挡箭牌。从当时的历史背景来看，陈寅恪不希望马列主义作为国家意识形态从政治的层面以干预学术的研究，从这一点，我们可以见出陈寅恪在生存的姿态上一贯持有自己的风骨与气节，即他所言说的"独立之精神，自由之思想"。陈寅恪是一位学贯中外与学贯古今的大师学者，他敢于为了守望学术的纯粹而在政治上做隐含的抵抗。严格地讲，当下的中国学界在学术研究的观念与方法论上，面对着西方诸种理论与中国文学材料进行语际视域的互相参证时，已经走出了政治压迫的阴影；倒是那些拒斥者于潜在的学术心理中，把学术问题以个人学术权力的压迫使其"学术政治化"，并使学术政治个人私语化，一如曹丕在《典论·论文》中所描述的班固在盲目的轻蔑中对傅毅(武仲)的贬损与打压。实际上，这类人在真正面对社会、历史及公共政治的问题时又的确缺少敢为天下思考与敢为民众言说的勇气。无论怎样讲，他们在骨子里决然不是一位坦诚的公共知识分子。

陈寅恪在《清华大学王观堂先生纪念碑铭》一文中是这样评价王国维的学术人格的："惟此独立之精神，自由之思想，历千万祀，与天壤而同久，共三光而永光。"[1] 学术人格的"独立之精神，自由之思想"不是每一位庸常学者都可以企获的，在学术的技术上做得再好，依然不可成其为具有学术思想深度的大师，学术的小技再精湛也是文心雕虫，而学术思想的大器成就了文心雕龙。这也是为什么我们在《比较诗学读本》(中国卷)的开篇便选入了王国维的两篇文章之缘故。

有一种学者往往难以根除自己固执己见的保守主义立场，要让其置换一种异质的眼光、他者的视域或非我的立场重新看视这个世界，并给出自己的当代性诠释，这几乎要了他的性命。这类人的确是一种后现代全球化时期的新保守主义者。实际上，文人的学术器量之大小，是可以一眼识透的。我们于此再度强调的是：当下是一个文化多元主义的时代，"文非一体"，

[1] 陈寅恪著：《清华大学王观堂先生纪念碑铭》，见于陈寅恪著：《金明馆丛稿二编》，生活·读书·新知三联书店，2001年，第246页。

天下文章不可能归同于一种路数。早在汉魏时期，曹丕即以《典论·论文》就"文人相轻""文非一体""各以所长，相轻所短"与"家有敝帚，享之千金"给出过自己的评判：

> 文人相轻，自古而然。傅毅之于班固，伯仲之间耳，而固小之，与弟超书曰："武仲以能属文，为兰台令史，下笔不能自休。"夫人善于自见，而文非一体，鲜能备善，是以各以所长，相轻所短。里语曰："家有敝帚，享之千金。"斯不自见之患也。[1]

的确，遮蔽在保守主义姿态阴影下的学者往往是缺少自我反思之能力的，正如曹丕在此段结尾处所言："盖君子审己以度人，故能免于斯累。"[2] 倘若一位学者在指摘、数落别人所不是之时，能温故、反思一下自己所不足之处，便不会"各以所长，相轻所短"，也更不会"家有敝帚，享之千金"，当然，最终也"故能免于斯累"。

曹丕所言说的"文人相轻，自古而然"一点也不错，我们大可以把这种心态作为沉淀于中国学术文化传统的一种原型（archetype），或看视为中国学术文化传统的一种情结（complex）追问到孔子那里，为历代中国知识分子寻找一种学术心理生成的历史缘由，以警示当代中国知识分子不妨校正一下自己的学术器量，千万不要一面不得不承认别人之长处时，

---

[1] 曹丕著：《典论·论文》，见于清朝严可均校辑：《全上古三代秦汉三国六朝文》，中华书局，1995年，第二册，第1097页。

[2] 同上。

一边还要补上一句贬损性的表达，以平衡自己在承认别人时所收获的自我失落感——如孔子对管仲的悖反性评价。《论语·宪问》载录了孔子与子贡就管仲的对话：

> 子贡曰："管仲非仁者与？桓公杀公子纠，不能死，又相之。"子曰："管仲相桓公，霸诸侯，一匡天下，民到于今受其赐。微管仲，吾其被发左衽矣。岂若匹夫匹妇之为谅也，自经於沟渎而莫之知也？"[1]

不错，一如孔子所承认，正因为管仲做了齐桓公的宰相，齐国才得以称霸诸侯而匡正天下，以至老百姓现在依然享用到他的恩惠；而孔子又不得不承认，倘若没有管仲，恐怕我们也已像中原以外的少数族裔那样散髻披发、衣襟左掩，沦为夷狄了。何晏在《论语集解》中也辑录了东汉经学家马融的古注，以求取马融在那个时代对管仲的理解与解释："微，无也。无管仲则君不君、臣不臣，皆为夷狄。"[2] 而《论语·八佾》又载孔子对管仲人格设问的回答：

> 子曰："管仲之器小哉！"或曰："管仲俭乎？"曰："管氏有三归，官事不摄，焉得俭？""然则管仲知礼乎？"曰："邦君树塞门，管氏亦树塞门。邦君为两君之好，有反坫，管氏亦有反坫。管氏而知礼，

[1]《论语·宪问》，见于《十三经注疏》，中华书局，影印世界书局阮元校刻本，下册，1980年，第2511—2512页。

[2] 同上，第2512页。

孰不知礼？" [1]

在这里，我们无意考据管仲是否从"俭"、是否"知礼"、是否"树塞门"与是否置"坫器"的那些历史问题，我们只是想说，读到孔子一面承认"微管仲，吾其被发左衽矣"，一面又指摘"管仲之器小哉"，似乎感觉到真正的"器小者"不是管仲而是孔子了，又忽然感觉到当代知识界的崇古者为什么也会固执这样一种"器小者"的学术心态，原来在中国学术文化传统的原型上，他们受动于一种学术文化的集体无意识情结而承继了孔子。21世纪是一个在后现代工业文明景观下复兴儒学的"后孔子"（post-Confucius）时代，我们有理由以孔子为反思性参照，为疗救当代崇古学人的自闭与小器，多少找一点历史原型的缘由，以便敦促当代中国知识分子中的小器者以恢宏心态大器起来。因为，我们特别不愿意看到，当代中国知识分子在集体无意识的人格构成中只是成为了"后孔子"及一味地复现"后孔子"的学术心态。

思考到这里，我们或许应该谈一点翻译研究的问题了。在《翻译、改写以及对文学名声的制控》（*Translation, Rewriting and the Manipulation of Literary Fame*）一书中，安德烈·勒菲弗尔（Andre Lefevere）对埃文·左哈尔（Evan zohur）在多元系统理论基础上成立的操控（manipulation）理论进行了丰富，以此构建了他讨论翻译的操控派改写理论。译学界皆知，翻译是

---

[1]《论语·八佾》，见于《十三经注疏》，中华书局，影印世界书局阮元校刻本，下册，1980年，第2468页。

大文化系统中的一个子系统，翻译与其他子系统之间处在一种相互制约的张力关系中。西奥·赫曼斯（Theo Hermans）在讨论系统中的翻译时提出：从目的语的视角来分析，所有的翻译都是在一定的程度上对源语所给予一定的操控，并最终达向一定的目的。

这套两卷本的《比较诗学读本》(西方卷和中国卷)是由复旦大学中文系比较文学与世界文学专业的硕士生、博士生与博士后为主所参与选目及翻译完成的，[1] 也是在学科建设中，一批青年学者所展开的一次学术活动与翻译体验。在某种程度上说，这批翻译者就是策划者与选目者。在策划、选目、翻译与出版的过程中，这套读本没有受到安德烈·勒菲弗尔所言说的赞助人（patronage）等外力因素的干预与制约，当然，安德烈·勒菲弗尔认为在源语被解码与转码为目的语的翻译行程中，赞助人关注的是文学的意识形态，而文学家们关注的是诗学，并认为文学家们所追求的诗学是受控于赞助人的意识形态下所行进的。而这套读本恰恰把作为外因的赞助人收编为策划者、选目者与翻译者的自我身份，从而使赞助人的意识形态与译者的诗学捆绑在一起，以此形成了两者的共谋关系，以推动这套读本达向其所预期的诗学目的。所以，我们于此再三强调，这套读本的翻译者就是选目者、选目者就是策划者，他们就是不受外力制约的自我赞助人。

有趣的是，于潜在的逻辑上，这套读本把安德烈·勒菲弗

---

[1]　按：除去复旦大学中文系的青年学者之外，还有来自其他大学的青年学者加盟，如北京大学、浙江大学、中山大学、同济大学、中国人民大学、苏州大学、首都师范大学、福建师范大学与温州大学等。

尔的操纵派改写理论直接颠覆得散落涂地。在翻译理论上，作为外因成立的赞助人意识形态被这套读本的"译者诗学"解构了，这其实也是在隐喻中解构了译入语语境主流意识形态对"译者诗学"的干涉与限禁。因此，这套读本是"译者诗学"在自我赞助人的意识形态共谋下所进行的一种操纵性改写活动，"译者诗学"呈现为编译这套读本所选目的眼光与原则，呈现为译者对中外比较诗学文本所进行的操纵性改写活动，最终呈现为选目者与翻译者的诗学追求：即以他们的选目与翻译隐喻地设问与诠释了什么是比较诗学。[1]

---

[1]　按：学术思考是经年积久的细微沉淀，本篇论文中的部分思想也散见于笔者以往撰写的论文与著作中，现归总集结于此文中，希望能够给出一个体系化与明晰化的论述。

译者与赞助人 *
——以林献堂为中心的译者群体

杨承淑[**]

回顾译史研究中的赞助人与译者，独立赞助人长期持续拥有一群译者的译事活动，相对于官方扮演的赞助人角色，无论资源与体制上都难以比拟。然而，百年前的台湾，却由于日本在台殖民统治之故，因缘际会地创造了民间世家长期扮演翻译赞助人角色的案例。其中，期间最长、译者人数最多的就属林献堂与他的通译兼秘书之间长达数十年的译史事迹[1]。探索这段赞助人与译者之间的角色身份及其译事活动的属性特质等，除了可以检验译史研究与翻译理论的见解，更可针对日据时期最具影响力的民间领袖——林献堂(1881—1956)，理解他如何透过译者展现其文化公民与群体位置的意图。同时，对于这批译者所凝聚的群体力量与属性特质，提出脉络化的描述并给予适度评价。

---

* 本文为 2011 年 7—12 月在中研院台湾史研究所访问研究的成果，刊载在《译者养成面面观》。感谢台史所提供的学术环境与资源，以及许雪姬前所长及张隆志教授的宝贵建言与协助。谨在此对台史所全体同人深致谢忱！

** 杨承淑，辅仁大学跨文化研究所所长，翻译学教授。

[1] 类似的事例，在历史上或许未必罕见，但往往由于未留纪录，以致难以追溯。

林献堂从1895年台湾进入日据时期，就开始委由译者居间传达他与统治当局的往来接触。透过1927—1955年间的《灌园先生日记》及多位前任秘书共同编撰的《林献堂先生纪念集》(含林献堂年谱)等记载，以及亲近的秘书、友人、亲人撰写的个人全集或个别记述[1]，再加上前人研究的揭露[2]，可知经常为林氏通译的译者约达十余人。这些译者可以分为长期聘用的秘书兼通译以及针对特定议题而临时指派的任务型通译。

而这群围绕于林献堂身边的秘书兼通译所创造的台日跨文化沟通与活动里，他们究竟参与了哪些价值判断的思辩，并在新意识与新价值的形成过程里扮演何种角色。本研究将透过文本、史料、访谈纪录等，探索这群赞助人与译者共同创造的译者身份与译事属性[3]，以及在林献堂对外发言与行动时他们所产生的作用及其群体特征。

一、译者与赞助人

据《林献堂年谱》及其《六十述怀》诗[4]，1894年底至1895

---

[1] 全集方面，如《叶荣钟全集》《蔡培火全集》。个人记述有：林庄生《谈1900年代出生的一群鹿港人》，载《台湾风物》57卷第2期，2007年6月，第9—35页。人物访谈：许雪姬编著《雾峰林家相关人物访谈纪录·顶厝篇》《雾峰林家相关人物访谈纪录·下厝篇》，收入《台中县口述历史第五辑》，丰原：台中县立文化中心，1998年。此外，林妻杨水心（1882—1957）女士日记，待公开后亦应涵盖在内。

[2] 许雪姬：《日治时期台湾的通译》，载《辅仁历史学报》2006年第18期，第1—44页。

[3] 由于篇幅有限，本文将仅探讨秘书兼通译的人物，而担任临时性的任务型通译将另文讨论。

[4] 参见《林献堂先生年谱》1895—1897年事迹，收入《林献堂先生纪念集》卷一，第17—20页。

年间，15岁的林献堂奉祖母罗太夫人之命，率全家40余口避难泉州晋江。到了1897年5月8日，亦即马关和约载明的台湾住民决定去就之日，林献堂选择留在台湾，却奉父命"在家塾由白焕圃授经史"。其实，林献堂七岁入家塾"蓉镜斋"受何趋庭启蒙[1]，汉学已有十年根底。17岁时改从白焕圃读经史之际，若也开始学习日语，大概终其一生都不会需要译者居间传译。然而，何以他会做出这样的选择？据黄富三(2004:17)《林献堂传》指，此举显示"其民族意识的强烈与不计功利、不务虚名的性格"。进一步说，他的选择可以视为对汉学认同与精进的意愿，且也显现了不接受统治者思想及其语言的立场，甚至直到日据晚期，他还鼓励台人青年要说不掺杂日语的台湾话[2]。

根据佐藤春夫《植民地の旅》中的描述，当佐藤与林献堂于1920年会面时，林氏即先解释自己已是老人，不似年轻人大都能操日语，故只能透过通译交谈[3]。彼时的林氏固然不是太年轻，但在日据已达25年的岁月中，何以仍声称自己无法以官方语言沟通，似乎另有隐情。

然而，不以日语直接对话的立场，始终未曾改变。甚至，到日据中晚期(1930—1944)他的日语已有精进[4]，但他还是以

---

[1] 何师乃传统学者，对林的少年时期影响在于学养与传统士人涵养。如，积极上进、克己自律等。详参张正昌《林献堂与台湾民族运动》，台北：益群书店，1981年，第32—33页。

[2] 日治期作家张文环（1909—1978）《难忘的回忆》曾指，"先生又时常教我要说流利的台湾话，那便是不掺杂日本话的台湾话，当时除私谈以外，几乎不用台湾话，所以像我的年纪的人，就说不出流利的台湾话来"。《林献堂先生纪念集》卷三 追思录，第92页（总第647—648页）。

[3] 佐藤春夫《定本佐藤春夫全集》第27卷，京都：临川书店，2000年，第93页。

[4] 参见1937年8月18日—1938年12月《灌园先生日记》，可知林氏曾透过藤井爱子的母亲延请荒木秋子指导日语，并于读完《国语教本》三篇后逐日复习。可见曾用心学习一年以上。

不谙日语为由，婉拒担任"府评议员"或夫妻联袂出席皇居观菊会之邀，乃至当局交付的政治任务等[1]。

据《林献堂先生年谱》记载，林献堂的次子林犹龙于1927年4月与留日期间结识的藤井爱子结婚[2]。据竹中信子（1996:346）指出[3]，爱子来台后即学台语、着台服。此外，从1927—1940年《灌园先生日记》亦可知，爱子几乎参与了林氏家族所有的公私活动，与林氏夫妻非常亲近。不过，若非林氏贯彻其台语的话语立场，何以日籍媳妇需要努力学习台语[4]？

林献堂的语文选向，除了深入学习汉学经史之外，他还透过留学并旅居中国的堂侄林幼春积极掌握中国的新知来源[5]。如，自海外订购上海《万国公报》、梁启超在横滨创办的《清议报》（1898.12—1901.12）、《新民丛报》（1902.1—1907.11）等[6]。换言之，林献堂不但早在日据之初，就已选择

---

[1] 详见《灌园先生日记》昭和五年（1930）七月五日（第222页）及同年十月九日（第337页）记载。此外，据《林献堂先生年谱》1944年1月8日记载，"总督府总务长官斋藤，介人来请赴新嘉坡担任华侨绥靖工作，乃托陈炘以不解日难与当地日本军政联络为由辞之"。可见，直到日治末期，林献堂还是坚持不直接以日语和日人沟通。《林献堂先生纪念集》卷一，第145页。

[2] 《林献堂先生年谱》记载，她于1927年4月与林犹龙成婚，逝于1940年9月13日。第86、135页。又，据其子林博正先生2011年9月13日接受笔者访谈时，转述听闻长辈提及父母结识背景。据林博正先生提供之结婚纪念照记载，爱子1927年4月2日与林犹龙结婚，时年18岁。

[3] 竹中信子著，大正编：《植民地台湾の日本女性生活史》，东京：田畑书店，1996年。

[4] 藤井爱子生于1909年3月25日（参《台湾雾峰林氏族谱》第二册，第379页），卒于1940年9月13日。栃木县宇都宫人，东京锦秋高女毕业。详见台湾银行经济研究室编印《台湾雾峰林氏族谱》第一、二册，台北：台湾银行。1971年。

[5] 参谢金蓉《多事当时月——重晤梁启超》，收入《青山有灵——台湾史人物新论》，台北：秀威信息，2006年，第51—55页。

[6] 参叶荣钟（2000:199）：《林献堂与梁启超》，收入《台湾人物群像》，台中：晨星出版，2000年，第199—203页。又，甘得中在《献堂先生与同化会》亦指林氏"无奈处于异族统治下之台湾，不但无书可读，且新闻杂志之言论文章，皆以总督府之言论为言论"，"翁乃求之海外，如沪之万国公报，戊戌政变后，由横滨获读清议报，新民丛报"。《林献堂先生纪念集》卷三"追思录"，第24页（总第511页）。

了要以自己的语文与统治者对话的立场，而且始终如一。此一决定，也为林氏与译者之间的赞助人角色，展开长达数十年的互动关系。

以下，从各秘书兼译者的任职期间及其工作内容，概述其译事活动、译者属性特质、译者与林氏的角色关系，及译者各自的社会活动与角色变化等。

表1　林献堂正式聘用的秘书一览表（底纹者表示聘用6年以上）

序	姓名	生殁年	教育及资历	任用时期	职掌	重要任务
1	许嘉种	1883｜1954	◎ 1903 台南师范学校毕。 ◎ 1904–1906 彰化厅员林公学校训导。 ◎ 1908–1909 彰化厅总务课雇员。 ◎ 1910–1912 / 1917–1920 台中厅庶务课雇员 / 通译。 ◎ 1920–1921 台中州知事官房调停课通译。 ◎ 1936–1937 台中州彰化市参事会员 / 1936–1939 议员。	1906｜1908[01]	秘书兼翻译	◎ 1922 年赴日晤高桥是清首相，说明台湾议会请愿之宗旨。

（续表）

序	姓名	生殁年	教育及资历	任用时期	职掌	重要任务
2	甘得中	1882 ｜ 1964	◎ 1900-1902 彰化公学校（约年余完成 4 年学业）。 ◎ 1902-1904 临时台湾土地调查局雇员。 ◎ 1905 年春任台中医院通译 / 养成看护妇讲师 / 并本嶋人夜学教师嘱托。 ◎ 1906-1909 受林献堂资助，赴早稻田大学专修班。1920 年返台。[02] ◎ 1920-1932 历任彰化郡役秀水、花坛庄长。 ◎ 1923-1940 台中州州协议会员。 ◎ 1937-1940 台中州州参事会员 / 州会议员。	1906 ｜ 1914	幕宾兼翻译	◎ 1907 年为梁启超与林献堂安排会晤。 ◎ 1913-1914 年数度偕同谒板垣退助伯爵 ◎ 1914 年秋陪同会见板垣伯爵、国民党魁犬养毅、内阁总理大隈重信等。
3	施家本	1886 ｜ 1922	◎国语学校二年级肄业。 ◎ 1909.5 鹿港公学校雇员。 ◎ 1910 年鹿港公学校训导。	1914 ｜ 1920[03]	秘书兼翻译	◎ 1915 年以和歌结识下村宏总务长官。 ◎ 1918-1919 年伴随赴日，迎田总督。[04] ◎ 1920 年赴总督府提银行创立案。

（续表）

序	姓名	生殁年	教育及资历	仕用时期	职掌	重要任务
4	庄遂性	1897 ｜ 1962	◎1907年公学校毕业。 ◎1921-1924明治大学政经科毕业。 ◎1941年加入栎社。	1920 ｜ 1921[05]	秘书	◎因施家本离职而接手秘书职。 ◎1919年初次随林献堂赴日。 ◎1925年随林献堂自东京返台。
5	叶荣钟	1900 ｜ 1978	◎1930年日本中央大学政经系毕业。	1921 ｜ 1927[06]	秘书兼通译	◎奔走议会设置请愿运动[07] ◎1935年撰写《台湾新民报》社论
6	温成龙	｜	◎国语学校毕，1919年台北师范学校师范部乙科毕。彰化第一公学校教师、帝国制糖会社。	1929.4[08] ｜ 1937.4[09]	秘书兼通译	
7	温成章	1918 ｜	◎1937年台一中毕。[10]1941-1943年早稻田大学专修科毕业。[11]	1934.5.1 ｜ 1940.3.16	通译[12]	◎台中一中毕业后，即随林献堂赴日，并同住东京。

序	姓名	生殁年	教育及资历	任用时期	职掌	重要任务
8	林汉忠	1918|	◎1937年台中一中毕，1940年日本同志社大学经济科毕业。[13]	1940.4|1940.10[14]	秘书	◎林献堂侄。1941年1月入新民报社（后更名"兴南新闻社"），1944年任《新报》记者。1946年当选基隆市参议员。
9	杨天佑	1892|	◎曾任职新民报摄影部五年。	1940|	秘书	◎林献堂妻杨水心之弟。[15]
10	林瑞池	1926？|2010[16]	◎公学校毕业后入台北中学。毕业后进青果合作社，1946年进入彰银。	1949.9|1956	随行秘书[17]	◎1949年9月由彰化银行派任，随林献堂赴日，直至林辞世。[18]

注：

01. 参台湾新民报社调查部编《台湾人士鉴》许嘉种，台北：台湾新民报社，1934年，第36页。1921年辞台中州通译，1922年伴同林献堂赴日请愿。据巫永福指出，许嘉种是林献堂的第一位通译。参见《巫永福先生访问纪录》，收入许雪姬编著《雾峰林家相关人物访谈纪录·顶厝篇》，第117—136页。

02. 汉文"留学生消息"《留学生甘得中》，载《台湾协会会报》，东京：台湾协会会报，1906年，第45—46页。又详1906年3月1日汉文版《台湾日日新报》，"雾峰林献堂林嘉其志之美且锐，许每年愿赠百金"。

03. 参叶荣钟《诗人施家本——记一个未完成的天才》，收入《台湾人物群像》，第298页。

04.《台湾总督田健治郎日记》（上），第59页。大正8年（1919）11月9日："林献堂通译施家本赋三绝谢恩"。

05. 参施懿琳《世代变迁与典律更迭——从庄太岳、庄遂性昆仲汉诗作品之比较谈起》附录"庄太岳、庄遂性生平简介"，中台湾古典文学学术研讨会，台中：台中县文化局，2001年12月。

06. 据《叶荣钟年表》（2002：37）及《杖履追随四十年》（2000：47—49），民国16年（1927）5月林献堂偕子赴欧美游历一年，故他与林氏有近一年的空白。《台湾人物群像》，第37—57页。

07. 1915年第六次请愿时，由叶荣钟陪同拜访司法大臣江木翼。叶荣钟（2002：187）《初期台湾议会运动与日总督府的态度》，收入《台湾人物群像》，第181—188页。

08.《灌园先生日记(二)》1929年4月21日"采用温成龙为通译"。第120页。

09.《灌园先生日记》1941年2月22日记载"温成龙现为信用组合职员，常与同僚冲突，故不安其位也"。此外，1940年11月8日亦有"未到信用组合会金生、成龙、铭瑄"。可见，温成龙确曾离开过林家一段时间。到1941年12月3日，攀龙与关关两对夫妻自东京返台时，即由"天成、盘石、成龙往基隆迎之"。故可知彼时成龙又重回林家任事。见诸1942—1944年之日记，成龙又有多次与云龙、灵石或犹龙等，迎送林氏前往重要场合的纪录。如1944年9月30日，"三时余成龙同访长谷川总督"，当日虽因总督观映画而未入见，但事已俱在。

10. 据台一中的纪录，温成章生于1918年，1932年入学，1937年毕业。林汉忠亦同。

11. 详《灌园先生日记》1943年3月19日批注1"温成章"。

12. 据《灌园先生日记（九）》1937年3月30日，第117—118、180页。"(温成章)性质沉着寡言，而人格修养胜其兄（温成龙）十倍，遂内定采用为随行，同往东京"。

13. 据《灌园先生日记》1940年4月10日记载其学历为同志社大学，而非《台湾人士鉴》（1943：455）所示之明治大学。当日汉忠来访，"欲用以补成章之缺也"。

14. 其任秘书期间及返台后资历，皆引自《灌园先生日记》。

15. 根据林博正先生受访时赐告，杨天佑较林献堂夫人杨水心女士小10岁。

16. 根据林兰芳2007年"国科会研究计划报告——大仓财阀在台湾"，指出该年林瑞池先生受访时已年逾80。本文初稿完成后，蒙许雪姬教授过目时赐告林卒年为2010年。谨此致谢！其余学经资历引自林瑞池先生自述之口述访谈。参见许雪姬编著（1998）。

17. 《林献堂先生年谱》，收入《林献堂先生纪念集》。第172页，1955年7月28日按语记载："据随行秘书林瑞池言，先生自开刀后身体日有起色，……。"又，第173页，1956年9月8日记载，林氏临终之际，"杨夫人及秘书林瑞池、森、真岛两博士随侍在侧"。

18. 《林瑞池先生访问纪录》，收入许雪姬编著《雾峰林家相关人物访谈纪录·顶厝篇》，第167—177页。此外，据2011年9月13日林博正先生访谈时指出，林瑞池先生乃彰银派任之随行秘书。

根据巫永福接受许雪姬（1998：123）口述访谈时指出，许嘉种是林献堂的第一位通译，之后才是甘得中、叶荣钟。其中，聘期1—3年属过渡性质的是，许嘉种、庄遂性、温成章、林汉忠。而任职6—8年等长期聘用的秘书则为甘得中、施家本、叶荣钟、林瑞池。而担任秘书最久且兼属林家管事的是温成龙与杨天佑（即杨云鹏，但《灌园先生日记》中大都称"天佑"），他们两位一直做到告老为止[1]。不过，他们后来管的大都是账务与

---

[1] 据2011年9月13日林献堂长孙林博正先生受访时表示，这两位秘书就任后即未曾离开林家。

总务等内务，而非林献堂对外时的秘书。此类秘书极少兼任通译 [1]，尤其后者的工作性质不宜纳入本研究讨论范围。

从《灌园先生日记》的记载看来，1940年以后的秘书担任通译的比重似已渐次下降。此乃1945年脱离殖民统治之故外，大概林氏也已能掌握日语 [2]，故对通译质量要求相对更高。所以，根据每次谈话目的与需求的任务型通译，往往取代了秘书所做的通译。至于，秘书所做的通译工作，据叶荣钟（2000:39—41）[3] 与甘得中（1974:27—28）[4] 的记述，对外时的主要工作是与访客会面(如梁启超、矢内原忠雄)、或与总督或日方高官会谈等。

从《灌园先生日记》《台湾人士鉴》等记载，可知担任过秘书者其后还是会伴随林氏或充任通译。如，许嘉种 [5]、叶荣钟 [6]、庄遂性(垂胜) [7] 等。可见，历任秘书与林献堂的关系长久而密切，且印证通译工作渐由专职秘书交付任务型通译的角色变化。

---

[1] 据《灌园先生日记》1929—1944年记载，杨天佑陪同林氏访问日人者，仅约4例。而1927—1944年共360笔成嘉成龙的记载中，他陪同会客的纪录共28笔；其中明确记载由温任通译者12笔（1930—1937；1930，1934，1935，每年3次。1931，1932，1937，每年1次），在温陪同下日方谈话内容有具体记载者，计16笔（1930—1944）。

[2] 据林庄生（1992:293）在《林献堂先生》文中披露林献堂于1940年9月7日致其父庄遂性之日文信函可证，林氏应具日文能力。林庄生《怀树又怀人——我的父亲庄垂胜、他的朋友及那个时代》，自立晚报社文化出版部，1992年，第287—308页。该函是否由秘书起草，现无可查证。但据许雪姬教授三度拜访林氏晚年秘书林瑞池得知，林氏确需透过翻译才能做精细的沟通。

[3] 叶荣钟：《杖履追随四十年》，收入《台湾人物群像》，第37—60页。

[4] 甘得中：《献堂先生与同化会》，台北：文海出版社，1974年，第24—40页。

[5] 据《台湾人士鉴》载，许嘉种于大正11年伴随林献堂赴东京参加"台湾议会设置请愿运动"，同年并赴中国南北各地周游考察。《台湾人士鉴》，第36页。

[6] 参见《灌园先生日记》（1929.04.21，1931.03.07，1932.07.20，1932.12.30，1942.07.22）。

[7] 参见《灌园先生日记》，1929年4月21日。

而专职秘书的工作则包含助理、照护、看账[1]、通译、书函、公关、随行、向导[2]等，生活照顾、语文代理、对外接洽，乃至账务处理等多重身份。由于属于私人秘书性质，故在林献堂的不同年龄与不同处境之下，秘书所做的工作也各有差异。再加上每位秘书的通译能力不一，其通译角色与份量也不尽相同。

尤其，在生活照顾方面，随着林氏年龄渐长与体力趋弱，秘书所负担的照护与杂务，乃至于人际往来等支持性的角色功能有日益加重的倾向。就语文与知识技能而言，秘书所扮演的角色发挥了代笔、代言，以及代理林氏送往迎来的公关活动，或是代办业务等扮演林氏化身的角色。

然而，若从译者的角度观察秘书与林献堂的互动时，似乎其中未必只是聘雇关系而已。秘书中因林氏资助而留学者计有：甘得中、庄遂性、叶荣钟、林汉忠等。其中，叶荣钟且曾两度接受林氏资助，完成在日本的大学学业。其首次获得林氏的资助，是在其恩师施家本的引见下而获得机会；当时的叶荣钟与林氏其实并不认识。据林献堂最后一位秘书林瑞池指出，他曾为林氏估算过其一生资助的学生约达3000人[3]。从此一数据观之，林氏的赞助人属性似乎是某种社会理念的展现，其中颇有

---

[1]　据 2011 年 9 月 13 日林博正先生受访时指出，秘书的工作处所与两位账房先生共处一室，内有一位男仆跑腿端茶。而该账房距林氏起居处，步行约三分钟之遥。

[2]　参见许雪姬（2000:21）。如，外出旅行时需通译兼向导。或如，叶荣钟（2000:47）《杖履追随四十年》所述，前往英国领事馆为林家办理签证。

[3]　参见《林瑞池先生访问纪录》，收入许雪姬编著《雾峰林家相关人物访谈纪录·顶厝篇》，第 167—177 页。这 3000 人当中，想必亦包含对艺术家的学资赞助。关于林献堂的艺术赞助者角色，请详林振莖《从〈灌园先生日记〉看林献堂在日治时期（1895—1945）台湾美术运动史的赞助者角色与贡献》，载《台湾美术》2011 年 4 月 11 日第 84 期，第 42—61 页。

促成台人知识框架扩张与改变的社会改造意涵。此举与他长期致力于为台人建校的心愿，看来是前后一致的。

可以说，林氏的赞助人角色与行动，并非仅是单纯的个别事例，而是具有社会意识的长期计划。而在如此强烈的社会意识之下，林氏所聘任的译者，必须成为林氏意识形态与价值判断下的忠实代言人，才堪当林氏代言人的重任。

二、译者生平及其译事活动

本节将针对林献堂秘书兼通译的背景与事业历程，依据史料以及林氏日记、译者著述或访谈内容等，描述其多重身份的开展脉络及其共同特征，并指出译者与林献堂之间在不同角色变化下的互动及对应关系。数据源及其分类如下：

表2　林献堂及其秘书之引述数据源及分类

数据类别	数据源	左证人物
公文书类	◎台湾总督府公文类纂，总督府职员录	◎甘得中、许嘉种、甘得中、施家本、温成龙
报章杂志	◎台湾日日新报，台湾政况报告 ◎台湾协会会报，台湾公论，民报	◎许嘉种、甘得中、施家本 ◎温成龙、庄遂性（垂胜）、林汉忠
人物自述	◎《灌园先生日记》 ◎《献堂先生与同化会》《林献堂先生纪念集》 ◎《叶荣钟年表》	◎温成龙、温成章、林汉忠、林瑞池 ◎甘得中 ◎叶荣钟

（续表）

数据类别	数据源	左证人物
口述访谈	◎许雪姬《林瑞池先生访问纪录》	◎林瑞池
	◎ 2011.09.18 笔者访谈许世楷大使及卢千惠女士	◎许嘉种、甘得中
	◎ 2011.08.09/09.13 笔者访谈林献堂长孙林博正先生	◎林献堂
亲友记述	◎《林献堂先生年谱》	◎林献堂
	◎林博正编《林攀龙先生年表》	◎林献堂
	◎林博正《回忆与祖父献堂公相处的那段日子》	◎林献堂
	◎叶荣钟《诗人施家本—记一个未完成的天才》	◎施家本
	◎洪炎秋《怀念鹿港才子施家本》	◎施家本
	◎（施家本女婿）林坤元《七十自述》	◎施家本
	◎洪炎秋《怀益友庄垂胜兄》	◎庄遂性（垂胜）
	◎叶荣钟《台湾的文化战士—庄遂性》	◎庄遂性
人物事典	◎《台湾人士鉴》《台湾历史辞典》	◎许嘉种、甘得中
	◎《台湾历史人物小传——明清暨日据时期》	◎施家本
往来书函	◎甘得中外孙女卢千惠女士提供◎林庄生（1992:289）《林献堂先生》	◎林献堂致甘得中私函◎林献堂致庄遂性书函
前人文献	◎黄富三《林献堂传 2》等	◎林献堂

备注：完整书目数据，详见文后参考文献。

以下，将针对每位秘书的生平与译事活动及其特殊事迹等概述如下。

（一）许嘉种（1883—1954）[1]

　　台湾彰化人。幼习汉学，1903年（20岁）毕业于台南师范学校后[2]，1904年任教于彰化员林公学校担任训导[3]。1906—1908年担任林献堂的通译。1917—1921年任台中州厅通译，1921年辞去。1922年参与台湾议会设置请愿运动，并加入文化协会成为骨干。1924年担任文协彰化支部干部及台湾民众党中央执行委员。1927年与赖和等发起"政坛演说会"。1935年于台湾第一回选举中当选，1936—1939年任台中州彰化市会议员。1936年组织"昭和信托株式会社"，任专务取缔役。

　　从以上职业历程可知，许氏曾经担任过教师、通译、秘书、政党干部、民选议员及企业创业者。担任林献堂秘书兼通译，只是他从学校转进社会时的短暂经历。然而，从公学校学生乃至教师的环境，其大环境背景都还只是教育界，年龄也不过弱冠之龄，还处在人生的起步阶段。而从许氏一生的政治活动与创业行动看来，林氏似乎也扮演了启蒙良师的角色。尤其，许氏辞去任职十年的台中州厅通译后，中壮时期积极投入台湾最重要的政治与社会运动。一路追随林献堂投身议会设置请愿运动，后加入文化协会成为干部，乃至担任民选议员，这长达十余年的政治活动，两者之间的赞助与呼应关系，可说互为表里。

　　甚至，在私人方面，1932年初许氏曾为其子乃昌谋《新民报》记者职[4]。其中虽略有波折，但经林氏提出："余言采用乃

---

[1]　参《台湾人士鉴》许嘉种，第36页。《台湾历史辞典》许嘉种，第808页。

[2]　其孙许世楷大使2011年9月18日受访时指出，许氏入学时校名为"台南国语学校"，但毕业时学校已于1902年更名为"台南师范学校"。

[3]　许嘉种担任公职之年份及职称等，皆根据台湾总督府职员录记载，第158、250、288页。

[4]　《灌园先生日记》1932年1月22日"他希望采用其子乃昌为《新民报》之记者"。

昌为高雄支局次席记者亦可；若不采用，当使人与嘉种疏通，无生恶感。"（1932年3月24日）因此，许乃昌得以顺利就职，1932—1937年间任职于该报社[1]。

许氏不仅与林氏年龄相彷佛，两人且有表兄弟关系[2]。但许氏选择了进入国语学校的教育路径；日常习用的是日语，阅读也以日文为主。他最尊崇的人是福泽谕吉，出于对文明化的高度向往，他为子女教育所做的选择也都以日本精英之路为其途径。他本人无法如同时代曾读私塾的同侪那样吟咏唱和汉诗，但却有鲜明的文化认同。

（二）甘得中（1882—1964）[3]

彰化人。幼习汉学，1902年毕业于彰化公学校。1906年春(23岁)在林献堂资助下赴日求学三年，但因肺疾返台[4]。东京正则英语学校普通科[5]，其后进入早稻田大学[6]。1914年参加台湾同化会，热心文化社会运动。1920年返台，同年任彰化郡秀水庄庄长，1923—1936年任官派台中州协议会员；1937年至

---

[1] 见《灌园先生日记》1932年1月22日批注，及1932年3月20、23、24日。

[2] 感谢许嘉种之孙许世楷大使于2011年9月18日受访时赐告。许大使为许氏次子乃邦之长子。

[3] 感谢甘得中先生外孙女卢千惠女士（许士楷大使夫人）于2011年9月18日受访时赐告，甘氏卒于1964年11月24日。另参《台湾人士鉴》甘得中，第61页。《台湾历史辞典》甘得中，第262页。

[4] 甘得中《献堂先生与同化会》指，林献堂不愿子女就读公学校，故自聘家庭教师，但遭台中厅长佐藤谦太郎否决。林氏愤极，乃虚与委蛇，同时力劝甘氏赴日留学，并允助学资。"翁资人出国留学者，余为最先"。收入《林献堂先生纪念集》卷三追思录，第27页。关于这一点，甘氏自己也是不愿送子女进入日本学校的。

[5] 据叶荣钟《我的青少年生活》指，正则英语学校是台湾与朝鲜留学生必去的预备学校。收入《台湾人物群像》，第397页。

[6] 经查早稻田大学校友名册，并无甘得中姓名记载。许世楷大使推估可能是进入先修班就读。

1940年当选台中州州会议员。曾任大新商事会社取缔役，皇民化时期任皇民奉公会台中州支部委员。战争后期赴中国，任华中煤炭制造厂理事，上海新华企业公司社长、新东亚兴业制纸厂理事等职。

据《林献堂先生年谱》及甘得中的追思文章——《献堂先生与同化会》等记载，甘氏赴日之前一年(1905)，即辞台中医院台语讲师职，进入林家"就教庄举人竹书先生于莱园"[1]。据此可以推估，甘氏从赴日之前乃至留学期间，即有为林家服务之实[2]。其中，包括接应林氏长子攀龙及次子犹龙赴日就读(1910)，甚至1914年三子云龙及侄儿陆龙(其弟阶堂之子)赴日求学，想必甘氏亦有所协助，甘氏担任林献堂秘书的期间，很可能就是他留学日本期间，推估应为1906—1914年[3]。

蒙甘氏孙女卢千惠女士惠赐林氏致甘氏信函[4]，函中指"得中老弟英鉴书来说诸儿辈近况甚详，不异亲见之也，深谢用心周到。如再遇攀犹请教之以勤俭，而攀龙尤宜勉之以诚信"。又言，"陆夔云俱壮健殊为可喜"。而言及尚未在日就学的爱女关关(1906—1997)时，则提到安排入学之曲折。函中对甘

---

[1] 庄竹书即庄士勋（1856—1918），鹿港人，是日后任林献堂秘书——庄遂性的叔父。他坚不受日人之聘，仅赖祖传田亩维生，闭户读书，不问世事。雾峰林家深慕其德，乃厚聘为林家官保第西宾，历时十余年，受教者不可胜数。详张子文、郭启传、林伟洲编《台湾历史人物小传——明清暨日据时期》，国家图书馆，2003年，第449—450页。

[2] 据1907年《林献堂先生年谱》按语记载，甘得中于民国二年（1913）在东京。详《林献堂先生年谱》，收入《林献堂先生纪念集》，第32页。

[3] 见《灌园先生日记》1929年3月30日："记得大正三年秋间，受板垣之介绍，同二哥、得中会大隈伯（大隈重信伯爵），忽忽已十六年，……"据此可知1914年秋，甘氏仍任秘书兼通译。

[4] 该函共两页，书于"灌园用笺"上，但末尾日期仅记为"四月十三日"，并未标示年份。但对照林氏儿女之就学年龄，即可推估甘氏在东京的时期。

氏直称"老弟"，落款则为"献堂"。函中三分之二谈孩子的教育，另外三分之一则另有他事托付，可知倚重甚深。而据林攀龙(1901—1983)年表可知 [1]，1910年4月林献堂率攀龙与犹龙(1902—1955)往东京求学，寄宿于日本教育家嘉纳治五郎家中，1914年林氏再率三子云龙(1908—1959)及侄儿夔龙到东京就读。对照前函内容及其儿女年龄，即可确认甘氏在东京时与林家的往来情况及时期。

此外，据《林献堂先生年谱》1907年记载，"民前五年(1916)秋，先生偕甘得中由东京归台 [2]"，先往横滨，继往神户，拟访梁启超。不意途次奈良旅社，甘得中从登记簿中循线探访到梁任公本人。当晚的林梁之会，甘得中虽无法居中传译，但留下梁公笔谈内容及其记载，确是台史中闻名的一段佳话。

而1911年3月24日任公来台时，林氏邀连雅堂先生等迎于基隆码头，当时大船尚未能靠近岸壁，甘氏乃乘小艇进舱会任公。可见，甘氏几乎是以林献堂分身的身份，前往迎接仰慕已久的贵宾。此外，翌日的迎宾宴席之后，侦骑四出追问与会者何故参加。"闻有感到惶惑者，不曰林献堂，则曰甘得中相邀，我所以参加。"可知当时甘氏的秘书身份与林氏之间，无论公私都极为紧密契合。

两人年龄接近，雅好诗文，但个性迥异。据甘氏回忆 [3] 1914年秋他与林氏赴日拜访政界高官，适逢总督府长官内

---

[1] 秦贤次编《林攀龙先生年表》，收入林博正编《人生随笔及其他：林攀龙先生百年诞辰纪念集》，台北：传文文化事业，2000年，第301—335页。

[2] 1907年3月，是林献堂第一次前往日本游历。想必甘得中当时也扮演了向导的角色。

[3] 甘得中《献堂先生与同化会》，收入《林献堂先生纪念集》卷三追思录，第34页。

田嘉吉在京，林氏乃招甘往谒，但对方态度高踞，"非止无杯茶相待，连叫坐也没有。余愤谓翁曰：寻他作甚？翁默然"。回台后，"翁犹要偕余往谒，余殊不择。翁曰：子且忍耐，乃勉与俱行。至官邸，门吏谓阁下方入浴，余喜极则投以刺，且云：我们别无他事，因归自京，特来致敬耳，回头就走。盖以不见为清静也"。这段出自甘氏本人的文笔，非常传神地披露了两人的性格差异与互动关系。林甘之间彷佛知友，甘不掩其性情，林也不改其初衷。但两者之间却未见摩擦，甘氏总依林氏意志行事，并常扮演林氏分身或代言人的角色。而甘称林氏"所见之远，思虑之周，尤足以使余追思"；其中信赖与敬重之情，更是溢于言表。

即使到了1930年，林氏三子云龙成婚时（9月27日），甘氏仍为读祝辞[1]。而1930年9月25日的记载，则见甘氏"率其女宝钗、女婿张月澄来访，他两人将于廿七日之船往南京留学"。可见双方往来甚为亲近[2]。据《灌园先生日记》1943年10月20日记载，那天是甘氏的还历生日，在家宴请至亲好友。而林受邀前往彰化时，甘氏夫妻与二子皆往火车站相迎，至为慎重。从1927年初到1944年底，记载了甘氏的日记达120余笔，可见两者往来无论婚丧喜庆或日常行事皆往来频繁，且常扩及家庭成员。甚至，甘氏为人谋事（1931.6.28）或为侄辈借款（1931.12.10）等，都是央请林氏出面，而林也确实尽

---

[1] 《灌园先生日记》1930年9月27日："宴臣、耀亭、莲舫、得中读祝辞，祝辞百三通。"

[2] 《灌园先生日记》1930年9月25日："得中率其女宝钗、女婿张月澄来访，……"

心回应[1]。

甘氏一生跨足政商，战争后期赴中国后的主要活动则为工商制造业。从他的职业历程看来，他曾经担任语言教师、通译、秘书、庄长、议员及企业创业者、经营者等。担任林献堂秘书兼通译，是他在日留学期间的主要工作。从1905年（22岁）进入林家到1914年（31岁）之间，这段期间是他生命中求学与处世的奠基阶段。担任林献堂秘书让他从台湾走向了日本，也开展了广阔的视野。

从甘氏一生政治与商业活动同时并进的情况看来，他与林氏的路途可说同中有异、异中有同。例如，甘氏曾加入同化会，回台后担任庄长与议员等公职，进而当选民选议员。约达二十年的政治活动，与林氏民族自决与地方自治等理念是颇为呼应的。至于，工商活动方面，甘氏虽有意与邀约林氏，惜双方想法未必相同[2]，但双方仍往来频繁，甘受挫时林亦予安慰[3]。而晚期以工商活动为主，甚至前往中国发展，似乎也反映出甘氏性格中积极开拓的面向。

---

[1] 《灌园先生日记》1931年6月28日："甘得中引杨鑫淼来，请余写绍介状与广东丘琼，盖杨氏卒业高工，欲往是处以谋一职也，十一时来，四时归去。"又，《灌园先生日记》1931年12月10日："甘得中来，因他用其侄文芳，余为保证人向彰银借金万一千元，自二月至今不换单，彰银屡次催促，他特来说明其事。"

[2] 《灌园先生日记》1927年1月15日载，甘谓有笔土地交易请林合股，但林虑有损其人格，"虽将来有厚利亦不愿为也，力辞之。彼甚失望，仅谈十数分间，匆匆即去"。相关记载参见1927年3月2日、3月6日、3月13日、3月20日，以及1939年3月21日等内容。

[3] 《灌园先生日记》1929年8月26日："数月前内中有人提告诉分配不公平于彰化郡警察课，而诸关系者或拘留或拷问，得中亦恐有这等的受亏。四时余培火来台南，炘来自台中，皆得中招之商量善后策，余安慰其必无此事。"又，1933年12月5日："甘得中四时余来，述其女宝钗夫妻不和，生前死后之经过。"

（三）施家本（1886—1922）[1]

彰化鹿港人，其父施仁思为举人。1895年随父内渡，两年后父母皆逝，因而辗转返台，由庶祖母抚养成人。1903年就读鹿港公学校，两年内修毕四年学业。1905年考入国语学校，翌年却因触犯校规而遭退学。1909年前后任鹿港公学校教员[2]，后任台中州民事调停课翻译。1906年曾在汉书房(私塾)担任教席，林氏长子攀龙随之习四书五经[3]。1913年受聘为雾峰林家记室，掌理台中中学创校事务。1914年加入同化会，为会务积极奔走。1915年转任林献堂秘书兼翻译，从事"六三法撤废"运动。1920年离开林家，谋自行创业。不幸于翌年12月6日遽告病逝，年仅36岁。遗命墓碑署"诗人施家本之墓"。

施氏学养深厚，才气纵横，善汉诗与和歌。1919年加入栎社，1921年与陈怀澄、庄太岳等在鹿港共组大冶吟社，并任社长。应天皇"敕题"所作之和歌，曾为御歌所选取。因好14世纪兼好法师之《徒然草》，自名其书斋曰"徒然草堂"，著有《徒然草堂诗抄》《肖峰诗草》。

据叶荣钟指出[4]，施为举人嫡子，颇受乡里敬重。才情并茂，浪漫多情。

---

[1] 张子文、郭启传、林伟洲编：《台湾历史人物小传——明清暨日据时期》，第327—328页。吴文星撰、鹿港镇公所编：《鹿港镇志·人物篇》，2000年，第57页。以及《叶荣钟年表》(2002)、《台湾人物群像》(2000)，台中：晨星出版。卒年1922年乃据《叶荣钟年表》(2002:34)所示。

[2] 根据《叶荣钟年表》(2002:29)及《台湾人物群像》之《我的青少年生活》(2000:366)，1909年施家本是他就读公学校二年级第一学期时的导师。

[3] 秦贤次编（2000:301)《林攀龙先生年表》，收入林博正主编《人生随笔及其他：林攀龙先生百年诞辰纪念集》，第301—335页。

[4] 叶荣钟：《诗人施家本——记一个未完成的天才》，收入《台湾人物群像》，第298页。

1911年因梁任公到访，施氏参与诗会才与林献堂结识。1913年受聘为林家记室之后，他的才华得到了施展的机会。1914年积极为同化的奔走，也是他献身社会运动的开始。

担任林氏秘书期间(1914—1920)，海外书报等知识来源充沛，且有机会陪同前往香港、上海、东京等地。其中，东京则每年达一至两次。因此，这份工作真正让施氏达到行万里路、读万卷书的悠游自在。加以施氏博闻强记，文采夺目，让林氏的文化光环增色不少，深得日人看重[1]。而林献堂日后提起施氏时，仍对他的才华颇表钦佩[2]。

施家本与其他秘书不同之处在于其潇洒不羁的性格及其诗人气质，加以英年早逝，故一生功绩主要在其诗文。一生中最灿烂的时期，也就是担任林献堂秘书期间；在此之前，他只担任过教师、翻译等工作。可以说，这段迈入而立之年的时光，是他积极参与社会活动的进程阶段。如，同化会、六三法撤废运动(经林呈禄钻研提案的利弊得失后，建议改称"台湾议会设置请愿运动")等。同时，这些社会参与都是出于林献堂的启蒙与导引。

施家本仅小林献堂五岁，并未受其学资之助，也未将秘书当成过渡性质的工作，且两者之间应有巩固的信赖基础才得以维系数载。尤其，施的浪漫性格与林的拘谨自持原本大相径庭，而能够朝夕相处的基础，应是出自性格上的互补才不至于牵强。此外，施的诗文才华让林倾心，也是两者得以契合的基础。质

---

[1] 前总督府总务长官下村宏也对施家本的日文与和歌造诣颇为赞扬。同上注，第297页。
[2] "有时提及家本先生，大都是钦佩他的才华的话。"此外，林曾对叶荣钟回忆自己曾以东京刚寄到的报纸测施之记忆力，证实确有过目不忘的功力。同上注，第300页。

言之，才情并茂应该也是林献堂所重视的内在价值，因而也反映在其秘书人选的特质上。

（四）庄遂性（1897—1962）

鹿港人，名垂胜，字遂性。父为前清秀才，叔父为举人。1907年公学校毕业，因家贫未升学，乃于1915年考进公费之"大目降糖业研习所"。1917年毕业后入"大日本制糖株式会社"蒜头工场任农务技工。1920年因表兄施家本离职而接林氏秘书职。旋即因林家族人有少爷赴日留学，愿负担伴同者学资，故决意就任 [1]。1921年赴日本明治大学就读，1924年毕业于政经科。留日期间加入"新民会"（林氏于1920年12月出任会长），毕业后曾往韩国及北京上海游历考察。1925年随林献堂自东京返台后，积极从事文化启蒙运动，乃参与文化协会活动并创设"中央俱乐部"介绍合理的衣食住新生活方式。1926年获400多人响应，集资四万元创办中央书局，进口中日精良书籍，以传播新知。1927—1931年加入民众党。1932年与赖和、叶荣钟、许文葵、洪炎秋等共创文艺杂志《南音》[2]。1946年出任省立台中图书馆长。晚年不问世事，过着半耕半读的生活。1962年(65岁)病逝。

庄遂性担任秘书期间大约一年，担任秘书之前即已跟随林氏赴日，可见与林献堂原本熟识，且印象不错。因此，当前任秘书施家本因故去职的情况下，他是施的表弟也就顺势递补。

---

[1] 关于其家世与赴日求学原委，引自洪炎秋（1976:81）《怀益友庄垂胜兄》，载《传记文学》第29卷第4期，1976年10月，第80—87页。

[2] 林庄生（1992:178）《黄春成先生》，收入《怀树又怀人——我的父亲庄垂胜、他的朋友及那个时代》，第171—180页。

但想必能力颇佳，才能接手才子施家本的工作。此外，任职不久即受林氏长期资助赴日留学，可见颇受林氏赏识。

从两人1939年12月21日的通信看来，林献堂在与庄氏推敲自己的诗作时，函中称庄氏为"君"而自称"愚"；起首称"遂性君雅鉴"，落款则自称"灌园"[1]。显然，林氏十分敬重对方。而庄氏的覆函则显得十分郑重，他称林为"献堂先生"，文中以"敬悉尊体（日渐痊愈）""您老人家"等敬称或敬语行文之外，且又加上"以后请毋须拘介为便"。可见，庄氏亦有诚惶诚恐之感。不过，从另一封信的称谓与文字看来，林氏似又不如前函敬谨。看来，前函应是出于对庄氏书法与诗文涵养的一份尊重。同时，也显现出林氏的读书人本色。

庄氏担任秘书期间虽然极短，但他留日期间乃至返台时期所投入的文笔工作或社会活动，都与林献堂主导的运动是互通声息的。《灌园先生日记》关于他的记载多达627笔，可知他与林氏互动始终密切。甚至，多年后亦复如此。例如，庄氏在二二八事件中受累被捕七天，为他出面向军方说明的正是林献堂[2]。叶荣钟称他为"台湾的文化战士"[3]，反映其投入文化活动的态度与深度。《陈虚谷选集》《我对父亲的回忆——陈虚谷的为人与行谊》陈逸雄曾指："父亲曾说，他尊敬的朋友一为赖和、二为遂性，谅是赏识遂性不求名利的狷介性格及其重情谊

---

[1]　林庄生（1992:289）《林献堂先生》，收入《怀树又怀人——我的父亲庄垂胜、他的朋友及那个时代》，第287—308页。从另一封信的落款为"献堂"看来，可能林氏在谈论诗文之际，惯以"灌园"自称。另函内容，参第295页。

[2]　林庄生（1992:65）《图书馆时代与二二八》，收入《怀树又怀人——我的父亲庄垂胜、他的朋友及那个时代》，第57—77页。又，据林氏日记1946年4月2—7日载，林氏先向市长黄克力打听消息，又与逮捕庄之宪兵营长孟文楷相善，故得以解围。

[3]　叶荣钟：《台湾的文化战士——庄遂性》，收入《台湾人物群像》，第305—316页。

的为人。[1]" 如此人格特质，应是林氏为他挺身而出的理由吧。

（五）叶荣钟（1900—1978）

鹿港人。1914 年鹿港公学校毕业，1918 年受林献堂资助赴日留学，入东京神田正则英语学校学美语，并于研数学馆习代数。1921 年返台任职糖厂，但因参加台湾议会设置请愿运动而遭革职。该年春夏之间，转任林献堂秘书兼通译直到林献堂赴欧美游历（1927.5—1928.4）。其后，再受林氏资助于1927 年 8 月入东京中央大学政治经济科，1930 年 5 月毕业返台。旋即筹组"台湾地方自治联盟"要求地方自治。1931 年春结婚，年底受林献堂资助创办文艺杂志《南音》。1935 年底任《台湾新民报》通信部长兼论说委员，每周撰述一篇日文社论。1940—1941 年任《台湾新民报》东京支局长。返台后该报改名为《兴南新闻》，任台中支局长。1944 年全台日报合并为《台湾新报》，改任该报文化部长兼经济部长[2]。1946—1947年任台中图书馆编译组长。1948 年入彰化银行，1966 年退休。著有《台湾民族运动史》《台湾人物群像》《日据下台湾大事年表》，2000 年《叶荣钟全集》出版。

叶荣钟 18 岁拜林幼春学诗，43 岁（1942）成为栎社社员。一生大都致力于文笔与报社杂志等媒体，即使进入银行也不离

---

[1] 陈逸雄：《陈虚谷选集》，鸿蒙文学出版公司，1985 年，第 502 页。

[2] 该刊自《台湾青年》《台湾》《台湾民报》到《台湾新民报》，历经杂志、半月刊、旬刊、日刊等演进。《台湾新民报》时期（1932.4.15—1941.2.10），网罗各界精英，以批判性立场反映本土舆论，博得"台湾人喉舌"美誉。但由于殖民政府战争统制因素，1941 年 2 月 11 日被迫更名为《兴南新闻》，由林呈禄主编。1944 年 3 月 26 日《兴南新闻》因战时言论及报纸统制被迫与《台湾日日新报》《台南新报》《台湾新闻》《高雄新报》《东台湾新报》合并为《台湾新报》，但次日即发表沉痛的《停刊之辞》，结束了 25 年的历史。引自《台湾历史辞典》"兴南新闻"，柳书琴撰。

文笔工作，退休前一年还着手撰写《彰化银行六十年史》。退休后更专注于日据时期政治社会运动史之撰述，在"自立晚报"连载五年，计278回达50余万字。综观其一生，前段属文职工作，除秘书兼通译外，继任报社记者、社论主笔、报社主管等。而后段的银行业务则包括调查科长、人事主任、主任秘书等。而后者资历见诸于年表者，却只有初进银行的1948年有所记载，余则仅纪录其诗文等作品。可见，其志不在此。

他追随林献堂几达40年，两度受其资助赴日留学，并担任秘书兼通译约达7年，直到1927年5月15日林献堂偕次子赴欧美游历为止。而1928年5月25日至11月8日，林氏游历后滞留东京将近半年[1]。当时，林与子侄及叶同居一处，相处十分密切。而1929年3月5日—4月21日林氏再度赴日，彼时叶虽仍在东京，而《灌园先生日记》日记中陪同通译者却经常换人，且大都由亲友充任[2]。想必当时叶仍在求学，故并未担任秘书或通译。到1929年4月21日，林氏决定起用温成龙。因此，叶氏担任秘书兼通译，正是青年立志与成长的21—27岁之间。担任林献堂的秘书，对于叶氏一生的志向与视野，都有至关重要的影响。

《灌园先生日记》1930年5月12日记载，叶荣钟大学毕业返台谋职时，林氏有意推荐他进入新民报社，但社里却有人以他酗酒、打架、侮辱他人等而反对。故林与叶恳谈，勉其"愿汝痛改，免遭疵议"；而此时"荣钟大感动，至于泪下"。从这

---

[1] 林献堂游历欧美后滞留日本期间，《林献堂先生年谱》指为8个月（第87页）。但比对秦贤次编制《林攀龙先生年表》之详细日期记载，应为约5个半月方为正确。引自林博正编《人生随笔及其他：林攀龙先生百年诞辰纪念集》，第301—335页。

[2] 1929年3—4月间充任通译者：罗万俥、林呈禄、杨云萍、吕灵石、庄垂胜、施纯孝（林献堂表甥）等人。

段日记看来，林叶之间是坦率直言、真情流露的。据叶荣钟自述，他好打抱不平、行侠仗义，往往形诸于外；而这种为他人抱不平的性格，其实林氏亦有之，只是偏向克己内敛。此外，两者皆好诗文，1940—1941年间叶氏奉派至东京，故得"同游同咏，雪泥鸿爪，到处留连"[1]。得利于天时、地利、人和，以作诗吟咏为乐，互动融洽。其实，叶氏离任秘书之后，两者往返依然密切。从灌园日记中叶氏出现的次数看来，他应是与林献堂生活中接触最多，相关书写也最多的一位。

做为林氏秘书兼通译，他为议会设置请愿运动(1921—1934)及文化协会等林献堂积极推动的政治社会运动扮演居中传递讯息或协调的角色。此外，在林氏的财务管理上，他也受到信赖与重用。例如，1927年3月12日的日记中记载："命荣钟取出三五会社之账簿，与犹龙同检查其结算。余意谓会社买入之株券以现在时计(实际？)有超过者，结算用买入之价格；有损失者，结算用现在之时价。犹龙谓株券虽有起落，皆未卖出，结算须用当日买入之价格。荣钟赞成其说，乃遂决定。"依照一般会计常识看来，林氏才是对的。但不知何故，竟以两位小辈之多数为议。其次，能信赖叶氏到与其子一起结算账簿。可见彼此亲如家人，且信赖有加。

（六）温成龙（19**—19**）

根据《灌园先生日记》及其批注[2]，1919年温成龙毕业于台北师范学校师范部乙科。他先任职于彰化第一公学校，后因在

---

[1]　叶荣钟：《杖履追随四十年》，收入《台湾人物群像》，第51页。

[2]　参见《灌园先生日记》1927年1月15日内容及批注4。

帝国制糖厂受人歧视，故于1927年1月15日向林献堂表示有意就职于大东信托，结果虽未如愿，但1929年4月21日即"采用温成龙为通译"。直到1937年4月，共达八年。

然而，从日记内容看来，这八年期间温成龙除了通译之外，还掌理了一新会的活动。例如，司仪、结语，甚至多次担任讲师。然而，重要的通译通常另有其人，他所担任多半是一新会或是日常业务的通译[1]。

对于他的能力，林氏似乎颇有微词。其中情节严重者，有因其虚妄之言，致使生讼而需付和解金三百円(1930.9.14)，故林指"皆因温成龙无常识，有以致之也"。(1930.5.8)又如，有人来电告，成龙在醉月楼掷杯翻棹，非常横暴。"余闻，怒成龙之非理，以致不寐。"(1937.4.15)而情节较轻者，则如"天尚未大亮，成龙贪睡，余常不唤之起"(1931.10.20)等。到后来，又有一新会教师刘集贤来访(1939.3.2)，"述去年与温成龙意见不合，辞退新光会社之职"。但经林劝再为新光会社效力，刘愿从之。依此看来，温成龙脱轨的行事作风不只一端，显然颇令林氏伤神。

而据1930年10月5日日记显示，其甥(林氏长姊次子)吕灵石有意在林家工作时，林即透露"但余处有成龙在焉，使成龙转任于民报社或自治联盟，想万俥、肇嘉绝不能承诺，若使

---

[1] 1931年12月12日"成龙为资彬通译往土木课"。

1932年9月2日，新竹支店开张"余以式谷为通译，略述会社经营之方针，并为挨拶之语"。

1932年11月30日，一新会主催儿童亲爱会"攀龙述开会之目的；须田清基以成龙为通译"。

1934年3月16日，夏季讲习会上，"成龙为通译"。

1935年7月15日，"成龙为通译，会见检察官长上泷泛，谢其两次来雾峰之厚意"。

1935年9月18日，"成龙同余访鹤内务部长、细井警务部长、陈炘、杨肇嘉，俱不遇"。

其辞职未免可怜"。可知，温成龙的表现确实不尽理想，而林氏又不得不予照顾。

林献堂于1937年5月17日赴日，直到1940年10月27日返台。这段期间担任随行秘书的是温成龙之弟温成章。如此安排或因温成龙妻于1937年4月病故[1]，且"成章个性内敛、人品修养俱佳"，遂采用同往东京。但据林博正先生访谈时赐告，在他与祖父母同住的时候（1941.09—1949.09）[2]，温成龙还是在林家工作，并未见其去职[3]。

据1938年6月5日日记，"修寄温成龙之信，言补助赖宜俗之子之学费自四月起全年加54円，合计百伍十円"。可见彼时成龙与成章同时担任台日两地秘书[4]。此外，以温成龙在1927—1944年的360笔日记记载中，仅有12笔通译纪录，由此可知他的通译任务大都以处理日常事务为主，而不是以通译为主的秘书[5]。

（七）温成章（1918—19**）

据《灌园先生日记》1937年3月29日载，温成章毕业于台中一中，毕业前夕随其兄成龙来谢林献堂学资补助。同年5月

[1] 据1937年4月16日记载，"温成龙八时以电话来通知其妻昨夜十一时死去"。

[2] 林博正（2006:154）《回忆与祖父献堂公相处的那段日子》，载《台湾文献》57卷第1期，2006年3月，第154—166页。

[3] 据2011年9月13日访谈，林博正先生与祖父同住时期为1941—1949年；与祖母则到1957年。

[4] 1939年1月1日，林氏返台参拜祖宗之际，成龙亦同往学校。1月5日且与犹龙于新光会社为亲友说明制造方法。2月16日陪同林氏前往齿科治疗。3月6日"成龙同余赴郡役所"。但3月12日赴台北宪兵队时，出现"以成章为通译"的记载。而5月24日却又有"伊藤部长来，以成龙为通译"的记述。引自《灌园先生日记》。

[5] 在他担任秘书期间，由前任秘书叶荣钟通译的纪录就有五次（1929.04.21、1931.03.07、1932.07.20、1932.12.30、1942.07.22）。对象包括：南洋仓库会社专务，警察询部，二瓶源五（演讲）、柳泽律师，大阪朝日台中支局长。

17日随林氏及犹龙妻小等离台赴日。1940年拟辞职就读音乐学校，并请林氏补助学费，林未允其请，遂于是年3月辞职。8月回台后再赴日时，林氏助其旅费。1941—1943年早稻田大学专修科毕业后，返台就职于新光纺织厂[1]。

从林氏日记观察成章在东京的日子，其工作似以食衣住行育乐、跑腿打杂、看病取药等日常事务为多。甚至，有时还要陪同林氏或女眷上街购物(1938.4.26)、随行理发(1938.1.20)、接送家人(1938.6.17)，乃至制作桌椅(1938.7.22)、报告气温(1937.11.15)等琐事。在总计440笔关于他的记载中，此类伴随工作即有166笔，约近四成。

而另一方面，依林氏日记显示，温成章担任通译的次数极少，仅约6笔，且大都集中在1938年。即使加上他陪同林氏访问日人，推估可能也做了通译的纪录，还是只有12笔。不但在将近三年的440笔记载中担任通译的次数极少，与其后仅接任秘书8个月的林汉忠相比，相形之下比重更低。由此看来，担任通译并非他的主要工作。

在日期间，温成章不像叶荣钟那样与林氏一同住宿，而是住在离林氏住居三分钟之处(1937.11.01)。此外，成章体弱之余，常有悲观之念(1938.3.7)。有时因夜不成眠，致使出门访客之约被迫取消(1938.4.3)。最严重的一次是1938年5月1日，因受林氏责备而仰药送医住院数日。

他甫出校门即担任林氏秘书，且又立即远渡日本，无论年龄与社会经验皆不足，导致身心倍感压力。难以胜任公关或通译等对外工作，故转为服务内眷或料理内务等琐碎杂务，想必

---

[1]　参《台湾早稻田大学同学会会员通讯簿》，台北：台湾早稻田大学同学会，1947年，第24页。

有其不得已的苦衷。

（八）林汉忠（1918—19**）

林汉忠出身雾峰林家，1937年台中一中毕业后赴日求学。1940年3月16日温成章辞职后，即由当时甫自同志社大学毕业的族人林汉忠递补，过渡性地担任约8个月的秘书职。他于1940年10月底与林氏一同返台，1941年1月由林氏安排进入新民报社。1946年当选光复后首届基隆参议员。从他的家庭背景到社会位阶，与林氏其他秘书的出身乃至工作动机等，可说大相径庭。唯一相似的就是年龄以及初出校门等，处于人生刚起步阶段的景况并无二致。

林氏日记里关于林汉忠的纪录共277笔。其中，任通译之明确纪录仅6笔。而伴游纪录却有133笔。固然由于当时时局紧张且林氏即将返台，经常要处理些琐碎杂务，但平均起来大约每月仅有一次口译机会。而且，这些为数不多的记载中，有半数是与攀龙一起行动的，故亦可能是由攀龙担任通译也未可知。而通译主题，则多都属会客或处理日常事务等性质。(详见表7)

（九）林瑞池（1926?—2010）

林瑞池为台中太平人，台北中学毕业后入台湾青果合作社服务，1946年2月进入彰化银行担任秘书，1949年9月23日以秘书身份随林献堂赴日[1]。从其进入职场的经历看来，当时已进

---

[1] 见《灌园先生日记》1949年8月29日"决定以林瑞池为随员"。9月23日林献堂一行搭机前往东京。另详许雪姬《雾峰林家相关人物访问纪录·顶厝篇》，第167页。

入彰银三年半，且在此之前亦有职场经历。故与过往的秘书相较，无论年龄或社会经验，都算是稍微成熟的人选，但仍属未满而立之年的青年。

他随林氏在日生活到1956年林辞世为止。林献堂过世后，林瑞池即在林氏担任顾问的"东南商事"工作，同时也进了东洋大学经济系就读[1]。故自1949年赴日之后，直到2010年过世为止，他是一直旅居日本的。

据他接受许雪姬教授访问时指出，林氏在日时期无论公私事务，都非常需要翻译[2]。包括口译与书写等，需求相当频繁。但从1949年赴日后的日记可知，直接写明由林瑞池担任通译的会谈情况似乎不多。

事实上，1941—1945年《灌园先生日记》里的通译记载不但次数甚少(每年约仅10次上下，总计42笔)，且大都由亲友家人等充当。其中，通译次数最多的就是毕业于早稻田大学经济系的外甥吕盘石[3]共计10次(1942年2次，1943、1944年各3次，1945年2次)，其次是林氏长子攀龙(1944年5次，1945年1次)计6次，再次则是次子犹龙(1942年1次，1943、1944年各2次)及外甥女婿林金荃[4](1941、1943、1944年各

---

[1]　林献堂是东南商事的最高顾问。详许雪姬《林博士先生访问纪录》，收入《雾峰林家相关人物访问纪录·顶厝篇》，第110页。蒙许教授赐告，林瑞池先生受访时告诉她，献堂先生在世时有需要他即往协助，无事则往东南商事工作。此外，据林博正先生于2011年9月13日受访时指出，林瑞池上大学可能是一边工作，一边读书。因为，林瑞池未曾间断过在该商事的工作。

[2]　感谢许雪姬教授赐告，谨此致谢！

[3]　吕盘石(1898—1959)，其母林金鹏为林献堂长姊，排行长子(吕灵石乃其弟)。丰原三角仔人，毕业于早稻田大学商科，返后投身于台湾实业界，任大安产业株式会社支配人(总经理)。(《吕氏家谱简要》，第9页；《台湾人士鉴》，昭和十八年版，第468页。)

[4]　林金荃，1933年台中商业学校毕业。其妻曾秀容为杨水心之甥女，即杨水心四妹之女。

1次，1942年2次)都各5次。简言之，愈到后期愈少让外人担任通译。详如下表：

表3　1941—1945年《灌园先生日记》之通译者及日期次数一览

通译笔数（1941年1次）		
姓　名	日　期	次　数
林金荃	04/13	1
通译笔数（1942年10次）		
高城（刘）弘治	02/07	1
杨天佑	02/26	1
林金荃	03/24、09/01	2
吕盘石	06/13、07/30	2
林犹龙	06/25	1
叶荣钟	07/22	1
陈炘	07/31	1
李丙戊	10/20	1
通译笔数（1943年8次）		
广中守	01/17	1
吕盘石	01/21、06/25、10/25	3
黄洪炎	02/01	1
林金荃	08/01	1
林犹龙	09/05、09/20	2
通译笔数（1944年12次）		
林犹龙	03/30、04/21	2
吕盘石	05/29、08/09、11/12、12/06	3
林攀龙	08/08、09/10、09/12、09/17、12/06	5
林金荃	09/03	1
曾珠如（林攀龙妻）	10/29	1

（续表）

通译笔数（1945 年 11 次）		
游礼櫈	02/27	1
张文权（环）	04/18	1
小野真盛（西洲）	04/22	1
吕盘石	07/10、07/11	2
林攀龙	08/05	1
林津梁	09/21	1
林云龙	11/07	1
户田龙雄	11/26	1
林勋	11/29	1
林禹承	12/14	1
总计		42 次

由上表可知，日据末期进入战火炽热期间，林献堂需要通译的时候并不多。而他的秘书就由主掌内务的杨天佑与温成龙等人担任[1]，几乎已不做任何通译工作了。反而是1949年9月林献堂赴日之后，林瑞池担任秘书期间，由于环境的需要，通译又成为秘书的日常工作。只是，性质上从重要访客的公务或正式晤谈，转变成支持林氏生活所需的通译内容，故日记里的记载也随之大幅减少。

三、译者的多重身份与角色变化

综合前述秘书与林献堂的关系等纪录，本节将进一步探究

---

[1] 据 1941 年 9 月—1949 年 9 月与林献堂夫妻共同生活的长孙林博正先生访谈时指出，当时杨与温两位都在林家工作。他们掌理家产、账务、接待来客，并协助政治与慈善等活动。有时亦需为林夫人出外办事，甚至带领博正到台北检查身体等。

秘书的个别属性特质，以及他们担任林氏秘书期间的共同脉络。主要课题为：(一)译者属性、(二)译者的角色变化、(三)译事活动及目的。

（一）译者属性：从秘书兼通译的出身背景、教育背景、语文程度、人格特质、译事水平等，描述其译者属性特质。

秘书兼通译者与林氏的人际脉络，主要来自血缘或地缘关系。与林氏有亲戚关系者为：许嘉种(表兄弟)、林汉忠(侄孙)。而地缘关系之中，亦有师生或手足等尤为紧密的人际关系。例如，秘书之间有地缘关系者为：施家本、庄遂性、叶荣钟，他们同为鹿港人。而秘书间有特殊关系者计有：施与庄[1]为表兄弟，施与叶为师生关系；温成龙与温成章则为兄弟。此外，九位秘书之中，前五位都是彰化人。第六位温成龙曾任职彰化第一公学校，第七位温成章毕业于台中一中，第八位是侄孙林汉忠[2]，第九位林瑞池则是台中太平人。而他的秘书之所以大都出身台中彰化等邻近地区，与林氏信任其亲人或前任秘书的介绍，想必也是构成地缘性人际脉络的重要关键。

他们担任秘书的年龄及其受聘前的教育背景与职业经历等整理如下：

---

[1] 庄遂性兄庄太岳于1908年（时年29岁）任林献堂、林朝崧（痴仙，林文明之子）子女、林幼春诸弟家庭教师及幕宾。故庄遂性与林家的关系，可能比他与施家本之间的表兄弟关系更为亲近。

[2] 林汉忠是林文明曾孙；父为林资基，其祖为林朝成。林献堂与林朝成同辈，林资基为侄辈，故林汉忠应为林献堂之侄孙辈。

表 4　林献堂秘书兼通译之学经背景及任用年龄（括号内数据为推估）

序列	姓名	生殁年	教育及资历	任用时期	年龄
1	许嘉种	1883 | 1954	1903 台南师范学校，1906—1916 台中厅/州通译。	1906 | 1908	23—25
2	甘得中	1882 | 1964	彰化公学校毕业。1906—1909 赴日入早稻田大学 1920 年返台。	1906 | 1914	24—32
3	施家本	1886 | 1922	国语学校二年级肄业。	1914 | 1920	28—34
4	庄遂性	1897 | 1962	1907 年公学校毕业，1921—1924 明治大学政经科毕。	1920 | 1921	23—24
5	叶荣钟	1900 | 1978	1930 年日本中央大学政经系毕业。	1921 | 1927	21—27

(续表)

序列	姓名	生殁年	教育及资历	任用时期	年龄
6	温成龙	1905 |	1919 年台北师范学校师范部乙科毕。任职彰化第一公学校教师、帝国制糖会社。[0]	1929 | 1937	24—32[02]
7	温成章	1918 |	1937 年台中一中毕业,1941—1943 年早稻田大学专修科毕。	1937 | 1940	19—22
8	林汉忠	1918 |	1937 年台中一中毕业,1940 年日本明治大学毕。	1940.04 | 10	22—24
9	林瑞池	1926 | 2010	公学校毕业后入台北中学。毕业后进青果合作社,1946 年进入彰银。	1949 | 1956	23—30

注:

01. 1919 年适逢国语学校改名为师范学校,故温成龙列名于《台湾国师同学会通讯簿》大正八年师范部毕业生,台湾芳兰同学会编印,1981 年 4 月,第 26 页。承吴文星教授见示,谨表谢忱!

02. 当时公学校学制为 4—6 年,师范 2 年,师范部毕业后最低任教 3 年。依此推估温成龙之生年及担任林氏秘书的年龄。参见《台湾教育沿革志》,1939 年。

从表 4 可知,前述秘书任用之际大约二十来岁,且大都初出社会或短暂进入职场或教职之后。由于日据时期台人接受的学校教育，除了启蒙的公学校（4—6年）之外，其后大都以公费的师范体系（2年）为主，毕业后须到学校服务3年。前述秘书的教育背景中，循此途径者有：许嘉种、甘得中、施家本（国语学校肄业，但曾任公学校教师）、温成龙。而未循此途径者——庄遂性、叶荣钟皆因家境贫困；前者选择就读大日本制糖公司开办的"大目降糖业研习所"，后者公学校毕业后并未升学，后来受林献堂资助18岁时负笈日本。而林汉忠是林家成员，台中一中毕业后，即直接赴日求学[1]。至于，林瑞池则属彰化银行派任，虽非林氏直接聘用，但在年龄与教育背景乃至职场经历等方面，似乎与前述秘书的选拔基准并未有所偏离。

从秘书的教育背景与语文能力看来，前期的许嘉种、甘得中、施家本、庄遂性，都具有相当的汉学根底。其中，施与庄的父亲分别是前清举人与秀才。而中日文造诣俱佳者，以施家本为其中翘楚。据叶荣钟（2000:296—297）[2]指，施家本汉学功底扎实，和歌深受总督府总务长官下村宏称许，属才子型文人。而庄遂性、叶荣钟可称和汉皆优，两人都有日本大学学历，而汉诗亦达栎社成员水平。这类能诗能文的秘书，往往特别受到林氏赏识，尤其在探讨诗作之际，无论书函或诗文往返，都显得格外敬重。往往以其雅号互称，字里行间完全跳脱主从分

---

[1] 据林氏日记载（1940.04.10），林汉忠从台中一中到留学期间（1933.9—1940.3），总计6年7个月，每月由共荣会补助学费40円。可见，他虽是林氏家族成员，但也是林氏提拔的青年之一。共荣会是1931年在林献堂劝导下由林澄堂遗产中拨付成立，以补助学费为主的基金会。共5万元，每年提供4千元学费。引自许雪姬：《日治时期雾峰林家的产业经营初探》，收入黄富三等编：《台湾商业传统国际学术研讨会论文集》，台北：中央研究院台湾史研究所筹备处，1999年，第58页。

[2] 叶荣钟：《诗人施家本——记一个未完成的天才》，收入《台湾人物群像》，第291—303页。

际 [1]。由此可见，林氏对于文人的看重，颇为诚恳真挚。

就选任为秘书的年龄与教育水平看来，林氏选拔的大都是初出校门的年轻人。他们借此接触了该年龄与社会位阶难以接近的日台政治、文化、社会等精英阶层，因而视野大开。当秘书从林氏译者的角度介乎其中时，自然也开始逐步认识日台人交往时的立场、谈到的议题、沟通的情境等，并进而受到某种程度的熏陶。这在他们日后的诗文或话语里，也都反映出颇为鲜明的立场。例如，甘得中、施家本、庄遂性、叶荣钟等皆属之。

以秘书的人格特质而言，前述九位秘书性格虽不一致，但大抵可分两类；一类是个性强烈、情感外放；另一类则是个性沉稳、情感内敛。前者以甘得中、施家本、叶荣钟、温成龙等长期任用的秘书为代表，后者则以许嘉种 [2]、庄遂性、温成章、林瑞池等为代表。从林氏日记及他们的文章或访谈等记载，大致可看出每位秘书的性格。至于，林氏何以能长期与个性外放的秘书相处，大概可以说是与林氏形成互补效应所致吧。

至于，谈到秘书的通译水平，一如佐藤春夫《植民地の旅》的描述，林氏其实对于通译品质十分在意[3]。但在精微或未察之处，似乎尚难明察秋毫。据其日记显示，经由家人(其女关关)

---

[1]　林庄生《林献堂先生》，收入《怀树又怀人——我的父亲庄垂胜、他的朋友及那个时代》，第287—308页。

[2]　据《台湾人士鉴》载，许嘉种为人温和笃实，喜读书、登山、散步。《台湾人士鉴》，第36页。

[3]　同上，第98页。当佐藤与林献堂谈到本岛（台湾）人与内地（日本）人之间应如何相处时，林氏主张不宜以地理或历史背景而区分彼此，应以人与人之间的友爱相互包容。说到此处，林献堂忽然岔开话题对 A 君说："请尽量按照我说的译出来，可别只译个大概喔！"（笔者译）

或日本友人提醒，才知发生通译偏差较大的是温成龙。其次，则是身体与精神状况欠佳的温成章，故最少委以通译工作。再其次，通译工作较少的林汉忠，可能是因为任用期间过短，难以进入状况所致。可见，除了语文能力之外，译者的精神状态及熟悉相关人与事等，都是影响通译是否受到重用的因素。

（二）译者的角色变化：从译者的社会位阶及社会活动变化等，掌握译者的多重身份与角色。

从林氏日记看来，似乎人人皆有可能充当通译，只是到了紧要关头，林氏对于通译人选还是会慎重其事，未必会以日常担任秘书的通译充任。而另一方面，经常对外并兼掌通译的秘书也不会长期以此为业，往往会转向求学或其他职场。从林氏秘书的求学、求职、转职，乃至影响人生重大转折等关键时刻，得以探索译者的角色变化。此外，透过林献堂居中扮演的角色，亦可察知林氏与秘书之间的关系。以下，从林氏长期聘用的秘书兼译者的多重身份及其事业历程，掌握此类译者的属性特质。同时，也借此归纳并分析林献堂中意的秘书人选之综合特质。

以下，从译者教育水平与职业变动以及社会活动等，观察林献堂历任秘书的角色与身份变化。

从表5各秘书任用前后的学经资历及社会活动等内容，即可看出其主要变化。具重要特征之处，分类整理如下（详见表6）。

表5　林献堂秘书任用前后之学经历及社会活动变化(底纹表长期聘用者)

序	姓名	生殁年	教育、资历及文化活动	任用时期	任用后教育水平与社会活动变化
1	许嘉种	1883 | 1954	◎ 1903 台南师范学校毕业。 ◎ 1904—1906 彰化厅员林公学校训导。 ◎ 1913 创彰化同志青年会，启发知识及文化向上。	1906 | 1908	◎ 1906—1921 台湾旧惯调查会。 ◎ 1908—1909 彰化厅总务课雇员。 ◎ 1910—1912 台中厅庶务课雇员。 ◎ 1916—1935 彰化同志信组理事、常务理事、总代。 ◎ 1917—1920 台中厅庶务课 / 通译。[01] ◎ 1920—1921.11 台中州知事官房调停课通译。[02] ◎ 1922 参与台湾议会设置请愿运动并加入文化协会。 ◎ 1935 当选第一届彰化民选市议员。 ◎ 1936—1937 台中州彰化市参事会员 /1936—1939 议员。 ◎ 1936 创办"昭和信托株式会社"任专务取缔役。
2	甘得中	1882 | 1964	◎幼习汉学，1900—1902 彰化公学校（约年余完成 4 年学业）。 ◎ 1902—1904 临时台湾土地调查局雇员 ◎ 1905 年春任台中医院通译 / 养成看护妇讲师 / 并本屿人夜学教师嘱托。 ◎ 1905 辞台中医院入林家工作。 ◎ 1906—1909 受林氏资助，赴东京正则学校及早稻田大学专修班。[03]	1906 | 1914	◎ 1914 参加台湾同化会，热心文化社会运动。 ◎ 1920 返台，1920.12—1924 年任彰化郡役秀水庄长。 ◎ 1923—1929，1933—1936 台中州州协议会员。 ◎ 1925—1932 彰化郡役花坛庄长。 ◎ 1937—1940 台中州参事会员 / 州会议员。 ◎ 1921—1935 年任官派台中州协议会议员。 ◎ 1936—1939 年当选台中州议员后任"大新商事会社"取缔役。 ◎ 1940 年代赴中国，任"华中煤炭制造厂"理事、上海新华企业公司社长、新东亚兴业制纸厂理事。

序	姓名	生殁年	教育、资历及文化活动	任用时期	任用后教育水平与社会活动变化
3	施家本	1886 — 1922	◎ 1895年随父内渡。 ◎ 1903—1905年鹿港公学校毕。 ◎ 1906年国语学校二年级肄业。 ◎ 1906年任汉书房教席。 ◎ 1909.5—10鹿港公学校雇员/训导。 ◎ 1913年任林家记室并协办台中中学。	1914 — 1920	◎ 1914年加入同化会，为会务积极奔走。 ◎ 1919年加入栎社，1921年组大冶吟社。 ◎ 1920年离开林家，谋自行创业。 ◎ 1921年12月病逝。 ◎ 著有《徒然草堂诗抄》《肖峰诗草》等和汉诗集。
4	庄遂性	1897 — 1962	◎ 1907公学校毕业。 ◎ 1921—1924年明治大学政经科毕。 ◎ 1932年与赖和、叶荣钟、许文葵、洪炎秋等共创文艺杂志《南音》。 ◎ 1941年加入栎社。	1920 — 1921	◎因施家本离职而接手秘书职。 ◎ 1921—1924年赴日伴读，自身亦顺利读完大学。 ◎ 1925年随林献堂自东京返台。 ◎ 1926年创办"中央书局"。 ◎ 1930.7.29创中央俱乐部。 ◎ 1927-1931年加入民众党。 ◎ 1946年出任省立台中图书馆长。晚年不问世事。
5	叶荣钟	1900 — 1978	◎ 1914鹿港公学校毕。 ◎ 1918—1921年受林氏资助留日。 ◎ 1926—1930年入日本中央大学政经系毕业。	1921 — 1927	◎ 1920—1934年积极参与"台湾议会设置请愿运动"[04]。 ◎ 1926年担任矢内原忠雄与林氏翻译，并陪同至竹山。 ◎ 1930.05.12由林氏推荐入新民报社。 ◎ 1930年任台湾地方自治联盟书记长，巡回全台演讲。 ◎ 1935—1945年任职《台湾新民报》通信部长兼写社论。 ◎ 1948—1966年任职彰化银行。退休后专事写作。
6	温成龙		国语学校毕，1919年台北师范学校师范部乙科毕。	1929 — 1937	◎ 1920.8—1921年彰化州第一公学校。后入帝国制糖会社。 ◎ 1937年5月林献堂赴日后，即在林家任事直到终老。

序	姓名	生殁年	教育、资历及文化活动	任用时期	任用后教育水平与社会活动变化
7	温成章	1918｜	◎1937年台中一中毕。 ◎1941—1943早稻田大学专修科毕。	1937｜1940	◎台中一中毕业后，即随林献堂赴日，并同住东京。 ◎1943年返台后任职于新光纺织厂。
8	林汉忠	1918｜	◎1937年台中一中毕。 ◎1940年日本同志社大学经济科毕。	1940.04｜1940.10	◎1941年1月入新民报社（后更名"兴南新闻社"）。 ◎1944年任《台湾新报》记者。 ◎1946年当选基隆市参议员。
9	林瑞池	1926｜2010	台北中学毕业后入青果合作社，1946年入彰银任秘书。	1949｜1956	◎1949年9月由彰化银行派任林献堂秘书一同赴日。 ◎1956年林辞世后任职"东南商事"，并于东洋大学经济系就读。

注：

01. 参大正6年(1917)1月9日汉文版《台湾日日新报》，"新任厅通译 彰化总爷街许嘉种氏⋯⋯，生平品望颇优，这回台中厅遴选为通译，以补杨松氏缺云"。

02. 参大正10年(1921)11月9日汉文版《台湾日日新报》台中特讯，"通译辞职台中州通译许嘉种氏。与雾峰林献堂氏谊属姻亲，这回受戚有恙恩，乃辞去厥职，与献堂共事。其弟许嘉会氏来补斯缺，拜命雇员。在州厅调停课，执通译事务矣"。

03. 汉文"留学生消息"《留学生甘泽中》，载《台湾协会会报》，第45—46页。又详1906年3月1日汉文版《台湾日日新报》，"雾峰林献堂林嘉其志之美且锐，许每年愿赠百金"。

04. 叶荣钟《初期台湾议会运动与日总督府的态度》，收入《台湾人物群像》，第181—188页。

表6　林献堂秘书兼通译之主要社会活动

（1）留学深造：
受林氏资助赴日留学者有：甘得中、庄遂性、叶荣钟、林汉忠
而温成章则获旅费资助，林瑞池也在任满后进入东洋大学
（2）文化事业：
创设文化社团：许嘉种（彰化同志青年会）、施家本（大冶吟社）
创办文化事业：庄遂性、叶荣钟（《南音》）、庄遂性（中央俱乐部，中央书局）
加入汉诗诗社：施家本、庄遂性、叶荣钟（栎社）
任职文化工作：庄遂性（台中图书馆长）、叶荣钟、林汉忠（报社记者）
（3）社会运动：
担任干部：许嘉种、庄遂性、叶荣钟[01]（文化协会）、甘得中、施家本（同化会）、叶荣钟、庄遂性[02]（台湾议会设置请愿运动）、温成龙、庄遂性[03]（一新会）
（4）政坛活动：
竞选民代：许嘉种（彰化市会议员）、甘得中（台中州会议员）、林汉忠（基隆市会议员）
（5）经济活动：
创设企业：许嘉种（昭和信托）、甘得中（上海华新企业）

注：

01．详《灌园先生日记》1927年1月2日，两人皆为文化协会理事，林氏为议长（主席）。

02．据《灌园先生日记》1930年5月3日记载，庄遂性加入之民众党常藉演讲呼吁地方自治之必要，并要求民众为"台湾议会请愿书"署名。

03．温成龙常任一新会主持或主讲人，庄遂性则于1932.2.28一新会创立时，陪同林氏说明宗旨。

　　由表5可知，担任过林氏秘书兼通译者，日后大都在教育上有所精进。其原因除了受林氏资助之外，在林氏身边往来者皆非等闲之辈，大概也是促使秘书日后积极深造的动力之一吧。

其次，林氏雅好诗文并敬重文人雅士，显然更是影响历任秘书最深之处。此外，他们似乎颇具开创性格，无论创办文化事业或社团，乃至创建企业者皆有之，比重更达全体的七成以上。

而受林氏影响最深远的，莫过于追随林氏政治主张或社会理念的运动。他们的投入方式除了长期担任干部之外，有些则以经常参与的方式积极支持(如，担任一新会讲员)。更为积极且拥有资源者，则直接投入竞选活动，角逐民意代表。成员中有三成的比例投入相关运动，堪称颇具分量。

至于经济活动方面，除了最早期的两位秘书曾自行创业之外，其余秘书留学时也大都主修经济。例如，庄遂性与叶荣钟皆主修政经，林汉忠与林瑞池则都主修经济。不过，观察他们返台后似乎未必投入经济活动，反而进入报社担任记者(叶荣钟、林汉忠)或开办书局(庄遂性)等。或许，当时台人环境艰苦，学习实用之学蔚为主流，可能在专业选择上并未受到林氏影响 [1]。

然而，他们在离开林氏秘书职后，就业上得力于林氏提携之处颇多。从林氏日记或当事人之记述即可看出，直接由林氏安排的就有：叶荣钟、林汉忠、林瑞池。此外，其后的转职或事业扩展等，林氏也都出钱出力(叶荣钟、甘得中)。甚至，连

---

[1] 林氏也有影响其资助学生的例子，如鼓励蔡培火留学时修读教育，以便返台后主持台中中学。详见蔡培火：《家世生平与交友》，收入张汉裕主编：《蔡培火全集》第一册，台北：吴三连台湾史料基金会，2000 年，第 70 页。

其下一代的就学(写信庆贺庄遂性长子林庄生高中台中一中 [1])、就业(为许嘉种长子许乃昌谋事，1932.3.24)、乃至婚姻等都给予协助与关怀(甘得中之女宝钗婚姻触礁致早逝，1933.12.5)。

不过，以日据时期与光复之后相较，前期的秘书与林氏关系极为紧密，彼此无论公私领域都颇有交集。甚至，前后任秘书之间也颇有渊源或交谊，因而形成绵密的人际网络。后期四位秘书中，除温成龙以外，任职期间大都与林氏居住于日本，活动的范围与人际接触不如在台时期活跃，秘书之间的交集也较受限。至于，后期秘书的社会或经济活动，除林汉忠(曾任议员)之外，似不如前期秘书活跃。例如，温成龙始终未离开林家，温成章任职于台湾企业，林瑞池则任职于林氏持股之台资商事。

（三）译事活动及目的：从译者担任的通译活动中，描述其通译的主题与范围以及通译对象等特征，并分析其译事目的。

表7　林献堂秘书之重要通译活动记述（底纹表长期聘用者）

序	姓 名	生殁	任用时期	通译对象	主题	目的	时间地点及备注
1	许嘉种	1883 | 1954	1906 | 1908	高桥是清首相	台湾议会请愿	说明宗旨	1922 年陪同林氏赴日。[01]

---

[1]　详林庄生：《忆叶荣钟先生》。文中披露林献堂 1943 年 3 月 26 日致其父庄遂性贺函原件。《怀树又怀人——我的父亲庄垂胜、他的朋友及那个时代》，第 230 页。

序	姓 名	生殁	任用时期	通译对象	主题	目的	时间地点及备注
2	甘得中	1882 | 1964	1906 | 1914[02]	梁启超	殖民下对策	请教	1907 年，奈良某旅社。
				梁启超	讲学论世	请教交流	1911 年，基隆，台北，台中。
				板垣退助伯爵	台日同化	寻求奥援	1913—1914 年数度往访日本。
				板垣退助伯爵	台日同化	宣扬理念	1914 年春及 12 月，伯爵访台。
				板垣伯爵、党魁犬养毅、内阁总理大隈重信等十数人	创立同化会	改善台政并恳除六三号法案	1914 年秋陪同林氏于东京访板垣伯爵及重臣等。
3	施家本	1886 | 1922	1914 | 1920[03]	下村宏民政长官	和歌入选	御歌会	1915 年在台与下村宏结识。
				下村宏民政长官	社会教育讲习	推广社教	1916 年向下村宏建言。
				田健治郎总督	政治改革	改善台政	1919.11.9 赴日迎田健治郎总督。[04]
							赴总督府提银行创立案。

（续表）

序	姓名	生殁	任用时期	通译对象	主题	目的	时间地点及备注
4	庄遂性	1897 | 1962	1920 | 1921	浅沼新三郎	灌溉用帮浦	投标	1934.07.30 浅沼新三郎招垂胜至林府，托林氏助他参与投标。
5	叶荣钟	1900 | 1978	1921 | 1927	司法大臣江木翼	第六次请愿	说明主旨	1915 年叶荣钟同往司法省。[05]
				矢内原忠雄	日帝下的台湾	田野调查	1926.04 为林氏与矢内原通译。
				台银支店长岩间	委托股票交易	投资	1927.01.11 同往台中。
				宫尾警察课长	埔里服田巡察部长殴打添丁	投诉暴行	1931.03.07 同往台中州厅。
				二瓶源五	满州视察谈	演讲会	1932.07.20 一新会青年会馆
				柳泽律师	兰生继承问题	纪堂遗产	1932.12.30 在林府。
				高等特务内田正之	米谷纳入会社	询问民意	1939.07.02 来林府询问民意。
				竹中宪兵分队长、宫原、上泷官长	登载游记风波	谋求谅解	1942.06.25 同林氏往访。
				《大阪朝日》台中支局长泉义夫与社员锦织嘉一	新式甘蔗栽培	访问	1942.07.22 访客来林府。
				松山警察部长	游记风波	示以对策	1942.08.06 警局。

（续表）

序	姓 名	生殁	任用时期	通译对象	主题	目的	时间地点及备注
6	温成龙	｜	1929 ｜ 1937[06]	南洋仓库专务半田治三郎	与台银谈判	解决冲突	1930.06.07 半田来林宅访。
				武井检察官	澄堂遗产	照会	1930.06.21 伴同林氏访武井。
				大里法院院长	斡旋和解	林氏仲裁	1930.10.21 伴同林氏前往法院。
6	温成龙	｜	1929 ｜ 1937[05]	大成保险常务取缔役益子遏辅	该公司未来经营方针	说明	1932.02.29 益子遏辅来访。
				须田清基	儿童亲爱会	演讲	1932.11.30 一新会主办。
				须田清基	儿童亲爱会	演讲	1932.11.30 一新会主办。
				彰银取缔役岩濑启造[07]	贷金购地	承债转地	1932.12.05 陪同林氏前往彰银。
				讲习会与会者	**	讲习	1934.03.16 夏季讲习会。
				台湾制麻股东	股东会	年度配息	1934.04.30 林氏为股东会主席。
				夏季讲习会	结业式	致词	1934.08.16 于一新会馆主办。[08]
				大阪朝日记者高桥正男	林家历史	采访	1934.09.11 于林宅。
				检察官上泷泛	谢来访及赠画	致谢	1935.07.15 陪同林氏往访。
				台湾新民报政治部长竹内清	转述中平警务部长之嘱托	预警	1937.03.13 往千代乃家旅馆会晤。
				渊之上郡守、本田警察课长、小岛特高主任	《林氏家传》须修正删除处	质问纠正	1939.03.06 与林氏同赴郡役所。
				长谷川总督	拜会	晤谈	1944.09.03 因其看电影，遂未见。

（续表）

序	姓名	生殁	任用时期	通译对象	主题	目的	时间地点及备注
7	温成章	1918｜	1937｜1940	前台湾宪兵队长长沼川佐吉大佐	杂谈	访问旧识	1938.03.10 于东京住处巧遇旧识前台湾宪兵队长今已升任少将。
				总督府秘书官须田一二三[09]	杂谈	来访	1938.03.14 于东京寓所。
				石垣仓治前警务局长	杂谈	道谢	1938.04.15 偕林氏往访并赠水果，谢云龙曾受其照顾。
				警察	台湾米统制	询问意见	1938.12.14 于船中应警方传唤。
7	温成章	1918｜	1937｜1940	长沼川佐吉少将	谈论中国情势	访问旧识	1939.08.22 于东京往访长沼川，但他已辞少将，将往南京任顾问。
				福本谦治郎律师	审理中之案件	了解案情	1939.09.06 往访福本。
8	林汉忠	1918｜	1940.03｜10	清濑一郎律师[10]	抗诉案情分析	讨论讼案	1940.06.24 与攀龙等一同往访。
				记者中野浩[11]	杂谈	诗文	1940.08.23 与汉忠往访。
				东方会社角力	杂谈	拜访	1940.08.31 往东方会社。
				田川大吉郎议员	论时局	了解情势	1940.10.19 与攀龙林氏访田川。[12]
				台湾制麻专务江渊清满	配息及捐献	请裁决	1940.10.21 江渊来府请示。
				前台湾总督伊泽多喜男	时政	拜访	1940.10.22 与攀龙林氏往访，伊泽时任枢密顾问官。
9	林瑞池	1926｜2010	1949｜1956				

注：

01. 参《台湾人士鉴》许嘉种，第36页。《台湾历史辞典》许嘉种，第808页。

02. 右栏据甘得中(1974)追思文——《献堂先生与同化会》，收入《林献堂先生追思录》，第24—40页。及《灌园先生日记》1929年3月30日："大正三年(1914)秋间，受板垣之介绍，同二哥、得中会大隈伯(大隈重信伯爵)，忽忽已十六年，……"

03. 右栏主要取材自叶荣钟(2000:297—298)《诗人施家本》，收入《台湾人物群像》，第291—303页。

04.《台湾总督田健治郎日记》(上)，第59页。大正8年(1919) 11月9日："林献堂通译施家本赋三绝谢恩"。

05. 叶荣钟(2000:187)《初期台湾议会运动与日总督府的态度》，收入《台湾人物群像》，第181—188页。

06. 右列各项记载，皆引述自林氏日记。

07. 岩濑启造(1976—1942)，佐贺县人(士族出身)，大阪关西法律学校、大阪关西实业学馆就学，1900年入浪速银行，转任台湾银行书记，1913年入彰化银行任取缔役兼主事，(后升取缔役)，同时任台中轻铁株式会社监察役及台中实业协会评议员。(《台湾人士鉴》，昭和12年(1937)版，第20页)后转任彰化银行，历任桃园、南投支店长、取缔役兼助役，又为南投街协议会员等。(《台湾官民职员录》，昭和3年，第176页)

08. 雾峰一新会于1932年3月由林献堂长子林攀龙创立，会址设于莱园中林梅堂宅院，亦即后来莱园中学校址。其主要活动至1937年七七事变为止。引自中研院台湾史研究所，中央研究院数字典藏资源网，http://digiarch.sinica.edu.tw/content.jsp?option_id=2841&index_info_id=5424。

09. 须田一二三(1899—)：台湾总督府文书课课长。福冈人。1920年入东京帝国大学，1922年高等文官行政科及格，翌年东京帝大法学部政治科毕。同年4月任总督府铁道部书记，于庶务课服务。1924年任铁道部庶务课长，1931年任运输课长，1932年任殖产局商工课长，1936年任总督府秘书官、文书课长，兼总督府官房审议，1939年任官房人事课长，1941年总督府企划部，1942年任殖产局长。(《台湾人士鉴》，昭和18年(1943)版，第205页)

10. 清濑一郎(1884—1967)，兵库人。大正、昭和时代政治家、律师。1908年毕业于京都帝国大学独[德]法科，任东京地方裁判所司法官试补，旋入东京帝国大学大学院，1909年辞职转任律师，1913年到德国、英国留学，入英国法律研究所研习，归国提出学位论文，1922年获京都帝大法学博士。1920年当选众议院议员始入政界。在台湾议会设置请愿运动上，一直是重要助力(任介绍人)，1923年治警事件时亦为嫌疑被告辩护，直到该运动结束。1928年4月任众议院副院长。1938年任法政大学教授，1939年任东京弁护士会会长。1940年任大政翼赞会总务、临时选举制度调查部长。1946年1月遭解除公职，5月极东国际军事法庭开庭，任日本A级战犯东条英机之主要律师，据理力争。1952年当选第二十五届众议员，1955年第三次鸠山内阁成立，任文相，1959年任众议院议长、文部大臣，1962年曾来台考察(1962年10—11月参加列国议会同盟会，历访南美诸国，归途来台访问蒋介石总统。)。1960—1963年担任众议员议长。(叶荣钟《台湾》民族运动史，台北：自立晚报社文化出版部，1983年，第247—248页；黑泽良《清濑一郎—ある法曹政治家の生涯》，东京：俊河出版社，1994年，第218—222页，《四〔事〕略年谱》)(《大正人名辞典Ⅲ》上卷，日本图书センター，キ之部，第38—39页)

11. 中野浩(1876—)，青森县人，明治大学法科毕。初任台湾总督府官吏，在台罹病后归国休养。其后，任职于时事新报社、东京每日新闻等。1920—1925年任日本东京赤坂区长。详见《台湾总督府田健治郎日记》1922年7月25日。

12. 田川大吉郎(1869—1946)生于长崎县，1889年毕业于东京专门学校(早稻田大学前身)。曾任《都新闻》记者。1903年尾崎氏任东京市长、田川氏任助役(秘书长)，并当选众议院员。1914年后任司法参政员、明治学院总理、东京市议员等职。田川氏向往英国议会制度，信基督教、能作汉诗(号晴轩)，为自由主义者。他曾到重庆寻求中日和谈机会，后为国民政府延揽，拟用以安抚在华日人。他与蔡培火到重庆宣抚途中，因获知日本投降即独自返回上海，后由国民政府派机送回日本。由于直村正久的介绍，蔡培火认识田川氏并获他支持台湾议会请愿运动达15年之久。1924年曾来台考察，著有《台湾访问记》。详见 catalog.digitalarchives.tw/item/00129152/ff.html。

若以日据时期为范畴，根据以上林氏秘书所处理的译事活动主题与通译对象等性质，可以林氏欧游(1927.5.15—1928.5.9)为分歧点，划分为前后两个时期。正好欧游之际，他以长子攀龙与次子犹龙为伴，并未过于倚赖秘书，可能也促成了他对秘书角色定位的改变。此外，他所处的时空与时代环境的改变，如居住日本或台湾，以及处于战事等情况下，应是发生变化的主要因素。

从表7的译事活动与通译对象来说，显然林氏在雇用秘书的1906—1927年之间，他在台湾社会的影响力及企图心都颇为突出。从通译的议题可以看出他所投入的主要课题是一台人在殖民下的因应对策及争取奥援等行动。因此，从他向梁启超的请教以及对于日本政界大老的游说(日台同化)，乃至争取各界奥援以改善台人处遇(如，撤废六三号法案、台湾议会设置请愿运动)，从其通译纪录即可佐证其长期持续的作为及用心。

在这长达20年以上的期间，从林氏与许嘉种到叶荣钟共五位秘书之间的关系，也有颇具特征的共同性值得一提。该时期的历任秘书，大都和汉文俱佳，且怀抱强烈的民族意识。与林氏在改善台政的议题上，似乎形成一个具有共同意识与行动力量的社会群体。例如，他们先后投入同化会、文化协会、撤废六三号法案、台湾议会设置请愿运动等，并且长期担任重要干部，可说是有志一同。若非林氏积极投入资源的作为与影响，此事应非偶然所致。

然而，1928—1945年日据终结为止，他所任用的通译属性似乎有了明显的改变。其中最大的差异是，他开始以家人或亲戚为通译。除了1940年的秘书兼通译林汉忠是林氏侄孙外，如前节表3所示，1941—1945年之间充当通译次数最多的也是家人或亲戚(依序为外甥吕盘石、长子攀龙、次子犹龙、外甥女婿林金荃)。此外，他的秘书属性也从对外的社会政治等面向，转为处理林氏家族财产或事业等日常性内务的范畴。例如，投资事业、法律诉讼、应付警察、人际酬酢、诗文往来等。与其前期相同的主题，大概只有拜访群贤及讨论时政等议题了。此外，从通译的对象也可看出其中的变化；该时期的往来与谈论对象，多以公司股东、检察官、律师、媒体、宪警、政界人物为主。

固然，后期的数据出于每日记载之日记，故有可能偏向日常生活或业务性质的描述，以致产生前述推论。然而，依前后期议题的社会性及宏观性观之，两者之间的落差可说显而易见。后期的秘书兼通译的家族性与个人支持者角色，与前期的社会议题的改革性及其群体性，更是尤为明显的差异。

此外，就林氏所处的时空环境而言，前期的林氏除了为撤除六三法案与台湾议会设置请愿运动奔走之外(1919.10—1921.4，1921.12—1922.5)，极少在日长期滞留。但发生于1936年6月17日的"祖国事件"[1]等打击后，他与子媳等家人

---

[1] 1936年6月17日，日人卖间善兵卫在日军部的支持唆使下，利用林献堂应台中州知事之邀，赴台中公园参加始政纪念日园游会时，为数月前在中国发言"归回祖国"，当众掌掴林氏耳光，是谓"祖国事件"。此后林氏即有早日离台避居日本之念。引自黄富三：《林献堂传》，南投：台湾文献馆，2004年，第58—59页。

滞留日本期间趋于长期(1937.5.18—1938.12.11，1939.4—1940.10.27)，似乎对于台湾社会改造的雄心也有所降温。

综而言之，从译者的家世与性格、教育与语文能力等个别属性，到他们投身林献堂身边而产生的社会活动与参与情况等，得以掌握译者透过赞助人而发生的内外质变。而透过对通译活动的观察，也让我们得以窥知赞助人的社会角色变化及其与迁移轨迹。详如下表：

表8　林献堂与秘书兼通译的身份、角色及译事活动概要

（一）译者属性		（二）角色变化		（三）译事活动		
年龄	21—35 岁	赴日留学	6 人	前期	主题	改善台政
地缘	彰化、台中 9 人	文化事业	5 人 /11 人次		对象	社会贤达
主修	政治经济 4 人	社会运动	6 人 /9 人次	1905 | 1927	目的	维护台人权益
教育	师范 / 国语学校 / 台中（北）中学 7 人	政坛活动	3 人		译者	群体意识
语文	和汉俱佳（前期）5 人	经济活动	2 人	后期 1928 | 1945	主题	家产、事业
性格	外放型—长期4 人；内敛型—短期 4 人	变化程度	前期：多变 后期：平稳		对象	股东、检警、媒体、军政等
血缘	2 人				目的	维护家产事业
家世	书香门第 4 人				译者	家族意识

四、结语：以林献堂为中心的译者群体

殖民统治的本质，从林献堂身边的译者群体及其社会活动，清楚地显现了殖民帝国的文化暴力意图。受其压制之下，林献

堂唯有透过译者的居间传译，才能明白地表达其不愿屈从的意志，而又免受统治当局语言统一政策的压制。而这个对抗的意念，在日据下的近30年间，林氏一方面透过译者发声，同时也透过对译者的培养提携，在其身边形成一个日益巩固的文化与社会群体。从其日记可知，林氏结合日本政界、学界，乃至媒体等，共同挑战当时台湾政治的体制，并以提升台人权益为目标。而奔走于台日之间的同时，也让那些具有感染力的社会议题，得以迂回地冲撞其既有体制。

此外，林氏与其译者透过绵密的接触，达成殖民统治对台人的松绑。为此，林氏借由本身社会声望与财力资源，并透过秘书兼译者的经常疏通，寻求学界、新闻媒体、历任总督、各级官僚（地方警政主管）等，来自日方要人与社会精英对于台人的同情与理解。例如，台中中学的设立、台人办报的获准等，都是具体可见的突破与贡献。而林氏身边的译者，亦可说无役不与。

林氏与其译者还透过地理上的移动，达成抗衡殖民统治的目的。首先，他将子女等林家子弟送出台湾，以获得子女教育的选择自由。对此，前后任秘书甘得中、庄遂性等，都发挥了相当的助力。此外，他于1927—1928年与二子出游欧美一载的行动，可视为对外取经以提升其殖民统治下生存能力之计。彼时的译者，即由两子充任。至于，第三类的移地行动，即是"祖国事件"后的避居日本，借此免受殖民地高压统治之苦。而此计划的落实，还是需要适任的译者同行（温成章、林汉忠）。

从本研究对林氏及其译者的分析可知，为了维护文化暴力下的话语权与社经权益，他的秘书兼通译有投入地方选举者（许嘉种、甘得中），也有投身报刊媒体者（叶荣钟、林汉忠），还有开创文化事业或团体者(许嘉种、庄遂性、施家本)。在他们的行动背后,无论理念、资金、人脉,都与林氏的支持密切相关。

至于,他们所形成的群体特质,如前节所述,其欧游之前的二十余年,由于致力于改善台湾社会政治环境的共同理念,林氏积极发挥赞助人角色,从培植学生以厚植其知识力量,广结中日社会贤达以充实其言论内涵,到穿梭于日台政界要人以形成政治影响力,进而办学、办报、结社,并推动"台湾议会设置请愿运动"等,形成前所未有的思想震撼与破冰行动。

以殖民统治下的政治与社会脉络而言,林氏群体的办学、办报、结社等行动,可以视为具有开创台湾人"公共圈"(public sphere)的实质意义。其推动过程中所触及的言论权、参政权、资本自主权等主张,同时也挑起了被支配民族的"自我决定"(self-determination)意识。而这些行动里,若无译者的介入,亦难以发声。

而这些译者,除了林氏秘书兼通译之外,那些受其资助的学生、受其影响而加入运动者,乃至参与台人兴业者等,都是其译者群体的一部分。本文受限于篇幅与主题范畴,文中尚未论及林氏秘书以外的译者,盼能于未来就此课题继续深入探索。

西学汉译文献与中国翻译史研究 *

邹振环 **

人类语言存在着时间与空间上的巨大差异，时间差异表现为古今语言的不同，空间差异表现为各民族和各地区的语言差异。因此，广义的翻译应该包括古文今译和中外文互译两大内容。中外文互译同样还可以分出外译中(或外译汉)和中译外(汉译外)，翻译史研究同样可以区分出外译中(或外译汉)和中译外(汉译外)的问题。无论是外译中(或外译汉)和中译外(汉译外)的历史，都有一个研究者所必须面对的庞大的翻译文献，外译汉的翻译文献主要包括佛典翻译文献和西学翻译文献两大类别。

凡是一门成熟的学科，都需要有相对稳定的专题文献学作为自身学科的支撑。20世纪80年代以来，中国翻译史研究已

---

* 原文载于《东方翻译》2011年8月第4期，第9—19页。本文为笔者在2011年6月27日至7月2日香港中文大学翻译研究中心在复旦大学主办的"阅读中国翻译史"暑期班上所做的演讲，原题"译史研究中汉文文献的利用"。英文摘要版"Chinese Translations of Western Learning and the History of Chinese Translation: A Bibliographical Approach"，载于 *East Journal of Translation*，CIUTI Issue 2016, pp.13-29。本文为中文新修订本。

** 邹振环，复旦大学历史系教授，博士生导师，研究方向为中国古代史（明清文化）、历史文献学（明清文献）、明清以来西学东渐史。

经取得了长足的进步，然作为学科支撑的翻译文献学却很少有人关注。笔者不揣浅陋，在有限的篇幅中，拟以西学汉译文献为主要讨论对象。就西学汉译版本、西学汉译校勘和西学汉译目录学问题，提供笔者的一些浅见。

一、西学汉译文献的范围与数量

1920年问世的郑鹤声、郑鹤春编纂《中国文献学概要》一书，是第一本以"文献学"命名的文献学著作。该书"例言"中认为"结集翻译编纂诸端，谓之文；审订讲习刻印诸端，谓之献"，并首先注意到了翻译在文献学系统中的地位，该书分导言、结集、审订、讲习、翻译、编纂、刻印七章。[1] 尽管篇幅很小，但该书考察的视界相当宽广，已经注意到了现代意义上的内部方法与外部方法，试图对文献学进行整体思考。然而这一尝试似乎没有得到学界的重视，民国时期有关图书、版本、校勘、目录学的著述甚多，而综合性的文献学论著仅此一种。20世纪80年代以来，文献学研究纷呈异彩，但大多仍未能将翻译作为文献学的题中应有之义。2004年安徽大学出版社推出了叶树声和许有才的《清代文献学简论》，其中设立专章讨论"翻译学"，对清儒的译书和近代中日两国译进西书进行了初步的研究。[2] 但西学汉译文献，在目前所有问世的文献学著作中，尚未给予恰当的地位。

---

[1]　郑鹤声、郑鹤春编纂：《中国文献学概要》，商务印书馆，1930年，上海书店，1983年重印。

[2]　参见叶树声、许有才：《清代文献学简论》第八章，安徽大学出版社，2004年，第225—254页。

本文所讨论的西学汉译文献大致可分为古典、近代两个阶段。古典阶段以1800年为界，起始于16世纪的明末，盛于17世纪后半期到18世纪初，至18世纪后半期，即乾隆中期走向衰落。这一时期的汉译文献主要是给中国传入了经过天主教改造过的希腊罗马时代的古典文化、中世纪的文化、部分文艺复兴和宗教改革这两次意义重大的思想文化解放运动以后出现的文化。19世纪初以新教传教士为主体，再度掀起西学翻译潮，在19世纪中期至20世纪中期的百余年间形成的汉译文献，带来的是欧洲文艺复兴以后、特别是欧洲工业革命以后西欧和北美所创造的文化，20世纪初的汉译文献还来自实现了独特现代化的日本文化区和俄苏文化区，即明治维新后的日本和经过资产阶级民主革命的俄苏文化。

　　明末清初基督教初期传播的成功，固然有多种因素，其中与他们精通汉文，了解中国的社会风俗文化，积极地从事汉文翻译和著述有着密切的关系。耶稣会士在中国传教成功的一大原因，是他们利用了自己娴熟的汉文学的功力，通过书籍传教的模式获得了成功。译著汉文西书的耶稣会士利玛窦、庞迪我、艾儒略、汤若望、南怀仁等，都是精通四书五经，能用汉字作诗文的高手。他们前后编著过许多在中国社会产生过重大影响的汉文西书，如《坤舆万国全图》《交友论》《天主实义》《畸人十篇》《七克》《几何原本》《泰西水法》《同文算指》《西学凡》《童幼教育》《职方外纪》《远西奇器图说录最》《泰西人身说概》《火攻挈要》《坤舆图说》等。他们的继承者，虽然国籍多种多样，有意大利、德国、法国、葡萄牙、奥地利、匈牙利、波兰等，但都能承继"利玛窦规矩"，或独立撰著，或经其口述而后由中国文人"笔录"撰成的，或有他们完成初稿后经中国文人"润色"而成的。这些合作者中有著名的学者徐光启、李之藻、杨廷筠、冯应京、李天经、王徵、韩霖、殷衮、瞿式谷等。

值得一提的是，耶稣会士在明清之际曾与中国学者酝酿过一个庞大的译书计划。利玛窦传教主张的忠实执行者金尼阁1613年奉命回到欧洲，漫游了意、法、德、比、西、葡等国，每到一地都募集新书和仪器，在教皇的支持下，他收集了有关宗教、哲学和科学的西书共7000部，1619年7月15日运抵澳门。以后他与艾儒略、杨廷筠、李之藻等商议全面的译述计划。1623年艾儒略以答述的形式，分文科、理科、医科、法科、教科、道科六部分，对7000余种西书做了提纲挈领的介绍，编成《西学凡》，声称要"与同志翻以华言，试假十数年之功，当可次第译出"。杨廷筠更是兴奋地在该书序中写道："所称六科经籍，约略七千余部，业已航海而来，具在可译，此岂蔡愔、玄奘诸人近采印度诸国，寂寂数简，所可当之者乎。"他也要求能"假我十年，集同志数十手，众其成之"。[1] 遗憾的是，由于种种原因，7000部西书来不逢时，不仅没有译出多少，甚至未及编目，以致运来的有哪些书尚不清楚。现在可以考见的有古罗马建筑师维特鲁维的《建筑术》、斯蒂芬的《数学通论》、乔治·鲍尔的《矿冶全书》、拉梅里的《论各种工艺机械》、哥白尼的《天体运行论》、开普勒的《哥白尼天文学概要》等若干种。有一些书至今仍保存在北京北堂图书馆中。[2]

---

[1] 杨廷筠：《刻西学凡序》，四库全书存目丛书编纂委员会编：《四库全书存目丛书》，子部93册，齐鲁书社，1995年，第627页。

[2] 邹振环：《明清之际的西书中译及其文化意义》，载祝瑞开主编：《宋明思想和中华文明》，学林出版社，1995年，第283—294页。

晚明至晚清的西学汉译文献浩如烟海，目前学界有不少相关统计，提供了一个大概的数据。耶稣会从 1583 年罗明坚、利玛窦入住肇庆起，到教皇克里孟梭十四世（Clement XIV）1773 年解散耶稣会前后 190 年内，通过耶稣会传教士译著的汉文西书已达相当数量。依据先行研究者的统计，众说不一。如郑鹤声、郑鹤春的《中国文献学概要》统计为 127 种，马祖毅的《中国翻译简史》为 300 余种、科学著作为 120 种。徐宗泽《明清间耶稣会士译著提要》正文统计为 216 种。但该书的《明清间耶稣会士译著书名表》中收录的有关汤若望的书只有《远镜说》《主制群征》《古今交食考》《崇一堂日记随笔》《西洋测日历》《火攻挈要》等 6 种，但同书卷 9 的《译著者略传》汤若望条又例举了汤若望所著述的 26 种汉文西书，然而此处不见前揭《书名表》中的《火攻挈要》和《崇一堂日记随笔》。同时谈及南怀仁的著述情况时，在《书名表》仅见《测验纪略》等若干种，但据《译著者略传》记载，还有《圣年答疑》《道学家传》《妄占辩》《告解原义》《熙朝定案》《简年规总星图》《坤舆外纪》《神威图说》《测验纪略》《西方要记》等 10 种书未见著录。因此，韩国学者李元淳通过各种资料的详细比对，指出明清 180 年间耶稣会士的汉文西书，数量可在 350 种以上。[1] 美国学者钱存训有过更为精确的统计：1584 至约 1790 年耶稣会士的译书共计 437 种（其中 16 世纪 13 种，17 世纪 369 种，18 世纪 55 种）；晚清的西学汉译文献就更多了。1810 年至 1867 年基督教（新教）传教士的译书有 795 种；约 1850

[1]　[韩]李元淳著，程玉洁等译，邹振环中文校订：《朝鲜西学史研究》，中国社会科学出版社，2001 年，第 72—74 页。

至 1899 年有 567 种；1899 至 1902 年又增加 300 种；1902 年至 1904 年有 533 种。这些不完全的统计，就多达 2632 种。[1]笔者的统计较钱存训略有增加，1899 年《东西学书录》统计有 560 种，《增版东西学书录》中增补了 347 种，加上《译书经眼录》共计 2667 种。1904 年后可以依据的目录有谭汝谦统计的 1896 至 1911 年间日文中译本总计 988 种，年平均 66 种，其中绝大部分为转译西学的内容，因此笔者初步估计 1904 至 1911 年间，译本至少有 400 多种日译本。而民国时期从辛亥革命到 1949 年前后 38 年出版的书籍超过 10 万种，有人估计其中译本占三分之一，那么民国时期的译本有近 3 万种。期间各种重译、复译不可胜计；因此，一个学者穷毕生之力，也不可能都一一经眼。

如何来研究和利用如此数量庞大的西学汉译文献呢？笔者认为，可以借助目前比较成熟的文献学的研究，以之独特的研究方法，形成一套研究西学汉译文献的研究体系，这就是笔者拟提出的西学汉译文献学。狭义的文献学的基本内容是版本、校勘、目录三大部分。版本学、校勘学和目录学三者的关系十分紧密。古人曾经将目录学称为校雠学，如郑樵《通志·二十略》中有"校雠略"，章学诚的文献学索性题为《校雠通义》。在古代进行较大的图书整理工作时，都存在有广收异本、校勘文字两个环节。这两个环节贯穿于目录编纂的整个过程。所以古人也把版本学和校勘学统称目录学，因而有校雠目录学、版本目录学之说。随着知识的不断分化，版本学、校勘学逐渐从目录学中分离出来，成为独立的学科。三科虽各自独立，但在

---

[1] 钱存训：《近世译书对中国现代化的影响》，载《文献》1986 年第 1 期。

鉴定原本、厘定篇章、校勘文字，特别是考镜学术源流方面，仍彼此相互关联。文献学给我们提示的最重要的方法就是寻找学术的本原之点，其核心就是章学诚在《校雠通义》中所讲的"辨章学术，考镜源流"。

二、西学汉译版本

版本学在中国传统学术研究中是一项基本功，凡讨论书籍必定涉及版本。翻译文献同样存在版本问题，佛典翻译自不待言，传统版本有写本和刊本之别，西学汉译本也有翻译稿本(翻译一次稿、二次稿、修改稿)、抄本、刊本，以及二次整理本(丛书和资料集)的区别。所谓"稿本"一般指作者亲笔写的稿子，包括作者亲笔书写、誊清、修改的通通包括在内，而由别人誊清的书本或别人誊清作者自己的亲笔修改的书本，均以"写本"或"抄本"称之。[1]

刊本亦名"刻本"，指印刷的版本。同一部书，由于形式或内容不同，以及出版地点、时间的不同，会形成不同的版本。译本版本按照内容，可以因全译、节译、直译、意译、改编、删节等不同的译述方法，从而形成各种不同的版本；也可以因印制方式，如排版或装帧的差别而形成不同的版本。如雕版、活字、凸版、平版、凹版、铅印、石印、胶印、影印、油印等不同的版本，或因纂辑方式不同，有单行本、丛书本、专题衷纂本等。"单行本"的初译本和全译本往往有较高的文献

---

[1] 李致忠：《古籍版本学概论》，书目文献出版社，1990年，第245页。

价值。当然，节译、编译本在流传和影响研究中价值也不容低估。"丛书本"在清代以后非常突出，清代以来辑刊的丛书在数量上远远超过宋、元、明三代的总和，如《四库全书》《说部丛书》《丛书集成》。但丛书因为卷帙多、编辑工程大、刻印时间长，所以出现了一些比较特殊的情况。许多丛书最初都是随刻随印，一开始并没有确定要刻多少种，也没有"丛书"的冠名，只是每种书采用了统一的版式，并在牌记页统一题名。编入丛书的西学译本甚多，如利玛窦的《交友论》在明清间，除单行本流传外，先后被收录多种丛书，后人阅读多是依赖丛书本。还有各种选编的"专题裒纂本"，指在同一专题下经过研究者编纂而成的较为系统的关于翻译家或翻译社团的资料集，如《创造社资料》《文学研究会资料》《严复研究资料》《林纾研究资料》《茅盾研究资料》《郭沫若研究资料》等。还有2009年商务印书馆推出的罗新璋修订本《翻译论集》，也属于在翻译主题下，将各种有关翻译研究的资料和论著编纂在一起的"专题裒纂本"，该书收辑自汉末以迄编定之日有关翻译的文论180余篇，略按历史线索分为五辑：第一辑"汉魏唐宋"，第二辑"明末清初"，第三辑"近代时期"，第四辑"五四以来"，第五辑"解放以后"，颇便初学翻译史学者利用。

版本形成过程中受译述背景和流传背景的影响，出版时间、出版地点、出版者、制作方式等因素都会导致形成不同的译本版本。由于不同性质的翻译、增删、修改、注释、校勘、校点、批评等，也会产生不同的版本变化。按照刊刻资金的来源，还可以分出官刻本(如江南制造局翻译馆、金陵书局刻印的译本)、教会刻本(如属于新教系统的墨海书馆、美华书馆；属于天主教系统的土山湾印书馆等)和民营书局的刊本(如商务印书馆、大同译书局、金粟斋译书处等）。梁启超在《西学书目表序例》中曾对各类书局的译本有过分析，称1894年前"已译诸书，中国官局所译者，兵政类为最多，盖昔人之论，以为中国一切皆胜西人，所不如者兵而已。西人教会所译者，医学类为最多，由教士多业医也。制造局首重工艺，而工艺必本格致，故格致诸书虽非大备，而崖略可见。惟西政各籍，译者寥寥，官制、学制、农政诸门，竟无完帙。今犹列为一门者，以本原所在，不可不购悬其目，以俟他日之增益云尔"。[1]根据印书质量情况不同，则有精刻本、写刻本、单刻本、丛书本、影刻本。依据增删和批注评点的情况，可分为增订本、批本、评本、注本、过录本、校本、删本、节本、足本、残本、焦尾本、洁本、插图本、题跋本、签名本。凡属活字印刷的，又可分为泥活字本、木活字本、铜活字本等。清代以来印本的情况更加复杂，有雕版的刻本译本，也有铅印本译本、石印本译本，还有胶印本、油印本、影印本、复印本、横排本、竖排本、普及本等。即使在装帧上也会有原装本(初版时装订状态的书)、线装本、洋装本(精装、平装)、豪华装、毛边本(毛装本)、合订本、巾箱本(版式很小，可以巾裹之书)、袖珍本等。

在西学汉译版本研究中，不同的翻译者参与翻译活动就会形成不同的异译本是最值得重视的内容。同一原本，即使同一译者完成的译本，因有不同时期不同书局的印制，会形成不同的版本，如严译《天演论》、林译《巴黎茶花女遗事》等，都有多种不同的版本。出版时间是确认版本的一个必不可少的首要事项，也是区分一书不同版本的最显著的标志。或因各种注释、

---

[1] 梁启超：《西学书目表序例》，载《饮冰室合集·文集》之一，中华书局，1936年。

删减、补充，形成了不同的版本，如《火攻挈要》前后有10种不同的版本。[1] 而不同的译者翻译同一原本，会形成更多迥然不同的异译本，如《哀希腊》一诗，1902年梁启超用词曲长短不一的句式，1905年马君武用七言古诗体，苏曼殊用五言古体诗，1916年胡适读了马、苏两家译诗，竟用离骚体重译。[2]《名学浅说》，即英国曼彻斯特欧文学院的教授耶芳斯（W.S Jevons）的《逻辑基础教程：演绎与归纳》（*Elementary Lesson in Logic：Deductive and Inductive*）一书，中译本先后有1886年艾约瑟的《辩学启蒙》、1908年王国维翻译的《辩学》(益森印刷局)和1909年严复翻译的《名学浅说》(商务印书馆)。马克思、恩格斯的《共产党宣言》，从20世纪初就开始出现众多的中文节译本和全译本，1920年由陈望道译出第一个中文全译本迄今，也已有了20个以上的中文全译本。为什么同一原本，先后会有如此之多的译者参与翻译，一本普通的西方逻辑学教科书，为什么会有三个大译家对之感兴趣呢？

译本版本的流传背景也颇值得研究。即使同一译本由于时代的变化，刊刻者出于各种社会或宗教的原因，对译本重新进行删改，如《天主实义》；或出于读者趣味的变化，如《远西奇器图说录最》就有采用拉丁字母和删去拉丁字母的不同版本；或因读者欣赏趣味和市场的变化，会采用不同的形式，如中译本《伊索寓言》，前后就有文言和白话、英汉对照等不同的版本；

[1] 邹振环：《〈火攻挈要〉：晚明至晚清火器技术知识的转移》，载香港中文大学翻译研究中心主办、王宏志主编《翻译史研究》2011年卷，复旦大学出版社，2011年6月，第55—81页。

[2] 参见邹振环：《影响中国近代社会的一百种译作》，中国对外翻译出版公司，1996年初版，第152—155页；江苏教育出版社，2008年增订版，第150—153页。

或为迎合政治需要加以改写，如《惨世界》和《惨社会》。[1] 译本版本在流传过程中经过了人们的阅读、加工、添加了新的内容，人们对译本版本的收藏和利用也会影响版本的情况，如藏章印记、题识、签名、批评、校勘、圈点等，都会增加译本的学术价值。名人题签也会使版本价值大增，如上海图书馆藏的戴德生的《地理志略》有张菊生签名及印章，这样的版本价值就非同一般了。批校评点能帮助读者有效的理解译作，如伍光建的《侠隐记》，一经茅盾校注，并附录《大仲马评传》，身价即刻非同一般；同样，霭理士的《性心理学》，经潘光旦译出，并加了10万字570条注释，被认为是一部应该超过满分，得到125分的译作了。[2] 历代查禁政策和销售市场的变化都会影响文献的制作，如民国时期经常出现伪装本，如创造社所设的二线出版机构江南书店，后来成了中国共产党领导出版基地和左翼文化工作的一个秘密据点，先后出版了一批马克思列宁主义的名著，如向省吾译恩格斯的《费尔巴哈与古典哲学终末》、吴黎平译恩格斯的《反杜林论》，为了避免受迫害，把译者署名改为吴理屏，这一译本在北平等地重版翻印了好几次。20世纪40年代末，上海许多出版社纷纷重版以前译出的旧作，如上海辰光书店、读书出版社1946、1947年分别重版了延安解放社出版的《马恩列斯思想方法论》，但书名被改为黎述编译《思想方法论》，摘录马恩列斯的有关著作译本。由于当时马克思主义的进步读物有着相当大的读者市场，杜畏之和一个钱庄经理叶波澄认为有利可图，因此把过去一些译本拿来抽取其中一部分，把原译者姓

---

[1]　邹振环：《影响中国近代社会的一百种译作》，中国对外翻译出版公司，1996年，第172—176页。

[2]　同上，第220—224页、第422—427页。

名变变花样，重新印刷，如把吴亮平前两个字颠倒变化为梁武，林超真改为曹真。所出《新哲学典范》的内容是《反杜林论》的第一编哲学部分；《新经济学典范》是该书第二部编政治经济学部分；《社会主义》是林超真1928年所译《宗教·哲学·社会主义》中的一部分。杜畏之本人还把1932年翻译的《自然辩证法》摘编成节译本，用文源出版社名义出版。由于这些书的出版已在1949年10月上海解放以后，大量质优价廉的马列读物公开出版，因此未赚到什么大钱。[1] 对这些不同译本的研究，就需要充分运用版本学的功夫。

三、西学汉译校勘

西学译本内容的校勘，涉及原本到译本，译本与译本之间，或同一译本不同版本之间的校勘问题。很多译本没有交代原本，就需要研究者来寻找译本的原本。美国学者韩南（Patrick Hanan）对《昕夕闲谈》原本《夜与昼》（Edward Bulwer Lytton, *Night and Morning*）的寻找和发现，堪称译本之原本成功寻找的一个经典的案例。[2] 译本依据的原本有来自不同的系统，如《共产党宣言》有来自日文版、英文版，也有来自德文版。从1848年德文版问世，到1888年英文版、1906年日文版，直至1920年中文版全译本，形成了该书传播到中国的语言链，而日文版到中文版，是否存在错译，或日文语境到中文语境所导致

---

[1] 中共中央马克思、恩格斯、列宁、斯大林著作编译局马恩室编：《马克思恩格斯著作在中国的传播》，人民出版社，1983年，第38—43、329页。

[2] ［美］韩南著，徐侠译：《中国近代小说的兴起》，上海教育出版社，2004年，第102—130页。

的词义理解的差异，中文译本的不同时期的不同版本在译词选择上的变化，都有许多值得深入讨论的问题。[1]

即使依据同一原本，由于不同的译者所采取的译书方法不同，也会有内容上的变化，于是就有了大量异译本的存在，这是译本校勘学存在的基础。孔慧怡《晚清翻译小说中的妇女形象》一文，通过柯南道尔《海军密约》(*Naval Treaty*)原本和张德坤、程小青不同译本的比较，指出英语文化中的典型南欧美人，移植到晚清译本，则成了粗笨或体态娇小、额前有刘海的两个完全不同的版本。[2]译者的不同处理，所形成的不同译本版本，其内容、字句的比勘，同样有进行校勘的价值。郭延礼在其著作中就对不少译家进行大量译本与译本之间的比对，如曾大段比勘过李青崖译的《三个火枪手》和伍光建译的《侠隐记》。[3]不过其将李氏白话译文视同原文，而来评判伍氏译文的准确性，这是忽略了李氏译本还有创造性因素的存在。

译本版本的文字内容一般都由书名、正文和各种辅文内容所组成。同名异书和同书异名问题在译本版本中比较突出，如《友论》与《交友论》、《法意》与《论法的精神》、《原富》与《国民财富的性质和原因的研究》、《红星照耀中国》与《西行漫记》、《基督教与中国》与《基督教与中国文化的碰撞》等，都属于同书异译名。或有同一书名译名，却是不同的译本版本，如美国普林斯顿大学社会学教授吉尔伯特·罗兹曼(Gilben Rozman)主编的《中国的现代化》一书，有1989年上海人民出版社和2005年江苏人民出版社推出的刘东主编"海外中国研究丛书"

---

[1] 参见陈力卫：《〈共产党宣言〉的翻译问题——由版本的变迁看译词的尖锐化》，载《二十一世纪》第93期（2006年2月）。

[2] 孔慧怡：《翻译·文学·文化》，北京大学出版社，1999年，第31—67页。

[3] 郭延礼：《中国近代翻译文学概论》，湖北教育出版社，1998年，第398—405页。

两个不同的译本。古籍译本还有书衣题签、封面、版心、书根、目录、序跋文等的版本区别。由于各种原因，古籍译本书名常常与正文卷端所题的书名有所差异，让人无所适从，如葡萄牙人玛吉士的《外国地理备考》，卷首又称《新释地理备考》，或认为古籍书名一般应以每卷正文卷端所题为准，但也有是采用约定俗成的原则，以反映信息最多的署名、序跋、版心、卷端都可以。同一原本的不同译本，如译本正文中的篇、卷、集、编、回、章、节数不同形成的版本差异，也会形成不同的译本版本。

翻译在很多情况下无法进行完全等值的语言转换，有翻译就会有增补、删减和省略，或为帮助理解而大量增加的注释，如潘光旦的《性心理学》、陈康的《柏拉图巴曼尼得斯篇》；或因外语水平及对中外词义理解的不透彻而形成的错译；或因为中外文法特点的表述不同而形成的译本差别；或因为不了解中外背景知识而形成的误解和误译等，都需要进行校勘。译本还有错印的问题，如《共产党宣言》的初版封面标题错印成"共党产宣言"。这种校勘工作还表现在译文理解的逐渐深入，如乔冠华以"乔木"的笔名校勘过成仿吾、徐冰的译本，成、徐译本是根据德文版直接翻译的，而乔冠华用英文版对校，发现有误植和个别的字句的错误外，还有一些是因为原译本过于忠实原本的结构，往往显得生硬，甚至容易使读者发生误解。[1]

同一时期的异译本有校勘价值，如茅盾就曾经对 20 世纪 30 年代译出的夏洛蒂·勃朗特《简·爱》（*Jane Eyre*）伍光建译本《孤女飘零记》（1935 年商务印书馆收入王云五主编的《万有文库》）和李霁野译本《简爱自传》（1935 年 8 月出版

---

[1] 张红扬：《〈共产党宣言〉中文译本撷珍——以北京大学图书馆藏为例》，载《中华读书报》2011 年 6 月 22 日第 17 版。

《世界文库》第四册，上海生活书店，1936 年）进行过对校，[1] 我们也可以继续将两译本与以后的一系列译本，如祝庆英、吴钧燮、黄源深、凌文、戴侃等多家全译本继续进行对校，比较这些不同译者选词和语言特色，很可以揭示不同的社会文化环境是如何作用于译者选择的，从中可以管窥出社会文化环境对译者选词的影响。通过对校，我们还可以发现若干译本是从政治的角度来解读 *Jane Eyre*，译文中包含有意识形态含义较为浓厚的革命性词语，例如"反抗""斗争""革命"。同一译本的初版和再版本在内容上会发生很大的变化，也有其校勘价值，如《天主实义》在晚明至晚清的不同刊本有突出的版本校勘问题，方豪曾经将较早出版的燕贻堂校梓本与 1904 年的徐家汇土山湾的慈母堂本相对校，发现有一系列严重的"挖改"，多达一百多处，主要是将"上帝"与"天"篡改，"上帝"和"天"概念被"天主""上主""主宰"等概念所取代，其中对李之藻重刻序言的改窜，不仅在行文风格上有变化，甚至影响到文意的理解，改窜后的《天主实义》似乎用于论证的中国古代经典，只用《周易》一种。[2]《泰西新史揽要》的全本、编译本、节本形成的不同版本，也是突出的例子。[3] 辅文中的注文、序跋、卷首、卷末、刊语、牌记、内容提要、前言、凡例、目次、附录资料、参考文献、索引等文字内容。辅文内容在书中占的篇幅数量很大或直接关系到版本的文字内容质量。这种差异往往表现在某类辅文的有无；辅文的增减、变化、多少；经流传

---

[1] 茅盾：《真亚耳（Jane Eyre）的两个译本》，载《译文》2 卷 5 期，1937 年 1 月 16 日。

[2] 方豪：《天主实义》发覆，载《中国天主教史人物传》，香港公教真理学会 1967—1969 年版，中华书局 1988 年再版本，第 2—8 页。

[3] 参见邹振环：《西方传教士与晚清西史东渐——以 1815 至 1900 年西方历史译著的传播与影响为中心》，上海古籍出版社，2007 年，第 269—307 页。

过程留下的题识、签名、校记等。这些问题都需要通过不同译本版本的校勘学来解决。

译本版本探索、译本校勘都是为了"辨章学术，考镜源流"，而考镜源流，我们就需要充分利用西学汉译目录。

四、作为翻译史研究导航的西学汉译目录

中国古代目录学有着悠久的传统。"目"指篇目，即一书的篇和卷的名称。"录"是叙录，即对一书的内容、作者生平，对书的评价，校勘经过等做扼要的介绍，二者合称"目录"，或曰书目。完整的目录，大致包括书名、卷数、作者、版刻、提要、分类诸项内容。各个历史时期关于目录的称谓有所不同，或称"录"，如西汉刘向的《别录》；或称"略"，如刘向子刘歆的《七略》；或称"志"，如东汉班固的《汉书·艺文志》；或称"簿"，如西晋荀勖的《晋中经簿》；有的称"书目"，如东晋李充的《晋元帝四部书目》；或称"书录"，如唐毋煚的《古今书录》；或称"解题"，如宋陈振孙的《直斋书录解题》；或称"考"，如元马端临的《文献通考·经籍考》；或称"记"，如明末清初钱曾之《读书敏求记》；或称"提要"，如清纪昀的《四库全书总目提要》等。姚名达曾将前人目录分为史志、宗教、专科和特种目录四类。[1]有根据编制目的和社会功用将目录分为国家目录、史志目录和私家目录三类；或依据收录内容将目录分为综合目录、地方目

---

[1] 姚名达：《中国目录学史》，第375页。该书作为"中国文化史丛书"之一种，商务印书馆1937年初版，1957年重印，后多次重版。该书是一部目录学的通史，至今仍是同类著作中最好的一部，是典范之作。其总体研究仍然没有被超越。

录、专科目录和特种目录。译本目录应该属于特种目录。

西学汉译文献的目录学目前尚未建立起来，我们还找不到哪一本目录可以了解到晚明以来翻译文献的一个大概。译书目录亦可以分为中译外（王尔敏编《中国文献西译书目》，台湾商务印书馆1975年）和外译中两类。有关外译中还可以细分出综合目录中的西学汉译书目，如《四库全书总目》和《民国时期总书目》中的译本目录，以及作为特殊目录的译书目录，如梁启超所编《西学书目表》和徐宗泽编著《明清间耶稣会士译著提要》等。从体例上也如同中国传统目录，大致可以分为两种，一是不仅有叙述每一类学术源流的大序和小序，而且还为著录的每一本译作撰写提要，如徐宗泽《明清间耶稣会士译著提要》和沈兆祎《新学书目提要》等。一是书目下无解题者，如《上海制造局译印图书目录》。

为便于利用西学汉译文献目录，笔者根据编制目的和社会功用将译本目录分为以下九类：

（1）综合目录。如王韬在1889年前曾以《圣教信证》为蓝本，编纂了把多数天主教系统译本包括在内的《泰西著述考》。[1] 徐宗泽编著《明清间耶稣会士译著提要》，中华书局1949年初版，1983年影印本，目前还有上海书店出版社2006年标点本。由于明末清初西学汉译活动的主译者为耶稣会士，因此该书是反映此一时期译著状况影响最大的一部目录。该书主要依据徐家汇藏书楼的藏本，分圣书、真教辩护、神哲学、教史、历算、科学、格言等七类；每类之首有总论，每类中一书有一提要，介绍译著者、刊印时期、出版地点，然后录各种

---

[1]　载王韬等编：《近代译书目》，北京图书馆出版社2003年。

序跋。后附有索引，颇便检索。加上绪言和译著者传略共 9 卷。卷 10 是徐汇巴黎华谛冈图书馆书目。梁启超的《西学书目表》是反映 1894 年前晚清译本出版状况的重要的综合译本目录。全书分为学、政、教（宗教）、杂四卷，除教类之书不录外，学、政、杂三类著录图书 357 种，附卷著录图书 291 种，总共著录图书 648 种。分为上卷"学类"收"西学诸书"，下分算学、重学、电学、光学、化学、声学、汽学、天学、地学、全体学、动植物学、医学、图学共十三目；中卷为"政类"收"西政诸书"，下分史志、官制、学制、法律、农政、矿政、工政、商政、兵政、船政共十目；下卷"杂类"为"杂类之书"，下分游记、报章、格致、西人议论之书，无可归类之书共五目。这三大类大致相当于现在的自然科学、社会科学、综合性图书三大类的划分，分类体系比较完整。第四卷为附卷，另附札记一卷，系读书法。[1] 每类卷首标出书名、撰译人、刻印处、本数、价值，最重要的还在于该目录有"识语"部分，通过在表上注圈识等项，给读者提示译本的重要性。梁启超在该书中系统地整理评介了西书汉译的基本情况，并提示了读书法，对宣传西学起了很大的作用。同时，该书目建立了一个全新的图书分类体系，突破了旧的四部分类法的羁绊。台湾"中央大学"图书馆所编的《近百年间中译西书目录》（台湾商务印书馆，1969 年出版），该书收录 1854 至 1954 年百年间出版的西书，比较全面地反映了百年间的译本出版状况，可惜也没有著录译本出版时间，也无内容提要，且收录明显不全。

（2）官书局目录。1867 年上海的江南制造局设立翻译馆，

---

[1]　程磊：《关于〈西学书目表〉的一些问题》，载《河南省图书馆季刊》1982 年 2 期。

主要组织中外译家选译西方的军事、科技书籍。1880年受聘于翻译馆的英国传教士傅雅兰编写了《江南制造总局翻译西书事略》一书，详述翻译馆的成立始末以及译书的方法等，其英文版载1880年1月的《北华捷报》，连载于《格致汇编》1880年第5至8期，后出版过单行本。书中介绍江南制造局翻译西书缘起、特点，该书之后附载已出版的西学译书《运规约指》《代数术》等98种，以及译成尚未出版的45种，正在翻译尚未译成的13种。每种书目下注明作者、译者、刊书年代、册数与价格，截止时间为1879年。该文英文版有所译西书的中英文名对照。这是笔者所见晚清最早的一份新式分类的官书局译书目录。之后江南机器制造局完整地编有《上海制造局各种图书总目》；1909年陈洙的《江南制造局译书提要》详细绍介宣统元年以前该书局译书状况，各书附有详细的内容提要，全书收译书150种，翻刻书10种。

（3）教会书局目录。美华书馆出版有1894年傅兰雅所编的《益智书会目录》（*Descriptive Catalogue and Price List of the Books*, Wall Charts, Maps.），"益智书会"是基督教传教士编辑、出版教科书的机构，1877年在上海成立。尽管这是一份留存于美华书馆仓库中益智书会（School and Textbook Series Committee）的销售书目，但从中我们可以看出1894年前十几年被益智书会认可和出版的教科书究竟有哪些门类，具体书籍有哪些？书目分数学、自然科学、历史、地理与地图等、宗教与读本、杂类著作七大部分，外加补遗。该书目全部书籍又分成两类，一类为该会采用而非其出版者，用＊表示，无标记者则属于该会出版者。数学类18种，《代数备旨》《代数须知》《笔算数学》，其中采用而非其出版者8种，如《心算初学》。自然科学 62 种，如《植物学启蒙》《化学器》《化学材料中西名目表》《化学须知》其中采用而非出版者 31 种，如《化学易知》等。历史 9 种，其中采用而非出版者 4 种。地理和地图 14 种，其中采用而非出版者 7 种；宗教和哲学 7 种，其中采用而非出版者 2 种；读本 4 种，其中采用而非出版者 1 种；杂类 19 种，其中采用而非出版者 12 种补遗 1 种，如《代形合参》等。1890 年"益智书会"机构改组，西文名改为"中华教育会"（Educational Association of China），中文仍称"益智书会"，1902 年中文名改称"中国学塾会"，1905 年改称"中国教育会"，取消"益智书会"之中文名，1916 年再改为"中国基督教教育会"。1903 年中国学塾会编有《中国学塾会书目》，较之英文版互有出入。[1] 教会系统的目录还有《广学会译著新书总目》（载《近代译书目》，北京图书馆出版社，2003 年）；雷振华编《基督圣教出版各书书目汇纂》（汉津协和圣教书局，1918 年）等。

（4）民营书局书目。《商务印书馆译书提要》《广智书局目录》等。民营书局的很多书目首先刊载于报刊，不少书目是刊登过的广告书目的结集，因此，报刊广告书目对于我们考镜译本源流有非常重要的价值。周振鹤所编的《晚清营业书目》（上海书店，2005 年），收录许多新学书籍和西学译本的民营书局目录，相对全面地反映了晚清民营书局西学汉译文献的出

---

[1]《中国学塾会书目》共收书籍 178 种，分七类，"算学"类收《心算启蒙》等 17 种，"格物"类收化学、声学等书 57 种，"历史"类收《万国通鉴》等 8 种，"地志地图"类收《地理初阶》等 14 种，"宗教哲学"类收《天人对参》等 5 种，"读本"类收《训蒙求是》等 6 种，"杂存"类收各种挂图、须知类读物 64 种。书目下注明作者、内容、价格，少量的有简短评论。中国学塾会，原名 1894 年过英文《益智书会书目》，所收书目与《中国学塾会书目》基本相同。参见熊月之《晚清新学书目提要》，上海书店出版社，2007 年，第 9 页。

版状况，颇值得留意。

（5）私家修撰目录。晚清的西学汉译书目主要有《西学书目表》《东西学书录》《译书经眼录》等。《东西学书录》和《译书经眼录》也属于晚清私家撰述的综合性译本目录。《东西学书录》由徐维则编著。该书出版于光绪二十五年（1899）三月，分上下册与附卷，设史学、政治、法律、学校等20个类目，每类下又各设子目若干，收入各种东西学书560种，各书都著入著者、译者和其他版本，绝大部分译书都有识语。并附录了明末清初的若干译书。光绪二十八年（1902）十月又有《增版东西学书录》，这是徐维则和顾燮光在原书的基础上增加了300多种，全书四卷并附录两卷。类目也有所增加。增录部分为徐维则原书的漏录，部分为1899至1902年的新出版物。1927年刊印的《译书经眼录》，编者为顾燮光1904年编成的，全书8卷，所录译书分25类，每类下又设有子目，所录之的国别涉及英法德俄日等文种，全书收书533种，其中日文译书321种，高达60%。王景沂《科学书目提要》（北洋官报局1903年）实际上也是一部私撰的西学汉译书目，主要收录政治科、文学科、武备科、格致科、农业科、工艺科、商业科、医术科等西学译书。如同《西学书目表》，这些目录都没有注明译本的出版年份，因此，研究时还是需要查找原书译本进行核对。

（6）专科目录。如文学翻译目录，有蒲梢编《汉译东西洋文学作品编目》（真善美书店，1929年9月第1版）按照国别，分日本、印度、波斯、阿拉伯、犹太、俄罗斯、芬兰、波兰、瑞典、挪威、丹麦、德意志（意大利附）、匈牙利、保加利亚、希腊、捷克、瑞士、罗马、意大利、法兰西、荷兰、比利时、西班牙、英吉利、非洲、杂集 27 类。[1]蒲梢另外还编有《中译俄小说编目》（1930 年）。[2]科学译书目录有周昌寿《译刊科学书籍考略》（载《张菊生先生七十生日纪念论文集》，商务印书馆 1937 年有抽印本单行）该篇考述了中国翻译科学书籍的历史，内分明末迄清初、咸丰迄清末、民国二十五年（1936）间三个时期，比较全面地介绍了明末清初天文学、数学和地理学译著 132 种，清末的译书 468 种，涉及天文地理、数学理化、地理测绘等多种学科。 宗教译书目录：如研究传教士的专科目录有法国费赖之（Aloys Pfister）著《在华耶稣会士列传及书目》（*Catalogus patrum et fratrum e Societate Jesu qui a morte S. Fr. Xaverii ad annum MDCCCLXXII evangelio Xti propagando in Sinis adlaboraverunt:Ab anno 1552 ad annum 1779.Pars prima*，Typis A. H. de Carvalho，1873），该书法语初版在 1886 年完成，1873 年在上海出版，二版从 1932 年至 1934 年由上海土山湾印书馆出版，于初版相比有很多修订。 该书收入从 1552 年至 1773 年的耶稣会士共 467 人，书目约 800 种，先后有冯承钧译出的 50 人传记的节译本《入华耶稣会士列传》（商务印书馆，1938 年；台湾商务印书馆，1960 年）和全译本译《在华耶稣会士列传及书目》（中华书局，1995 年），以及梅乘骥《明清间在华耶稣会士列传（1551—1773）》（上海天主教光启出版社，1998 年初版，2000 年二版）三个不同的译本。 以后法国荣振华著、耿升译《在华耶稣会士列传及书目补编》（中

---

[1] 蒲梢即徐调孚，是作者在曾虚白原编基础上修订而成，参见张静庐辑注：《中国近现代出版史料》（现代甲编），上海书店出版社，2003 年，第 271—323 页。

[2] 同上，第 280—289 页。

华书局，1995 年）对该书又有进一步的补充，增补了 27 年至 1800 年的内容，同时纠正了费赖之的若干错误。两书 1995 年均列入中华书局的"中外关系史名著译丛"，系目前研究明末清初耶稣会士最为系统的译本目录。19 世纪最重要反映传教士译书目录是英国传教士伟烈亚力的《基督教在华传教士回忆录》（*Memorials of Protestant Missionaries to the Chinese: Giving a List of their Publications, and Obituary Notices of the Deceased*，上海：1867 年英文版），全书汇集了截至 1867 年来华的 330 多位西方传教士的 780 多种中文著述，涉及圣经翻译、圣经注释、神学、圣贤传记、神学问答、祷告文、赞美诗、教育、语言、历史、政治、法律、地理、算学、天文、医学、植物学、自然科学、通书、报刊以及各种方言著作。该书已由倪文君译成汉语，书名为《1867 年以前来华基督教传教士列传及著作目录》，由广西师范大学出版社 2011 年出版。另外一个译本为赵康英译，顾钧审校，题名为《基督教新教传教士在华名录》（天津人民出版社，2013 年）。

（7）专题目录。由日本实藤惠秀监修，谭汝谦主编《中国译日本书综合目录》（香港中文大学，1980 年），是香港中文大学文化研究所书目引得丛刊之一，可以视为专题目录。全书著录 1883 至 1978 年近百年间的中译日文书籍 5765 种，包括中国大陆、台湾、香港等地的出版物，每种书的版本记录非常详细，可惜没有提要。专题目录涉及范围很广，如游汝杰编有《〈圣经〉方言译本书目考录》收录《新约》《旧约》及各种单篇的汉语方言译本，按译本所属方言类别编排，每类内部再按方言地点分立，以年代先后为序，[1] 对于研究《圣经》在华的翻译传播史意义重大。丁福保编的《算学书目提要》（1899 年）；邹寿祺编的《列国史学书目提要》（问世时间不详）；陆丹林编辑《外国记者关于老解放区情况报道的中译本书目》等。[2]

（8）个人著译目录。如《冯承钧翻译著述目录》，[3] 戈宝权编有《高尔基作品中译本编目》（1947 年）及其续编（1948 年），分短篇小说集、短篇单本、中篇及长篇、剧本、文学论文、社会论文集、选集、高尔基的传记、研究高尔基的书十大部分，[4] 是研究高尔基在中国传播与影响的经典目录。还有柳倩《郭沫若先生二十五年著译编目》（1941 年）、邹嘉骊编《韬奋著译系年目录》（学林出版社，1984 年）。

（9）译本藏书书目。藏书目录是研究译本流传和影响的重要样本，古代私人藏书风兴盛，因此藏书家大多编有藏书目录，产生诸多的私家目录。近代私人藏书目录有徐树兰的《古越楼藏书书目》，著名藏书家徐树兰即徐维则的伯父，其家为绍兴望族，他耗银三万多两创办古越藏书楼，位于绍兴西鲤鱼桥西首，藏书 7 万多册，向社会开放，堪称近代中国第一家具有公共图书馆特征的藏书楼。该书目章程强调藏书楼的特点是注意收集"已译未译东西书籍"，"已译者供现在研究，未译者

---

[1] 参见游汝杰：《〈圣经〉方言译本书目考录》，载章开沅主编《基督教与中国文化丛刊》，湖北教育出版社，2000 年，第 80—131 页。

[2] 载张静庐辑注：《中国现代出版史料》（现代丙编），上海书店出版社，2003 年，第 385—387 页。

[3] 载王韬等编：《近代译书目》，北京图书馆出版社，2003 年，第 725—733 页。

[4] 载张静庐辑注：《中国现代出版史料》（现代丁编下），上海书店出版社，2003 年，第 463—493 页。

供将来研究及备译"。[1] 在这一份典型包含有西学译本的藏书书目中，把中外书籍集为一编统一加以分类。全书分"学部"和"政部"两大类，下设48个子目，将中外书籍分别归于各类之下。如"学部·纵横学类"，下分"历朝纵横学派"和"东西洋纵横学派"；"法学类"下分"历朝法学派"和"东西洋法学派"等等。凡标"历朝"者收中国书籍；而标"东西洋"者收日本和西方书籍。三级类目中的医书分类，在学部大类生理学小类，下设三级子目，如"东西洋医学总义"，设立了全体学、本草、方书、杂病、妇科、产科、儿科、眼科、外科等类目，著录近代西医学译著。尽管这些分类法都有把中外书籍简单加以类此之弊，并且用中国传统学术的概念来套用外国译书的问题，难免牵强附会，但能与时俱进，应需而变，融合中外，并存新旧，在目录学的发展史上无疑具有积极的意义。[2] 近代一些机构，特别是公共图书馆有不少藏书目录值得重视，如《国立清华大学图书馆新编中文书目》和《北平近代科学图书馆中文图书目录》，都一改旧分类法，而采用哲学宗教、自然科学、应用科学、社会科学、史地、语文、艺术等新式分类法。1933年铅印的《国立交通大学图书馆图书目录：善本书目（第一辑）》，称因为该馆获赠江南制造局全套"编译丛书"，"乃特辟善本书库，印行善本书目"，收录的江南制造局翻译书目，可补王扬宗《江南制造局翻译书目新考》一文内容之不足。[3]

---

[1] 徐树兰：《古越藏书楼书目》，转引自李希泌、张椒华编：《中国古代藏书楼与近代图书馆史料》，中华书局，1982年，第114页。

[2] 吴杰、黄爱平：《论清代目录学》，《清史研究》1992年第3期。

[3] 参见霍有光：《交大馆藏江南制造局译印图书概貌及其价值》，西安交通大学档案馆藏复印本。

五、西学汉译目录的学术史意义

余嘉锡曾经强调："目录者，学术之史也"。能否运用好西学汉译文献目录学的知识，也是决定能否做好西学翻译史研究的重要条件。

（1）清代学者王鸣盛的《十七史商榷》中指出："目录之学，学中第一紧要事，必从此问涂，方能得其门而入。"[1] 王鸣盛讲的是读古书，但对于阅读西学汉译文献和运用西学汉译目录同样适用。诚如熊月之在《晚清新学书目提要序言》中所言："书目提要之于书籍，如渡河之津梁、旅行之地图，起辨章学术、考镜源流之导航指路作用。"[2] 西学汉译本如此之多，一个人穷毕生精力也难以看全，因此，利用汉译书目是了解和分析一个时代的译书状况的一条捷径。以往学界多根据阿英的《晚清戏曲小说目》（上海古典文学出版社，1957年）得出了小说译本多于创作的结论，但日本樽本照雄所编《新编清末民初小说目录》（贺伟译，齐鲁书社，2002年）统计出19000余条，以比较确凿的数据，得出了小说创作多于译本的结论。清末西学译本目录的第一个作用是便于检索，不少具有提要和大小序的译本目录，可以帮助考辨译本篇帙的分合、文字的增删，如徐宗泽编著《明清间耶稣会士译著提要》一书，关于圣书、真教辩护、神哲学、教史、历算、科学、格言等，每类之首均有总论加以说明，所有汉译本各有提要，除介绍译著者、刊印时期、出版地点外，还录各种序跋。为读者了解这些译本的大旨、品题译本版本的优劣，给予了研究者辨别译本优劣高下以重要的帮助，不仅告

---

[1] 王鸣盛：《十七史商榷》卷一，商务印书馆1937年"丛书集成"本，第二册，页1。

[2] 熊月之：《晚清新学书目提要》，上海书店出版社，2007年，第2页。

诉读者如何求得译本的渠道，也提供了研究明末清初翻译史的门径。

（2）西学汉译本目录中的提要，虽然仅数十字或数百来字，却是研究者了解一个时代翻译的一般状况，比较准确勾勒翻译演变的轮廓和特征。明末以来，有不少译本在流传过程中失佚了，而西学汉译的目录则保留了许多译本的内容提要，通过这些西学译本目录中的总叙，或大小序，读者可以根据提要了解已佚之书的大致内容，是考稽已佚之译本的珍贵资料。如上海通雅书局出版署名"通雅斋同人编"《新学书目提要》（作者为沈兆祎）按其首卷总叙所称，"综其为篇，列目有八"，依次为法制、历史、舆地、文学、西学、西艺、杂录、小说，目前所见仅有法制、历史、舆地、文学四卷，卷一至卷三出版于1903年，卷四出版于1904年。该书选择此前两年新出之书凡218种，一一介绍，卷一"法制"类收书93种，卷二"历史"类收书72种，卷三"舆地"类收书30种，卷四"文学"类收书23种。该书提要的特点比较详细，一般有五六百字，多则上千字，如《世界地理》《世界探险》《理学钩元》的提要达千字以上，介绍要素包括卷数、作者、出版机构、主要内容、版本源流和篇幅差异，主体部分是评价其书在同类书籍中的价值。有些译本还有版本比较，如评论作新社版的《最新经济学》，就在介绍其书内容后将之与严复翻译的《原富》相比较，指出《原富》所述不过是一家之说，不足以兼收异论，然后指出此书中哪些是不刊之理。该书提要确实做到了取宏用精，高屋建瓴，是富有编者创见的导读性书目。[1]根据汉译西学书目的大小序，能够帮助比较了解各个时期或各个专题译本出版和流传

---

[1] 熊月之：《晚清新学书目提要》，上海书店出版社，2007年，第7—8页。

的大致状况，以及研究一个时代选择原本的兴趣所在，如为什么有的书有很多异译本，有的书尽管在西方名气很大，却仅仅只有一个译本，甚至还只是一个节译本。为什么有的书有很多编译本、摘译本？每一种目录的意义是有所不同的，如根据官方译本目录，我们可以知道代表官方意志的译本的总体情况，《四库全书总目》中对西学书，包括基督教汉文西书的评价来了解官方对西学的态度。根据江南制造局译书提要，不仅可以了解那一个时代，作为官方译书机构译刊了哪些著述，而且可以据此了解清政府在面对西方列强压力下所规划译书政策，其选择译本的主导思想是什么？根据官方译本目录可以了解官方对外来文化的政策。而根据私家汉译目录，则可以了解民间对外来思想和学术的基本看法。而一些译本目录是一时一地的刊刻、收藏和销售状况的记录，因此根据译本销售和译本藏书目录，我们则能够清楚地了解译本的流传情况，可以根据晚清四川一些书局的售书目录和民国时期交大的藏书，大致了解上海江南制造局译书在四川的流传情况和在高校的收藏情况。而个人著译目录，一方面是提供了研究翻译家生平和著述的重要线索，同时也是了解外国作家或学者的作品在华翻译和流传的重要资料。

（3）中国古代目录虽有许多不同的分类法，但主要可以归纳为"七略"和"四部"两大体系，且在《隋书·经籍志》后基本确定了四部分类法的优势地位。随着明末清初西学东渐和近代的新学兴起，汉文西书和译著层出不穷，清乾嘉以后陆续出现了大量学科相互交叉的丛书。对这样新内容的丛书，仍沿用四部分类就显得十分困难，甚至无法归入相应类下，于是"丛书部"应运而生，张之洞《书目答问》专门设立"丛书部"，就是对传统四部分类法的一个修正。中国传统四部分类的真正突破，是从晚清的西学汉译目录开始的，因此，西学汉译书目也为我们研究近代学术分类和知识结构的变化提供了很好的研究分析样本。[1]《西学书目表》学、政、教、杂四大类反映了当时西学汉译的概貌，分类体系采取了比较科学分类的原则，整个分类体系由两级类目组成，一级类目有三大类，二级类目分属 28 目，每目下著录图书若干，分类体系呈线性结构，尽可能地容纳日益增多的西方社会科学和自然科学书籍的汉译本，设置类目之间的并列关系、隶属关系和包容关系也比较合理，能基本揭示学科的内在联系和学科间的逻辑关系。类目名称亦较传统分类的类目更为合理，基本上涵盖了学科的内涵和外延，解决了旧的四部分类法不能解决的矛盾，适应西书要求科学分类的要求。以后徐维则撰、顾燮光补的《增版东西学书录》、顾燮光的《译书经眼录》和沈兆祎《新学书目提要》，尽管各书的分类法之各个类目不尽相同，但都仿效了梁启超的分类，可以说，近代西学汉译目录，为近代西方分类法的输入开拓了崭新的局面。

六、余言

文献学是历史研究的基础，也是一切学术研究的基础。翻译史作为一门专科学术史，当然也应以翻译文献为基础。文献学研究是文化史研究的重要范围，西学汉译文献也是西学翻译

---

[1] 参见邹振环：《中国图书分类法的沿革与知识结构的变化》，《复旦学报》1987 年第 3 期。

史研究的题中应有之意。人们常说的"功力"，即指某人所具备的目录学、版本学、校勘能力、史料的辨伪能力、文献的采集能力。西学汉译文献学也是翻译史研究的基本功之一，在如何利用西学汉译文献方面，西学汉译目录是重要的一环。

学术研究是相通的，根本的方法可以归纳为一勤、二有、三多、四不。所谓一勤：勤读，勤奋地阅读第一手基本文献和二手研究论著，为自己的研究打下雄厚的基础。二有：有毅力、有恒心；对于一个学者来讲，学术积累就是时间的另一种表达，没有旷日持久的案头积累，没有长期默默无闻的工作，三天打渔，两天晒网，是不会有所成就的。三多：多查、多思、多问；"多查"就是要最大可能的利用前人编纂的目录和解题著作、各类工具书和参考书，这是取得事半功倍效果的最佳途径。"多思"就是要在勤读、多查的基础上不断思考，发现问题，然后带着问题反复深入地再阅读和再思考。"多问"是在多查工具书的同时，也广泛地请教有经验的老师和同学，不断切磋，以获得更进一步的提高。四不：不作假、不取巧、不武断、不媚俗。学术贵在创新，学者应该洁身自好，不弄虚作假；学术研究不能急功近利，不投机取巧；尊重古人和今人的学术成就，不轻下结论；独立思考，不迎合世俗的偏见。这也是笔者对年轻的中国翻译史研究者的一种期望。

实验性文学的实验性翻译 *

——从《芬尼根的守灵夜》的中文翻译说起

戴从容 **

即使今天，很多人仍然相信"翻译是译者通过阐释，用译入语中的一系列符号取代源语文本中的一系列符号的过程"[1]，一个文本只有被成功地移植进译入语时，他们才认为这个翻译是好的。由于源语文化与译入语文化之间的差异不可避免，如何使外国文本成功归化就不仅是语言的问题，也是一个文化的问题。例如大卫·霍克斯之所以把《红楼梦》翻译成《石头记》，是因为在许多西方人的心目中，红色是与鲜血、暴力和死亡联系在一起的。如今随着张艺谋的《大红灯笼高高挂》等电影在西方的传播，有些西方读者可能会知道红色在中国文化中代表着繁荣和幸福，但在霍克斯翻译的时候，《红楼梦》这样的名字会

---

* 本文最早发表于 *Fudan Journal of the Humanities and Social Sciences.* 2015 年 9 月号，第 8 卷第 3 期，第 333—346 页。

** 戴从容，复旦大学中文系比较文学和世界文学教授、博士生导师，中文系副系主任，复旦大学文学翻译研究中心主任，上海市曙光学者，《芬尼根的守灵夜》中文译者。

[1] Lawrence Venuti, "Invisibility（Ⅱ）", in *Selected Readings of Contemporary Western Translation Theories.* Eds. Ma Huijuan, et al. Beijing: Foreign Language Teaching and Research Press, 2009, p. 193.

使西方读者误以为这是一部哥特小说。为了使这部中国名著在西方也获得经典的地位，霍克斯采用了归化的翻译方式。

然而，不是所有的文本都可以很容易地被归化。勒弗菲尔讨论了布莱希特戏剧《大胆妈妈和她的孩子们》的翻译过程，指出由于布莱希特的这出戏剧在表现手法上具有超前的实验性，因此"那些愿意接受布莱希特的译介者发现自己不可避免地要面对一种完全陌生的诗学"[1]。于是这些译本采用了各种应对策略，主要有四种：(1) 承认这出戏剧的价值，但是不理睬其中的诗学；(2) 用心理学做挡箭牌，把布莱希特的诗学简化为对本质上非理性内容的理性化；(3) 用既有诗学中更熟悉的概念来翻译那些新的思想，从而把新的诗学装进旧的诗学中；(4) 对新的诗学加以注释，让人们明白它是可以被接受的[2]。勒弗菲尔没有对其中的任何一个提出批评，在他看来，在译入语观众最早接触这出戏剧的时候，甚至前三种归化的处理方式都可能是有用的。但是勒弗菲尔也认为像《大胆妈妈和她的孩子们》这样的文本，翻译最终应该多少保留其新的诗学，而那些归化方法注定会使这出戏剧失去真正的价值，虽然更容易被观众接受。当然，所有的翻译都是"不忠实的美人"，但是那类进行极端形式实验的文本在归化翻译中会失去更多，因为它们的意义更多地存在于形式中，而形式在意译中往往无法保存。

詹姆斯·乔伊斯的《芬尼根的守灵夜》是一部高度实验性的作品，也许直到今天依然是最极端的一个。最初它被认为是不可译的，而且这依然是不少中国读者今天的看法，即便它已经

---

[1]　André Lefevere，" Mother Courage ' s Cucumbers: Text, System and Refraction in a Theory of Literature"，*Modern Language Studies*，Vol. 12, No. 4, autumn 1982. pp.3-20, 9.

[2]　Ibid., p.9.

有了很多译本，比如法语、意大利语、德语、匈牙利语、西班牙语、波兰语、日语、韩文和中文，似乎还没有任何一种译本能让大多数人满意。如何翻译像《芬尼根的守灵夜》这样的作品？翻译这样不可译的作品有什么意义？这些问题的答案或许可能让我们无论对翻译还是对《芬尼根的守灵夜》都有新的认识。

一、《芬尼根的守灵夜》是一部怎样的作品？

虽然许多人都对《芬尼根的守灵夜》的奇诡语言愤愤不已，称这是在故意愚弄读者，但自 20 世纪 60 年代以来，其深刻的美学价值赢得了越来越多的支持者 [1]。乔伊斯创作这部具有挑战性的作品，不仅是为了超越自己早期的创作，也是为了超越他那个时代的现代主义作品。这本书颠覆了传统的美学：它那"分裂、分叉、含混、多义"[2] 的词语启发了后来的解构主义，以及"向语言自身的转向"[3]；它那口传叙述方式，尤其是唠叨和列举，被称作"下意识打开的冗词赘语"和"存货清单"[4]，被塞缪尔·贝克特做了哲学性的发展，并在罗伯 - 格

---

[1]　Derek Attridge and Daniel Ferrer points out that " between the late 1960s and the early 1980s Joyce's writing wasa stimulus, a focus, and a proving-ground fro new modes of theoretical and critical activity in France ". Derek Attridge, et al., eds. *Post-Structuralist Joyce: Essays from the French*, Cambridge: Cambridge University Press, 1984, p. ix .

[2]　Jacques Derrida, " Des Tours de Babel ", in *Theories of Translation: An Anthology of Essays from Dryden to Derrida*, ed. R. Schulte & J. Biguenet. Chicago and London: The University of Chicago Press, 1992, p. 223.

[3]　Alan Roughley, *James Joyce and Critical Theory: An Introduction*, Ann Arbor: The University of Michigan Press, 1995, p. 252.

[4]　Douwe Fokkema et al., eds. *Approaching Postmodernism*. Amsterdam and Philadelphia: John Benjamins Publishing Company, 1986, pp. 92, 94.

里耶的《窥视者》、托马斯·品钦的《万有引力之虹》、巴塞尔姆的《城市生活》等作品中得到或多或少的展示；它的结构启发了许多当代作品有意识地打破句子和段落之间的逻辑联系[1]，虽然很少有作品像《芬尼根的守灵夜》走得那么远；它那混杂的风格和文体的狂欢如今已经在西方当代作品中随处可见，被称为"形式的融合和界限的消解"[2]。此外像"迷宫""百科全书""万花筒"这类用来形容《芬尼根的守灵夜》的词语已经成了像博尔赫斯、卡尔维诺这类作家作品的常见标签。早在30年代就全面发展起了直到六七十年代才流行的技巧，难怪后现代理论家伊哈布·哈桑将《芬尼根的守灵夜》推为后现代文学的鼻祖，并称"倘若没有它那神秘的、幻觉式的闪光在每一页中的每一个地方滑过……后现代作家们就完全可能和他们的前人毫无差别，而不会是今天这个样子"[3]。

　　总之，《芬尼根的守灵夜》不仅是一部高度实验性的作品，而且包含着巨大的潜力和可能性。书中的许多形式实验直到被广泛运用在其他作品中，才被人们理解和接受，比如拼贴，幻觉、怪异、荒诞、戏仿、后设、拼贴、现实与虚幻的混杂等等。哈桑在他著名的《后现代转向：后现代理论和文化》一书中列举了《芬尼根的守灵夜》中包含的若干新的诗学，并指出它"挑战着现代主义对高雅艺术的看法"[4]，事实上转向了"一种

[1]　As David Lodge said the modern writer " resists reading by refusing to settle into a simply identifiable mode or rhythm ". David Lodge, *The Modes of Writing: Metaphor, Metonymy, and the Typology of Modern Literature*, London: Arnold, 1977, p. 224.

[2]　Ihab Hassan, *Paracriticisms: Seven Speculations of the Times*, Urbana: University of Illinois Press, 1975, p. 58.

[3]　Ihab Hassan, *The Postmodern Turn: Essays in Postmodern Theory and Culture.* Ohio State University Press. 1987, p. 115.

[4]　Idid., p. 104.

新的普遍意识"[1]。就像勒弗菲尔眼中的《大胆妈妈和她的孩子们》一样,《芬尼根的守灵夜》在哈桑的眼中也完全背离了传统诗学,从而背离了大多数读者的期待。这使它在英语读者都难被接受,更遑论母语不是英语的读者了。《芬尼根的守灵夜》的翻译由此对译者提出了一个难以回答但具有启示性的问题:是应该采用归化的译法,但失去原文中包含的新的诗学,还是冒着译著不可读和不被接受的危险,坚持把新的诗学带入译入语文化?这同样对传统的翻译观念也提出了质疑:对于那些高度实验性的作品,它们的翻译方式和翻译标准应该与其他作品的一样吗?

人们已经越来越认识到词句中的隐喻和文化内涵很难翻译,但《芬尼根的守灵夜》的情况与此并不一样。在这里字对字的直译是不可能的,因为首先,这里的很多字都是乔伊斯自造的,在译入语中根本找不多对应的词语;而且,这里也没有一个故事情节或连贯的上下文让读者来猜测这些自造词的可能含义。比如在 "What chance cuddleys, what cashels aired and ventilated!"[2] 一句中,"cuddleys"可以解读为"cudgels"(棍棒),暗示着战争,也可以解读为"cuddles"(拥抱),暗示着爱,也可以解读为"fondles"(抚弄),暗示着一种玩弄,而哪种解读最好根本无法判定。从前后的句子中我们只能推测出这里在描写一段历史,但是这是一段什么样的历史依然无法断定,因为这段叙述没有任何可以依据的故事内容,语言也过于抽象多义。这可以是一段战争,但也可以是一段爱,即便是不严肃的爱。

---

[1] Ihab Hassan, *The Postmodern Turn: Essays in Postmodern Theory and Culture*, p. 101.

[2] James Joyce. Finnegans Wake. With an introduction by Seamus Deane. Enguin Books, 2000, p. 4.

威廉·廷德尔曾提出一个"内在一致性"的原则，用来防止那些过于随意的解码。他说，"我们对任何词句意义的猜测都必须合乎上下文和通篇的叙述"[1]。但是克莱夫·哈特抗议说，这一看似简单的原则在《芬尼根的守灵夜》这里实际上是不切实际的，因为这里的每个上下文同样有许多可能含义。合理的解释所需要的上下文在这里根本不存在[2]。因此自20世纪80年代以来，一些评论家开始相信《芬尼根的守灵夜》中的那些混成词根本没有终极答案，乔伊斯把它们创造出来只是为了制造不确定性。菲利浦·赫林分析了乔伊斯在《都柏林人》的开篇"姐妹们"中提到的"磬折形"这个词，提出乔伊斯经常在作品中制造一些缺失，就像磬折形总是缺了一角一样。赫林认为乔伊斯这样做，是为了"让读者认真思考，问问缺了什么，带着对那些缺失的理解来解释文本中所呈现的"[3]。《芬尼根的守灵夜》的这种解读方法已经被后现代理论家广泛运用，并被他们用来证明不确定理论。这也是为什么后来一些乔学家不满意坎贝尔和鲁滨孙的《芬尼根的守灵夜的万能钥匙》，这本书算得上一种语内翻译，但只提供了一种可能解读。

如果翻译是一个"做出选择"并找到最佳答案的过程，那么翻译的诗学将始终与《芬尼根的守灵夜》的不确定原则相反。坎贝尔和鲁滨孙确实尽其所能做出了最好的选择，他们的选择也确实使《芬尼根的守灵夜》好懂了许多，但是，如果《芬尼根的

---

[1] William York Tindall, *A Reader's Guide to Finnegans Wake*, New York: Noonday Press, 1959, p. 265.

[2] Clive Hart, "Finnegans Wake in Adjusted Perspective", in *Critical Essays on James Joyce's Finnegans Wake*, Patrick A McCarthy, ed., New York: G. K. Hall & Co., 1992, p. 26.

[3] Phillip F. Herring, *Joyce's Uncertainty Principle*, Princeton: Princeton University Press, 1987, p. 203.

守灵夜》中的每个词语都有如"万花筒"（"collideorscape"[1]），那么一个好的译本不应该选择最佳的解决方案，而是给出尽可能多的选择，从而让读者认识到这本书包含着诸多可能性。什么样的翻译可以提供更多的解读，而不是一种解读？如果《芬尼根的守灵夜》的翻译不应只给出一个对等的解释，那么传统的翻译原则，甚至对翻译的定义都将面临挑战，有必要重新加以思考。

德里达正是意识到翻译在解构主义时代遇到的困境，尤其是在传统翻译方法再翻译像《芬尼根的守灵夜》这类后现代作品时遇到的困境，因此他提出："一个用几种语言写就的文本如何翻译？多元效果如何'呈现'？"[2]保罗·德曼将这种后现代翻译定义为"它们肢解，它们废除原著，它们揭露原著中那些早就支离破碎了的"[3]。如果是这样的话，《芬尼根的守灵夜》的译本不应给译入语读者留下一个错误的印象，觉得这是一个流畅的故事，跟书店里那些畅销书没什么两样，或者它就像古文一样有点儿困难但能够解释，它的语言不同于日常用语，但只要一个人掌握了这一语言或者转换成日常用语，就可以丝毫不差地解读出来。《芬尼根的守灵夜》的翻译注定要挑战传统的翻译原则以及读者对翻译的期待。

不仅词语，《芬尼根的守灵夜》中的句子、叙述、结构和修辞都打破了传统。例如其中的很多句子都没有按照正常的英语语法排列，以此造成特定的诗学效果。像"Four things

---

[1] James Joyce. *Finnegans Wake*, p. 143.

[2] Jacques Derrida, " Des Tours de Babel", in *Theories of Translation: An Anthology of Essays from Dryden to Derrida*, p. 223.

[3] Paul De Man. ' Conclusions ' on Walter Benjamin ' s ' The Task of the Translation ' Messenger Lecture, Cornell University, March 4, 1983 ", *Yale French Studies*, No. 69, 1985, pp. 25-46. 36.

therefore, saith our herodotary Mammon Lujius in his grand old historiorum, wrote near Boriorum, bluest book in baile's annals, f t. in Dyffinarsky ne'er sall fail til heathersmoke and cloudweed Eire's ile sall pall."（"四样东西，我们世袭的[1] 马蒙·路九斯[2] 在他伟大的旧历史[3] 中说，该书写于波卢姆[4] 附近，城镇[5] 编年史[6] 中最典型的蓝皮书，目前[7] 在都柏林天空[8] 永远不会[9] 衰败，除非石楠花冒烟，野草丛生的爱尔兰[10] 岛沉陷[11]。"）[12] 这句（FW 13），主语"四样东西"被与谓语和宾语离得老远，目的是制造一种聊天的感觉。在这类例子中，异化的翻译可能让中国读者觉得生硬，但归化翻译却注定会失去《芬尼根的守灵夜》的诗学效果。

---

[1] herodotary 解 hereditary "世袭的"；也解 Herodotus "希罗多德"（约前 484—前 425），希腊历史学家，著有《历史》。

[2] Mammon Lujius "马蒙·路九斯"，人名；也解本书一组人物名字的缩写 MMLJ，即 Matthew Gregory（马太·格雷格里）、Mark Lyons（马可·里昂）、Luke Tarpey（路加·泰培）、Johnny MacDougal（约翰·麦克杜格），他们的名字来自《圣经》四福音书的作者；其中 Mammon 也解 "玛门"，原为财神，后为贪欲的象征，地狱魔鬼之一；其中 Lujius 也解 Lucius[拉] "当今的"。

[3] historiorum 解 historiarum[拉] "历史的"。

[4] Boriorum 解 Boreum "波卢姆"，利比亚海边拜占庭帝国的要塞；也解 borearum[拉] "北风的"。

[5] baile 解 [爱] "城镇"。

[6] annals "编年史"，化自 Annals of the Four Masters（《四大师编年史》，也称《四大师的爱尔兰王国编年史》），从 6 世纪到 17 世纪的爱尔兰历史的编年记录，早期用盖尔语书写。

[7] f t. 解 for tiden[挪] "目前"。

[8] Dyffinarsky 解 Dubh-linn[爱] "都柏林" +sky "天空"。

[9] sall 解 shall "将"；也解 sally "萨莉"，莫顿·普林斯的《分裂的人格》一书中克里斯汀·比切普潜意识中的第二个自我。

[10] 此句包含本书主人公名字的缩写 HCE。

[11] pall "棺盖"，此处解 fall "陷落"。

[12] James Joyce. *Finnegans Wake*, p. 13.

二、现代汉语和当代中国文学是否需要新的元素？

适宜的文化环境是一部作品成功翻译并进入译入语文化的重要条件，这包括对源语文本的思想和诗学有充分的理解。然而，《芬尼根的守灵夜》中的语言创新和叙述实验与当代中国的文学观念相距甚远，这使得它很难被大多数中国读者真正地理解和接受。可以说《芬尼根的守灵夜》过早地译介到中国，因此不可能有很多读者。

20世纪80年代是中国当代作家接受西方现代文学影响的重要十年，作家王蒙、张辛昕、刘索拉、徐星、李陀、残雪借鉴西方现代主义文学如意识流小说、黑色幽默，魔幻现实主义等的新的文学手法，做了一些新的尝试。然而正如陈思和在《中国当代文学史教程》中说的，"他们对西方现代主义艺术的亲近，并不局限于对新的表现形式的探索，而更多地体现在对现实的抗争和对命运的思考与追求"[1]。他们对新技巧的探索更多地被视为服务于他们对现实和命运的探索，而后者是当时在中国文学中占据主流的一个宏大命题，在现实主义小说中得到广泛呈现。他们的作品中的新技巧不是一种新诗学的反映，而是作者的现实主义反思的副产品。

这以后中国社会越来越市场化，不再受主流政治的束缚，但形式实验的附属地位并没有改变。在另一部中国当代文学史中，洪子诚教授提出：

在90年代，文学的表现"内容"被突出和重现，

---

[1]　陈思和：《中国当代文学史教程》，复旦大学出版社，1999年，第266页。

而形式的探索相对地处于"边缘"的位置。80年代中后期出现的"先锋小说",作为一种文学潮流,在90年代并没有得到延续。这并不是说90年代形式探索不被继续……只不过,他们在文学界受到的关注远不如80年代先锋实验那样热烈。[1]

市场化的中国社会如今更偏爱那些用传统的现实主义方式讲述引人入胜的情节的作品,比如爱情婚姻、政治斗争、家庭关系等,这使得西方现代文学技巧在高校之外很难被理解和接受。

莫言,中国的2013年诺贝尔文学奖得主,在《酒国》《生死疲劳》等小说中使用了一些非现实主义的技巧。然而,这些叙述方式与魔幻现实主义的更相似,这也是中国读者为什么容易接受。他的著作也被西方评论界称为"幻觉现实主义"[2]。现实主义,而不是形式实验,在中国更通行,依然可以被称为主导的文学体裁。

以色列翻译理论家埃文·佐哈发现,如果译入语文化停滞守旧,源语文本中那些奇怪的内容和新的诗学就不会被翻译出来;而如果译入语社会正在经历某种变革,翻译可能会从边缘走向中心,加入这一变革之中。20世纪20年代初,在中国推翻帝制,建立现代政权的过程中,翻译在现代语言和思想的形成过程中扮演了重要角色,使得现代汉语与现代英语更相似,因为当时的很多译者在翻译中都保留了外语的语法,而不是将

---

[1] 洪子诚:《中国当代文学史》,北京大学出版社,1999年,第389—390页。

[2] "The Nobel Prize in Literature 2012 Mo Yan". Nobelprize.org. 11 October 2012. Retrieved 11 October 2012.

它们归化为古文。目前中国社会正经历着巨大的变化，在各个领域都吸收了越来越多的西方元素。在这样一个时期，中国文学也需要赶上世界的变化。改变从何而来？来自异化的翻译，既改变传统，也引入新的诗学。

与乔伊斯和其他人在20世纪早期所做的形式实验相比，中国文论至今依然滞后很多。大多数中国读者还没有做好欣赏现代和后现代文学中的文学实验的准备，更不要说理解像《芬尼根的守灵夜》这样困难的作品的意义了。不过与此同时，大学和其他文化单位对西方文学有着很深入的研究，它们使得越来越多的人开始喜欢乔伊斯，尤其是他那更接近现实主义的小说界《都柏林人》。乔伊斯崇高的文学声誉从专家学者传播到普通读者，从而在中国出现了一个很有趣的现象：一方面乔伊斯广受尊重、不断被提起；另一方面主要是他的《都柏林人》和《一个青年艺术家的画像》真正被人们阅读。他的《尤利西斯》和《芬尼根的守灵夜》依然缺少读者。乔伊斯得到尊崇，只是因为他是现代主义的代表，西方艺术的象征，那种艺术神秘、迷人，充满异国情调。

因此可以说，中国读者对乔伊斯非常好奇，想知道他，但又不很了解他。对有些人来说，理解乔伊斯就如同去理解那些神秘的世界。乔伊斯仍然高居奥林匹斯山巅，受到那些不理解他的人们的顶礼膜拜。他受人尊敬正是因为他的神秘。这解释了为什么尽管他的晚期作品很少有人读过，他却在中国依然享有盛誉。人们充满了好奇和期待，却还没有做好阅读它们的文学准备；市场已经成熟，诗学却仍蹒跚于后。这可以称为对交际翻译的期望与对语义翻译的期望之间存在着不一致。

在这种情况下，市场所期望的无疑是一种归化的翻译，因为它需要的是迅速知道乔伊斯，而不是穿越重重困难理解他的新诗学，更不用说面对这些新的诗学的挑战了。然而，用归化法来翻译《芬尼根的守灵夜》肯定会失去存在于这部作品的困难形式之中的重要诗学。目前的中译本选择了异化的翻译方法，当许多中国读者还没有对新的诗学和观念做好准备时，这种翻译可能有些冒险。

三、《芬尼根的守灵夜》能把新的诗学带入中国吗？

米歇尔·福柯指出，事实上存在着两种目的和功能完全不同的翻译。第一种翻译使源语文本融入译入语文化。对这类翻译来说，翻译的好坏取决于译文与原文的相似度。而第二种翻译"把一种语言掷向另一种语言……翻译的任务不是把义引回到原来的文本，也不引向任何地方，而是用被翻译的语言把翻译的语言砸出轨道"[1]。福柯在这里所说的是翻译的另一种功用，与大多数人所熟悉的完全不同。在这里翻译非但不是要融入译入语文化，实际上是要挑战和改变要译入的语言和文化。本雅明也认为，文学创作的根本是纯粹的语言，"译者的任务是在他自己的语言中释放他所再创造的文本中的纯语言。他为了纯语言打碎他自己语言中那些陈旧的障碍"[2]。在本雅明看来，那些放弃原文中的诗学，只去传递信息的翻译其实是不好的翻译。

---

[1] Michael Foucault, "Les Mots qui saignent". Cited from Antoine Berman. "Translation and the Trials of the Foreign", in *The Translation Studies Reader*, ed. Lawrence Venuti London and New York: Routledge, 2000, p. 285.

[2] Walter Benjamin, "The Task of The Translator: An Introduction to the Translation of Baudelaire's Tableaux Parisiens", in *The Traslation Studies Reader*, p. 22.

《芬尼根的守灵夜》正是一部"纯语言"的作品，包含众多新的诗学。在译文中将这些美学元素和新诗学表现出来，而不是将其归化，不仅是忠实翻译的最佳方式，也有可能有益于当代中国语言和文学的发展。

20年前《尤利西斯》被翻译过来时也有过类似的遭遇。当时，两个《尤利西斯》译本都被认为很难读，但他们也都曾引起轰动。即便今天，许多中国读者还是抱怨读不懂或读不完《尤利西斯》；但同时，《尤利西斯》又被视为一部经典，拥有《尤利西斯》一度成为文学修养的表现。在一些大学里也有专门的《尤利西斯》课程。

20世纪90年代《尤利西斯》刚被翻译过来的时候，其中的一个译者萧乾选择了归化的翻译方式，把意识流句式翻译成合乎语法的句子，不过他同时保留了自由联想的结构。借由20世纪80年代王蒙等作家的意识流小说、北岛、舒婷等人的朦胧诗，这种自由联想和蒙太奇的结构模式已经逐渐为中国读者所熟悉。意识流句式则不同，那时还少有作家尝试，萧乾这样的信奉"美文学"的传统作家尤其难以接受。因此他采用了安托·伯曼所谓的"合理化"[1]方法，改变了某些符号和词性，重新排列了句子，把省略部分做了补充。比如"Be a warm day I fancy"[2]被翻译成了"估计这天挺暖和"[3]；"A shiver of the trees, signal,

---

[1] Antoine Berman, "Translation and the Trials of the Foreign", in *The Translation Studies Reader*, p. 288.

[2] James Joyce, *Ulysses With a foreword by Morris L. Ernst and the decision of the United States District Court rendered by Judge John. M. Woolsey*. New York: Vintage Books, 1990, p. 57.

[3] 乔伊斯著，萧乾、文洁若译：《尤利西斯》（上卷），译林出版社，1994年第138页。

the evening wind"[1] 被翻译成了"树枝颤悠了一下，晚风即将袭来的信号"[2]。他补全了那些被省略了的部分，并根据标准语法重排了句子。但是随着翻译的继续，萧乾对这种不合乎语法的句子越来越熟悉，"合理化"的例子也渐渐减少。例如"I could. Rebound of garter. Not leave thee"[3] 被翻译成"我舍不得……袜带弹回来的响声……离开你"[4]，而没像以前那样重新排列为"我舍不得离开你。袜带弹回来的响声"，虽然还是加入省略符号来显示各部分的关系。当然还有一些新技巧萧乾依然无法接受。例如用空格把第18章的一个句子段落变为一个个句子，这种断句的方法虽然在中文中也不常见，但与加入标点符号相比还是一个比较温和的"合理化"方式。

萧乾在翻译的过程中归化的译法逐渐减少，表明乔伊斯的新诗学可能对读者（译者）产生影响，即便是萧乾这样的老者。类似的情况也发生在《芬尼根的守灵夜》的翻译过程中。在开始的时候，我不敢把它翻译成太不合语法的句子，往往选择最合乎逻辑的一个含义来使句子合乎语法。随着翻译的句子越来越多，我越来越习惯了不合乎语法的句子，越来越有勇气让做句子获得多重含义，甚至不确定的含义。例如"Bygmester Finnegan, of the Stuttering Hand"[5] 被译为"芬尼根大师｜重婚犯｜先生｜做杂烩浓汤的师傅｜大师，有着结结巴巴｜颤抖的手"[6]。"Stuttering"既可以译为"颤抖"，也可以译为"结巴"，

[1] James Joyce, *Ulysses*, p. 57.

[2] 乔伊斯，《尤利西斯》（上卷），第138页。

[3] James Joyce, *Ulysses*, p. 256.

[4] 乔伊斯，《尤利西斯》（上卷），第135页。

[5] James Joyce, *Finnegans Wake*, p. 4.

[6] 乔伊斯著，戴从容译：《芬尼根的守灵夜》，上海人民出版社，2013年，第8页。

但在中文中"结巴"是不能用来修饰手的。 翻译为"结结巴巴的手"而不是"颤抖的手"将迫使中国的读者发现主人公 HCE与爱尔兰政治家帕涅尔和英国作家刘易斯·卡罗尔等人之间的相似性，这些人都是结巴，也都是 HCE 的化身之一。 另一个例子是" It may be，we moest ons hasten selves te declarer it，that he reglimmed?"[1] 被翻译成"是否可能，我们必须让自己快点儿指出，他重做了声明 | 重发微光？ "[2] 而没有翻译成"我们必须让自己快点儿指出，是否可能他重做了声明 | 重发微光？ "从而保留了原文的更接近口语的自然顺序。 回到口头传统是乔伊斯的一个诗学考虑[3]。 如果采用归化的翻译，这类叙述方式就永远不会影响那些无法阅读英文原文的中国读者。

"留心作者的文体实验可以产生不同的文本"[4]，因此异化的翻译可能与归化的翻译完全不同。 斯皮瓦克就曾例示过玛哈斯薇塔·戴维的" Stannadāyini"的两个不同英译本。 第一个译者把标题翻译为"乳房供给者"，另一个译为"奶妈"。 第二个无疑是更流畅的英语，而第一个看起来像洋泾浜英语，但是是第一个保留了这个标题中的"修辞性沉默"[5]。《芬尼根的守灵夜》的翻译与第二种翻译非常类似。 该书的词语、句子、修辞中有那么多的"修辞性沉默"，最好的翻译方式可能是创造新的语言来对中国的传统文学提出挑战。

---

[1] James Joyce, *Finnegans Wake*, p. 75.

[2] 《芬尼根的守灵夜》，第 278 页。

[3] 我曾在拙著《自由之书：〈芬尼根的守灵〉解读》（华东师范大学出版社，2007 年）中对此做出详细分析，此处不再赘述。

[4] Gayatri Chakravorty Spivak," The Politics of Translation" in *The Translation Studies Reader*, p. 400.

[5] Ibid.

翻译像《尤利西斯》和《芬尼根的守灵夜》这样的实验性作品可以带来出乎意料的影响。正是《尤利西斯》的翻译帮助中国读者更加了解和欣赏爱尔兰文化，我也是在这一翻译影响下开始留心爱尔兰文学。可以说没有《尤利西斯》的翻译，《芬尼根的守灵夜》的翻译会出现得更晚。超前的翻译不仅可以给译入语文化带来新的思想和诗学，也可以打破不同民族之间的障碍，增进彼此的了解。

"栖居于可能" *

——翻译狄金森有几种方式?

王柏华 **

狄金森创作了近1800首诗作,据目前所知,其中仅10首在诗人生前以印刷本形式匿名发表,未经她本人审定和认可。因此,除非有机会接触到这批庞杂的物质手稿原件,我们读到的狄金森诗歌文本都是经过后来的抄写者、编定者和研究者一遍遍整理或"移动"的结果。"狄金森国际学会"主席和文本研究专家史密斯指出,从"翻译"(translate)的第一层意义"移动"(translatio)来看[1],以手稿本,印刷本到如今的数字化文本来阅读狄金森,即便始终用英语来阅读,仍可称之为"在翻译中"阅读狄金森。[2]

---

* 原文载于中美诗歌诗学协会会刊《诗歌诗学国际学刊》2016年第3卷第1期。

** 王柏华,复旦大学中文系副教授,比较文学教研室主任,文学翻译研究中心执行主任,文学翻译工作坊"奇境译坊"负责人。近年来主攻狄金森研究,发表论文多篇。

[1] "translatio"是"translate"的拉丁语词源。根据《牛津英语词典》(OED),"translate"的第一个定义是:"把事物从此处携带、运送或移动到彼处;传送、运输"("To bear, convey, or remove from one person, place or condition to another; to transfer, transport.")。

[2] 本文直接受惠于史密斯教授在"狄金森栖居中国——翻译的可能性和跨文化视野"国际研讨会(上海,2014)上的主旨发言(Martha Nell Smith. 2015),以及我们之间随后的交流和讨论,特此致谢。

每一个文学文本都处在广义的翻译、移动和重写（rewriting）之中，并在不断的"重写"中狄得延续和重生。不过，狄金森诗歌文本的流动性和不确定性显得尤为突出，这与她私密的创作和发表样态及其诗学策略密切相关。狄金森的大量诗歌文本都处在明显的未完成或不确定状态，这首先表现在物质形态上，粗略概括有以下三种情况：第一，未定稿：诗人留下大量未加整理的草稿或半成品，它们停留在实际的未完成状态；第二，保留异文（variation）：诗人为同一首诗作抄写、保留或随信寄出了不同的手稿本，因此留下了大量异文；第三，保留替换词（alternative words or phrases）：在似乎已经完成并定稿的文本中，诗人在纸张的空白处保留了大量替换词，让文本处在开放状态。

在诗歌史上，没有哪位诗人像狄金森一样如此频繁地为诗歌文本保留了如此丰富的异文和替换词。一方面，这与诗人生前选择不发表或仅限于在朋友圈传递抄本的发表方式有关；另一方面，有种种迹象表明，保留替换词是狄金森自觉的"选择不选择"（choosing not choosing）[1] 的诗学策略，具有明显的实验性。而大量的未定稿和异文的存在，也很可能与诗人无意于追求定稿的诗学策略和创作理念相关。

一个较为典型的例子是 The Bible is an antique Volume（Fr 1577）[2]：第二诗节首行" Had but the Tale a thrilling Teller"，在"thrilling"一词的左边，狄金森留下了一个加号"+"，在结尾的空白处，诗人写下了 13 个备选替换词，其中" warbling"

---

[1] " Choosing not choosing"引自狄金森"诗稿册"研究专家卡梅伦的著作（Sharon. 1993）。

[2] 本文所引狄金森诗作，皆使用富兰克林的编号，按照学界惯例，缩写为 Fr+ 数字。

在不同的位置出现了两次。[1] 这一切都必然使狄金森的诗歌文本从一开始就呈现出流动不居的状态，似乎随时向未知的移动和翻译敞开。基于此，诗学理论家佩洛夫把狄金森的诗学概括为一种"过程诗学"（a poetics of process），它并不执着于追求确切而恰当的词（le mot Juste，the just word，the right word）。她进而提出，狄金森诗歌允许和邀请读者的参与，其程度比同时代和后来的现代主义诗歌更进一步，并使我们进一步深思诗人和读者的美学距离问题。（Marjorie Perloff. 2005）[2]

现存狄金森的全部诗歌文本主要由四部分构成：诗稿册（fascicles，40册，814首）；抄本散页（sets，98页，约300首）；零散手稿（loose poems，约400首）；由他人保留或抄录的诗作（Poems retained or transcribed by others，约250首）。[3]

狄金森诗歌的翻译从她本人对文本的移动开始，包括抄写，添加不同的替换词，缝制诗歌手稿册，把诗作抄写下来寄给亲友等等。狄金森过世后，从各种诗集印刷本和手稿影印本的出版，再到数字化档案的面世，一个半世纪以来，狄金森的诗歌文本经历了各种形态的移动和翻译，其物质性和文本性发生了巨大变迁。其中比较重要的几种印刷本，按照历史顺序排列

---

[1] 文德勒对上述13个替换词及其位置关系做了细致分析，并由此开启了对整首诗作及其相关诗作的深入理解。（Vendler. 2010. 491—495）

[2] Marjorie Perloff, "Emily Dickinson and Theory Canon", 2005. http://epc.buffalo.edu/authors / perloff / articles / dickinson.html.

[3] 以上分类参考了米勒最新编定的《狄金森诗集——按照她保存的样态》，参见 Cristanne Miller, *Emily Dickinson's Poems as She Preserved Them*. Boston: The Belknap Press of Harvard University Press, 2016。在米勒的版本中，第四部分又细分为两部分：由他人抄录的诗歌（Poems transcribed by others）和诗人未保留的诗歌（Poems not retained）。

如下：

1. 狄金森本人的不同抄本和修订本；

2. 狄金森生前的铅字印刷本（10首）；

3. 前约翰逊时代的狄金森诗集（8部，1890—1955）；

4. 约翰逊（Johnson.1955）编定的全集本（异文汇编本，3卷）；

5. 约翰逊（Johnson.1960）编定的全集本（阅读本，1卷）；

6. 富兰克林（Franklin.1981）编定的手稿影印本（2卷）；

7. 富兰克林（Franklin.1998.1）编定的全集本（异文汇编本，3卷）；

8. 富兰克林（Franklin.1998.2）编定的全集本（阅读本，1卷）；

9. 博温和维尔纳（Bervin&Werner.2013）编定的"信封诗"（图文本）；

10. 狄金森电子档案 Dickinson Electronic Archive：http://www.edickinson.org[1]；

11. 米勒（Miller.2016）编定的全集本。

---

[1] 这个电子档案由哈佛大学出版社和霍顿图书馆建立，收录了目前所知狄金森近乎全部手稿，是目前最完整的狄金森手稿电子数据库，这个数据库的建立和开放（2013年起）让广大读者得以通过网络和电脑屏幕近距离观察狄金森的手稿原貌。关于各种狄金森电子档案的功能和意义，请参考 Smith, Martha Nell. "Manuscripts, Print, Digital: Reading Emily Dickinson in Translation."《比较文学与世界文学》第八期，北京大学出版社，2015 年 11 月。

在跨语际翻译开始之前，狄金森的诗歌文本就已经处在持续的"移动"或"翻译"之中了。如果说，狄金森"选择不选择"，让她的诗歌"栖居于可能"（I dwell in possibility），[1]翻译狄金森也注定是一项"栖居于可能"的事业。

那些看上去仅仅属于技术层面的要求，对于翻译狄金森来说显得至关重要：考察或核对手稿、了解手稿的类型、版本的选择、异文的保留和取舍、替换词的保留和取舍、频繁出现的大写字母、个性化的标点符号、诗行的排列和分段等等。一个理想的译者需要对狄金森诗歌文本的多种形态、开放性特征和文本策略有充分的认识并保持高度的警觉。

狄金森诗歌的中文翻译，一种跨越语言界限的文本移动，始于袁水拍（1949，5首），但旋即中断，没有什么反响。余光中（1961、1968，22首）的译本为狄金森在台湾和香港的传播奠定了基础。[2]江枫的第一个中译本《狄金森诗选》（1984，216首）的出版，为狄金森栖居中国敞开了大门，从此，狄金森成为中国读者大众最熟悉和喜爱的外国诗人之一。[3]自江枫译本之后，特别是21世纪以来，各种狄金森诗歌的中译本层出不穷，截至2016年，单行本《狄金森诗选》已多达22

---

[1] "I dwell in possibility"取自狄金森一首诗作（Fr466A）的首行，在这首具有明显自我指涉意味的诗中，诗人描述自己栖居于一个充满可能性的诗歌殿堂。

[2] 关于20世纪80年代之前狄金森在中国的接受，见 Wang Baihua, "Emily Dickinson's Reception in China: a Brief Overview", in *The Emily Dickinson Journal*, John Hopkins University Press, Vol. XX, No.2(2012), pp. 111-117; Wang Baihua, "Translations of Emily Dickinson into Chinese, 1949—1983", in *The Emily Dickinson Journal*, Vol. XXIII, No. 2(2014), pp. 92-104。

[3] 参见江枫在"狄金森栖居中国"研讨会上的主旨发言（江枫，2014）。

种，包括 2014 年蒲隆翻译的《狄金森诗歌全集》。[1] 总体来看，中译者对狄金森诗歌文本的流动性和不确定性缺乏了解或估价不足，这表现在以下几个方面：

第一，文本意识模糊、滞后。大多数译者都没有提供工作底本，也就是译本所依据或参考的版本；绝大多数译者所选择的工作底本都比较陈旧、滞后，未能及时参阅狄金森的权威编者编定的最新最可靠的版本，虽然近三十年来，狄金森的文本研究十分活跃，取得了丰硕的成果。例如，余光中的译本出版于 1968 年，在约翰逊编定的全集本之后，却使用了早期编者的选本。江枫的译本首次使用了约翰逊的全集本，而且首次采用了约翰逊的编号，功不可没。[2] 值得注意的是，在 22 种译本中有 14 种出版于 1998 年富兰克林的异文汇编本(三卷本)和阅读本(一卷本)出版之后，但只有康燕彬的译本(2012)采用了富兰克林的底本和编号。[3] 蒲隆的全集本(2014)仍以约翰逊本为依据，只是适当参考了富兰克林的阅读本。[4]

第二，不重视狄金森的手稿或缺乏了解。大多数译者对狄金森的手稿只字不提，几乎没有任何译者表明他 / 她在翻译过

---

[1] 详细统计资料和一份报告见 Wang Baihua and Lai Danting，" A List of Chinese Translations of ED Poems，1949—2014 " & " A Brief Report on Chinese Translations of Emily Dickinson Poems，1949—2014 " (http://emilydickinsonjournal.org / supplementaryscholarship / volume23-2 /。在这份报告公布之后，中国大陆又出版了两种狄金森诗选。

[2] 20 世纪 80 年代之后的大多数译本都使用了约翰逊的编号，以此推断，应该是参考了约翰逊编辑的以下三个版本：三卷本（1955 年）、阅读本（1960 年）、选本《最后的收获》（1962），或其中之一。但这仅仅是推测，也不排除译者使用了其他选本的可能。

[3] 康燕彬在序言中明确标明："本翻译选本采用的是富兰克林（R.W. Franklin）编辑的版本（一共 1789 首）。"（康燕彬，2012）

[4] 蒲隆在序言中明确标明：以约翰逊的一卷全集本为依据，同时根据约翰逊三卷本和富兰克林阅读本做了校订，"并把富兰克林本在文字上的差异予以注明"。（蒲隆，2014，XXIV）

程中参阅了狄金森的手稿，即使22种中译本都出版于富兰克林汇编的手稿影印本(1981年)之后，以及狄金森手稿电子档案(2013年)免费开放之后。[1]

第三，忽视异文或替换词。除蒲隆的全集本提供了少量异文之外，几乎没有任何译者以任何方式(比如注释的方式)呈现狄金森文本中丰富的异文或替换词。蒲隆全集本所提供的异文仅限于富兰克林的阅读本与约翰逊的阅读本不统一之处，至于替换词，则完全省略了。

需要说明的是，美国本土出版的面向普通读者的狄金森诗选，通常都不提供手稿信息、异文和替换词，[2]因此，对中译本提出这样的要求确乎过于苛刻；不过，对于选择哪个版本，各个版本之间有什么区别，狄金森的译者却不可不慎，即使译本的读者对象不是专家学者。因为狄金森的文本保留了多种可能性，不同的编者会做出不同的选择，而且它们一直处于各种"移动"或"翻译"之中。对于这些已经发生的翻译，译者一方面需要了解和借鉴，另一方面也需要做出自己的选择和判断。

当然，客观因素也需要加以考虑，比如中国译者查阅原始文献资料比较困难，有些译者可能没有机会接触到约翰逊和富兰克林编定的全集本、异文汇编本、手稿影印本。不过，如果一个译者在没有参阅权威版本资料的情况下就动手翻译，这也说明他/她对狄金森诗歌文本的流动性和复杂性缺乏基本的了解或估计不足。

---

[1] 江枫在序言里提到了富兰克林编定的手稿影印本并在扉页提供了一个手稿样本：The definition of beauty is(Fr797A)。

[2] 狄金森本人给亲友寄送诗篇，通常也是在各种可能的异文和替换词中选定一种，异文和替换词只留给自己。

正如史密斯所说："如果我们的思路固着于'翻译'的最常用含义就可能会忽略以下事实：把狄金森的书写从手稿本转移到印刷品，抹去和/或阻断了她一部分文本或诗学策略。"[1]狄金森的诗学策略与文本的物质形态和技术层面如此密不可分，换句话说，文本意义的建构或解构注定离不开文本的选择和呈现方式。

在当时和稍后的读者包括她自己选定的导师希金森（Thomas Wetworth Higginson）看来，狄金森的诗歌虽然鲜活有力，但缺乏必要的技巧和控制，劝她不要急于发表。在给导师的回信里，她说，发表对于她，"犹如天空之于鳍"。与此同时，导师善意的修改建议也被她有礼貌地拒绝了。（L265. Johnson. 1958. V.2. 408）

狄金森生前被动发表的少量诗作都经过编辑修改、打磨，狄金森本人对这样的"翻译"似乎并不接受，哪怕只是改动了一个标点符号。在狄金森现存的手稿书信中刚好留下了一个证据：《草丛里一个细长的家伙》（*A narrow fellow in the grass*，Fr1096B / J986）于1866年2月14号以《蛇》为题，匿名发表于《春田共和报》（*Springfield Daily Republican*），对此，诗人在给希金森的书信中表明，发表此诗并非她本人意愿："这是被抢走的"，然后，她特别指出："第三行被标点符号破坏了。第三行和第四行本来是一个 [句子]……"（L316. Johnson. 1958. V.2. 450）原来，在第三和第四行之间，编者擅自增加了一个问号：

You may have met Him–did you not

---

[1] Smith, Martha Nell. "Manuscripts, Print, Digital: Reading Emily Dickinson in Translation", p. 214.

His notice sudden is–

你也许遇见过他——如若不是

他突如其来——

（狄金森手稿，Fr1096B，1865）

You may have met Him, did you not？
His notice sudden is.

你也许遇见过他，不是吗？

他突如其来。

（《春田共和报》，1866）

这个"移动"中的擅自添加被后来的编者沿用，将问号改为逗号，于1891年再次发表，而后又被移动到《狄金森诗集》(1924)。显然，不论是问号还是逗号，都不是狄金森本人所希望的。

　　这个违背了诗人意愿的"翻译"随后进入1940—1950年初出版的若干美国诗歌作品选，延续了近百年，直到约翰逊1955年编辑出版三卷本狄金森全集，诗人的版本才得以复原，或者说被"移动"并恢复原位。约翰逊抄录了诗人的两个手稿本，[1]并提供了狄金森书信中的相关文字，以及早期印刷本的详细文

---

[1] 狄金森1872年重新抄写了这首诗，寄给嫂子苏珊。在这个抄本中，第三行的中间位置增加了一个问号，但结尾处仍然只是一个小短线，没有添加任何标点符号。这样一来，第三和第四行之间的连贯性就更加明显了，这说明诗人多年后仍坚持她最初选定的句法结构（Franklin. 1998. V.2. 951-955）。

本信息。(Johnson. 1955. V.2. 711-714)。[1]

虽然只是一个标点符号的差别，却关系到狄金森的创作态度，特别是她对诗歌句法的重视和敏感。按照狄金森的标点符号，这里的句法结构似乎微妙地传达出一种言外之意："你跟大自然中的其他生物会面（meet），但是，你与蛇之间所发生的并不是那种双方的会面（did you not），因为蛇总是突然出现在你面前，让你猝不及防（sudden notice），这一层意思与结尾句'Zero at the Bone'（寒气入骨，毛骨悚然）构成呼应。"而增加了问号或逗号之后，这个微妙的言外之意就被破坏了。[2]

余光中的中译本（22首）皆以早期编者的版本为依据，未能及时参考约翰逊的复原工作，因此不知不觉中重复了那些编者的擅自"翻译"。这些底本几乎每一首都存在或大或小的文本问题，《蛇》就是其中一例。余光中根据编者提供的文本，把这个句子译作："你可能见过他——可不是吗？/他总是来得很急。"这个翻译未免费解，而且明显破坏了狄金森的句法，"总是来得很急"似乎仅仅表达了蛇的匆忙，却无法暗示出"不是见面而是突然出现"给"你"造成的心理效果。

除了这个违背诗人意愿的标点符号之外，编者还修改了此诗中若干词语，比如"boy"被修改为"child"（余光中依此译作"小孩"），这个修改遮蔽了狄金森性别意识中的复杂微妙的情感。余光中笔下的狄金森总体上典雅流畅，但缺少原诗的曲折和力度，原因之一是受到了早期版本的限制和影响，这些早期

---

[1]　不过，约翰逊提供的信息中有个小错误，在 1890 年的版本中，编者添加的标点符号是问号，而不是逗号，这个错误被富兰克林纠正。Thomas H. Johnson, ed. *The Poems of Emily Dickinson. Including Variant Readings Critically Compared with All Known Manuscripts*. Cambridge, MA: The Belknap Press of Harvard University Press, 1955。

[2]　关于狄金森此处对句法结构的敏感，我参考了 Cristanne Miller 教授的意见，在此，感谢她在电子邮件中反复耐心地解答了我的疑问。

编者的翻译也影响了余光中对狄金森的认识和评价。[1]

　　总之，为了让狄金森的诗歌风格容易被当时读者所接受，至少不那么突兀、别扭，在狄金森的手稿被"移动"或"翻译"到印刷本的过程中，早期编者处处对文本实施"手术"和"润色"，这样一来，狄金森的诗歌读起来更为归顺、优雅，但牺牲了更多的原创性和力度。

　　如果一个读者最初阅读的狄金森诗歌是早期编者的"翻译"本，而后才有机会阅读到狄金森的手稿或者经过约翰逊和富兰克林重新复原的版本，他/她会有一种全新的印象，甚至有一种震惊之感。这正是在40—50年代成长起来的一批美国读者的阅读经历。例如 I never saw a Moor（Fr800）这首诗。以下是此诗的两个版本(中译本为文本作者所译)：第一个版本(左侧)来自狄金森的手稿本，大约创作于1865年，用铅笔写在一张废弃的有压花的文稿纸的背面；第二个版本(右侧)来自托德夫人和希金森选编的第一部《狄金森诗选》，出版于1890年，狄金森过世4年之后：

　　　　　　I never saw a moor –

　　　　　　I never saw the Sea –

　　　　　　Yet know I how the Heather looks

　　　　　　And what a Billow be –

　　　　　　I never spoke with God

---

[1]　直到1990年，余光中担任"梁实秋文学翻译奖"评委，他所使用的狄金森诗歌的文本仍然来自约翰逊之前的早期选本。关于余光中中译本的详细考察，见 Wang Baihua. 2014。

Nor visited in Heaven –

Yet certain am I of the spot

As if the Checks were given –

（ c. 1865 ）

我从未见过荒原——

我从未见过海洋——

但我知道那石楠像什么

还有汹涌的巨浪——

我从未与上帝交谈

也未曾到过天国——

但我确知那地点

如同车票已经给过——

（约1865年）

I never saw a moor,

I never saw the sea;

Yet know I how the heather looks,

And what a wave must be.

I never spoke with God,

Nor visited in heaven;

Yet certain am I of the spot

As if the chart were given.

（ 1890 ）

我从未见过荒原，

我从未见过海洋，

但我知道那石楠像什么，

还有波浪会是什么模样。

我从未与上帝交谈，

也未曾到过天国；

但我确知那地点，

如同图纸已经给过。

（1890年）

文德勒在她的《狄金森诗选注解本》中描述了她阅读此诗的个人体验，生动揭示了狄金森诗歌被编者翻译或移动意味着什么。她写道：

长大成人之后，我在约翰逊1955年的版本中读到这首诗，我当时吓了一跳。我小时候就背诵过这首诗（是被编者改写的1890年版），我意识到，那个版本被大大地雅化了：第四行被改写为"And what a wave must be."第八行被改写为"As if the chart were given."狄金森自己的版本"And what a Billow be –"给我一种飞扬轻快的感觉，这让我意识到狄金森诗歌的声音如此热情奔放、不拘一格。我小时候常常乘坐有轨电车买车票（我后来明白，狄金森这里的"checks"就是火车票），所以如果编者不做改动的话，我当时一定会理解"checks"这个名词是什么意思。终于读到狄金森实际是怎么写的，我发现：如果要到达某个地方，拿到一张车票当然比仅仅拿到一张地图更有把握。这两位最初的编者为了归顺诗人的语法，不惜牺牲"Billow be"这个词组轻快的头韵效果；而且还决定换掉那个俗语"车票"，而取用一个更书面文雅的词语"图纸"。（Helen Vendler.2010.343）[1]

显然，文德勒觉得"check"不但比"chart"更准确，更贴近生活经验，而且更容易唤起读者的共鸣。不仅如此，文德勒还提醒我们注意：恰恰是这样的日常俗语能够更有效地传达诗歌的言外之意：如果上帝和天堂作为间接经验可以轻易地获得，就像日常谈话和坐火车去拜访朋友一样，那该是多么美好而亲切啊！然而，启示录和加尔文宗所传达的上帝和天堂是难以接近、令人畏惧的，诗人对此一向不以为然——第一节的自信为第二节的不轻信埋下了伏笔。

狄金森的诗歌常常以新英格兰口语入诗，不避俗语，也不拘泥于语法规范，反而获得意想不到的效果：看似平常、随意，却在不动声色之间，把日常经验引入到更深邃的人生和宗教问题。不过，两位编者或许没有领会到诗人的用意，也或许是因为他们本人的趣味以及对同时代大多数读者趣味的考虑，使他们忍不住要将俗语剔除。同理，他们也抹去了大写字母，规范了标点符号：去掉了小短线，以逗号和句号代替，而且，编者一边用文雅的"wave"替代了突兀的"Billow"，一边润色了"What a Billow be"的语法："What a wave must be"。

---

[1]　Helen Vendler, *Dickinson: Selected Poems and Commentaries*. Boston: The Belknap Press of Harvard University Press, 2010.

"checks"一词,《韦伯斯特词典》(1844) [1] 给出的第一个词义就是"火车票"(train ticket)。约翰逊也提供了如下注释:当时人们在口语中普遍把"火车票"叫作"checks",狄金森似乎刚好取而用之:乘客把车票交给乘务员,他们就知道到站了。(Johnson. 1955. V.2.742) [2] 中译者如果参阅了这个注释,就可以很顺利地确定其用法和口语风格,选择"车票"或"客票"来对译即可。文德勒注意到"Billow"一词声音轻快,以及"Billow be"的头韵效果,不过,根据《韦伯斯特词典》(1844)给出的定义,如"大浪、隆起、席卷、混乱、翻卷、鼓胀……",显然"Billow"不如"wave"更为优雅平顺,这或许是它被替换的原因。

值得注意的是,江枫的译本(1984)很可能没有参考或注意到这些资料,他把"checks"译为"图":"仿佛有图在手上",把"Billow"译作"波浪",此外,用"波浪的模样"来翻译"What a Billow be",其中不符合语法规范的因素也悄悄被抹去了。这样一来,虽然江枫使用了约翰逊编定的狄金森本人的版本,可是,对于这两个词语的理解和翻译,却不知不觉中与她的早期编者走到了一起。这或许从一个侧面说明,用中文翻译狄金森很容易走向雅化,特别是狄金森的语法偏离现象,很容易在中文的语法和句法结构中悄然隐去,除非译者有意采用不通的中文来复制其效果,或加注说明。事实上,读者或许已经注意到,

---

[1] 虽然没有确凿的证据,但学者们根据各方面的证据推测,狄金森生前很可能参阅了这部词典。

[2] 后来的编者也都认可这个意见,例如,米勒在刚刚出版的《狄金森诗集——按照她保存的样态》也提供了同样的注释。(Miller. 2016. 776. Note. 6)

我的译文"巨浪汹涌"（见上文）也没有复制狄金森原文的语法。"当狄金森的语法遭遇汉语"是一个值得深入探讨的问题，必须结合狄金森的语言实验和诗学策略加以阐述，限于篇幅，待另文探讨。

阅读狄金森诗歌的各种中译本，再来阅读狄金森的原作，给读者留下的总体印象与文德勒描述的阅读体验颇为相似，狄金森的中译本有意无意中大大归顺或抹平了原作中的反常性和特异性因素，因而也就削弱了狄金森诗歌的原创性和冲击力。

不过，在目前所见的22种译本中，只有极少数的译者意识到，为了"尽可能保存狄金森非传统，甚至常常是离经叛道的风格"，宁愿译文"太怪、太不顺了，不像中文"。[1]不过，他们的译文风格并没有明显"不像中文"。[2]译文的雅化对于狄金森在早期阶段顺利进入中国并迅速普及或许是一个积极因素，正如狄金森的早期编者所做的"润色"工作，或许有利于狄金森被当时的读者所接受。

1955年约翰逊《狄金森诗集》(3卷本)的出版为狄金森研究开启了一个新的时代。约翰逊首次全面考察了现存的狄金森全部诗歌手稿，汇集了已知的全部异文和替换词，而且大致确定了创作或抄写年代，并按照年代顺序提供了诗歌编号，此外，还汇集了各种早期印刷本的文本和出版信息。这一切为读者和研究者提供了极大的方便，彻底改变了人们对这个女诗人的印象，也激发了读者对狄金森的持续兴趣。不过，约翰逊的编辑

---

[1] 董恒秀、赖杰威译：《艾蜜莉·狄金生诗选（新增订版）》，台北木马文化事业股份公司，2006年。

[2] 关于这个问题的简短讨论，见《狄金森传》译后记（王柏华，2013）。

和翻译工作也存在一些盲点和漏洞，特别是狄金森的手稿册早已被托德夫人拆散，由此造成了许多未解的难题，人们很想知道狄金森当初缝制的手稿册究竟包含哪些诗作，按照什么顺序排放。

这个艰巨的任务被新一代学者富兰克林接手，他根据字迹、纸张和装订线留下的痕迹等等，终于恢复了手稿册的大致原貌，把一度散落的纸页重新移动到最初的位置，并由此重新整理了全部手稿和各类文本，纠正了约翰逊本的错漏，重新确定了年代顺序并使用了新的编号。[1] 由于富兰克林在恢复手稿册基础上的文本考据和研究更为可靠，更有说服力，在狄金森学界，约翰逊本随即被富兰克林本所取代。在富兰克林之后翻译狄金森，也不能不参考富兰克林的全集本以及他对狄金森手稿的研究发现。

这里试以 I tie my hat – I crease my shawl（Fr522）为例，展示此诗的文本被移动、错置并最终被重新复位的过程，谈谈译者为什么必须参考富兰克林的版本，并充分了解他在文本研究方面所做的重要推进。[2]

F522A – I tie my hat – I crease my shawl

I tie my Hat – I crease my Shawl –
Life's little duties do – precisely –
As the very least

---

[1] 富兰克林编订的狄金森诗歌总计 1789 首，比约翰逊本（1775 首）多了 14 首。

[2] 我的合作者 Jed Deppman 教授在电子邮件中提供了他对此诗的大致理解，澄清了我的疑问，特此致谢。

Were infinite – to me –

I put new Blossoms in the Glass –
And throw the Old – away –
I push a petal from my Gown
That anchored there – I weigh
The time ' twill be till six o ' clock –
So much I have to do –
And yet – existence – some way back –
Stopped – struck – my ticking – through –

We cannot put Ourself away
As a completed Man
Or Woman – When the errand ' s done
We came to Flesh – opon –
There may be – Miles on Miles of Nought –
Of Action – sicker far –
To simulate – is stinging work –
To cover what we are
From Science – and from Surgery –
Too Telescopic eyes
To bear on us unshaded –
For their – sake – Not for Our ' s –

Therefore – we do life ' s labor –
Though life ' s Reward – be done –

With scrupulous exactness –
To hold our Senses – on –

我系帽子，我叠围巾
生命中的小小义务——悉心履行
好像琐细之至，
对于我——却无限终极。

我把鲜花放入花瓶——
把旧的——丢掉——
我拂去一片花瓣
从我的外袍——我掂量
直到六点钟之前——
多少事我得做完——
可是——存在——早些时候——
就已停摆——我的滴答——从此打住

我们不能把自己丢开了事
好像一个完满的男人
或女人——已完成
化生肉身的使命。

或许前方有数不清的虚无——
更苍白倦怠的——行动——
假装——何其刺痛煎熬

"栖居于可能"

试图将真相遮掩

躲开科学——还有外科——

它们以望远镜之眼

瞄准我们无遮无蔽

为了它们——而不是我们

因此——我们为生命做工——

虽然生命的奖赏——已经用光

以小心翼翼的精确——

抓住我们的感觉——不放

　　此诗大约创作于1863年，一共28行，见"手稿册"第24册（fascicle 24）。这首诗的手稿一共三页，前三节（24行）占完整的两页，最后一节（4行）在第三页，与另一首诗歌（Fr508 A Pit but Heaven over It）的最后5行写在同一张纸上，中间以划线相隔，作为第24册的补充页。后来，手稿册被托德夫人拆开，致使第3页跟全诗分散。此诗进入比安奇和汉普森编选的"狄金森诗选"（*Bianchi and Hampson*. 1929），[1]最后一节缺失：

Therefore – we do life's labor –

Though life's Reward – be done –

With scrupulous exactness –

To hold our Senses – on –

---

[1]　Martha Dickinson Bianchi and Alfred Leete Hampson, eds. *Further Poems of Emily Dickinson*. Boston: Little Brown, 1929.

其实，最后一节被编者放到选本中的另一首诗歌（A Still Volcano Life，Fr517A）的结尾了。随后，比安奇试图恢复这首诗作，她根据母亲苏珊（Susan Dickinson）的一个抄本，把这4行诗与属于另一首诗（A Pit but Heaven over it，Fr508）中的一个零散的小节（5行）合在一起，作为此诗的结尾，发表于期刊（1947年）。约翰逊在3卷本的注释中表示认同比安奇对文本的恢复，于是，他把这8行作为此诗的结尾，收入1955年的三卷本和1960年的一卷本，他并没有意识到，其中的5行不属于这首诗作：

> ' Twould start them –
>
> We – could tremble –
>
> But since we got a Bomb –
>
> And Held it in our Bosom –
>
> Nay – hold it – it is calm –

直到1980年，经过富兰克林的进一步考索，恢复了手稿册的顺序，于是，被篡入的这5行终于从此诗（Fr522）中被剔除，回到它自己的位置（Fr508）。两首诗的文本和手稿顺序终于恢复了原貌！[1]

蒲隆的全集本以约翰逊本为底本，虽然他对照富兰克林本发现了两个文本的不同，并在注释中有所说明（蒲隆，2014，卷1.319），但他显然并没有参考富兰克林的异文汇编本，因此也不清楚此诗文本的考据和恢复过程，因此，这个差别没有引

---

[1]　参考富兰克林三卷本对此诗的文本注释（Franklin. 1998. V.1. 530-531）。详细考证资料见富兰克林的文章（Franklin. 1980. 245-257）。在我查找和核对资料的过程中，美国DePaul大学英文系教授John Shanahan提供了诸多帮助，特此致谢。

起他的重视，他仍然以约翰逊本为依据，保留了被编者错误地移动到此诗中的5个诗行，致使诗歌的后半部分发生了"错简"。或许正是由于这5个诗行的误导，蒲隆似乎没有理解此诗的几个关键词语，造成了翻译上的若干失误，使整首诗作的异文混乱费解，难以卒读。倘若他及时参考了富兰克林的三卷本文本注释以及相关研究资料，完全可以避免这样的失误。

抄写员和编辑们前仆后继花了近百年的时间才弄清楚这首诗的完整面目，遗憾的是，终于恢复了本来面目的诗作在中译本中又被恢复为错误的版本。这个例子再次证明，翻译狄金森诗歌不能不重视其文本的不确定性和流动性，而且，各种各样的移动和翻译仍在继续。

狄金森手稿的流动性和复杂性提高了翻译狄金森的门槛，不过，另一方面，"栖居于可能"也为翻译狄金森敞开了更多的可能性。

目前已经出版的22个中译本，翻译质量暂且不论，在读者定位、篇目选择、编排方式、内容设计等方面过于单一，缺乏变化，或许未来可以尝试不同的选题设计和翻译风格，面向不同读者的需求：注释精读本或批评本[1]、狄金森手稿册或自选集、狄金森书信诗选、狄金森信封诗选（图文本）……让"栖居于可能"的狄金森诗歌文本和诗学实验在翻译中流动起来，呈现出更丰富更立体的形态，也让读者从不同的路径走进狄金森诗歌的殿堂：

---

[1] 关于注释本、精读本或"研讨式"翻译的重要意义，参见"狄金森合作翻译项目"的参与者 Laura Lauth 和 Tan Dali 的小组提交的论文。Laura Lauth and Tan Dali，"Discussing Emily Dickinson into Chinese: Lessons from the Cooperative Translation Project"，载《比较文学与世界文学》第八期，北京大学出版社，2015 年 11 月。

I dwell in Possibility –
A fairer House than Prose –
More numerous of Windows –
Superior – for Doors –

我栖居于可能——
一座比散文更美的殿堂——
窗户——不计其数——
房门——气宇轩昂——

正如狄金森所说，诗歌"栖居于可能"，它朝向翻译，朝向未来。

阐释学对翻译理论的意义 *
——从施莱尔马赫、弗里茨·帕埃谱克到史托策

高天忻 **

胡清韵 译

一、施莱尔马赫的翻译理论

在历史的长河中阐释学和翻译理论有过一个共同的接触点，建立这一交点的正是哲学阐释学的奠基人——施莱尔马赫，他的阐释学翻译理论无疑是19世纪翻译理论史上最重大的贡献。根据他的阐释学二分法，理解可以分为语法和心理两个方面。因此，在解释一个文本时除了对材料的研究外，还要考虑文本中嵌入的私人的、社会的或者历史的因素。翻译展现了一个理解的特殊情况：译者不仅需要去理清上下文，并且面对的研究材料本身就是另外一种完全陌生的语言。因此，施莱尔马赫继承了和他同时代人威廉·洪堡的"语言和思想相统一"这一基本

---

* 本文节译自 *Dynamik in der Yijing-Übersetzung. Vergleich dreier deutscher Versionen aus hermeneutischer Sicht*（《动态的〈易经〉翻译——阐释学视角下的三个德语译本比较研究》），第30—41页。

** 高天忻（1973—2014），复旦大学外文学院讲师，研究方向为德语文学和翻译。

原则：原文本即是一个使用"天生"语言的个性化的表达。这一常见的在翻译领域关于翻译忠诚度和自由性的命题由施莱尔马赫将它发展为两种翻译的方法。根据"自由的"翻译方法，原文有优先权：译者应当如此再现原作，就如"德国人在和德国人说话以及为德国人而写作"[1]一样。但是由于语言和思维的同一性，施莱尔马赫认为这一方法并没有太多的帮助。与之相反，他认为要想在翻译中实现艺术的成功，就应当把读者引向作者。这里所说的也就是异化的翻译方法。

由于语言系统之间存在着巨大的差异，如果只是将语言视为阐释中的一般性成份则会在翻译中失去表达的准确性。施莱尔马赫的翻译理论主要关注单一语言的个性化。这也就是对始终被谈到的"语言灵魂"的忠实再现。同时，在施莱尔马赫看来，心理因素，也就是将文本当作一种个性化的表达方式，在解读一个陌生文本时并不重要。而更少被考虑到的则是译者的个性化表达。事实上，"语言的灵魂"总是通过每一个译者来呈现的，而这一点也同样适用于译者的个性化表达。

二、从帕埃谱克到史托策——20 世纪的阐释学翻译理论

在20世纪70年代出现的阐释学的翻译思路正是对伽达默尔阐释学基本论点的继承。不仅需要去研究在语言系统框架下完成的思考过程，还要反映译者在翻译行为中作为人与周围环

---

[1] Friedlich Schleiermacher, Ueber die verschiedenen Methoden des Uebersetzens. 1813. Abgedruckt in: Störig, Hans Joachim（Hrsg）: *Das Problem des Übersetzens*. Darmstadt: Wissenschaftliche Buchgesellschaft. 1969, S. 48.

境的互动。与阐释学翻译理论针锋相对的则是，20世纪现代语言学的产物——翻译学。

语言学翻译学将自然科学作为榜样，把语言系统看作一个研究对象。这项精密的科学从确切的定义和法则出发，追求翻译的公式化、机械化。根据这一概念，翻译几乎可以理解为跨主体的流水生产过程。对于这一观点弗里茨·帕埃谱克是持批判态度的，他认为"在语言中……每一个僵化的系统分析就是一次活体解剖实验，因为语言是一个非系统性的系统构成"[1]。帕埃谱克认为翻译就是一次信息的传递，译者首先要理解信息的内涵。在这一过程中，译者的生活环境、语言、文本也会在阐释学的意义中得到体现。帕埃谱克继承了伽达默尔关于人文科学不能以自然科学为标准的论断。人们运用这一视角去理解翻译理论可以得出：翻译描述要求一种思维方法，这种方法与那种割裂整体的自然科学思维方法是完全不同的。[2] 基于这点思考，帕埃谱克在七十年代将阐释学引入翻译理论中。他把翻译描述成一种阐释学上的构思，其过程只能"局部可验并被有目的地描述"[3]，因为科学不能覆盖生活的每一方面，此外主观和客观也没有明显的界线[4]。特别是对于原文本和译本的分歧上，译者的创造性塑造以及他对原文独特的理解是值得支持的。正因如此，这种分歧铸就了翻译行为并使其富有活力。在此基础上，被语言学排斥的译者的自由、直觉、创造性以及自我意

---

[1] Fritz Paepcke, *Im Übersetzen Leben: Übersetzen und Textvergleich*. Hrsg, von Klaus Berger u. Hans-Michael Speier. Tübingen: Gunter Narr 1986, S. 102.

[2] Ibid., S.86.

[3] Ibid., S.XIV.

[4] Ibid.

识等概念重新得到了认可。同时也将译者从僵化的、绝对的翻译中解放出来。

帕埃谱克将关于这个观点的研究整理到了他的作品《在翻译中生活——翻译和文本比较》中。他的观点被语言学家认为是主观的、不具体的，并且完全不具备操作性。而史托策则一直致力于平衡两者的观点，消除分歧。史托策从90年代以来就一直献身于搭建语言学和阐释学相通的桥梁。一方面，她继承了帕埃谱克的观点，认为译者的自由及阐释学意义下翻译的分歧是合法的，也是被提倡的。赞同关于译者自由以及阐释学视角下的差异化翻译的思考，并认为应该支持自由、分歧的存在。另一方面，她试图为阐释学的翻译思路在教学法上补充具有可执行的教学标准，并以此限制由自由和分歧带来的纯主观性。

史托策的这一研究结果收录在她的《阐释学和翻译》这部作品。文中首先将帕埃谱克不成体系的想法进行了系统的整理和进一步的发展。为了提高阐释学思路在翻译理论上的实际操作性，她还提出了以下方法：

(1)符合预期的教学法标准是生产适合的翻译译本。

(2)审阅标准则是，先通过"直觉—创造"找到翻译方法，然后参照语言学的标准来进行说明、呈现以及修订。

为了进一步清晰地将这种过程性的、动态的思路和静态的语言学翻译方法区分开来，史托策运用新的专业术语，将德语中的"Übersetzen"（翻译过程）、"Übersetzung"（译本）、"Übersetzer"（译者）替换成了由英语派生出的"Translation""Translat""Translator"，以此来强调动态的翻译任务构想。在这里，翻译过程即"Translation"，翻译结果则是"Translat"，译者即"Translator"，是翻译过程中起着决定性作用的行为者。

史托策试图提高阐释学翻译思路的可操作性，这使人们回忆起狄尔泰开创人文科学的研究方法之时遇到的矛盾。在这一点上，史托策的尝试产生了甚至在狄尔泰那儿的相类似的悖论，可操作性标准和阐释学能否得到统一？这一问题对接下来的讨论意义重大，甚至可以说是本文研究的中心。

三、基于译者的阐释

（一）帕埃谱克的思考——译者的主体性

帕埃谱克将翻译描述为阐释学的构思过程，在这一过程中"译者不是对文本中的词汇去做处理，而是要进行语言的转化，这一过程不单是原文本文字材料的变化，更是一种表现手法的转化"[1]。在这一点上，译者应该站在作者的视角，使"作者的意图融入新的语境"[2]。

为了圆满完成这一任务，强调"译者的主体性"是必不可少的，这一点可以被理解为身体和灵魂、精神[3]与肉体的"密不可分"。从这一层面来看，理解就是译者用他的全部意识和知识储备参与并成为理解一部分的执行过程。在这一过程中，两个不同的思想世界汇集到译者的意识中，然后由译者对其进行整理、改编以及最后的表达。帕埃谱克认为这一执行过程是"翻译中最重要的步骤"。一个运用阐释学思路的翻译来自文本世界

---

[1]　Fritz Paepcke, *Im Übersetzen Leben: Übersetzen und Textvergleich*. Hrsg. von Klaus Berger u. Hans-Michael Speier. Tübingen: Gunter Narr 1986, S. XIV.

[2]　Ibid., S.XV.

[3]　Ibid., S.125.

和译本世界在译者世界的统一。

从另一方面来说，源文本也拓展了译者的视野，也是因为"这个前提，译者在这些意识内容的基础上才能获悉、思考或翻译"[1]。

（二）史托策的思考——译者的生活世界和语言能力

史托策将帕埃谱克的基本思想概括在"译者一瞥"[2]这一类目中。在她《阐释学和翻译》这部作品中，她重新解释了阐释学的一些早已被熟悉的概念并成功的分析了翻译行为的动机作为语言的构思过程。由于阐释学视角下的翻译是一项带有责任意识的专家行为，所以译者的意识就显得极为重要。史托策分析了七个对于译者的生活世界和语言能力起决定性作用的意识阶段：

(1) 自我认知

(2) 个性化的环境

(3) 语言能力

(4) 母语语境下的世界观和价值观

(5) 对自我研究领域知识的掌握

(6) 对外语以及陌生文化概况的了解

(7) 专业领域的思考世界

---

[1] Fritz Paepcke, *Im Übersetzen Leben: Übersetzen und Textvergleich*. Hrsg, von Klaus Berger u. Hans-Michael Speier. Tübingen: Gunter Narr 1986, S. 104.

[2] Radegundis Stolze, *Übersetzungstheorien: Eine Einführung*. 3. Aufl. Tübingen: Narr 2001, S. 221.

这七项包含了最本质的对译者工作的影响因素，从自我意识的形成，到熟悉的环境直至在母语语境和工作世界中形成的价值观和世界观。所有这些生活经验和能力获得过程都会在译本中得到体现，并可在描述性的翻译比较中作为详尽的标准加以运用。

当然与此同时产生了一个共时性的维度。伽达默尔影响史意义上的历时的维度没有被充分考虑。

关于译者如何开始翻译这一问题，帕埃谱克概括了三个概念：超总和性（"Übersummativität"），个性（"Individualität"）以及多视角性（"Multiperspektivität"）。史托策将其归纳为"文本感知的三种模式"。

四、文本感知的模式

（一）文本的超总和性

帕埃谱克认为超总和性是文本的基本原则。它是无法与"文本的完整性"[1] 这一概念分割的。这意味着，文本即一个单位，整体大于其组成部分之和。史托策以伽达默尔的阐释学为基础，并认为，必须根据会话模型观察阐释学现象。也就是说语言不是被言说之物，而是一种交流的媒介。文本意义背后共同的东西是谈话双方，即文本的作者和他的阐释者。帕埃谱克借助文本的语言性和非语言性的区别表达了这一基本观点。他追溯到

---

[1] Fritz Paepcke, *Im Übersetzen Leben: Übersetzen und Textvergleich*. Hrsg, von Klaus Berger u. Hans-Michael Speier. Tübingen: Gunter Narr 1986, S. 105.

汉斯－马丁·高格尔（Hans-Martin Gauger）一个很形象的比喻："文本中可用语言表达的是不可用语言表达部分的传送工具，所以文本也是不可用语言表达的，但必须要通过语言"[1]。译者的任务就是从"所说的"推敲出"所指的"，并将其展现到另一文化语境中："文本理解是一项解释文本表达思想的能力，也就是将文本作者的意图融入新的上下文并使其一体化的能力。"[2]

"超总和性"可以理解为文本超总和的完整性。关于这一点的基本原则是独立、自主，这一条原则不仅适用于大型的结构也适用于小的形式。"文本就如一个制造单位，在每一个大的结构下都包含着小的单位，但是独立自主的原则也同样适合小的形式。"[3] 所以在文本中大、小两部分的关系并不是简单的相加关系。也不是一种吸收关系，因为"小单位不能被文本的整体构造瓦解"[4]。也不能将其理解为单纯的并集或交集。

"在文本层面上，不同元素的关系是一种相互调整或者归属的关系，对于小的形式而言，哪些内容上的结果是处于大的框架下的，是值得探讨的。"[5]

帕埃谱克也批判了文本类型学，因为他认为"不是每一种信息的表达都有相适应的文本类型"[6]。更多的是两种或者文本类型的组合，因此应理解为文本传达内容修辞的统一性[7]。史

---

[1] Fritz Paepcke, *Im Übersetzen Leben: Übersetzen und Textvergleich*. Hrsg, von Klaus Berger u. Hans-Michael Speier. Tübingen: Gunter Narr 1986, S. 103.

[2] Ibid., S.15.

[3] Ibid., S.103.

[4] Ibid.

[5] Ibid., S.104.

[6] Ibid., S.103.

[7] Ibid.

托策指出，文本在超总和方向上的意义并不能够由单个存在的元素来证明，而是要基于并没有在文本层面清楚表达的元素来呈现。

（二）文本的多视角性

根据帕埃谱克的观念，文本就是视角下的形象。多样化的视角并不仅仅存在于句法学和语义学在文本符号、主题构造的关系中，而且存在于(环境、文化背景、单一语言的上下文、话语世界)构造的联系以及读者意识中可以联想的符号关系中。

文本就是一个多重视角下的形象，因为它不能连续的通过一个视角来讲述，更多的时候需要视角的转化。文本结构要求读者和听众在阅读和倾听的过程中随着视角的变化来作出反应。同时他们感知过去表现视角的视野上的新奇之处。文本作为多重视角下的形象使表现视角之间的关系不可或缺。

一个文本由很多不同的元素构成。而译者的任务就是从不同的视角去对其进行解读。在此意义上译者观察文本并在这一过程中获得新的视野，直到他最终了解文本内容并在新的理解层次上对其进行阐释。史托策甚至还指出，译者并不需要照顾到文本方方面面。"有的人基于他的前知识看到这方面多一些，有的人另一方面多一些。"[1] 这一论点不仅涉及共时层面也涉及了历时层面。不同时代的读者对文本的感知不同，理解和翻译也不同。史托策称其为译本的多样性。尽管存在不同，但是众多的角度仍构造出了一个"客观的认同"，这是因为对于文本的翻译仍是以同一个原文为基础的，而这一个"客观认同"则早已

---

[1] Radegundis Stolze, *Hermeneutik und Translation*. Tübingen: Gunter Narr 2003. S. 153f.

被嵌入到了原文本之中。

（三）文本的个性

个性化作为一个阐释学的现象早在狄尔泰时就已扮演着阐释学历史上的重要角色了。帕埃谱克注意到了翻译的分歧，长期以来，语言学翻译研究一直将它置于边缘地位。而帕埃谱克通过承认理解的个性化使分歧合法化，并成为必需。个性化视角下的翻译要考虑不同的维度。

帕埃谱克首先将每一个文本都当作一次个性化的信息传递。由此再从两个方面深入理解。第一，每一个文本都有着"特定的场景并由特殊的上下文组成"[1]。在这种特定的场合下，人们再通过"历史、文化、宗教或者个人状况等背景情况去理解"[2]。这一观点日后被史托策发展为"语言嵌入环境"。嵌入语言的这一氛围又通过语言来得到展现。所以，在个别情况下译者还需考虑到地域、历史的因素。帕埃谱克认为，"特殊的上下文"虽仍是由语言系统中的句法、语义链接而成，但其还是作为个性的表达建立的。在这一点上，每一个文本都有着不易混淆的个性化特征。

其次，译者是作为个体去理解文本的。个体通过联想从译者的前期知识中发展出文本理解的"动力线"[3]，而这正是其他读者甚至作者或许都无法感知的个性化。

在文本个性化的前提条件下，再由个体对其进行复述或重

---

[1]　Fritz Paepcke, *Im Übersetzen leben : Übersetzen und Textvergleich*. Hrsg, von Klaus Berger u. Hans-Michael Speier. Tübingen: Gunter Narr 1986.S. 103.

[2]　Ibid.

[3]　Mary Snell-Hornby, （Hrsg.）*Übersetzungswissenschaft: Eine Neuorientierung*. Tübingen: Francke 1986, S. 135.

现，译本则必然带有个性化的烙印。译者在翻译时不能首先就设定好参数，而是要去思考哪些内容需要翻译，然后去寻求翻译方法。这一解决方案并不是放之四海皆真理的标准答案。这一点代替了翻译过程中，翻译方法的一般化以及翻译内容的固定化。翻译选词上的不同又反映了译者"特殊的政治理念以及意识形态"[1]。

五、翻译的暂时性

阐释学的翻译思路承认翻译的临时性，并因此支持"重新翻译"。在阐释学理念下，翻译从一个文本到另一个文本绝不是简单的对前版本的修复。译者在译介过程中必须确定一个事实，译本记录了译者当时语言状况，因此"译本比原文更富有时代性"。同样，文本的三种感知模式也确定了翻译的临时性。超总和性以及多视角性为译者提供了个性化自由空间。在个性化的前提条件下，译者在表达中不用再去追求绝对性。翻译的活力恰恰存在于其临时性中。

综上所述：与施莱尔马赫重在体现双方语言"灵魂"的翻译思想相比，20世纪阐释学的思路形成了集生活、理解、翻译于一体的综合视野。尽管帕埃谱克宣称，他的阐释学灵感是在面对"一个完全陌生的文本"时产生的，但实则仅仅来自于他处理匈牙利语的经验。也就是说，这一经验限制在有共同西方精神史背景下的西方语言地区。如此看来，帕埃谱克的阐释学翻译

[1] Fritz Paepcke, *Im Übersetzen leben: Übersetzen und Textvergleich.* Hrsg, von Klaus Berger u. Hans-Michael Speier. Tübingen: Gunter Narr 1986, S. XVII.

理论只考虑了拥有共同历史背景的语言情况。由此则可以提出一个很有意思的问题，阐释学的翻译思路究竟是怎么被运用到由两种完全陌生语言构成的翻译领域中的？本文将讨论这一翻译中的"空白空间"并用阐释学来探究古汉语和德语之间的翻译。如果要借助量表来表现语言，那么古汉语和德语处在完全相对立的两极。本书中描述性翻译比较研究将直观展现每个德语译者是如何解释汉语这个绝对"他者"的。

翻译文学与
批评新进展

"人的文学"之"哀弦篇" *
——论周作人与《域外小说集》

王宏志 **

> 海外犹有哀弦，不如华土之寂漠耳。

——周作人 [1]

一、"会稽周氏兄弟"合作的《域外小说集》

1909年，"会稽周氏兄弟"——鲁迅（1881—1936）和周作人（1885—1967）——翻译出版了《域外小说集》二集。在过去，这部翻译小说集得到很高的评价，即使是在20世纪90年代还有翻译史著对《域外小说集》做出这样的论说：

> 《域外小说集》是我国新时期文学翻译运动史上的第一只春燕。它为我国五四运动前后的文学翻译运动指明了方向，并给与当时和继后的文学翻译家以重

---

* 原文刊《中国文化研究所学报》2006年第15卷46期。

** 王宏志，香港中文大学翻译系人文学科讲座教授，翻译系主任，中国文化研究所副所长，翻译研究中心主任，复旦大学中文系兼职教授和博士生导师，《译丛》行政主编和《翻译史》研究主编。

[1] 周作人：《哀弦篇》，收入钟叔河编：《周作人文类编·希腊之余光》，湖南文艺出版社，1998年，第364页。

大影响。[1]

不过，这样的论述是虚构的，我们很容易便可以确定《域外小说集》在出版的时候其实并没有对中国的翻译活动或理论产生过丝毫影响。根据鲁迅自己的追述，我们知道《域外小说集》当时的销路很差：

> 半年过去了，先在就近的东京寄售处结了帐。计第一册卖去了二十一本，第二册是二十本，以后可再也没有人买了。……至于上海，是至今还没有详细知道。听说也不过卖出了二十册上下，以后再没有人买了。[2]

另一方面，从现在可以见到的材料中，当时只出现过一条不足二百字的短简报导，[3] 即使是时人的回忆里，也没有什么人说过曾经怎样地受到《域外小说集》的感动或影响。正如鲁迅自

---

[1] 臧仲伦：《中国翻译史话》，山东教育出版社，1991 年，第 97 页。

[2] 鲁迅：《〈域外小说集〉二序》，收入《鲁迅全集》，人民文学出版社，1981 年，第 10 卷，第 161 页。

[3] 在今天所能见到的资料中，对于《域外小说集》，当时只有一个日本方面的报道，刊于 1909 年 5 月 1 日在日本东京出版的《日本与日本人》508 期的《文艺杂事》内，报道的全文如下：

> 在日本等地，欧洲小说是大量被人们购买的。中国人好像并不受此影响，但在青年中还常常有人在读着。住在本乡的周某，年仅二十五六岁的中国人兄弟，大量地阅读英、德两国语言的欧洲作品。而且他们计划在东京完成一本名叫《域外小说集》，约卖三十钱的书，寄回本国出售。现已出版了第一册，当然，译文是汉语。一般中国留学生爱读的是俄国革命的虚无的作品，其次是德、波兰那里的作品，单纯的法国作品之类好像不太受欢迎。

参藤井省三，《日本介绍鲁迅文学活动最早的文字》，载《复旦学报》1980 年第 2 期，1980 年 3 月 20 日，第 91 页。不过，这里只是作了很简单而平面的介绍，并不是如一些文章所说 "《域外小说集》刚一出版，即引起了日本文学界的注意 "。鲁迅博物馆鲁迅研究室编：《鲁迅年谱》，第 1 卷，人民文学出版社，1981 年，第 212 页。

己所说:"谁也没有珍视之。"[1] 那么，为什么过去会有这样的论述？简单地说，这虚构的说法是建基在另一个虚构的论述上，就是认定《域外小说集》是鲁迅的翻译杰作。

过去，人们常把翻译《域外小说集》的荣耀归于鲁迅。身为鲁迅终生挚友的许寿裳(1883—1948)曾这样说：

> 鲁迅编译《域外小说集》二册，实在是中国介绍和翻译欧洲新文艺的第一人。[2]

在这里，周作人的名字完全没有出现。这样的做法在过去一直是很普遍的，[3] 只有部分学者较为愿意以"周氏兄弟"一起作为讨论对象。[4] 以鲁迅为重点，对于《域外小说集》来说也许是有利的：随着鲁迅在1949年后因应政治理由而地位日益提高，《域外小说集》的评价也越来越得到更正面的肯定。不过，肯定《域外小说集》在中国近代翻译史的地位可一定要跟政治论述扯上关系吗？这样会带来有益的讨论吗？本文希望能剔除当代政治的因素，回到《域外小说集》最初出版时的历史和文学语境，先确定"周氏兄弟"在《域外小说集》的翻译操作中所扮演的角色，从而分析过去有关《域外小说集》的论述——尤其是由

---

[1] 鲁迅1932年1月6日给增田涉信，《鲁迅全集》，第13卷，第474页。

[2] 许寿裳：《亡友鲁迅印象记》，上海：峨嵋出版社，1947年，第26页。

[3] 详见郭延礼：《中国近代翻译文学概论》，湖北教育出版社，1998年，第444—445页。

[4] 详见陈平原：《20世纪中国小说史》第1卷（1897—1916），北京大学出版社，1989年，第49—50页；参见陈福康：《中国译学理论史稿》，上海外语教育出版社，1992年，第169—177页；杨联芬：《晚清至五四：中国文学现代性的发生》，北京大学出版社，2003年，第127—156页。我在1995年所写一篇有关鲁迅民元前的翻译活动的文章，也提出过在讨论《域外小说集》时，应该以"周氏兄弟"一起作为讨论的对象。王宏志：《民元前鲁迅的翻译活动：兼论晚清的意译风尚》，载《鲁迅研究月刊》1995年第3期，1995年3月，第47—59页；收入王宏志：《重释"信达雅"：二十世纪中国翻译研究》，东方出版中心，1999年，第183—217页。

鲁迅所提出的一些说法的种种问题。透过这样的讨论，我们可以对《域外小说集》有更完整准确的理解，也可以更明确地确立《域外小说集》以及周氏兄弟在中国近代翻译史上的真正位置和贡献。

二、"在我头上打上几下"[1] 的合译

其实，单从周氏兄弟在翻译过程中的分工情况，便很容易破解《域外小说集》是鲁迅的杰作这样一个虚构论述：1909年出版的《域外小说集》共收翻译小说16篇，其中13篇是周作人翻译的，鲁迅只译了3篇，更不要说周作人所译的13篇中有好几篇都是篇幅较长的作品。换言之，《域外小说集》的主要部分都是由周作人翻译完成的。很明显，《域外小说集》不应视作鲁迅的作品。不过，既然初版的《域外小说集》是以"周氏兄弟"署名，为什么会有这样分工不平均的情况出现？在这里，我们可以先看看周氏兄弟二人在《域外小说集》前的翻译活动以及二人合作的翻译模式。

我们知道，鲁迅最早发表的"翻译"作品是1903年的《斯巴达之魂》，[2] 同年，他又发表了其他译作：雨果（Victor

---

[1] 周作人：《知堂回想录》，香港：三育图书文具公司，1971年，第128页。

[2] 直至最近，对于《斯巴达之魂》是翻译还是创作，鲁研界仍有争议。鲁迅自己向来是把《斯巴达之魂》说成是翻译的，在它的前言里，他自称是"译者"，说"译者无文，不足模拟其万一"。鲁迅：《斯巴达之魂》，收入《鲁迅全集》，第7卷，第9页。后来在《集外集》的《序言》里再谈到《斯巴达之魂》时，便说明他是从日文把它翻译出来的，"大概是从什么地方偷来的，不过后来无论怎么记，也再也记不起它们的老家"。同上，第4页。不过，人们至今始终没法找到《斯巴达之魂》的"老家"——它的原著。因此，过去人们用"编译"兼有翻译和创作成分来形容《斯巴达之魂》，甚至有学者认定"《斯巴达之魂》是鲁迅创作的第一篇小说"。蒋荷贞：《〈斯巴达之魂〉是鲁迅创作的第一篇小说》，载《鲁迅研究月刊》1992年第9期，1992年9月，第12—18页。

Hugo，1802—1885）的《哀尘》（*L'origine de Fantine*[1]）、儒勒·凡尔勒（Jules Verne，1882—1905）的"科学小说"《月界旅行》（*De la terre a la lune*[2]）及《地底旅行》（*Voage au centre de la terre*[3]）。在时间上来说，那是比周作人稍早的，因为周作人最早发表的译作是 1904 年 7 月开始在《女子世界》上连载的《侠女奴》。应该指出，尽管我们不能排除周作人在阅读外国文学作品上受过鲁迅的影响，原因是鲁迅当时经常从日本寄回书刊杂志，但周作人早期的翻译活动，尤其是具体的选题及操作问题上，都应该与鲁迅无关。《侠女奴》是译自《天方夜谭》里的《阿里巴巴与四十大盗》。周作人的回忆录清楚告诉我们，那时候他在南京读书，很"偶然"地得到这本书，却不是鲁迅所寄赠的；另外，他也说是因为自己"看了不禁觉得'技痒'""看了觉得很有趣味，陆续把它译了出来"，[4] 当中完全没有鲁迅的推动；就是发表方面也与鲁迅无关，那是因为他的一个同学在订阅《女子世界》，于是便把译文寄过去。[5] 同样地，在《侠女奴》连载期间所翻译的《玉虫缘》，在实际翻译过程中也没有鲁迅的参与，相反来说，这部译自爱伦坡（Edgar Allen Poe，1809—1849)《黄金甲虫》（*The Golden Bug*），曾得到小说林社及《女子世界》主编丁初我（1871—1930）的"润余"；[6] 不过，原著确是很可能由鲁迅所寄赠的，因为他所根据的原文是依据日本山悬五十雄（1869—1959）所编《英文学研

[1] 英文译为 *The Origin of Fantine*。

[2] 英文译为 *From the Earth to the Moon*。

[3] 英文译为 *Journey to the Centre of the Earth*。

[4] 周作人：《知堂回想录》，香港：三育图书文具公司，1971 年，第 106—107 页。

[5] 同上。

[6] 《〈玉虫缘〉出版预告》，录自倪墨炎：《苦雨斋主人周作人》，上海人民出版社，2003 年，第 24—25 页。

究》的译注本。[1] 类似的情况也出现在他所翻译柯南道尔的中篇小说《荒矶》，译后记有这样的一句：

> 此文本名 The Man From Achemgle，日译易曰荒矶，今仍之。译者未能读日译，从原本述出。[2]

这看来有点古怪，既然所本的是原著，那为什么要标出日译是什么，又强调自己未能读日译？这显示那跟鲁迅是有关系的。但无论如何，鲁迅给周作人寄书并不能代表他对弟弟在译书方面有具体影响，事实上，那时候鲁迅给周作人所寄的书很混杂，不是有系统有计划地向周作人介绍或灌输特定的西方文学知识，而无论从鲁迅及周作人的日记或回忆录，我们也看不到有关鲁迅指示周作人翻译的记录。

不过，当周作人在 1906 年赴日留学后，兄弟二人便开始正式合作进行翻译了。1907 年，周氏兄弟"合作"翻译出版了哈葛德的《红星佚史》（Henry Rider Haggard, 1856—1925, *The World's Desire*）。但这所谓的"合作"，其实基本是周作人的劳动：选题是周作人的意思，而全本小说也是由周作人完成的，当中只有十六节诗由鲁迅执笔，但那也是首先经由周作人口述的。可见鲁迅的贡献是很小的。

在这里，我们可以稍为讨论一下周氏兄弟的合作翻译模式。众所周知，由一个懂外语而汉文不娴熟的口述者跟另一位不懂外语但精通汉文的笔录者合作翻译的"对译"模式，在中国的翻

---

[1] 周作人：《知堂回想录》，第 140 页。

[2] 周作人：《〈荒矶〉译记》，收入《周作人文类编·希腊之余光》，第 525 页。

译史上已有非常悠久的历史。在晚清，这种翻译模式更是流行，一个耳熟能详的例子是林纾（1852—1924）翻译外国小说。林纾完全不懂外文，必须和不同的口述者合作。但为什么周氏兄弟也要采用这种对译模式？

很明显，周氏兄弟与林纾的情况是截然不同的。鲁迅和周作人在当时都懂不止一种外文。鲁迅方面，在日本居住上一段日子后，他已能充分掌握日语，他所翻译的几种外国小说都是根据日译本来重译的；另外，他也基本能掌握德语，那是在南京时便开始学习的，但他的英语水平不高，他甚至可能对英文"没有好感"。[1] 另一方面，周作人初到日本时，由于日常生活都得到兄长的照顾，日语是不熟练的，不过，他早在南京时已学会英语，而且看来水平不低，因为他曾应聘到绍兴的东湖学堂教授英文，[2] 而最关键的是，他在留学日本前已能独立把英文原著翻译成中文。

从上面的简单交代，我们可以确定周氏兄弟其实本来无须以对译方式来进行翻译的，因为他们各自都能够利用自己所掌握的外语来独立翻译。可是，假如原著是来自一些没有掌握好的外语又怎样？举例说，如果鲁迅要翻译英文原著的作品，可不是一定要借重周作人的口述或草稿？周作人的回忆录里有一段看来很有趣的文字，那是关于章太炎（1869—1936）交下来的一个翻译任务。章太炎希望有人能将德意生（Deussen）的《吠檀多哲学论》翻译出来，这任务交给了周作人，周认为原著"实在不好懂"，提出另译《邬波尼沙陀》，但却始终没有译好，鲁

[1]　周作人：《鲁迅与英文》，收入止庵（编）：《关于鲁迅》，新疆人民出版社，1997年，第533页。

[2]　周作人：《知堂回想录》，第128页。

迅很是不满，最后竟然为此动手打周作人：

> 大概我那时候很是懒惰，住在伍舍里与鲁迅两个人，白天逼在一间六席的房子里，气闷得很，不想做工作，因此与鲁迅起过冲突，他老催促我译书，我却只是沉默的消极对付，有一天他忽然愤激起来，挥起他的老拳，在我头上打上几下，便由许季茀赶来劝开了。[1]

在晚年的回忆录里，周作人当然只能承认这是自己的错误，"为了不译吠檀多的关系，那么我的确是完全该打的；因为后来我一直在懊悔，我不该是那么样的拖延的"。[2] 不过，在这里，我们实际上看见了鲁迅在翻译英文著作时的无助以及焦急。假如他能够独立翻译，又怎会要动用武力来逼迫周作人？

准此，我们便明白为什么翻译《红星佚史》时会出现周作人口述，鲁迅笔录的情况。不能否认，那时候周作人的文言文书写水平可能是不及鲁迅的。他在《知堂回想录》里谈过在南京读书时"不曾学到什么汉文"，[3] 他甚至有个一些时候是"反汉文的空气也很严重"，[4] 而上文也指出过，他所翻译的《玉虫缘》也得交由《女子世界》主编丁初我作文字修饰。因此，《红星佚史》里的十六节诗经由鲁迅笔录，只是因为他们认为鲁迅的旧体诗写得更好而已。严格来说，在整本书的翻译过程里，鲁迅的参与

---

[1] 周作人：《知堂回想录》，第223页。

[2] 同上。

[3] 同上书，第108页。

[4] 同上书，第116页。

并不是必要的,《红星佚史》大体只能算是周作人的翻译。

这样的情况在很大程度上也出现在《域外小说集》的翻译上。毫无疑问,有关《域外小说集》的出版实务工作,例如出版经费的筹集、与出版者接洽交往等,都是鲁迅负责的,但我们在上面已指出过,实际的翻译工作大部分都是周作人所完成的,当中的主要原因是,他们所据的原著大多是以英文写成的:周作人在1940年曾清楚告诉我们:

> 民国前在东京所读外国小说差不多全是英文重译本,以斯拉夫及巴耳干各民族为主,这种情形大约直到民十还是如此。[1]

而鲁迅所译的三篇,周作人也报告说:"系豫才根据德文本所译。"[2]

三、"特收录至审慎,迻译亦期弗失文情"[3]:选材与方法

不过,尽管实际的翻译工作主要由周作人承担,但如果我们从别的角度来看《域外小说集》,情况会否一样?

早在《域外小说集》初版的时候,鲁迅在它的序言里已说出了它的两个特点:

---

[1] 周作人:《匈牙利小说》,收入《周作人文类编·希腊之余光》,第563页。

[2] 周作人:《关于鲁迅之二》,收入《关于鲁迅》,第503页。

[3] 鲁迅:《〈域外小说集〉序言》,收入《鲁迅全集》,第10卷,第155页。

特收录至审慎，迻译亦期弗失文情。[1]

这里所说的是《域外小说集》的选题以及翻译手法，也是后来人们所认定《域外小说集》的重要贡献。在选题方面，他们选译了北欧、东欧以及俄罗斯的作品，这在当时的确是很少见的，就像鲁迅非常自负地说："异域文术新宗，自此始入华土。"[2] 至于翻译方法，《域外小说集》也"宁拂戾时人"，[3] 运用了忠于原著的直译手法。在这两个重要元素上，过去人们大都认为是出于鲁迅的主意，是鲁迅的贡献，如果真的是这样，鲁迅虽然译得较少，但功劳还是最大的。

先看选题的问题。首先，就现在所有的全部资料，我们都见不到任何确实的证据，肯定《域外小说集》所收录翻译的作品是由鲁迅挑选的。因此，任何有关的说法，都只不过是凭空的臆想。可是，如果真的要凭空猜想，那更可靠的推论便应该是：挑选人是周作人，理由很简单，不能读懂原文的鲁迅，又怎会挑选这些作品来翻译？

不过，有学者认为选译北欧、东欧及俄罗斯作家的作品确是出于鲁迅的意思，原因是鲁迅很早便注意到这些"叫喊和反抗"的作家——相较于周作人，"首先是鲁迅的转移"。[4] 我们不需要争论究竟这是否属实，毕竟我们今天还找不到客观的证据来确定究竟是谁先作转移。但应该强调的是，在《域外小说集》

---

[1] 鲁迅：《〈域外小说集〉序言》，收入《鲁迅全集》，第 10 卷，第 155 页。

[2] 同上。

[3] 鲁迅：《〈域外小说集〉略例》，收入同上，第 157 页。

[4] 王友贵：《翻译家周作人》，成都：四川人民出版社，2001 年，第 24 页。

出版前，周作人已確實落手翻译过这些作家的一些作品：1907年，他翻译了俄国作家亚历克赛·托尔斯泰（Aleksei Tolstoy，1883—1945）的历史小说《克虐支绥勒勃良尼》（《劲草》）；1908年，他译出了匈牙利作家育珂·摩尔（Jokai Mor，1825—1904）的《匈奴奇士录》（"Egu Az Isten!"），同年年底又译出波兰作家显克微支（Henryk Sienkiewicz，1846—1916）的中篇小说《炭画》。必须强调，显克微支是初版《域外小说集》所收录的其中一位东欧作家，而且还共收录了三篇作品，而育珂·摩尔则曾在第一册的预告里出现，显然是在收录的计划之内。更重要的是，这种翻译北欧、东欧及俄罗斯作家作品的行为，周作人在出版了《域外小说集》后还坚持了好一段日子——1921年再版的《域外小说集》便另加了21篇周作人在1910至1920年间所翻译的作品，全都来自东欧、北欧或俄罗斯。这说明了一个重要事实：翻译东欧、北欧和俄罗斯作家的作品，确实是周作人自己的兴趣和意愿。相反来说，鲁迅在这时期并没有像周作人那样大量翻译这些弱小民族的作品——或者更明确一点说，鲁迅在1908年发表《破恶声论》后到1918年发表《狂人日记》的十年间，基本没有发表什么重要著译。这点是过去不少有关《域外小说集》的讨论有意或无意给略去的事实。

至于翻译手法方面，诚然，鲁迅确是主张直译的。《域外小说集》以后，早在1913年，他已经很明确地要求翻译忠于原文，甚至可以说是提出了逐字译的要求："循字逐译，庶不甚损原意"，[1]特别是在20世纪20年代以后，他经常在译文的序跋中

---

[1] 鲁迅：《艺术玩赏之教育》译者附记，收入《鲁迅全集》，第10卷，第416页。

强调直译的重要，后来更和梁实秋(1903—1987)爆发骂战，[1] 与瞿秋白(1899—1935)有所争论，[2] 俨如现代中国翻译史上直译理论的代表人物。对此，这是无须置疑的。不过，同样应该承认的是，周作人也是一贯地主张直译，尤其在1910至20年代初期，他有关直译的言论甚至比鲁迅还要明确。例如在1918年11月，他明确地说直译是"最为正当"的翻译方法；[3]1920年4月17日，他在译文集《点滴》的序中说，他这些译作有"两件特别的地方"，第一件便是"直译的文体"。[4] 有趣的是，我们见到鲁迅一些经常为人征引的说法，其实与周作人所说的十分相似，甚至遣词造句都是相近的。在这里，我们可以做一些对比：

周作人：《文学改良与孔教》(1918年11月)：

我以为此后译本，仍当杂入原文，要使中国文中有容得别国文的度量，不必多造怪字。又当竭力保存原作的"风气习惯，语言条理"；最好是逐字译，不得已也应逐句译，宁可"中不像中，西不像西"，不必改头换面。[5]

周作人：《〈陀螺〉序》(1925年12月)：

---

[1] 关于鲁迅的直译理论及与梁实秋就翻译问题上所爆发的论争，参见王宏志：《能够"容忍多少的不顺"——论鲁迅的硬译理论》及《翻译与阶级斗争——论1929年鲁迅与梁实秋的论争》，收入《重释"信达雅"：二十世纪中国翻译研究》，东方出版中心，1999年，第218—272页。

[2] 关于鲁迅与瞿秋白的争论，参见王宏志：《"谁能够说：这是私人的事情？！"——瞿秋白翻译理论的中心思想》，同上，第273—291页。

[3] 周作人：《答张寿朋》，收入《周作人文类编·希腊之余光》，第691页。

[4] 周作人：《〈点滴〉序》，收入同上，第585页。

[5] 周作人：《答张寿朋》，收入同上，第691页。

我的翻译方法向来用直译法，……我现在还是相信直译法，因为我觉得没有更好的方法。[1]

鲁迅:《译了〈工人绥惠略夫〉之后》(1921年4月):

除了几处不得已的地方，几乎是逐字译。[2]

鲁迅:《〈出了象牙之塔〉后记》(1925年12月):

文句仍然是直译，和我历来所取的方法一样;也竭力想保存原书的口吻，大抵连语句的前后次序也不甚颠倒。[3]

鲁迅:《"题未定"草（2）》(1935年6月):

其实世界上也不会有完全归化的译文，倘有，就是貌合神离，从严辨别起来，它算不得翻译。[4]

可以见到，周作人和鲁迅在直译的问题上观点完全是一致的，如果要把直译的手法联系到《域外小说集》去，那么，最少周氏兄弟二人同样应该得到重视，而不应只把《域外小说集》"迻译亦期弗失文情"的功劳归于鲁迅一人。应该指出，到了五四

[1] 周作人:《〈陀螺〉序》，收入《周作人文类编·希腊之余光》，第591页。
[2] 《鲁迅全集》，第10卷，第169页。
[3] 同上书，第245页。
[4] 《鲁迅全集》，第6卷，第352页。

前后，突出地被视为直译代表人物的其实是周作人。我们可以罗列时人的几个说法：

> 周作人君译的小说，用直译的方法，实在是译书的模范。[1]（1919年）
>
> 周作人先生译的小说，是极好的。那宗直译的笔法，不特是译书的正道，并且是我们自己做文的榜样[2]（1919年）
>
> 周启明君翻译外国小说，照原文直译，不敢稍以己意变更。……我以为他在中国近来的翻译界中，却是开新纪元的。[3]（1919年）

无论在选题和翻译手法上，在最初的阶段，鲁迅和周作人都同样有模仿林纾的痕迹，这点是周作人所公开承认的。[4] 选题方面，他们都翻译过哈葛德、凡尔纳、雨果等当时在中国颇受欢迎的作家，而翻译手法方面，更有过大刀阔斧式的意译。这点是毫不为奇的，因为周氏兄弟有过可说是盲目崇拜林纾的日子，"只要他印出一部，来到东京，便一定跑到神田的中国书林，去把它买来"，看完后还会拿去钉书店作钉装。[5] 因此，我

---

[1] "书报介绍：《新青年杂志》"，《新潮》第 1 卷第 2 期，1919 年 2 月 1 日，第 354—355 页。

[2] 傅斯年：《怎样做白话文》，收入《中国新文学大系·设建理论集》，上海良友图书公司，1935 年，第 227 页。

[3] 钱玄同：《关于新文学的三件要事》，收入《钱玄同文集》，中国人民大学出版社，1999 年，第 1 卷，第 355 页。

[4] 周作人：《林琴南与罗振玉》，收入《周作人文类编·希腊之余光》，第 721 页。

[5] 周作人：《鲁迅与清末文坛》，收入《关于鲁迅》，第 57 页。

们同意论者所说，在《域外小说集》出版前，周氏兄弟的翻译活动"还没有找到自己独特的位置"，[1]但倒过来看，《域外小说集》的出现，便正展示了周氏兄弟翻译思想上的重大转变。过去，人们把这转变的主导归于鲁迅，但其实这是没有确实的资料证明的。相反，我们可以见到周作人的转变来得更积极，甚至是更坚持。应该指出，过去人们每以鲁迅给增田涉（1903—1977）的一封信中所说的话来说明他们对林纾的不满。鲁迅的说法是很简单的："当时中国流行林琴南用古文翻译的外小说，文章确实写得很好，但误译很多。我们对此感到不满，想加以纠正，才干起来的。"[2]但其实能够找到最早不满意林纾的书写是来自周作人。早在1907年11月《天义报》上发表的《论俄国革命与虚无主义之别》的后记里，周作人对刚出版林纾为其翻译的《双孝子噀血酬恩记》所作的序言做了措辞严厉的批评，说"林氏一序，语尤荒谬"，又说"吾闻序言，如遇鸣鸦，恶朕己形，曷胜悯叹也"。[3]这是过去人们讨论周氏兄弟与林纾关系时都没有提及的事实。

在这里，我们必须特别强调一个所有鲁迅研究者都知道，但过去却又极少人愿意提出来正视的事实，就是：鲁迅本人并没有把《域外小说集》视为自己的作品。众所周知，《域外小说集》在1921年由上海群益书社出版新版本，这新版本是由鲁迅负责编辑的，但已经不再署名"会稽周氏兄弟"，变成了"周作人编译"。除了把原来的两册合而为一外，又加入了周作

---

[1] 陈平原：《20世纪中国小说史》第1卷（1897—1916），第49页。

[2] 鲁迅1932年1月6日致增田涉信，《鲁迅全集》，第13卷，第473页。

[3] 《周作人文类编·中国气味》，第459页。除这篇外，还有就是1908年的《论文章之意义暨其使命因及中国近时文论之失》，下文会有讨论。

人 1909 年以后用文言文翻译的 21 篇短篇小说；换言之，鲁迅负责翻译的部分占全书的比例便更小了。此外，序言虽然由鲁迅执笔，但却是以周作人的身分及名义撰写的。这一切都足以证明，鲁迅并没有意图把翻译出版《域外小说集》的功劳归于自己，刚好相反，他认定以周作人的名义来出版更为合适。很明显，把《域外小说集》的讨论局限于鲁迅，根本就是违反了鲁迅的意愿。

四、"我读小说大抵是当作文章去看"[1]：没有故事的作品

在这一节里，我们还可以进一步分析几个来自鲁迅有关《域外小说集》的论述。这些论述过去一直主导着有关《域外小说集》的讨论，然而却有必要深入探究和商榷。过去有关《域外小说集》的研究一般都较少参考周作人的著作，这不能不说是严重的缺失。下文主要从周作人所写的文章去进行剖析，只有直接从周作人那些写于 20 世纪初的文章入手，我们才可能更好地理解《域外小说集》，也能弄清楚周作人在《域外小说集》的翻译上所扮演的真正角色，从而见到他在近代中国翻译史上的重要位置。

第一个要探讨的是《域外小说集》在当时不畅销的原因。在别的地方我曾对这问题有所分析，提出《域外小说集》不为时人

---

[1] 周作人：《明治文学之追忆》，收入《周作人文类编·日本管窥》，第 459 页。

喜爱的一个关键理由在于它的直译手法，不合当时所流行的意译风尚，本文不赘，[1] 这里只会集中分析由鲁迅所提出的一个广为征引的说法：

> 《域外小说集》初出的时候，见过的人，往往摇头说："以为他才开头，却已完了！"那时短篇小说还很少，读书人看惯了一二百回的章回体，所以短篇便等于无物。[2]

诚然，《域外小说集》所收的都是短篇小说，但如果从字数上看，它们可会真的给人一种"才开头，却已完了"的感觉？就是鲁迅负责翻译的迦尔洵的《四日》便长达7500字以上，而其他的像《邂逅》更超过1万字，《一文钱》也超过6000字，这都不能算是篇幅短小。此外，鲁迅所说人们看惯了一二百回的章回体小说，其实都是白话小说，但过去读书人看的文言小说却多是短小的，诸如《世说新语》《三言二拍》《聊斋志异》等，里面一些短篇故事有时候只得几十字，甚至像今天的"小小说"或"微型小说"，传统读书人还是能够接受的。此外，在《域外小说集》出版前从西方传入的"新小说"也不尽是长篇的，如《伊索寓言》和《安徒生童话》等在晚清都有译本，个别的故事是十分短小的。更重要的是，从当时一些小说杂志的广告和启事看，短篇小说其实正开始流行起来。《小说林》在1907年所刊

---

[1] 王宏志：《民元前鲁迅的翻译活动：兼论晚清的意译风尚》，收入《重释"信达雅"：二十世纪中国翻译研究》，第183—217页。

[2] 《〈域外小说集〉二序》，收入《鲁迅全集》，第10卷，第163页。

登的一份《募集小说》启事，便说明"篇幅不论长短"，[1] 而1908年《月月小说》的征文广告，更指定"广搜海内外名家""思想新奇之短篇说部"。[2] 这些都是在《域外小说集》出版以前，足以证明短篇小说在当时已有一定的需求和市场价值，不可能像鲁迅所说那样的不受欢迎。

不过，从文类——短篇小说——的角度入手去解释《域外小说集》不受欢迎的原因，其实不完全是错误的，只是重点不应像鲁迅所说的在其篇幅的长短。应该同意，作为一个独特文类的西方的短篇小说，对清末的中国读者来说的确是陌生的，甚至到了1918年，胡适（1891—1962）在北京大学国文研究所做演讲，还是以《论短篇小说》为题目，且劈头的第一句便是"中国今日的文人大概不懂'短篇小说'是什么东西"。他指出，那时候的报纸杂志里面，凡是"不成长篇的小说"都叫作短篇小说，但"其实这是大错的"，因为短篇小说具有特别的性质，不是因为篇幅不长而被称为短篇小说。他给短篇小说下了一个定义：

> 短篇小说是用最经济的文学手段，描写事实中最精彩的一段，或一方面，而能使人充分满意的文章。[3]

由此可见，讨论短篇小说不应只把焦点放在篇幅或字数上。

---

[1] 小说林社，《募集小说》，《小说林》第1期，收陈平原、夏晓虹（编）：《20世纪中国小说理论资料》第1卷（1897—1916年），北京大学出版社，1989年，第237页。

[2] 《月月小说》编译部，《征文广告》，载《月月小说》第2年第3期，同上，第323页。

[3] 胡适：《论短篇小说》，收入《中国新文学大系·设建理论集》，第272页。

另一方面，周作人自己对小说也有独特的爱好和理解，这更能说明问题的所在，且更清楚地展示《域外小说集》的特点。1944年12月，周作人写了一篇题为《明治文学之追忆》的文章，在分析一些日本作家的作品时，说到自己其实是"不大爱小说"的，他接着解释说：

> 老实说，我是不大爱小说的，或者因为是不懂所以不爱，也未可知。我读小说大抵是当作文章去看，所以有些不大像小说的随笔风的小说，我倒颇觉得有意思，其有结构有波澜的，彷佛是依照着美国板的《小说作法》而做出来的东西，反有点不耐烦看，似乎是安排下好的西洋景来等我们去做呆鸟，看了欢喜得出神。[1]

接着，他还征引了小说家废名(冯文炳，1901—1967)的一封"私信"，进一步否定那些强调结构的小说：

> 我从前写小说，现在则不喜欢写小说，因为小说一方面也要真实，——真实乃亲切，一方面又要结构，结构便近于一个骗局，在这些上面费了心思，文章乃更难得亲切了。[2]

---

[1]　周作人：《明治文学之追忆》，第459页。

[2]　同上。

在文章里，周作人不断告诉我们，自己"对于一般小说不怎么喜欢"。这是周作人对于小说的态度，虽然有点古怪，但看来是真诚的，因为他自己便没有怎样认真地写过小说，却大量地写了散文随笔。

回到《域外小说集》。毫无疑问，《域外小说集》所收的都是属于小说，但显然却又不是所谓的"一般小说"，这些作品大都缺乏完整的情节或严密的结构，只能算是上引周作人所说的"不大像小说的随笔风的小说"，最多也不过是属于胡适所界定的短篇小说，以最经济的手段来写一个片断。《安乐王子》已算是具备比较完整的故事了，但也缺乏了"结构"，情节也十分简单，大部分的篇幅都用在燕子与王子的对话上。其他的像《乐人扬珂》，所写的是一个天生体弱多病但酷爱音乐的扬珂怎样因为一把胡琴而遭打死；《灯台守》写一个饱经风霜的波兰老人怎样得到守护灯台的工作，却因为太沉醉于波兰诗人密克微支的诗集而忘记点燃灯火，导致船者搁浅，最后失去工作，《四日》写一个受伤士兵给留在战场上四天的所感所想，全都是缺乏复杂的故事情节，写的只是一幕一幕的断片，简单而平淡；而更甚的是一些所谓"寓言"的作品，诸如爱伦坡的《默》、摩波商（莫泊桑，Henri René Albert Guy de Maupassant，1850—1893）的《月夜》，几乎可以说是完全没有故事情节的，只是刻意营造一种气氛、意境，内容一点也不显现，甚至是晦涩难懂的。

对《域外小说集》的作品做了这样的分析，我们可以带出两个重要论点来。第一，由此我们可以确定《域外小说集》在当时不受欢迎的真正原因。清末西方小说开始传入中国，大部分阅读小说的读者所追求的是"故事"的内容和情节，因此，最流行的是侦探小说、科幻小说以至一些言情和猎奇小说，对此，鲁迅有一个十分生动的描述：

> 我们曾在梁启超所办的《时务报》上，看见了《福尔摩斯包探案》的变幻，又在《新小说》上，看见了焦士威奴（Jules Verne）所做的号称科学小说的《海底旅行》之类的新奇。后来林琴南大译英国哈葛德（H. Rider Haggard）的小说了，我们又看见了伦敦小姐之缠绵和菲洲野蛮之古怪。[1]

可是，这些"变幻""新奇""缠绵""古怪"等元素，都没有出现在《域外小说集》的小说内。当最基本的故事情节也往往阙如的时候，对西方文学极不理解的清末读者，又怎会喜爱这些作品？鲁迅说一些读者在看《域外小说集》后的反应是"以为他才开头，却已完了"也不完全是错误的，但那不是指故事的长短，而是指内容和情节。在传统的中国读者眼里，《域外小说集》里的作品故事内容是还没有开展的。

第二，《域外小说集》所收的作品，在风格上是配合周作人的小说观的。正因为这些作品都不大像小说，没有"结构""波澜"，像散文随笔，所以周作人才会喜欢。由此，我们也可以再进一步确定，《域外小说集》的选材和翻译跟周作人的关系更密切，因为我们见不到鲁迅在这方面有相近的论述，相反，鲁迅后来的不少小说往往都是非常讲求结构性(如《药》)和故事性(如《阿Q正传》)的。

---

[1]　鲁迅：《祝中俄文字之交》，收入《鲁迅全集》，第4卷，第459页。

五、"多记其悲观，尤极哀侧"[1]：没有斗争的政治

鲁迅有关《域外小说集》第二个重要论述，更是广为接受的，那就是涉及选材的问题。上文说过，《域外小说集》选译了北欧、东欧以及俄罗斯作家的作品，放在当时的历史背景里，的确是像鲁迅所自诩的"异域文术新宗，自此始入华土"，原因是在这以前，小说翻译只集中在英、法、美等国家的作家上，北欧、东欧以及俄罗斯等作家几乎是无人问津的。俄国作家中，在当时只有托尔斯泰（Leo Tolstoy, 1828—1910）较为人所熟悉，他以宗教为题材的作品共 12 篇早在 1907 年便在香港出版。托尔斯泰以外，可以列举出来的便只有屠格涅夫（Ivan Turgenev, 1818—1883）、普希金（Alexandr Pushkin, 1799—1837）、高尔基（Maxim Gorki, 1868—1936）、契诃夫（Anton Chekov, 1860—1904）及莱蒙托夫（Mikhail Lermontov, 1814—1841）的各一篇而已。东欧和北欧的作家译得更少：《域外小说集》中，除显克微支经由周作人在不足一年前介绍到中国来外，其余芬兰的哀禾（Juhani Aho, 1861—1921）及波斯尼亚的穆拉淑微支（Milena Mzazoviĉ）都是第一次有作品给翻译成中文的；就是俄国作家中，《域外小说集》里所译的四位作家，当中迦尔洵（Vsevolod Garshin, 1855—1888）、安特来夫（Leonid Andreev, 1871—1919）、斯谛普虐克（Stepniak, 1852—1897）三位，也是首次给译介到中国来。单从这点看，周氏兄弟在中国近代翻译史便应该占上重要的位置。不过，值得探讨的是，为什么他们会有这样的选择？

---

[1] 会稽周氏兄弟：《杂识》，收入伍国庆（编）：《域外小说集》，岳麓书社，1986 年，第 4 页。

首先，周作人曾经提出过一个理由，那是从实际情况出发的，在他所译的《劲草》因为已有别的译本而遭退稿后，他们转向搜寻一些冷僻的作品来翻译，避免与人重复。[1] 不过，这只是较次要的因素，因为冷僻的作家作品还有很多，没有必要集中在东欧和俄罗斯方面。更多人谈论及认同的是来自鲁迅的解释：

> 注重的倒是在绍介，在翻译，而尤其注重于短篇，特别是被压迫的民族中的作者的作品。因为那时正盛行排满论，有些青年，都引那叫喊和反抗的作者为同调的。……因为所求的作品是叫喊和反抗，势必至于倾向了东欧，因此所看的俄国，波兰以及巴尔干诸小国作家的东西就特别多。[2]

作为当事人，鲁迅这段写于1933年的文字，长久以来便成为解读《域外小说集》的金科玉律，其后的论者都只能在他所划定的范畴下去思考这问题。但里面的论述可全都正确？我们是否应该直接去细读那些收在《域外小说集》里的作品，从而得出更准确的观察？

其实，仔细去看，尽管《域外小说集》里的作品的确是大都来自被压迫的弱小民族，但里面几乎完全听不到"叫喊和反抗"的声音，丝毫见不到斗争的痕迹。有谁会将王尔德（Oscar Wilde，1854—1900）的《快乐王子》视作鼓吹斗争和反抗的作品？整篇小说就只是弥漫着伤感、灰暗和哀愁，最后王子的

---

[1] 周作人：《知堂回想录》，第211页。

[2] 鲁迅：《我怎么做起小说来》，收入《鲁迅全集》，第4卷，第511页。

塑像塌了，燕子死于王子脚下，而人们却还没有觉醒，只知争吵怎样去重建金像。爱伦坡的《默》以"厉鬼"（魔鬼）来观察"神人"（神），写的是寂寞和"幽默"（沉默）的境界。[1] 莫泊桑的《月夜》以优美的文笔写出"庄严而清静"的"月夜之美"如何打动了只知侍奉"神命"的长老，让他知道爱的存在。这些都不是战斗性的，更不要说让人想到民族主义的排满上去。也许，以这几篇来自英、美、法国的作家来说明这问题是不够说服力的，因为他们不是来自弱小民族，甚至本身就是属于帝国主义的，那么，东欧、北欧和俄国的又怎样？然而，来自被压迫民族作家的故事其实只是更沉重、更灰暗、更哀伤。我们在上面看过波兰作家显克微支那乐人扬珂的悲惨故事，里面不但没有半点的反抗，就是在扬珂被殴打后死前一刻也只能问一句："至天国，帝肯与我一真胡琴耶？"这是多么的叫人难受、无奈和无助；相类似的还有显克微支的另一篇作品《天使》，小女孩玛利萨在母亲去世后成为孤儿，人们原是要把她送走，但却竟然全都喝醉了，在雪地中雪橇翻倒，女孩自己一个走在路上，故事的结尾处是一只狼出现了。特别让人感到讽刺的是，人们一直告诉女孩，孤儿是会得到天使保护的。俄国迦尔洵的《邂逅》描述了年轻人爱上了一个妓女，不能自拔，最后只有吞枪自杀，小说里尽是无法排解的凄怨和苦痛。另外，安特来夫的《谩》，写的是一个以为给女朋友欺骗因而把她杀了的故事，里面虽然有狂人般的叫喊，但那只是无穷的绝望，却不是表现反抗和斗争。更让人感到无奈的是，"吾杀女子，而使谩弗死"，"诚无

---

[1]　有论者把这篇作品阅读为"二周乃至那个黑暗时期一批先觉者对不堪忍受的'幽默'与孤寂的濒于发狂的心态"。王友贵，《翻译家周作人》，第41页。

所在也。顾谩乃永存，谩实不死"；结果，他只能慨叹："嗟乎，特人耳，而欲求其诚，抑何愚矣！伤哉！"这样的作品怎么能够跟民族革命或斗争扯上关系？

不是说《域外小说集》里没有一篇作品包含政治性。《四日》透过伤兵倒在战场，一直得不到营救的心理描写，流露出非战的思想。《灯台守》写波兰老翁得到波兰诗人的诗集那种失神状态，表现了浓烈的爱国情怀。《塞外》透过被流放者的对话，写出流放在"鲜卑"(西伯利亚)无休止的苦楚，间接控诉了俄国的政治；较直接地批判来自无政府主义者斯谛普虐克的《一文钱》，小说一开始即说在没有地主、长老及商贾时，"民生乐康，至自由也"，但经"魑魅"使计，制造了地主、长老和商贾后，"农遂无复安时"。这是对建制的嘲弄。可是，即使这些小说具备了政治色彩，但并不见得有反抗的意识。《四日》的结局是伤兵得救，只需截去一腿，医生说这只不过是"小事耳"，是得到神的保佑。《灯台守》中的老人，最后是丢了工作，"复上漂流之道"。《塞外》最初被放逐的鞑靼人独自啼哭，人们只说逐渐会习惯下来的。《一文钱》的故事更有趣，"乡人"给地主等诸多折腾才"觉醒"过来，方法是"匿迹山林"，重新建立家园，"在康乐中渡其岁月"，虽是圆满的结局，但却是一种逃避，不是抗争。

更有意思的是周氏兄弟怎样去向读者介绍这些作家。在晚清，译者向读者介绍原著作者的做法非常罕见，主要原因是很多时候，一方面可能译者本身对西方文学及作者根本没有足够的认识，另一方面亦可能由于他们翻译外国作品的动机往往不在认真介绍和引进外国文学，所以没有介绍原作者的意图。在这情形下，周氏兄弟在《域外小说集》里在卷末以"杂识"方式

"人的文学"之"哀弦篇"

对每位原著者予以介绍，[1] 是非常难能可贵的。但更重要的是，这些作者介绍能够更好地说明周氏兄弟心目中究竟怎样去理解《域外小说集》。不过，应该指出的是，在这些作者的介绍中，只有两位——安特来夫及迦尔洵——是由鲁迅执笔的，[2] 其余全都由周作人所写。

上文指出过，《域外小说集》所收录的作品其实是见不到叫喊或反抗的。同样地，我们在阅读完书内的作者介绍，也见不到奋勇抗争的斗士形象。可以预期，有关淮尔特(王尔德)的描述重点是放在他的唯美主义上，甚至突出了他的"主张人生之艺术化，尝自制奇服服之，持向日葵之华，游行于市"(页1)；有关亚伦·坡(爱伦坡)的介绍是"性脱略耽酒，诗文均极瑰异"，而当他们提到摩波商是法国自然派大家时，借用了托尔斯泰的说话来强调摩波商"对于世相，无所容心，亦别无好恶之念"(页2)，半点斗争的意思也没有。欧美作家是如此，那么，那些"弱小民族"作家又怎样？迦尔洵的"事略"里确明言作者曾参战，《四日》等为"俄国非战文学中名作"，但另一方面又报导说作者最后是自杀而死，"晚年著作，多记其悲观，尤极哀恻"，而《邂逅》中所描写的人物，"皆平凡困顿，多过失而不违人情，故愈益可悯"(页4)。另外，契诃夫则是"艺术精美，论者比之摩波商"，而安特来夫则"专心文章，其著作多属象征"，而芬兰作家哀禾的介绍更是平面，只称许他是"芬兰近代文人之冠"，作品《孤独》"为写实派大著"(页8)，都没有交代他们作为被压迫被损害民族的战斗性。不过，在几位作家中，最有意思的是有关显克微支和斯谛普虐克的描述，值得深入分析。

---

[1] 本文有关《域外小说集》的作者介绍，录自伍国庆（编）：《域外小说集》，岳麓书社，1986年，第1—8页。下文引述这些作者介绍时，只列出页码，不另作注。

[2] 《杂识》，收入《鲁迅全集》，第10卷，第159页。

在《域外小说集》的作者介绍里，显克微支作为"弱小民族"作家的身份来进行抗争，的确是有所报导的："显克微支以1846年生奥属波兰，力图独立，亡命美洲"（页6，这资料有误，显克微支是出生于俄属波兰的），但这极其简短的一句真的能说明显克微支的爱国思想和行为吗？其实，显克微支父母都曾直接参与革命事业，这是他爱国思想的来源。此外，他最受人称赞的作品，是以波兰17世纪历史作背景的三部曲，透过波兰所经历过的三场战争的光荣历史，表扬民族及爱国主义思想，但《域外小说集》只轻描淡写地以"又有波兰历史小说三部作，皆有名于世"简略带过；相反，事略中以主要篇幅征引了丹麦文学批评家勃兰兑思（Georg Brandes，1842—1927）的论述，把显克微支描绘成一位讲求写作技巧和文字秀美的作家：

> 显克微支系出高门，天才美富，文情菲恻，而深藏讽刺。所著《炭画》，记一乡妇欲救其夫于兵役，至自卖其身，文字至此，已成绝技，盖写实小说之神品也。又《天使》《灯台守》诸小品，极佳胜，写景至美，而感情激烈，至足动人。（页6）

而且，紧接着这段引文的是"可以知其价值矣"的评语。换言之，周作人要给晚清读者展现出来的显克微支，价值在于文字技巧，却不在政治斗争和爱国情怀。唯一提到波兰人爱国思想的是在介绍《灯台守》的几句："波兰人特性，深爱其故乡及宗教，百折不贰。读《灯台守》者，可推想也。"（页7）这过于简单，没有能够突出显克微支的爱国情怀及革命精神。

有关斯谛普虐克的描述模式也是很接近的，里面确实提到他的政治参与和思想，但同样是过于简略和含糊，尤其是在政治参与方面，只有一句"后以国事逃亡英国"，但这"国事"是什么？为什么会因这国事而逃亡？都没有交代清楚。至于思想方面，周作人告诉读者，斯谛普虐克"为虚无论派之社会改革家，于官僚、僧侣，皆极憎恨"，算是触碰到斯谛普虐克的无政府主义思想，但也没有确实或具体的说明。

其实，如果周氏兄弟真的要透过介绍弱小民族作家作品来向中国读者宣扬爱国以至革命思想，斯谛普虐克真的是很好的选择，原因是他确曾积极直接参与过革命活动，最著名的是他在1878年在圣彼德堡街头刺死俄国秘密警察头子的事——这就是上面所说的"以国事逃亡英国"的"国事"。此外，他也参加了1876年波斯尼亚反抗土耳其统治的起义活动以及1877年在意大利的一次暴动。更值得注意的还有他所写过的两本书，一是他的第一本著作，叫《地下俄罗斯》（*Underground Russia*），写的是俄罗斯的革命分子和他们的活动，另一本则更是讨论游击战争的手册。这两本书都可以说是真正充满了"叫喊和反抗"的声音，如果《域外小说集》选译被压迫民族的作家作品是为了配合当时中国的"排满"情绪，实在没有理由不在作者介绍中对这些事实大书特书。必须指出的是，在较早时候（1907年），周作人曾以"独应"的笔名在《天义报》上发表了一系列《读书杂拾》，其中一条便是有关斯谛普虐克的（他当时用的译名是斯谛勃咢克），里面便清楚说明他参加了政党，"运动农工至为有力"，更说到斯谛普虐克在逃亡英国后，"著书布其国中惨状，中有《地下之俄国》一书"[1]。很明显，周作人是知道他的革命事迹的，但他选择在《域外小说集》里只作非常简略地报导，甚至把

---

[1] 《读书杂拾》，收入《周作人文类编·希腊之余光》，第534页。

一些资料省掉，便明确地显示他们是刻意冲淡或低调地处理这问题。

从上面的讨论，我们可以带出一个跟过去学界一直接受的说法很不一样的论点来，就是虽然《域外小说集》所选录的作家作品的确来自被压迫的弱小民族，但里面并不见到"叫喊和反抗"，而更重要的是，《域外小说集》原来并没有意图宣扬反抗的声音，更不要说直接联系到排满反清的革命情绪上去。

但问题是：既然这样，为什么过去一直都强调了《域外小说集》的叫喊、反抗和斗争性？

我们知道，鲁迅在日本弃医学文，目的在于改变国民的精神，[1] 那是政治性的，原意不是在于推动文艺本身。他这时期写的重要论文《摩罗诗力说》，所介绍和推崇的诗人及作家都是具备战斗性的，用鲁迅的说法，他们"无不刚健不挠，抱诚守真；不取媚于群，以随顺旧俗；发为雄声，以起其国人之新生，而大其国于天下"。在这时候，鲁迅所鼓吹的是"立意在反抗，指归在动作"，"更张破坏，无所假借"的精神。[2] 这是鲁迅对于文学家的要求，也完全配合我们在上文征引《我怎么做起小说来》的描述。政治思想方面，周作人对鲁迅有一个非常简洁的描述：

> 豫才在那时候的思想我想差不多可以民族主义包括之，如所介绍的文学亦以被压迫的民族为主，俄则取其反抗压制，希求自由也。[3]

---

[1] 鲁迅：《〈呐喊〉自序》，收入《鲁迅全集》，第1卷，第417页。

[2] 同上书，第99页。

[3] 周作人：《关于鲁迅之二》，收入《关于鲁迅》，第506页。

所以，我们可以完全同意，鲁迅的确是希望借助文艺来策动斗争，甚至是排满反清。不过，关键在于，这是鲁迅个人的想法，却不一定要扯到《域外小说集》上去，更不应扯到周作人身上去，毕竟上引鲁迅那段文字并不是要专门谈《域外小说集》，而是来自1933年鲁迅自述自己的创作经验时候写的《我怎样做起小说来》的。这时候，周氏兄弟早已决裂，鲁迅不可能再代表周作人来说话，尤其是他在重印《域外小说集》时已确认了那是周作人的作品；此外，鲁迅在文章中点名提到的作家共有四位：俄国的果戈里、波兰的显克微支、日本的夏目漱石和森鸥外[1]，四人中，只有显克微支的作品是出现在《域外小说集》内的。由此可以进一步证明，《我怎么做起小说来》里所谈的创作背景和动机，都不是指向《域外小说集》的，我们便不应以此来证明《域外小说集》的作品充满了反抗和斗争。

然而，周作人在《鲁迅的文学修养》一文里也说过相近的话：

> 《新生》的介绍翻译方向便以民族解放为目标，搜集材料自然倾向东欧一面，因为那里有好些"弱小民族"，处于殖民地的地位，正在竭力挣扎，想要摆脱帝国主义的束缚，俄国虽是例外，但是人民也在斗争，要求自由，所以也在收罗之列，而且成为重点了。[2]

虽然周作人这段文字谈的是《新生》，但由于《新生》最后不能出版，原来要发表的译作后来都收在《域外小说集》里，因此，

---

[1]《鲁迅全集》，第4卷，第511页。

[2] 周作人：《鲁迅的文学修养》，收入《关于鲁迅》，第440页。

我们必须承认，他在这里实际上也是在谈《域外小说集》。不过，这里有一点值得注意：周作人这篇回忆鲁迅的文章发表于1956年10月。那时候，鲁迅的地位因着政治因素而如日中天，但周作人自己却是背负着沉重的历史罪状，有关鲁迅的论述，能够过于偏离主流吗？能够与鲁迅自己所提出的相差太远吗？因此，要更好理解周作人在翻译《域外小说集》时的思想状态，应该看他在20世纪初期所写的文章。

在过去，一般的说法都认为周作人在清末至五四初期的思想与鲁迅很接近，都是利用文艺来推动政治，是新文学新文化运动的骁将，只是在经历了五四落潮后的"分化"，周作人逐步倒退，尤其是在1921年生了一场病后，他更开始退隐到"自己的园地"去，最后"不谈文学，摘下招牌"。[1] 我们不是要在这里探究周作人的思想发展，也不是要驳斥任何相关的论说，但为了更好的说明《域外小说集》的一些问题，不得不也稍为讨论一下周作人的思想。

首先，不能否认的是，周作人跟鲁迅一样，在清末的时候确实经历过民族主义的时期。就在《域外小说集》出版前后，他已经发表过文章，讨论"中国人之爱国"（1907年），[2] 也鼓吹过尚武尚侠精神（1910年）。[3] 他后来回忆说，民元以前"坚持民族主义者计有十年之久"，是"民族革命的一信徒"，而且还的确是"反对清朝"，[4] 是排满的。他1924年写给溥仪（1906—1967）

---

[1] 《国语文学谈》，收入《周作人文类编·本色》，第100页。

[2] 《中国人之爱国》，收入《周作人文类编·中国气味》，第4—5页。

[3] 例如，《论军人之尊贵》，收入同上，第12—14页；《哀侠》，收入同上，第22—24页。

[4] 《日本的衣食住》，收入《周作人文类编·日本管窥》，第27页。

的公开信里也明确地说在辛亥革命前他"是相信民族革命的人，换一句话即是主张排满的"，[1] 因此，在革命成功的时候，他发表文章"庆贺独立"，高呼"独立万岁！汉族同胞万岁"。[2] 更有意思的是，他自言"受了本国的革命思想的冲激"，"那种同情于'被侮辱与损害'的人与民族的心情，却已经沁进精神里去"。[3]

不过，周作人的"革命"从来只是停留在纸笔上的。如果我们说鲁迅至少曾经想过参加实际的革命行动，而且在革命军到达绍兴时曾亲率学生迎接，周作人却没有这样做，即使是辛亥革命爆发，他身处绍兴，却只是"一直躲在家里，虽是遇着革命这样大件事，也没有出去看过"[4]。从来，周作人都是以一种平和冷淡的态度来面对社会，面对政治。他那篇《新村的理想与实际》虽然写于1920年，但当中所谈到的态度是向来一致的：

> 新村的人不满足于现今的社会组织，想从根本上改革它，终极的目的与别派改革的主张虽是差不多，但在方法上有点不同。第一，他们不赞成暴力，希望平和的造成新秩序来。……我是喜欢平和的，因此赞成新村的办法罢了。[5]

在其他的文章中又清楚地说，"暴力绝对不可利用"[6] "凡过

---

[1]《致溥仪君书》，收入《周作人文类编·中国气味》，第261页

[2]《庆贺独立》，收入同上，第35页。

[3]《〈现代小说译丛〉第一集序言》，收入《周作人文类编·希腊之余光》，第589页。

[4]《知堂回想录》，第252页。

[5]《新村的理想与实际》，收入《周作人文类编·中国气味》，第150—151页。

[6]《访日本新村记》，收入《新村的理想与实际》，收入《周作人文类编·中国气味》，第120页。

火的事物我都不以为好"。[1]

平和以外，周作人还是一个"中庸"论者。他常跟朋友说，"自己是一个中庸主义者"[2]；1926年，他写信给刘半农（1891—1934），提出了办报的一些态度，其中一项"文训"是：

> "不可太有绅士气，也不可太有流氓气。"这是我自己的文训之一。[3]

这"绅士"和"流氓"的意象，在周作人的文字里出现了很多次。《两个鬼》里的绅士鬼和流氓鬼一直在斗争，但周作人希望它们能够结婚，[4]这就是一种协调；在《两个鬼的故事》里，他更明确地说"平常的理想是中庸"。[5]显然，强调暴力的反抗和斗争是不适合周作人的个性的。

文学方面，不能否认，周作人早年确实受过梁启超的影响，强调文学的社会功能，在一些文字里甚至展示了一种文艺的社会功利主义。他后来回忆说：

> 《论小说与群治之关系》，当初读了的确很有影响……即仍主张以文学来感化社会，振兴民族精神。[6]

事实上，留日时期，他已经提出过一些相类的说法，认定

---

[1] 《〈谈虎集〉后记》，收入《周作人文类编·夜读的境界》，第543页

[2] 同上书，第542页。

[3] 《条陈四项》，收入《周作人文类编·中国气味》，第540页。

[4] 《两个鬼》，收入《周作人文类编·夜读的境界》，第58—59页。

[5] 同上书，第611页。

[6] 《关于鲁迅之二》，收入《关于鲁迅》，第523页。

文学对社会及政治的力量。在一篇发表于1908年的长篇论文《论文章之意义暨其使命因及中国近时文论之失》里，[1] 他强调了文学(周作人文中的"文章"就是文学的意思)对国家民族所起的重大功能。在他笔下，埃及、希腊、俄国以及东欧南欧等国家的兴亡盛衰，都与文学有关。文章的结尾处，他清楚地"更抒私见"：

> 夫文章者，国民精神之所寄心。精神而盛，文章固即以皇，精神而衰，文章亦足以补救，故文章虽非实用，而有远功者也。(页29)

可是，在同一篇文章里面，他又非常强调文学的独立性。他严厉批判中国思想长久以来受到酷苛的束缚，导致"吾国文章丧死之极致"，尤其是孔子作为"中国文章之匠宗"，却只知束缚人心(页7)，这是中国人"昧于文章意义"，"以文章为经世之业，上宗典经"(页20)的缘故。周作人认为，这情况在"近时"仍然严重，他特别提出了小说的问题："其过在不以小说为文章，或以为文章而仍昧于文章之义，则惑于裨益社会"(页25)；他否定以历史小说来教历史，更批判林纾"手治文章而心仪功利"，以翻译小说来推行工商(页28)。最后，他清楚地点出了文学的独立性：

---

[1] 周作人：《论文章之意义暨其使命因及中国近时文论之失》，收入《周作人文类编·本色》，第1—30页。下文有关这篇文章的讨论，不另作注，只注明页码。

文章一科，后当别为孤宗，不为他物所统。（页30）

如果文学真的是独立的，别为孤宗的，那又怎可以影响社会？二者的矛盾怎样调和？一篇写在1907年的文章很能说明这个问题：

盖文章为物，务移人情，其与读者交以神明，相喻于感情最深之地，印象所留，至为深久，莫能漶灭。故一书之力，恒足以左右人间，使生种种因缘。如斯妥夫人（H. B. Stowe）《汤姆之小舍》（或译《黑奴吁天录》与今书相合）出，致兴南北美之战，而黑奴终释。都介涅夫（俄国文宗）《猎人纪事》出，而二千万之农奴亦放。夫非其书哀感顽艳，能动人心，使生毅力，孰能与于此。[1]

这里非常明确地提出了文学能移情的观点，并以此作为它影响社会的因素。同样是写于1907年，周作人在独立翻译哈葛德《红星佚史》后所写的序文也说出了相同的意思。他说自己也知道这本书"无益于今日之群道"，不像最近人们要"以说部教道德"。不过，他强调小说是"文之属"，"学以益智，文以移情，能移人情，文责以尽，他有所益，客而已"。[2] 这种思想跟他后

---

[1] 《读书杂拾》，收入《周作人文类编·希腊之余光》，第535页。

[2] 《〈红星佚史〉序》，收入《周作人文类编·希腊之余光》，第528页。

来在《自己的园地》里所表现的其实是相差不远的 [1]。

六、"知海外尤有哀音" [2]："人的文学"的翻译

文学能够移情的观点确立了，然而，为什么文学能有这能力？周作人在早年已有所解释。在发表于 1908 年 12 月的《哀弦篇》里，周作人指出，文章所写的都是人情，而这些人情——包括"爱憎悔惧，嫉妒希冀"，都是人们所共同感受和了解的，而文学就是要"舒写此情，求其赏会"，这是文学能"不朽"的原因。[3] 不过，值得注意的是，周作人对于这"人情"是有所偏重的：悲哀。在同一篇文章里，他认同哀乐皆出于自然，且也都足以移人情，但"二者雠比，其差恒不能相当"，原因是欢乐是短暂的，而悲哀则"永住无间"。他指出，在人世间里，"恒乐少而悲多，乐暂而悲久"，在这情形下，"天下心声，多作愁叹之节，而激人情，感应尤疾"。所以，他说："悲哀者，天地之心"[4]。

上面算是非常简略地交代了周作人在翻译出版《域外小说集》前后的文学观。以此观照《域外小说集》，不难又再进一步

---

[1] 在《自己的园地》里，周作人以文艺作为自己的园地，他要依照自己心意的倾向去种蔷薇和地丁，这既尊重了个性，也对社会有所报答，"因为社会不但需要果蔬药材，却也一样迫切的需要蔷薇与地丁"。此外，周作人还说："有些人种花以消遣，有些人种花志在卖钱；真种花者以种花为其生活，——而花亦未尝不美，未尝于人无益。"《周作人文类编·本色》，第 62—64 页。

[2] 《哀弦篇》，收入《周作人文类编·希腊之余光》，第 346 页。

[3] 同上。

[4] 同上。

确证二者的契合。很明显，《域外小说集》所收的都是能够移人情的作品，但移人的力量并不在于鲁迅所强调的呐喊或反抗，而在于小说的艺术性和小说的悲情。

其实，上文在讨论《域外小说集》的著者事略时已指出过，周作人非常刻意介绍这些作家及作品的艺术成就，例如王尔德"主张人生之艺术化"、亚伦·坡"诗文均极瑰异"、契诃夫"艺术精美，论者比之摩波商"，而安特来夫则"专心文章"等。事实上，再看周作人同时期，甚至是后来所写有关这些作者作品的文字，也都时常强调他们的艺术性。举例说，在介绍他所译亚伦·坡另外一篇作品《寂漠》时，说的是"其文特奇妙，苍凉激楚，殆有鬼才"；[1] 为显克微支的《炭画》作序时，周作人引用了勃兰兑思的说法，说他"其人才情美富，为文悱恻而深刻"，[2] 在另一处地方又征引说显克微支《炭画》"文字至是，已属绝技，盖写实小说之神品也"。[3] 此外，即使在介绍其他东欧、北欧或俄罗斯作家，周作人都很注意他们的艺术性。例如为他在1908年翻译匈牙利作家育珂·摩耳的《匈奴奇士录》作序时，重点介绍作者"长于创作，益以意象挺拔，作之藻彩，故每成一书，情态万变，且秾丽富美，妙夺人意"；[4] 对于他的小说《黄蔷薇》，周作人说"文思富美，盎然多诗趣"，其中对匈牙利自然景色的描写，即"作诗词观之，尤可欣赏也"；[5] 对于另一

---

[1] 《〈寂漠〉译记》，收入《周作人文类编·希腊之余光》，第 536 页。

[2] 《〈炭画〉序》，收入《周作人文类编·希腊之余光》，第 567 页。

[3] 《关于〈炭画〉》，收入《周作人文类编·希腊之余光》，第 570 页。

[4] 《〈匈奴奇士录〉序》，收入《周作人文类编·希腊之余光》，第 545 页。另外，在未刊稿《育珂摩耳传》中也有相类的说法，更说"其行文亦轻巧，机局徐展，妙绪环生，不暇应接"，《周作人文类编·希腊之余光》，第 550 页。

[5] 《〈黄华〉序说》，收入《周作人文类编·希腊之余光》，第 553、555 页。

北欧作家安徒生（周作人译作"安兑尔然"[1]，1921年版《域外小说集》收有《皇帝之新衣》），他的介绍也着重在"文情菲亹，欢乐哀愁，皆能动人，且状物写神，妙得其极"。[2] 这许多的例子都能够充分说明，周作人挑选《域外小说集》的作品时，其中一个重要理由是这些作品的艺术性，而这种对小说的艺术性和独立性的重视，是周作人这时候文艺观的一个重要组成部分。

艺术以外，作品的内容也很重要。上文指出过，《域外小说集》所收作品的故事情节比较简单，但它们都非常感人，用周作人的说法，就是能移人情。不过，我们在上文分析其故事内容时已指出过，《域外小说集》内的作品——从《安乐王子》到《四日》《塞外》，从《乐人扬珂》到《天使》《灯台守》，无一不是凄怨恻苦，是属于悲剧的一类，[3] 这正好配合周作人对于移人情的见解。除了《域外小说集》的著者事略中对于作品的悲剧成分有所介绍外，在周作人同时期所写的其他文字中也可以找到大量的例子，见到他对东欧和俄罗斯作家的关注，重点都放在他们对悲惨人生的描写。例如他曾这样谈论过显克微支及其《炭画》：

> 显克微支作短篇，种类不一，叙事言情，无不佳妙，写民间疾苦诸篇尤胜。事多惨苦，而文特奇诡，能出

---

[1] Hans Christian Andersen, 1805—1875。

[2] 《丹麦诗人安兑尔然传》，收入《周作人文类编·希腊之余光》，第385—386 页。

[3] 在周作人这时候所写的文字中，"悲剧"一词确曾出现，他借英人圭勒富支的说法，说明"悲剧在示人以可哀可怖，一寻常不异吾辈之人，仍以过失至入于灭亡，而其过失又复为吾辈所未必能免者，此其所以可哀也。"《小说丛话》，收入《周作人文类编·希腊之余光》，第406 页。

以轻妙诙谐之笔，弥足增其悲痛，视戈戈耳笑中之泪殆有过之，《炭画》即其代表矣。[1]

在另一处地方，又说"余尤喜其写民间悲苦，尤凄婉动人"。[2] 此外，他在1907年所写的好几则《读书杂拾》里，也写到"波兰近世第一流女著作家"爱理萨阿什斯珂（Eliza Orzeszko，1842—?）怎样地穷愁著书，"其杰作大抵描写波人促迫苦愁之状，读之可感"。[3] 不过，在各篇文字中，最值得注意的是《哀弦篇》，[4] 我们在上面已指出过，这篇文章发表于1908年12月，正好与《域外小说集》同一时间，很能够反映出周作人这时期的思想。不过，在绝大部分有关周作人的研究里，这篇文章都没有得到重视，甚至可以说是鲜为人所提及。

文章的篇幅很长，超过1万字，[5] 主体是介绍好几个东欧及南欧国家的文学状况，最后以犹太希伯来文学作结。周作人说，原也想介绍亚洲国家如印度的情况，但限于"言文隔绝"，只能阙如。这跟《域外小说集》"略例"原来所开列的翻译计划是接近的。[6] 不过，在讨论这些国家的文学时，他的重点完全放在"衰世哀音"上。例如文章的第三、四两节是有关波兰的，先述波兰的亡国历史，然后带出波兰文学在国家衰亡后出现了"哀音"，就是国歌也是悲凉激越的。跟着，周作人继述19世纪以

---

[1] 《关于〈炭画〉》，收入《周作人文类编·希腊之余光》，第571页。

[2] 《显克微支》，收入《周作人文类编·希腊之余光》，第576页。

[3] 《读书杂拾》，收入《周作人文类编·希腊之余光》，第531页。

[4] 同上，第344—365页。下文引述《哀弦篇》时，只列出页码，不另作注。

[5] 周作人却说《哀弦篇》"就很短了"。《知堂回想录》，第217页。

[6] 《略例》这样说："又以近世文潮，北欧最盛，故采译自有偏至。惟累卷既多，则以次及南欧暨泰东诸邦，使符域外一言之实。"《鲁迅全集》，第10卷，第157页。

来波兰的新文艺，开列了一些小说作家及诗人，当中自然也包括显克微支(文中作显克威支)，更特别提到自己翻译的《灯台守》(文中作《灯塔守者》)，他强调的是"文情哀怨，斯真波兰之文章耳"(页354)，而关于波兰的诗歌，周作人说是"邦国销歇，身世飘零，托物寄怀，哀音发于自然"；另外，对于乌克剌因(Ukrain，乌克兰)的一些作品，周作人也描述为"极惨淡之景""亦多哀怨""文情皆极凄艳"；而希伯来也有"抒其悲感"的作品。文章近结尾处以一种总结式的口吻说：

> 列国文人，行事不同，而文情如一，莫不有哀声逸响，迸发其间。(页364)

由此可见，周作人写这篇长文的目的，是要向国人介绍外国文学中的悲情作品。为什么要这样做？周作人是做过解释的。一是上文提过他相信悲哀最能动人情，但更重要的是他自始至终都把这有关悲哀的述说联系到中国当时的境况去，也就是说，他要大谈悲哀，是因为中国当时有这样去大谈悲哀的需要。文章开首便说到中国当时的情况很是黯淡萧条，是"所谓死寂者是也"，为什么这样严重？是因为"无悲哀故"。周作人语带悲痛地说：

> 人唯不知自悲，而后零落所底，将更令他人悲之；盖哀弦断响，而人心永寂，有如此也。(页344)

这其实是这篇文章的中心思想，也是周作人要撰写这篇长文的目的：虽然近世华土黯淡，但国人并没能够感觉得到，在这暮色的日子里，他们不知悲哀，只知道歌咏曙光的来临，这是很危险的，因为如果连悲哀之音也没有，那便是完全的绝望；相反，只有在认识悲哀后，才会有未来的希望。文章说得很清楚：

> 悲哀之声作，与以寄其绝望之情，而未来之望，亦遂因于是。末世有哀音焉，正所以征人心之未寂，国虽惨淡而未至于萧条者也。（页345）

周作人认为，中国文学传统"本少欢娱之音"，古代诗词虽然有美丽的辞藻，却是"隐隐有哀色"的，但近世并不是这样，"民向实利而驰心玄旨者寡，灵明汩丧，气节消亡，心声寂矣。吾倾耳九州，欲一聆先世之遗声，乃鲜有得"（页347）。显然，这"寂寞"，孤静，在当时是深刻地刺痛着周作人的——《域外小说集》中便收有两篇题为《默》的作品，其中爱伦坡的一篇是由周作人译的，里面"寂寞""孤寂""幽默"等字眼经常出现。但另一方面，万里海外却仍然有哀音，"绝望之中，有激扬发越之音"，周作人接着说：

> 吾今乃将收其大概，少为编志，以告国人。（页347）

而在文章的结句说得更清楚：

今于此篇，少集他国文华，进之吾士，岂曰有补，

特希知海外犹有哀弦，不如华土之寂寞耳。（页364）

很明显，周作人是有意识及有计划地向中国读者介绍外国的哀伤文学的。不过，这举措不是灰暗的，悲观的，而是积极进取的，很容易让人联想到鲁迅在《〈呐喊〉自序》中所说的打破铁屋子的故事。周作人全文最后以尼采"唯有坟墓处，始有复活"（页365）一句作结，足见其积极性。

分析过《哀弦篇》后，我们对《域外小说集》便可以有更进一步的理解，从而又可以更确定《域外小说集》与周作人的关系。最明确不过的是：《哀弦篇》里面所介绍的哀伤文学都是来自东欧、南欧等被损害被侮辱的民族，这是与《域外小说集》的翻译出版相配合的，或者可以更具体一点说，《哀弦篇》与《域外小说集》根本就是周作人向国人介绍外国文学的计划的不同组成部分，前者是论文，后者为作品，二者原来都是准备在周作人与鲁迅等合作筹办的《新生》杂志里发表的，只是因为《新生》最终没有出版，才把两部分分开发表和出版；《哀弦篇》最终发表在《河南》杂志上，那是周作人所说的《新生》甲编，而《域外小说集》则是《新生》的乙编。[1] 更重要的是，从这角度去看，我们便可以理解为什么《域外小说集》所收录翻译的作品大都是这样的凄怨哀伤，更可以理解尽管《域外小说集》以被损害被侮辱的民族作为对象，但重点不像鲁迅所说是关涉这些国家的作家和人民的反抗和斗争行为，却在于他们的悲情故事。不

---

[1]《知堂回想录》，第 217 页。

过，正如上文讨论《哀弦篇》时所说，介绍悲哀之声是积极和正面的做法，甚至是具有政治性的，是要唤醒国人走向复活。在这意义上，这跟周作人回忆说自己当时属于民族主义信徒的说法是吻合的。事实上，整个铺排都跟周作人当时的文学观以至他的文学活动日程紧扣，是一个自身非常完整的项目。

不过，我们也不应该因此而过分强调《域外小说集》的政治色彩，毕竟周作人从来也不是政治性(狭义的)很强的人，更重要的是，《域外小说集》所收录的作品虽然都是来自被损害被侮辱的弱小民族，但里面所描述的几乎全是被损害被侮辱的个人，而不存在家国兴亡或民族大义的问题，周作人在里面更多表现的是人道主义思想，而不是民族主义思想。

我们知道，"人道主义"是周作人五四时期文艺思想的一个核心概念，在其他文章中也时常出现[1]，特别强调和引起注意的是那篇被胡适誉为五四时期"关于改革文学内容的一篇最重要的宣言"[2]的《人的文学》。在这篇文章里，周作人给"人的文学"下了这样的定义：

> 用这人道主义为本，对于人生诸问题，加以记录研究的文字，便谓之人的文学。[3]

---

[1] 举例说，在《新文学的要求》中，他提出了这时代的新文学家应该以"人道主义的理想"作为他的信仰。同上，第49页；在《文艺的讨论》中也说到个人的文艺就是真正的人类的文艺，也是"所谓的人道主义文艺"。同上，第65—66页。

[2] 胡适：《导言》，收入《中国新文学大系·建设理论集》，上海：良友图书出版公司，1935年，第29页。

[3] 《周作人文类编·本色》，第34页。

《人的文学》里没有片言只字提到《域外小说集》，但这作为人的文学最重要元素的人道主义，却早已出现在《域外小说集》里，当中有关王尔德的介绍便特别说到《安乐王子》"特有人道主义倾向"（页1）。在20世纪初，周作人并没有经常提到"人道主义"一词，《域外小说集》中所出现的，几乎是绝无仅有的例子，值得特别注意。此外，《人的文学》一文中有"法国莫泊三（Maupassant）的小说《一生》（*Une Vie*），是写人间兽欲的人的文学"[1]这样的一句，这"莫泊三"便是《域外小说集》内周作人所译《月夜》的作者摩波商。

不过，更有意思的是，周作人在谈论人的文学的分类时，提出除了可以写正面的、理想的人生外，还可以写一种"非人的生活"的文学，"因为我们可以因此明白人生实在的情状，与理想生活比较出差异与改善的方法"。他还强调一个态度上的问题，写非人生活的人的文学是出于"希望人的生活，所以对于非人的生活，怀着悲哀与愤怒"。[2]这样给"人的文学"做诠释，让我们可以更好地去理解《域外小说集》里的作品：《域外小说集》内所选收的作品，几乎全部都可以给纳入这定义内的"人的文学"——《乐人扬珂》《邂逅》《四日》《塞外》《天使》以至《灯台守》，无一不是怀着悲哀和愤怒去写非人的生活的人的。换言之，早在正式提出"人的文学"的口号前，周作人便已经向中国读者译介过人的文学了。

---

[1] 《周作人文类编·本色》，第35页。

[2] 同上。

七、"将来也该有存在的价值"[1]：周作人的翻译

我们知道，《域外小说集》在 1921 年重印出版。很明显，这次重印是因为在五四前后，鲁迅和周作人都成为新文学运动的猛将，以致"几个友人""劝告重印"。[2]不过，不能否认的事实是，尽管周氏兄弟在五四文坛地位显赫，重印的《域外小说集》仍然是没有造成任何重要的影响，就像 1909 年前后一样，1921 年前后也见不到有关《域外小说集》任何广泛的讨论或介绍。这是很容易解释的：当新文学运动各健将——包括鲁迅和周作人自己——在大力推动白话文，更猛烈攻击文言古文的时候，《域外小说集》里那些"句子生硬，'诘屈聱牙'"，甚至有一些要特别铸造的"偏僻的字"[3]的文言译文，又怎能为五四时期的读者所接受？此外，周作人在《哀弦篇》和《域外小说集》所强调的悲哀之情，在五四时期也是不合时宜的。这无疑是深具讽刺性的：周作人原来要透过《哀弦篇》和《域外小说集》的悲哀之声来唤醒国民，免他们沉醉于死寂，自欺欺人地一味去迎接曙光，然而，对很多中国人来说，五四是亢奋的，的确是曙光来临的时代，就是本来已经"再没有青年时候的慷慨激昂的意思"的鲁迅，"有时候仍不免呐喊几声，聊以慰藉那在寂寞里奔驰的猛士"[4]。《域外小说集》再次受到冷落，实在是可以预期的。

---

[1] 鲁迅：《〈域外小说集〉二序》，第 162 页。

[2] 同上。

[3] 同上。

[4] 鲁迅：《〈呐喊〉自序》，收入《鲁迅全集》，第 1 卷，第 418—419 页。

不过，鲁迅在新的序言里说了一句很有意思的话：

> 只是他的本质，却在现在还有存在的价值，便在
> 将来也该有存在的价值。[1]

五四以后，中国出现了翻译"被损害民族"的热潮，《新青年》《小说月报》，以至稍后的《译文》《矛盾月刊》都出版过东南北欧文学译介的专号。在"本质"上来说，这些都与周作人在《域外小说集》里所译介的作品相接近，而它们的出现和受到重视，证明了上引鲁迅说话的正确性：《域外小说集》该有它存在的价值。

至于周作人自己，在1909年出版《域外小说集》一二集后，他继续以相同的模式去译介东欧南欧和俄罗斯作家的作品，除构成了新版《域外小说集》的部分外，还另有好几个翻译作品单行本。

然而，不能否定的事实是：尽管人们愿意对《域外小说集》做高度的评价，但过去长时间以来它是没有得到准确的理解的。不过，正由于它是由现代中国文学史上两位最重要但同时又极富争议性的人物在年青时代所合作"炮制"的，种种的政治和人事因素交缠交织，要客观地理解它又谈何容易！

---

[1] 鲁迅：《〈呐喊〉自序》，收入《鲁迅全集》，第1卷，第418—419页。

"译述"的翻译惯习和现代翻译惯习的冲突 *

——1930 年代初《阿 Q 正传》的韩文翻译及对其反应

洪昔杓 **

一、1930 年前后，韩国对中国新文学的介绍

韩国著名学者金台俊曾就读于京城帝国大学，学习中国文学专业，自 1930 年，他开始活跃于学术界，介绍中国新文学，研究韩国古典文学，也曾执笔过《朝鲜小说史》《朝鲜汉文学史》等，进行了一系列的学术活动。在一次《东亚日报》有关中国文学的采访中，他被问及："如有机会，第一个想翻译中国哪位作家的哪部作品？"他回答道："若有机会，希望与梁白华、崔昌圭、丁来东、马尧（辛岛骁）等诸君一起合作，每人各负责一位作家的作品，一部一部地翻译。"[1] 由此可见，金台俊认为梁白华、崔昌圭、丁来东、马尧（辛岛骁）等人，是

---

* 原文载《中国现代文学》（韩国）第 75 号（2015 年 5 月）。

** 洪昔杓，韩国梨花女子大学中文系教授。

[1] 金台俊：《外国文学专业之辩：新文学的翻译与介绍——支那文学》，载《东亚日报》1939 年 11 月 10 日。

当时韩国介绍中国新文学作家和作品的最佳人选。而事实上，20世纪30年代初，在译介中国新文学方面，做出巨大贡献的，除梁白华外，还有金台俊、丁来东等人。

1930年前后，韩国各大报纸和杂志上，介绍中国文坛或中国新文学作品及对鲁迅文学作品的翻译、批评的文章增加到了空前数量。1929年1月，开辟社的《中国短篇小说集》出版后，这种现象更为突出。例如：丁来东的《中国现代文坛概观》（《朝鲜日报》1929.8）、梁白华的《阿Q正传》的译文（《朝鲜日报》1930.1）、丁来东的《中国新诗概观》（《朝鲜日报》1930.1）、丁来东的《爱人之死》的译文（《中外日报》1930.3）、梁白华的《从文学革命到革命文学》（《东亚日报》1930.4）、丁来东的《读罢〈阿Q正传〉》（《朝鲜日报》1930.4）、金台俊的《文学革命后的中国文艺观》（《东亚日报》1930.10）、金台俊的《中国新兴文坛上活跃的重要作家》（《每日日报》1931.1）、丁来东的《鲁迅及其作品》（《朝鲜日报》1931.1）、李庆孙的《之后的鲁迅：读丁氏之鲁迅论》（《朝鲜日报》1931.11）、丁来东的《现代中国戏剧》（《东亚日报》1931.3）、金光洲的《中国普罗文艺：运动的过去与现在》（《朝鲜日报》1931.8）、丁来东的《变化的中国文坛的近况》（《朝鲜日报》1931.11）、丁来东的《过客》的译文（《三千里》4册9号1932.9）、金光洲《在酒楼上》（鲁迅）的译文（《第一线》3册1号1933.1）、金光洲的《幸福的家庭》（鲁迅）的译文（《朝鲜日报》1933.1）等等。那么，1930年前后，韩国对中国新文学和鲁迅文学的介绍增加到空前数量的社会背景是什么呢？我们暂且总结出以下三个原因。

第一，正式出现了批评、介绍中国新文学的研究者们。丁来东曾说：虽然"现今的朝鲜和中国，在文化上并没有相互指导、相互影响，双方更是急于吸收欧美及日本的文化、文明"，但是"梁白华、李殷相等人在中国作品翻译或文坛介绍等方面已有了一定成果。近年来，笔者、天台山人（金台俊）、李庆孙、金光洲等人在新文学介绍、作家介绍、作品翻译等方面也付诸了实践"。[1] 由此可见，虽然为数不多，但当时的韩国，已经出现了介绍并翻译中国新文学的新主体。自20世纪头十年的后期开始，一直致力于译介中国小说和戏曲的梁白华，以及在京城帝国大学学习中国文学的金台俊，分别在中国北京和上海留学的丁来东和金光洲等人，在1930年前后，开始对中国新文学产生了兴趣，并进行了一系列的研究工作。

第二，1930年前后，韩国的无产阶级文学运动盛行。而当时的中国也经历了革命文学论争、无产阶级文学起到带头作用、成立中国左翼作家联盟等一系列与韩国相似的发展过程。1925年8月，KAPF（朝鲜无产阶级艺术家同盟）成立，其口号为"以艺术为武器，实现朝鲜民族阶级解放"。从1930年到次年期间计划的第二次方向转换，再到1935年解散为止，韩国的无产阶级文艺运动达到了鼎盛时期。KAPF的第二次方向转换，可以说是艺术运动的布尔什维克化，权焕的《朝鲜艺术运动面临的具体过程》中也突出叙述了这一点。KAPF组织提倡"由创作性技术本位转换到斗争力量本位，与其做低意识的知识分子作家，不如做技术非娴熟的工人出身作家，要将职业运动家素质高低作为标准"[2]。而与此同时，中国也于1928年，开始了革命文学论争，无产阶级文学起到了带头作用，终于在1930年3月，成

---

[1] 丁来东:《中国文学及朝鲜文学》，收入《韩国现代小说理论资料集》（十五卷），韩国学术振兴院，1985年，第23—24页。

[2] 权焕:《朝鲜艺术运动面临的具体过程》，载《中外日报》1930年9月2日。《日帝殖民时期社会主义文学中的民族和国家意识》，收入首尔市立大学人文科学研究所编《韩国近代文学和民族—国家谈论》，昭明出版，2005年，第185—186页。

立了中国左翼作家联盟。因此，韩国知识分子也寄期望于以无产阶级文学为中心的新生中国文坛，并积极关注着其发展变化，由此，在韩掀起了一股了解中国新文化及鲁迅文学的热潮。

第三，开辟社出版的《中国短篇小说集》[1] 得到了读者的广泛好评。韩国读者开始摆脱由日本介绍的西方文学一边倒的局面，逐渐将视野开阔到了中国新文学上。1927年8月，柳树人首次译介了鲁迅的短篇小说《狂人日记》，接着在1929年1月，开辟社出版了《中国短篇小说集》，这让更多韩国读者接触到了中国新文学作品，将读者们对中国文坛的关心引上一个高潮。

一时期，韩国的中国现代文学研究界，似乎无暇根据实证性资料，系统地整理那时期中国新文学在韩国内的介绍与批评：中国新文学的哪位作家及作品被介绍过；由谁、以什么样的途径翻译和批评了中国新文学；以怎样的视角介绍了中国新文学和中国文坛，而其对韩国文坛的影响又是什么等等，这些方面的系统研究都有所不足。究其原因，首先，当时各报纸和杂志发表的资料，直到现在也没有完全被整理出来，所以不容易着手。而且，当时中国新文学的翻译及批评作品都比较片面，而且是间歇性的，不容易对其进行系统化比较。但是，当时韩国的中国新文学研究者们，已将中国新文学当作一种外国文学来接纳，摆脱了经由日本传入的西方文学一边倒的局面，把中国新文学视为另一种文化想象客体。从这一点上来看，当时中国新文学的介绍与批评具有非常重要的意义。

鲁迅，作为中国新文学的代表作家，在20世纪30年代，是韩国报纸和杂志介绍得最多的作家。这正反映了时代的精神。

---

[1]　该作品集收录了鲁迅、杨振声、钟心、冯文炳、蒲伯英、南庶熙、叶绍钧、冯叔、陈大悲、徐志摩、谢冰心、何心冷、庐隐、徐钦文、叔华十五位作家的作品各一篇。

迫切需要抵抗意识和民族解放的韩国社会，是多么需要鲁迅文学！因此，对那时期关于鲁迅文学的翻译和批评的考察，可以成为确认韩国文坛同时期对中国新文学的反应，以及验证近代韩中文学交流状况的最重要的途径之一。本篇论文将细致地考察鲁迅代表作《阿Q正传》在韩国的首次翻译以及学界对其批判性的反应。梁白华首次把《阿Q正传》翻译为韩文，笔者将对其翻译过程、重译问题、关于误译当时批判性的反应、"译述"的翻译惯习与近代翻译惯习的冲突等方面进行探讨。同时，也将以新发掘的实证性资料为基础，指出未被广泛知悉的文学史性事实；同时也以此为基础，阐明现代韩中文坛的接触和交流的真实情况。

二、梁白华对中国文学的介绍及对鲁迅文学的评论

1927年8月，《东光》杂志上同时刊登了柳树人翻译的鲁迅的《狂人日记》和梁白华翻译连载的中国戏曲《琵琶记》的最终稿。1930年1月，《朝鲜日报》同时连载了梁白华翻译的鲁迅的《阿Q正传》和丁来东的论文《中国新诗概观》。1931年1月，《每日申报》同时连载了金台俊的《活跃于新兴中国文坛上的重要作家》和梁白华翻译的中国作家黎锦晖的作品《葡萄仙子》。当时中国新文学研究者们，通过报纸和杂志，共享各自的研究成果。20世纪20年代起，以中国文学专业翻译而知名的梁白华，因首次翻译了鲁迅的《阿Q正传》而更被世人瞩目。

众所周知，梁白华(原名梁建植，也曾使用过笔名"菊如")，曾于1910年代发表过《悲伤的矛盾》(1918年2月《半岛时论》

第10号)等短篇小说。他的作品真实描述了当时近代人的虚伪意识和悲惨的殖民地现实。继在日刊《每日申报》上李光洙连载的《开辟者》(1917.11.10—1918.3.15)之后,梁氏在1918年3月28日至10月4日期间,分138期连载了《红楼梦》,这是该作品的现代文版首次在韩国的翻译,受到了广泛好评。1921年,他与朴桂冈共同翻译了易卜生的《玩偶之家》连载于《每日申报》。次年又将此作品以《娜拉》(永昌书馆 1922年)的题目出版为单行本。1924年,李光洙曾评论梁白华为"朝鲜唯一的中华剧研究家兼翻译家"[1],而梁白华由小说创作和文学批评,逐渐将研究重心转为译介中国小说和戏曲上。他不仅翻译了如《红楼梦》(1918年译)、《琵琶记》(1921年译)、《桃花扇传奇》(1923年译)等中国传统小说及戏曲,还翻译了诸多创作成中国新文学的现代戏曲。如郭沫若的《棠棣之花》(1923年译)、《王昭君》(1924年译)、《诗剧西厢》(1929年译)、《卓文君》(1931年译)、王独清的《杨贵妃》(1931年译)、欧阳予倩的《潘金莲》(1931年译)、《泼妇》(1932年译)、熊佛西的《画家与模特》(1932年译)等等。

梁白华之所以致力于中国小说和戏曲的译介,是因为他深知外国文学的文学价值。梁白华于1917年11月在《每日申报》发表的《关于支那的小说和戏曲》一文中写道:"研究外国文学的目的,是为帮助自国文学的发展,并要以此为前提。"作为"东方文化的源泉",支那文学对过去的朝鲜有过深远影响。同时他还强调了之前未受到准确评价的中国小说和戏曲的重要性。梁白华曾有言,"我很早就接触了支那文学的一部分,即小说、戏

---

[1]　长白山人(李光洙):《梁建植君》,载《开辟》第44号,1924年2月。

曲，相信其具有的文学价值，大胆地进行了一些研究……"[1]。这说明他懂得中国小说和戏曲的文学价值，认为译介这些作品是一件非常紧迫之事。以小说家出发的梁白华，曾有言，"现在我研究中国文学的立场是，因学识浅陋，或许对此篇内容(指《琵琶记》)理解不深，但会以我所能按歌词将原文的音调翻译得尽量相似"[2]，正如他所言，作为中国文学翻译专家，他投身到了将中国小说和戏曲翻译为现代韩文的事业中。

梁白华在翻译中国小说和戏曲的同时，也积极地介绍当时的中国文坛。他曾在杂志《开辟》的1920年11、12月号及1921年1、2月号连载了《以胡适氏为中心的中国文学革命》一文，详细介绍了中国文学革命。此文翻译的是日本人青木正儿于1920年9月至11月在日本发表的《胡適を中心にてゐる文學革命》一文，附加了叫作"摘自最近发行的《支那学》杂志"的副标题。在此文的末尾，他介绍说鲁迅的《狂人日记》是中国新文学的创作成果。他评价，"以小说来说，鲁迅是有前途的作家，他在《狂人日记》等作品中描述的迫害狂的恐怖幻觉，已达到了目前为止中国小说家未曾达到的境界"[3]。他又从1922年8月22日至9月4日期间，分13回在《东亚日报》连载了《中国的思想革命和文学革命》，详细介绍了中国的思想革命过程和胡适的文学革命内容。当时韩国兴起了作为新文学运动重点具体表现之

---

[1]　梁白华：《支那的小说及戏曲》，载《每日申报》1917年11月6日至9日，收入南允秀、朴宰延、金英福编《梁白华文集3》(散文·评论)，江源大学校出版部，1995年，第160页。

[2]　梁白华：《琵琶记》，载《东光》第9号，1927年，收入《梁白华文集2》(翻译戏剧)，第6页。

[3]　梁白华译：《以胡适为中心的中国文学革命》，收入《梁白华文集3》(散文·评论)，第304页。

一的新文章建立运动，即"国主汉从"的韩中文混用体和"言主文从"的口语体文章运动。[1] 当时韩国的新文学运动，有着和中国极为相似的一面，胡适主张的言文一致的文学革命论，给韩国的这一系列运动带来了相当大的启发。

梁白华于1924年2月在《开辟》第44号发表了《反新文学出版物流行于中国文坛的奇怪现象》一文，介绍了中国当时文学界气势磅礴的复古倾向，并称之为"奇怪现象"。他表示新旧文学的区别，不仅仅是形式上的语体或文言白话的区别，也指文字中所包含的思想。认为"反新文学"的出版物只是"供消遣"而已，"并不具有任何意义"，同时也表示"貌似他们不懂文学即是作者本人的表现，也是国人最高精神的表现"。他甚至认为，中国文学界之所以让"反新文学"出版物逞威逞强的原因是出现了一批"思想上不具系统化，艺术上不做实践，仅仅是随波逐流、漫无目的"的"似是而非的新文学家们"。接着他表示，"拿最近中国的所谓的创作作品和周树人(鲁迅)兄弟等几个人的作品比一比，看看他们的作品中究竟有几篇是真正有自己的哲学？又有几篇不是追逐潮流的文学性作品？"[2] 从而评价鲁迅兄弟的创作才是真正的新文学作品。但与此同时，梁白华又表示中国文学界的"反新文学"倾向是"新文学发展中的一时现象"，要给予理解，"时代如流水，进进不已。而民族思想绝不会像顽石一样停留在原地不动"，"民族新思想一天也无法违背此道理。因此，真正的文学家的新文学在不久的将来，会再次出现"，[3] 他

---

[1] 赵演弦：《韩国现代文学史》，现代文学社，1956年，第129页。

[2] 梁白华：《反新文学出版物流行于中国文坛的奇怪现象》，载《开辟》第44号，1924年2月，收入《梁白华文集3》(散文·评论)，第324页。

[3] 同上，第324—325页。

对中国新文学的未来抱以乐观的态度。

在梁白华看来，真正的新文学，要跳过语言形式，在思想内容方面表现出国人的最高精神，包括民族的新思想。因此，在"反新文学"出版物得势的当时，在中国文学界，他仅仅把鲁迅的创作当作是新文学，高度评价了鲁迅的文学地位。众所周知，1920年在首尔创刊的《开辟》，是代表近代初期韩国的综合性启蒙杂志，标榜着社会改造和民族文化的畅通。自创刊开始，该刊物就备受日帝的残酷镇压。但自发行初期，也得到了韩国读者们的广泛好评。新倾向派初期的金基镇、朴英熙等也通过此杂志开始了批评活动，玄镇健、金东仁、罗稻香、朴钟和等也都是通过此杂志，开始了初期的作品活动。若考虑当时《开辟》在韩国文坛上所占据的地位，梁白华对中国文坛的介绍，应该给韩国读者带来了不小的影响。尤其是梁白华对鲁迅创作的评价，应该给韩国读者提供了理解鲁迅文学的某些思路。

自20世纪20年代开始，梁白华在中国文学作品的翻译及中国新文学的介绍方面，开始展露头角。其中，我们必然要关注的是，1930年1月4日至2月15日，他在《朝鲜日报》翻译连载的鲁迅的《阿Q正传》。1927年8月，柳树人在国内首次译介了鲁迅的《狂人日记》，1929年1月开辟社出版的《中国短篇小说集》收录了鲁迅的《头发的故事》。因此，梁白华所翻译的《阿Q正传》应该算是鲁迅作品中被翻译为韩文的第三部作品。其实，柳树人也在1929年前后试图翻译过《阿Q正传》。[1] 丁来东也有要翻译《阿Q正传》的强烈意愿，他曾说过"自我大概看懂中文开始，就想着要抽空翻译《阿Q正传》，时不时拿起鲁迅

---

[1]　洪硕表：《柳树人及鲁迅》，载《中国文学》第77辑，2013年11月，第118页。

的短篇小说集《呐喊》。但因文章难涩、诙谐又深刻，而中文特有的双关语又太多，很难翻译为朝鲜语，因此又重新插回了书架。这样反复了不止一两次。"[1] 如此可见，梁白华翻译的《阿Q正传》，充分引起了当时关心中国新文学的人士的关注。1932年，牛山学人在《中国新兴文学的"阿Q"时代和鲁迅》一文中写道："《阿Q正传》在朝鲜报纸也刊登过译本……此《阿Q正传》除在朝鲜、日本、俄罗斯以外，几乎在全世界各国都有译本。"[2] 可见，他对梁白华的《阿Q正传》赋予了相当大的意义。并且，1934年《朝鲜文学》刊登的《艺术家名簿》，对梁白华的介绍是"除翻译鲁迅的《阿Q正传》以外，研究译介过多部中国文学，目前在研究中国文学史及戏曲"[3]。由此可见，在梁白华的业绩中，《阿Q正传》的翻译可以算是他的最得意之作。

三、梁白华的《阿Q正传》的翻译及对其反应

梁白华在开始翻译连载《阿Q正传》时，曾简述了翻译此作品的原委："译者很早就想介绍此作品，但因文中难解方言较多，一直踌躇不已。因一次偶然的机会，才得以译述。"[4] 在这里，梁白华所说的"偶然的机会"是什么呢？梁白华曾去中国奉天(今沈阳)的一家书店，他说"我不会说中文，因此给人力车

[1] 丁来东：《读罢〈阿Q正传〉（一）》，载《朝鲜日报》1930年4月9日。

[2] 牛山学人：《中国新文学的"阿Q时代和鲁迅"》，载《东方评论》2号，1932年5月，第96页。

[3] 《文艺家名簿》，载《朝鲜文学》1934年，收入《朝鲜现代小说理论资料集》（十五卷），韩国学术振兴院，1985年，第41页。

[4] 梁白华：《阿Q正传（一）中国鲁迅作白华译》，载《朝鲜日报》1930年1月4日。

夫用汉字写了我要去的地名"[1]。由此可见，他对现代中文白话文并不熟悉，但他是如何翻译了"难解"的《阿Q正传》的呢？怀着这样的疑问，笔者研究了梁白华可能参考过的《阿Q正传》的日文翻译版。之前，梁白华翻译的《阿Q正传》，被认为是依照鲁迅作品的中文原文翻译的[2]，而文中误译都认为是原文直译过程中无法避免的事情。

《阿Q正传》的首次日文翻译，是由井上红梅完成的。井上红梅翻译的《阿Q正传》，在1928年上海的日文报纸《上海日日新闻》上首次刊登。1929年11月，日本杂志《奇谭》再次以《支那革命畸人传》的题目将此进行了连载。仔细查看《阿Q正传》日文翻译情况可以得知。1931年1月，中国大连出版的《满蒙》(中日文化协会出刊)中连载过长江阳翻译的《阿Q正传》；同年9月和10月松浦圭三翻译的《阿Q正传》和山上正义翻译的《阿Q正传》，各自在日本以单行本出版。[3]梁白华翻译的《阿Q正传》，从1930年1月4日开始连载于《朝鲜日报》，因此，如果假设梁白华参考了日文翻译版，应该是参考过之前发表过的井上红梅的译本。因此，笔者又研究了井上红梅的《阿Q正传》日文翻译版。结果，可以确定：梁白华确实是参考了井上红梅的日文翻译版。梁白华在官立汉城外国语学校学了日语专业，精

[1]　梁白华：《笔谈大失误》，载《别乾坤》1928年11号，收入《梁白华文集3》（散文·评论），第33页。

[2]　朴镇英：《中国文学的发现及专业翻译家梁建植的肖像》，载《近代书目》2014年第10号，第217页。朴镇英：《中国近代文学翻译的系谱及历史性格》，收入《民族文学史研究》55卷，民族文学史学会·民族文学史研究会，2014年，第133页。

[3]　松浦圭三的《阿Q正传》，作为"中国无产阶级小说集"1集，于1931年9月，由白杨社出版。山上正义的《支那小说集〈阿Q正传〉》，作为国际无产阶级丛书，于1931年10月，由四六书院出版。鲁迅亲自为山上正义《阿Q正传》的译文初稿进行了校阅。

通日语，一次偶然的机会他读到《奇谭》上刊登的《支那革命畸人传》（《阿Q正传》），将此作为底版，进行了翻译。对梁白华所翻译的《阿Q正传》和《支那革命畸人传》做一下比较，就可以立刻知晓，梁白华的翻译正是《支那革命畸人传》的重译。

梁白华在作品翻译前对《阿Q正传》的进行了简单解读："《阿Q正传》乃是中国现代文学的一流作家鲁迅（周树人）所作，在欧美被宣传为中国文艺复兴期的代表作，已被翻译为多国语言。本作品取材于被革命牺牲的一个无知农民全部生涯。鲁迅以一流的尖酸讽刺和透彻的观察力如实地表现了第一革命时期的社会常态。这样的牺牲者是基于中国国情而产生的，在现代的训政时期数量肯定不在少数。小说主人公即是自然人的这一点正是本篇的魅力。"[1] 这段解说几乎是完全照着《支那革命畸人传》的开头作品解读内容翻译的。[2] 当然，也有省略的部分，也添加了梁白华本人的想法，将"可怜的一农民"（哀れなる一農民）改为"无知的一农民"，"讽刺的观察"（皮肉な観察）改为了"辛辣讽刺和透彻的观察"等。但从整体上来看，两篇解读内容相同。《阿Q正传》中的作品内容也是参考了井上红梅日文翻译版而转译为韩文的，梁白华的《阿Q正传》的用词、文章结构、段落区分等方面与井上红梅的《阿Q正传》几乎是一致的。

梁白华并没有表明自己的翻译是日文翻译版的重译文，但

---

[1]　梁白华：《阿Q正传（一）中国鲁迅作白华译》。

[2]　井上红梅：《支那革命畸人传》，载《奇谈》2卷11号，1929年11月，第176页。参考 "鲁迅氏の"阿Q正傳"は支那文藝復興期の代表作として歐米に喧傳され、已に數個國語に譯されてあるが、邦譯は未だ無いようである。爰に題目を支那革命畸人傳と改め本誌の餘白を借りて全譯する。取才は革命の犠牲になる哀れなる一農民の全生涯にあり、第一革命當時の社會狀態を鲁迅氏一流の皮肉な觀察を以て表現したものである。かういふ犠牲者は彼國の國情として現代の訓政時期にも必ず多くある事と思はれる。畸人といふもの、實は眞の自然人である處に本傳の妙味がある"。

问题在于选为翻译底版的井上红梅的日语翻译文本，本身就有着多处误译。[1]鲁迅在1932年11月7日写给增田涉的信中说："井上红梅氏翻译拙作，我感到意外，他与我并不同道。"[2]在1932年12月19日，他同样在给增田涉的信中说："井上氏所译红《鲁迅全集》（共一册）已出版，运到上海来了。译者也赠我一册。但略一翻阅，颇惊其误译之多。他似未参照你和佐藤先生所译的。我觉得这种做法，太荒唐了。"[3]鲁迅并不愿意让井上红梅翻译，也清楚井上红梅的翻译中有多处误译。而梁白华却重译了误译如此之多的译文，那他的《阿Q正传》中误译情况，是可想而知的。梁白华只想尽快把已被翻译成多国语言的鲁迅代表作《阿Q正传》翻译为韩语。因此，一读到井上红梅的日语译文，还没有了解到误译情况，就直接将其译成了韩语。

因此，当丁来东发现梁白华的《阿Q正传》翻译中误译很多，不得不指了出来。丁来东当时留学北京，致力于中国新文学的研究与译介，因此，对梁白华的《阿Q正传》更加关注。1930年4月，他待《阿Q正传》连载结束后，在《朝鲜日报》发表了《读罢〈阿Q正传〉后》一文，对梁白华的翻译进行了犀利的批判。

> 今年早春，看到了白华氏的译本，我似如释重负，因我们不再落后于其他国家，也有了中国新文学的介

---

[1] 丸山昇著，靳丛林译：《日本的鲁迅研究》，载《鲁迅研究月刊》2000年11期；袁荻涌：《鲁迅于中国现代小说的对外传播》，载《贵州文史丛刊》1998年4月15日，第50页。

[2] 鲁迅：《致增田涉》，收入《鲁迅全集（14）》，人民文学出版社，2005年，第222页。

[3] 同上，第231页。

绍，不禁感到欢喜，实觉是一件值得庆贺之事。读了介绍文，感觉那介绍文仅解读了一部分内容。本来《阿Q正传》的重点并非是描述中国的社会现状，而是要力说中国人糊涂的一面和中国传统思想的'精神自慰'的损害等，以此来描写当时中国人的普遍性格。这也是对这篇作品的一般的评语。虽然描述了当时的社会现状也是事实，但作者的初衷应该完全在于要描写中国人的性格。这段介绍文中出现的多多少少的错误，也不能看得太重要，即便介绍文如此，只要内容翻译的足够好，就没有问题。但偶然发现一句有明显的误译，我不得不对照原文和译文，随之，我发现误译之处数不胜数。[1]

丁来东列举的误译例子为："中文的'他的老婆'是'他的妻子'的意思，但看到翻译为'他的祖母'，令我不禁一笑。"事实上，梁白华也是把井上红梅日语翻译文的"彼の祖母"直接转译为韩文。丁来东结束日本留学后，1926年，进入北京的民国大学学习英语专业，并于1930年毕业。毕业后，他继续留在北京，在北京大学听讲，学习了中国文学及中国新文学。他不仅精通中文，对鲁迅的作品也有着很深的造诣。他更准确掌握鲁迅作品的文体特征。[2] 这一点可以从他指出的"《阿Q正传》的主题既是描述辛亥革命当时的中国社会情况，又是表现了中国人的普

---

[1]　丁来东：《读罢〈阿Q正传〉(一)》。

[2]　同上，"鲁迅用白话文作文，选用蕴含深刻含义的文字，故而文章晦涩难懂，如同鸡肋，越嚼越有味……因此鲁迅白话文用语较难，且寓意的把握也同样有难度，这也是一种谐谑。"

遍性格，即中国的国民性"这双重解释中可以看出。丁来东举了具体的实例，详细地论证了梁白华的翻译中存在的多处误译。比如，他指出："'……从我的文章的构思来说……'这一句的原文如下，'……但从我的文章着想……'。这原文的意思并非是'文章的构思'，而是'从我的文章来想'的意思，用我们韩语说应是'自我的文章出发来看'。当然，这是说的文章的修辞方面，并不应该是指文章的构思即文章的内容。"[1] 他又指出："'你怎么知道的赵哥的姓——从哪里知道的姓？'"这一译文的原文是（"你怎么会姓赵！—你哪里配姓赵！"）。看似，这肯定不是因不注意而误译的。这句能体现译者的中文程度。我实在好奇，对此句有着如此的理解，又怎么做到前后连贯的呢？如果是初学中文的人这么翻译尚可理解，但作为从事笔译多年的人来说，此处误译实属意想不到。若说得再严厉一些，说他一点都不懂中文也不为过……原文的意思，大致说一下的话，应该是这样的：'你怎么会姓赵！你这种人怎么会姓赵！'"[2] 丁来东对梁白华严厉地批评说是"一点都不懂中文"的人，列举了1—3回的梁白华译文中八处实例，和原文一一对照，详细说明了是误译。最后还说，"4回以后"的误译也"不计其数"，无法一一举例，因此省略。

　　无须赘言，丁来东犀利批评的梁白华的误译，肯定是由于照搬井上红梅的翻译文而重新译成为韩文的。上面第一个例子中，梁白华的误译翻译文是照搬自井上红梅的日语翻译文"わたしの文章の着想からいふと"[3]；第二个例子的误译是照搬自

---

[1]　丁来东：《读罢〈阿 Q 正传〉（三）》，载《朝鲜日报》1930 年 4 月 11 日。

[2]　同上。

[3]　井上红梅：《支那革命畸人传》，第 177 页。

井上红梅的日语翻译文"お前は、どうして趙といふ姓がわかった 何處から其姓を分けた"[1]。梁白华只是想到鲁迅的《阿Q正传》非常重要，韩文翻译任务迫在眉睫，而这时又在一次偶然的机会中，看到了日语翻译文，就将此作为底版，立即着手进行了翻译。但遇到了丁来东的犀利攻击，对于当时已名声在望的中国文学翻译权威人士的他来说，可以说是一个巨大的打击。但梁白华始终保持了沉默，或许也是因为他的翻译确实是对日语译文的重译。

但是不容忽视的是梁白华根据井上红梅的日语译文翻译时，同时又仔细参考了鲁迅作品的原文。例如，阿Q在赌场上第一次赢了很多钱，但结果却被赌场的一帮团伙抢走，看一下对此事描述的第一段落：

1．但真所谓"塞翁失马安知非福"罢，阿Q不幸而赢了一回，他倒几乎失败了。[2]

2．けれど"塞翁が馬を無くしても、災難と極まったものではない"。阿Qは不幸にして一度勝ったが、それがために幾んど失敗するで處あつた。[3]

3．그러치마는"塞翁失馬安知非福"（塞翁이 말을 일허버렷드래도 꼭 災難이라고는 하지 못한다）이란 새음으로 阿Q는 不幸히 한번 닉이고서 그 까닭에 돌이어 失敗를 하

---

[1]　井上红梅:《支那革命畸人传》，第177页。

[2]　鲁迅:《阿Q正传》，收入《鲁迅全集（1）》，第518页。

[3]　井上红梅:《支那革命畸人传》，第182页。

고 말앗다 .)[1]

梁白华的韩文翻译中加入了井上红梅日语译文中所没有的
"塞翁失马安知非福"这一古文语句，并在括号中做了解释。这
一古文语句，鲁迅原著中就有，梁白华照搬了原文，只是将井
上红梅的解释放在括号中做了翻译。"塞翁之马"这一典故已是
众所周知，相关的这一语句对韩国读者来说并不陌生，因此梁
白华根据鲁迅作品的原文添加了这一句。

再看另一例，梁白华《阿Q正传》第18回中的一部分。下
面是阿Q酩酊大醉后以革命党自居，借着兴奋劲儿转了一圈回
到村里祠堂开始想象的一个场景。

4．"造反？有趣，……来了一阵白盔白甲的革命党，都拿
着板刀，钢鞭，炸弹，洋炮，三尖两刃刀，钩镰枪，走过土谷
祠，叫道，'阿Q！同去同去！'于是一同去。……

"这时未庄的一伙鸟男女才好笑哩，跪下叫道，'阿Q，饶
命！'谁听他！[2]

5．"謀反？面白いな……来たぞ来たぞ。一陣の白鉢卷、
白兜、革命黨は皆ダンビラをひっさげて鋼鐵の鞭、爆彈、大
砲、菱形に尖った兩刃の劍、鎖鎌。お稻荷樣のお宮の前を通
り過ぎて"阿Q一緒に来い』と叫んだ。そこで乃公は一緒に
行く、此時未莊の村烏(鳥)、一群の男女こそは、いかにも氣

---

[1]　梁白华：《阿Q正传（五）中国鲁迅作白华译》，载《朝鲜日报》1930年1月10日。
[2]　鲁迅：《阿Q正传》，收入《鲁迅全集（1）》，第540页。

の毒千萬だぜ。"阿Q、命丈けはどうぞお赦し下さいまし"誰が赦してやるもんか。[1]

6. "反한다? 재미잇지……온다. 한떼 머리를 희게 동히고 힌옷 입은 革命黨이 모다 板刀를 들고 鐵鞭 爆彈 大砲 세모난 칼 鉤(鐮)槍을 가지고 당집 압흐로 지내가면서 "阿Q! 가티가세!"하고 부르겟다. 그래서 나도 가티가겟다……

이때 未莊의 뭇새 한떼의 男女야말로 참 꼴들 볼만하지. 꿀어안저서 "阿Q 살려주시요"라고 빌럿다. 누가 듯나.)[2]

如韩文翻译所写，与井上红梅的日文译本不同，梁白华将作品原文中的'拿着板刀，钢鞭，炸弹，洋炮，三尖两刃刀，钩镰枪'译成'板刀를 들고 鐵鞭 爆彈 大砲 세모난칼鉤（鐮）槍을가지고'，井上红梅漏掉的原文'跪下'则译成'꿀어안저서'并加了进去。另外，井上红梅没分段落，梁白华根据作品原文分成两段，在第一段的结尾加了'……'，原文中'谁听他！'井上红梅译成'誰が赦してやるもんか。看谁会原谅他）'，梁白华则照原文译成'누가듯나（듯나）.'由此可见，尽管梁白华依据井上红梅的日文译本翻译了《阿Q正传》，但同时也参考了鲁迅作品的原文，根据需要做了添加和补充。梁白华现代汉语白话文的阅读水平并不高，但至少持着认真翻译的态度参考鲁迅原著对日文译本进行了重译。

---

[1] 井上红梅：《支那革命畸人传》，第199页。
[2] 梁白华：《阿Q正传（十八）中国鲁迅作白华译》，载《朝鲜日报》1930年2月4日。

四、"译述"的翻译惯习和近代翻译惯习的冲突

但是我们又要考虑另一个侧面。虽说梁白华的《阿Q正传》翻译是日语译文的重译，误译也较多，但与梁氏所翻译的其他中国小说及戏曲作品一样，《阿Q正传》的现代韩语翻译极其流畅，具有一定的文学价值。这和梁白华开始创作小说，然后转为译介中国文学的事实不无关系。犀利地批判梁白华误译的丁来东，虽然说"希望《阿Q正传》的介绍中没有如此的误译"[1]，但他本人却没有拿出新的译本。于是，在这样的情况下，就有了金台俊对丁来东的讽刺。金台俊在1932年1月杂志《新兴》上，发表了《北平纪行——糊涂虫游燕草》一文，文中以"丁某"的名字讽刺地提及过丁来东。金台俊如此陈述了1931年夏天，第二次访问北京时在北平图书馆的经历。"进了杂志室一看，朝鲜送去的杂志仅有几部《青丘学丛》，而那上面登载着满书的'化石'般的论文，一点意思都没有。其他都是日文。打开了本叫《现代文艺》的杂志一看，有经白斌所译的崔曙海君编写的短篇《我的出亡》。[2]我虽不知白斌是谁，但也觉得他了不起，与前年梁白华翻译《阿Q正传》时，只会反驳的丁某之流无法相提并论。"[3]金台俊在1931年1月1日到1月25日期间，分17回在《每日申报》连载过《活跃于新兴中国文坛的重要作家》，那时崔曙海的长篇小说《号外时代》也在《每日申报》的同一版面

[1] 丁来东：《读罢〈阿Q正传〉（四）》，《朝鲜日报》1930年4月12日。

[2] 指崔曙海的短篇小说《我的出亡》（1925），由白斌翻译，载于上海《现代文艺》1931年5号。

[3] 短舌（金台俊）"玻璃厂北平图书馆"，《北平纪行——糊涂虫游燕草》，载《新兴》6号，1932年1月。

连载。所以，他很熟悉崔曙海的名字。当看到崔曙海的作品被翻译为中文时，金台俊应该是受到了鼓舞。金台俊目睹了韩国的文学作品被中国人翻译为中文，又看到丁来东只知道指责梁白华的《阿Q正传》翻译上有多处误译，而他自己却无法拿出一个完整的译版时，觉得很是看不惯。"只知道反驳的丁某"一句中，也隐含着期待《阿Q正传》可以有完整译版问世以及对无法实现的现实的遗憾。

当然，丁来东曾在1931年1月发表了长篇论文《鲁迅和他的作品》，详细说明过《阿Q正传》。如丁来东所说，光是介绍《阿Q正传》的梗概，就不知不觉写了"缕缕数千字"[1]，他把《阿Q正传》的故事如翻译似的叙述了长长一大段。这应该也是他出自想让韩国读者准确地理解《阿Q正传》内容的意愿。拿最后一部分举例来说：

阿Q第三次被叫出去。那老人家问，"你还有没有话要说？"阿Q心想没有可说的话，就回答说"没有！"然后他就立即被穿上了白背心，两手被绑。阿Q感觉穿上了丧服而倍感不快，然后上了没有篷的马车。前面站着背着洋炮的兵丁，马路边上站满了人。阿Q突然明白他这是要被杀头。然后最终也如此地想："人生天地间，本来也未免要杀头的。"他认得去法场的路。他想使劲唱首歌，但又觉得那也没意思，就算了。精神昏迷之中，他想着过去的事情，突然两眼发黑，耳朵里嗡的一声，感到全身仿佛微尘迸散似的，就那么死了。[2]

丁来东将《阿Q正传》的故事进行了部分翻译和连接，而以此作为作品梗概。读者们仅读这部分也能准确地掌握《阿Q正

---

[1] 丁来东：《鲁迅及其作品》，收入《丁来东全集1》（学术论文），第327页。

[2] 同上，第326—327页。

传》的内容。但是，看丁来东介绍的《阿Q正传》，是更接近于逐字的直译，很难说那是成熟的现代韩语文体。丁来东最终也没能拿出《阿Q正传》完整的翻译版，会不会是因为输在了流畅又成熟的母语译文上了呢？

另一方面，梁白华称自己的翻译作业是"译述"，因此我们还要考虑"译述"的翻译惯习。事实上，20世纪初，在近代启蒙期的韩国，在外国书籍的翻译上大部分都经历了两个过程。一种是"译述"，另一种是"重译"。"译述"是翻译人直接介入翻译文中，进行删除、缩小、放大等编辑；"重译"是指把翻译成日文或中文的外国文章重新翻译成韩文的过程。当然，在实际翻译过程中，大多是"译述"和"重译"同时进行的。就是说，并不会按照"原本"的文章内容进行直译，而是通过"重译"来进行译述。在1894年甲午改革以后，韩国将外来文化的接纳途径急转向了欧洲及日本，对所有行业的外来文化的接纳，只能以日语作为媒介。在文学领域，通过日语学习世界名著也同样是一种捷径。当然，在19世纪末到20世纪初，近代启蒙期，一部分熟悉中文的启蒙知识人也利用中文这个语言工具，把当时中国的启蒙性知识人翻译为汉语古文的外国作品重新翻译为韩文来介绍。举例来说，《瑞士建国志》《罗兰夫人传》《十五小豪杰》《越南亡国史》《伊太利建国三杰传》《匈牙利爱国者噶苏士传》《普法战记》等都是经中文版而"译述"刊行的作品。[1]尤其是政治小说《瑞士建国志》[2]，其实是

---

[1] 金光镛：《近一世纪内韩中文学交流》，收入《韩国现代文学论考》，民音社，1986年，第251页。梁启超的政治小说在国内翻译如下：《越南亡国史》（玄采，普成社，1906），《戊戌政变记》（玄采，普成社，1900），《罗兰夫人传》（不详，博文书馆，1907），《匈牙利爱国者噶苏士传》（申采浩，博文书馆，1908），《意大利建国三杰传》（申采浩，广学书铺，1908）。

[2] 大韩每日申报社翻刊，光武11年（1907）。

德国作家席勒（Friedrich von Shiller）的原著戏曲《威廉·泰尔》（*Willhelm Tell*），是中国广东的郑哲贯先意译为小说体后，朴殷植以中文版本为剧本，再"译述"为韩文的。[1] 这时期，外国文学的韩文翻译一般是重译日文翻译版本，但也有不少是依据中国的古文翻译的，也有很多是日语翻译文的重译。总之，从"译述"这个词可见，近代启蒙期的韩国译介人氏并没有以"原本"的文章为底版，忠实于原文翻译的普遍认识。要把"原本"的文章作为底版，就要精通该国语言，而这时期的翻译人氏无暇去具备那样的能力。但吸收外国新文化又是紧要任务，所以，他们不得不把日文翻译版本或中文翻译版作为底版进行"译述"或"重译"。近代启蒙期，就读官立汉城外国语学校，20世纪初开始创作小说的梁白华，有着近代启蒙期的"译述"和"重译"的翻译惯习。他并没有要忠实地翻译作品"原本"文章的迫切认识。梁白华自己称《阿Q正传》的翻译为"译述"，也可以说，这隐约中也表示了他的翻译是日语翻译文的重译。

但是，到了20世纪20年代，情况有所转变。译界逐渐出现了可以直接翻译"原本"文章的精通该国语言的译者们，"翻译"本身的问题开始成为争论点，要根据"原本"的文章，进行精确翻译的认识开始深入人心。因此，自20世纪20年代后期，游学于中国国民大学及北京大学，并于1930年前后开始正式研究中国新文学及鲁迅文学的丁来东，与梁白华不同，更熟悉要根据"原本"的文章，进行翻译的近代性翻译惯习。丁来东在《读罢〈阿Q正传〉》中说道："本来翻译就该无异于原文，即不

---

[1]　金秉喆：《韩国近代翻译文学史研究》，乙酉文化社，1975年，第238页。

能有误译。其次才是翻译文的流畅。"[1]然后他又用清朝末期以翻译西洋书籍而著称的严复"信、达、雅"的翻译理论为介绍文结尾，提出了"要如何翻译外国作品"这个翻译上的根本问题。他又在《中国文学和朝鲜文学》一文中，具体指出了日文重译的弊端："再一个弊端是将日文介绍再介绍给朝鲜、中国的例子。……过去的日本翻译技术、文学介绍范围的正确性和广泛性，因笔者未进行一一比对，因此无法具体言说。但最近中国文学的翻译，着实有着太多的误译和偏狭。对这样的介绍和翻译进行再介绍和再翻译，那结果显然是可以推测得出的。"[2]丁来东指出了在韩国或中国，把外国文学或外国文坛的日文进行再介绍的弊端，进而揭示了中国文学翻译成日语的过程中，有诸多误译和褊狭，直接再翻译为韩文时发生的问题的严重性。丁来东精通日文和中文，当他知道了中国文学的日文翻译中存在多处误译时，应该更敏感地感受到了将其再翻译为韩语时可能发生的问题。这么来看，梁白华重译了《阿Q正传》的日语翻译文的事实，与丁来东将其与作品原文一一比对后指出梁白华误译的事情之间，存在着"译述"的翻译惯习和近代翻译惯习的理念上的冲突。丁来东对于梁白华误译的犀利批判，也可以说是"译述"的翻译惯习转换到近代翻译惯习过程中发生的必然事件。

总之，在1930年伊始问世的梁白华《阿Q正传》的韩文译本，虽然是日语翻译文的重译，且误译较多，但使韩国读者直接读到了鲁迅的代表作，从这一点上来看，依然具有一定的价值意义。通过梁白华译述的《阿Q正传》，韩国终于有了一种途

[1] 丁来东:《读罢〈阿Q正传〉(四)》。
[2] 丁来东:《中国文学和朝鲜文学》，载《朝鲜文学》1934年，收入《韩国现代小说理论资料集》(十五卷)，韩国学术振兴院，1985年，第25页。

径，可以通过"阿Q"的人物形象来理解中国人。例如，金台俊1930年11月在《东亚日报》连载的《文学革命后的中国文艺观》中提及"阿Q"说："阿Q指的是什么？——正是指民国七年鲁迅编写的小说《阿Q正传》的主人公阿Q（也有梁白华先生韩语翻译的介绍内容）。"[1] 在1931年1月《每日申报》上连载的《活跃于中国新兴文坛的重要作家》中介绍鲁迅（周树人）时，也说过"总之，他是文学革命以后中国文坛上最大的巨人。他发表了《狂人日记》等15篇作品后，又发表的那一篇《阿Q正传》获得了好评，被译为了英法俄德等各国语言，'罗曼·罗兰'也给予了他高度评价说'东方有他'。可以说当时是他的鼎盛时期。虽然在朝鲜，梁白华先生也介绍了《阿Q正传》……"[2] 金台俊使用了"梁白华先生"这个称呼，说明虽然《阿Q正传》中有着误译，但金台俊依然认可了它的价值。

五、重译和误译的克服

据目前为止的研究，可以得知，1930年前后，中国新文学及鲁迅文学在韩的介绍是非常多的。究其原因，首先是因为形成了梁白华、金台俊、丁来东等可翻译、批评中国新文学的专业研究者团体。并且随着"革命文学"（无产阶级文艺）跃升为主流，经历着急剧变化的中国文坛，和以无产阶级文艺为中心展

---

[1]　天台山人（金台俊）：《文学革命后的中国文艺观（十四）》，载《东亚日报》1930年12月4日。

[2]　天台山人（金台俊）：《新兴中国文坛上活跃的重要作家（四）》，载《每日申报》1931年1月7日。

开理念论争的韩国文坛经历了相似的历程。因此，韩国对于中国新文学的关心达到了一个高潮。尤其是1930年1月，梁白华翻译连载于《朝鲜日报》的鲁迅的《阿Q正传》，引起了众多读者的关注。在全世界广泛传播的《阿Q正传》，作为鲁迅的代表作，经梁白华翻译介绍后，韩国读者们才得以知晓。

但值得关注的是，梁白华翻译的《阿Q正传》是日文翻译的重译。一次"偶然的机会"，梁白华发现了日本杂志《奇谭》上刊登的井上红梅所译的《阿Q正传》（《支那革命畸人传》），以其作为底版转译成了韩文。而问题在于，梁白华作为底版的井上红梅的日文翻译版，有着诸多误译。梁白华判断《阿Q正传》的韩文翻译迫在眉睫，一发现日语翻译文就立即着手将它翻译成了韩文，但并不清楚井上红梅的译文中，有着多处误译。因此，首次翻译为韩文的《阿Q正传》有多处误译也是理所当然的。当时在中国北京留学的、研究中国新文学的丁来东，读完梁白华的《阿Q正传》后，将其与原文一一进行了对照，然后对其误译进行犀利的批判。但梁白华将《阿Q正传》的翻译称作"译述"，他也隐约表示了那是日语译文的重译。而这种情况又源于20世纪初近代启蒙期的翻译惯习。与此不同，20年代后期开始，在中国留学的丁来东，却对根据"原本"文章，忠实于原文的近代翻译惯习比较熟悉。因此，在梁白华重译及对其误译的丁来东的批判之间，存在着"译述"（包括"重译"）的翻译惯习和近代翻译惯习理念上的冲突。丁来东对梁白华误译的犀利批判，也可以看作是"译述"的翻译惯习转换到近代翻译惯习过程中发生的必然事件。

1933年1月29日，金光洲在《朝鲜日报》发表鲁迅的短篇小说《幸福的家庭》的时候，在《译者前言》中说："对中国的短篇小说作家'鲁迅'的作品或是评论的介绍,在朝鲜已有很多","记得1931年春刊的本报学艺版面,也曾登载过北平丁来东、上海李庆孙两位对'鲁迅'的详细讨论研究。"[1]1930年前后,在韩国出现了相当数量的对鲁迅和其作品的介绍和批评,但是1935年KAPF解散后,日帝殖民政府在政治、思想上的统治逐渐加强,鲁迅作品也被划到了禁书目录。韩国由此丧失了积极翻译和批评鲁迅文学的政治、物质上的基础。直到1945年解放前,鲁迅作品的新的译作只有一部《故乡》,由民族抵抗诗人李陆史翻译,并发表于1936年《朝光》12月刊上。尤其是1937年日帝发起中日战争后,韩国进入到了战时动员体制,为了消除韩国人的民族意识、强迫在战争中予以配合,日本展开了一系列的皇国臣民化政策。因此,1930年前后,活跃的韩国文坛和中国文坛几乎中断了同时代性的接触和交流。"36年来,日本的支配几乎完全浸透到了朝鲜文坛。不要亲近的邻国文学,不要革命人的文学,反而去读经过日本传来的已咀嚼过多次的外国文学,还视其为珍宝,尽力对其进行消化和宣扬……我们有过鲁迅那样的文人吗?我们有过郭沫若那样的文人吗?"[2]这句话足以证明这一点。

最终,鲁迅作品的完整翻译,是随着1945年韩国解放才得以完成。金光洲、李容珪共同翻译了《鲁迅作品集》第一辑和第二辑,分别在1946年8月和11月出版,韩国终于也有了鲁迅作品的系统翻译版本。第一辑收录了《幸福的家庭》《故乡》《孔乙己》《风波》《高老夫子》《端午节》和《孤独者》;

---

[1]　金光洲:《幸福的家庭》,载《朝鲜日报》1933年1月29日。

[2]　洪晓民:《中国文学和朝鲜文学》,载《京乡新闻》1947年8月10日。

第二辑收录有《狂人日记》《肥皂》和《阿Q正传》。本来，金光洲和李容珪也打算出版到第三辑，把鲁迅的全部小说都翻译完，但第三辑的出版并没有按照计划进行。虽然只有第一、第二辑，但作为鲁迅作品的系统选集是毫无逊色的，它给韩国读者们提供了了解鲁迅文学的重要契机。丁来东在此书的序文中写道："在我们了解中国途径中，没有比通过创作更好的了。比起欧美的创作，我们应该通过邻近的中国的创作来正当地理解中国。这不失为现时局下最亟待解决的问题。"[1] 解放后，对于韩国文坛，恢复与中国文坛的同时代性关系最为急迫。而《鲁迅短篇小说集》正是足够起到了恢复与中国文坛同时代性关系的桥梁作用。[2] 而且，金光洲所翻译的《阿Q正传》依据"原本"翻译，韩语文体较为精练，克服了梁白华所经历的重译及误译的问题。所以，近代韩国的鲁迅文学接纳史中，《鲁迅短篇小说集》与丁来东的评论文章《鲁迅和他的作品》，成了最为耀眼的成果之一。近代时期外国文学的韩文翻译，绝大部分是欧美文化式想象和日文翻译版的重译，而《鲁迅短篇小说集》的出刊，打开了通往中国文学的崭新的文化想象之路，具体实践了忠实于"原本"进行翻译的近代翻译方法。在这一点上，它具有重要的意义。

---

[1] 丁来东：《鲁迅和中国文学》，收入金光洲、李容珪译：《鲁迅短篇小说集》第1辑，首尔出版社，1946年，第5页。

[2] 但是，1949年，中国大陆成立了社会主义新中国，而韩国在1950年，爆发了韩国战争，以后韩国南北呈分裂状态。在冷战体制之下，韩中两国文坛的同时代接触与交流，一时被全面中断。

翻译词"文学"考 [*]

——艾约瑟《希腊为西国文学之祖》与近代中国、日本

李　征 ^{**}

李喆兮　译

一、《六合丛谈》与伟烈亚力

1840年鸦片战争后，中国的闭关锁国政策终于被西欧列强的军事力量打破。随着大陆沿海五个城市（上海、厦门、宁波、广州和福州）对外开放，原被严加禁止的外国人传教士的活动也进入新阶段。有关基督教的著作、报刊等相继出版。1857年，创办于上海的中文月刊杂志《六合丛谈》（*Shanghai Serial*）就是其一。此前，传教士刊行的中文杂志仅有马六甲及香港等地发行的《察世俗每月统记传》《遐迩贯珍》等数种。虽然同是外国传教士的出版物，但因《六合丛谈》是在中国大陆出版发行的第一

---

* 本文原用日语撰写，1998年初次刊发于日本比较文学会《比较文学》第40期。汉译稿已经作者本人审阅，内容略有补订。

** 李征，复旦大学外文学院教授，博士生导师。研究方向：日本近代文学、中日比较文学、翻译文化。著有《上海表象：中日新感觉派比较研究》《都市空间的叙事形态：日本近代小说文体研究》，译有《金阁寺》《后天的人》等。

份中文月刊，拥有众多大陆读者，其影响力自非锁国时代可比。并且，《六合丛谈》不仅受中国读者关注，还曾传播到幕末时期的日本，成为日人摄取近代西方学术的必读书目。[1]

据卓南生《中国近代新闻成立史1815—1874》介绍，《六合丛谈》总编伟烈亚力（Alexander Wylie，1815—1887）为英国传教士，1847年受伦敦传道协会派遣来上海，最初在墨海书馆(伦敦传教协会在上海设立的印刷所)开展活动，其活动内容不限于传道，也包括给英文及中文报刊撰稿，还翻译了不少自然科学书籍。《六合丛谈》就是他立志以文书传道的计划项目之一。[2]

由伟烈亚力撰写的《六合丛谈》"小引"(发刊辞)说："溯自吾西人，越七万余里，航海东来，与中国敦和好之谊，已十有四年于兹矣。"[3]据此可知，外国人传教士来中国布教已十余年。像伟烈亚力这种清末来华的外国传教士，在与中国民众的交流中，难免因语言隔阂、风俗差异而导致沟通困难。因此，包括伟烈亚力在内的外国传教士才萌生了必须发行书刊以增进相互了解的想法。简而言之，《六合丛谈》的创刊目就是要增进外国人与中国人相互理解，使中国民众与西人之间不至于性情隔绝。如此，世界或可趋于一致。伟烈亚力的这一理想充分体现在他

---

[1] 相关历史记述可参照小野秀雄《日本新闻发达史》(大阪每日新闻社，1922年)、戈公振《中国报学史》(商务印书馆，1927年)、卓南生《中国近代新闻成立史 1815—1874》(Perikansha Publishing Inc，1990年)。

[2] 卓南生：《中国近代新闻成立史1815—1874》(Perikansha Publishing Inc，1990年)，第118页。

[3] 《六合丛谈》创刊号"小引"。

撰写的"小引"中。[1]

由于抱有如此的创刊目的,《六合丛谈》这本杂志的性格自然带有东西方两种文化特征。这首先反映在杂志发行日期的标记上。翻检杂志,不难发现,发行日期不仅标有中国农历,还同时标有西历(泰西历)及回历(回回历)。杂志内容除基督教传道说教文和贸易消息二外,更多的是介绍西方学术。报道贸易的内容,不言自明,是出于与外国日益频繁的商业贸易往来所需。至于介绍西方学术,则可说是以传教为业的外国传教士为吸引中国知识分子关注基督教而使用的手段。以这一手段获得成功的先例在明朝就已有之。徐光启之所以受意大利传教士利玛窦(Matteo Ricci,1552—1610)的感化,也是因为敬服西洋的数学知识。《六合丛谈》中大量刊载介绍西方学术,无疑是想尽可能多地吸引中国知识分子。

本文下面将围绕《六合丛谈》创刊号上登载的《希腊为西国文学之祖》一文,探讨其中出现的"文学"作为最早的翻译词之一,对中日近代文学初创的影响及意义。该文署名为外国传教士艾约瑟。作为中国古典词汇,"文学"一词在《论语》中已出现,"文学子游子夏"[2],其意最初本指学术、学问等。近代以后,随着西方文化在东亚地区逐渐传播,"文学"一词也与其他许多汉字词汇一样获得了全新含义,并作为中国和日本的近代学术用语之一承载着重要使命。在诸多先行研究中,作为翻译词的

---

[1] "言语各异,政化不同,(中略)是以必颁书籍以通其理,假文字以达其辞,俾远方之民,与西土人士,性情不至于隔阂,事理有可以观摩,而遐迩自能成一致矣。"见《六合丛谈》创刊号"小引"。

[2] 《论语·先进》。

"文学"历来受到研究者重视的原因概在于此。[1]

接下来要检视的首先是《希腊为西国文学之祖》一文的总体内容，并考察文中出现的"文学"一词作为翻译词的用法。其次，在兼顾当时的翻译状况的同时，推定"文学"这一翻译词作为介绍西方近代学术的用语，其中投射的中国传统思维方式。最后，介绍刊载此文的杂志《六合丛谈》从中国传播至日本的史实，同时考察包括"文学"这一翻译词在内的各种洋学知识在中国与日本的近代知识分子中的接受状况。

二、《希腊为西国文学之祖》中翻译词"文学"的成立

《六合丛谈》编者及撰稿人中，除主编伟烈亚力外，还有同为英国传教士的艾约瑟（Joseph Edkins，1823—1905）、慕维廉（William Muirhead）以及中国学者王韬、蒋敦复等。

1848年，艾约瑟与伟烈亚力一样，接受伦敦的教会派遣来到上海。最初，在墨海书馆工作，后辗转于天津、北京等地，从事传教活动，还曾在海关任职。1905年，在上海居留了15年的艾约瑟，以82岁的高龄辞世。他留下的中文著述《三德论》(1856)、《释教正谬》(1857)、《耶稣教略》(1858)和《重学》(1859)等，在当时的中国和日本知识阶层中享有很高

---

[1] 相关研究文献还有：和田繁二郎《近代文学创成期的研究——现实主义的生成》（樱枫社，1973年）、千叶宣一《进化论与文学》（三好行雄、竹盛天雄编《近代文学》卷一收录，有斐阁，1978年）、佐藤喜代治编《语志》Ⅲ（《讲座 日语词汇》卷十一，明治书院，1983年）、铃木修次《翻译词"文学"的诞生与中、日文学》（古田敬一编《中国文学的比较文学研究》收录，汲古书院，1986年）等。

的知名度。[1]

到1858年5月停刊为止，《六合丛谈》共出版了2卷总计15期。继《遐迩贯珍》之后出版的月刊《六合丛谈》在以下两点继承了《遐迩贯珍》的传统。即，所载文章全都用文言文撰写，且杂志名称以及各期目录都以中英双语标出。这为考察近代翻译词"文学"的初次出现提供了重要线索。查创刊号上刊登的《希腊为西国文学之祖》这篇文章标题对应的英文标题为: GRAKK THE STEM OF WESTERN LITERATURS（J.E）。[2] "文学"这个古典汉语词汇被用来对应 Literature，这大概是目前所能见到的最早用例。

再看《希腊为西国文学之祖》的内容。全文是古希腊、罗马文学概述。首先讲述古希腊文学与学术，盲诗人 Homer 译为"和马"(今译：荷马)，其后的诗人 Hesiod 译为"海修达"(今译：赫西俄德)，文中对二人的文学成就有简要介绍。其中，Homer 的"Iliad"译成"以利亚"(今译：《伊利亚特》)，说此书"记希腊列邦攻破特罗呀事"，而"Odyssey"则译成"阿陀塞亚"(今译：《奥德赛》)，说此书"记阿陀苏自海洋归国事"。接着又列举罗马诗人 Virgil 和演说家 Cicero，分别译为"微尔其留""基改罗"(今译：维吉尔、西塞罗)，特别提到 Virgil 的"Aeneid"(《爱乃揖斯》，今译：《埃涅阿斯纪》)，说这部作品讲"王子马改罗之叔父为恩伯腊者，(中国皇帝之称)命为皇嗣，未嗣位而卒，寥寥数语，哀感心脾"[3]，强调其艺术具有动人的魅力。行文至此，

---

[1]　参照小泽三郎《幕末明治耶稣教史研究》中"支那在留耶稣教宣教师著作向切支丹禁制下的日本的移入"一节（亚细亚书房，1944年）。

[2]　此处所引《希腊为西国文学之祖》的英文标题，自《六合丛谈》照录。

[3]　见《六合丛谈》创刊号。

后面还特加了一笔："其母见之，奉润笔银六千两"。

由上述介绍可以推定，此文大概是东亚地区第一次系统介绍西方古典文学(古希腊、罗马文学)。与此前众多传教文字不同，这篇文章几乎不带任何宗教色彩。并且，可以明确感受到作者想要介绍西欧学术的热情。自清末至近代，居留在中国大陆主要城市的外国传教士自然以传播基督教为目的而著述，所以会间或介绍西方学术，目的无非让中国知识分子多关注基督教。不过，中国知识分子通过这类介绍文字开始睁眼看西方，这也是无可否认的。艾约瑟《希腊为西国文学之祖》的意义正在于此。

在考察作为翻译词的"文学"时，还应提及此文介绍西方文学的另一特色。即，处处有意识地把西方古典文学与中国文学做比较。例如："希腊人作诗歌以叙史事。(明人杨慎二十一史弹词即其类也)"这一句，用中国知识分子十分熟悉的杨慎《二十一史弹词》作比，以便中国知识分子想象从未接触过的古希腊诗歌样式。又如："和马所作诗史，(唐杜甫作诗关系国事谓之诗史西国则真有诗史也)传者二种"，"此二书，皆每句十字，无均，(古韵字)以字音短长相间为步，五步成句，(音十成章其说类此)犹中国之论平仄也"。[1] 前一句以著名诗人杜甫的"诗史"做样板，提示荷马史诗为真"诗史"；后一句更用汉诗的平仄类比荷马史诗在音韵上的特色(音部)。诸如此类，都可视为东西方比较文学意识在中日近代社会的萌芽。

把英文 Literature 一词蕴含的西方近代人文观念，用"文学"这一古典词汇翻译对应，由此为中国和日本的近代文学发展做

[1]　见《六合丛谈》创刊号。

了启蒙，并进而为东亚地区近代人文学术的系统化提供了有力的概念支撑。以前学者通常认为"文学"作为翻译词的最早出现在日本明治时期，综上所述，至少在1857年《希腊为西国文学之祖》文章刊载前后，外国传教士与中国知识分子之间已就相关构想有了较为深入细致的交流。

三、作者艾约瑟与其助手

在考察《希腊为西国文学之祖》中所介绍的西方古典文学时，有一个问题不可回避，也即文中所见中国古典思维模式的投影。这种投影或者说比较(对比)意识究竟从何而来？文章中叙述西方文学观念及文学史实时，尽量贴近中国古典举例，类似处还有不少。比如开篇一句："今之泰西各国，天人理数，文学彬彬，其始皆祖于希腊"；文章后半更说："列邦童幼，必先读希腊罗马之书，入学鼓箧，即习其诗古文辞，犹中国之治古文名家也"。[1] 这些都是典型例证。从"犹中国之治古文名家也"一句不难想象，外国传教士最初向中国读者介绍古希腊、罗马学术时，在很大程度上只能依赖中国读者最为熟悉的"治古文名家"之类帮助消解对象的陌生性。此外，在表述古代希腊、罗马史事时，也会提示相当于中国哪个朝代，这种做法同样出于沟通的需求。

按近代初期来华传教士中文撰述或翻译通例，有时会标出参与著译的中国知识分子助手的名字。这意味着《希腊为西国文学之祖》的成文，除了标为作者的艾约瑟之名而外，背后至

---

[1] 见《六合丛谈》创刊号。

少有一个隐蔽存在的中国知识分子助手。虽然文章没有明示这位助手的名字，但这并不妨碍对这位助手所发挥的作用的想象。在东亚地区近代人文社会科学草创时代，假如没有中国知识分子做助手，外国传教士全凭自身之力著译、出版那么多中文书籍、报刊，是难以想象的。当时的状况为，外国传教士为布教而学中文，甚至着华服，且只能用汉语（特别是中国精英阶层惯用的文言文）这一"外语"来介绍西方文化。因此，在确定"文学"这一翻译词汇的意义时，不留意传教士身后中国知识分子助手的存在，很容易把中西文化交流乃至观念的交融过程简单化。

清末已见白话文与文言文并用。直到新文学运动时期，言文一致才大规模展开。外国传教士在尝试用白话文作为传播工具方面，走在了前面。例如，外国人传教士马礼逊的助手梁发撰写的《劝世良言》用的就是白话文体。不过，可以想象这类文字主要为文化程度不高的庶民而写，中国传统知识分子不但不接受这种文章，且内心充满了鄙视。因而，艾约瑟《希腊为西国文学之祖》不得不用采用当时公认为正统的文言文来译写，这自在情理之中。

面对如此严峻的文化情势，外国传教士为将传教活动渗透到中国精英知识阶层，在包括语言在内的方方面面都付出了巨大努力。这集中体现在日常穿着的服饰都尽量模仿中国知识分子这一点上。明代来华传教士"易华服"在中国知识分子中一直传为佳话。为融入中国知识分子中，外国传教士不仅拼命学习中国古典经籍，连日常服饰都以中国的知识分子为标准。这传统也延续到清末。从当时留下的照片可知，外国人传教士不少人都身着中国传统服装。至于本文提到的艾约瑟，他的中文水平得到中国知识分子的高度评价。《圣经所载诸国见于汉书考》等著述就反映了其汉文素养，且这种问题设定的方式也成功引起了喜爱考证的中国知识分子的关心。作者把《圣经》中所见诸国记载与中国的《汉书》并置做了比较考察。这种把西方文化与中国学术横向比较并加以介绍的方式，也成了《希腊为西国文学之祖》一文的典型方法。

不过，为了引起重视科举的中国知识分子的关注，特地采用文言文来写作，所需功力绝非一朝一夕就能轻易做到。即是说，对于讲求诗文写作的中国知识分子而言，姑不论内容，单文体一项就必须先达标，超出普通水准之上。这可说是外国传教士著译的一个前提。因此外国传教士在用文言文写作时，不得不依赖中国知识分子助手。当时，外国传教士与中国助手共同执笔写作，常会在署名时标出"某某口述，某某笔录"。也就是说，在翻译西方文化学术时，把外国传教士口述内容转写成文言文，是中国知识分子助手的主要工作。这种著译方法决定了中国知识分子在做助手时，绝不可能单纯扮演一个笔录角色，尤其是西方学术用语的翻译。当外国传教士给出大致说明时，很可能是中国知识分子助手调用自身的传统知识积累，搜寻对应的译词。因而，如果不熟知中国古典经籍，恐很难胜任助手一职。当时，墨海书馆之类的外国传教士出版机构正是根据这一原则寻求中国名士做助手的。这也是本文强调在西方古典文学、文化的翻译介绍初期，不能忽视外国传教士背后中国知识分子助手的存在的理由之一。

有关外国传教士与中国知识分子助手的关系，在当时即有记载。以下引用的清末日记出自近代闻名的洋务派郭嵩焘之手。其中记载的是《六合丛谈》创刊前一年（1856）的事。

这一年晚春，郭嵩焘造访墨海书馆，与外国传教士以及馆里的中国知识分子助手都有交谈。从记述内容可见，出版了众多西学书籍的墨海书馆在当时的中国知识分子心目中极具吸引力：

> 次至墨海书馆。有麦都事者，西洋传教人也，自号墨海老人。（中略）麦君著书甚勤。其间与校订者，一为海盐李任叔，一为苏州王兰卿。李君淹博，习勾股之学。王君语言豪迈，亦方雅之士也。为觅《数学启蒙》一书，为伟烈亚力所撰。伟君状貌无他奇，而专攻数学。又有艾君，学问尤粹然，麦都事所请管理图书籍者也。[1]

此处所说的"麦都事"，即麦都思（W.H.Medhurst），是墨海书馆创始人。郭嵩焘造访书馆时，正逢他离任，伟烈亚力接任。"艾君"则不必说，正是《希腊为西国文学之祖》的作者艾约瑟。据郭嵩焘所记，当时艾约瑟在墨海书馆从事图书管理工作。"李任叔""王兰卿"二人，是中国清末著名学者李善兰（数学家，号任叔）、王韬（西洋学家，号兰卿）。二人当时正给麦都思做助手。麦都思离任后，王韬继续担任伟烈亚力和艾约瑟等人的助手。

由此可知，外国传教士与中国知识分子交友，其中文著述必也常由中国助手润色修改。在《希腊为西国文学之祖》刊发时，艾约瑟刚来华不久，可以推想，该文中出现的中国古典思维模式，与其说是这位外国传教士的信手拈来，不如说是王韬

---

[1]《郭嵩焘日记》卷一"咸丰六年二月初九 1856 年 3 月 15 日"条，湖南人民出版社，1981 年，第 33 页。

等中国知识分子的"献计献策"，这样理解才大抵贴近当时外国传教士翻译著述的特殊情境。下面再引用一段《希腊为西国文学之祖》中的相关文字，以增加对此文尽量贴近中国古典思维模式倾向的理解。

> 近人作古希腊人物表，经济博物者一百五十二家，辞令义理者五十四家，工文章能校定古书者十三家，天文算法者三十八家，明医者二十八家，治农田水利、多识鸟兽草木者十二家，考地理、习海道者十七家，奇器重学者九家，制造五金器物者六家，刻画金石者七家，建宫室者三十二家，造金石象者九十五家，诗人画工乐师四百家，凡此皆希腊人，自耶稣降生前一千二百年，至二百年，中国商末至楚汉之间，前后有八百六十三家，所著于典籍者，至今人犹传诵之，猗欤盛哉，希腊信西国文学之祖也。[1]

这段文字占了该文近乎一半的篇幅。此处关于古希腊学术的介绍，明显借鉴了中国古典分类方式。这一思路或来自于"六艺，礼、乐、射、御、书、数"，或"凡六艺一百三家三千一百二十三篇……"。[2] 中国传统思维模式如何成了艾约瑟译写《希腊为西国文学之祖》的重要背景，由此可见一斑。所谓"文章""辞令"等，都是自古以来中国知识分子熟知的词汇，"义

---

[1] 见《六合丛谈》创刊号。

[2] 前据《周礼·地官司徒·大司徒》，后据《汉书·艺文志》。

理"一词可能借自宋明理学概念，这也是西方哲学最早的翻译词之一。至于"算数""几何"等用语显然沿用了明代以来居留中国的外国传教士所造学术用语。从上面所引可以看出，在近代东亚地区的西方学术翻译介绍思路中，与中国传统思维模式的对接，背后依托的是明代利玛窦等外国传教士留下的深厚著译传统资源。

使用贴近中国社会文化的事例来说明西方文化制度，这是《希腊为西国文学之祖》采用的重要著译方法。如果考虑到这一背景，此文中的"文学"这一翻译词，可以说既包含了西方学术观念，也包含了中国古典思维模式的元素。

四、从《六合丛谈》的流传情况看翻译词"文学"的传播

在检视"文学"这一翻译词在东亚地区的成立与流传时，还有另一个史实值得注意，那就是刊载《希腊为西国文学之祖》的杂志《六合丛谈》，曾在幕府末期的日本流传。考察这本杂志如何从中国流传到日本，对于了解近代东亚地区西学的发展，特别是文学的历程具有重要意义。

19 世纪中叶，外国传教士在大陆沿岸主要城市编辑出版的报刊《六合丛谈》（上海）、《遐迩贯珍》（香港）、《中外新报》（宁波）等，都曾以写本或翻刻等形式在日本广泛传播。日本近代报纸史专家小野秀雄认为，具体引进时间在"文久年间"

（1861—1863）。[1]据此可推断，《六合丛谈》传入日本并被翻刻的时间距杂志发行只有五六年间隔。

当时，标注、翻刻工作主要通过幕府下设的"洋书调所"进行。这一研究机构的前身是安政三年(1856)为整理洋学而设的"蕃书调所"。文久二年(1862)，"蕃书调所"更名为"洋书调所"，一年后的文久三年(1863)又改名为"开成所"，成为西学教育机构。著名的《英和对译袖珍辞书》等，就是由"洋书调所"编纂出版的。翻刻《六合丛谈》等在华传教士编辑的报刊，也是该所一项重要事业。[2]

在考察《六合丛谈》等西学杂志如何从中国传播至日本时，尤可留意者，日本翻刻《六合丛谈》并非原原本本照录，而是经过了"洋书调所"教授的检审，凡不合幕府方针的宗教内容全都被删去。原刊中每期刊登的月历、贸易新闻等也被视作无用之物而删除。经过这样一番修正的西学报刊翻刻版，冠以"官板"字样后在日本印刷贩卖，也即《官板六合丛谈》《官板遐迩贯珍》。[3]

一系列"官板"西学报刊的翻刻背后基于怎样的目的？从当时的背景看，日本知识分子渴望了解海外西方世界的求知欲在不断增长。《官板六合丛谈》等书作为"记载海外各国变革的报纸"而发行，成了日本开国政策的一环。[4]发行者是胜海舟推荐的"老皂馆东都竖川三之桥万屋兵四郎"。由于《官板六合丛

---

[1]　小野秀雄《关于我国初期的报纸及其文献》中说："翻刻报纸的发行年月根据幕府公文书、幕末日记类、庆应四年的报纸编号等，可以确知都是文久年间的，但没有明确标明。"明治文化研究会编《明治文化全集》第四卷收录，日本评论社，1928年，第5页。

[2]　参见福井保：《江户幕府刊行物》(雄松堂出版，1985年)。

[3]　小野秀雄：《关于翻刻报纸杂志的原书》(《报纸学评论》第一号，1952年)，第69页。

[4]　小野秀雄：《日本新闻发达史》(大阪每日新闻社，1922年)，第14—17页。

谈》等书的发行，这家本为个体经营的书屋同时兼有了半官方性质。比较日本东洋文库等图书馆中所藏几个版本的《六合丛谈》就会发现，每版各有不同，其中也有将原版"咸丰丁巳年正月朔日江苏松江上海墨海书馆"等字原封不动翻刻下来的版本。《官板六合丛谈》多次再版，正反映了日本知识分子对西学的热望。

《官板六合丛谈》中的翻译词在日本近代学术用语形成过程中的影响，此前日本学者也有所阐明。例如，佐藤亨《近世词汇研究的课题：与中国洋学书词汇的关联》中，把中国清末西学著述与日本幕末、明治初期的词汇研究并置考察，指出，从中国传到日本的西学书籍"在日本被广泛阅读，影响巨大"，"时间上一直持续到幕末、明治初期"。[1]

佐藤在其考察中，从《六合丛谈》抽取了一部分代表性词汇（翻译词），与幕末、明治时代的词汇做比较探讨，但没提及"文学"这个翻译词。这也情有可原，因为其引用的《六合丛谈》创刊号的全部文章标题，《希腊为西国文学之祖》被误抄为《希腊为西国文字之祖》。[2] 这处错误对于佐藤的考察来说或许只是细枝末节，但对本文所论却至关重要，在此顺便做个提示。

《希腊为西国文学之祖》中"文学"这一翻译词与幕末、明治初期的"文学"一词有多大关联？这一点还需借助更多的史料展开深入考证，本文权且就笔者已确认的部分做些介绍。如前所述，《官板六合丛谈》曾多次再版。从翻刻经过看，可推断当时的日本知识分子接触到这本杂志的机会很多。中村孝也《中牟田仓之助传》介绍幕末乘坐千岁丸来上海的中牟田仓之助事迹时，提及该人曾与高杉晋作等在上海与外国传教士慕维廉会面，

---

[1] 佐藤亨：《近世词汇的研究》（樱枫社，1983 年），第 13 页。

[2] 佐藤亨：《幕末、明治初期词汇的研究》（樱枫社，1986 年），第 131 页。

并说那时带回日本的四十种余种西学书籍中就有《六合丛谈》。[1]
高杉晋作等人带到日本的上海墨海书馆版《六合丛谈》或许就是
开成所翻刻的西学杂志所据原版之一。

其实，早在文久二年高杉晋作等人来上海之前，已有日本
知识分子在寻访墨海书馆出版的《六合丛谈》了。相关史料见于
仙台藩士玉虫茂谊《航米日录》：

> 另有英华书院，是一所在日本也很闻名的学府。
> 虽想前访，无奈自己是扈从之身，不得自由，终未成行。
> 同行仅有三四十人，极寂寞。寻《遐迩》《六合》等书，
> 漠然不得，或假英华书院之名于他所翻刻也未可知。[2]

万延元年(1860)，玉虫茂谊随外国奉行新见丰前守前往美
国。《航米日录》详细记录了使节一行的行程、美国文化制度见
闻等。归程途中，玉虫茂谊利用使节团船只停靠香港之机，慕
名去访问外国传教士马礼逊创立的英华书院。结果因身份所限
未能如愿。上文所引记述即写此事。《遐迩》《六合》即本文多次
提到的西学杂志《遐迩贯珍》《六合丛谈》。从玉虫所留记述中不
难看出，幕末日本知识分子极度渴望从《六合丛谈》等书中吸收
西学知识。

这里还应附带说一下西周。日本学者铃木修次在考察"文
学"翻译词的成立时，认为西周是个关键性存在。西周文久二
年(1862)受"洋书调所"派遣前往荷兰留学。此时洋书调所大
概也正着手翻刻《六合丛谈》。西周作为该所负责西学杂志的删

---

[1]　小泽三郎：《幕末明治耶稣教史研究》（亚细亚书房，1944年），第300—304页。

[2]　玉虫茂谊：《航米日录》（"仙台丛书"第十八卷收录，铃木省三编，仙台丛书刊行
会，1929年，第345页）。此书《解题》（平重道撰）中附玉虫茂谊小传。

定、标注、断句教授的助手，虽不能确定他当时参与其中，但从他回国后长期担任洋书调所的教授这点来看，可以推断他接触《六合丛谈》的机会非常大。

五、结语

根据上述考察可知，近代东亚地区首次出现"文学"翻译词是在一八五七年。英国传教士艾约瑟的《希腊为西国文学之祖》篇幅不长，但内容相当丰富。刊登这篇论说文的西洋学杂志《六合丛谈》不仅限于中国，还被引入日本几度翻刻，说明近代中国、日本的知识分子在接受西学，建构东方的近代文学方面频频互动。

在检视中国和日本的近代学术用语的成立过程中，外国人传教士翻译、出版的报纸杂志的地位之重要，已如前所述。由于东亚地区近代学术用语的成立与外国传教士的翻译活动有密切关联，在探讨相关问题时，单局限于中国或日本恐怕都不充分。这也是本文采取比较考察视角的缘故所在。

《希腊为西国文学之祖》中的"文学"一词作为崭新的翻译词，后来又是如何传播开并最终固定下来的？这个课题值得继续探讨。有一点可以肯定，这篇文章的影响力并没随《六合丛谈》的停刊而消失。因为在近代文学的胎动期，新的中文报刊、杂志如雨后春笋一般问世，艾约瑟本人也在原有的基础上，继续努力普及宣传西学。"文学"这一翻译词既经诞生一直沿用至今，随着时间的推移，其间究竟又有多少戏剧性的衍变？都有待今后拓展深考。

感伤主义的跨国之旅 *

——《苦社会》与林纾的译作《黑奴吁天录》

金 雯 **

范若恩　何逸逸　译

小说《苦社会》[1]在1905年由19—20世纪之交中国最大的出版机构上海申报馆出版，首印3000册，发行量在那个时期堪称可观(阿英 1960：11)。尽管书首序者为漱石生(上海小说家孙家振的笔名)，作者名字却付之阙如。且不论真假，就漱石生所言，作者是羁旅海外的华工。《苦社会》还有《苦学生》《黄金世界》等在今天看来，都是记录反抗美国排华的重要小说类文献。小说详述了华工在横渡太平洋途中的痛苦以及他们在1882年美国排华法案出台后的遭遇。当时一系列作品(小说、诗歌、戏剧、新闻报道)大量涌现，既为华工在美洲遭受迫害的经历提供一手证据材料，又抨击清政府无力保护其海外臣民，该小

---

* 本文原刊载在 *Modern Chinese Literature and Culture*，2014 年第 1 期。

** 金雯，华东师范大学中文系比较文学和世界文学教授，博士生导师。曾执教于哥伦比亚大学和复旦大学。

[1] 本文研究的《苦社会》版本信息为：《苦社会》，收入阿英《反美华工禁约文集》，中华书局，1960(1905)。后文出自同一著作的引文，将随文标出该著名称首字和引文出处页码，不再另注。

说即为这一风潮的产物。这样一种群情汹涌的抗议推动了1905年抵制美货和反对美在华商业利益的运动；在整个1905年下半年，它在中国持续进行（在海外华人社区一直持续至1906年初）。《苦社会》和很多其他同属于19—20世纪之交的反美作品后都被收录进阿英主编的《反美华工禁约文集》之中。尽管1905年抵制运动的很多言论都认为该小说既是这场运动的动因，又是其产物，[1] 但很难精确地将《苦社会》定位为一部拥护、宣扬现代中国民族主义的小说。自阿英的文集以后，《苦社会》进入了其他的文学谱系。《美亚日报》在1981年出版了《苦社会》第37—46章的英文翻译，促成了黄秀玲把《苦社会》和《苦学生》同归为华裔美国文学的开端。[2] 在《苦社会》中展现的国家和语言的变动，以一种具体可见的形式表明了，很难要把该小说单纯置于某一个清楚划定的地理以及文化环境，或把它作为一个即将诞生的中国国家的象征来阅读。

反帝民族主义塑造了这部小说，小说的作者当然对它的文学和文化表达并不隔阂。《苦社会》中的一个人物在返回中国的船上就和他的两位中国伙伴说他们三个应该"要把自身的经历，诸位累年的苦楚，说给大众听，先想个补救目前的法子"（《苦社会》：107）。在这一细节中，这部小说有意识地援引了晚清时的一个观点：伟大的悲情叙事或说感伤主义叙事，可用以推

---

[1]　参见王立《新中国近代民族主义的兴起与抵制美货运动》，载《历史研究》2000年第1期，第31页。和其他参考材料如黄贤强（黄贤强：《海外华人的抗争：对美抵制运动史实与史料》，新加坡亚洲研究学会，2001.）讨论了有关海外华人社区发动及维持抵制活动的情况。黄对固有的观点稍作调整，他认为抵制活动启发了（而不仅是依赖于）现代中国民族主义的崛起。

[2]　Sau-ling Cynthia Wong，"Chinese American Literature"，in King-kok Cheung, ed.，*An Interethnic Companion to Asian American Literature*. New York: Cambridge University Press，1997，p. 44.

动政治事业。[1] 这一说法表明晚清知识分子对小说的认识出现了转向，梁启超1902年呼吁的"小说界革命"即为其标志。自戊戌变法失败后，梁及其改良派知识分子们设想以一种新的小说来引领公民或国民意识，克服被认为是日渐衰微的传统白话文小说。

中国知识分子有感于小说在西方国家政治文化中发挥的作用，认为新小说能宣扬政治情感进而会推动社会变革和国家昌盛。晚清出版发行的小说近半为翻译作品，[2] 很多报纸和文学杂志里的信息都大致谈及小说在日本和西方国家所起的显著政治作用以及外国小说家的重要地位。[3] 林纾翻译的欧美小说在这一时期风靡一时，他在让中国小说接受外国文学影响方面起到尤其重要的作用。在很多译作自序中，他希望能让读者深入体会西方社会的强大和弊端并能清晰看见西方依靠种族剥削以及殖民剥削发展，以求唤醒读者国家危亡意识。在众多他与合译者翻译的小说中，《黑奴吁天录》是第一本介绍给中国读者的美国小说。林纾的《黑奴吁天录》在短短几年中三次出版(首先是在1901年个人出版，然后是文明书局1904年版和1905年版)，1907年还被改编成剧，在中国读者中引起了强烈的共鸣。它对

---

[1]　晚清时期并非仅小说使用感伤主义。伊格顿·塔普雷（2008）认为1876—1879年间的中国北方大饥荒产生了感伤主义新闻和插画（有关对被贩卖及受虐妇女处境的同情描写），旨在引起"清政府和中国精英知识阶层采取行动"。这些文化再现催生了四十年后五四运动精英所持的将女性苦难和国势日衰相联系的民族主义话语。参见 Kathryn Edgerton-Tarpley, *Tears from Iron: Cultural Responses to Famine in Nineteenth-Century China*. Berkeley: University of California Press, 2008。

[2]　阿英（2009：14）在这一时期首次提出"翻译作品多于原著"。樽本照雄（1998：42）部分肯定了这一常被引用的说法，并通过具体的数据分析得出有些年份的翻译作品确实要在数目上超出原著，但同时也指出其研究并未穷尽所有年份。

[3]　参见黄锦珠：《论清末民初言情小说的转变与发展》，《明清小说研究》2002年第1期，第30—31页。

黑奴制以及种族压迫的描述引起了中国读者深入反思自身在国内外遭受的奴役。在新近的林纾研究中,韩嵩文认为《黑奴吁天录》产生的影响不仅仅让人"热泪盈眶,以致郁结哽喉、泪湿袍袖",而且它还激发中国读者纷纷提出华裔劳工以及非洲奴隶之间应"同陷缧绁、同仇敌忾"。[1]

林纾在《黑奴吁天录》序言中对中国政府对在美华工受虐装聋作哑满怀愤恨,在很多方面《苦社会》可以视作一小说形式体现此种愤恨。漱石生认为《苦社会》叙事的力量导致读者情感认同:在当时这颇具意义,因为它让读者"不啻身临其境",使他们感动得"废书浩叹"(《苦社会》:15);通过强调这一点,他暗示《吁天录》与《苦社会》彼此有着主题和文体方面的亲缘性。然而此处有一点要引起注意的是:尽管漱石生把《苦社会》描述成一个激发民族主义情感的现代中国感伤小说的样本,而这本书实际上比这一表述还要复杂。《苦社会》聚焦于美国华裔的痛苦,他们一方面幻想着一个充满凝聚力和强大的中华民族,另一方面却又对这样一个幻想怀有深深的幻灭感,《苦社会》挑战了改革者对小说情感政治影响力的设想。

在这篇论文中,我把《苦社会》与仅比它出版早几年的《黑奴吁天录》并读,把两者看作交互连接中美文学潮流交流的场域。《黑奴吁天录》既作为先行者,思想贯穿于《苦社会》中,而其本身也是中美文学交流的文本载体。韩嵩文提及过林纾在《黑奴吁天录》序中述及华工,并把他们作为小说传达的信息的

---

[1] Michael Gibbs Hill. *Lin Shu*, *Inc.: Translation and the Making of Modern Chinese Culture*, New York: Oxford University Press, 2013, pp. 53, 72.

隐含读者，[1] 但这两部作品的联系仍有待挖掘。我认为，两个文本的联系在于两者同样缺失对共情和爱的救赎力量的信仰，尽管林纾和漱石生都曾表示过相信感伤主义具有转变中国人意识的力量。我使用的"感伤主义"，无疑指的为18世纪欧洲出现的一种主要叙事模式。当时卢梭、理查逊、斯特恩及其他作家在他们的小说中，展示出强烈的情感如何来引起读者的共情，他们相信优秀品德和社交能力植根在敏锐的自然情感之中。尽管商业化一方面分散了这一文类的道德目的，但感伤主义小说日渐流行，在其后的世纪占据越来越大的市场份额。《黑奴吁天录》为19世纪最畅销的小说，在孕育道德、推动政治变革的众多感伤主义小说中具有典范作用。它的中文译本与其他译介的流行小说和旨在探索情感和感觉的中国小说的本身成长发展交错在一起。从吴趼人开始，晚清批评家把这类中国小说归为"写情小说"。[2] 这种小说传统上可上至少回溯到18世纪晚期的《红楼梦》；它吸收了翻译的外国小说并同时与之相抗衡，但也呈现传统中国小说的语言及叙事风格。[3] 西方感伤小说与有关情感的中国小说的共鸣与张力将是本文要讨论的主题，因为《黑奴吁天录》和《苦社会》正处于其错综复杂的联系之中。

---

[1] Michael Gibbs Hill. *Lin Shu, Inc.: Translation and the Making of Modern Chinese Culture*, p. 62.

[2] 吴趼人首先在他自己的小说《恨海》中使用该术语（1906）。该术语在那时候的文人中很流行，参见松岑：《论写情小说于新社会之关系》，收入陈平原等编选《二十世纪中国小说理论资料》，北京大学，1989（1905），第153—155页。

[3] 说到写情小说和传统中国文学的联系，很多写情小说运用了传统的章回体小说形式，尽管有些使用了古文和骈文而不是白话文。感伤主义小说通常情感泛滥，比如说徐枕亚、吴双热和李定夷的骈文作品，亦即后人所称的"爱情小说"。五四运动的知识分子把他们贬称作"鸳鸯蝴蝶派"。

我的论点在于《黑奴吁天录》和《苦社会》都同样有意识地运用和修改了《汤姆叔叔的小屋》里运用的感伤主义。《黑奴吁天录》夸大了原著《汤姆叔叔的小屋》里的情感，表明了一种对感伤主义道德和政治效能感的潜在焦虑。而《苦社会》恰恰与之相反，呈现了一种有节制的感伤主义，它模糊地化为一种新型的斯多葛苦行主义。《黑奴吁天录》和《苦社会》的独特性当然与晚清政治危机导致的沉重感有很大关联，那样一种环境必然使强烈的情感似乎不足以成为变革的动因。更具重要影响力的是一种现代性的观念，即中国人对痛苦特别麻木并且情感匮乏；这一中国人的特点据说会让他们抵触"经典"感伤小说所起的作用。

麻木的中国人这一刻板印象源出西方传教士和西方旅游者关于中国的书写中，具有明显的现代性起源。在欧亚混血作家韩瑞的自传文《散叶忆，欧亚身》中，她就曾指称自己来自一个由于她的中国母亲的缘故"被他人认为是最迟钝，对情感最不敏锐"的种族。[1] 此种言论本质轻率，与它所表达的观点相得益彰，而忽略了找寻后者特定源头的必要性。而相对清晰的是，对于这样一种成见，我们可以追溯到19世纪西方有关中国的言论，后者认为中国人身上共有一种过度的斯多葛主义，一种对自身痛苦以及受难以做出强烈反应的消极无能。在韩瑞的文字中，我们会将对这样一种中国人经典印象论述的关注转向一位

---

[1] Sui Sin Far（Edith Maude Eaton）, "Leaves from the Mental Portfolio of a Eurasian", in Sidonie Smith, et al., eds., *Before They Could Vote: American Women's Autobiographical Writing, 1819-1919*. Madison: University of Wisconsin Press, 2006（1909）, p. 410.

在中国传教的医生，彼得·帕克(创建于1825年，广东第一家眼科医院的创始人)身上。他在临床麻醉药还未问世时曾对很多患白内障或肿瘤的中国病人实施过手术。他在他的手术病例研究中记录到其中有些病人是以一种"令人惊讶的准英雄式斯多葛主义"精神忍受无法想象的痛苦，在很多案例中病人都从未发出尖声叫喊或晕厥。正如韩瑞指出的，有关中国人能坚韧忍受痛苦的看法，就被美国劳工联合会为借口来争取排华法案无限延长。[1]类似地，当19世纪中期，伦敦传教士协会的麦嘉湖想要在中国废除令人极度痛苦的缠足现象时，就预见他自己正在走上一条和中国老幼妇女们的"斯巴达式坚韧"斗争的艰难道路。她们对自己及其女儿都毫无怜悯之心。[2]这样的观点很容易会忽略某种可能性，即使没有对基督教上帝的信仰，其实中国女性也是有可能会身受鼓舞起来反抗缠足。[3]

认为中国人具有过度的斯多葛主义的观念有时候会滑向另一种观念，认为中国人对痛苦根本就麻木不仁。罗素的《中国的问题》原本充满同情地对20世纪20年代早期中国社会进行描绘，但罗素在提到中国人的缺陷时，在贪婪和懦弱之外，选出了"麻木不仁"这一特性进行描写，而且认为"受难的场景在一般的中国人身上引不起同情的痛苦感"。[4]1923年鲁迅的小说集《呐喊》的前言和这一评论遥相呼应。鲁迅提起他在仙台医学专

[1] Eric Hayot, *The Hypothetical Mandarin: Sympathy, Modernity, and Chinese Pain*. Oxford, New York: Oxford University Press, . 2009, p. 121.

[2] John MacGowan, *How England Saved China*. London: T. F. Unwin, 1913, p. 37.

[3] Dorothy Ko, *Cinderella's Sisters: A Revisionist History of Foot Binding*. Berkeley: University of California Press, 2005, p. 15.

[4] Bertrand Russell, *Problem of China*. London: George Allen & Unwin, 1972 (1922), pp. 209-210.

科学校观看过一次幻灯片演示，当出现日本人处决一个中国间谍场景时，中国群众冷酷无情麻木不仁。鲁迅对其中国同胞的论断本身受到明恩溥1894年的《中国人的性格》一书还有日本对传教士言论的再度阐释的影响，这一论断成为了中国现代文学最具标志性的时刻之一，把西方人眼中的中国人的"性格"在某种程度上本土化了。

这一舶来的国民劣根性论述，如魅影般一时各处流散，现代中国与华裔美国感伤主义小说并非对此浑然不觉，但它们亦非仅仅简单地对国民劣根性进行驳斥。事实上，《吁天录》和《苦社会》可以看作试图解决中国集体麻木感的两种不同尝试，它们各自提出了两种不同的精神策略，希望在西方帝国和种族主义统治下重新激活中国国民及跨国主体。《黑奴吁天录》改写《汤姆叔叔的小屋》并蕴含着某种期盼性的理念，试图为中国式的"麻木不仁"做出某种补救或改变，让中国读者在目睹黑人蒙冤受难之后会油然而生出爱与同情之心。《苦社会》则恰恰相反，在不同的声调和主题中摇摆不定，目的是为了牢牢主动驾驭住它本身的情感冲动，因此在表达瑰丽的情感主义政治图景与揭露其局限之间搭起了一个动态的中间缓冲地带。两本小说，尽管都属晚清将现代感伤主义小说的情感力量与塑造新型国民形象的政治事业相结合的蓝图一部分，却又以不同的方式使该类小说的愿景既得以实现又变得复杂。尤其是《苦社会》，创造了一种斯多葛苦行式感伤主义，不再仅仅是借助受难叙事来开启中国人情感认同。

两部小说都为某种叙事交汇场域，使19世纪美国感伤主义小说和现代中国写情小说互相渗透和再次升华，创造出有关种族以及移民新的叙事。它们阐释了感伤主义的跨太平洋之旅，并昭显了该小说文类在中美语言和政治边界磕磕碰碰的往复穿梭是如何与现代性的"中国人的性格"话语以及中国民族主义盘结在一起。这些旅行构建了一种流动的资库，透过其间我们可以以比较和跨地域的方式研究19—20世纪之交情感结构和政治的变迁。

一、净化《汤姆叔叔的小屋》

在20世纪之交的中国小说中，对身心极度痛苦的再现盛极一时。感伤主义传统在晚清的发展源出《红楼梦》中封建贵族家族青年男女的爱情故事。在民众对政治心灰意冷以及国家权力分崩离析的大背景下，以《泪珠缘》(1907年)、《恨海》(1906年)为代表的写情小说如雨后春笋般大量出现。[1] 它们通过强化情感(情)、扩展了中国传统小说中被弱化的紧张关系。正如西方感伤主义小说，中国写情小说激发读者对在众多个人或国家悲剧产生共鸣和感同身受的痛苦。欧美感伤主义小说扩展了苏格兰启蒙运动，推动了法国革命背后激进的民主理念，也塑造了内战前美国的公共政治；[2] 同样，中国写情小说培养的道德情感使某种政治启蒙成为可能。

[1] 参见黄锦珠：《论清末民初言情小说的转变与发展》，《明清小说研究》2002年第1期。

[2] 更多有关感伤主义小说是如何与欧洲及美国政治启蒙运动相关联的请参见 Hina Nazer, *Enlightened Sentiments: Judgment and Autonomy in the Age of Sensibility.* New York: Fordham University Press, 2012；William Reddy, *Navigation of Feeling: A Framework for the History of Emotions.* London, New York: Cambridge University Press, 2001；Glen Hendler, *Public Sentiments: Structures of Feeling in Nineteenth Century American Literature*, Chapel Hill: University of North Carolina Press, 2001。

但18、19世纪的欧美感伤主义小说迥异的是，尽管它们也在其他方面多少显得含糊，但是都在道德层面坚信身心痛苦必然会得以补偿：理查森的《卡丽莎》宁死不屈证明了自己的贞烈，在《汤姆叔叔的小屋》中汤姆和伊娃则通过忍受身体的折磨和早逝等达至某种圣徒境界。同理，小说带领读者经历的情感折磨被认为会引起一种自由流通的共情和围绕情感塑造的一种公共空间。中国的写情主义小说并未如此明确真切和情感痛苦的功用，经常是与他们致力的情感设想暗自矛盾。这种复杂性在《苦社会》中得到了清晰的呈现，而把它与《汤姆叔叔的小屋》及其译本《黑奴吁天录》放在一起阅读就显得尤为有趣。

《汤姆叔叔的小屋》最早的中国译者林纾与魏易，对晚清中国写情小说的发展做出了直接贡献。就目前所知，林与魏（及其他合作者）合译了180多部外国小说，其中包括小仲马的《茶花女》和亨利·莱特·哈葛德的25部小说。[1] 林纾对哈葛德的翻译原则在于他相信翻译的小说能充当情感教育的工具。在译的哈葛德《雾中人》的序言中，林向中国读者描述英国人在非洲寻富猎奇经历时提道：

> 余老矣，无智无勇、而又无学，不能肆力复我国仇。日苞其爱国之泪，告之学生；又不已，则肆其日力，以译小说。其于白人吞食非洲，累累见之译笔，非好语野蛮也。须知白人可以并吞非洲，即可以并吞中亚。[2]

---

[1] 学者对于林的译作数量意见不一。关诗珮（2008）指出尽管通常认为林纾的翻译总数为180部，而樽本照雄则将该数字提到213部。参见关诗珮：《从林纾看文学翻译规范由晚清中国到五四的转变》，载《中国文化研究所学报》第48期，第347页。

[2] 林纾：《雾中人序》，收入许桂亭编选《铁笔金针：林纾文选》，百花文艺出版社，2002年，第35—36页。

至少在部分译作小说中，林纾旨在以一系列非洲以及非裔美国人喻西方对中国的征服，以求提醒国民"行劫及灭种"之祸。[1]《汤姆叔叔的小屋》在林纾及其合译者魏易看来，会激发中国读者的爱国热情及爱国行动，帮助他们阻止沦亡之命。该小说一路描述了忠诚的肯塔基州奴隶汤姆自被主人谢尔比出售以后沿密西西比河而下的经历。汤姆曾短暂白人女孩伊娃及其父亲圣·克拉尔所有，在他们临终又卖给了一个残忍的种植园主西蒙·列格里，他最终把汤姆折磨致死。

　　林纾及其合译者们以散体古文进行翻译。林纾是众所周知的古文大家；他的翻译为晚清小说的繁荣发展做出了贡献，而且他也热衷于编写中国古文读本，希尔(2013：156-191)把该文化运动称作"民族古典主义"。林纾的古文译作异于至少起源于明代的白话小说，并没有生动的对白以及戏剧性行为的描述。《黑奴吁天录》确实遵循了语言得体的准则。译作去掉了本已晦涩的对于汤姆最后的折磨的描述(林仅仅以其独特的曲笔改写道，列格里把他弄倒在地使其晕了过去，而且缓和了列格里对女奴隶卡西具有性意味的言语。翻译者显然认为如此形象、可怕的受难场景不会对于激发中国同胞的团结一致富有成效的抵抗行动有所助益。他们认为，仅是提及受难和暗示性的氛围描述就足以引起国人感同身受的痛苦以及愤怒。

　　就此点而论，事实上，翻译倒是与原著意旨一致。《汤姆叔

---

[1]　林纾：《雾中人序》第 36 页。中国在殖民浪潮之下会亡国的焦虑在这一时期非常盛行，而从非裔和非裔美国历史而来"奴隶"一语已成为中国知识分子关于该焦虑话语的明显术语。(卡尔 2002：120—124) 卡尔的研究采取更宽广的视野，将处于世纪之交中国的国家团结这一传统主题和当时中国人对 19 世纪末 20 世纪初反殖民和民族主义革命的后拉美浪潮的认识联系起来。参见 Rebecca Karl, *Staging the World: Chinese Nationalism at the Turn of the Twentieth Century*. Durham, NC: Duke University Press, 2002, pp. 120-124。

叔的小屋》里同样对恐惧、震惊或是极度的身体强迫产生的狂热持怀疑态度。《汤姆叔叔的小屋》的一个核心段落中提道：

> 当面临一种基于身体痛苦和恐惧的死亡时，殉道者会发现在其命运诅咒的惊恐中存有强烈的兴奋剂和毒药。有那么一种鲜明的兴奋感，一种震颤与热情，贯穿其受难的任何危机时刻，而这恰恰又是其永恒荣耀与平和的诞生之时。但要想生存，——日复一日，以一种低劣、痛苦、卑微、侵扰的奴役态度苟且存活，每一根神经都受损和饱受压制，每一寸感官的力量都被抹杀，——这样一种长期和衰退的心灵之殉道，这种缓慢、如滴血般日渐消退、内在的生命，一点一滴，一分一秒，——这是真正考验每一个男子或女子的地方。（斯托夫人 1981: 551）[1]

这一段清楚地描述了《汤姆叔叔的小屋》对情感小说中描写的痛苦的复杂理解。作者知道巨大的身体痛苦可以引起一种与超越性力量混合的幻觉，最终导致某种奇特的惊颤，就像读者能对小说中身体的巨大痛苦感同身受时产生一种性快感。[2] 也就是说，斯托夫人清楚她受难描述中的受虐性意味。玛丽安·诺贝尔（Marianne Noble）广为人知的认为《汤姆叔叔的小屋》为

---

[1] Harriet Beecher Stowe, *Uncle Tom's Cabin*, New York: Penguin, 1981 (1852), p. 551. 后文出自同一著作的引文，将随文标出该著名称首词和引文出处页码，不再另注。

[2] 精神分析将受虐定义为主体的受辱和受折磨产生性快感的性变态现象。此处我对于该术语的援用是为了描述现代情感小说的一种主题特征和情感影响。首先，它指的是在一些场景下某些角色会通过痛苦和自我伤害达到性意义的快感，正如在汤姆的例子中他在死亡场景中感到一种激动人心的英雄主义快感。其二，它也指感伤主义的一些读者可能会在阅读有关折磨和痛苦的场景时获得一种可能的性意义的快感。

受虐性幻想提供素材的观点似乎在小说里面就早有预兆。[1] 更早的文本第二部分进一步指出这样一种心理状况的局限性。斯托夫人认为，一种瞬间过量的胁迫性试验，更具考验性而非阻止性并伴随着持续的痛苦，迫使别人只能对情感淡漠，而对抵抗与牺牲都毫不热衷，同时也丧失了爱和共情的能力。然而讽刺的是，尽管我们习惯把《汤姆叔叔的小屋》看作一部旨在引起强烈情感的感伤小说，同时它也在于质疑对情感何以麻痹，或者说质疑一种司多葛主义的病理形式。奴隶制最大的问题是，对于奴隶主和奴隶而言，内心生活都被剥夺了。

在《汤姆叔叔的小屋》中，不仅是奴隶们出现情感匮乏的症状；共同陷入痛苦中的人们也会降低情感的强度以作为保护机制。小说人物圣克莱尔身上就充分体现了这样一种症状，他成为中心人物汤姆和伊娃的黑暗对立例子。有人争论说他对蓄奴迟疑不决的否定展现出人们对于天启末日审判的恐惧具有的一种动员力量，是斯托夫人对天启意象以及对奉献之爱的场景等的动用来激发读者的行动。[2] 这可能是真的，但圣克莱尔身上有比恐惧缺失更具威胁性的东西：斯托夫人不遗余力地想要解释他为何对奴隶们的痛苦持犬儒般无动于衷态度，他的无动于衷体现在以某种感情退缩应对难以承受的痛苦，包括爱情严重

---

[1]　诺贝的观点是将阅读《汤姆叔叔的小屋》视为产生性快感。她指出为了使读者能对奴隶的痛苦感同身受，小说使得想象中的痛苦转为性快感并产生一种受虐式的幻想，增强了中产阶级白人女性对男性黑奴的财产拥有关系。参见 Marianne Noble," The Ecstasies of Sentimental Wounding in Uncle Tom＇s Cabin.", in *The Yale Journal of Criticism* 2(10), 1997, pp. 295－320。

[2]　凯文·佩尔蒂埃提到，比如说最终的转折点在于圣克莱尔读到圣经里有关启示录的篇章，说到不公义都会受到诅咒，永受火刑。Kevin Pelletier," Uncle Tom's Cabin and Apocalyptic Sentimentalism", in *Literature Interpretation Theory* 20, 2009, p. 272。

受挫时的个人伤痛还有卷入野蛮奴隶机制时间接感受的痛苦。于是在蓄奴阶级中的圣克莱尔就此类同于勒格雷农场的奴隶们，他们在日复一日遭受的粗暴中担惊受怕，对自己也渐渐丧失同情心和眷顾。圣克莱尔和奥菲莉娅阿姨说，他曾经是个"婆婆妈妈的感伤主义者"，曾怀想憧憬改革但后来幻灭了，随即成为一片"浮木"，依靠苦涩的讽刺来求得精神苟且（*Uncle*：242—243）这整一段在中文翻译中是缺失的，而且整体上和展现精神特点吸引人的人物并无太大关联。[1]圣克莱尔和奥菲莉娅之间有关前者忏悔的对话中被完全删除了，只简短地解释为什么圣克莱尔此时此刻还没解放奴隶。这一部分的翻译匆忙直奔主题：奴隶制的残忍本质和奴隶生活的极度痛苦，而这两者恰是圣克莱尔无力通过个人意愿改变的。

翻译中对这部分的删减削弱了斯托夫人努力想呈现的犬儒主义或病态的司多葛主义症状。中文翻译不仅是从原文中删减了叙事者对读者有如圣经般的说教，同时也做出了一系列的改动，而它们并非出于区分两种语言的文化视野而必须做出。[2]一个更微妙但同样重要的问题在于翻译模糊了斯托夫人对于在巨大痛苦和受难之下的无意识司多葛主义的理解。翻译中呈现的爱与同情是简单化了的，组成上是纯粹的而且是无所不能的。爱给受难提供了解药，但却从未受痛苦经历真正的威胁或复杂

---

[1] 翻译对小人物同样不重视。例如说，翻译还省略了克洛和汤姆在原著第4章的交流。

[2] 参见张佩瑶：《从话语的角度重读魏易与林纾合译的黑奴吁天录》，载《中国翻译》2003年第2期，第15—20页。她研究的是翻译是如何处理原著中基督教的提及和材料的，结果发现译者倾向强调原著对基督教中普世伦理的质疑，但减低了叙事在呼吁采取行动反抗奴隶制时对基督教的倚重程度。

化。无论受虐中的痛苦与超越交织或犬儒主义中于痛苦对爱的遮蔽都未能在中文的翻译中得到表达。

这说明译本明显倾向于伊娃；不像她的父亲，伊娃表现的是一种对于痛苦和受难始终一致的回应态度，而这损害了她的幸福。伊娃的死被描述为一种在哀痛的负担下的消陨，而对这她毫无抵抗能力。描述伊娃的部分可以说是小说中翻译得最忠实于原文的部分了；翻译保留了伊娃几乎所有的话而删减了圣克莱尔很多的言论，好像它们根本不相关似的。例如，伊娃以让人动容的方式向圣克莱尔解释有关奴隶的故事"直入她内心"（*Uncle*：347），对此的翻译就显得意义突出 。中文翻译——"吾安有脑病，特夫之言直入吾心腑尔"是字面而直接的（《黑》：42）。[1]第22章的翻译，预示了伊娃的死，却大幅度对原文删减，不过主要都是和圣克莱尔内心的挣扎相关。如果我们考虑宗教方面内容被删减幅度的话，我们会很惊奇地发现翻译保留了伊娃与汤姆在这一章里的对话，在其中她询问了上帝王国的所在地还表明了她有看到它的能力。因为在同一章翻译中汤姆唱到的灵歌和他在宗教信仰方面的告解都缺失了，翻译对伊娃的忠实则表明一种非宗教的理由。[2]通过对伊娃的偏向，翻译强调的为自我牺牲精神的同情的可能性，尽管它的意义是明显被世俗化的。

斯托夫人试图以两种相互关联的方式克服人们应对极度痛

---

[1] 英语原文是"I am not nervous, but these things sink into my heart"（*Uncle*:347），林纾这里直接译出。

[2] 第26章对伊娃的遗言翻译得也很忠实原著而语气痛苦，产生类似的效果。

苦时产生的自我保护性冷漠，伊娃和圣克莱尔分别代表着其中一种，翻译对伊娃和圣克莱尔的处理不均，造成读者难以将两个人物如此视之。

《汤姆叔叔的小屋》以两种方式引出读者共情。一方面，小说首先使读者强烈感受环境使得圣克莱尔难以产生敏锐感受。这种共情只能称之为一种反共情，因为读者并未被要求设身处地感受他人的情感状态，而是被要求想象被剥夺了情感意味着什么。另一方面，通过伊娃施加身边人的情感力量，读者意识到或者说开始相信重新唤醒已经被遏制的情感的可能性。读者在伊娃身上见证了这样一种奇迹，于是经历了瞬间的信仰转换。小说中创造的共情不仅限于在相似的心灵状况下引起的共鸣；同时还蕴含对人类情感无可战胜的本质的信仰强化。《汤姆叔叔的小屋》召唤着复杂的共情形式，然而中文译本急于尽可能少地再现政治淡漠(一种被认为是中国人病态的烙印或性格缺陷)，将这一复杂形式平面化，最后把整部小说简化为单调地赞美共情单一特性和激进力量。

林纾在《黑奴吁天录》的前言和后记中，明确指出他想要以黑奴故事破除国人对白人有色人种观的幻想而提醒中国读者民族强大的重要性。在小的方面，林希望该书对起到"爱国保种"的作用(《黑》：168)。[1] 前言和后记毫不犹豫地认为人们在读到一则耸人听闻的残忍或极度痛苦的事件会激发对个人与民族自由的热爱，译文中亦没有对于共情的复杂作用的深入思考。换

---

[1] 关于"种"的问题在这场景中被大致翻成"种族"，在这一语境中很令人焦虑。该术语之外还有其他一系列出现在 20 世纪之交中国转型时期的类似术语，都是在西方有关种族概念的影响下并通过与非西方社会反殖民主义者、反种族歧视运动的接触而出现的。

而言之，林纾急于将国人从懦弱与冷漠中惊醒，然而讽刺的是，由于这些精神状态在翻译删减中消失殆尽，他根本无法对其进行深入反思。

林纾既由《黑奴吁天录》等使用的非直译手法成为清末最畅销最具盛名的翻译家，又继而推动了这一译法。然而，众所周知梁启超对他颇有微词。梁林经常被并称为现代中国小说发展中最具影响力的人物。梁认为林在晚清思想史中微不足道，批评其翻译旨在"引文见道"。该批评不仅是出于纯粹文学方面的因素考虑，但也并非凭空论述，《黑奴吁天录》即为一例。[1] 译者初衷为试图根除个人和集体的麻木不仁，而极具讽刺性的是，翻译中情感的平面化却未能触及这个让人焦虑的问题。林纾和合译者急于让《黑奴吁天录》服务于政治目以彰其道，但他们最终还是把原著复杂的政治模糊化了。

二、《苦社会》中犬儒主义和司多葛主义

《黑奴吁天录》同时代再现中国人在新世界实际经历的作品重拾其未能涉及的话题，它们为《汤姆叔叔的小屋》对黑奴的描写提供了平行的中国文本。尽管林纾在《黑奴吁天录》的前言中明确称华人劳工继黑奴之后忍受白人的狠毒。他从未进而

---

[1]　梁启超批评林不懂外语，认为比起严复对赫胥黎、亚当·斯密、斯宾塞、孟德斯鸠和约翰密尔的翻译而言，林的翻译远没有那么重要。在他的批评中，梁把林和晚清古文的鼓动者尤其是桐城派归在一起，尽管林在写作和翻译中非常支持改良派对学习西方的倡议并可以和桐城派保持距离。这一批评看出晚清改良派极其渴望反抗儒家正统伦理和古文语法规则。这一渴望也在五四知识分子运动中也表现得很明显，在其中林也被作为传统儒学的替罪羊而备受抨击。梁启超：《清代学术概论》，世纪出版集团，2005年，第82页。

对前者加以明确的描述。[1]19—20世纪之交涉及了类似的话题的小说都收在阿英的《反美华工禁约文集》中。像晚清很多的翻译小说，这些叙事都旨在中国读者尤其是商业阶级和知识分子中塑造情感认同。它们一般都描述形形色色中国人在新世界的遭遇和提议如何在国内组织反抗美国对华人劳工的排斥。

　　大部分抗争叙事的作者都是中国读书人，他们直接或者通过别人知悉了中国人在美国以及南美的经历。他们经常以假名或匿名出版，而甚少透露其身世，但很可能是闯荡美洲的受过教育的商人或文人，有可能他们本人就是自己诉说的苦难故事中的幸存者。[2]这些虚构的故事和林纾翻译的西方小说受到同样的文化语境的影响。就如《黑奴吁天录》，这些反抗叙事组成了晚清写情小说的一个流派。他们使用各种语言风格（从白话文到文言文）并回应了对海内外中国人的生活造成直接影响的中西不平等关系。

　　在这些叙事中，白话文作品更能灵活地描绘出海外华人劳工的苦难因而更容易展现始终萦绕着《汤姆叔叔的小屋》一类情感小说的受虐意味。就拿吴趼人的《劫余灰》为例，小说描述了一对命运乖蹇、分别了20年的夫妻：丈夫被卖"猪仔"——粤语里表示被迫在美洲成为契约奴——而妻子被卖进妓院。该小说有情感小说所有的文类传统：女主角在遭受难以想象的折磨

[1]　林在译文两篇序言之一写到，白种美国人在黑人解放后"浸迁其处黑奴者以处黄人"。

[2]　有学者猜测这些叙事是中国沿海城市文人和从旅美国归国者所合写。参见 Wang Guanhua, "Between Fact and Fiction: Literary Portraits of Chinese Americans in the 1905 Anti-American Boycott." In Josephine Lee, et al., eds., *Re / Collecting Early Asian America: Essays in Cultural History*. Philadelphia: Temple University Press, 2002, p. 146。

后依然保持对传统女性行为道德准则的信仰，通过重重磨难而道德依然无亏，提供了一个女性和国家的品德的寓言。然而吴并非没有意识到将这种范式转化为描述国家不幸时的问题。他的短篇小说《人境学社鬼哭传》则沿用了完全不一样的路径。这篇小说基于一个真实事件，讲述旅居在墨西哥的冯夏威之死的故事。冯决定以自杀来抗议外国人嘲笑中国人无法抵御美国排华等西方暴行。然而在故事中，冯的死只是以最简略的方式，概括性句子一笔带过。仅是在最后听到鬼魂哭泣时才让人心酸不已，因为冯的死实际并未起任何作用。这一系列和《汤姆叔叔的小屋》的情感功能刚好形成鲜明对比，后者中伊娃之死为终极的救赎力量。该短篇小说也就击碎了任何相信可以通过对痛苦的生动描绘来激起强烈的情感以克服民众麻木无能的说法。作者拒绝阐释死的场景及其带来的情感冲击，他表明对死亡的情感再现只能徒劳一场。在构想如何有效反抗西方帝国主义的策略时，吴与感伤主义的语言是泾渭分明的，吴对感伤主义的抗拒其实是表征着一种广义的模式。我认为从晚清开始，反排华小说一般质疑感伤主义的政治力量，既运用感伤主义来在读者中产生情感共鸣纽带，而同时又质疑情感作为政治动员工具的可行性。这些小说提出了治理中国国民麻木不仁的"病症"的非感伤主义手段，尽管它们无可避免要细致描述海外华人苦力、商人和文人身体和精神蒙受的悲惨以打动读者心弦。我们可以在这些小说（《黑奴吁天录》除外）中看到，中国人比西方批评家更急切想要揭示和探索他们自己政治无能感的心理基础。

阿英选文中，构思最好的反排华小说是1905年匿名出版的《苦社会》。该小说追随着几个人物（主要有心纯、筑卿和吉园）的人生轨迹，讲述三组中国移民如何在19世纪末期到达美洲：

劳工、小商贩以及失意的书生。有一些是绑架进船舱强行带到新世界来的，但其他人都是在国内依然陷入贫困，"自愿"来美国乱碰运气。叙事先讲华人移民到秘鲁而后转讲美国，彼时随着1882年排华法案及其在1892年和1902年的延长，华人劳工、商贩在美国的处境每况愈下。小说分开的情节在彼此预想、呼应和扩展的章节中得以侧面相连。例如，第20章中描写徐州南部（明卿的村庄所在地）的饥荒导致农民们采取集体行动毁去当地税官的家，它预示了第29章中策划的苦力反抗。

小说的情感推力在其前半部清晰可见。主要人物都濒于绝境而多少被他们关于太平洋彼岸的想象所欺骗，他们登上了同一艘开往秘鲁的船。当他们一上船，就发现他们被困在一个狭窄、肮脏、摇摇欲坠的船舱，中国工头时刻监禁他们，通过殴打让其俯首听命。尤其是心纯的同窗通甫，不知为何惹怒工头而被锁在甲板上，遍体鳞伤，获释不久后死于击伤和船舱的污气，留下他的妻儿以及朋友"放声长号"（《苦》：61）。该死亡场景引发的情感还有船上其他数不胜数的场景很快转化为政治动员力量，船上的中国乘客决意一登陆松绑就反抗。对暴力反抗的期盼为该死亡和受难场景注入了获得救赎的希望，成为该小说情感的最高点。

尽管计划好的动乱在小说叙事顺序中并未出现，但该事件的可行性在接下来的篇章中确有暗示，明卿在下船之前如此描述华人的移民经历：

明卿道："也不知道底细。我们一上去，就领去洗澡，冷水倒不怕，我们的确也脏得难过，尽管冷的热的，只是洗澡毕出门，衣服统没有了。迎面站了一个医生似的，带了高帽，驾了眼镜，把我们或是一脚，或是一拳，才各人给了一套衫裤，却你穿了我的，我着了你的，分不清楚了。"（《苦》：67）

洗澡成了新移民变为毫无差别的劳动群体的仪式过程。个人身份的消除当然也预示着新的集体身份的出现。这一部分回应并增强了始终贯穿小说前部的描述船上成员团结的时刻。在其中一个场景中，中国乘客凑钱想贿赂船上的工头来救遭受痛打后在船上命垂一线的通甫。另一方面，船上的妇女们尽管裹着小脚也抢着帮被工头打伤的男乘客并坚持要加入劳工们发起的抗争行列。其中一个人物很好地总结了船上人员的士气："狐死兔悲，物伤其类"（《苦》：68）。船上中国移民们日渐衰弱的身体，到此时已转化为一种对个人身份和私利的自愿放弃。如今奴役的痛苦转化为自我牺牲的快感，一种斯托夫人称为在极度胁迫下的"震颤"——个体的消解成全了受虐主义的新形式。[1]

作者为避免我们把小说读成彻底感伤主义对受难和获救的叙事，还是把情感热烈的片段和那些我们在吴趼人短篇小说里

---

[1] 受虐主义在现代中国文学史的研究中有不同的理解。石静远（2006）特别解释了20世纪早期中国知识分子和文学话语通过受虐主义理论反复强调的民族败亡的现象。石引用 Eric Reik 的说法认为受虐主义保持对爱恋对象（在这个语境中指中华民族）依恋的途径，同时对其完全的忠诚又持部分保留态度。通过反复记忆和评论个体对于民族败亡的羞耻与屈辱感，一个人可以充满激情地在这些感情而非民族中找到认同。这种认同石描述为"一种无目标且意兴阑珊的忠诚悖论"。Jing Tsu, *Failure, Nationalism, and Literature: The Making of Modern Chinese Identity*（*1895–1937*），Stanford, CA: Stanford University Press, 2006, p. 10. 石用这理论来解释中国人如何逃避这样一种从身受爱恋对象的国家主宰诞生的受虐快感。这样一种受虐主义的另类形式，使得中国知识分子和作家们得以通过反复重温国民败亡的苦痛来控制住对民族的狂热。

看到的以平淡无奇的口吻呈现横祸陡生的死亡场景并置到一起。因此系列反对小说外在情感主义的离题章节将其交错叙事进一步复杂化；这些章节集成一种叙事的反情感张力，清楚有力地激发并挑战那种认为过度斯多葛主义为中国独有病理的想法。事实上第一个这样的事件甚至在小说开篇之前就出现了。《苦社会》寓言式的前言说的是两兄弟离开村庄在外闯荡挣钱结果只明白了一个事实，在这个世界上，钱主宰人类一切关系纽带。然而这个看似悲剧性的故事却是以平淡语气简要提及两兄弟回到家里"挖野菜"维生而结束(《苦》：35)。除了兄弟两人命运的荒谬性和他们对这种荒谬性坚忍的接受在小说中同样零零星星有所呈现以外，很难界定这篇寓言和整部小说是如何联系到一起的。这些离题的章节变为了萦绕小说情感主义时刻的双重叙事。

在第13章，在描述明卿出国的中途，叙事者突然插入对他朋友的朋友宾秋的故事，他接连失去了两个妻子。叙事者概括继室(原为为宾秋原配做法事的尼姑庵中尼姑)之死为："好花易谢，圆月不长，接引佛将着领魂幡找了一年，居然被他找着，又带到西方去了。"(《苦》：38)。这种揶揄的、宿命论的腔调暗示这一"不相关"章节的要点所在：和前言一样，这一腔调预先抑制住了小说描述死亡和受难的情感冲动，同时又调动读者情感为阅读接下来无尽痛苦的章节做出准备。

就在宾秋继室死后，我们可以看到一系列荒诞悲剧性的文字把人对死的冷漠归因为社会政治因素，表明清政府的腐败无能，包括当地官员和享受特权的满人，是导致国人犬儒主义品性的主导因素。篇首就有好些赌徒流窜在明卿的周边，他们为以贩卖私盐团伙人员。他们与当地缉私官员的冲突意外导致一个无辜盐商的死亡，而后其死也只是用些小钱私了过去了。叙事者过后讥讽地总结道："一场人命，算孔方兄晦气，就完了事了。"（《苦》：43—44）

像这样的篇章，有人可能会认为叙事假定的情感主旨为官员们的玩忽职守。有人也会认为叙事模仿了那些意识到那种玩忽职守无可避免性并把犬儒主义和麻木不仁作为一种防护机制的人的口吻。《苦社会》中特定事件的恐怖本质与中立的叙事口吻的反差为鲁迅小说再现国民麻木性的先声。王德威在阅读鲁迅作品中的砍头意象时，提及"犬儒"概念，尤其是提到《阿Q正传》这部短篇小说中主人公之死，没有引起别人丝毫怜悯，呈现它的语调则"慵懒而犬儒"映射出人心冷漠，而与之伴生的暴力在事实上在中国帝制末期横行而人们只能忍受。[1]

《苦社会》荒诞主义的转向得以延续。就在叙事者提及华工决定伺机在秘鲁着陆就发动暴力反抗之后，吉园虽然很幸运可以留在甲板上做职员，却被一本历史书绊倒且被吓得不轻。书中的阅读场景对这些华工的悲惨命运作了隐射性的预示。吉园读到的历史提及明代成千上万流落在吕宋岛（菲律宾的一部分）的国人，被当地配备西方武器的部落战士埋伏和杀害。明朝皇帝颁令任命一位官员调查犯罪并确定相应的刑罚，但该法令不过是形式性的，因为明朝并没有方法落实该法令。明朝和其官员对海外华人所遭受不公的麻木不仁在19—20世纪之交在美华人命运坎坷。的确，小说最后一部分记叙了华工面临的日益增长的仇恨和中国政府对危险趋势束手无策（《苦》：80—81）。第37章大篇幅描述了中国商人阶层对清政府同意和美国续订协议

---

[1] 王德威：《抒情传统与中国现代性》，生活·读书·新知三联书店，2010年，第19页。

之举后惊怒交加的反应——该条约很可能是1894年认可排华的《限禁来美华工保护寓美华人条约》。他们有些被当作劳工，不能继续合法留在美国而被遣返；其他人感觉居美无益于是开始变卖家产（《苦》：89）。在应对美国官员方面，中国官僚软弱无力，甚至卑躬屈膝；只有较低层官员保有强烈的情感和高贵的行为。一个中国大使馆的武官在被美国警察毒打后选择自杀，因为他觉得让祖国"蒙羞"（《苦》：102）。一种幻灭感渗透了整个篇章，这与小说之前革命性自我牺牲和叙事感伤主义截然相悖。

在小说最后部分，叙事的繁复结构上又一次转折。值得讨论的是，它背离叙事，出现一种对待痛苦受难的司多葛式方式，但它不再能简单地和自我保护的犬儒主义和麻木不仁等同起来。小说至此部分，心纯和他的商人朋友决定结算他们在旧金山的账户并且马上回家以此逃避针对各阶层华人日益严苛的管制。小说最后提到在一艘即将驶向中国的船上，朋友们在大量地讨论拯救在美华工的计划。他们谋划设想中国抵制美国商品，但马上又意识到计划本身很难成功，因为依靠一种虚假的中国身份，它仅能维持很短一阵，因为它深深植根于一种近乎受虐主义的自我放弃。小说中的讨论可能得益于一种历史经验总结：现实中抵制活动开始于1905年的5月，8月清政府下令结束；参与的商人阶层屈服，而活动到了10月以失败告终。[1] 小说中人物们于是设法寻求某种"万全"之策，不仅能筹款帮助华工返乡还能促进中国工业发展以增加工作机会。正如心纯解释的，他计划去"兴实业"（《苦》：111）。

---

[1] 抵制活动在美国华人中一直持续到1906年。

《汤姆叔叔的小屋》最后乔治和伊莉莎离美去利比里亚新殖民地，《苦社会》的结局则并非将众人的观点一个已然实现的解决方案推出，它甚至谈不上具备可实现性。故事在一众尚未抵达中国时就戛然而止，作者摒弃了简单的解决方案和叙事中清晰结局，而是以一种激进的方式来质疑叙事的社会功能。心纯，吉园和筑卿的团聚似乎预示一种具有一致性的中国主体的出现，一种在个体华人商贩和知识分子可将其各不相同的兴趣和身份纳入其中的符号。但是，这样一幅图景存在自我削弱性。因为小说从来没有明确说到筑卿是怎样坐上回程的船的，小说中推出的团聚无异一场梦幻，点醒读者注意其虚假性。由此，小说的结尾几乎彻底质疑了希望以感伤主义叙事推动情感以克服缺陷的实践。

小说这样作结，集中呈现了晚清有关华工反美的作品主要特征。它真正尝试了运用痛苦叙事的情感力量来质疑其效果，最终预示其无可避免的失败。可以设想，小说最后转向对斯多葛主义形成某种理解，这里的斯多葛主义已然稍稍却意味深长地偏离了我们在小说其他部分看到的那种自我疏离的犬儒主义冷漠。小说最后表明这种斯多葛主义精神条件，为实现众人心目中的未来希望(中国工业兴盛和拯救在美华工)提供保障。

心纯在最后讨论中提到一点，要使众人的想法行得通需要"决死的心肠"(《苦》：110）。然而受虐般的自我牺牲是不够的；努力让大家众志成城意味着要以一种更加持久持之以恒和"理性"的方式来放弃自我。以下也是心纯说的：

> 一朝一夕原是办不成，只能做一节，算一节，运回一人，就算救了一人，持以定识，守以长期，一年

不够，期以两年，两年不够，期以三年。(《苦》: 111)

这里提到一点，救一个人本身就是一个壮举，这和心纯之前的言论是一致的，"虽不能望全胜，也可十得六七"（《苦》: 110）。这些言论可以看作一种为了国家或种族利益不惜牺牲自我的行为之司多葛式变形。

《苦社会》最后提出的部分与整体、个体与集体的关系与德勒兹在《意义的逻辑》讨论的希腊式司多葛主义虽非完全契合，却能部分共鸣。在德勒兹看来，希腊的司多葛派学者反对因果律，切断身体与经验之间独有的、决定性的纽带，因此为思考独立个体与非主体性力量、事件和意义结构之间关系提供了新的方式。德勒兹的司多葛派，自我和他者，个体与集体并不是需要某种统一协调之下的对立。相反，并没有私人或集体事件，正如没有个体和普遍、特殊和一般。所有事情都是单独的，因此也同时是集体和私人的，特殊和一般的，既不是个体的也不是普遍的。比如说，有哪场战争不是私人事件？相反，哪个伤口不是作为整体由战争引起和由社会衍生而来？哪个私人事件没有它的社会坐标，亦即非个人化的社会单独性？（德勒兹1990：152）[1]

这里个体和社会处在一种无尽的相互依存性平等的动态关系中。个体并不是附属于集体也未以对集体心怀愤慨或对其持

---

[1]　Gilles Deleuze, *Logic of Sense*. Ed. Constantin V. Boundas. Tr. Mark Lester with Charles Stivale. New York: Columbia University Press, 1990, p. 152.

犬儒主义心态的受害者形象出现。[1] 心纯为了中国商人阶层利益的大一统而对希望的克制，还有他其后对部分胜利的看法似乎与德勒兹有关希腊式司多葛主义的(非)逻辑性诠释是一致的。尽管心纯把目标设定在拯救海外的华人劳工，他同时也在谋划帮助培育国民经济和集体国民身份形象。尽管他对中国性格并未抱犬儒主义的看法，他非常注意不让国民性团结的目标掩盖了个体性福利，主张"多一个人回来就是多一个人被救"以及部分胜利仍是胜利。众人最后的计划含蓄地表达和认可了一种司多葛式抵达个体痛苦的方法，以悖论的方式将个人与国家的命运分离时又连接到一起。在他们看来，纵然他们的财富在现代殖民主义和种族主义中取决于中国民族形成，中国国民个体的价值独立在他们在集体国家中的位置之外。通过这种(非)逻辑的操作，《苦社会》为同时代小说《黑奴吁呼天》还有对中国人缺乏同情心这一现代话语提供了一个微妙而富有创意的解答。小说并不仅仅在于呼吁同情、自我牺牲和个人主体性的融合；它为情感主义事业提供了可能的司多葛式的替代。

三、文学影响力和比较文学研习

我在本文中将《汤姆叔叔的小屋》第一个中文译本和同年有关海外华工的叙事中有关身体痛苦和受难的解决策略视为对中国"麻木"病理的现代观点的不同回应，通过分析他们，我为20世纪早期中国和华裔美国小说中的感伤主义提供了一个跨国

---

[1] 德勒兹明确说到这种观点"放弃并移除了个体中愤慨的力量以及社会中压迫的力量"。Gilles Deleuze, *Logic of Sense*, p. 152。

系谱，中国感伤主义的跨国故事不能仅仅以流通一词来囊括，因为中美之间的思想和叙事体裁的流动并不来自同一源头或形成一个封闭的传送体系。最终，我的勾画只是认为不可能为本文中的研究方法构建一种通畅的暗喻。勃兰特（Berlant，2008）和诺贝尔（Noble，1997）等学者曾评论过感伤主义小说的情感感染或影响的非连贯性，[1] 但当我们试图绘制其跨国之旅时，感伤主义就更为复杂。至少我们可以总结道，文学影响的比较研究需要同时关注到翻译问题和基于历史的不同国别、语言源头文本的平行现象。

情是如何与英语文学传统中各种不同的美学类别相联系的讨论在近些年兴起。[2] 王德威从比较文学的角度提出了中国文学中"抒情传统"，将其与西方抒情诗的历史相联系（2010:3—65）。[3] 正如他把感伤主义传统的维度扩展以含纳现代中国的散文式小说，他认为关于中国小说中的"情"与英语小说中的情感之间的比较研究存在很多可能性。本文通过管窥跨太平洋的感伤主义小说之非同寻常的路径来向这一更宏大的计划之图景与难度表示敬意。

---

[1]　勃兰特追溯了20世纪美国文学里的情感形式是如何承载拒绝社会幻觉和重燃希望的。参阅 Lauren Berlant, *Female Complaint: The Unfinished Business of Sentimentality in American Culture*, Durham, NC: Duke University Press, 2008。诺贝尔认为《汤姆叔叔的小屋》同时传递了同情式的痛苦和受虐式的快感。参阅 Noble, Marianne. 1997. "The Ecstasies of Sentimental Wounding in Uncle Tom's Cabin"。

[2]　参见 1998. "Sentiments of Desire: Thoughts on the Cult of Qing in MingQing Literature", *Chinese Literature: Essays, Articles, Reviews* 20（1998）: 153–184; Martin Huang, *Desire and Fictional Narrative in Late Imperial China*. Cambridge, MA: Harvard University Asia Center, 2001。

[3]　王德威:《抒情传统与中国现代性》，第3—65页。

20 世纪科幻小说在中国的译介与发展 *

姜 倩**

孙 波 译

一、科幻小说在晚清中国的诞生

科幻小说被引入中国至今已有大约120年的历史，从一开始它的发展就与翻译紧密地联系在一起。吴定柏指出，"中国读者最早接触到的科幻小说并非原创作品，而是一些西方科幻故事的汉译本。西方科幻小说在中国的传播对于中国科幻小说的产生和发展起到了非常重要的作用" [1]。郭建中则认为，科幻小说"直到1900年，才随着最早一批西方科幻故事和小说汉译本的出现而在中国诞生" [2]。

其实，第一部科幻小说中译本的出现要早于 1900 年。早

---

* 本文原载 *Science Fiction Studies*，2013 年第 1 期，第 103—132 页。

** 姜倩，复旦大学外文学院副教授，研究方向为科幻小说译介史和翻译理论。

[1] Wu Dingbo, "Chinese Science Fiction", in Wu Dingbo and Patrick D. Murphy, ed., *Handbook of Chinese Popular Culture*, Westport, CT: Greenwood, 1994, p. 260.

[2] Guo Jianzhong, "A Brief History of Chinese SF", in *Fantasy: Review of Fantasy & Science Fiction*, 66(1984), p. 11.

在 1891—1892 年，《万国公报》就连载了美国作家爱德华·贝拉米（Edward Bellamy）的乌托邦科幻小说 *Looking Backward: 2000—1887*（1888）的节译本——《回头看纪略》，译者为英国传教士李提摩太（Timothy Richard，1845—1919），他"希望译介给中国读者的，只是书中所描摹的一种理想的社会模式，即对于未来大同社会的前景想象，以及促使现实社会向理想境界发展的原动力"[1]。1894 年，李提摩太将《回头看纪略》以单行本形式再次推出，并更名为《百年一觉》。尽管吸引李提摩太和当时中国读者的并非小说对未来世界和时空旅行的探索，而是书中所蕴含的社会和政治变革思想，但《回头看纪略》的发表"标志着西方科幻小说在晚清的首次出现"[2]。

截至 1919 年，共有 50 余种科幻小说在中国翻译和出版（其中还不包括同一作品的重译本和重印本），形成了中国科幻小说翻译的第一次浪潮。[3] 这次浪潮很大程度上得益于梁启超发起的"小说界革命"。19 世纪末、20 世纪初，中国面临内外交困的政治局面，甲午战争和百日维新的失败，促使以梁启超为首的维新派人士认识到，中国要想"自强"，必须引进西方知识来革新社会和启蒙民众，后者尤为重要。受日本明治维新的启发，

---

[1] 刘树森：《李提摩太与〈回头看记略〉——中译美国小说的起源》，载《美国研究》1999 年第 1 期，第 129 页。

[2] David D.W. Wang，"Translating Modernity"，in David Pollard，ed.，*Translation and Creation: Readings of Western Literature in Early Modern China*，*1840-1918*，Philadelphia: John Benjamins，1998，p.310.

[3] 1891—1919 年在杂志上和以单行本形式出版的科幻译著数量如下：1891（1 种），1894（1 种），1900（1 种），1902（3 种），1903（9 种），1904（2 种），1905（5 种），1906（5 种），1907（9 种），1908（2 种），1911（3 种），1914（2 种），1915（5 种），1917（2 种），1918（1 种），1919（1 种）。该数据主要参考以下来源：a）北京图书馆编《民国时期总书目·外国文学（1911—1949）》；b）贾植芳、俞元桂主编《1882—1916 年间翻译文学书目》《中国现代文学总书目·翻译文学卷》；c）樽本照雄《新编增补清末民初小说目录》《中国近代小说发表数量一览表》。很多学者认为在这一时期还有更多的科幻翻译作品，鉴于缺乏完整的书目目录，笔者对此存疑。

梁启超等人提出，中国应大量创作和引进"新小说"，因为新小说可以"使民开化"，进而达到改造整个社会的目的。[1] 由于科幻小说被认为能够培养普通民众的科学意识，宣传和普及科学知识，因此成为清末民初风靡一时的三个最主要的翻译小说品种(另外两种为政治小说和侦探小说)。

在第一次科幻小说翻译的高潮期间(1903—1907)，当时的四大小说杂志——《新小说》《绣像小说》《月月小说》和《小说林》——无不刊载科学小说[2]。儒勒·凡尔纳(Jules Verne)跻身作品译介数量最多的作家行列(与阿瑟·柯南道尔和大仲马一起名列榜首)。1900年，经世文社出版了由逸儒(沈逸儒)翻译、秀玉(薛绍徽)笔记的《八十日环游记》。[3] 此后数年间，凡尔纳的大部分作品被陆续译介进来，如《海底旅行》(卢籍东译意、红溪生润文，1902)、《铁世界》(包天笑译，1903)、《月界旅行》(鲁迅译，1903)、《秘密海岛》(奚若译、蒋维乔润辞，1905)、《飞行记》(谢炘译，1907)等。值得一提的是《月界旅行》，翻译此书时鲁迅尚在日本留学。[4] 在《月界旅行》的

---

[1] 梁启超本人在20世纪初科幻小说的引进过程中也发挥了一定的作用。在他创办的杂志《新小说》的创刊号上就刊登有他本人的一篇科幻译作《世界末日记》(1902)(原作者不详)。1903年，梁启超和披发生(罗孝高)合译了凡尔纳的《两年假期》(*Deux ans de vacances*，1888)，以及根据森田思轩日文版本转译的《十五小豪杰》。

[2] 清末民初并没有"科幻小说"这个概念，与之最为接近的提法是"科学小说"。但当时小说的门类繁多而混乱，译者通常根据自己对小说内容的理解给作品贴上各式各样的标签，如"哲理科学小说""预言小说""冒险小说""理想小说""奇幻小说"等等。

[3] 该中译本依据的原文为 Le Tour du Monde en Quatre Vingts Jours(1873)的英文版 George M. Towle and N. D' Anvers, trans., *Around the World in Eighty Days*, London: Sampson Low, 1873。

[4] 在留学日本期间，鲁迅先后翻译了四部科幻作品，包括凡尔纳的三本小说《月界旅行》(1865)、《地底旅行》(1864)和《北极探险记》(1889)，以及某位不知名的美国作家的小说《造人术》。《月界旅行》由日本东京进化社于1903年10月出版。1903年12月，《浙江潮》刊登了《地底旅行》的两章内容，后来全本由南京启新书局于1906年3月出版。《造人术》则于1905年刊登在《女子世界》上。遗憾的是，《北极探险记》业已佚失。鲁迅的这几部科幻译作均转译自日文版。

序言中，鲁迅提出了中国最早的科幻小说理论，他的观点也反映了当时中国学者对于这种新型小说的认识与想法。[1]

这一时期，日本科幻小说之父押川春浪的作品也被大量翻译成汉语，包括《空中飞艇》(1903)、《千年后之世界》(1904)、《秘密电光艇》(1906)等。中国读者也头一次接触到 H.G. 威尔斯、罗伯特·路易斯·史蒂文森、加拿大天文学家及科幻小说家西蒙·纽康(Simon Newcomb, 1835—1909)的小说，以及其他不太知名或无名作家的作品。

在这些外国科幻小说的影响下，一些本土作家由模仿入手，开始创作中国人自己的科幻小说。自1904年起连载于《绣像小说》月刊的长篇章回体小说——《月球殖民地小说》(荒江钓叟著)，系现今所能查到的最早的中国原创科幻小说。这部并未写完的小说共三十五章，叙述了主人公龙孟华乘坐气球环游世界，并接受"月球人"邀请去月球旅行的离奇经历。在早期的中国小说中也可以找到一些关于奇异旅行的描写，典型的例子如《镜花缘》(1827)，但在《月球殖民地小说》中，"气球"这项科技发明在主人公的离奇经历中扮演了核心角色，这在之前的中国幻想文学或游记中是从未有过的情况。

陈平原提出，翻译小说只是当时的中国作家们获得创作科幻小说能力的一个途径——而且不是最主要的途径，各种介绍西学(特别是普及科技知识)的时事和科学杂志，对于丰富中国

---

[1] 鲁迅在《月界旅行·辨言》中提出，阅读科幻小说可以"破遗传之迷信，改良思想，补助文明"，因此他宣称，"导中国人群以进行，必自科学小说始"。鲁迅将科幻小说的基本特征总结为："经以科学，纬以人情"，在他看来，科幻作家非常擅长描述科学进步的神奇景象，并将其融入到自己的丰富想象之中。

作家的知识和调动他们的想象，发挥了更大的作用。[1]但笔者认为，《月球殖民地小说》中主人公乘坐气球进行环球旅行和飞月旅行的情节，更多的是受到早期科幻小说译本的启发，而非报刊上的科普知识的影响。晚清西学的传播也许使得中国作家的思想意识发生了转变，但科幻小说的译介才正式开启了本土科幻小说的创作之路。

1904年之后问世的本土科幻小说包括徐念慈的《新法螺先生谭》(1905)、包天笑的《空中战争未来记》(1908)和《世界末日记》(1908)、吴趼人的《新石头记》(1908)和高阳氏不才子(许指严)的《电世界》(1909)。其中，徐念慈的《新法螺先生谭》堪称当时中国作家奇特想象力的完美代表，这部小说同样直接受到了科幻译本的影响。据作者坦言，小说模仿的正是包天笑从日文转译的两篇德国科幻小说《法螺先生谭》(1905)和《法螺先生续谭》(1905)。[2]这两篇故事描述了主人公在月球上的离奇经历以及太阳和月亮这两个星球之间的战争。[3]徐念慈在前言中写道：

> 余读之，惊奇诡异。夏热乘凉，窃窃攫之与乡人
> 团坐，作豆棚闲话，咸以为闻所未闻，倏惊倏喜，津
> 津不倦，至三日而毕。次夜集者益众，余不获辞，乃

---

[1] Chen Pingyuan, " From Popular Science to Science Fiction: An Investigation of ' Flying Machines '", in David Pollard, ed., *Translation and Creation: Readings of Western Literature in Early Modern China*, *1840-1918*, Philadelphia: John Benjamins, 1998, p.210.

[2] 东海觉我：《新法螺先生谭》，收入于润琦主编《清末民初小说书系·科学卷》，中国文联出版公司，1997年，第1页。

[3] 据考，这两篇德文故事的原型乃是18世纪德国著名民间故事《闵豪生男爵历险记》(*The Surprising Adventures of Baron Munchhausen*)。

为东施效颦，博梓里一粲，不揣简陋，付诸篇末，
大雅君子，尚其谅诸。[1]

徐念慈创作的小说颇像两篇德国小说的续集，只不过故事
的主人公法螺先生变成了一个中国人，而且，他探险的范围更
加广泛，从地上世界来到了地下世界(书中有关于"地下中国"
的描述)，从地球和月球来到了太阳系的其他星球，如火星和
金星。

另一个例子是包天笑的《世界末日记》(1908)，这个故事与
梁启超发表在《新小说》1902年创刊号上的同名翻译小说有很
多相像之处。林建群指出，包天笑写的故事在很多方面模仿了
梁译小说。[2] 梁译小说描写了太阳停止发光发热之后，人类生
活的地球变成了冰冷地狱的末日景象，包天笑的故事也以此为
背景展开：

太阳者，地上一切光热之原力也。太阳本体，
既日冷却，其发光力渐失……坐此之故，地上温热，
日低一日……（任公译，《世界末日记》）[3]

一旦光销而热尽，即我世界灭亡之日，亦即此
八行星与太阳同属灭亡之日……（包天笑，《世界

---

[1] 东海觉我：《新法螺先生谭》，收入于润琦主编《清末民初小说书系·科学卷》，
第1页。

[2] 林建群硕士论文《晚清科幻小说研究（1904—1911）》，中正大学中国文学研究
所，1998年。

[3] 任公（梁启超）译：《世界末日记》，收入于润琦主编《清末民初小说书系·科学
卷》，第229页。

末日记》）[1]

在梁译本中，幸存的人类建造了一艘电气飞船，然后派出一支探险队探寻地球上温暖之地；在包天笑的故事中，人类同样"造新式飞行之器，借此飞渡他星"。最后，两个故事都没有以悲观的论调收场，而是试图向读者解释世界末日也是宇宙中平常的现象，由此转化出生生不灭的希望。据此种种，林建群认为包天笑创作的《世界末日记》是本土科幻小说借用翻译小说中科幻理念的最显著的例子。[2]

值得注意的是，晚清的译者和作家对于科幻小说其实从一开始就持着功利主义的态度。梁启超对翻译和创作"新小说"的大力提倡，更多的是出于政治家而非文学家的立场。对他而言，小说是为其政治目标服务的工具。[3]当时很多进步知识分子都持这样的态度：他们虽然痛恨西方列强，但又急于将西方的政治思想和科学知识以一种简便有效的方式介绍给国人。科幻小说恰恰满足了这种需求，但人们对科幻小说文学性和艺术性的忽略，间接导致科幻热潮在1910年代末的迅速回落。

然而，不可否认的是，晚清西方科幻小说的译介为中国的作家们打开了一个全新的世界，在此之前，他们的想象力从未超越过中国古代神话传说中的神仙鬼怪。尽管梁启超和鲁迅将他们的翻译小说视为大众教育和科学启蒙的"教科书"，但是他

---

[1] 笑（包天笑）：《世界末日记》，收入于润琦主编《清末民初小说书系·科学卷》，第88页。

[2] 林建群：《晚清科幻小说研究（1904—1911）》。

[3] 王宏志：《重释"信达雅"：二十世纪中国翻译研究》，东方出版中心，1999年，第113页。

们的翻译活动使得一种全新的小说体裁得以在中国诞生。

二、20世纪科幻小说翻译的浪潮

在晚清的第一次科幻翻译热潮之外，外国科幻小说在20世纪的中国还经历了另外三次译介高潮：建国初期的第二次浪潮，70年代末80年代初的第三次浪潮，以及90年代的第四次浪潮。这几次浪潮与科幻小说在中国发展的几个重要阶段正好吻合。

经历了20世纪初的繁荣之后，在接下来的三十年里，科幻小说的翻译数量明显下降。1920—1949年，只有20余种科幻译作出版。[1]科幻小说的衰落很大程度上反映了当时中国文学和思想潮流的嬗变。在知识界，维新思想逐渐被五四运动的新思潮所取代，而"外国现实主义作品，以直接配合当时的革命斗争，成为这一时期翻译文学的主流"[2]。在市民阶层，通俗小说(尤其以言情小说为代表的"鸳鸯蝴蝶派"文学)变得更受欢迎，这类小说让已经厌倦了在小说中寻求政治理想和科学知识的读者找到了逃避社会现实的途径。科幻小说在知识分子和普通大众中都不再流行。

直到50年代以及60年代初，中国才迎来了第二次科幻小说翻译的浪潮。新中国成立后，百废待兴，工业建设的需要使

---

[1]　1920—1949年出版的科幻译作数量如下：1921（2种），1931（1种），1934（1种），1937（2种），1938（2种），1940（2种），1942（1种），1944（2种），1946（2种），1947（1种），1948（1种），1949（2种）。本数据主要依据北京图书馆编《民国时期总书目·1911—1949》。

[2]　孟昭毅、李载道编：《中国翻译文学史》，北京大学出版社，2005年，第92页。

得科学技术被予以极大的重视，1956年，政府发出了"向科学进军"的号召，并成立了专门的委员会，制定了"全国科技发展长期规划(1956—1967)"。[1] 不光是科技工作者，各行各业的人们都加入到科学教育和技术改革的大潮当中，这场运动一直持续到60年代，因"文化大革命"的爆发才被迫中断。

在这一历史背景下，科幻小说得以新生，成为在青年人当中普及科学的重要工具。从1949年开始，很多科普作家倾力于科幻小说的写作，创作出的作品如：郑文广的《从地球到火星》(1954)、叶至善的《失踪的哥哥》(1957)、刘兴诗的《北方的云》(1962)等等。人们对于外国科幻小说的翻译又产生了新的热情。中国青年出版社编辑黄伊在50年代负责编辑出版凡尔纳的作品，他表示当时出版科幻小说的目的就是为了扩展中国年轻读者的知识面，并且激励他们热爱科学："建设新中国，还少得了科学吗？……如能有计划出版这位法国科幻小说家的选集，可以大开青年的眼界，鼓励青年学科学，用科学，展开幻想的翅膀，一代青年将为之受益。"[2]

第二次科幻翻译浪潮在1956—1959年达到顶峰，在这四年当中共有30余种外国科幻作品出版。[3] 参与科幻出版的单位包括科技类出版社，如北京的中国科学技术出版社和科学普及出版社，还有专门针对儿童和年轻读者的出版社，如上海的少年儿童出版社和北京的中国青年出版社。此外，此阶段科幻小说

---

[1] 朱宗玉、李思、苏仲波主编：《中华人民共和国史纲》，福建人民出版社，1988年，第107—109页。

[2] 黄伊：《闲话〈凡尔纳选集〉》，载《出版科学》2002年第4期，第68页。

[3] 1950—1966年出版的单行本科幻译作数量：1950（1种），1952（1种），1955（5种），1956（8种），1957（10种），1958（8种），1959（6种），1960（1种），1961（1种），1962（1种）。本数据主要参考1950—1966年《全国总书目》。

的译介活动不再像晚清和民国时期那样零零散散，而是以一种更为有组织的形式进行。如中国青年出版社就推出了一套八本的凡尔纳作品集，均由高水准的译者完成，其中包括著名的文学翻译家杨宪益。该选集也是中国出版的最早的科幻小说丛书。

　　新中国成立之初对工业建设和科学技术的重视使得"硬科幻"受到了出版社和读者的喜爱。鉴于俄苏文学对于当时中国文学的影响，体现社会主义乐观精神的苏联硬科幻小说成了中国科幻出版的一个重要来源。1950—1962年，大量苏联科幻小说和故事被译介进来，包括："火箭之父"康斯坦丁·齐奥尔科夫斯基（Konstantin Tsiolkovsky）的《在月球上》（联星译，1956）和《在地球之外》（刘雪升译，1959）；"苏联科幻之父"阿·别利亚耶夫（Alexander Balyaev）的代表作《康爱奇星》（滕宝、陈维益译，1955）、《神奇的眼睛》（李德容、沈凤威译，1958）、《水陆两栖人》（陈冀、邹锡祯译，1958）和《陶威尔博士的头颅》（李德容译，1959）；阿·托尔斯泰（A.Tolstoy）的《加林的双曲线体》（费明君译，1952）和《阿爱里塔》（刘德中译，1957）；盖·马尔迪诺夫（Georgii Martynov）的《星球来客》（王崇廉译，1958）；弗·奥布鲁切夫（Vladimir Obruchev）的《萨尼柯夫发现地》（周家模译，1957）等。苏联科幻小说对未来的积极展望，对爱国主义、共产主义价值观的捍卫，以及对资本主义的批判，很容易引起当时读者和作者的共鸣，因此，这些科幻作品受到了中国读者的喜爱并对国内的作家产生了巨大的影响。然而，由于在政治和文学上对苏联作品的这种偏爱，中国的科幻译者和读者未能关注同一时期科幻小说在世界其他地方（尤其是美国）的飞速发展，第二次科幻翻译浪潮在译本数量和内容上也因此受到了一定的制约。

"文化大革命"的爆发中断了科幻小说的翻译和出版。十年浩劫当中，不仅科幻创作颗粒无收，就连科幻翻译也被冻结了，只有日本科幻作家小松左京的《日本沉没》于1975年作为内参资料被翻译出版。"文革"结束后，在迎接四个现代化、大力提倡科学技术的社会环境中，中国科幻小说迎来了前所未有的黄金时代。叶永烈创作了中篇科幻小说《小灵通漫游未来》(1978)，描写了一个科学和技术高度发达的神奇未来世界，这本小说一经出版立刻在全国范围内激起了人们对于科普和科幻作品的狂热。《小灵通漫游未来》成为当时的畅销书，创造了首印150万册的记录。随后的几年间，郑文光的《飞向人马星座》、童恩正的《珊瑚岛上的死光》等一大批优秀科幻作品相继问世。

科幻翻译在这一形势下也得以复苏，并为中国科幻文学黄金时期的到来立下了不小的功绩。据不完全统计，在1979年至1984年五年间，中国大陆一共出版了157种科幻译作，仅1981一年就出版了59种，远远超过了建国后三十年翻译出版科幻小说的总数。[1] 除了凡尔纳、H.G. 威尔斯和苏联作家的经典科幻作品得以重新出版之外，许多来自美、英、法、日等不同国家的科幻作家被介绍到中国，如美国作家雷·布雷德伯利（Ray Bradbury）、克利弗德·西马克（Clifford D.Simak）、哈利·哈里森（Harry Harrison），英国作家阿瑟·克拉克（Arthur C. Clarke）和布赖恩·奥尔迪斯（Brian Aldiss），还有捷克作家卡尔·恰佩克（Karel Capek）。艾萨克·阿西莫夫（Isaac

---

[1]　1979—1989年出版的科幻译作单行本数目：1979（3种），1980（35种），1981（59种），1982（30种），1983（17种），1984（13种），1985（12种），1986（15种），1987（9种），1988（2种），1989（2种）。本数据主要参考1979—1989年《全国总书目》。

Asimov）的作品在中国受到热烈的欢迎，仅1981年就有7部阿西莫夫的科幻小说被翻译出版，如《我，机器人》(国强等译，1981)、《奇妙的航程》(科安译，1981)和《九个明天》(毕东海等译，1981)等。有些出版社急于引进外国科幻小说，还将目光转向了改编自好莱坞电影的小说，如史蒂文·斯皮尔伯格的《第三类接触》(1977)和乔治·卢卡斯的《星球大战》(1977)。[1]

除了出版社，在80年代初期还有越来越多的科幻杂志为翻译小说的出版提供了新的平台。《科幻海洋》于1981年在北京创刊，每年推出四期，不仅刊登国内原创的科幻小说，也致力于推广国外科幻作品。在这本杂志的第一期上就刊登了30篇翻译小说，包括爱伦·坡的《与木乃伊的一席话》(盛宁译)、布赖恩·奥尔迪斯的《月光掠影》(陈军译)和阿瑟·克拉克的《消声器事件》(杨桦译)等。在天津创刊的《智慧树》(双月刊)也为外国科幻小说或编译作品开辟了专栏。

中国科幻小说的迅速发展，却意外地因1983年一场全国性的"清除精神污染"运动而戛然而止，许多科幻作家受到了批评或攻击，罪名是宣扬"伪科学"。伴随着科幻创作的衰落，科幻小说的译介数量也开始明显下滑。在接下来的几年里，不少科幻作家不再从事科幻小说的创作，只有每年零星出现的一些翻译作品才使得科幻小说没有完全消失在人们的视野之中。

从90年代初开始，科幻小说渐渐摆脱了之前给人们的负面印象，热度开始慢慢回升。随着大众传播和流行文化在90年代

---

[1] 《第三类接触》(更名为《飞碟的故事》)，苏汶、陈东丹编译，1980年由广东科技出版社出版；《星球大战》，胡捷、迟萌译，由湖南人民出版社出版。当时的中国读者其实还没有机会看到这两部科幻电影，却先读到了由电影改编的小说，这在中国科幻译介史上也是一个颇为有趣的现象。

的逐步繁荣，作为通俗小说的一个门类的科幻小说进入了更加自主和更加商业化的发展阶段。与此同时，在全球化的影响下，中国与世界各国在政治、经济、文化等各个领域的交流日益增多，中国科幻界人士也逐渐走出封闭的圈子，加大了与国外同行的交往和沟通，其标志性事件为1994年于成都召开的世界科幻小说年会，以及1997年于北京召开的世界科幻大会。

这种交往与沟通直接促进了科幻翻译的繁荣，科幻译作的出版数量激增，1990至1999这十年间翻译出版的科幻作品仅单行本就有470多种，还不包括报纸杂志上发表的外国科幻小说。[1]虽然凡尔纳和别列亚耶夫的科幻小说仍在出版，中国读者开始更多地接触到其他类型和风格的科幻作品，如罗伯特·西尔伯格（Robert Silverberg）、布赖恩·奥尔迪斯、菲利普·K·迪克（Philip K. Dick）和威廉·吉布森（William Gibson）的小说。90年代科幻翻译的一个显著趋势是译介重心由苏联科幻作品转移到了美国科幻小说，美国科幻小说在中国出版的科幻译作总数中占据了三分之一，其中既有阿西莫夫和罗伯特·海因莱因（Robert Heinlein）等大师的经典之作，也有雨果奖和星云奖的最新获奖作品。像《年度最佳科幻小说选》（*The Year's Best Science Fiction*，Gardner Dozois 主编）这样的科幻小说选集，在美国刚一面世，就被引进中国。阿西莫夫、詹姆斯·冈恩（James Gunn）和其他美国作家讨论科幻小说的文章也为中国科幻迷所熟知。

进入21世纪，科幻小说的翻译和出版更加欣欣向荣。随

---

[1] 1990—1999年出版的科幻译作单行本数量：1990（19种），1991（37种），1992（64种），1993（5种），1994（16种），1995（25种），1996（39种），1997（70种），1998（96种），1999（101种）（据1990—1999年《全国总书目》）。在报刊杂志上刊登的科幻译作数量可能以《科幻世界》为最，该杂志在1990—1999年间共刊载了187篇科幻翻译作品。

着这一题材的作品为越来越多的大众所接受，有更多的主流出版机构开始推出科幻小说，其中不乏一些主流文学出版社，如人民文学出版社、漓江出版社和译林出版社。据不完全统计，2000—2010年出版的科幻译作大约有520本。[1] 在外国科幻出版物中，影响较大的是四川科技出版社推出的"世界科幻大师丛书"，该丛书涵盖了从海因莱因的《异乡异客》(1961)到罗伯特·J·索耶(Robert J. Sawyer)的《恐龙文明三部曲》(1992—1994)等几乎所有最著名的外国长篇科幻小说。2004年，《科幻世界》正式将《科幻世界增刊》(自1995年发行)更名为《科幻世界译文版》。2004年，福建人民出版社推出了一本专门刊登外国科幻小说的杂志——《世界科幻博览》，尽管只发行了三年，这本杂志的出现一定程度上反映了中国科幻读者对于翻译作品的需求。

三、翻译对于科幻创作的影响

翻译活动在中国科幻文学领域中扮演了举足轻重的角色，这绝非偶然的现象，而是体现了文学发展、演变的一般规律，以及翻译在文学系统中的作用。以色列学者伊塔马·埃文 – 佐哈尔(Itamar Even-Zohar)将文学视作一个由不同部分组成的系统，这些部分不断相互作用，共同促进该系统的动态演变。他指出，如果在一个文学系统内，翻译文学占据了"中心"或"主

---

[1] 2000—2010年出版的科幻译作单行本数量：2000 (74种)，2001 (48种)，2002 (31种)，2003 (71种)，2004 (31种)，2005 (31种)，2006 (51种)，2007 (23种)，2008 (50种)，2009 (74种)，2010 (36种) (据中国国家数字图书馆的数据)。

要"地位,主要有以下三种情况:1)该文学系统本身尚不成熟,正处在发展过程之中;2)该文学处于"边缘"或"弱势"地位,或两者兼而有之;3)该文学正经历危机或转折点,或者存在"文学真空"。[1]处于中心地位的翻译文学积极地参与文学系统中心的构建,并通过引入新的诗学(poetics)、范式(patterns)和技巧(techniques),引领该文学系统建立新的模式。[2]埃文－佐哈尔的观点为研究翻译在中国科幻小说发展进程中的作用提供了一个有价值的视角。

晚清时期,当科幻小说作为一种"新生"文学在中国出现时,原创作品还非常匮乏,因此翻译作品填补了这个空缺,并为本土作家的科幻创作提供了模仿的样本。林建群指出,晚清科幻小说创作至少在三个方面受到了译本小说的影响:一是"科幻概念"的引入(如包天笑的《世界末日记》);二是"科幻器具"的移植(如《月球殖民地小说》中的热气球);三是"科幻情节"的再现(如《新法螺先生谭》)。[3]

其中,对译本小说中"科幻器具"的借用是晚清科幻小说中最引人注目的特点。中国传统神话故事中假想的交通工具一般是龙或麒麟这样的神兽,或是飞毯、云彩之类的东西。当外国科幻小说涌入之后,潜艇、飞艇和气球等"现代交通工具"开始出现在中国作家的小说当中。林建群指出,在凡尔纳的《海底两万里》和《空中飞艇》出版以后,潜艇和飞艇成为晚清科幻创作中习以为常的"科幻器具"。[4]在这些外来思想的启发下,中

---

[1]　Itamar Even-Zohar, " The Position of Translated Literature within the Literary Polysystem" , in *Poetics Today* 11, no.1 (1990), p.47.

[2]　Ibid., pp.46-47.

[3]　林建群:《晚清科幻小说研究（1904—1911）》。

[4]　同上。

国科幻作家在自己的作品中又创造出其他一些"科幻器具"。比如，在吴趼人的《新石头记》中出现了一系列新型运输工具，如飞车、电磁地铁，还有人们在水面行走时穿的神奇"水鞋"。

译本小说之于原创作品更多的还是一些间接的作用。受外国科幻作家注重科学细节的影响，中国作家不仅在自己的小说中加入了各式各样的高科技发明，而且对于这些发明还尽可能给出科学的解释。这种做法与重抽象、轻具体的中国传统思维截然不同。外国科幻小说也激发晚清作家对未来展开自己的想象。小说《新纪元》(碧荷馆主人著，1908)设想了2000年中国成为世界强国一统全球的未来景象。作者在第一回中坦言，自己的想法是受到两本外国科幻小说——《未来之世界》(作者不详)和包天笑的《世界末日记》——的启发，这两本书与传统的中国小说截然不同，后者"只晓得把三代秦汉以下史鉴的故事，拣了一段作为编小说的蓝本，……或是把眼前的实事，变作了寓言，凭空结撰了一篇小说"，但是"从来没有把日后的事，仔细推求出来，作为小说材料的"。[1] 王德威认为，清末很多科幻作品都是根植于当时的社会现实，作者"对历史困境所不能已于言者，尽行投诸另一世界"，将精力转移到以其他世界和时间为背景的空想当中。然而，将晚清作者的这些作品同中国早期空想作品(如《桃花源记》)区分开来的，乃是他们"自西方科幻小说里借来'未来完成式'的叙述法，得以自未来角度倒叙今后应可发生的种种"。[2]

20世纪下半叶，当科幻小说逐渐在中国成长为一种独立的

---

[1] 碧荷馆主人：《〈新纪元〉第一回》，收入陈平原、夏晓虹编：《二十世纪中国小说理论资料·第一卷（1897—1916）》，北京大学出版社，1989年，第356页。

[2] 王德威：《被压抑的现代性——没有晚清，何来"五四"？》，收入《想像中国的方法：历史·小说·叙事》，生活·读书·新知三联书店，1998年，第15—16页。

文学类型时，在整个文学体系中，它依然是一种"边缘文学"和"弱势文学"。由于缺乏自己的传统，中国科幻小说总是摆脱不了国外科幻模式的影响。在新中国成立之初，国内科幻小说主要以苏联科幻为参照的模板，到了80—90年代，又转而学习美国科幻小说，将之树为榜样。

50年代苏联科幻小说的译介对于中国科幻小说的成型有着不可否认的作用。郑军指出：

> 除了凡尔纳、威尔斯等西方科幻先驱的作品被继续大量译介外，前苏联科幻小说被大量介绍进来。这些作品对科学价值的重视，对爱国主义、共产主义价值观的捍卫，很容易引起当时读者和作者的共鸣，并且成为中国第一代科幻作家学习的榜样。1956年6月，前苏联作家胡捷的《论苏联科学幻想读物》一书由中国青年出版社出版，更给中国科幻作家提供了理论上的营养。[1]

尹传红指出，新中国第一批专业科幻作家以前大多为科普作家或编辑，为了向少年儿童传播科学知识而转向科幻小说的创作。[2] 他们当中不少人接触苏联科普作品已经有很长时间。苏联科幻小说的引入给这些作家带来了新的灵感，他们希望借助这种特殊的文学模式来更好地完成科学教育的任务。在苏联科幻作品的影响下，注重科学细节和描写未来技术进步

---

[1] 郑军：《科幻纵览（45.激情岁月）》，网易文化频道，http://culture.163.com/editor/qihuan/050201/050201_109490.html，2005-2-6。

[2] 尹传红：《中国科幻百年》，载《中国科技周报》2000年第4期，第5页。

的"硬科幻"在50年代取得了长足进展，比如当时出现了很多以太空旅行为主题的科幻作品，包括郑文光的《从地球到火星》（1955）和《太阳探险记》（1955）、叶至善（于止）的《到人造月亮上去》（1956）、杨志汉的《到太阳附近去探险》（1956）、饶中华的《空中旅行记》（1956）和崔行健的《小路路游历太阳系》（1956）。这些小说都带有科普作品的风格，对共产主义未来的乐观描写借鉴了苏联科幻作品的一些思想。其实，就连"科幻小说"这一名称也是沿用了俄语"nauchnaia fantastika"的说法，该术语译成中文就是"科学幻想小说"，即英文当中 science fantasy 的意思。[1]

20世纪80—90年代，为了使科幻小说摆脱儿童文学和科普作品的标签，中国作家再次将目光投向外国科幻小说，希望从中得到一些借鉴和帮助。80年代初，国内相继推出了一批外国科幻小说选集，这些选集大都由科幻作家或评论家编辑，旨在让国内的科幻迷和科幻作者能够近距离地接触到更多的外国作品。最早且影响最大的一部选集是中国海洋出版社于1980年出版的《魔鬼三角与UFO》，主编为著名翻译家王逢振和科幻作家金涛。该选集收录了美、英、法、西、加等国不同作家的17篇作品，涵盖的主题颇为广泛，如原子能、机器人、遗传学等等。编者在序言中表示，选集中有些故事之所以被收录，主要是因为它们"在艺术上进行大胆的探索，在艺术技巧上不无参考价值"，因此能够"为科幻和科普作者提供一些艺术上的借鉴"。[2]

---

[1] 郭建中：《关于 SCIENCE FICTION 的翻译问题》，载《上海科技翻译》2004年第2期，第52页。

[2] 王逢振、金涛主编：《魔鬼三角与UFO》，海洋出版社，1980年，第4页。

这些选集和当时出版的其他科幻译著一起，极大地开阔了科幻作家和读者的眼界，为中国科幻带来了全新的主题、崭新的科幻理念和新奇的艺术风格。在80年代初出版的本土科幻选集中，如《中国科幻小说大全》(1982)和《科学神话：中国科幻小说年鉴》(1983)，有不少作品开始探讨激光、物质波、人工智能和机器人学等概念；另一些作家开始尝试创作科幻推理小说和社会科幻小说。本土科幻创作开始重视情节架构、人物塑造和作品风格。即使是到了20世纪末，在科幻小说逐渐流行的情况下，本土作家仍然时常从外国作品当中汲取灵感。[1] 可以说，假如没有对西方当代科幻小说的大规模译介，中国本土科幻小说就无法走上一条更加宽广的道路。

翻译活动使得中国科幻作家从别国文学经验中获益，并在这个过程中不断提高自己的创作素养。翻译是"将流行的形式库（repertoire）[2] 引入本国的重要途径"。[3]90年代"赛博朋克"科幻小说和受后现代主义影响的科幻小说在中国的出现就是一个很好的例证。不仅如此，翻译作品还培养了许多高水平的科幻读者和科幻迷。为了满足这些读者的需求，中国作家需要不断地磨砺自己的写作技能。更重要的是，科幻迷群体当中涌现出了很多科幻作家、科幻评论家和科幻编辑，他们成为科幻界的中坚力量，在中国科幻小说的发展中发挥了直接作用。

---

[1] 据笔者于2005年对一些知名科幻作家、评论家和译者所做的一份调查问卷（见姜倩《幻想与现实：二十世纪科幻小说在中国的译介》，第198—217页）。

[2] 伊塔马·埃文-佐哈尔将"形式库"定义为："支配着任何文学作品的创作和处理、或创造和利用的规则和材料的总和"（见 Even-Zohar,"Factors and Dependencies in Culture: A Revised Outline for Polysystem Culture Research"）。

[3] Even-Zohar,"The Position of Translated Literature within the Literary Polysystem", p.194.

四、结语

翻译活动是20世纪科幻小说在中国演进的重要条件——假如没有翻译，中国本土科幻文学的发展是难以想象的。在世界科幻小说领域内，这种情况并非绝无仅有。美国科幻小说通过译本影响了日本、法国和其他非英语国家科幻小说的创作活动，这是不争的事实。[1] 美国科幻小说本身也受到了欧洲传统神话、乌托邦小说和凡尔纳等早期科幻作品的影响。Gérard Cordesse 指出："几乎所有的美国科幻小说主题，甚至是小说里的科技发明，都能够在欧洲作家的作品里找到存在过的痕迹……如果我们抹杀了这笔丰富的文化遗产，就无法正确认识美国科幻小说的意义"。[2]

在埃文－佐哈尔看来，当一个文学系统在多元系统里处于"弱势"或"边缘"地位时，外部的其他文学系统借助翻译的形式对该文学系统进行干涉，这对于后者的生存和发展是非常必要的；任何文学的发展都需要经历这样的阶段。[3] 中国科幻文学也不例外。在自身尚未成熟、尚未建立起自己牢固的传统之前，对于翻译的依赖是中国科幻小说发展的必经阶段。

---

[1] 参见 James Gunn, "Japan", in James Gunn, ed., *The Road to Science Fiction*, Vol. 6: Around the World, Clarkston, GA: White Wolf, 1999, pp.587-590；Élisabeth Vonarburg, "US SF and Us", in James Gunn, ed., *The Road to Science Fiction*, Vol. 6: Around the World, Clarkston, GA: White Wolf, 1999, pp.651-656；Gérard Cordesse, "The Impact of American Science Fiction on Europe", in C.W.E. Bigsby, ed., *Superculture: American Popular Culture and Europe*, Bowling Green, OH: Bowling Green U Popular P, 1975, pp.160-174。

[2] Gérard Cordesse, "The Impact of American Science Fiction on Europe", p.161.

[3] Itamar Even-Zohar, "Laws of Literary Interference", in *Poetics Today* 11, no.1 (1990), pp.55-57.

跨学科视野中的
翻译

印度佛教故事口传入华之途径与口语交际[*]

陈引驰[**]

一、印度文学口传入华的途径

中国中古时代印度佛教文学传入，是中国文学史、中外文学交流史上的重大史事，而其实现，实不仅传世文献所呈现的文字媒介这一途径，口耳相传也是不可忽略的重要方式。

陈寅恪先生在讨论《三国志》"曹冲称象"时已针对佛典记述见诸晚出之《杂宝藏经》，提出佛教故事口传的可能性。针对所追溯的"曹冲称象"的佛经文本渊源《杂宝藏经》时代在陈寿撰写《三国志》之后的情形，陈寅恪先生论曰："《杂宝藏经》虽为北魏时所译，然其书乃杂采诸经而成，故其所载诸国缘，多见于支那先后译出之佛典中。如卷捌之《难陀王与那伽斯那共论

* 本文最初草写于 2008 年初，先后在 2008 年夏哈佛燕京双年学术会议（苏州），2010 年 5 月香港城市大学中文、翻译与语言学系，2010 年 12 月复旦大学"中国文学古今演变"第五次会议，2011 年 9 月中山大学中文系及香港浸会大学中文系等演讲过；本文部分内容曾刊于《中国学研究》第十四辑，济南出版社，2011 年。

** 陈引驰，教授、复旦大学中文系系主任。曾任哈佛燕京学社访问学者，教育部"新世纪优秀人才"。研究方向包括道家思想与文学、中古佛教文学、古典诗学以及近代学术史等。

缘》与《那先比丘问经》之关系，即其一例。因知卷壹之《弃老国缘》亦当别有同一内容之经典，译出在先，或虽经译出，而书籍亡逸，无可征考。或虽未译出，而此故事仅凭口述，亦得辗转流传至于中土，遂附会为苍舒之事，以见其智。"[1]

　　回首中古时代，最值得注意的佛教文学口传入华的媒介，当属络绎不绝的西游求法僧人。中古时期，佛教信徒西行求法，为数甚多，魏晋六朝时代，未见梳理；至于唐代，则有义净名著《大唐西域求法高僧传》在。义净此书，不同于采辑史料编缀而成的僧传，而是胪列其游历过程中见闻的五十年间之西行求法僧人，颇类游历纪录的一部分。确实，西行求法之僧人，不仅以求取经典为限，且往往撰写行纪，记录旅途之曲折、沿路之见闻，如东晋法显之《法显传》、唐代玄奘之《大唐西域记》自是其最著名者；其有片断文字留存后世，如《洛阳伽蓝记》所录宋云等行记、敦煌出土慧超《往五天竺国传》[2]之类，亦堪珍贵。更有散逸失传、今日难睹芳容的篇什，如宝云"晋隆安之初，远适西域，与法显、智严先后相随，涉履流沙，登逾雪岭，勤苦艰危，不以为难，遂历于阗、天竺诸国……其所造外国，别有记传，征士豫章雷次宗为其传序"[3]；法勇于刘宋太初元年时至天竺，陆去海还，"所历事迹，别有记传"[4]，而据《大

[1]　陈寅恪：《三国志曹冲华佗传与佛教故事》，收入《寒柳堂集》，上海古籍出版社，1980年，第158页。

[2]　张毅：《往五天竺国传笺释》，中华书局，1994年。

[3]　僧祐：《出三藏记集》卷十五《宝云法师传》，苏晋仁等点校本，中华书局，1995年，第578—579页。

[4]　僧祐：《出三藏记集》卷十五《法勇法师传》，第581—582页。同卷《智猛法师传》记智猛西行天竺，返回后，于元嘉"十六年七月七日于钟山定林寺造传"，亦当是游历记传一类著述。观《法勇》《智猛》二传，颇多路途艰险之描写形容，疑即出自述记传，尤其智猛传中叙罽宾见闻，有"具在其传"之语，可为的证。

唐内典录》卷四，有法勇《外国传》五卷；道普受刘宋太祖之资助，"经游西域，遍历诸国……游履异域，别有大传。时高昌复有沙门法盛，亦经往外国，立传，凡四卷"[1]。

西游行记，既出僧人之手，所载西域、天竺见闻，自以佛教胜迹与佛教掌故为多，其中不乏曲折离奇、生动感人的段落，宗教旨趣外，饶有文学意味，更有因而流衍东土，蔚为大观之例，如玄奘《大唐西域记》卷七所载婆罗痆斯国"烈士池"之传说，先后形成唐段成式《酉阳杂俎》续集卷四《贬误》"顾玄绩"、李复言《续玄怪录》"杜子春"（《太平广记》卷十六）、薛渔思《河东记》"萧洞玄"（《太平广记》卷四十四）、裴铏《传奇》"韦自东"（《太平广记》卷三百五十六）乃至冯梦龙《醒世恒言》卷三十七《杜子春三入长安》等一系列文学文本。[2] 西游行记中故事，即使与传译经典记叙大致类同，也因行记特质，透露了明确具体的地域空间信息，故而可据以推定佛经传说故事的空间分布及流播，此可谓是故事学研究不可付诸阙如的方面。如《杂宝藏经》卷一之《鹿女夫人缘》及《莲花夫人缘》大抵为一事二传，与《法显传》载"放弓仗塔"故事及《大唐西域记》卷七所记相较，实属同一源流，由法显、玄奘二书，可以确定此一故事流传之区域，在法显所谓"毗舍离城"与玄奘所谓"吠舍厘国"，实属同一地域。[3]

---

[1] 慧皎：《高僧传》卷二《昙无谶传》，汤用彤校注本，中华书局，1992年，第80—81页。

[2] 参拙作《从"烈士传说"到"杜子春"故事》，载《民间文艺季刊》1987年4期，上海文艺出版社，1987年11月；又见拙著《隋唐佛学与中国文学》第七章第二节《从"烈士池"到"杜子春"》，百花洲文艺出版社，2002年。

[3] 参拙著《佛教文学》第四章第三节《僧侣传记中的传奇》，上海人民美术出版社，2003年。

更可注意者，《法显传》成书较《杂宝藏经》译出为早。《杂宝藏经》之译年，据僧祐《出三藏记集》卷二，与《付法藏因缘经》《方便心论》等"宋明帝时，西域三藏吉迦夜于北国，以伪延兴二年，共僧正释昙曜译出，刘孝标[1]笔受"。[2]而《法显传》的完成，卷末有记叙："竹帛疏所经历，欲令贤者同其闻见。是岁甲寅。"[3]此是《法显传》初次成篇。书后更有跋语："晋义熙十二年，岁在寿星，夏安居末，慧远迎法显道人。既至，留共冬斋。因讲集之际，重问游历。其人恭顺，言辄依实。由是先所略者，劝令详载。显复具叙始末。"[4]是为二次增补。[5]义熙十二年（416）先北魏延兴二年（472）半世纪以上，可以说，《法显传》所载印度当地流传的故事，较作为佛教经典的《杂宝藏经》记载者，输入中土更早，显示佛教乃至印度文化通过口头途径传输的重要性。

既然可以明确，印度佛教传说故事进入中国，文字媒介之外，口传是一重要途径，那么，还有待进一步追问的是：中土西行求法僧人如法显、玄奘等沿途听闻的佛教文学情节，是如何为旅行僧人所知，进而载入行记之中的？或曰：中古时代之西游僧人，旅行途中的语言传译问题究竟是如何解决的？

值得注意的是，就当时西游僧人自己的记叙看，语言交际

---

[1] 此刘孝标即《世说新语》之注者，《南史》卷四十九载："居贫不自立，与母并出家为尼僧，既而还俗。"刘之任译经"笔受"，当值其为僧期间。陈垣曾有《云冈石窟译经与刘孝标》刊《燕京学报》（1929年），以为刘注《世说新语》"受其在云岗石窟时所译《杂宝藏经》之影响"。

[2] 僧祐：《出三藏记集》，第62—63页。

[3] 章巽：《法显传校注》，上海古籍出版社，1985年，第177页。

[4] 同上，第179页。

[5] 文献记载，《法显传》有不同名称，《水经注》或作《法显传》或作《法显行传》；《隋书·经籍志》分别标作二卷、一卷。《法显传》经两次成书之过程，或许即是造成其两本有详略之别的原因。

在他们似乎不成其为一个问题。如《法显传》记其抵释迦牟尼传教活动的主要中心之一拘萨罗国舍卫城的祇洹精舍：

> 念昔世尊住此二十五年，自伤生在边地，共诸同志游历诸国，而或有还者，或有无常者，今日乃见佛空处，怆然心悲。彼众僧出，问显等言："汝从何国来？"答曰："从汉地来。"彼众僧叹曰："奇哉！边地之人乃能求法至此！"自相谓言："我等诸师和上相承以来，未见汉道人来到此也。"[1]

这当然是富于情感的场景，但读者不禁要问：既然祇洹精舍的印度僧侣从来没有见过中国和尚，他们不通汉语是可想而知的；而法显等的印度语言知识也不会流利，[2] 他们之间的这番对话是如何进行的呢？

二、中古梵语环境与僧人习学

首先，出发西行之前已有学习。

中古时期，中国本土对于梵文绝非一无了解。不论那些来到中国的西域及印度僧人，即中国本土士人也颇有具备一定梵语知识者。《世说新语·政事》：

> 王丞相拜扬州，宾客数百人并加沾接，人人有说

---

[1] 章巽：《法显传校注》，第72页。

[2] 法显之着力学习梵文、梵语，是在此后的摩竭提国的巴连弗邑，见后文引。

色。唯有临海一客姓任及数胡人为未洽，公因便还到过任边云："君出，临海便无复人。"任大喜说。因过胡人前弹指云："兰阇，兰阇。"群胡同笑，四坐并欢。[1]

"兰阇"，刘盼遂《世说新语校笺》以为："或为梵语之 ranja，此云乐也。"[2]

《冥祥记》中记载了晋王练幼年通胡语梵文的异闻：

> 晋王练，字玄明，琅琊人也，宋侍中。父珉，字季琰，晋中书令。相识有一梵沙门，每瞻珉风彩，甚敬悦之。辄语同学云："若我后生得为此人作子，于近愿亦足矣。"珉闻而戏之曰："法师才行，正可为弟子子耳。"顷之，沙门病亡，亡后岁余而练生焉。始生能言，便解外国语。及绝国之奇珍银器珠贝，生所不见，未闻其名，即而名之，识其产出。又自然亲爱诸梵，过于汉人。咸谓沙门审其先身。故珉字之曰阿练。遂为大名云云。[3]

转世之说或不可尽信，如王练果然幼而"能言，便解外国语"，大概是有一定的语言环境所致。王练之父王珉，对佛教有相当深入的了解，《世说新语·文学》即有如下故事：

> 提婆初至，为东亭第讲阿毗昙。始发讲，坐裁半，

[1] 余嘉锡：《世说新语笺疏》，上海古籍出版社，1993年，第175页。

[2] 刘盼遂：《刘盼遂文集》，北京师范大学出版社，2002年，第163页。

[3] 周叔迦、苏晋仁：《法苑珠林校注》"宿命篇"引《冥祥记》，中华书局，2003年，第822—823页。

僧弥便云："都已晓。"即于坐分数四有意道人，更就余屋自讲。提婆讲竟，东亭问法冈道人曰："弟子都未解，阿弥那得已解？所得云何？"曰："大略全是，故当小未精核耳。"[1]

即使这则记述或有误[2]，但仍有材料可证王珉对佛学宿有钻研，据《高僧传》卷一，他"师事于""帛尸梨密多罗，此云吉友，西域人，时人呼为高座"。这位高座上人，在当时来中土的西方僧人中有一个特点，"性高简，不学晋语，诸公与之语言，密虽因传译，而神领意得，顿尽言前"[3]。不妨设想，王珉面对高座上人时，当常常聆听其胡语梵言。如此多种语言交错的情形，并非鲜见。《高僧传》卷二《佛驮跋陀罗传》记鸠摩罗什与觉贤辩"空"曰：

宝云译出此语，不解其意，道俗咸谓贤之所计，微尘是常。[4]

是则鸠摩罗什、觉贤之辩论，非出诸汉语，需经宝云译语，众人乃得了解；至于宝云堪任传译，以其尝游西域、天竺，能通胡语。

---

[1] 余嘉锡：《世说新语笺疏》，第242页。

[2] 程炎震曰："僧弥，王珉小字也。《晋书》珉传以取此事。然珉卒于太元十三年。至隆安之元，首尾十年矣。《高僧传》作王僧珍，盖别是一人。因珍弥二字，草书相乱。"（余嘉锡《世说新语笺疏》第243页引）

[3] 慧皎：《高僧传》，第29—30页。《世说新语·言语》于此亦有记载："高坐道人不作汉语。或问此意，简文曰：'以简应对之烦。'"

[4] 同上，第71页。

之后，谢灵运因参与《大般涅槃经》的修治，对其中《文字品》有所研究，成《十四音训叙》，《高僧传》卷七《慧叡传》：

> 游历诸国，乃至南天竺界，音义诂训，殊方异义，无不毕晓。后还憩庐山，俄又入关，从什公咨禀。后适京师，止乌衣寺……陈郡谢灵运，笃好佛理、殊俗之音，多所达解，乃咨叡以经中诸字，并众音异旨，于是着《十四音训叙》，条列梵汉，昭然可了，使文字有据焉。[1]

亦是著名而典型的例证。[2]

僧祐《出三藏记集》卷一有《胡汉译经文字音义同异记》一篇，论及梵文多多，如谓：

> 梵书制文，有半字满字。所以名半字者，义未具足，故字体半偏，犹汉文"月"字，亏其傍也。所以名满字者，理既究竟，故字体圆满，犹汉文"日"字，盈其形也。故半字恶义，以譬烦恼；满字善义，以譬常住。又半字为体，如汉文"言"字；满字为体，如汉文"诸"字。以"者"配"言"，方成"诸"字。"诸"字两合，即满之例也；"言"字单立，即半之类也。半字

---

[1]　慧皎：《高僧传》，第 259、260 页。又参王邦维：《谢灵运〈十四音训叙〉辑考》，收入《国学研究》第三卷；饶宗颐：《唐以前十四音遗说考》，载《中华文史论丛》1987年第 1 期，收入《梵学集》，上海古籍出版社，1993 年。

[2]　中古僧众习学梵文之文献，据周一良先生意见，有悉昙类及字典类（《中国的梵文研究》，收入《魏晋南北朝史论集》，中华书局，1963 年），如传鸠摩罗什所撰《通韵》及义净《梵语千字文》，皆是当时人研习梵文的实证。

虽单，为字根本，缘有半字，得成满字。[1]

　　论及梵文作为拼音文字的特性。此文以日本兴膳宏教授的意见，或出刘勰之手。[2]兴膳氏之说即或不能成立，至少刘勰是了解梵文的这一特性的。且《文心雕龙·声律》所谓"异音相从谓之和，同声相应谓之韵。韵气一定，故余声易遣；和体抑扬，故遗响难契。属笔易巧，选和至难；缀文难精，而作韵甚易"[3]云云，"和""韵"之对比，如若对照慧皎《高僧传》"东国之歌也，则结韵以成咏；西方之赞也，则作偈以和声"[4]之论，则可知其有取于梵、汉语言之比较研究也。[5]刘勰之具梵文知识，更有疑乎？

　　与佛教有因缘之士人已然如是，则僧人之习学梵文，更是当然之事。本土僧人之习梵文，早有先例，如晋"帛远，字法祖，本姓万氏，河内人"，"博涉多闻，善通梵汉之语，尝译《惟逮》《弟子本》《五部僧》等三部经，又注《首楞严经》，又有别译数部小经"。[6]至于玄奘，《续高僧传》记载："顿迹京皋，广就诸蕃，遍学书语；行坐寻授，数日便通。"所谓"广就诸蕃，遍学书语"，准确的理解或许是：玄奘利用长安各族聚居的优越条件，学习了多种西域语言和文字；当然，这中间应

---

[1]　僧祐：《出三藏记集》卷十五《宝云法师传》，第13页。

[2]　兴膳宏：《〈文心雕龙〉与〈出三藏记集〉》，收入《兴膳宏〈文心雕龙〉论文集》，齐鲁书社，1984年。

[3]　杨明照：《增订文心雕龙校注》，中华书局，2000年，第431—432页。

[4]　慧皎：《高僧传》，第507页。

[5]　参拙著《佛教文学》第五章第四节《中古诗歌形式成熟的佛教媒介》，上海人民美术出版社，2003年。

[6]　慧皎：《高僧传》，第26、27页。

该包括了梵文，但不仅限于梵文。玄奘大约真的具有语言天才，所以于各语言"数日便通"，恐怕也未必绝无可能。

至于史料中明确记载西行僧人事先学习梵语，《大唐西域求法高僧传》卷上的玄照可为一例：

> 以贞观年中，乃于大兴善寺，玄证师处初学梵语。[1]

又如《宋高僧传》卷三《智通传》虽然没有明确记载他西游天竺，但他因有意远游而学习梵文梵语：

> 隋大业中出家受具，后隶名总持寺。律行精明，经论该博。自幼挺秀，即有游方之志，因往洛京翻经馆，学梵书并语，晓然明解。[2]

玄奘的准备较之玄照、智通等更充分，因为仅仅梵语，在西域还不完全够用，它尚不能算通用语，而只是在特定的即佛教僧侣阶层中流行，对此，说得最清楚的要数《法显传》，法显提到：

> 至鄯善国（今新疆若羌）。其地崎岖薄瘠。俗人衣服粗与汉地同，但以毡褐为异。其国王奉法。可有四千余僧，悉小乘学。诸国俗人及沙门尽行天竺法，

---

[1] 王邦维：《大唐西域求法高僧传校注》，中华书局，1988年，第9页。

[2] 赞宁：《宋高僧传》，中华书局，1987年，第41页。

但有精麤。从此西行，所经诸国类皆如是。唯国国胡
语不同，然出家人皆习天竺书、天竺语。[1]

如果要举类似的情形，大约相当于中世纪的欧洲，"俗人"
说各自的俗语，而僧侣们中间则通行拉丁语吧。

法显从鄯善西北行，接着就是焉夷国(今新疆焉耆)[2]，正是
《大唐西域记》卷一记载的"阿耆尼国"。玄奘的记述或可说明，
何以僧人中梵文通行：

阿耆尼国……文字取则印度，微有增损……伽蓝
十余所，僧徒二千余人，习学小乘教说一切有部。经
教律仪，既遵印度，诸习学者，即其文而玩之。[3]

屈支国……文字取则印度，粗有改变……伽蓝百
余所，僧徒五千余人，习学小乘教说一切有部。经教
律仪，取则印度，其习读者，即本文矣。[4]

这两国的文字取法于印度文字，[5] 而佛教的"经教律仪"也
一准印度，故而直接就其原文研习佛经典籍。

玄奘除了梵文之外，既"广就诸蕃，遍学书语"，且在行程

---

[1] 章巽：《法显传校注》，第7—8页。

[2] 或作"乌夷"，此从章巽《法显传校注》之校订。

[3] 季羡林等：《大唐西域记校注》，中华书局，1985年，第48页。

[4] 同上，第54页。

[5] 对此一语言的研究，历来有不同的意见，或称吐火罗语，或分析为龟兹、焉耆高昌
两种方言，参见季羡林等《大唐西域记校注》，第50—52页的注说。

途中"游践之处，毕究方言"，[1] 那才能应付裕如。[2]

多种语言准备的重要性，在以下的例子中或许可以清楚地看出来，《出三藏记集》卷九记《贤愚经》之成书：

> 河西沙门释昙学、威德等凡有八僧，结志游方，远寻经典。于于阗大寺遇般遮于瑟之会。般遮于瑟者，汉言五年一切大众集也。三藏诸学，各弘法宝，说经讲律，依业而教。学等八僧，随缘分听，于是竞习胡音，折以汉义，精思通译，各书所闻。还至高昌，乃集为一部。既而踰越流沙，赍到凉州。于时，沙门释慧朗，河西宗匠，道业渊博，总持方等。以为此经所记，源在譬喻；譬喻所明，兼载善恶；善恶相翻，则贤愚之分也。前代传经，已多譬喻，故因事改名，号曰《贤愚》焉。[3]

其中"胡音"是比较含混的表述，或者包括了梵文和当地的语言，而昙学等僧人的语言已经有相当的程度，如果不是通习胡语，则如何能"随缘分听"、"各书所闻"？进而，《贤愚经》如

---

[1] 于志宁《序》，季羡林等《大唐西域记校注》，第 24 页。

[2] 旅行途中跨越多国不同的语言环境，而需有所准备，历史中不乏其例。日本古代遣唐使是赴中国唐朝的具有特定外交使命的使团，"是按照律令制下的官府规模组建的一套有专职的政府机构"（古濑奈津子著、郑威译《遣唐使眼里的中国》，武汉大学出版社，2007 年，第 10 页），其中各色人等就包括了"译语（案：指汉语翻译）、新罗及奄美（案：指琉球群岛北部之奄美群岛）等语翻译"（同上，第 11 页）。之所以要有新罗语翻译，是因为前期遣唐使的航路"一般经由北路，即先从北九州岛的博德启程，经壹歧、对马，沿朝鲜半岛西海岸北上，横渡黄海，在山东半岛登陆，然后由陆路向都城长安进发"（同上，第 7 页）；而需要奄美语翻译，是因后期遣唐使"航路改走南路，南路是指从博德出发，经五岛列岛，然后直接横渡东海，并抵达长江（扬子江）沿岸这一线路"（同上，第 9 页）。

[3] 僧祐：《出三藏记集》卷九，第 351 页。

何能够集成？

三、西行求法途中的语言交际

其次，旅行中的语言沟通，有几种可能途径。

第一，与商人同行，因而可以获得语言的支持[1]。比如，法显之返程即乘"载商人大舶泛海"而归的。这些商人不少是外国人，其中通行的语言并非汉语，如法显回国，抵达中土岸边，遇到两位中国猎人，"令法显译语问之"。[2] 后来义净赴印，也是乘坐商船，他离开佛逝(今印度尼西亚之苏门答腊)，不久"至裸人国"，"丈夫悉皆露体，妇女以片叶遮形。商人戏授其衣。即便摇手不用"，[3] 可见与之同行者商人为主。往来中土与西域之间的商人，族属及经历复杂，具有丰富的多种语言经验，对于同行僧侣之实际交际当有极大之帮助。

第二，与使者同行，这些使者一定有相当的语言准备，而其所抵之国，也会有一定的迎接安排。《大唐西域求法高僧传》中涉及这方面的材料颇伙：

> 复有一人，与北道使人相逐至缚喝罗国，于新寺

---

[1] 季羡林曾撰：《商人与佛教》一文，讨论印度佛教之传布、发展与商人之关涉，载《第十六届国际历史科学大会中国学者论文集》，中华书局，1985 年。

[2] 章巽：《法显传校注》，第 173 页。"不见人民及行迹，未知是何许。或言未至广州，或言已过，莫知所定。即乘小舶，入浦觅人，欲问其处。得两猎人，即将归，令法显译语问之。"

[3] 王邦维：《大唐西域求法高僧传校注》，第 152—153 页。此一情节似可比拟《庄子·逍遥游》中"宋人资章甫，而适诸越，越人断发文身，无所用之"故事。

小乘师处出家，名质多跋摩。……少闲梵语。覆取北路而归，莫知所至。传闻于天竺之僧矣。[1]

僧伽跋摩者，康国人也。少出流沙，游步京辇。禀素崇信，戒行清严，檀舍是修，慈悲在念。以显庆年内奉敕与使人相随，礼觐西国。[2]

后条中之"使人"即三次使印之王玄策也。

早先的例证，以北魏时惠生与宋云赴北印度为着。《洛阳伽蓝记》卷五：

神龟元年十一月冬，太后遣崇立寺比丘惠生向西域取经。凡得一百七十部，皆是大乘妙典。[3]

他们一路的资费相当充足：

惠生初发京师之日，皇太后敕付五色百尺幡千口，锦香袋五百枚，王公卿士幡二千口。惠生从于阗至干陀罗，所有佛事处，悉皆流布。[4]

乌场国……城北有陀罗寺，佛事最多。浮图高大，僧房逼侧，周匝金像六千躯。王年常大会，皆在此寺。国内沙门，咸来云集。宋云、惠生见彼比丘戒行精苦，观其风范，特加恭敬。遂舍奴婢二人，以供洒扫。去王城东南，山行八日。如来苦行投身饲饿虎之处。高

---

[1] 王邦维：《大唐西域求法高僧传校注》，第61页。

[2] 同上书，第93页。

[3] 周祖谟：《洛阳伽蓝记校释》，上海书店出版社，2000年，第181—182页。

[4] 同上，第219—220页。

山巃嵸，危岫入云。嘉木灵芝，丛生其上。林泉婉丽，花彩曜目。宋云与惠生割舍行资，于山顶造浮图一所，刻石隶书，铭魏功德。[1]

至干陀罗城，东南七里，有雀离浮图……宋云以奴婢二人奉雀离浮图，永充洒扫。惠生遂减割行资，妙简良匠，以铜摹写雀离浮图仪一躯，及释迦四塔变。[2]

这些显然都不是一般西游僧人可以负担的，以其具备国家使者之身份而使然：

至【口歇】哒国……王着锦衣，坐金床，以四金凤凰为床脚。见大魏使人，再拜跪受诏书。至于设会，一人唱，则客前，后唱[3]，则罢会。唯有此法，不见音乐。[4]

入乌场国……国王见宋云云大魏使来，膜拜受诏书。闻太后崇奉佛法，即面东合掌，遥心顶礼。遣解魏语人问宋云曰："卿是日出人也？"宋云答曰："我国东界有大海水，日出其中，实如来旨。"王又问曰："彼国出圣人否？"宋云具说周孔庄老之德，次序蓬莱山上银阙金堂，神仙圣人并在其上，说管辂善卜，华佗治病，左慈方术，如此之事，分别说之。王曰："若如卿言，即是佛国。我当命终，愿生彼国。"[5]

---

[1] 周祖谟：《洛阳伽蓝记校释》，第202—203页。

[2] 同上，第214、220页。

[3] 同上，"或疑为'复唱'之误。"

[4] 同上，第194—196页。

[5] 同上，第200页。

入干陀罗国……宋云诣军，通诏书，王凶慢无礼，坐受诏书。宋云见其远夷不可制，任其倨傲，莫能责之。王遣传事谓宋云曰："卿涉诸国，经过险路，得无劳苦也？"宋云答曰："我皇帝深味大乘，远求经典，道路虽险，未敢言疲。大王亲总三军，远临边境，寒暑骤移，不无顿弊？"王答曰："不能降服小国，愧卿此问。"宋云初谓王是夷人，不可以礼责，任其坐受诏书，及亲往复，乃有人情，遂责之曰："山有高下，冰有大小，人处世间，亦有尊卑。【口歇】哒、乌场王并拜受诏书，大王何独不拜？"王答曰："我见魏主则拜，得书坐读，有何可怪？世人得父母书，犹自坐读，大魏如我父母，我亦坐读书，于理无失。"云无以屈之。遂将云至一寺，供给甚薄。[1]

北魏诏书的交接，是宋云和惠生政治身份最明确的表征。因为是国家使者，因而语言交际上，自然有安排，所谓乌场国的"解魏语人"和干陀罗国的"传事"之类，即是可以担任通译之任的专门人员。

值得注意的是，宋云和惠生对于沿途的语言变化，颇为留心，如：

吐谷浑……其国有文字，况同魏。[2]

朱驹波国，人民山居，五谷甚丰，食则面麦，不

---

[1] 周祖谟：《洛阳伽蓝记校释》，第210—211页。

[2] 同上，"各本作'况同魏'，显有脱误，'况'盖'冠'字之讹，'冠'上疑又夺'衣'字"，"疑为'衣冠同魏'之误"。同上，第183页。

立屠煞。食肉者，以自死肉。风俗言音与于阗相似，文字与婆罗门同。[1]

《洛阳伽蓝记》引《道荣传》[2]记那竭城附近

有山，山下有六[3]佛手作浮图，高十丈。云此浮图陷入地，佛法当灭。并为七塔，七塔南石铭，云如来手书，胡字分明，于今可识焉。[4]

慧超《往五天竺传》、玄奘《大唐西域记》中，此类例子亦颇伙焉。慧超乃新罗人，无论在中土还是西行途中，皆为异乡人，始终处在异国语境之中，对此的敏感可以想见；而玄奘西行前曾于"诸藩"之语言文字"遍学书语"，关切且能有所认识也是自然的。此处仅举后者卷一中的若干例：

阿耆尼国……文字取则印度。[5]

屈支国……文字取则印度，粗有改变。[6]

跋禄迦国……文字法则同屈支国，语言少异。[7]

窣利……文字语言，即随称矣。字源简略，本

---

[1] 周祖谟：《洛阳伽蓝记校释》，第190页。

[2] "道荣"，或作"道药"，道宣《释迦方志》卷二："后魏太武末年，沙门道药从疏勒道入，经悬度，道僧迦施国，及反，还寻故道，着传一卷。"

[3] 周祖谟《洛阳伽蓝记校释》以为当作"七"。

[4] 同上，第224页。

[5] 季羡林等：《大唐西域记校注》，第48页。

[6] 同上，第54页。

[7] 同上，第66页。

二十余言，转而相生，其流浸广。粗有书记，竖读其文，递相传授，师资无替。[1]

觐贺逻国……语言去就，稍异诸国；字源二十五言，转而相生，用之备物。书以横读，自左向右，文记渐多，逾广窣利。[2]

梵衍那国……文字风教、货币之用，同觐贺逻国，语言少异，仪貌大同。[3]

迦毕试国……文字大同睹货逻国，习俗语言，风教颇异。[4]

第三，是如前引《法显传》所示，可与僧人交流，以求得帮助。《法显传》中亦有实例，在王舍新城准备拜访耆阇崛山：

其山峰秀端严，是五山中最高。法显于新城中买香、华、油、灯，倩二旧比丘送法显上耆阇崛山。华、香供养，然灯续明。慨然悲伤，收泪而言："佛昔于此住，说《首楞严》。法显生不值佛，但见遗迹处所而已。"即于石窟前诵《首楞严》。停止一宿，还向新城。[5]

就得到了两位"旧比丘"的帮助。这样驻寺的僧人款待游方僧的情形，很普遍，《法显传》中即记叙中印度的僧俗：

---

[1] 季羡林等：《大唐西域记校注》，第 72 页。

[2] 同上，第 100 页。

[3] 同上，第 129 页。

[4] 同上，第 136 页。

[5] 章巽：《法显传校注》，第 113 页。

自佛般泥洹后，诸国王、长者、居士为众僧起精舍供养，供给田宅、园圃、民户、牛犊，铁券书录，后王王相传，无敢废者，至今不绝。众僧住止房舍、床蓐、饮食、衣服，都无缺乏，处处皆尔。众僧常以作功德为业，及诵经、坐禅。客僧往到，旧僧迎逆，代担衣钵，给洗足水，涂足油，与非时浆。须史，息已，复问其腊数，次第得房舍、卧具，种种如法。[1]

当时的天竺，据义净的记载，各国往往建立自己的寺院，以便僧人安居，而中国当时却没有，"诸方皆悉有寺，所以本国通流。神州独无一处，致令往还艰苦耳"[2]。因而他感慨：

得到西国者，以大唐无寺，飘寄栖然，为客遑遑，停托无所，遂使流离蓬转，罕居一处。身既不安，道宁隆矣！[3]

中国僧人原来也曾有此类寺院：

那烂陀寺东四十驿许，寻殑伽河而下，至蜜栗伽悉他钵娜寺（唐云鹿园寺也）。去此寺不远，有一故寺，但有砖基，厥号支那寺。古老相传云是昔室利笈多大王为支那国僧所造（支那即广州也。莫诃支那即京师也。亦云提婆弗呾罗，唐云天子也）。于时有唐僧

---

[1] 章巽：《法显传校注》，第54—55页。

[2] 王邦维：《大唐西域求法高僧传校注》，第103页。

[3] 同上，第1页。

二十许人，从蜀川牂牁道而出（蜀川去此寺有五百余驿）。向莫诃菩提礼拜。王见敬重，遂施此地，以充停息，给大村封二十四所。于后唐僧亡没，村乃割属余人。现有三村入属鹿园寺矣。准量支那寺，至今可五百余年矣。现今地属东印度王，其王名提婆跋摩，每言曰："若有大唐天子处数僧来者，我为重兴此寺，还其村封，令不绝也。"诚可叹曰：虽有鹊巢之易，而乐福者难逢。必若心存济益，奏请弘此，诚非小事也。[1]

后义净回抵南洋时，乃请大津禅师返唐，"望请天恩于西方造寺"[2]。

不过即使"大唐无寺"，在他国的寺庙中也还是可以得到帮助，《大唐西域求法高僧传》：

大觉寺西有迦毕施国寺，寺亦巨富，多诸硕德，普学小乘。北方僧来亦住此，寺名窭挐折里多。唐云德行。[3]

慧轮师者，新罗人也。梵名般若跋摩。唐云慧甲。自本国出家，翘心圣迹。泛舶而陵闽越，涉步而届长安。奉敕随玄照师西行，以充侍者。既之西国，遍礼圣踪。居庵摩罗跋国，在信者寺，住经十载。近住次东边北方覩货罗僧寺，元是覩货罗人为本国僧所造。其寺巨富，赀产丰饶，供养飧设，余莫加也。寺名健陀罗山荼。

---

[1] 王邦维：《大唐西域求法高僧传校注》，第 103 页。

[2] 同上，第 207 页。

[3] 同上，第 102 页。

慧轮住此，既善梵言，薄闲《俱舍》。来日尚在，年向四十矣。其北方僧来者，皆住此寺为主人耳。[1]

慧轮既然在长安居停过，且陪同玄照赴印度，则汉语当通晓，他到了印度，"善梵言"，居住多年，遇到北方僧人(其中或者亦有中土僧人)，提供包括语言在内的帮助亦是可以想见的。

第四，路途中向熟悉梵文的当地人学习。陆路赴天竺者，行程往往需数年，渐入彼境，语言环境逐渐接近，那是可想而知的。法勇等人西行"进至罽宾国，礼拜佛钵。停岁余，学胡书竟，便解胡语"[2]。至于海路赴印者为例，比如义净《大唐西域求法高僧传》卷下记大津禅师：

> 以永淳二年振锡南海。爰初结旅，颇有多人，及其角立，唯斯一进。乃赍经像，与唐使相逐。泛舶月余，达尸利佛逝洲。停斯多载，解昆仑语，颇习梵书，洁行齐心，更受圆具。净于此见，遂遣归唐。[3]

又卷上记运期：

> 运期师者，交州人也。与昙润同游，仗智贤受具。旋回南海，十有余年。善昆仑音，颇知梵语。后便归俗，

---

[1] 王邦维：《大唐西域求法高僧传校注》，第101页。

[2] 僧祐：《出三藏记集》卷十五《法勇法师传》，第581页。《高僧传》则明确为"梵书梵语"："进至罽宾国，礼拜佛钵，停岁余，学梵书梵语。"（慧皎《高僧传》，第93页）

[3] 王邦维：《大唐西域求法高僧传校注》，第207页。

住室利佛逝国，于今现在。[1]

　　其实义净本人赴印时亦是如此："之佛逝，经停六月，渐学声明。"[2] 所谓"昆仑语"，当指古时马来语。室利佛逝在今之苏门答腊，其地作为海路漫漫航程的中转，赴印僧众得以稍习胡语梵文，颇类于近世来华传教士居停南洋以便习学中文汉语。

四、抵达印度之后的梵语进修

　　最后，到印度后渐通梵文。

　　最终学通异域语言，往往得在彼土。《出三藏记集》卷十五《宝云传》：

> 　　云在外域，遍学胡书，天竺诸国音字诂训，悉皆贯练。后还长安，随禅师佛驮跋陀罗受业，修道禅门，孜孜不怠。俄而禅师横为秦僧所摈，徒众悉同其咎，云亦奔散。会庐山释慧远解其摈事，共归扬州，安止道场寺。僧众以云志力坚猛，弘道绝域，莫不披衿咨问，敬而爱焉。云译出新《无量寿》，晚出诸经，多云所译。常手执胡本，口宣晋语，华戎兼通，音训允正。云之所定，众咸信服。初，关中沙门竺佛念善于宣译，于符、姚二世，显出众经。江左译梵，莫踰于云。[3]

---

[1] 王邦维：《大唐西域求法高僧传校注》，第81页。

[2] 同上，第152页。

[3] 僧祐：《出三藏记集》，第578页。

又《高僧传》卷七《慧叡传》：

> 游历诸国，乃至南天竺界，音义诂训，殊方异义，无不毕晓。[1]

《大唐西域求法高僧传》也有不少这样的例证：

> 大乘灯禅师……淹停斯国，十有二岁，颇闲梵语。[2]
>
> 道琳法师……到东印度耽摩立底国，住经三年，学梵语。[3]
>
> 灵运师……越南溟，达西国，极闲梵语。[4]
>
> 智弘律师者，洛阳人也，即聘西域大使王玄策之侄也。……到大觉寺，住经二载。瞻仰尊容，倾诚励想。讽诵梵本，月故日新。闲《声论》，能梵书。学律仪，习《对法》。既解《俱舍》，复善因明。于那烂陀寺，则披览大乘。在信者道场，乃专功小教。复就名德，重洗律仪。[5]

即使原有一定的基础，也需由此更加精进。《法显传》记法显在印度游行，在摩竭提国的巴连弗邑学习梵文：

---

[1] 慧皎：《高僧传》，第 259 页。

[2] 王邦维：《大唐西域求法高僧传校注》，第 88 页。

[3] 同上，第 133 页。

[4] 同上，第 168 页。

[5] 同上，第 174—175 页。

法显本求戒律，而北天竺诸国皆师师口传，无本可写，是以远步，乃至中天竺。于此摩诃衍僧伽蓝得一部律，是《摩诃僧祇众律》，佛在世时最初大众所行也，于祇洹精舍传其本。自余十八部各有师资，大归不异，然小小不同，或用开塞。但此最是广说备悉者。复得一部抄律，可七千偈，是《萨婆多众律》，即此秦地众僧所行者也。亦皆师师口相传授，不书之于文字。复于此众中得《杂阿毗昙心》，可六千偈。又得一部经，二千五百偈。又得一部《方等般泥洹经》，可五千偈。又得《摩诃僧祇阿毗昙》。故法显住此三年，学梵书、梵语，写律。道整既到中国，见沙门法则，众僧威仪，触事可观，乃追叹秦土边地，众僧戒律残缺，誓言："自今已去至得佛，愿不生边地。"故遂停不归。法显本心欲令戒律流通汉地，于是独还。[1]

前曾引及《大唐西域求法高僧传》所载玄照事迹，他在长安随玄证"初学梵语"，是西行前即接触、学习梵语的显例，但真正谈得上"通"，尚待到了北印度：

住阇阑陀国，经于四载。蒙国王钦重，留之供养。学经律，习梵文，既得少通。[2]

同样，义净虽在海路中转地的南洋室利佛逝国"渐学声明"，

[1] 章巽：《法显传校注》，第 141 页。
[2] 王邦维：《大唐西域求法高僧传校注》，第 10 页。

但到达印度本土还得深造：他在东印度的耽摩立底国，"与大乘灯师相见，留住一载，学梵语，习《声论》，遂与灯师同行，取正西路"[1]。

历经前前后后的如许努力，中古时代的西行求法僧人们得以实现其语言交际，才不仅使得他们自己的旅程和游学成为可能，而且使包括印度佛教故事传说在内的佛教文化与印度文明经由他们传布中土。

---

[1] 王邦维：《大唐西域求法高僧传校注》，第153页。

对《呼吁野性字幕》一文的思考
或影视翻译中亏欠的多模态 *

马克·诺恩斯 **

吴娟娟 译

1999年，我在《电影季刊》上发表了一篇名为《呼吁野性字幕》的文章。数年后，这篇文章可谓声名远播。有人称赞它影响深远，也有人批评它言辞激烈。该文后来与本雅明和德里达的文章一起，收录于劳特利奇出版社的《翻译研究读本》[1]，现在已成了世界各地的常用教学素材。然而，我很遗憾地发现这篇文章实际上被严重地误读和歪解了。大部分原因，是读者不求甚解，读得并不仔细。但部分也与让读者对核心论点视而不见的学科问题有关。同时，我承认自己也有一些责任，特别是在文章的语言层面。我的一位密歇根大学的同事就说这语言

---

* 原文被译为日文，"《濫用的字幕のために》再考"（松本弘法译），刊载在《翻訳通訳研究の新地平》（东京：晃洋书房，2017）。

** 马克·诺恩斯（Markus Nornes），密歇根大学银幕艺术与文化系亚洲电影学教授。

[1] Markus Nornes, "Toward an Abusive Subtitling: Illuminating Cinema's Apparatus of Translation", in Lawrence Venuti, ed., *The Translation Studies Reader*, London: Routledge, 2004, pp. 447-468.

就像是"小男孩写的东西"。因此，时隔十五年，我想再来谈下这篇文章，并说说我后来的一些思考。

我先引导读者梳理一下文章的基本观点，这些观点也是我随后在2007年出版的著作的理论支柱。我在《呼吁野性字幕》的开篇描述、分析和批评了传统的字幕翻译，展示了归化翻译如何消除了文化和意识形态的差异，以及追求利润最大化的渴望如何促使字幕翻译奉行规避争议、缓和语气、化难为易的准则，并置译者于无能为力甚至可怜的境地。无论剧本如何华丽丰盈、创意迭出，翻译过来的字幕语言总是枯燥而平淡，纯粹只为传递原字幕的(最简单的)意思。因而，我大力呼吁重新定义忠实性这一概念，这也恰好推动着字幕翻译新形式的涌现。

一、腐化的字幕翻译

该文章一共三部分。在第一部分，我就称传统字幕翻译是"腐化的"。我的批评比较复杂，但我想指出最大的问题也许是资本主义本身。电影工作室和发行商一味追求利润，给电影翻译造成巨大的压力，使字幕翻译比任何形式的翻译都要堕落、变味。我呼吁读者承认一个严肃的问题，即当电影各种各样，字幕翻译的处理方法却只有一种时——若照搬哈利·波特系列的字幕翻译方式来处理戈达尔执导的极其复杂的电影的字幕，显而易见，是行不通的。上帝不允许深沉的思考，改变下措辞就会赶跑一个付费的观众。

为了让对那篇文章不甚熟悉的读者清楚我的观点，我从特伦斯·马立克的影片《细细的红线》(1999年)中截取简短的10

秒作为说明。《细细的红线》是一部雄心勃勃、对战争的意义进行哲学性探究的作品。表面上，它再现了瓜达尔卡纳尔岛战役。马立克大体上采用了好莱坞战争片的常用模式：一群来自社会各行各业的人组成一支队伍，在英雄人物(某种意义上)的带领下，履行一次重要的使命。就种族和地理层面来说，这个队伍就是一个民族的缩影。故事在行动与休息，安全与危险，白天与黑夜，对话与战斗中交替推进。队伍内发生冲突，有的人牺牲了，有的长大成熟了。总之，每个人都变了。

这部作品不同于其他战争片的地方，是我们可以不断地进入这些士兵的头脑，听到他们的所思所想；这些士兵时常就生死问题发问。与其说马立克是想讲述瓜达尔卡纳尔岛战役的故事，倒不如说他是就现代战争发出最深刻的叩问。大部分战争电影都只囿于一个观察者的视角，但马立克采用内部叙述，即画外音的方式，来思考战争的意义。观众几乎可以在所有角色之间来回穿梭，甚至包括最关键时刻的一位日本兵的尸体。在进入电影行业之前，马立克在哈佛大学研究哲学。《细细的红线》是他最富哲思的作品。

首先，我们不禁要问，"シン・レッド・ライン"是否很好地翻译了电影的标题。标题取自詹姆斯·琼斯的小说原著，该小说被认为是英语世界中描写战争文学的最佳典范。小说的标题来源于吉卜林的一首名诗。在这首诗里，细细的"红线"指的是英国士兵，或者说是早期美国人所称的"红衣军"(红外套)。

　　だから、トミーはどいつも同じ、"トミー、元気かい？"
　　太鼓が鳴り始めると "薄い赤の列の勇者達"

太鼓が鳴り始めると、何と、太鼓が鳴り始める
と

太鼓が鳴り始めると"薄い赤の列の勇者達"だ。

Then it's Tommy this, an' Tommy that, an'
"Tommy, 'ow's yer soul?"
But it's "Thin red line of 'eroes" when the drums
begin to roll,
The drums begin to roll, my boys, the drums begin
to roll,
O it's "Thin red line of 'eroes" when the drums
begin to roll.

（所以，这个人是汤米，那个人也是汤米，"汤米，
你还好吗？"
鼓声敲响的时候，英雄们排成了细红线，
鼓声响起了，我的孩子们，鼓声响起了，
哦，鼓声敲响的时候，英雄们排成了细红线。 ）

现在以英语为母语的人可能很少有熟悉这首诗的了，但琼斯的这个标题含义深刻、耐人寻思，让人联想起各种隔离线：隔离着日本兵和美国兵，合法和混乱，生与死。对绝大多数日本观众能明白这个直译，特别是"シン"(细的)这个词，我表示怀疑。有谁能理解这种直白的翻译？绝大部分影片都采用了这种处理方式。我被告知，这样处理纯粹是为了公关——这也说明，这不过是资本主义渗入翻译过程的方式之一。

我们还是回归到这10秒钟的电影片段。一位年轻的美国上等兵刚完成他的第一次杀人。发现几个日本兵正在往一座桥上运机关枪后，他开枪打中了其中一人。他即震惊又兴奋，向身边的一位同伴呼喊，与此同时，通过画外音，我们也听到了他的内心独白——他在反思这杀人的行为。（户田奈津子的翻译字幕紧跟着英语原声。）

1. 上等兵多尔：I got him! I got him! やった！　やったぞ！

我射中他了！我射中他了！

2. 上等兵多尔（画外音）：I killed a man. 人を殺した

我杀人了。

3. 上等兵多尔：Hey Queen!　クイン

喂！奎因！

4. 上等兵多尔：Queen, you there? 返事しろ！

奎因，回答！

5. 上等兵多尔（画外音）：Worst thing you could do. Worse than rape. 人を殺した　レープより悪い

原英文：我做了坏透顶的事。坏过强奸。

日文：杀人了，比强奸还可恶。

6. 上等兵多尔：Queen！　You see those Japs leavin'that left ridge?　敵が峰づたいに逃げてった

原英文：奎因！你看到小日本从左边山岭那逃走了吗？

日文：敌人从山里逃走了。

图 1　译者忽略了《细细的红线》中最为关键的一句台词。

7. 上等兵多尔（画外音）：I killed a man. Nobody can touch me for it.　おれは人を殺した

原英文：我杀人了，谁都管不着。

日文：我杀人了。

8. 二等兵奎因：I can't see much of nothin'!　見えない

我没看到！

9. 上等兵多尔：Well get your fucking head up and look around！頭を上げて　よく見ろ！

原英文：抬起你他妈的头，仔细看！

日文：仔细看！

10. 上等兵多尔：I'm serious! 本当だぞ！

我说真的。

11. 上等兵多尔：I counted seven Japs leavin' that left-hand grassy ridge. 日本兵が7人　逃げてった

原英文：我数了下，七个小日本从长满草的山岭左边逃走了。

日文：7个日本兵逃走了。

12. 上等兵多尔：I got me one of 'em! 1人殺（や）った!

我杀了其中一人。

我们仔细看下这段翻译。译者对原剧本最明显的改动是将具有种族歧视意味的英语名词"Jap"（小日本）中和成了中性化的"敌人"和"日本兵"。整部影片都采取了这种手法。现今，日本人可能都知道"小日本"的含义，也知道这个词具有侮辱性，跟第二次世界大战有关。户田奈津子还在第九行去掉了"他妈的/fucking"这词。如此净化这部电影，意图何在？

影视翻译一直要电影审查，但从依法审查到译者加之个人价值判断于影片之上存在一个宽广多样性的谱系。日本政府的审查机构非常重视电影字幕的翻译，但并不要求提前提交草案；除了成人影片，审查机构[1]也很少挑影片的毛病。但《细细的红线》中暴力镜头较多，有可能会被评为成人级影片。因此，为了不冒犯日本观众，译者或发行商故意这样翻译。字幕制作者常宣称观众接受不了攻击性的言语，观众是得罪不起的。但也有另一种很可能的假设，即对观众缺乏信任。当翻译未受法律审查时，驱使译者(或驱使发行商要求译者)中和、美化影片

---

[1] 日本政府审查机构，即日本映画伦理管理委员会（Eiga Rinri Iinkai，简称 Eirin for short），会审查配音，但不看字幕。（详见网站：http://www.eirin.jp / examination/）。很显然，他们更加关注口头语言，而不是书面的字幕。引起审查机构注意的一些例子："Eiga 'Rū Riido / Berurin'（Konshûmatsu 27 nichi Kôkai）Jimaku Naiyô nomide PG12 Shiteini!"《网络影片话题》（2008 年 9 月 26 日）。详见 http://www.cinematopics.com / cinema / news / output.php?news_seq=7587；2016 年 6 月 10 日获取；"Toda Natsu-ko, 'Koi no Wana' Tôkuibento de Eirin ni Monoôsu!?" Chiketto PIA（2008 年 3 月 28 日）。详见 http://ticket-news.pia.jp / pia / news.do?newsCd=200803280002；2016 年 6 月 10 日获取。

原声中粗俗话语的，往往是对卖不出去票的恐惧。

用"日本兵/Japanese soldier"代替"小日本/Jap"也是归化翻译的一种形式。"小日本/Jap"不仅是一个外来语，而且是以片假名(用来标注外来语的日本文字)的形式呈现的。译者通常采取这种手法来处理外来事物。当一种观点、态度或文化习俗唤起不可译性这一幽灵时，字幕译制者往往选择剔除这种具有异国情调的外来性，将其转变成文化同一性。

这个片段也表现了传统字幕翻译中另一种更为重要的趋势。以第五句台词为例。它实际上只截取了原台词的一半，另一半被替换掉了：杀人了，比强奸还可恶（人を殺したレープより悪い）这可能是因为原句——"坏透顶的事。坏过强奸"（Worst thing you could do. Worse than rape）有些模棱两可。由于译者替换掉了前一半句，显然，这无关时间与空间。什么比强奸还坏呢？答案是显而易见的，但是传统的字幕翻译者不喜欢这种模糊不清。不同于许多电影制片人，尤其是像马立克这样把电影作为艺术的制片人，传统的字幕制作者认为观众不喜欢含蓄，理解不了任何的隐含之义。但是，在这部影片中，"坏透顶的事"这一句非常重要，两句话结构上的重复更强调了其关键性（两句都以"坏""worst"字开头）。它之所以举重若轻，是因为它在这简短的一幕的中心，也在整部影片的中心，就暴力问题设下了一个哲学性的疑问。

这个哲学之问在第七行继续展开。原台词为"我杀人了，谁都管不着"，翻译为"我杀人了/'おれは人を殺した'"。这里是有时间停顿问题的。语速很快，译者不得不忽略掉半句。但这里的选择是很重要的。户田奈津子故意去掉了"谁都管不着"这半句。而这半句恰好是整部影片中引人思考、富有诗意的台词之一。正是这些台词，将《细细的红线》这部简单的战争影片上升到了探究、追问现代生活最深奥的问题的层面。"Touch me for it"很口语化，也饱含诗意，却被字幕翻译者完全忽略了。尤为重要的是，这个表达也呼应了标题"细细的红线"。在日军与美军对峙的前线，上等兵多尔认识到人类文明的准则已轰然倒塌，在枪弹雨林中，善与恶之间的界限即使没有完全消解，也已是模糊不清。他发现自己处于一种超越此间世俗的境地——在我们这个世界上——杀戮已不再是谋杀。《细细的红线》是我能想到的唯一一部当一位士兵初次结束别人的生命时，观众能进入他思想的影片。可惜的是，字幕翻译者只给出了最直接的表层含义——我杀人了（おれは人を殺した），——而不是那或隐或现的哲学探寻。即使不说这种译法破坏了整个影片，也完全破坏了这幕场景。

我想强调的是，问题不仅仅在于《细细的红线》里的误译，而在于字幕翻译被一套腐化的翻译理论所操纵。一味地追求直接、肤浅、简单，规避模糊性和复杂性即是我称之为"腐化的"字幕翻译的标志。翻译的内隐理论重视语言表达的极简意义，剥离其实质内涵和异国情调，追求一般性原则的驱动力被无限放大，使字幕翻译成为资本主义分配制度中追求剩余价值的工具。

二、有声电影

《呼吁野性字幕》的第二部分探究了这些传统而腐化的字幕翻译是如何形成的。可以说，是一个很有趣的发现，让我有了这样的观点。

在1999年的那篇文章里，我追溯了字幕翻译的产生，并发现了在现今的做法成为约定俗成之前，存在一种非常不一样的景象。当时世界各地的字幕翻译者所做的字幕翻译只有现今翻译者所做的三分之一。这表明了一种不同的翻译理念，深深根植于当时的历史：即从无声电影过渡到有声电影。当我实际上分析有声电影时代的字幕翻译时，我发现译者很尊重副语言和言语的物质特性，字幕因此很成功。例如，当演员说话的这一行为要比说话的内容更为重要时——比如说一个很戏剧化的情景——字幕就会停止，直接让观众在电影院里欣赏到声音同步这一新现象。毕竟，"观众"也是"听众"。当电影原声本身很有趣时，字幕停止，观众就能享受到有声电影里说话的乐趣。

有声电影时代的字幕翻译让国内的观众能够以习见的方式观看外国影片，同时也凸显了语言的物质维度(视觉和听觉)。但20世纪30年代后，这种方式被以规则为基准的阐释学取而代之。翻译随即变成了简单地抓取文字背后的"基本"含义并将其转输为国内语言，以供复制、再生产。

这个发现让我得出了一个结论：20世纪30代的字幕翻译是如此不同，这一事实给当今字幕翻译习惯性做法背后的"自然"提出了质疑。换句话说，字幕翻译不一定得是今天这个样子。一些学者注意到在有声电影中字幕的数量较少，由此创作了字幕翻译发展史，到最后，字幕翻译中的糟粕被逐渐摒除，只剩下那些闪耀着近乎完美光芒的翻译。因而，这种本质上对电影翻译进行黑格尔式的周期划分的做法会导致字幕翻译上的民族主义也就不足为奇；译者奉行沙文主义(我们国家翻译的字幕最好)已然成了国际现象。在《呼吁野性字幕》这篇文章里，我拒绝这种做法并为字幕翻译创造了一种新的历史：字幕翻译产生之初时的处理方法为现今的字幕翻译提供了思路。影像文化改变了，字幕翻译也应当随着改变，这看起来似乎理所当然。而且由于翻译策略本身受时代影响，总是不断改变，妥协于并固守某些特定的翻译方法显然很不明智。电影日新月异，字幕也在不断变化。

三、野性转向

这样，就到了《呼吁野性字幕》这篇文章的论证关键了。既然字幕翻译奉行的神圣准则绝非自然和自动，那我在文章的后部分就提出了全新的字幕翻译策略。受翻译研究中一篇经典文章的启示，[1] 我称这种全新的策略为"野性的"。我注意到在20世纪90年代，业余的字幕翻译者打破行业内被奉为至宝的翻译准则，并大获成功。就如基于计算机、非线性的编辑系统里五方八门的工具，他们的翻译策略也各种各样：屏幕上呈现着不同字号、颜色和字体的字幕，字幕的位置也不尽相同，有时屏幕上还会显示一些动漫、注释，甚至译者介绍。优秀的翻译会玩味语言，也明确地展示对源语言所蕴含的文化差异的热爱。观看之初，观众可能会觉得突兀或震惊，但一旦习惯了这种处理方式，就会渴望有更多这样的字幕。

20世纪八九十年代，动漫迷之所以可以做这种标新立异的字幕，是因为他们终归是业余爱好者，是外行。他们做字幕翻

---

[1] Philip E. Lewis, "The Measure of Translation Effects", in *The Translation Studies Reader* 2nd ed, ed. by Lawrence Venuti, London: Routledge, 2004, pp. 256-75.

译纯粹出于爱好，而非谋利挣钱。这就意味着他们不受电影市场腐化力量的控制，相反，他们更加在乎翻译文本的复杂性，尤其重视文化差异。当意识到打破规则可以制作出更好地翻译时，他们就选择放弃了这些成规旧俗的规则。

《呼吁野性字幕》在结尾部分指出，我们生活在一个文本—图像关系非常复杂的时代(一打开电视，你就会明白我的意思)，人们也愿意看到更加复杂的字幕。因此，野性字幕的时机已然成熟。实际上，过去这些年制作的影片，也证明了这点。现在，即使是好莱坞制作的大片，创造性的字幕也不在少数了，如《守夜人》(*Night Watch*，*Ночной дозор*，*Nochnoy dozor*)，《火线救援》(*Man on Fire*，)，《贫民窟的百万富翁》(*Slumdog Millionaire*)，《速度与激情》系列(*Fast and Furious*)等都是很突出的例子。动漫粉丝制作的翻译字幕已遍布全世界，扩展到各种电影类型，在大部分语言里都能找到其影子。从2000年开始，亚洲电影的碟片分销商开始在商业发行中使用这些"野性的"字幕，这显示了该种风格的字幕在观众之间被正常接受的程度。更加有趣的是，如维基百科等高度资本化的网站，也开始做一些准职业化的努力：通过众包的形式，[1] 与翻译爱好者合作(或剥削翻译爱好者，这取决于你的理解)。

总之，这些例子给了我启发，于是，我提出：

对忠实性的全新理解，不仅忠实于电影语言的各

[1] 中国粉丝字幕的逐步商业化参见：Wang Dingkun, Chinese Subtitling: *The Application of English-Chinese Translation Techniques in the Audiovisual Medium in the Light of Current Research*, diss., The Australian National University, 2014. 关于维基的历史可参见 Cheung, Gloria. "Passion or Piracy? China Fans are Hard to Label", in *Variety* no. 3 (August 18, 2015), pp. 74-75.

种视觉和听觉特性，也忠实于剧本的语言和文学风格。这并不仅仅是一次简单的试验……凡是翻译，失真不可避免，但野性的字幕翻译秉承尊重原文的立场，打磨语言本身，向观众释放劳伦斯·韦努蒂所称的"剩余的"意义，即那些超越了叙事型对等创作的，且只在接受国产生的文本和电影效果。这种新的忠实性概念，既关注电影语言的各种视觉和听觉特性，也忠实于剧本的语言和文学风格。[1]

在德国浪漫主义思想家施莱尔马赫等的启示下，我认为我们已经进入到了一个全新的时代，在这里，规则可以改变，或者可以更加灵活，字幕翻译也可以更加复杂，但不主导外国市场。我引用了歌德的话，"翻译的目的是达到与原文的高度一致性，译文与原文的关系不是相互取代，而是相互映照而存在"。野性的字幕翻译尊重外来文本，注重体验异国情调，也注重翻译这一过程的体验。

五、野性之后

这即是该文章的基本观点。文章出版于1999年。我之后将其分解，将内容零散地编织在2007年出版的《电影巴别塔》这本书里。有意思的事情发生了。因为学科的不同，这篇文章的接受情况大为相异。可以预见的是，电影研究学者不会留意这

---

[1] Markus Nornes, "For an Abusive Subtitling," 464.

篇文章；因为在电影研究这个圈里，劳伦斯·韦努蒂的《译者的不可见性》一文影响深远，但考虑到字幕译者的高度可见性（犹如配音员的可听见性），他的这篇文章也具有讽刺意味。诚然，许多研究外国电影的研究者并不懂外国的语言，他们的分析评论和教学因此也只能依靠于字幕翻译者。[1] 某部影片的多语言版本能引起电影研究界的强烈关注，[2] 是衡量译者不可见性的一个标准。但这只不过是随着声音的发出而进行的好奇又短暂的实验。但它涉及一个翻译脚本与不同演员及同一个摄影棚的工作人员之间的平行制作。我怀疑正是新电影的这种制作方式促使了电影研究界对这种好奇的注重和赞美，译者的不可见性致使这些研究者看不到翻译或配音的影片与原影片是一样富有新意的。因此，1930年约瑟夫·冯·斯坦伯格与玛琳·黛德丽制作了两部电影后——《蓝色天使》（*Blue Angel*，*Der blaue Engel*，1930）和《摩洛哥》（*Morocco*，1930）——关于前一部多语言版本的影片，记录很多，而《摩洛哥》的不可见译者都被忽略了，只有我留意了它的日文译者。

对比下来，《呼吁野性字幕》在翻译研究领域倒是反响不俗。稍加修改后，便重印于劳特利奇的《翻译研究读本》，一起出版

---

[1] 现今的状况比 21 世纪初之前好多了。在《电影巴别塔》的导言部分，我比较详细地介绍了影片译者的不可见性。

[2] 这一研究从芬深德奥的雄文开始："Hollywood Babel,"in *Screen* 29, no. 2（1988），pp. 24-39; this was followed by a lot of impressive work, such as Betzu, Mark."The Name above the（Sub）Title: Internationalism, Coproduction, and Polyglot European Art Cinema,"in *Camera Obscura* 46, no. 1（2001），pp. 1-45; Natasa Durovicová:"Translating America: The Hollywood Multiplinguals 1929-1933,"in *Sound Theory / Sound Practice*, ed., Rick Altman New York / London: Routledge, 1992, pp. 138-153; Garncarz,"Made in German: Multiple-Language Versions and the Early German Sound Film,"in *"Film Europe" and "Film America"*: *Cinema*, *Commerce and Cultural Exchange 1920-1939*, eds. Higson, Andrew and Richard Maltby, eds., pp. 249-273; Alastair Phillips, City of Darkness, *City of Light*: *Émigré Filmmakers in Paris*, *1929-1939*, Amsterdam: Amsterdam University Press, 2004.

的还有尼采，斯皮瓦克，阿皮亚和德里达等论翻译的文章。相应的，翻译研究领域对这部书的评论也相当不错。正如列在那篇文章后的参考文献所展示的，我在文章里追溯了翻译理论的悠久历史，因此，在翻译研究领域反响热烈也不是特别奇怪。在我做这个原创研究的时候，电影翻译研究在翻译研究中还是一个新的领域，但现在，电影翻译研究的成果层出不穷，相似语言或学术有交叉的学者群体对电影翻译研究也是兴趣盎然。

相比之下，视听翻译研究专家（他们自己称为 AVT）自成一派，与更富文学传统的翻译研究脱离开来。大部分试听翻译研究者对《呼吁野性字幕》这篇文章保持沉默；即使有些讨论，我也不得而知。但我文章中的观点正是切中他们的研究要点的，我原本想着会在他们中间引起强烈反响及严厉评论。有些视听翻译研究学者认同这本书，但却忽略了论证的核心，几乎总是引用我那关于动漫粉业余字幕译者的两小段。这让我失望而困惑，但最近，我对这个问题进行了一些思考。

西方翻译理论历史悠久，一直追溯至古希腊时期。那时候，许多作家或哲学家本身就是翻译家，他们创作了诸多介绍自己翻译作品的文章。但直到20世纪80年代，翻译研究才作为学术领域出现。翻译研究是跨学科的，尽管大部分都是人文学科——如比较文学，历史，哲学和符号学等等。相比之下，试听翻译研究兴起于20世纪90年代，在新世纪初发展为一门独立学科，并以通晓多语言的欧洲为中心。2007年，随着《全民媒体》这本著作的出版，AVT（试听翻译）被宣布成为"一门真正意义上的独立学科"。[1]但该学科一直被语言学家，心理学家，传播学者和翻译工作者主导。AVT（试听翻译）本质

---

[1] Díaz Cintas et al., eds, *Media for All: Subtitling for the Deaf, Audio Descrip-tion, and Sign Language*, Amsterdam: Editions Rodopi, 2007, pp. 2, 11.

上属于社会科学——因此，喜欢采用首字母缩略词——容易受产业需求的影响，并在资助机构的欲望驱使中摇摆不定。它弃自我原则于不顾，也很少援引翻译理论悠久的哲学传统。当不得不援引一二时，学者专家常常会奔向雅各布森等人的著作，慌忙不迭地寻找解释性的条目，而不是那些可能会挑战其假设和基础的理论。[1] 试听翻译是指导性的，以问题为导向，受数据驱动。这意味着它本身就是规范性的。

这大概就是 AVT（视听翻译）学者倾向于只将《呼吁野性字幕》与动漫粉业余字幕译制相联系的原因吧。只关注业余字幕译制，他们就大方地逃过了我对字幕翻译产业传统和规范的批判。我要讲清楚一点，实际上，《呼吁野性字幕》研究的对象并不是动漫。我提及动漫粉业余字幕翻译和有声电影时代的字幕翻译的目的，是为了辩论主流的字幕译制既不自然也不自动。文中列出的这些特例，旨在说明传统字幕译制一刀切的做法，实则是为谋取暴利，而非为了观众和艺术家。简单地将野性字幕与业余译制画等号，试听翻译研究者将自己置于批评之外。

六、刺激感官的字幕

但我也该负些责任。文章的语言激愤无比，这让我在多年后仍深感悔意。咄咄逼人的语言自然会吓跑很多专业译者。甚至是那些原本翻译得"很野性"，对我的项目也很同情的字幕翻译者，也都会曲解我的文章，或者直接拒绝。毕竟，谁想被称

---

[1] Roman Jacobson, "On Linguistic Aspects of Translation", in Lawrence Venuti, ed., *The Translation Studies Reader*, New York: Routledge, 20012, pp. 126-132.

为是"腐化的"呢？当然，那篇文章本该是一篇激烈的辩论文，而我把它写得很单调。然而，它终究受当时创作语境的影响。20世纪90年代初期，我在南加利福尼亚大学电影学院参加研讨会，该文章即是我在研讨会上发表的论文。当时的电影研究领域被电影结构主义和法国理论所主导。引人注目的语言能给作者带来好处，激愤挑衅的行为也会带来回报。但，现在，我很后悔：我为我文章里的暴力而后悔。[1]

因此，自此刻起，我将改用"明理清晰"（sensible）和"刺激感官"（sensuous）这两词。[2]

当初我选择用"腐化"（corrupt）这个词，主要考虑到它多样且相互重叠的意义。首先，它将注意力导向语言转化过程中支撑电影转变的价值观念。若从电影原声到字幕这一不可避免的转化过程是腐化的，那么与忠实性有关的传统观念都将自动地至于批评声中。"腐化"这个词本身就激发了一种反动立场，很难去辩护(正如《细细的红线》这个例子所展示的一样)。为了让读者接受文章后半部分提出的其他可行方法，我采取了这种策略。

与此同时，原来用的这个词也凸显了资本产生的腐化影响。在这个时代，毫无疑问，利益驱动和不可见性观念是紧密相连的。[3] 金钱对电影翻译的影响尤为重大。正是这种想要吸引大众受众的渴望，催生并滋润了传统的字幕译制，让原文本失声，

---

[1] 一些作家提议我用别的词代替，如"deco-titles"和"creative subtitles."。但这两个词都没有理论立场，因此，我不是特别感兴趣。

[2] 我一直在寻找合适的词汇，因此耽搁数年后，我才开始写下这些思考。最终还是没找到合适的替换词。我在日本坦普尔大学的一个讲座上讲了这篇文章。我想听取听众们的建议。第一个举手的同学向我提议了"sensitive"或"sensuous"。特此致谢 Melek Ortabasi。

[3] 参见 Lawrence Venuti, The Scandals of Translation: Towards an Ethics of Difference London: Routledge, 1998。

消除其语言和文化的他异性，并置编剧的巧妙安排于不顾。但"腐化"这个词并未对那些热衷于这种译制模式的读者或观众造成很大的影响，相反，他们在表示震惊之后，便对我的这种观点置若罔闻了。这些观众可能也会觉得用"明理清晰"这个词来表达文中积极的内涵更为合适。同时，它也暗示了对"常识"和"约定俗成"的盲目坚持。我希望追求"明理清晰的"译者能够重新考虑所谓的常识后面潜藏的设想，并能被"刺激感官性"（sensuousness）所蕴含的自由奔放的可能性所吸引。

我仍旧赞成文章第一部分的论点；但"明理清晰"这个新词表明了我思想中的两点重大变化：第一，易懂且流畅的翻译字幕其内在并不腐化。当语言没有特殊含义且毫无特点时，将字幕译制得明理清晰是非常明智的。与《细细的红线》不同，大部分大众喜欢的电影既不追求哲学探寻，也不会使用在语言上独具匠心、精磨细琢的剧本。比方说，在《速度与激情》这一系列电影中，范·迪塞尔的语言非常平实，整个系列最耐人寻味的台词只有一句："我没有朋友，只有家人"，但也不那么富有哲学意味。对这些直白平实的电影剧本，传统的字幕翻译做得平白易懂，我没有任何疑问。

回到 20 世纪 90 年代，当我将所有传统字幕翻译贴上"腐化"的标签时，我实则夸张了。一方面，在《速度与激情5》（2011 年）的早些时候，的确，有些地方需要这种富有刺激感官的翻译字幕。当整个小组在国外，耳边外国语言之声不绝于耳时，字幕在屏幕上忽上忽下，模仿赛车的场景。在赌博那一场景中，字幕充斥着整个屏幕，字号大小不一，有些字幕甚至被字母的移动所"擦除"。这个效果是为一些外语版本设立的。在这样的情况下，明智、严肃的字幕翻译就非常不合适。同样的，即使是最不出众的剧本也会包含一些文化差异，给译者形成挑战。因此，刺激感官的字幕翻译就变得非常必要了。

在这点上，我和劳伦斯·韦努蒂的观点可能有些分歧。韦努蒂提倡异化翻译，倡导在目标语中保持异国情调。我同样赞赏那些能让读者接触到外国文化的翻译，但就我们研究的对象，即文学和电影而言，则完全是另一番景象。就文学来说，译本意味着源文本被整个替换了。就电影来说，值得高兴的一点是，字幕片实际上将观众带入到国外原版电影及其文化和语言环境。制作精良、明理清晰的字幕确实会消抵图像和原声，特别是涉及字幕切入/切出的时间点，语言压力，奇言妙语，表情手势等方面的时候。对于常规的语言行为，字幕译者不一定要偏离常规、另辟蹊径，因为字幕片本身就充满着异国情调。

其次，我也后悔在文章中那样讽刺字幕译者和翻译。当事实并不是非黑即白如此简单时，我就一股脑儿想要争辩。现在，我思考的更多的，是局限性和创造性这两者之间强有力的双向关系。这种关系包括三个层面。局限性的前两种形式是外界强加的，而第三种形式则是内外相互作用的结果。

第一，娱乐业和字幕译制行业认为字幕译制的目的是获取剩余价值，因而大力地推动、提倡明理清晰的的字幕。提高语言水准至小学以上的水平就会赶走付费观众，这种观点实际上严格地限制了字幕译制专家的创造热情和动力。

第二，媒体自身时间和空间的局限也束缚了字幕翻译。这即是说，技术和生物的相互作用造成了一些不可避免的局限。技术层面是不灵活的，因为投影仪的速度不能随意更改，设置在电子放映系统里的时间编码也不能随意改变。同样的，一部电影的屏幕宽度也是固定不变的。这些冷冰冰的技术仪器与活生生的观众的感觉器官和大脑相互作用。试听翻译研究下的一个小学科曾研究过这个问题。被试者被要求与眼动追踪设备相连接，或做一些理解方面的问卷调查。但是，他们倾向于认为所有观众的主动性都一样。实际上，生物层面的差异非常之大，作用也很大。很显然，与小孩相比，成年人阅读速度快，且能消化、理解更加复杂的观点。此外，一部电影的目标受众与非目标受众相比，能更快地处理电影信息。因此，影响阅读行为的其他因素，如阶级，教育，种族等都必须考虑入内。然而，人类认知也有不可否认的局限性。眼睛与大脑的合作有时会中断。我们只能以这样的速度阅读。

第三，也是最后一层局限是意识形态上的，作用于两个方面。一方面是审查制度。语言是审查的对象之一。有时会有法律明确规定公众移动图像媒体的的言语内容或形式。译者要么遵守法令，按部就班，要么独辟蹊径，不断变通。另一方面，意识形态上的约束也可能是来自译者内部、完全无意识的自我审查行为。这种约束更加无形，影响更加深远。它与自我抑制有关。户田奈津子就具有种族主义意味的词"小日本（Jap）"的自我审查就是很好的例子。她认为这种词汇色彩太强烈，不适合于做字幕。

这里，明理清晰字幕的准则规范就通过意识形态的召唤得以内化。的确，明理清晰字幕的理智性最终是意识形态的问题。它的规范和准则对这些译者和他们的雇主来说，再自然不过了。但是，正是通过将不可见性的价值，文化、国家和语言上的沙文主义，以及好莱坞连续系统的审美规范自然化，这些准则才得以建构起来。

所有译者都在这三层束缚下创造性地工作，只不过有些译者更加努力，更富创意。但追求明理清晰的字幕译者往往会靠近约束标准——维护并遵守既定的准则。对他们来说，追求刺激感官的字幕译者特别的足智多谋、专注敬业——本身就是敏感的创造者或作家——他们对这些限制既害怕又失望：失望于传统字幕翻译的桎梏；而害怕的是，如果不守成规，太过变通，就会受到雇主和观众的冷落。

这就让我想到了"以刺激感官为主的字幕制作"，我相信它既能澄清也能恰到好处地处理我在《呼吁野性字幕》中提出的问题。我最感兴趣的，是那些能让观众接触到外国电影中的异质性、他者性、语言的特性(尤其是文学性)，并最终感受到影片呈现的影像和声音的字幕。当我提到"刺激感官"这个词时，我并不涉指其色情含义。色情只是"感官愉悦性"这个词的一种意义。我所说的"刺激感官的"字幕密切地关注节奏、韵律、言语的声量和力量、句法结构、头韵、嗓音的颗粒感、身体的空间位置关系——甚至是沉默无声的状态，正如我下文所举的最后一例。

在这篇文章的剩下部分，我将列举四部影片，从多维度探讨刺激感官的字幕制作，并阐述我思想上的转变。这些例子由最初级的影片开始，渐次复杂起来。但在举例之前，我想指出很重要的一点：刺激感官的字幕制作有时会在字幕的可见性——即字幕的位置，字体或颜色上面下功夫。可能也会在影片需要的时候，在动画的力触觉上进行实验，但这实验很少进行，或者只局限于像动漫或粉丝字幕制作之类的亚文化领域。因此，在我所举的例子中，除了第一部影片在字幕颜色上有革新外，其他追求刺激感官的影片字幕都采用了明理清晰的字幕常用的视觉和版式规范。这即说明，追求刺激感官的字幕译制者是在传统的字幕制作规范下创造他们刺激感官的字幕的，只不过有些译制者比其他人更加的明显或不明显(刺激感官的字幕翻译)。

七、多语言的翻译

追求明理清晰的字幕译者所遵循的那些规则使他们无法表现语言的多样性。在过去，影片译者通常会在翻译中消除方言；但近来，用斜体表示语言差异的做法非常普遍了。我举的第一个例子，雅丝敏·阿莫执导的《中国眼睛》(《单眼皮》，2004)是一部多语言的影片，给观众带来不小的挑战。《中国眼睛》是马来西亚第一部真正意义上的多语言影片，在它之前，所有的电影都用马来语拍摄。但在这部影片里，雅丝敏给马来西亚五花八门、令人困惑的语言环境打开了一扇影视的闸门。故事主要讲述了一对年轻恋人的甜蜜爱情故事。男主人公是一个华裔男孩，他说着普通话、粤语、英语和马来语；女主人公会说马来语、英语、阿拉伯语及粤语。除这些语言外，他们的一个朋友还会说闽南语，男主人公的仆人说着几乎消失的巴巴 - 马来语(汉语皮钦语的一种，可追溯至数世纪之前)。除此之外，影片中穿插着粤语、捷克语和泰国语的歌曲。自然而然，因说话人的不同，每个场景都混杂着不同的语言。

无论译制版的目标语言是哪种，该影片最初的字幕都是明理清晰型的，因而，原声带中不可思议的语言多样性、异质性都被清除殆尽。但在2014年，京都大学的学者组成了一个团队，由山本裕之带领，重新翻译了这部影片。他们用红色表示汉语、粤语和闽南语，用绿色表示马来语、巴巴－马来语和阿拉伯语。英文台词和歌词则用传统的白色表示。

这个例子让我们对译者和观众都做出思考。比如说在《中国眼睛／单眼皮》这部影片中，多种多样的语言给译者形成了不小的挑战。但译者的处理方法却非常简单。我这里想强调一下译者是如何协调自由与限制的。首先，整个团队由学者组成，每个人都有稳定的学术工作，这一点很重要。他们做翻译，只是将其作为自费项目的组成部分，这就意味着他们基本上可以想怎样翻译就怎样翻译。而专业译者则往往受制于制片人、发行人和技术工作人员(他们或许具备，或许不具备外国语言技能——通常而言并不具备)，容易受到他们的欲望、冲动的影响。如果不是额外追加费用，翻译公司很少会考虑在字幕的颜色上下点功夫。在这点上，学者和粉丝字幕译员有很多相同点。

京都大学的译者们也必须在两个极端之间寻求平衡的路径：一端是平实易懂，以白色为主的，明理清晰的翻译字幕，而另一端是电影原声中令人摸不着头脑的多种语言组合。他们首次制作了一个用颜色来区分语言的版本；但他们觉得这会引起观众的感官超负荷。换句话说，他们认为这太复杂，已达到人类认知的极限了。最后，他们只用了红绿两种颜色，即代表马来西亚国家的颜色。[1]

此外，作为东南亚的研究者，京都大学的这些字幕译者

---

[1] 西方观众可能会觉得这种颜色设置不讨人喜欢，因为红绿两种颜色很自然让他们想起圣诞节；但日本观众不会有任何问题，这也表明了字幕的文化特性。

之所以会对这部电影兴趣浓厚，是因为它以特有的方式，捕捉到了马来西亚人日常的生活。在这一点上，这些译者与这部电影的外国观众有很多共同点。不同于《细细的红线》或《盖世五侠》，雅丝敏导演的《中国眼睛 / 单眼皮》的目标受众是对马来西亚极其感兴趣的观众。2015 年，新译制的字幕片在东京的马来西亚电影节上首映，满堂观众很多是导演的粉丝和对东南亚文化着迷的人们。

在问答环节，主持人问观众觉得这次尝试怎么样，支持之声不绝于耳。观众了解并欣赏这些翻译技巧，让他们能聆听到电影中各语言的交响曲。[1] 译者也知晓观众可以接受这样的尝试，能够接受打破规则的做法。[2]

而往往，那些只追求明理清晰的译者及其雇主对观众就没有这样的信任了。

八、不透明性的翻译

纪实电影制片人跟译者有几分相似。世界即是源文本；他们再在新文本里重现世界，嵌入新结构，称之为纪录片。因为

---

[1] 处理影片中方言的另一种同样明显，但更富实验性的策略，可以参见我关于佐藤真的《阿贺的记忆》的字幕翻译说明，详见《电影巴别塔》，第 184—186 页。字幕片可以在《佐藤真电影全集》套装里找到。

[2] 同样地，全球的动画粉丝群体都重视以感觉美为主的字幕给他们指明的文化特性，并让业余译者解决问题。这种字幕已经被极度的自然化了，因此，即使是商业发行商也会采用这种字幕，因为观众已经开始拒绝传统的、明理清晰的字幕了。从这个角度来看，很可能《速度与激情 5》的好莱坞制片人就采用了动画字幕，好让外国语言能合年轻的美国观众的胃口。这些美国年轻观众可从来都不会听着外语还能全然陶醉于动画图像。

观众来自不同的时空，电影制片人就可以主观能动地调整源文本以适应观众。一些制片人将自己隐藏起来，尽可能"真实"而"透明"地重现过去生活的时间和空间。这种最"纯"的形式被称为直接电影，采用不被察觉的观察者方式，不需要叙述也无须说明；电影制片人是"不可见的"，仅仅呈现摄像头前发生的事情。这种方法在记录方式中最为平实和直接，因而也要求字幕翻译同样平实和明晰。该方法最负盛名的执行者无疑是雷德里克·怀斯曼。但是，这种纪录片也同样包含文化差异和语言压力（如2014年拍摄的《国家美术馆》中乔·夏普科特的现代主义诗歌，或者2013年的《在伯克利》中天体物理学家不断说出的行话），这些都是那些刺激感官的译者们应该发挥天赋的地方。

但并不是所有的纪录片制片人都会将自己隐藏起来。许多制片人就像写一篇自传性的随笔一样，会展现其干涉的痕迹。一些制片人甚至直接出现在片子里，如克罗德·兰兹曼和迈克尔·摩尔。有些制片人以明显而实验性的风格呈现这个世界，很多制片人用这些美学策略让观众接触、体验到差异性。这种类型的制片人必定要求片子的字幕要刺激感官。我翻译的佐藤真执导的《阿贺的记忆》（*Agano no kioku*，2004）即是一个很好的例子。在这部影片里，我采用了片段式的翻译策略。

佐藤的这部电影是《阿贺的生活》（*Aga ni ikiru*，1990）的续集。《阿贺的生活》记录了遭受第二水俣病（一种汞中毒）折磨的老人们的生活。第一部片子具有强烈的政治使命——对企业渎职违法、造成骇人听闻的悲剧表示抗议，谴责政府在处理这件事情上能力不足、残忍无情——所以佐藤以非常直接的方式

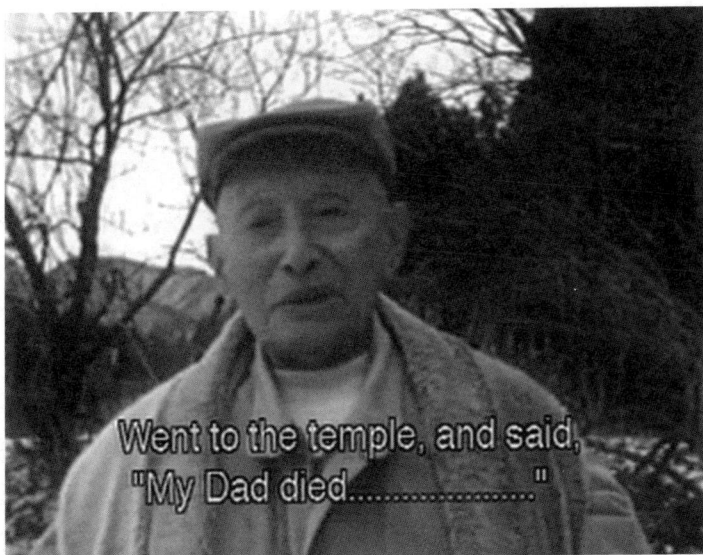

图 2 《阿贺的记忆》（2004 年）里非常美感的字幕采用了片段式翻译策略。

拍摄了这部影片，并采用了日文语内字幕。原因是新潟地区大部分人都说方言，外人很难理解。若没有这些字幕，大部分日本观众观影的时候可能会茫然不知。第一部纪录片的字幕也是我翻译的。明理清晰的翻译无法传达影片中方言的涵义，对此我很失望，这直接激发了我写《呼吁野性字幕》这篇文章。

但十年后，导演想让观众去欣赏这些人们生活的其他方面——当初他拍摄的那些对象很多都已过世了，因此，他想捕捉的这种"其他方面"只依稀地存在于现实世界里。这就促使他采取了一种实验性的记录风格：聚焦着田野的长镜头，古城墙上跳跃的光影，唱着歌的人们。这一切都将观众直接带入到那些人们生活和死去的地方。这部纪录片很精彩，也很重要；但我主要想讨论一下佐藤对语言超凡独特的处理。导演想让观众更多地关注人们说话的方式，而不是说话的内容。因此，在续集里，他没有采用日文字幕。观众的理解程度取决于他们来自于哪里，但绝大部分观众还是不得不借助语境和抓取到的几个词汇来猜测人们在说什么。

佐藤邀请我给第二部影片做字幕翻译。但这部即使是日本国内的观众都不甚理解的作品，我怎么能翻译呢？标准的字幕会使每一句话——每个人——都表达的不言自明、透明无比。但如此就会将这部纪录片彻底变成一部新影片，一部极其直白的翻译版，与隐晦模糊、令人思索的原影片相去甚远。这些年来，我与佐藤分享有关字幕译制的想法，并在他于1998年拍摄的《艺术家在仙境》(《正午的星星》，*Mahiru no hoshi*)里进行了一些实验。我对佐藤说，如果能以一种注重感觉美（sensually）的方式来翻译，我才会考虑接受《阿贺的记忆》这个挑战。由此，我们开启了令人兴奋的合作之旅。

通过采用片段式翻译的方法，我解决了翻译连日本人都不懂得的日文这一问题(图2)。翻译工作开始时，我将影片放给来自日本不同地区的人们看，并在每个场景结束时询问观众看懂得了什么。一位来自日本北部农村地区的观众理解影片的大部分内容。但来自日本其他地区的观众对影片中一些场景的理解则大不相同，对片中不同发言人的理解就更不一样了。没有标准的日文字幕，许多的场景对观众来说完全是不透明的，让他们摸不着头脑。我仔细地将观众理解的内容和程度记录下来，这也成为我翻译的源文本。

当影片中人物说的话辨识度很高时，字幕也会很清晰、明白易懂(例如有几个场景人们说着很标准的日语)；但当很难理解人物在说什么时，我就会采用句子片段、单个词汇，甚至是我自己加在括号里的旁白，来试图复制大部分日本观众在观看影片时的感受。就如处理一部书一样，我添加了一份介绍问题和翻译策略的译者前言，好让观众在心理上做好准备，期待在影片中发觉一些奇特和富有美感的东西，并鼓励他们以开放的心态阅读字幕。导演只是半开玩笑地说，他觉得《阿贺的记忆》里的翻译要比原影片都好很多。[1]

这个例子暗示了字幕制作中的一个根本问题：恩惠之债（debt）。翻译研究专家曾提出了"亏欠"（debt）这个概念，准确地描述了译文与原文之间存在的价值关系。莎士比亚的剧作或者《圣经》即是案例，它们在作者心中激起对初始文本的深刻感激之情——因此，译者觉得要对原作者(分别是吟游诗人和上帝)负责，并小心翼翼地翻译、创作。电影译者也往往表示受惠于目标观众和其文化。但就我来说，我更加渴望传达导演的艺术和道德志向，因而不得不将受众的理解和传统的观影乐趣放在第二位。同时，因为这是一部纪录片，我的这种恩惠之债最终强烈地系于影片所捕捉、呈现的人性。

九、歌谣叛逆的翻译

"歌谣的叛逆"是园子温执导的说唱剧《东京暴走族》(2014)里具有自反性意味的台词。唐·布朗翻译的字幕极其具有感觉美(sensuous)，令人叹服。这部影片的制片厂(日活株式会社，世界上历史最悠久的主流制片厂之一)接受并鼓励那些不断创新、颠覆传统的翻译，让观众获益匪浅。影片讲述了发生在东

---

[1] 所有这些影片都收录在《佐藤真电影全集》里，可以通过亚马逊或其他途径购买。

京街区的地盘争斗。这些"暴走族"都有自己的名称，如新宿Hands（シンジュクＨＡＮＤＳ）池袋 WU-RONZ（ブクロ WU-RONZ）以及练马 FUCKERZ（練 MOTHA FUCKERZ）。最后一个暴走族实际上是个说唱乐队，头目是一个弯腰驼背的说唱歌手，跟史诺普·道格一样，梳着两条小辫。实际上，所有演员都是真正的说唱歌手，他们做着自己擅长的事情，而那些专业演员则尽可能地跟上节奏。这部说唱剧标新立异、精彩纷呈。想象一下《西部故事》(1961)的嘻哈版：光着膀子的明星们，光怪陆离的特效，拎着棒球棒、武士刀和机关枪的帮派混战，多么精彩啊。

　　然而，真正让该影片与众不同的，是它的剧本，从头到尾都是说唱词。日语里混杂着美国黑人英语的俚语、言语方式和副语言。布朗翻译的字幕也承袭了这种风格。影片开头即有一个很典型的例子：

111　MEGA・G：　編み上げのブーツに迷彩
　　　Laced-up boots and camo

112　MC漢：ルーズでも警戒
　　　Never slip tho

113　MEGA・G：ニュースにできないこのツールをケータイ
　　　Won't go on your news show

114　MC漢：ここはメヂアも警戒するようなエリアだ
　　　Media been scared of this area

115　MEGA・G：目に余るほどの不都合が絵に

图 3 《东京暴走族》的字幕回转于美国黑人英语与日语说唱乐之间，这些字幕被改变成了相互联结的亚文化中的语言。

なる

Don't wanna show reality to ya

116　MC 漢：シンジュク　クリミナル

TOKYO　日の丸

Shinjuku criminals

Tokyo rising sun

117　MC 漢：首を長くして待つ　成功か

天罰

Success of retribution

118　MEGA・G：生きるのは痛い絶対そう

Living your life hurts

119　俺たち町を漂う冷たい熱帯魚 [1]

We're the Cold Fish of these streets

---

[1]　这是布朗挑选的一个内部笑话。《冰冷热带鱼 》(*Tsumetai nettaigyo*, 2011）是园子温之前导演的一部作品。许多明理型的译者会称这个翻译与影片情节毫无关联，因此会趁机将标题缩短，不翻译。但布朗将他翻译出来了，因为他知道当园子温的目标受众将说唱者的自夸自擂与原影片中无耻的连环杀手联系起来的时候，他们自会心领神会。

作为一名说唱乐的狂热粉丝，布朗从一开始就知道他想将翻译字幕做得很有感觉美，日活也允许他进行这样的尝试。当布朗将初稿交给片中两位说唱家去做编辑时，他们觉得他翻译得有点过头了，并建议他稍微收回点。无论如何翻译，都与原文有一定差异，首当其冲是大量的押韵无法一一译过来。但布朗竭尽全力，尽量保留了押韵。影片原声是非正式语言，充满各种俚语，因此，布朗采用非传统拼写和语法来表明这一点——这种形式很少被追求明理清晰的字幕译者所采用。此外，该影片的视觉和语言风格是对美国黑人嘻哈文化的借用和致敬，而布朗将这种文化带回到了影片之中——字幕中散落着美国黑人的街头俚语和脏话。影片中有不少这样的例子：

0991   TOKYO で大変な事が起きてるんだよ！

Bad Shit's going down in Tokyo!

0735   繩張り仕切ってる場合じゃねんだ mother
fucker

Fuck running your turf, muthafacka!

1063   コトの事情も知らず

Y'all don't know shit

1093   うまいことやってるもんだぜ。

His game's airtight

0680   あれ家来ちゃん、戦わないの?

Hey, soul boy.

Time to fight.

0473   Homie こいつらいつも通りいる

My homies

They always kickin' it

0675 お前には恨みがある

You and me got beef

　　局限于明理清晰型的（sensible）字幕译者因受常识左右，会选择避免污言秽语（既是要应对审查，也可能仅仅是认为观众无法接受字幕中出现这样的野性言语）。[1] 举例来说，伊夫·甘比尔就呼吁译者尊重"我们文化中书面语言的神圣性，尽管作家的使命之一是打破某些禁忌，……但译者必须尊重那些标准规范（如果书面语中出现了那些被认为是粗俗、无礼的言语，译者要尽量避免）。"[2] 问题的要点在于"规范"这个词。与其他要求清除一切污言秽语的专家一样，甘比尔在推广他自己的语言价值观（几乎与来自占主导地位民族的中产阶级的观点如出一辙），采取明确的防御立场，以保护他自己的价值观的"神圣性"不受他者的污染。相反，布朗意识到这种粗俗的语言本身就是影片源文化的和目标受众（国内或国外的嘻哈粉）的一部分。正如我在《电影巴别塔》中所提出的，只有穿越语言的界限，

[1] 参见 Daina Krasovska, " Simultaneous Use of Voice-Over and Subtitles for Bilingual Audiences ", in *Translating Today 1* (2004), pp. 25-27; Rachel Lung, " On Mis-translating Sexually Suggestive Elements In English-Chinese Screen Subtitling ", in *Babel 44*, no. 2 (1998): 97-109; Serenella Massidda, *Audiovisual Translation in the Digital Age*, New York: Palgrave, 2015; Okaeda Shinji. *Sûpâ Jimaku Nyumon: Eiga Honyaku no Gijutsu to Chishiki*, Tokyo: Baberu Puresu, 1988, Pp. 32-33; Ôta Naoko. Jimakuya ni," wa Nai, Tokyo: Idarosu Shuppan, pp. 64-65. For a survey of the problem of obscenity and censorship, 参见 Gabriela L Scandura, " Sex, Lies and TV: Censorship and Subtitling ", *in Meta: Translators' Journal 49*, no. 1 (April 2004), pp. 125-134。

[2] Y. Gambier, " Audio-Visual Communication: Typological Detour ", in *Teaching Translation and Interpreting 2*, C. Dollerup, et al, eds., Amsterdam / Philadelphia: John Benjamins, 1994, pp. 275-283.

一部影片才是完整的。[1] 这说明存在一种刺激感官为原则的字幕译者所认可的目标语中的特定目标语，无论它是《东京暴走族》里嘻哈群体的言语，还是《细细的的红线》和《阿贺的记忆》那些受过良好教育的精英观众的语言。

十、翻译沉默

我想再次强调一下，《东京暴走族》里以刺激感官为主的字幕不同于传统字幕，与动画粉丝译制的字幕也不一样。但这种创新非常的明显(非嘻哈粉观众可能会觉得很极端)。再举最后一个例子，它的字幕做得非常优美、丰满——绝对美感，但不"野性"。这个例子即是王兵执导的《和凤鸣》(*Feng Ming: A Chinese Memoir*，2007)，秋山珠子译制了影片的日语字幕。日语翻译是如此精致和微妙，让我意识到用"野性的"这一词是多么的不合时宜、令人尴尬。[2]

《和凤鸣》是和《公民凯恩》一种类型的讲述型纪录片，整部影片就是一个长镜头，形式极简，但规模宏大。主人公和凤鸣老人讲述着她的人生故事、她的婚姻以及在20世纪50年代反右运动中逝去的丈夫。这是一部与众不同的口述史。凤鸣端坐在镜头前，导演安静得像记录这一切的摄像头。她的呈现风格并不特别吸引人，但她的叙述却令人震惊、感人至深。发生在

---

[1] Nornes, *Cinema Babel*, p. 248.

[2] 这些例子取自一个给予我灵感的讲座"被限制裹挟的自由：谈谈中国的独立纪录片字幕翻译"("不自由が强いる自由 — 中国インディペンデント・ドキュメンタリー映画の字幕翻訳を通して")。她在2015年4月25日在日本立教大学举行的"字幕翻译与异文化交流"工作坊中宣读了这篇论文。

毛泽东时代动荡的反右运动中的爱情故事凄美无比。简单的拍摄意外地凸显了故事的讲述。影片的镜头只有老人在讲述她故事时肩部和头部的特写。虽然影片长达三个小时，但导演拍摄后很少剪切。甚至当凤鸣离开去洗手间时，镜头仍对着这张空的椅子。

影片的魅力主要来自说出的语言，因此，其中的空白无声给译者形成不小的挑战。这里也用不上所谓的多模态翻译——影片译者常用来解释言语的副语言，如手势和其他声音和视觉效果。[1] 王兵执导的这部电影基本上就是一个女人自己对着镜头说上三个小时。因此，影片的意义和效果——凤鸣的讲述里那个激情四溢、富有感染力的世界——几乎全部产生于她的话语之间。这就意味着影片的成功与否系于译者字幕的好坏。用刺激感官的字幕译制（sensuous subtitling）方式来处理，让这部影片更加引人入胜了。

有一个场景特别让我注意到英语和日语字幕的差异，这种差异差不多可以区分明理清晰型和感觉优美型这两种翻译（sensible and sensuous）。这个场景的镜头延伸得很长，太阳

---

[1] 参见 Luis Pérez-González, "Multimodality in Translation and Interpretation Studies," in *A Companion to Translation Studies*, Sandra Hermann, et al., eds., Chicester: Wiley-Blackwell, 2014, pp. 119-131; Melek Ortabasi, "Indexing the Past: Visual Language and Translatability in Kon Satoshi's Millennium Actress," in *Perspectives 14*, no. 4 (2006), pp. 278-291; Christopher Taylor, "Multimodal Transcription in the Analysis, Translation and Subtitling of Italian Films," *in The Translator 9*, no. 2 (2003), pp. 191-205; Christopher Taylor, "Multimodal Text Analysis and Subtitling," in *Perspectives on Multimodality*, Eija Ventola, et al., eds., Amsterdam and Philadelphia: John Benjamins, 2004, pp. 153-172; Christopher Taylor, "Pedagogical Tools for the Training of Subtitlers," in *Audiovisual Translation: Language Transfer on Screen*, Jorge Cintas, et al., eds., London: Palgrave, 2009, pp. 214-228; Yves Gambier, "Multimodality and Audiovisual Translation," in *Audiovisual Translation Scenarios: Conference Proceedings* (MuTra, 2006), online: http://www.euroconferences.info / proceedings / 2006_Proceedings / 2006_Gambier_Yves.pdf (accessed June 10, 2016).

下山了，凤鸣渐渐笼罩在一片昏暗之中。这时她正在描述在中国历史上令人十分沮丧的时刻里她和她丈夫的恋情：

1. A：我们也感到在这个苦难中…… （pause） 　　B：この苦しみの中で経験した— 　　（Direct English Translation: Amidst all the 　　pain and suffering we experienced...）	1–2　C: in the midst of all that hardship, our love seemed sweeter than ever.
2. A：……的爱情（de ai qíng） 　　B：二人の愛には— 　　（...love）	
3. A：特别甜蜜。一种特殊的甜蜜。 　　B：特别な甘美さがあった 　　（It was very sweet. It had some kind of special sweetness.）	3–4　C: It was sweeter than anything we'd ever known.
4. A：过去未尝经 F 的甜蜜。 　　B：かつて感じた事のない甘美さだった 　　（It was a sweetness we had never known before.）	

　　首先，我们来看一下第一段话(第一二行)。英语字幕用了一个长句子(第一二行)："In the midst of all that hardship, our love seemed sweeter than ever (在苦难之中，我们的爱情更加甜蜜。)"从语义上来说，是正确的。但是，在这句话中间，在"我们也感到在这个苦难中……"这半句话的后面，有个很重要的……停顿……在这无声的停顿片刻，凤鸣小心地选择了她要说的下一句话，这就是"爱"（"的爱情"）这个词。日语字幕在这里停顿了，并用了两行字幕（1.A. 和 2.A）。

《和凤鸣》的时间节奏是很温和、缓慢的。和凤鸣的讲述方式近乎低沉，说话速度和音量几乎保持不变。加上都是长镜头，影片显得更加漫长而悠缓。相比之下，她的故事却非常悲惨，感情浓烈。字幕该在何时停顿本身就是多模态艺术，它既配合话语，也与视觉上的副语言，如手势等相得益彰。就这个例子来说，英语字幕制作者显然是顺应影片本身的长镜头的风格而设置字幕停顿的；原因可能是译者与导演密切合作，而导演本身是非常清楚影片的形式风格的——这个长镜头持续了整整50分钟。英语字幕非常冗长，甚至有时候主人公停止说话了，英语配音和字幕还没停止。而日语字幕，则要简短，紧紧贴合凤鸣的叙述节奏。她开始说话时，配音和字幕也开始，她停止说话时，配音和字幕也就停止了。在这样的时刻，时间的把控就起着举足轻重的作用。

　　秋山珠子一边放着英语版的影片光盘，一边听着她自己的翻译版本，随后，她发现了两个版本在时间把控上的差别。就上面提到的这个场景，她说，英语版的没有"翻译出凤鸣的无声状态"。也许没有说话，但这个无声的片刻是充满意义的。珠子请观众体验这种无声状态并思考这种空白的重要性。正是因为她注意到了凤鸣说话的节奏，她才能做到这些。

　　这一幕也展现了日语和英语在时间点把控上的另一重要差别。凤鸣经过思考选择了"爱情"这个词后，三次强调他们的爱情很甜蜜："特别甜蜜。一种特殊的甜蜜。过去未曾尝过的甜蜜。"坚持长镜头配长字幕的英语译者注意到了这种重复，但她去掉了一个"甜蜜"，并把剩下的两个"甜蜜"分散在两句长长的字幕里。秋山珠子注意到在凤鸣说出"爱情"之后，这三个"甜蜜"一个接一个地层叠起来。因此，在她的日语翻译里，她重现了这种层叠，创造出一种凤鸣话语中凸显的强调。换而言之，英语翻译版本明理清晰地传达了原文意思，但日语翻译却在感官上（sensuously）表现了这个老人的内心世界。

再看一下最后一句字幕，主要是一朵花的隐喻。中文用的是"绚丽"，英语直接翻译过来就是"盛开得很灿烂。It bloomed floridly."，日语直译则是"豪華絢麗（gou ka ken ran）Gôkakenran."

> 绽放的特别绚丽（xuàn lì）
> 豪華絢麗（gou ka ken ran）に咲いた
> It bloomed floridly.

如此细致微妙的场景，用豪華絢麗（gou ka ken ran）这个词的话，有点太浓墨重彩了。于是秋山珠子选择了"艶やか"这个词，为何要用这个词？她做出了如下解释：

> 日语中关于花的说法有很多。如著名的能剧作家世阿弥就有一句名言"If it is hidden, it is the Flower."（"秘すれば花"隐秘的是花。）你可以这样理解，"将某些东西隐藏起来，你就可以在人们心中激起一些不曾预料的情感"。另一句俗语是"玫瑰都带刺"。在日语中，提到"花"这个名词，人们就会立即产生这些自相矛盾的联想。另一方面，花"美妙无比"，但花会凋谢，会留下"空白"，我之所以将"花"——连同它的双重意义——放在谓语位置，是因为我相信只有较短的字幕，才能抓住这对夫妇悲剧而浓情的爱。

秋山珠子也强调这个日语字有两种完全不同的读音，每种读音的含义也不相同。读"Adeyaka"的时候，暗指艳丽华美，有点轻微的性暗示；读"tsuyayaka"的时候，是指精致、润泽的美。追求明理清晰的字幕译制者一定会选择采用跟中文汉字差不多的日语假名来翻译，并固定下它的读音和隐含意义。[1]但珠子坚决不采用假名批注的方式。她的这种做法不落窠臼，体现了她对这个老女人和其语言的洞察，也指明了一条新的途径，即对观众的目标语言保持敏感。受世阿弥的启发，她在翻译里将观众自己能够采摘到的花朵隐藏开去。无论花是华丽还是精美，只要能打动观众的心，就会在他们的心里唤起老女人的话里潜藏的情感。这就是刺激感官的好翻译，好字幕。

十一、结语

我的这些想法归结起来是五点。第一，《呼吁野性字幕》谈的不是动漫，而是主流：主流的字幕翻译方法是如何形成的，主要包括哪些策略(产业的，本体论的，哲学上的，政治上的，道德上的)。很有争论性的，它也涉及主流字幕翻译的可能性，以及实际上如何发展等问题。

第二，虽然我将"透明易懂"的字幕翻译称为"腐化的"，并全盘地进行谴责，但我近来在适宜性这方面进行了更多的思考。毕竟，我们探讨的是翻译。当源语言朴实无华时，翻译的字幕可能也应当如此。而同时，秋山珠子的翻译又向我们展示了刺

[1] 太田直子在《字幕组蹲在角落中呼喊日语正在发生着变化》中谈及假名和字幕的关系。《字幕组蹲在角落中呼喊日正在发生着变化》，东京：光文社。

激感官（sensuousness）是译者在翻译过程必须坚持的立场，即使是看起来很传统的字幕翻译也可以——而且应当——使每一处翻译达到刺激感官的极致。刺激感官不一定就等同于可见性或者不透明性。

第三，以明理清晰为标准的字幕常常理所当然地认为大众的阅读技能较差，阅读速度很慢，观众很容易被惹怒，也不能处理复杂的词汇或句子结构，不能理解高深的思想或模糊歧义。相反，以刺激感官为参照的译制者则能认识到观众的特殊性，要具体情况具体分析：如果目标观众水平较高、思想成熟，那么字幕就翻译得复杂高深一些；如果目标观众是小孩子，字幕则做得简短明了。他们懂得一部电影的目标受众总是有限的，有时候这些受众还会有自己的"目标语"。正是这种"目标语"成了刺激感官的字幕的源泉。

第四，正如我在上文提及的一样，影视翻译研究的重要概念之一是多模态，即字幕制作者除了用语言表达之外，还可以联合利用声音和视觉图像如手势等。然而，我认为还有一种多模态，即亏欠上的多模态，它贯穿于形形色色的元素之中：编剧，导演，演员，源文化和源语言，影片原声，视觉痕迹，目标语言和文化的目标，主导性的目标语言和文化以及资本。[1]明理清晰型的译者关注更多的是后两者，而刺激感官的译者则关注所有这些元素。其次，这些元素之间的等级层次是灵活、不固定的。但通常而言，编剧排在第一位（而像《和凤鸣》这样的纪录片，叙述者居于首位）。译者应当对编剧和产生这个剧本的文化负责，当某个地方呈现不可译性的时候，翻译规则就需

---

[1] 我将后面这些词汇擦除，是因为这种亏欠是错位且令人遗憾的。

要调整；这时，外来文本就给译者提出挑战，究竟怎样翻译，才能保持观众的兴趣？将字幕做得刺激感官是一种技巧，但一旦进入文本，它就成了一种策略。

第五，视听翻译是一个非常复杂的领域。译者总是不断游走于五组关系之中：

商业和剩余价值 ⇌ 艺术和文化

大众 ⇌ 小众的目标观众

"常规的"言语 ⇌ 实际观众及目标语目标（TTL）

人类认知的局限性 ⇌ 人际交流的复杂性

产业，媒体和意识形态的局限 ⇌ 电影制片人及译者的创新

它们的决定性区别在哪里呢？追求明理清晰的译者一般偏向左边，而以刺激感官为标准的译者则偏向右边。前者看重的是电影的发行体系，渴望吸引最大量的观众，因此，他们将与观众理解程度相关的规则与意识形态上的不可见性联系起来，消除语言、文化差异，摒弃审美感知。相反，后者虽然必须面对并处理来自内部和外部的各种限制，但她/他会采取策略，竭尽所能，不断尝试各种可能性。看一下那些最成功的翻译字幕，我们往往会发现很难将译者归为是追求明理清晰型的，还是刺激感官的。许多以明理易懂为指南的译者也会关注语言的物质特性和异国情调。问题在于他们与指导他们翻译行为的准则之间的关系。他们很明确地遵循那些让他们自我审查其创新、感性冲动的规则吗？还是他们也不断尝试，挑战束缚自我的局限？在这种不确定的情况下，只是程度的问题。

"野性的"这个词来源于菲利普·刘易斯的一篇文章，它深

刻地影响了我的这篇《呼吁野性字幕》。[1] 但"野性的"这个词并不能准确地表达我的想法。刘易斯的兴趣点主要在不可译性，但我关注的范围更为广阔。我必须扩展我的研究范围，因为电影让时间和空间都参与进来，电影中的图像和声音也让观众沉浸于并体验异国风味。总而言之，我之前用的"野性的"这个词是不合适的——"刺激感官的"（sensuous）字幕才是完美的——因为这全是出于对电影的真爱。

---

[1] Philip E Lewis, " The Measure of Translation Effects ", in *The Translation Studies Reader* 2nd ed, Lawrence Venuti, ed., London: Routledge, 2004, pp. 256-275.

基于数字化多语言数据库对早期汉语科学翻译的研究 *

纪　萌 **

周静香　译

本文对19世纪西方科学概念和思想在中国的扩张进行实证研究，19世纪正是现代中国民族认同感构建的形成时期。本研究基于对收录西方科学大规模涌入的清朝时期产生的中文历史文本及翻译译文的大型在线数据库进行探索。[1] 研究的重点在于西方关键词汇和表达在中国母语和文化体系中传播和同化的基本模式，而不是某篇特定的中文译文或某一位中国、西方翻译家。这是对历史语言研究扩展到实证性研究方向做出的有用

---

*　原文载于 *Translation*，*History and Arts*（Cambridge: Cambridge Scholar Publishing，2013）。

**　纪萌，副教授，博士生导师，西澳大利亚大学翻译学科负责人，翻译和跨文化交流研究中心主任。

[1]　参见 M. Lackner, I. Amelung, and J. Kurtz, A Repository of Chinese Scientific, Philosophical and Political Terms Coined in the Nineteenth and Early Twentieth Century，Introduction to the Modern Chinese Scientific Terminology database，网上链接为 http://mcst.unihd.de /helpMCST / intro.lasso。

尝试。[1] 对西方科学的引进和翻译是一个极其复杂的历史过程，涉及中国不断现代化的进程中不同的传统思想和思维模式之间的竞争与和解。这一过程在现代中国科学术语的创建中得到体现，正是这些科学术语的创建使得中国本土语言和科学系统更加现代化。本研究利用从大量历史性中文翻译的大型数据库中收集的定量文本材料，对早期现代汉语中与国家相关的术语及表达的翻译和变体进行重点分析。

"国家"是理解19世纪现代世界形成过程的一个关键词。大量将民族国家作为历史性分析基本单元的研究均以此为主题。[2] 作为一个代表性的现代概念，国家这个词从欧洲语言翻译成中文为19世纪中国、欧洲、日本之间的跨文化和跨语言交际提供了一个典型的案例研究。有学者注意到，国家作为一个民族中心主义的概念在汉语中发展起来还要追溯到公元775年，正是安史之乱爆发的年份，国家这个概念对封建时代的中国并不陌生，远在19世纪西方工业化在东亚扩张之前，国家就一直是中国封建帝国建制中一个根深蒂固的概念。[3] 在本章节中，我对

[1] 参见 M. Lackner, I. Amelung, and J. Kurtz, A Repository of Chinese Scientific, Philosophical and Political Terms Coined in the Nineteenth and Early Twentieth Century; T. Nevalainen, and H. Raumolin-Brunberg, *Historical Sociolinguistics*, London: Longman; M. Ji, "A Corpus-based Study of Lexicalization in Historical Chinese", in *Literary and Linguistic Computing*, 25: 2 (2010); M. Ji, "An Evolution Model of Historical Chinese Linguistics." Paper presented at the 20th International Conference on Historical Linguistics, Osaka, Japan, 2011。

[2] 参见 B. Shafer, *Nationalism: Myth and Reality*, New York: Harcourt Brace, 1955; eymour, *The Fate of the Nation State*, Montréal and London: McGill-Queen's University Press, 2004; D. Chernilo, *A Social Theory of the Nation State: the Political Forms of Modernity beyond Methodological Nationalism*, London and New York: Taylor and Francis, 2007。

[3] Mon-Han Tsai, "Two View of Foreigners and Minorities in Imperial China: A Genealogy of Modern East Asia", in *Mid-Term Review Report of the Centre of Minorities Research*, Osaka: Kansai University, 2011, pp. 173-94.

这一看法进行扩展，认为尽管国家一词蕴含的民族中心主义概念原本便是中国传统心理学的一部分，但对国家这个词汇进行翻译和引进，并融入现代意义，使得中国的本土知识体系发生了系统性和深刻的改变。

必须指出的是，在中国，西方科学概念的引入和同化是一个高度动态和进步的过程，很难通过扩散主义模式得到解释，该模式主张的是现代价值观和概念以西方国家为中心，传递到周边非西方领域。然而，19世纪中，西方文化和本土的中国文化之间交流与互动跌宕起伏、不一而同，从而使得中国出现不同的翻译传统和不同的学术出版形式，这一点正是本研究的主题。通过对中国早期翻译和以国家相关的术语和表达为重点的学术著作进行实证性历史语言学研究，本文将为中国语言中国家这个现代概念的出现和巩固提供有洞察力的见解，同时阐明促进早期现代汉语中的科学语言体系不断发展的内部和外部动因。

一、研究所使用的历史材料

本研究利用早期现代中文科学翻译的大规模多语种数据库，对19世纪与国家相关的概念和表达的中文翻译进行追踪。该数据库名为现代中国科学术语库，英文缩略为 MCST。[1] 它于2001年由德国爱尔兰根—纽伦堡的亚历山大大学向公众推出。截至2005年，该数据库已包含大约9500个文本和超过

---

[1]　http://mcst.uni-hd.de / search / searchMCST_short.lasso，最后访问时间为2011年8月31日。

136000个词汇和表达，均是从早期西方科学作品的现代中文译文中挑选出来。MCTS包括英语、法语、荷兰语、德语、日语和意大利语的原始文本，以及它们对应的早期现代汉语翻译。MCST收集的大多数翻译都产生于19世纪，也有少部分出版于前几个世纪或者20世纪初期。为了方便数据库的使用，语料库构建器还提供了上述非英语的欧洲语言原始文本的英文翻译作为补充。MCST的一个显著特点在于其多功能和创新性的注释系统，允许用户以各种方式探索数据库：从单个词汇搜索到诸如词法定义，字符词的语义和认知功能，和／或历史和现代汉语的语素等其他丰富的语言搜索项。

表1　研究所使用的历史材料

文本类型	研究数量	涉及的语言对（源语言／目标语言）	研究数量
多语／双语词典	16	英语　汉语	11
百科全书	7	日语　汉语	4
西方著作日语译文	1（两个版本）	法语　汉语	4
日本／西方作品中文译文	6	荷兰语　汉语	1
中文科学／政治论文	6	德语　汉语	1
外国人编辑的杂志	1	英语　日语	1
中国人编辑的杂志	1	汉语源语言	16
中国人编辑的杂志	1	汉语源语言	16

表1显示本研究使用的不同类型的源语言文本。它们均因文本中包含与国家相关的表达和术语而被 MCST 数据库自动检索出来并进行排序。其中包括十六种双语和 / 或多语词典，构成本文研究的大部分文本；19世纪中国学者根据他们在欧洲、北美和日本海外旅行的经历编著的七本百科全书；两个极具影响力的对西方科学文本的不同版本日文翻译；六篇对西方和日本科学著作以及科学论文的中文译文；六篇科学和政治论文的中文原文；以及分别由西方学者、中国社会改革家和政治活动家编辑的两本期刊。所利用的历史材料的多样性还体现在研究的语言组合的多样性上。包括英语 / 汉语和汉语 / 英语翻译；日语 / 汉语翻译；法语 / 汉语翻译；荷兰语 / 汉语翻译；德语 / 汉语翻译；和英语 / 日语翻译。

除了实际的译文，MCST 还识别出大量的原始中文文本，它们包括与国家相关的术语和表达的解释和语境化运用。本研究不仅仅包括译文实例，还涵盖了早期现代汉语中的历史文本。原因在于当时的中文原文出版物为西方概念和思想在中国的接受、变体和同化过程提供了有用的一手资料。这些文本代表着本土中国学者为了对中国现存的文化和语言体系进行现代化变革所做的早期尝试和语言实验，从而为十九世纪现代西方思想和表达在中国语言体系中不同程度的渗透提供了重要信息。

本文研究的主要语言对是英语和汉语，涉及十一项翻译作品。紧接着本文会研究日语 / 汉语翻译，法语 / 汉语翻译，荷兰语 / 汉语翻译和德语 / 汉语翻译。必须提醒读者注意的是，我们对不同语言组合进行研究，其比例分配并不一定反映整个19世纪期间对西方以及之后的日本科学作品的早期中文翻译的普遍模式。这些历史文本之所以被 MCST 提取出来仅仅是因为它们包含了国家相关的术语和词汇的使用和翻译相关实例，而这些则是本研究的重点关注对象。

汉语和日语在19世纪均利用以汉字为基础的写作系统。由于它们形态相似，在 MCST 的探索过程中，自动搜索引擎检索出当时日本引入的英语科学作品中"国家"一词的早期日文翻译一例。这一日文文本标题为"哲學字彙"（《哲学字汇》；1881，1884），是日本哲学家井上哲次郎和语言学家有贺长雄的作品。这是日本19世纪后期一部极具影响力的科学翻译作品，在现代日本科学术语的定型上起到了指导性的作用（Takahiro，et al.，1997）。[1] 这本字典中创造了大量成功而持久使用的表达和术语。因此考虑到它们对早期现代中文科学翻译以及后期一般科学话语中的重要影响以及广泛运用，我们保留了从《哲学字汇》中提取的表达，纳入研究的文本中。

二、19 世纪与国家相关的概念的现代汉语翻译

（一）19 世纪早期

表2显示了本文研究的历史文本材料的主题分布。在 MCST 语料库中，与国家相关的术语和表达最早出现于19世纪20年代的历史文本中。在苏格兰传教士罗伯特·马礼逊（Robert Morrison）编著的《五车韵府》(1815—1823)中就能找到两个实

---

[1] 参见 K. Takahiro et al., " Historical Development of English-Japanese Dictionaries in Japan (3): Tetsugaku-Jii (A Dictionary of Philosophy, 1881) by Tetsujiro Inoue et al. ", in *Lexicon* 27 (1997), pp.74-137。

例。有人认为马礼逊是中国帝国时期的第一位新教传教士，他是一些重要的早期汉语翻译的译者，例如第一本从英文翻译来的中文版《圣经》；以及第一部重要的中英词典，即《五车韵府》，这在早期传教士以及从事中文和亚洲研究的西方学者中具有巨大的影响力。这本词典对早期现代汉语的罗马化做出了重要贡献，并为现代汉语的语音学奠定了基础。[1] 马礼逊的中英词典的一个重要特点在于这位苏格兰传教士刻意免避汉字词汇的字面化、脱离语境的翻译，因为这必将导致他所说的破碎、无法理解的英文译文。

表2 所使用的历史资料

主题领域	研究数量
多语 / 双语词典	17
国际关系与政治	9
政治与法律	4
政治与经济	1
哲学	4 （包括三个版本）
科学与技术	3

马礼逊显然对之前出版的中国历史文本的欧语译文持批判性态度。他注意到中国历史文本对应的欧语译文严格按照字面意思翻译，不仅晦涩难懂还无法表达出中国传统语言和文化的精髓，使得欧洲读者们对中国本土知识体造成广泛误解；此外，这些粗劣的翻译作品有时候还会使欧洲人形成种族中心主义并对世

---

[1] 参见 S. Coblin, "Robert Morrison and the Phonology of Mid-Qing Mandarin", in *Journal of the Royal Asiatic Society*, Series 3, 13: 3 (2003), pp.339-355。

界其他地区的文化形式和文明产生一种不合理的优越感。在他的《五车韵府》中，马礼逊发展了一种成功的翻译语言，使得同时代的欧洲读者们能更好地接触以独特的字符书写系统为基础的中国本土文化。马礼逊的词典对每个繁体汉字和 / 或字典中收集的汉字词汇都进行了生动和详细的描述。在一定程度上，马礼逊的词典更像是一部文化词典而不是词汇词典。MCST 从马礼逊的词典中识别出两个和国家相关的表达分别是属国和进贡之国，均被翻译为 "tributary nation"。从 MCST 收集的历史数据显示，马礼逊的翻译是利用关于民族和国家的概念对中国传统社会进行诠释的最早尝试之一。这也是将中国传统政治和社会体系同现代西方社会进行比较的第一步尝试，从而为促进19 世纪中国和西方国家的跨文化和跨语言交际做出重要的准备工作。

（二）19 世纪 40 年代和 50 年代

在19世纪40年代和50年代的二十年间，随着中国和西方的跨文化交往不断加强，更多的历史文献被出版，其中包含许多关于现代民族和国家的表达和术语。MCST 中提取了这一时期产生的至少三部主要的历史出版物。他们反映了中国历史上与国家有关的术语的逐步发展过程。提取的三个历史书卷分别是梁廷南的《海国四说》（1846，第四卷）；徐吉玉的《瀛环志略》（1848，第十卷）；以及魏源的《增光海国图志》（1852）。这些关于世界历史的早期出版物均用古汉语书写，对外国社会和文化事实进行了百科全书式的记录，为18世纪之后便与世界其他地区隔绝的清朝百姓及统治者提供了全面了解的途径。在这三本书中识别出至少十例与国家相关的表达和词汇。它们是

MCST 提供的中文原文本对应的英文译文。

　　表3显示的是 MCST 提供的中文表达以及它们对应的英文翻译。从表3可以推断，与早期西方传道者们向西方读者翻译中国传统文化及语言所做的努力相一致，中国的先锋知识分子们向中国读者们介绍国外的社会文化和现象的趋势也日益增长。这些早期世界历史的作者们在将西方社会和文化事件引入中国的过程中同时也在将传统中国社会同尤其是欧洲和北美等地的海外国家和社会进行对比。这是一个复杂的社会和认知过程，中国人在这一过程中通过使用诸如国家这种现代概念和表达来逐渐理解自身以及外面的世界。

表3　19世纪40和50年代对国家相关的术语翻译

意义	中文 / 中文翻译	拼音	英语 / 英语翻译	出版日期
民族（7）	種類	zhonglei	nation	1846
	族類	Zulei	nation	1846
	族類	Zulei	nation	1848
	族類	Zulei	nation	1852
	夷族	Yizu	foreign nation	1852
	種類	zhonglei	nation	1852
	族種	zuzhong	nation	1852
国民（2）	國民	guomin	people of a nation	1852
	國民	guomin	nation	1852

在表3中，MCST 使用英文单词 "nation" 翻译许多中文汉字词，大致可以分为两组：(1)代表种族、民族的国家；(2)代表国民，象征一个主权国。这就意味着在这些西方文化和社会的早期记录中，中国知识分子们已经开始注意中国和中国人同外国和外国人之间的重要差异。这些差异体现在种族、民族、一个主权

国中公民的地位上，这是现代民族国家在西方兴起的一个重要特征，与同时期中国的封建社会形成鲜明的对比。MCST 提供的译文也许并不是对中国历史文本严密、逐字的翻译，但是却对与国家相关——尤其是那些关于大清帝国国际关系以及外交政策的——概念和表达在早期中文篇章中的演变过程提供了有用的线索。中国学者梁廷南在其1846年出版的影响深远的《海国四说》中写道：

> 至雍正七年（1729）以后，则互市不绝。其时碣石镇总兵官陈昂（Chen Ang）奏称："臣遍观海外诸国，皆奉正朔，惟红毛一种（这一种族）莫测，其中有英圭黎（Yingguili）诸国（泛指英国），种类（国别）难分，声气则一，请饬督、抚诸臣防范。"则当时已出没海上矣。（摘卷五·英吉利国一）

在这段话中，魏源引用了一位中国军官对英国和其他西方国家之间差异的观察，他特意强调了英国人和欧洲其他国家之间的种族差异。这是清朝时期官方文件中对英国这个现代国家最早的记录。官员陈昂注意到，虽然英吉利王国(广义上指英国)的人来自不同的种族，但他们的行为习惯和举止方式却十分相似。陈昂力劝清政府需格外小心这些已经开始在中国附近水域巡逻的红发种族。在 MCST 中，汉语词种类(种族)被翻译为"nation"。这种翻译虽颇有争议，却也暗示着中国人越来越了解其自身与其他国家人民之间的差异。正如本文所示，中国人民及其统治阶级在与西方国家的早期交往中开始广泛关注这种种族差异，这对现代汉语中与国家相关的术语和表达的发展具有重要影响。

（三）19 世纪 60 年代和 70 年代

如表 4 所示，从 19 世纪 60 年代开始，民族和国家等重要的西方概念和思想的翻译在中国帝国时期进入了一个新阶段。这一点从大量西方材料被翻译成早期现代汉语上有所反映，这些材料涉及各种西方语言及来源。MCST 收集了 19 世纪 60 年代和 70 年代的二十年间一些广泛传播、影响深远的翻译作品。基于研究目的，我将重点关注这一时期在中国不断现代化的背景之下，MCST 中涉及与国家相关的术语和表达的解释和语境化翻译。其中包括：

（1864）Wheaton, Henry（1836）William Martin（tr.）, *Elements of International Law*（《万国公法》，北京：同文馆）

（1866—1869）Lobscheid, Wilhelm, *English and Chinese Dictionary*（《英华字典》）, with Punti and Mandarin Pronunciation, Hong Kong: Daily Press Office

（1868）Wang, Tao（王韬），《漫游随录》（走向世界丛书），长沙：岳麓书社

（1872）Cai, E（蔡锷），"论邦国自主权"载《新学大丛书》，上海：积山乔记书局

（1872）William Martin，"各国近事"载《中西闻见录》1:2

（1872—1873）Doolittle, Justus, *A Vocabulary*

and Handbook of the Chinese Language, Foochow and Shanghai: Rosario, Marcal & Co,《英华萃林韵府》

（1874）Lemaire, G., Giquel, Prosper, *Dictionnaire de poche Francais-Chinois suivi d'un dictionnaire technique des mots usités à l'arsenal de Foutcheou*, Shanghai: American Presbyterian Press《汉法语汇便览》

（1876）Li, Shuchang（黎庶昌），《西洋杂志》（走向世界丛书），长沙：岳麓书社

（1877）郭嵩焘，《伦敦与巴黎日记》（走向世界丛书），长沙：岳麓书社

仔细观察上面列出的九个条目，就会发现这些词典和书籍的作者或译者均是19世纪60年代和70年代积极参与中国同西方国家跨文化交流的人群，似乎可以分为三大类型。首先是杰出的西方传教士，如丁韪良、罗存德和卢公明；其次则是西方汉学家和外交官，如李梅（Gabriel Lemaire），其在上海、广州和北京的法国领事馆工作二十余年，对中国的传统文化和语言有着深入的了解。第三大类则是开明的中国政客和杰出的社会活动家，诸如王韬、蔡锷、黎庶昌和郭嵩焘等。这三大人群均对促进19世纪后半叶中国语言和社会的现代化方面发挥了重要作用，其影响虽各不相同却互为补充。一方面，西方传教士和学者们积极地将西方科学著作翻译成中文，并汇编汉语双语词典；另一方面，当时中国社会普遍对过度保守的清朝统治者们持反对态度，在这种社会背景之下，中国本土的政治家和社会革命家们全身心投入到西方科学、政治和文化的引入和传播工作中。

这标志着19世纪中国同西方跨文化交流的一个重要转折。19世纪60年代和70年代，在中国推广更先进的外国文化的技术和方法较之前几十年的传统发生了重要转变。例如，古汉语写作上，19世纪中期开始萌芽并发展出一种新型的旅行记述方式，以中国政治家和外交官们在访问或驻留于欧洲期间的个人经历为基础。这种新型的游记逐渐代替了上述讨论的19世纪早期百科全书式的历史性记载。在将西方最新的、一手的信息传达给中国读者上，新型的游记方式比早期百科全书式的书写有一个明显优势：这类游记大多数都是私人日志的形式，它们包含对外国人群以及他们的社会体系丰富、细节性的描述，这在大量的中国读者中激起了对西方文化和社会的好奇心和强烈的兴趣。这种新型的旅行写作往往采用朴实的白话文，与之前几十年百科全书高度正式化的写作风格形成对比。所有这些新特征都促成了有利的文化氛围和开明进步的公众舆论，使得现代西方概念和思想更好地引入和同化。

表4总结了19世纪60年代和70年代对与国家相关的术语和表达的不同翻译。与之前的二十年，也就是19世纪40年代和50年代相比，到了19世纪中期，"nation"这个词的翻译发生了重要改变。首先，将nation翻译成古汉语词中的国(国家；国土)或者邦(国家)这种翻译开始逐渐流行。这取代了19世纪40年代和50年代将"nation"翻译为族类(民族)或者种类(种族)的做法。对于"nation"第二个最常见的翻译是民 (人民)或者国民(代表一个国家的人)。再次便是将"nation"翻译为种类(种族)或者族类(民族)，以及一些19世纪60年代和70年代的主流以外的翻译。例如，在 MCST 语料库中，nation 曾被翻译为纳

慎（NA-ZHEN），这是一种模仿其英文发音的翻译方式。在郭嵩焘于1877年出版的《伦敦与巴黎日记》中就出现这样的翻译。19世纪60年代和70年代对于"nation"的新的翻译模式显示出当时两种齐头并进而又相互竞争的翻译传统。一方面，西方学者和汉学家们在汇编重要的双语词典、翻译经典的西方作品时主要将"nation"翻译为现代汉语中的国、国家或者国民。另一方面，中国的学者们在上文所述的新型游记中则延续了19世纪40年代和50年代的传统，即无一例外地强调中国人同西方人显著的种族和民族差异。

表4　19世纪70和80年代对国家相关的术语翻译

意义	出版日期	英语 / 英语翻译	中文 / 中文翻译	拼音
国；国家（11）	1864—1877	nation；country	國；邦	guo；bang
国民（4）	1869	nation	民	min
	1864	nation	民種	minzhong
	1872	the people of a nation	國民	guomin
	1872	nation	國民	guomin
民族（3）	1868	nation	種類	zhonglei
	1877	nation	族類	zulei
	1876	nation	種類	zhonglei
其他（2）	1877	nation	納慎	nashen
	1877	science of law of nation	公法之學	gongfa zhi xue

（四）19世纪80年代和90年代

　　19世纪80和90年代，中国对西方科学作品的翻译延续了过去二十年的势头。如下所示，MCST 识别出这一时期出版的九个历史文件，均包含与国家有关的术语和表达。这一时期开始出现许多重要的翻译模式，这些模式也是19世纪晚期中国同日本以及西方国家之间跨文化交流的基础。在遵循诸如罗伯特·马礼逊、罗存德和卢公明等先驱的西方传教士们开启的双语词典汇编传统基础之上，邝其照、井上哲次郎等中国和日本的学者们开始了英汉词典的编译。新编译的词典受众主要包括本土的中国人和日本人，以及许多同西方人打交道的地方官员。在中国，邝其照于1882年在香港出版了第一部英汉字典《华英字典》，这是首本由中国学者主掌汇编的双语汉语词典。这项成就的意义在于其为深受西方传教士和汉学家影响的中国词典编纂开辟了新路径，创造了新传统。它们代表了本土学者所做的重要贡献：与西方同行们一起，虽目的不同，却共同为中国的语言和语法、词汇和语音系统的现代化做出努力。当时的中日关系正步入竞争升级的阶段，而邝的《华英字典》不仅在中国而且在日本都取得了巨大的成功。

（1881）井上哲次郎，有贺长雄，《哲学字汇》（*Tetsugaku jii*，1st edition），东京：东洋馆

（1882）邝其照，《华英字典集成》Kwong, Ki-chiu, *An English and Chinese Dictionary*, Hong Kong

（1884）井上哲次郎，有贺长雄，《哲学字汇》（2nd edition），东京：东洋馆

（1886）Schlegel, Gustave, *Nederlandsch-Chineesch Woordenboek met de Transcriptie der Chineesche Karakters in het Tsiang-Tsiu Dialekt*,

Leiden: Brill，13 Vols.《荷华文语类参》（1890）黄遵宪，Huang, Zunxian《日本国志》（*History of Japan*）

（1893）"政治之学"（"Political Studies"）载《汇报》116

（1894）Robertson, Edmund; John Fryer and Wang Zhensheng（trans.）《公法总论》（*On Internati-onal Law*），上海：江南制造局

（1895）魏源（编）"增广海国图志"载《中韩关系史料辑要》

（1898）丁祖荫，Ding, Zuyin，"万国公法释例"（Case Studies of Elements of International Law）载《常熟丁氏丛书》

在日本明治时代，西方科学作品的翻译和同化从一开始便深深植根于该国的现代化进程中。1881年，也就是邝的《华英字典》出版的前一年，日本哲学家井上哲次郎和元郎勇次郎在东京出版了极具影响力的《哲学字汇》。《哲学字汇》代表着19世纪后期现代西方科学作品的引入和同化的基石。它象征着日本学习西方文化的一个质的转变：从被动"借鉴"转为主动"吸取"，以使现代化和巩固本土的知识体。这两位日本学者在创造现代日本词汇以翻译英文科学术语时，成功地将西方科学的输入融入日语和汉语以汉字为基础的书写系统中。《哲学字汇》中创造的大量词汇和表达都经受住了时间的考验，同时打败了其他翻译，最终成为现代日语以及之后的现代汉语科学语言的一部分。

然而《哲学字汇》取得的巨大成功不应被理解为一个孤立的事件，相反，其在语言学和科学领域取得的广泛认可的成就很大程度上应当归功于19世纪前几十年先驱的跨文化工作先驱们所做的努力。例如，《哲学字汇》的作者之一井上哲次郎，熟练掌握德语，对西方文化，尤其是德国哲学和语言学有着深刻的理解，甚至曾在东京帝国大学(后来的东京大学)教授德语课程。1833年，他对罗存德的代表作品《英华词典》进行修订并出版了第一部加强版本，此时距离这位德国传教士于1869年在香港出版该书第一版已经有十四年之久。井上全面了解西方语言和文化以及日本和中国文化，他将英语和汉字中的词干进行提取和组合，在这基础之上发展出一种有效的翻译模型以创造出现代日语中的科学词汇和表达。[1]

1881年《哲学字汇》的出版表明19世纪后期日本同西方国家的科学和文化交流已经达到了一个相当先进的水平。MCST数据库中提取的文本材料显示，这是当时均处于现代化进程中的中日两国关系的一个关键转折点。从19世纪80年代起，越来越多的中国政治和知识精英们开始注意到，中国和日本这两个邻邦之间的社会和文化现代化模式存在着显著差异，并就此发表评论。其中包括杰出的中国学者和政治活动家黄遵宪，他在1890年出版了长达四十卷的《日本国志》。这无疑是中国19世纪和20世纪初发表的对日研究——尤其是关于其现代化社会

---

[1] S. Takano, "Tetsugaku jii"no wasei kango: sono goki no seiseihō, zōgohō "哲学字彙" の和製漢語：その語基の生成法・造語法 (Word stems in *Tetsugaku jii*, formation and method of creation), in *Bulletin of the Institute of Humanities*, 37 (2004), pp.87-108. 网上链接为 human.kanagawau.ac.jp / kenkyu / publ / pdf / syoho / no37 / 3707.pdf。

和政治变革的研究中最具影响力和代表性的作品。[1]

中国和日本之间力量均势的转变引发了中国学习西方的新浪潮，此时重点关注的是政治改革以及中国在当时不断变化的东亚地理政治地图中对其身份地位的重塑。对西方国际政治和法律出版物的翻译仍然是中国引入西方科学的主要来源。1894年，著名的英国传教士和汉学家约翰·傅兰雅和他的中国合作者汪振声翻译了埃德蒙·罗伯逊最初出版在《大英百科全书》中的一篇文章，并将中文译文出版，命名为《公法总论》。中国19世纪后期对西方科学作品翻译的的一个重要特征在于，它们的出版机构是为促进向西方学习而新成立的官方机构，如江南制造总局。江南制造总局由几位思想先进的中国高级官员资助成立，目的是为了促进全国范围内军事、科学、技术和教育改革的自强。

与此同时，中国本土学者也开始着手对西方学者以前的翻译作品进行修改、编辑和注解。1898年，中国学者和政治家丁祖荫出版了其《国际法要素案例研究》一书。在书中，丁通过提供详细的案例研究，对亨利·惠顿《国际法要素》的早期中文版本进行解释和修改，促进中国读者对英文原文的理解。19世纪下半叶开始涌现出许多开创性的期刊和杂志。他们为中国知识分子和政治活动家提供了急需的场所，供他们就中国社会和文化改革展开激烈的公开辩论。于1874年成立于上海的《汇报》便是中国人在本国成立的第一批报纸之一。MCST 中提取了

---

[1] Jin, G. T. "Origin and Evolution of Reforms in China." *Criticism of Politics and Social Philosophies* 13 (2005): 1-51.

1893年发表在《汇报》上的一篇文章，标题为"论政治研究"。

表5 19世纪80和90年代与国家相关的术语和表达的翻译

意义	中文/中文翻译	拼音	英语/英语翻译
国家（15）	国；邦	guo；bang	country；state
国民（10）	民；人；百姓	min；ren；baixing	People
其他（3）	人类	renlei	Humankind
	部	bu	section；part
其他（3）	政	zheng	Politics

在19世纪80年代和90年代对西方科学输入的同化或抵制的新背景之下，我将继续识别MCST数据库中诸如国家等关键词翻译模式上的变化。表5总结了上文分析的各类历史文件中与国家相关的术语和表达的翻译和使用情况。可以看出，与19世纪60年代和70年代相比，对"nation"一词的翻译似乎已经确立了两个层面的重要意义，即作为一个政治和地理概念的国家和代表整个国家的国民。19世纪60年代和70年代将nation一词翻译为民族或种族的传统到了80年代和90年代已经极为少见。与此同时，一些曾经已被淘汰的翻译继续存在，意味着19世纪最后二十年中，早期现代汉语和引入的西方科学作品之间的对应性不断发生着变化。

三、20世纪初至20世纪20年代

MCST数据库中与国家相关的表达和词汇的历史翻译最大

一部分都是出现于20世纪前三十年。与之前研究的时期类似，中国不同的字典汇编和科学翻译传统在这三十年间仍在不断地延续和竞争中。这仍然是20世纪初中国现代化进程中现代西方科学思想和概念的引入和同化的主要渠道。尽管有着不同的民族和宗教信仰，西方传教士和汉学家们始终在为延续中西语言的双语词典编制传统上做出自己的贡献。

（1900）郑观应，"盛世危言"载夏东元（编）《郑观应集》

（1902）Mateer, Calvin, *Technical Terms English and Chinese*, Shanghai: Presbyterian Mission Press

（1903）Liszt, Franz von，商务印书馆（译）"国际公法大纲"载《政学丛书》上海：商务印书馆

（1905）戴鸿慈《出使九国日记》(走向世界丛书)，长沙：岳麓书社

（1907）清水澄（著），张春涛、郭开文（译），《汉译法律经济辞典》，东京：奎文馆书局

（1908）戴鸿慈、端方（著），《列国政要》，上海：商务印书馆

（1909）郑观应，"盛世危言后编"载夏东元（编）《郑观应集》

（1912）Giles, Herbert A., *A Chinese English Dictionary*, Shanghai: Kelly and Walsh

（1913）田边庆弥（著），王我臧（译）《汉译日本法律经济辞典》，上海：商务印书馆

（1916）Hemeling, Karl Ernst Georg, *English-*

Chinese Dictionary of the Standard Chinese Spoken Language and Handbook for Translators, including *Scientific*, *Technical*, *Modern and Documentary Terms*, Shanghai: Statistical Department of the Inspectorate General of Customs

（1919）任鸿隽，"发明与研究二"载任鸿隽（编）《科学通论》，中国科学社

（1921）陆伯鸿，宋善良（编）《法华新字典》，上海：商务印书馆

（1927）Medard, J., *Vocabulaire Français-Chinois des sciences morales et politiques*, Tianjin: Société Française de Librairie et d'Édition；《法汉专门词典》

1902年，美国长老会传教士狄考文·马蒂尔在上海发表了他的《英汉术语》。马蒂尔在山东省担任重要职务已有四十多年。1882年，他创立了中国第一所现代高等教育机构登州文会馆。登州文会馆是久负盛名的齐鲁大学，也就是后来的山东大学的前身。1890年，一群西方传教士和中国本土学者共同建立了影响广泛的中国教育协会(益智书会)。狄考文·马蒂尔带领专家委员会进行中国医学和科学术语的标准化工作。[1]《英汉术语》代表着在西方科学作品大量涌入中国的同时，这位美国传教士和教育家在现代汉语中科学术语和命名法的使用的规定和系统化上所做的一大重要贡献。然而，马蒂尔的作品的价值和意义在其出版时尚未得到充分认可。

[1] 参见 D. Wright，" The Translation of Modern Western Science in Nineteenth Century China"，in *Isis*, 89: 4 (1998), pp.653-673。

MCST 库中专门列出的另一位杰出的西方学者是英国外交官和汉学家翟理斯。他在中国为政以及后期在剑桥大学担任大学教授期间翻译了一系列中国文学和哲学经典，包括孔子、老子和庄子的作品。翟理斯因发明了威妥玛拼音系统而广为人知，这种拼音系统为基于汉字的中文书写系统提供了罗马化版本。威妥玛拼音系统（Wade-Giles）是20世纪英语国家中运用最广泛的中文转录系统。翟理斯1892年于上海首次出版了其共三卷的《英华字典》，1912年在伦敦再版，他在字典中充分应用了威妥玛拼音系统。《英华字典》被认为是第一部广泛发表的英汉字典，并且对后期英语和汉语字典的编译产生了巨大影响。[1]

与翟理斯同时代的卡尔·恩斯特乔治·赫美玲是一位德国汉学家，在晚清时期担任不同朝廷职位将近20年。1916年，他编纂的英汉词典《官话》出版。赫美玲的英汉词典象征着中文科学术语标准化的进一步发展。狄考文目标是在中国官吏制度以外规范新兴科学术语，而赫美玲作为晚清政府雇佣的官员，与中国同僚们紧密合作，共同发表了他的翻译培训词典，由光绪朝廷海关总税务司署出版发行。[2] 因此，当狄考文就中国科学术语标准化的出版物相当程度上还局限于西方学者和传教士的圈子中时，赫美玲的英汉词典无论在中国官员还是普通大众读者中都已经广为人知了。[3] 狄考文和赫美玲的作品代表着现代

---

[1]　参见 D. Chien, "A Brief History of Chinese Bilingual Lexicography", in R.R.K. Hartmann, ed., *The History of Lexicography: Papers from the Dictionary Research Centre*, Amsterdam: John Benjamin, 1986。

[2]　参见 N. Vittinghoff, *Die Anfänge des Journalismus in China*（1860-1911）, *Opera Sinologica* 9, Berlin: Harrassowitz Verlag, 2002。

[3]　参见 X. Y. Zhao, "Historical studies of the Beijing dialect by Foreign Scholars in the Nineteenth and Twentieth Century", in *Beijing Historical Documents*, 4（2005）. 网上链接为 http://jds.cass.cn / Item / 5768.aspx。

中国科学术语发展的两个不同方向。狄考文紧紧遵循西方科学研究和学科建设的传统来从事其翻译事业，而赫美玲则采用了一种更务事的方法以满足清朝政府进行翻译者培训和双语词典制作的需求。

MCST 数据库中收集的材料显示，当时在中国西方科学的系统化引入另外一个重要趋势是，中国知识分子和社会活动家们共同成立了专业出版社，而本土中国学者也开始对西方科学作品进行有组织性地翻译和编辑。商务印书馆就是一个很好的例子。商务印书馆于1879年由一群在美华书馆工作的中国先驱知识分子成立，是中国最负盛名的出版公司之一。从成立初期起，商务印书馆就致力于促进西方科学和文化对中国读者的教育和启迪作用。20世纪初，商务印书馆出版了大量重要的科学作品和双语词典，尤其是法律、国际关系、政治和经济领域的作品。

1903年，商务印书馆翻译并出版了德国法学家和国际法改革家弗朗兹·冯·李斯特的作品《国际公法的系统说明》(于1888年在柏林首次出版)。1913年，在商务印书馆的资助下，王我臧翻译了田边庆弥的《汉译日本法律经济辞典》。1921年，商务印书馆出版了由中国著名的企业家和慈善家陆伯鸿汇编的另一部重要的双语词典《法华新字典》。诸如商务印书馆等独立出版公司的翻译委托和协调工作对中国规范化、系统性的西方科学引入具有深远影响。它在不断变化的社会和文化环境下优先考虑中国读者的实际需求，为在中国形成向西方学习的新传统上发挥了非常重要的作用。

表6　1900年代、1910年代和1920年代与国家相关术语的翻译

意义	中文 / 中文翻译	拼音	英语 / 英语翻译	出版日期
国家（25）	国；邦	guo；bang	country；state	1900s－1920s
国民（8）	民；國民	min；guomin	people	1900s－1920s
民族（5）	族類；民族	zulei；minzu	ethnic groups	1900s－1920s
其他	公	gong	public	1912

　　本章继续研究在西方科学作品翻译新的社会背景下，MCST数据库中20世纪初与国家有关的表达和术语的翻译。表6总结了数据库中1900年到1920年发表的历史文本中对"nation"这个词的不同翻译。有趣的是，发现20世纪初的翻译模式与表4中的模式有着显著的相似之处，表4总结了19世纪60年代和70年代nation的中文翻译。这种反复的翻译模式进一步巩固了"nation"这个词在早期现代汉语中三个方面的意义：第一，作为政治和行政单位的国家；第二，某一政治体权利控制下的国民；第三，代表着国家的族群。

四、早期现代汉语中"nation"一词翻译模式的比较

　　到目前为止，我们已经对19世纪和20世纪初与国家相关的术语和表达的翻译模式进行了研究。表7展示在研究的四五个历史时期中"国家"这个词意义的三个重要维度的中文翻译分布情况：(1)作为地缘政治概念的国家；(2)翻译为国民；(3)翻译为民族或一个国家的民族构成。由于各个时期研究的历史文本规模不同，与这三个方面意义相关的词汇出现的原始频率被转换成所占据的相对比例。从表7提供的统计数据中，我们可以

发现早期现代汉语中国家一词意义转换的一些基本模式。

表7　早期现代汉语中 nation 一词的历时翻译模式

历史时期	国家	国民	民族	其他	总数
1820s–1830s	100	0	0	0	100
1840s–1850s	0	22	78	0	100
1860s–1870s	55	20	15	10	100
1880s–1890s	53.6	35.7	0	10.7	100
1900s–1920s	65.8	21.1	13.1	0	**100**

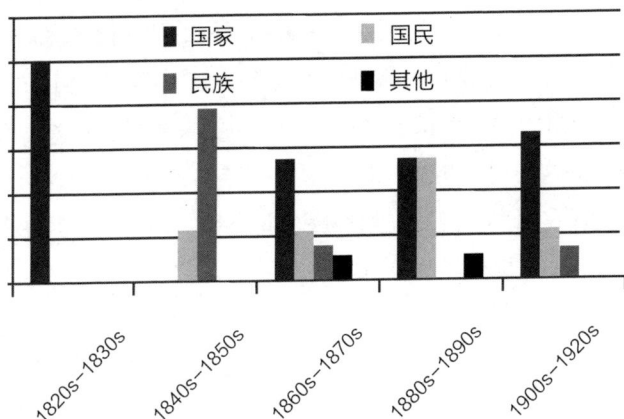

图1　早期现代汉语中 nation 一词的历时翻译模式

　　首先，在中国和西方的跨文化科学交流正日益加强的19世纪初，像罗伯特·马礼逊这样的先驱西方传教士利用国家这个词来形容進貢之國(进贡之国)和屬國(附属国)之类的汉语历史词汇所表达的中国传统政治制度。也就是说，在19世初的早期汉英翻译中，nation 属于一种地缘政治概念词。19世纪40年代和50年代发生了重大变化，当时关于西方文化和社会的中文文献十分强调中国人同西方人之间的民族和种族差异。这些早期中文著作中民族问题的不断出现为后期翻译中"nation"一词的多维意义的发展做了重要准备。接下来的19世纪60年代和70年代，西方科学作品大量涌入中国。在这二十年里，nation 一词的翻译变得更加多样化。

这表现为 nation 一词主要翻译为地缘政治概念上得国家，其次是翻译为国民，再次是翻译为民族以及其他一些非主流、非正规的翻译。在19世纪的最后二十年，即19世纪80年代和90年代，将 nation 一词翻译为国家和国民的翻译模式保留了下来，而翻译为民族和种族则鲜有见到。从1900年至1920年，nation 一词的翻译仿佛已经建立起三重意义模型。虽然 MCST 中研究的这一时期历史材料非常地多样化，nation 一词的早期汉语翻译在国家、国民、和种族之间交替，19世纪前几十年的非主流、非正规翻译鲜有出现。

五、结论

第一部分对早期现代汉语中与国家相关的概念和表达的翻译及其演变进行了实证调查，从早期现代汉语翻译大规模数据库提取定量历史材料进行了实证研究。对数据库的探索研究发现尽管"nation"一词的翻译模式不断发生着变化，19世纪中叶对这个词的翻译却为最稳定的模型。早期现代汉语中发展了"nation"一词的三个方面意义，即作为地缘政治单位的国家、国民以及作为一种民族概念。本文通过对定量的历史语言材料进行探索和比较研究，就早期现代汉语中与国家相关的术语运用上的不断变化得出了初步结论。本研究证明了科学翻译作品对从19世纪开始现代概念和术语在中文中的出现与发展发挥了导向性作用。基于语料库的历史社会语言学分析表明中国本土语言和文化的现代化始终是一个渐进的、动态的发展过程，涉及不同历史时期不同人群之间的交流互动。本研究基于诸如"nation"等关键词汇和表达在中文中的翻译的案例分析，揭示了中国现代科学语言体系建设的复杂的历史过程，这一过程正是西方科学文本融入本土中国文化和知识体中并产生变体带来的结果。

译者的神化 *

——对玄奘翻译成就和影响力的重新审视

刘敬国 **

在中国佛经翻译史上，学者们公认有四大翻译家：鸠摩罗什(343—413)、真谛(499—569)、玄奘(600—664)和不空(705—774)。[1] 在这四人当中，又以玄奘的名望最高。如陈福康先生认为："(四大译师之中)最突出的是罗什与玄奘，而玄奘尤为杰出……玄奘译经的质量，也达到自有佛经汉译以来的最高水平。"[2] 需要指出的是，陈福康的观点并非其一家之言，而是在佛教学者和翻译研究学者中具有相当高的代表性。在中国，人们一提到佛教，很容易就联想到玄奘。玄奘的身世，也一直被种种的传说和神话所包围。他是古典名著《西游记》中到西天取经的唐三藏的原型；他的翻译被其弟子称为"新译"——后来的许多学者也沿袭了这一说法——以同前期的翻译区分开来。

必须承认，对玄奘的赞誉并非全无历史依据，然而客观地

---

* 原文刊载在 2011 年 *Perspectives*。

** 刘敬国（1972—2017），复旦大学外文学院副教授，研究方向为翻译学。

[1] 如蒋维乔在其《中国佛教史》中指出："鸠摩罗什、真谛、玄奘、不空四人，可推为中国佛教翻译史上四大翻译家。"见蒋维乔《中国佛教史》，上海古籍出版社，2004年，第 5 页。其他学者如陈福康（2000）、池田大作（1976）等也都持此种观点。

[2] 陈福康：《中国译学理论史稿》，上海外语教育出版社，2000 年，第 29—30 页。

看，玄奘作为佛经译家的名望远远超出了他实际的翻译成就。本文的任务就是要对历史上及现当代对玄奘的评价重新进行审视，并进而探讨玄奘作为佛经译家被"神化"的背景及原因。

一、玄奘的生平

我们对玄奘生平的了解主要来自两部著作，其一是慧立和彦悰的《大慈恩寺三藏法师传》，另一部是道宣的《续高僧传》，两部都是产生于唐代的作品。这两部作品对玄奘一生的经历描述甚详，一般认为是有关玄奘身世及其所处时代背景的最权威的资料。不过，人们可能会问：这两部著作的描述，可信度有多少呢？这实际上是一个大问题，因为它牵涉到高僧传记的历史真实性。可以这样说，高僧传记的写作目的就是让那些典范的佛教人物名垂史册，而由于传记作者大多也是佛教信徒，他们的叙述必然会褒多贬少。这一点并不难理解，但这并不意味着此类著作中的陈述都是没有根据的。在谈到中国的高僧传记时，美国学者莱特指出：

> 传记的主人公们从生至死，一如常人；他们受到肉体欲望的诱惑，有口吃的毛病，或者患上痢疾，在政治和社会的动荡中沉浮。不错，他们的经历中时有奇迹出现，但这些奇迹只是一些点缀而已，并非他们经历的主干。[1]

---

[1] 由笔者翻译，见 Arthur F Wright, *Studies in Chinese Buddhism* , New Haven and London: Yale University Press, 1990, p.76。

笔者认为，虽然高僧传记中的个别事件——尤其那些带有明显宗教或神秘色彩的事件——让人不免生疑，但其主要陈述仍较可信。本着这一精神，我们对高僧传记中有关玄奘生平的记载做一简单总结。

玄奘生于隋文帝开皇二十年（600），俗名陈祎。他的曾祖、祖父都是官僚，父亲陈惠曾任陈留、江陵县令。玄奘有三兄一姊。二兄陈素最早遁入佛门，玄奘很早就跟着他学习佛经，并于十三岁时正式出家。隋炀帝大业末年（618），玄奘随二兄前往成都，在那里居住了五年，学习《摄论》《俱舍论》《八犍度论》等佛经。唐贞观元年（627），玄奘来到长安，继续研习佛法。在长安，玄奘遇到中印度名僧波颇蜜多罗，并从后者那里获悉印度纳兰陀寺之盛况，以及戒贤精通瑜伽兼谙百家、《十七地论》总摄三乘等情况，于是决心赴印度求法。在向朝廷表请赴印未获许可后，玄奘仍矢志不移，决意按原计划西行，并于贞观三年（629）出发，历经艰难险阻，终达印度。他在印度游历、问学、研习佛法十几年，最终于贞观十九年（645）返回长安，带回大量梵本佛经。此后，他专注于将带回的佛经译成中文，直至终老。

二、玄奘作为佛经译家之被神化

毫无疑问，玄奘是一位了不起的翻译家。这可从以下几点得到证明。首先，在整个中国佛经翻译史上，就翻译数量而言，没有其他译家能够望其项背。据《开元释教录》，玄奘译经总数为76部，共1347卷，[1]比"四大佛经译家"中其他三位（鸠摩罗什、真谛和不空）译经的总和还要多出600余卷。在《大正新修大藏经》所收汉译佛经之中，玄奘的译经占到总数近四分之一。这不能不说是一个伟大的成就。其次，在中国佛教发展史上，玄奘翻译的一些佛经占有重要地位，对后世影响深远。最后，玄奘自印度回国后，将整个生命都投入到了译经事业之中，其绝笔之时，距圆寂仅有一月。《大慈恩寺三藏法师传》中是这样描述他的译经情状的：

> 法师还慈恩寺。自此之后，专务翻译，无弃寸阴。每日自立程课，若昼日有事不充，必兼夜以续之。遇乙之后方乃停笔。摄经已复礼佛行道，至三更暂眠，五更复起，读诵梵本，朱点次第，拟明旦所翻。[2]

玄奘译经共十六年，其心无旁骛、孜孜矻矻之精神堪为后代译者之楷模。

不过，笔者在本文中要探讨的，并非玄奘堪称伟大的佛经译家这一事实，而是后人如何以及为何称他为最伟大的佛经译家。先来看看学者们对玄奘及其翻译的评价。梁启超先生在《翻译文学与佛典》一文中是如此评价玄奘的："若玄奘者，则意译直译，圆满调和，斯道之极轨也！"[3]前中国佛教协会会长赵朴初在"玄奘法师逝世一千三百周年纪念大会"上的主旨讲话中，

---

[1]　智昇：《开元释教录》，收入高楠顺次郎、渡边海旭编：《大正新修大藏经（第五十五册）》，东京：大藏出版株式会社，1924年，第552页。

[2]　慧立、彦悰：《大慈恩寺三藏法师传》，中华书局，1983年，第158页。

[3]　梁启超：《佛学研究十八篇》，上海古籍出版社，2001年，第188页。

认为："翻译是玄奘一生活动的突出方面，也是他对我国文化的最大贡献。他在这方面的成绩，无论在数量上和质量上，都大大超越了所有他的前人。从他开始，我国古代的翻译史就进入了所谓'新译'时期，而以他为整个时期的最高典范。"[1] 马祖毅先生在其《中国翻译简史："五四"以前部分》中也持类似的观点："我国的佛经翻译，到了玄奘可说已登峰造极。"[2] 再如何锡蓉女士的评价："玄奘的翻译，代表着（佛教）译经史上的最高成就。"[3]

诸如此类的评价不胜枚举。总体而言，这些评价都是将玄奘的翻译成就置于所有其他的佛经译者之上。这类话语，为玄奘的翻译镀上了一层神圣的光环，一如他的经历，而作为译家的玄奘，也自然被推到了翻译的神坛之上。

三、从译作流通性看玄奘的实际影响力

如欲对译家及其翻译成就有一客观的评价，研究者一定要有自己的全面考察，对于别人——包括权威人物——的观点，要用批判性的态度去分析。对于译家影响力的考察，可用多种方法和指标，笔者在本文采用的是考察译家作品的流通性。必须指出的是，因为我们无从考察古代佛经译家所译佛经在历史上的流通数量，因此我们必须另辟蹊径。在中国和其他东亚国

---

[1] 赵朴初：《光辉的足迹：在玄奘法师逝世一千三百周年纪念大会上的讲话》，收入张力生：《玄奘法师年谱》，宗教文化出版社，2000年，第208页。

[2] 马祖毅：《中国翻译简史："五四"以前部分》，中国对外翻译出版公司，1998年，第69页。

[3] 何锡蓉：《佛学与中国哲学的双向构建》，上海社会科学院出版社，2004年，第220页。

家，有一些汉译佛经的选本，可以满足我们在此方面的需要。在这些佛经选本之中，编者所选都是在佛教发展史上广被认可、影响巨大的经籍；这些经籍中，有些不止一种汉译，但多数情况下，编者只选一个译本。在甄选的过程中，编者毫无疑问有其自身的偏好，这取决于他们的编辑目的和目标读者等因素，但不可否认的是，这些译本之所以被选中，一个重要的原因就是多少世纪以来，它们已经为佛教徒或佛教研究者、爱好者所接受。如果同一部佛经有多个译本，被编者选中的往往是文学价值最强、说理最为透彻的一个。这样，通过考察一些在佛学界被普遍认可的佛经选本，我们可以对佛经译家的实际影响有一个相对客观的评价。

这类汉译佛经选本数量不少，但因篇幅所限，本文仅选两部颇有代表性者。第一部是清人吴坤修（1616—1911）编辑的《释氏十三经》。值得指出的是，吴编辑此书，是参考了儒家《十三经》的。在儒家学者中，《十三经》享有崇高的地位，收录了最权威、最经典的儒家著作。在中国历史上，除在初唐时期，佛教从未取得同儒家等同的地位，因此仿照儒家《十三经》编辑一部佛经选本，是一种将佛教进一步置于中国主流文化规范的努力。吴挑选的十三部佛经，均是他认为最重要、最有代表性的佛经汉译本。《释氏十三经》出版后，获得广泛认可。在20世纪30年代初期，上海佛学书局将书中《阿弥陀经》更换为《佛说梵网经》，重新出版了该书。1993年，国际文化出版公司对上海书局版略作技术加工，影印出版，改名为《佛教十三经》，并增添了一篇序言，再一次印证了该书在中国佛教发展史上独特的地位。该选本历几百年不衰，至今仍拥有广泛的读者，其所选择的译本可作为我们考察佛经译家影响力的重要参考。

表1　《释氏十三经》经目及译者

经名	译者
圆觉经	佛陀多罗
阿弥陀经*	鸠摩罗什
四十二章经	迦叶摩腾、竺法兰
佛遗教经	鸠摩罗什
八大人觉经	安世高
金刚经*	鸠摩罗什
般若波罗密多心经*	玄奘
无量寿经*	康僧铠
观无量寿经	畺良耶舍
维摩诘所说经*	鸠摩罗什
楞严经	般剌密帝
楞伽经*	求那跋陀罗
妙法莲花经*	鸠摩罗什

* 超过一种存世汉译

　　《释氏十三经》虽然可以作为评价佛经译家影响力的重要参考，但因为它收录的佛经种类偏少，可能还不是很有代表性。接下来我们看一下日本学者宫元启一《佛学经典指南》中列出的在东亚流传最广的汉译佛经目录。[1]

表2　《佛学经典指南》所列汉译佛经

经名	译者
六方礼经	安世高
过去现在因果经	求那跋陀罗

---

[1]　宫元启一：《佛学经典指南》，台北：大展出版社，1994 年。

（续表）

经名	译者
佛所行赞	法云
佛遗教经	鸠摩罗什
坐禅三昧经	鸠摩罗什
大般若经	玄奘
般若波罗密多心经*	玄奘
金刚经*	鸠摩罗什
理趣经*	不空
妙法莲花经*	鸠摩罗什
观音经*	鸠摩罗什
维摩诘所说经*	鸠摩罗什
华严经*	实叉难陀
无量寿经*	康僧铠
观无量寿经	畺良耶舍
阿弥陀经*	鸠摩罗什
胜鬘经*	求那跋陀罗
大般涅槃经*	昙无谶
月灯三昧经	那连提耶舍
般舟三昧经*	支娄迦谶
首楞严三昧经	鸠摩罗什
金光明经*	义净
楞伽经*	求那跋陀罗
解深密经*	玄奘
大日经	善无畏
金刚顶经*	不空
俱舍论*†	真谛／玄奘
成实论	鸠摩罗什
中论	鸠摩罗什
成唯识论	玄奘
净土轮	菩提流志

* 超过一种存世汉译

注：

† 此经的两种存世汉译均为编者推荐，可能编者认为二译均极出色，
难以取舍。

译者的神化

考虑到重合的部分，两部选集所收佛经一共有三十五篇，译者共二十位(有两位是一篇佛经的合译者)。现在，我们可以计算两部选集中不同译者的译经数量了(如同一译本被两部选集同时收录，则只算作一篇)。

表3　《释氏十三经》和《佛学经典指南》中不同译者的译经数量

译者	译经数量
鸠摩罗什	11
玄奘	5
求那跋陀罗	3
安世高	2
不空	2
法云	1
实叉难陀	1
康僧铠	1
畺良耶舍	1
昙无谶	1
那连提耶舍	1
支娄迦谶	1
义净	1
善无畏	1
般剌密帝	1
菩提流志	1
佛陀多罗	1
迦叶摩腾、竺法兰	1

从上表可以发现，多数译家只有一篇作品入选，只有五位译家的译作超过一篇。数量最多的是鸠摩罗什，共有十一篇译经入选，而玄奘虽列在第二位，被选中的译经却只有五篇，不及鸠摩罗什的一半，比排在第三位的求那跋陀罗仅多出两篇。由此不难得出结论：玄奘的译经在流通性和影响力方面，远远不及鸠摩罗什。附带一句，这一结论在笔者查询过的其他佛经

选集中，同样可以得到认证。[1] 莱特在其 *Buddhism in Chinese History*（《中国佛教史》）一书中，只字未提玄奘，却认为鸠摩罗什是"最伟大的宗教翻译家之一，甚至可能是有史以来最伟大的翻译家"[2]。莱特的结论同中国佛教学者和翻译学者的主流声音形成了鲜明的对比。

四、玄奘被推上翻译神坛的背景和原因

玄奘作为翻译家的名望何以超过其实际的翻译成就？他为什么会被认为是中国古代最伟大的佛经翻译家？这是值得我们深思和探究的问题。笔者认为，下述四点是最主要的原因。

首先，在国人眼中，玄奘的经历使他远远超出了一般佛教徒的范畴。在中国，无论男女老幼，都熟悉玄奘西行求法的故事。在这一方面，明代吴承恩的《西游记》功不可没。作为四大古典名著之一，《西游记》在普通读者和学者中都享有崇高的地位。几个世纪以来，小说中的主人公唐三藏早已在每一个中国人的头脑中扎根，成为恒心、智慧和善良的象征。最近二三十年里，这部文学作品还多次被搬上荧屏和银幕，更加深了人们对这位求法僧人的印象。在国内，可以说人人皆知玄奘是唐三藏的原型；人们一提起玄奘，就很容易联想到《西游记》中的唐僧。这样，现实中的玄奘西行求法就有了神秘和圣洁的光环，

---

[1] 如蔡淡庐《佛典菁华录》所列 115 种汉译佛经中，21 种为鸠摩罗什所译，16 种为竺法户所译，11 种为安适高所译，8 种为支谦所译，7 种为求那跋陀罗所译，6 种为竺佛念所译，5 种为法炬所译，而只有 4 种为玄奘所译。见蔡淡庐《佛典菁华录》，台北：天华出版事业股份有限公司，1987 年。

[2] Arthur F. Wright, *Buddhism in Chinese History*, Stanford: Stanford University Press, 1959.

而这无疑会影响到人们对玄奘的客观评价，不管他们自己是否意识到了这一点。

其次，正如我们在前面已经提到的，在所有古代佛经译家之中，玄奘的译经数量首屈一指。然而，我们认为，译家的翻译数量无疑是评判其影响力的重要指标，但较数量更重要、也更有说服力的指标则是翻译的质量及在读者中的接受度，因为如果译家的译作不被读者接受，不能在读者中流通，其翻译的意义又在哪里呢？玄奘译作的流通性明显不及鸠摩罗什，其主要原因在于玄奘的翻译方式较为刻板。鸠摩罗什在翻译时，为使译文顺从汉人的阅读习惯，做了大量的删削和重组工作，而玄奘则"拘守梵文格式，不顺汉文文法"[1] 因而译文显得冗长拖沓，读来滞重拗口，同国人尚简的阅读口味不合。如果我们将鸠摩罗什和玄奘对同一本佛经的翻译作一对比，往往会发现前者的译文长度仅为后者的一半。其次，玄奘译经中的很大一部分属唯识宗作品，其辩入毫芒、过于抽象的分析不合中国人偏于直觉和综合的思维模式，因此没能在读者中流行起来。[2]

再次，许多学者对玄奘的评价并非建立在自身调研的基础上，而是拾人牙慧，人云亦云，对一些被认为是权威人物的观点尤其如此。谭载喜先生在谈到中西译学传统时就指出，"在思

---

[1] 江味农：《金刚经讲义》，黄山书社，2006 年，第 36—37 页。

[2] 冯友兰先生曾有"中国佛学"和"佛学在中国"之分，前者指"佛学传入中国后，与中国哲学思想接触后的发展"，而后者则指"佛教的某些宗派始终坚守印度佛教的宗教和哲学传统，和中国思想不相关联，例如唐代玄奘法师由印度介绍到中国的法相宗，可以称之为'佛教在中国'"。在冯友兰看来，这类翻译"在中国的影响仅限于某个圈子里，或仅限于某个时期。它们没有试图去接触中国思想界，因此，对中国人的思想发展也没有产生任何作用"。见冯友兰《中国哲学简史》，新世界出版社，2004 年，第 210 页。陈荣捷先生（Wing-Tsit Chan）也持类似的观点，认为唯识宗"和中国传统完全不相应，因此都只能成为由印度移植来的学说"。由笔者翻译，见 Wing-Tsit Chan, *A Source Book in Chinese Philosophy*, Princiton: Princeton University Press, 1963, p.372。值得指出的是，唯识宗只在唐初兴盛一时，但在玄奘死后，就迅速衰落了。

想传统上，中国人素有崇古、崇权威的较强倾向……中国人的这一'接受'多于'挑战'，或'保守'多于'求新'的思想传统，也自然而然地反映到了中国人的翻译思想和理论传统中"[1]。最近几年，佛经研究在国内引起越来越多的学术兴趣，表面看来，这很让人振奋，然而仔细审视之下，大量同佛经翻译相关的文章缺少创意，严重依赖二手资料，其结论也多为权威声音的再版。

最后，玄奘在中国翻译史上的崇高地位，还同他的汉人身份有关。一般而言，在一项大的将外域文化引进本土文化的翻译运动中，肩负翻译重任的多半是本土人士。然而中国古代的佛经翻译是个例外：外来译者的数量远远超过本土译者数量，二者比例大致为10：1。[2] 笔者在本文中的考察数据也支持这一结论：在两部佛经选本列出的二十名译者中，只有三名是汉人(玄奘、法云和义净)，而其他十七名译者都是外来僧人。这一现象在中外翻译史上绝无仅有，但至今还很少有学者对此进行深入的研究。

为什么说玄奘的汉人身份是他被推上翻译神坛的重要原因呢？作为有着悠久和灿烂文明的泱泱大国，在历史上的大部分时间里，中国都在亚洲大陆上占据着优势地位，在同其他国家的交往中，一直以天朝大国自居，因而中国人在文化上自然有着一种自豪感和优越感。翻译是一国文化力量的表现，因而就翻译活动——尤其是外译中的翻译活动——而言，中国人倾向于认为本土翻译家更为胜任。上个世纪初，梁启超就说过："大

---

[1] 由笔者翻译，见谭载喜：《翻译学》，湖北教育出版社，2000年，第331页。

[2] 孔慧怡：《重写翻译史》，香港中文大学翻译研究中心，2005年，第63页。

抵欲输入外国学术以利本国，断不能以此责任诿诸外人。"[1] 梁启超的这一观点，是在他讨论古代佛经翻译时提出的；在他看来，大部分外来译家是不堪此任的，而使佛经译业造于峰极的，是汉人译家如玄奘、义净等。在现当代的许多中国学者中，都能找到这种民族自豪感和优越感的回音。余光中先生在一篇评论美国丛树出版社出版的《中国文学选集》的文章中，在指出译者(多数为英美人)的一些错译后，认为："汉学英译，英美学者已经贡献不少，该是中国学者自扬汉声的时候了。"[2] 许渊冲先生则更为直接地认为："以实践而论，中国翻译家的水平远远高于西方翻译家。"[3] 许先生为自己这一论断找的论据是："直到目前为止，世界上还没有一个外国人出版过中英互译的作品；而在中国却有不少能互译的翻译家，成果最多的译者已有40种译著出版。"[4] 应该说，这些言论中裹含的文化自信和优越感部分地解释了玄奘被推上翻译神坛的原因。

五、结语

本文所做的研究可以提醒我们，历史上对译家的评判往往带有较多主观的成分，并且受到社会语境、主流论述形态以及

---

[1] 梁启超：《佛学研究十八篇》，第 278 页。

[2] 余光中：《余光中谈翻译》，中国对外翻译出版公司，2002 年，第 81 页。

[3] 许渊冲：《译学要敢为天下先》，收入张柏然、许钧编：《面向 21 世纪的译学研究》，商务印书馆，2002 年，第 34 页。

[4] 同上。说"世界上还没有一个外国人出版过中英互译的作品"并不是事实。英国著名汉学家理雅各（James Legge, 1814—1897）在大量英译汉学经典之外，曾于 19 世纪 50 年代汉译并出版了《圣经》。在理雅各之前，英译过《书经》的英国传教士麦都斯（Walter Medhurst, 1796—1857）也曾将英文《圣经》译成汉语。

评判者个人偏好等种种因素的影响。而且，在一个相对崇尚权威的文化系统里，评判者往往过度依赖二手资料和权威观点，从而进一步强化主流论述形态。这意味着，如果我们今天要对历史上某一位译家做出更精确、更客观的评判，就要敢于对主流观点提出质疑，并在充分掌握一手资料的基础上，剥离那些缺少历史事实支撑的主观臆造，从而还原历史的真相。

"猪猡般的"群众与改写之改写[*]

——莎士比亚、阿里斯托芬与 17—19 世纪英国文学中的群氓

范若恩[**]

  群氓,还是看客?这是一个问题。如果说莎士比亚在其《裘力斯·恺撒》等多部群氓戏剧中既展现被煽动的民众疯狂一面,又暗示着被历史裹挟的民众无奈做戏的一面。那么他在他身后亦以一种奇特的方式与他的先驱和后继者们就群氓问题相遇并反复展开丰富的对话。在这一时期中,一方面群氓话语被英国主流意识形态按照从柏拉图到莎士比亚所设立的模式强化构建,另一方面阿里斯托芬被英国主流意识形态所青睐从而以译介的形式使这样一种构建进一步强化。然而,正如布鲁姆强调的,如果将既有先驱作家和现实都视作文本,后继的文学家,往往"希望向所接受的各种文本展露他自己的痛苦,或者展露他想要诉诸历史的痛苦之事"。[1]尽管受到时代语境的限制,莎士比亚的后继者们依旧凭借本身对现实的丰富体验与和对既有经典

---

[*] 本文刊载于《长江学术》2017 年第 3 期。

[**] 范若恩,复旦大学外文学院副教授,研究方向为英语文学和比较文学。

[1] 哈罗德·布鲁姆著,朱立元、陈克明译:《误读图式》,天津人民出版社,第 1 页。

文学的多向度思考在艺术创作中对群氓话语既再现又予以超越。本文将梳理莎士比亚身后整体时代语境中群氓话语构建过程，进而探讨在这样的背景中，莎士比亚与他的先驱们，特别是阿里斯托芬如何反复相遇在18—19世纪菲尔丁和雪莱关于群氓的文学书写中。这些后继者们通过和莎士比亚与阿里斯托芬展开多个维度的对话与交融，从而以一种喜剧方式反讽性地反拨着时代语境中的群氓话语并复活莎士比亚戏剧中民众的多元形象。

一、被改写的民众与古希腊喜剧家：莎士比亚身后的群氓话语构建

（一）猪猡般的群众？：18—19世纪英国思想交锋中的民众形象的建构与消解

> 上帝按他的形象将我造成人；《崇高和美》一书的作者将我造成猪。
>
> 珀尔森:《新编教义问答》

一种由莎士比亚传递的对民众的恐惧深深渗透到他身后的英国文学中。如果说古希腊罗马与古希伯来典籍中对忘恩负义残酷无情的群众的记载和英国自身从14世纪瓦特·泰勒领导的农民大起义至17世纪初伊丽莎白时期延绵不绝的社会政治动荡记忆激发了莎士比亚和其同时代人关于群氓场景的创作，那么英国17世纪极端清教徒为先驱的内战和同时开始的圈地运动导致的大量民众流离失所和随之产生的此起彼伏的国内抗议与暴

乱，以及隔海相望的18世纪法国大革命对欧洲君主制的冲击和在欧洲大陆的蔓延，无疑将保守的英国主流社会对民众的恐惧推至极致。迈克尔·塞德（Michael A. Seidel）在研究王政复辟时期的群氓时指出，从17世纪40年代伦敦市民进军白厅到70、80年代英国大规模焚烧教皇头像，"群氓在社会中产生了一种巨大的现实和象征性力量，一种使人深深感受到它存在的力量"[1]。据赫伯特·阿瑟顿（Herbert M. Atherton）在《18世纪英国漫画中的"群氓"》所展现，从18世纪初开始，在各地不胜枚举的反圈地反食品短缺动乱及因选举产生的周期性动乱外，在伦敦等英国等大城市最著名的暴力性活动就包括伦敦1710年反对逮捕托利党牧师亨利·萨赫维里尔的萨赫维里尔暴乱（the Sacheverell Riots），1714—1715年伯明翰忠于英国国教和国王的民众攻击其他教派的国教—国王暴乱（the Church and King Riots），1733年消费税法案危机（the Excise Bill Crisis）以及稍晚的爱尔兰地区骚动，1753年犹太人归化法案危机（the Jew Bill Crisis），1756年反海军上将布应（Bying）的抗议，1760—1770年的伦敦纺织工人支持激进派国会议员约翰·威尔科斯（John Wilkes）而爆发的动乱以及最为著名的1780年反教皇及天主教的戈登暴乱（Gordon riots）[2]，后者在60多年后直接成为狄更斯反映群氓的小说之一《巴纳比·鲁吉》的背景。

罗伯特·舒美克尔在《伦敦群氓：18世纪英格兰的暴力与混乱》中指出，从17世纪后半期的王政复辟时代开始"群氓现

---

[1] Michael A. Seidel, "The Restoration Mob: Drones and Dregs", in *Studies in English Literature, 1500-1900*. Vol. 12, No.3（Summer, 1972）, p. 430.

[2] Herbert M. Atherton, "he 'Mob' in Eighteenth-Century English Caricature", in *Eighteenth-Century Studies*, Vol. 12. No.1（Autumn, 1978）, pp. 47-48.

象成为英国公共生活中最显著的特征，它进一步提升了业已被夸大的对社会动荡的恐惧"[1]。群众的身影不光闪现在文学创作中，也频频出现在大量政论时评等其他各种体裁的文字中，并随着这样一种恐惧的持续扩散而逐渐加强——"从伊丽莎白时期到18世纪现代小说，经常提起群氓，骚乱等等，而在19世纪此类指涉大量而且集中涌现。"[2]

但这样一种文学或广义的文化再现并非一种完全自然的描述。如果说莎士比亚并未对民众做任何单一向度的主观评论，那么17—19世纪对群众种种带有单一刻板化倾向并充满恐惧的描述则显现出某种的主观意识形态的话语建构的痕迹。塞德在结合英国国家权力由王室贵族独占逐渐下移至工商业阶级的历史背景发掘群氓（mob）一词在17世纪晚期的出现时发现，群氓作为一个极具负面含义的共名，其实掩盖了在群体场景中人民组成的多样性，尤其掩盖了当时英国普通民众依旧无法分享权力时他们对自身权力的多样的合理诉求——"当人民背离可被接受的政治和社会准则时，他们一律被比附为一些对道德和自然法则的畸形背离。"[3] 专门从事早期现代英国群氓研究的乔治·鲁德（George Rude）就尖锐地发现在18世纪甚至是后世历史学家的话语中，"群氓"这一术语往往被不加区分地"既可以用以指称暴乱，也用以指称罢工或政治示威……尤其是动辄将后两者冠以群氓而不做深入思考，只是将其视为外在政党利用

---

[1] Robert Shoemaker.*The London mob: violence and disorder in eighteenth-century England*. London: Cambridge University Press, 2004, p. xiii.

[2] Nicholas Visser, "Roaring Beasts and Raging Floods: The Representation of Political Crowds in the Nineteenth-Century British Novel", in *The Modern Language Review*, Vol. 89, No. 2（April, 1994）, pp. 290-291.

[3] Michael A. Seidel, in "The Restoration Mob: Drones and Dregs", pp. 431-433.

的工具，只是打劫、抢钱、酗酒或受满足犯罪本能而无其自身动机"[1]。18世纪中期时任伦敦司法官的英国著名小说家菲尔丁惊呼群氓就如一具"庞大而具有力量的躯体，组成宪政中第四等级"，阿瑟顿引用此语进一步指出菲尔丁有意无意揭示出构成群氓的普通民众实质是"被排斥在宪政和政治权力之外的人民"[2]，他在梳理整个18世纪英国漫画中的群众形象如何一步步被负面化后指出，在18世纪漫画中，群众最初只是作为某个政治事件或政治人物的背景烘托而中立地存在，在此之后他们作为极为负面化的丑陋群氓形象逐渐出现在漫画的中心，折射出的是"暗示着一种长久的恐惧，一种对群氓的不信任，一种因底层民众的政治诉求而产生的敌意"[3]。换而言之，群氓的构建，既由其集体暴力所引发的恐惧而起，又由保守的英国主流意识形态出于拒绝民众对民主改革等自身权利的合理诉求的需要而引发——正是通过将群众一律归约为群氓，并凸显强化群众运动中暴力的一面，将多元形象的民众单一化与负面化，主流意识形态得以以此为借口拒绝后者对自身权利的合理呼声。

纵观这样一种在英国文学与其他书写中关于民众的话语构建策略，一种令人瞩目的方式是在描述民众场景时以比喻的手法将民众拟为非人的自然意象，另一种则是从古典时代的思想特别是阿里斯托芬对古希腊民主与民众的批判中寻找资源，通过译介从外部强化固有的对民众形象的构建；而这两种建构却戏剧般地同时在雪莱的《暴虐的俄狄浦斯》中被彻底戏拟与

---

[1] George Rude, "The London 'Mob' of the Eighteenth Century", in *Historical Journal*, Vol.2, No. 1(1959), pp. 1-2.

[2] Herbert M.Atherton. "The 'Mob' in Eighteenth-Century English Caricature", p. 57.

[3] Ibid., pp. 47-48.

颠覆。

就以自然意象比喻民众的手法而言，罗纳德·帕尔逊在其《革命的再现》中通过梳理发现，关于文学对革命的形象的描绘，"我们首先发现的是它依靠诸如暴风雨，地震，喷发的火山等自然隐喻而存在"。[1] 将民众比喻为充满暴力的自然意象，在英国乃至西方文学传统中可谓源远流长。从《理想国》与阿里斯托芬喜剧中的"多头怪""怒气冲冲的马蜂"到贺拉斯的"人民是多头怪"开始，对民众特别是社会动荡中的群体的呈现往往就和此类意象相连。除莎士比亚的时代传统和莎士比亚自身创作中类似的手法之外，莎士比亚身后的时代，这样一种呈现民众的策略延绵相传。弥尔顿就借耶稣之口，将民众描绘为"兽群"：

> 人民，除了昏头昏脑的兽群，
>
> ……
>
> 将那不知道的事和人颂拜。[2]

然而，将自然意象比作民众并非一种简单的文学写作修辞手段的选择，而是蕴含着微妙的政治理念与意图在内；换而言之，它与英国保守的主流社会对民众的既定观念互为派生且互

---

[1]　Ronald Paulson, *Representations of Revolution（1789-1820）*, New Haven: Yale University Press, 1983, p. xviii.

[2]　John Milton. Paradise Regained. New York: Signet Classic, 1982. III 49-51. 另一著名新古典主义诗人蒲伯指责民众时则直接借用贺拉斯的原话，"人民是多头怪"。政治哲学家霍布斯则认为群众像"奔腾、狂暴且肮脏的爱尔河"。17世纪晚期都柏林大主教帕克（Bishop Parker）将人民的呼声称为"狼、虎、猿与狒狒的嚎叫"甚至连英王查尔斯二世颁布的允许伦敦享有部分自治的伦敦市宪章都被称为"（反对国王的）地狱的看守恶犬、多头怪"。参见 Michael A. Seidel. "The Restoration Mob: Drones and Dregs", pp. 430-439.

为强化。当主流意识形态以非人化的比喻修辞将民众放逐出人的领域，也就否认了他们作为人应享的权利。凯斯·托马斯（Keith Thomas）在《人与自然世界：现代情感史》中指出："如果人性的根本所在被定义为存在于某种特质中，那么接下来的论断就是任何展示不出这种特定品质的人就是次人半兽……一旦有些人被认为是野兽，他们会被按对待野兽的方式加以对待。人类进行统治的伦理将动物从人类的关怀中放逐出去。它也使那些被认为是处在动物状态的人所遭受的粗暴对待合法化……对他们的非人化是粗暴对待他们的必要先决条件。"[1] 对此最有代表性的诠释，当属18世纪末柏克在其至今仍广为传颂的巨制《法国大革命论》中对群众的刻画。这位被称为"西方思想家反对法国大革命的保守派首席代表人物"[2] 的思想家，在描述群众形象时，调动着各种动物意象，以让他的对待民众的观念和叙述合法化。如他在形容英国的群众与潜在的煽动者时，就使用"牲畜""蚱蜢"等：

> 几个小小的阴谋家企图在喧嚣吵闹，大吹大擂和彼此相互喊价之中掩饰起他们全部重大的要求……虽有半打蚱蜢在蕨类植物里面以它们扰人的声音形成了一个野生圈，但几千头牲畜却在英国橡树的绿荫底下休息，悄然无声地在反刍；就请你们不要猜想，发出喧哗的那些东西就是田野上唯一的居留者；当然，它们的

---

[1]　Keith Thomas, *Man and the Natural World: A History of the Modern Sensibility*, Oxford: Oxford University Press, 1996, p. 41.

[2]　柏克著，何兆武等译：《法国革命论》，商务印书馆，2010年，第 iii 页。

数目是很多的……[1]

而公认为最令人震惊的，当属他在书中所抛出的充满羞辱性的意象——猪猡般的群众（swinish multitude）！他在谈论法国大革命中贵族文化的命运时，将群众与文明及代表文明的绅士精神、宗教精神以及学术对立，以显示在"美好的东西"对立面的群众的粗鄙与愚昧，并将其暗指为文明的毁灭者：

> 我们的风尚、我们的文明以及与风尚文明相联系
> 的一切美好的东西，在我们的这个欧洲世界里，多
> 少世代以来都有赖于两项原则……我指的是绅士的
> 精神和宗教的精神……但学术要随着它的天然的保
> 护者和保卫者一道被投进泥淖之中，遭到猪猡般的
> 群众的践踏。[2]

"猪猡般的群众"一语立刻在18—19世纪的英国激起轩然大波。柏克并非随意拿一种动物意象做喻，或是表达一种普通的批评，而是通过对英国革命中被送进断头台的查尔斯一世的隐约借用表达他保守政治观的源头所在，并通过对《圣经》微

---

[1] 柏克：《法国革命论》，第114页。

[2] 柏克：《法国革命论》，第105页。何兆武先生的译本将最关键的意象"swinish multitude"意译为"一群猪一样的粗鄙之徒"，但multitude一词并非指普通人群，而是在社会学意义上指称大规模社会运动中的群体。何兆武先生的译文未能完全体现"multitude"一词中隐含的社会学意义的群众、群体之意。同时考虑"swinish multitude"这一意象为本文多个标题及正文所用，为行文简明起见，本文将其译为"猪猡般的群众"。关于"multitude"的社会学定义，请参见Susan Schuyler，"Multitude: English"，in *Crowds*. J. T. Schnapp et al., eds, Stanford: Stanford University Press, 2006, pp. 124-125。

妙的借用表达他对群众严厉的否定。据弥尔顿记载，查尔斯一世曾说过"骚动之于国会，就如猪猡之于花园"。[1]而《新约·马太福音》中就有"不要把圣物给狗，也不要把你们的珍珠丢在猪前，恐怕它践踏了珍珠，转过来咬你们"。这样，柏克用在西方文化传统中最具负面的无知愚昧和暴力隐喻的动物意象之一指涉群众，他对后者的极度厌恶与蔑视尽显无疑。

随着《法国大革命论》的出版和大量发行，"猪猡般的群众"令舆论哗然，而且确实成为18世纪末至19世纪初的流行语。[2]如柯勒律治在1817年呼吁保留对王权的敬重时，就曾直接引用柏克的话，感叹这样一种品格"正遭到猪猡般的群众的践踏"。[3]然而，让柏克或其他英国主流思想家始料不及的是，"猪猡般的群众"一语并非以对其的肯定的方式流行开去，而是很快在英国民主改革思潮对其的戏仿与戏谑中被喜剧化地消解。据罗兰德·巴特勒在《雪莱和柏克的"猪猡般的群众"》[4]和达伦·哈维德在《皇家动物：浪漫主义和政治化的动物》[5]中考证，"猪猡般的群众"一语刚一出现，就引起激进派旷日持久且声势浩大的嘲讽与戏仿，他们或是将其冠为他们出版书刊的名字，或是在行文中反讽性地使用。如18世纪末的名医帕金森在1793年接连出版两本被广为阅读的小册子《猪猡般的群众致高贵的柏克先生》和《被柏克先生丢在猪前的珍珠》。

[1] Michael A. Seidel. *The Restoration Mob: Drones and Dregs*, pp. 431.

[2] Roland Bartel, "Shelley and Burke's Swinish Multitude", in *Keats-Shelley Journal*, Vol. 18(1969), p. 6.

[3] Ibid., p. 8.

[4] Ibid., pp. 4-9

[5] Darren Philip Howard. *Imperial animals: Romanticism and the politicized animal*. Los Angeles: University of California, Los Angeles, 2007, p. 10.

彭斯（Robert Burns）在 1794 年一封信中也不无反讽地宣称要迎接"让猪猡般的群众明白他们只是猪"的黄金盛世的降临。赫兹列特则在赞扬同时代一位作家时，将其戏称为"柏克笔下猪猡般的群众中的一分子"。[1] 而这场狂欢最后在雪莱的诗剧《暴虐的俄狄浦斯》中达到高潮——正是这部雪莱在 1820 年写就的喜剧中，群众以备受压迫和奴役的猪群的形象正面登场，在自由的引导下支持代表正义的王后一举推翻了暴君俄狄浦斯的统治，换回了自己的尊严与新生！

　　而在 1818 年 8 月 30 日英国著名的《检查者》（*Examiner*）杂志刊登了一篇剑桥大学著名古典学教授珀尔森匿名所写的一篇题为《新编教义问答》的杂文，它被认为是雪莱《暴虐的俄狄浦斯》中猪猡般的群众形象的源头之一[2]，该文采用问答体的形式，更是尖锐地直接指出群众形象如何被人为构建：

　　　　问：你叫什么名字？

　　　　答：猪或猪猡。

　　　　问：上帝将你造成猪猡的吗？

　　　　答：不！上帝按他的形象将我造成人；《崇高和美》一书的作者 [3] 将我造成猪猡。[4]

---

[1]　Roland Bartel."Shelley and Burke's Swinish Multitude", pp. 4-9.

[2]　Gertrude H. Campbell, "The Swinish Multitude", in M*odern Language Notes*. Vol. 30, No. 6 (Jun.. 1915), pp. 161-164.

[3]　此处《崇高和美》的作者指柏克。柏克另著有《崇高和美》（*On the Sublime and Beautiful*）一书传世。

[4]　Richard Porson."A New Catechisn for the Use of the Natives of Hampshire", in Leigh Hunt ed., *The Examiner for the year 1818*, London: John Hunt, 1818, p.548.

（二）勇敢的城邦贵族？：英国主流思想对阿里斯托芬形象的改写与操纵

除频繁调动多头怪或猪猡等意象以描述群众外，英国保守的主流思想亦将注意力转向阿里斯托芬和他对民众与民主制的批判。在欧洲启蒙时代，阿里斯托芬因其喜剧作品中的色情或不雅语言和其在《云》中对苏格拉底的讽刺而广受当时评论者的批评和排斥，尤其是后者被认为直接导致苏格拉底被雅典政府审判，因此，在很长时间内，尤其是当代研究视野中，阿里斯托芬被认为在18—19世纪英国对古典文学的接受中被边缘化。对此，最有代表性的莫过20世纪80年代历史学家简金斯在《维多利亚人与古希腊》中所做出的论断"在所有古希腊伟大作家中，阿里斯托芬对19世纪的影响最少"[1]。这一论断被其他研究者广为引用，甚至时至21世纪，另一历史学家霍尔在简金斯的基础上进一步提出因为阿里斯托芬当时的读者只限于拥护保守政治理念的人群且对其的英译直至19世纪才出现，所以"只有受过教育的男性精英才阅读阿里斯托芬"。[2]然而，当霍尔提出阿里斯托芬在18—19世纪英国的受众仅限于精英阶层时，他忽略了正是以托利党人为代表的英国精英阶层当时控制着英国社会主流思想，他们为阐释其政治理念而大力发掘阿里斯托芬喜剧中对古典民主制的批判因素，从而在18世纪末直至维多利亚时代晚期通过对阿里斯托芬的译介与改写掀起一股经久不衰

---

[1] R.Jenkyns, *The Victorians and Ancient Greece*. Cambridge: Harvard University Press, 1980, p. 79.

[2] E.Hall, *Aristophanes in Performance 421 BC–AD 2007: Peace, Birds, and Frogs*. London: Maney Publishing, 2007, p. 67.

的阿里斯托芬热[1]，而且他更忽略了此种热潮并非受保守的精英阶层一家所操控主导，而是激起了与之对立的左翼进步思想的激烈的争鸣与反击——正如华尔什在《接受研究：英国对阿里斯托芬政治与影响的争论》中所揭示的，"阿里斯托芬的剧作怎样被展现对处在一个政治革命和经济转型时代的英国而言非常重要，各方关于他的争论代表着重大现代问题的论战"[2]，而两者的猛烈撞击也正是以雪莱在《暴虐的俄狄浦斯》对被托利党人改写的阿里斯托芬的再次改写中达到高潮。

　　就英国保守政治力量对阿里斯托芬的改写而言，从18世纪末开始，随着法国大革命种种弊端的显现，特别是直接民主制导致的充满暴力与杀戮的群氓统治及拿破仑独裁帝制的出现，阿里斯托芬因其剧作中对雅典民主制弊端的种种抨击尤其是对僭主的讥讽而备受英国崇尚君主立宪制的托利党人重视，他吸引着"英国历史学家、古典学家、读者与译者的持续关注"[3]，并在政治层面"与托利党人的政治产生广泛的联系"[4]。迈克尔·俄克伦茨在其《雪莱〈暴虐的俄狄浦斯〉的体裁与政治》中发现，阿里斯托芬似乎成了他们在古典时代的精神先驱，为他们的政治理念提供思想资源与依据。因此，他们孜孜不倦地借助重写古希腊史或古希腊文学史、评论、翻译、编辑阿里斯托芬作品等种种方式重塑阿里斯托芬的形象，突出他对民众与民主政治

---

[1]　Michael Erkelenz, " The Genre and Politics of Shelley ' s Swellfoot the Tyrant ", in *The Review of English Studies*, New Series, Vol. 47, No. 188 (1996), p. 515.

[2]　Philip Walsh. " A study in reception: the British debates over Aristophanes ' politics and influence ", in *Classical Receptions Journal*, Vol. 1. No. 1 (2009), p. 58.

[3]　同上，p. 57.

[4]　Michael Erkelenz, " The Genre and Politics of Shelley ' s Swellfoot the Tyrant ", in *The Review of English Studies*, New Series, Vol. 47, No. 188 (1996), p. 515.

的批判，以期古为今用为他们的思想传播服务。

据华尔什的梳理，对阿里斯托芬的改写首先在正统的希腊历史编撰中进行。早在18世纪80年代，由苏格兰皇家史学家约翰·吉列斯与皇家科学院古代史教授威廉·米特弗德分别在其撰写的《古希腊史》(*The History of Ancient Greece*)和《希腊史》(*The History of Greece*)中猛烈抨击雅典民主制，[1] 米特弗德所著的《希腊史》被公认为对后世影响深远，他第一次赋予阿里斯托芬一个忧心城邦命运积极为之出谋划策的贵族形象，在他的叙述中阿里斯托芬"几乎单枪匹马……敢将在公共舞台的讽刺导向约束大众暴政的愚蠢和纠正他们的放荡"[2]。在同一时期，对阿里斯托芬的译介与评论也开始广泛展开，甚至连著名浪漫主义诗人柯勒律治也参与其中。据迈克尔·俄克伦茨的考证，在这场托利党人主导的重塑阿里斯托芬运动中，既有他们主办的《季度评论》《新月刊》等两大政治阵地杂志刊发的一系列关于阿里斯托芬喜剧的论文，也有一系列对阿里斯托芬喜剧作品或对其正面评述的其他国家文学研究的译介。其中有些译作还引起柯勒律治的关注，如他在其文集《友人》中专门引用阿里斯托芬译者福莱勒的一段译文，并宣称他对阿里斯托芬的英译一旦问世，"将成为英国文学中重要的纪元之一"[3]。

如上文所述，这些英国主流保守思想家并非只是为公众展现一个其不甚熟谙的古希腊作家，而是有其明确的政治意图指向。在反观以托利党人或其他英国保守思想家们如何将具有丰

---

[1] J.Gillies, *The History of Ancient Greece*, vol. I. London: A Strahan and T Cadell, 1786, p. A2. W.Mitford, *The History of Greece*, vol. V. London: T. Cadell, 1818, p. 29.

[2] W.Mitford. *The History of Greece*, vol.V. , p. 29.

[3] Samuel T. Coleridge. "The Friend", in B. E. Rookeed., *The Collected Works of Samuel Taylor Coleridge* 4. Princeton:Bollingen Series, 1848, p. 18.

富内涵，"而非鼓吹一种特定的政治"^[1]的阿里斯托芬改写为其同路人时，当代文化翻译学家安德烈·勒弗菲尔关于改写的观点无疑值得借鉴。勒弗菲尔在《翻译、改写和对文学名声的操纵》中指出操纵着包括翻译、评论和历史撰写在内的改写的往往是"意识形态、文学理念和赞助人"三要素，任何的改写并非在真空中运作，而是受到一定的政治、文学与文化语境的重重制约，改写者往往会在赞助人的督促下对原作进行一定程度的调整甚至颠覆，以使其符合目标语文化占统治地位的意识形态和诗学形态的预设期待。^[2]正如俄克伦茨发现的，"对托利党翻译家与评论家而言，阿里斯托芬暴露并展示了雅典'群氓制'的道德与政治丑恶。因此，托利党人发起运动让阿里斯托芬唤起有文化的公众的注意。在(英国)民主改革呼声日见激烈而对此的镇压也更加激烈时，暴露雅典政制的巨大缺陷显得格外迫切"，在托利党人的大量译介活动中"充满了对同时代政治的大量指涉"，阿里斯托芬被他们塑造为"意识形态上的同盟者，以反对任何形式的民主革新"。^[3]例如，米特福德是历史上第一个将阿里斯托芬塑造为勇敢的贵族形象的历史学家，在颂扬阿里斯托芬的同时，他亦大力地攻击民主制，声称"在民主制中，没有一个人能掌握自身：财产、个人和所有的一切都必须奉献出去，不仅仅是为了服务目的，也是为了满足人民的寻欢作乐和奇思怪想"。在他在借阿里斯托芬批判雅典民主制之外，他更

---

[1] A. W. Gomme, "Aristophanes and Politics", in *Classical Receptions Journal.* 52 (1938), p. 102.

[2] Andre Lefevere, *Translation*, *Rewriting and the Manipulation of Literary Fame.* Shanghai: Shanghai Foreign Language Education Press, 2003, pp. 1-15.

[3] Michael Erkelenz, *The Genre and Politics of Shelley's Swellfoot the Tyrant*, pp. 516-517.

将这样一种批判延伸至他所处的18—19世纪以从反面捍卫英国君主立宪制。如在他《论阿里斯托芬喜剧的翻译》一文中，他在讨论他人的译本的同时，对古代民主制下的雅典人展开极为严厉的评述：

> 他们乐于接受最粗俗的奉承……他们生性易动摇而无忠诚，头一夜还为欧里庇得斯的悲剧恸哭，第二夜又为他的批判者阿里斯托芬的滑稽模仿喜剧逗得乐开怀……这就是那些让人百思不得其解的雅典人的品性……这就是人民和他们的娱乐、道德和政治，而阿里斯托芬正要致力于对此批判、修补和引导。[1]

同时，他在自身译介阿里斯托芬时将其和他对英国政治的赞美相连：

> 正如作者阿里斯托芬一样，在一种如我们这样达到平衡的宪法之中，任何排他的观点都应小心翼翼地被避免——长期以来有人研究试图贬低英格兰的君主制和贵族制，甚至将她那受人推崇的宪法融入到意大利或希腊的民主制中，这样的恶行正发生在大街小巷……这样一种糟糕之至的交易，让每一个心灵充斥着愤怒与恐惧，它也见证着修昔底德笔下才有的肮脏一幕的出现。[2]

---

[1]　T. Mitchell, "Translations of the Comedies of Aristophanes". *QuarterlyR eview*, 9 (1813), p. 144.

[2]　T. Mitchell, *The Comedies of Aristophanes*, vol. London: 1820, pp. xii-xiii.

而这样一种对阿里斯托芬的改写风潮中，最经典的一幕莫过于米歇尔本人对阿里斯托芬的译介中的删减。阿里斯托芬包括残篇在内存世的喜剧共十一部，米歇尔在1813年他出版了其所译的其中十部喜剧，而单单删去《吕西斯特拉特》（Lysistrata），除去诸多太过放荡粗俗的对话确实不适合当时英国保守的风气之外，另一个重要原因是后者展现了阿里斯托芬关于民众思想的另一面——他在形象塑造上将雅典内乱的妇女还原为批判狂热冷静寻求结束战争的群众，其政治观点与米歇尔所力图展现的阿里斯托芬相抵牾！[1]

二、奶牛般的群众？：菲尔丁对群氓话语的消解和《弃儿汤姆·琼斯史》对群氓场景中喜剧因素的继承

当17—19世纪英国意识形态主流话语用"群氓"这样一个失之空泛的共名对民众进行单向度构建并通过以暴力的自然形象比附或译介阿里斯托芬等古典文学对其进行巩固时，这样一种构建并非未遇任何的抵抗与反击。除上文所勾勒的柏克"猪猡般的群众"一语的原意在无数的令原作者啼笑皆非的戏讽中被消解外，17—19世纪部分英国文学大家甚至在更早的时期似乎就已经纷纷洞察到在群氓话语构建中的奥秘，尽管他们往往处在某种张力之间，或多或少受到时代语境和自身观念的控制与局限，他们依旧凭借本身对现实的丰富体验与和对既有经典文学的多向度思考间接或直接地在艺术创作中对群氓话语既再

---

[1] Philip Walsh," A study in reception: the British debates over Aristophanes ' politics and influence ", p. 57.

现又予以超越甚至是消解。如上文所展现的，弥尔顿一方面在
《复乐园》中猛烈批评群众是"昏头昏脑的兽群，乱七八糟的乌
合之众"，而另一方面，当英王查尔斯一世用"骚动之于国会，
就如猪猡之于花园"形容他对群众及其呼声的傲慢时，弥尔顿
却为群众辩护，"查尔斯一世说'骚动之与国会就如猪猡之于花
园'……同时，谁知道花园里一头大肥猪做的恶可能和一群小
猪做的恶旗鼓相当呢？"[1] 而一生抨击英国底层民众身受的种种
压迫与罪恶的斯威夫特在其《木桶的故事》中言及"摆脱人群就
跟逃离地狱一样困难"，然而在卷首他却直接宣称他另准备计划
撰写一篇论文，为群氓声辩，其标题就为《为各时代暴民一篇
谦恭的辩护》。[2]

　　如果说上述英国作家对群众的同情与辩护只是零星散见在
其思想与著作中，那么17—18世纪群氓在英国经典文学中的再
次完整登场则首先出现在菲尔丁的创作中。菲尔丁政治身份与
作家身份的复杂交融使对他群氓的展现似乎完整地体现了意识
形态与作家个人思考间的张力的存在。而最终促使他完成对意
识形态既有构建超越的，除去他本人的生命体验外，阿里斯托
芬与莎士比亚如何潜入他的精神世界，也是亟须进一步考量的
因素。

　　作为18世纪中期伦敦司法官的菲尔丁，曾多次目睹并参
与化解各类群体活动与集体暴力[3]，在他一系列政论文中，他似
乎表现出主流意识形态对群氓的极度警惕与排斥。如在他主编

---

[1]　Michael A. Seidel. *The Restoration Mob: Drones and Dregs*, pp. 431.

[2]　斯威夫特著，主万、张健译：《木桶的故事》，人民文学出版社，2000年，第4页。

[3]　G. M.Godden. *Henry Fielding: A Memoir*. Middlesex: The Echo Library, p. 111-119. Thomas Raymond Cleary, *Henry Fielding*, *Political Writer*. Ontario: Wilfrid Laurier University Press, 1984, pp. 275-276.

的《考文特公园双周刊》1759年6月13与20日的两期中，他接连撰写长文专题讨论群氓在英国历史的起源、各个历史时期造成的巨大动荡和治理群氓的办法。在文中，他一再惊呼群氓是"构成我们社会(或宪政)的第四等级"(第80、83、84、90、94页)"第四等级所享受的权力已威胁要动摇我们宪政的平衡"(第93页)并从理查一世时期群氓对犹太人的屠杀开始，历数群氓在英国各个历史时期所造成的社会动荡，同时在其文章结尾以一种保守的观念声称要对群氓进行武力镇压——"有两类人让群氓依旧心存敬畏并通常厌恨：一个是和平的正义，一个是士兵。正是这两者使群氓未能完全从我们的共和国中将其他的次序连根拔除"(第94页)。在他不无讽刺的论述中，群氓以一种极为经典的崇拜血腥而又愚昧的形象出现：

> 群氓绝不可能同意，却会默认某些法律的执行……那就是反抢劫盗窃的法律。我承认确是如此，并且经常怀疑为什么。其中理由也许是群氓对节日有着极大的喜爱，对看人被绞死兴奋不已；他们如此兴奋以至于忘了他们乐衷观看的绞刑，极有可能在以后成为他们的命运（第91页）。

然而，当他对群氓做出如此经典呈现时，他另一些论述似乎又透露出异样的信息与含糊的同情。如在他声称"这一第四等级古代就宣布要监督控制其他三个等级"并且"这一第四等级已经通过武力，如拳头、棍棒、刀具、镰刀或其他武器宣称要获得权力"，他却承认"这一等级的境遇从诺曼征服开始后的很长时期内都是低贱且卑微"而且"我也记不起任何立法或司法权力被明确交给他们"（第81页）。这样一种异样的同情或与其所处的时代政治语境相偏离的倾向，在他的名著《弃儿汤姆·琼斯史》中早已出现，例如他在小说刚一开篇的第二章，就首先否定了群氓的传统内涵，当"群氓"一词第一次出现时，它所指向的他（她）们只不过是一群因未婚生子的女子而"嚼舌根"的保守人士而并非经煽动失去理智的暴徒，而当作者批评群氓"缺乏同情"时，却不惜笔墨专为之加注，以刻意表达他反对简单将群氓等同于民众的传统观念；相反，在他心中往往上层人士反会变成群氓：

> "群氓"一词，不论在我的写作中什么地方出现，都是指哪些没有道德、没有见识的人说的；并且我还常常指的是阶层最高的人（第43页）。

此后，作者似乎对群氓一词的定义意犹未尽，在第十卷第四章中，当客店女仆吆喝人干活并称她吆喝去干活的众人为"群氓"时，菲尔丁又特意加注(群氓：指普通人)，再三表明群氓其实与政治无涉。

而这样一种迥异于时代语境的群氓观则在他以戏拟手法呈现"群氓暴力"的两幕场景中完全展开，其中最著名的一幕出现在第三卷第五章，他将那著名的乡野间混战一幕称为"用荷马的风格唱出的一场战斗"，将怒骂喧嚷卷入混战的村民比拟为"高喊狂叫的奶牛"并径直称呼他们为"萨姆塞特郡的群氓们"：

> 如果有一大群母牛，在挤奶的时候，听到远处的

牛犊，因为正在进行中的掠夺行为而发出哀号之声，那些母牛就要又大肆怒吼，大发长哞；当时萨姆塞特郡的群氓，就像那种母牛那样，高喊狂叫，一片怒吼，在这一片怒吼之中，有各式各样的尖叫，嘶喊，以及其他不同的诟詈、辱骂……但是其中最主要的还是嫉妒；她是撒旦的亲姊妹，永远跟随在他的身边；她在人群中冲来冲去，煽惑妇女，叫她们发威动怒。她们刚追上了媚丽，就纷纷抓起脏土和垃圾来，朝着她扔去（第205页）。

在这样一种戏仿荷马关于众神和英雄的史诗的背后，一种阿里斯托芬的喜剧精神和他对群氓的喜剧性的呈现与消解在此昭然若现。在菲尔丁的叙述中，群氓似乎以一种经典的疯狂形象出现，菲尔丁在将其比附为"母牛"时，似乎运用一种本文业已勾勒过的象征着暴力的动物意象再现群氓，以肯定时代的主流意识形态对群氓的认知。然而，就如同阿里斯托芬在呈现民众时频繁运用类似于同时代的柏拉图《理想国》中多头怪与群蜂等象征群氓的意象以达到一种对柏拉图的借用中的嘲讽与颠覆那样，这样一种再现实质是一种喜剧性的反讽或否定性的展开。菲尔丁对于阿里斯托芬可谓情有独钟，他早在伊顿公学读书时便已开始阅读阿里斯托芬[1]，其后更是在1742年与好友威廉·杨合作翻译阿里斯托芬的著名喜剧《财神》。尽管作为一个政论家，菲尔丁对阿里斯托芬也不尽赞同，如他在1752年2月的《考文特花园双周刊》中指责阿里斯托芬的构思"将世界上所

---

[1] Wilbur L. Cross, *The History of Fielding*. Vol 1, New York: Russell and Russell, 1963, p. 44.

有的庄严、谦虚、高贵、美德与宗教嘲讽个遍"，但正如米勒所发现的，作为代表着主流意识形态的政论家，菲尔丁在政论文中"强调社会和法律的呼唤"，而在小说中他则与之背离，"强调个体和爱"[1]。菲尔丁在其《弃儿汤姆·琼斯史》第十三卷第一章中，毫不掩饰渗透在小说中的喜剧思想正是来源于阿里斯托芬、拉伯雷、莎士比亚等，并召唤他们所拥有的灵感之神让他"与流俗之力对抗"以看清"事物之秘密"和"人类之形形色色"：

> 吾请汝将此迷雾为我拨开，使我得睹天日。剥去智慧之外衣，使野心现出。汝其来今，汝曾以灵感赐阿里斯托芬、路西恩、塞万提斯、拉伯雷、莫里哀、莎士比亚、斯威夫特与马利弗欧；吾亦求汝使我之著作充满谐虐与讽刺。直使人学得以善良为怀，只笑人之愚，以慈爱为念，只哀己之愚（第876页）。

菲尔丁被他第一位传记作者穆雷称为"我们现代的阿里斯托芬"[2]，正如阿里斯托芬在借用中颠覆了柏拉图或他展现的不是一种特定政治观念而是雅典的众生百态[3]一样，菲尔丁同样在挪用中消解了他那个时代对民众的单一构建。当"萨姆塞特郡的群氓"被以一种符合意识形态预期的经典手法比喻为"大肆怒叫"的"奶牛"时，菲尔丁进而展现的其实是群氓这一表象所试图遮掩的民众多样的存在。他敏锐觉察到，奶牛的怒吼是

---

[1] Henry K. Miller, "Henry Fielding's Tom Jones and the Romance Tradition", in *English Literary Studies* 6(1976), p.81.

[2] Charles A.Knight, Fielding and Aristophanes, in *Studies in English Literature 1500-1900*. Vol. 21, No. 3(1981), p. 493.

[3] Edith Hamilton, *The Greek Way*, New York: W. W. Norton, 1960, p. 126.

因为牛犊受到掠夺行为的威胁，而"萨姆塞特郡的群氓"，也并非因煽动而狂热，而只是一群乡村间的妇女，因妒忌媚丽的新衣而对其辱骂并和她厮打，是一场政治无关的乡野闹剧。斯皮尔曼发现菲尔丁在《弃儿汤姆·琼斯史》中不盲目将暴力的原因归结为社会政治，在这部小说中"当暴力确实发生时，它仅仅是个人间的"，[1] 菲尔丁在这里表现出一种迥异与他政论文中对群氓那经典却呆板的界定——无数个丰富的个体在此隐约出现，他（她）们并非失去理智被向一个方向驱使的群氓，而是"有各式各样的尖叫……总之，有多少不同的人，或者实在说，有多少不同的感情，就有多少不同的声音"。

同样，当菲尔丁将莎士比亚与阿里斯托芬并列，并称其有洞察一切的灵感之时，他毫无疑问将莎士比亚视为他思想背景的又一层底色。在《弃儿汤姆·琼斯史》中，菲尔丁大量提及莎士比亚，其中《裘力斯·恺撒》的台词更是被数次引用；就群氓场景而言，正如弗莱指出，作为"意象、象征、主题、人物，或结构单位的原型，只要它们在不同的作品中反复出现，它们就体现着文学传统的力量，把孤立的作品互相联系起来，是文学成为一种社会交际的特殊形态"[2]，菲尔丁对群氓的描写同莎士比亚这一文学中描写群氓场景的经典先驱形成某种对话与互补。在这里，当莎士比亚群氓喜剧性的一面被后世阐释所遮蔽时，菲尔丁内心深处的阿里斯托芬气质似乎使他将其复原。他表现出对群氓话语空泛性的警惕，他的群氓虽不是对固有解读中莎剧群氓形象的否定，但却是对其有益的补充——狂怒的他们，既可能是菲尔丁或莎士比亚生命中所面对的伦敦暴徒，但

---

[1] Diana Spearman. *The Novel and Society*. New York: Routledge & Kegan, 1966, p. 99.

[2] Northrop Frye. "The Archetype of Literature", in David Lodge, ed., *The Twentieth Century Literary Criticism*, London: Longman, 1957.

也可能是一群或厮打或起哄的普通民众。

黑格尔曾经在喜剧中看见一种带着强烈批判精神的超越，"在这种喜剧性解决之中遭到破灭的既不是实体性因素，也不是主体性本身……绝对理性显示为一种力量，可以防止愚蠢和无理性以及虚假的对立和矛盾在现实世界中得到胜利和保持住地位"。[1] 当18世纪对群氓的话语构建日渐呆板时，菲尔丁借助他思想的各种源头，用他那幽默却深刻的笔调勾勒出远为复杂的图景中的种种，并对他身后柏克"猪猡般的群众"之语的出现和托利党人对阿里斯托芬的改写形成某种反讽性的预言。

三、改写之改写：雪莱对《裘力斯·恺撒》的呼应和对阿里斯托芬的复活

如果说阿里斯托芬和莎士比亚只是微妙地和菲尔丁在他的文学创作对其政论文或更广阔的主流意识形态所建构的群氓话语做出某种反拨并形成对话，那么这样一种反拨和对话最彻底而清晰的表达则出现在雪莱的创作中。正如本文第一节所述，17—19世纪英国文学与其他意识形态书写中关于民众的话语构建策略存在两种令人瞩目的方式，一种是以柏克为极端代表，将民众比喻为"猪猡"等非人的自然意象从而否认其作为人的权利，另一则是通过译介改写阿里斯托芬对民众与民主的批判从外部强化固有的对民众形象的构建；而这两种建构策略却戏剧般地同时在雪莱的《暴虐的俄狄浦斯》中被彻底戏拟与颠

---

[1] 黑格尔著，朱光潜译：《美学》第3卷下册，商务印书馆，1981年，第293页。

覆——正是凭借着他早期精神深处对莎士比亚《裘力斯·恺撒》的呼应，雪莱在这部直接受阿里斯托芬启发所诞生并游走在英国政治现实与想象的剧作中，将被托利党人所改写的阿里斯托芬再次改写，让猪猡般的群众发出自己的呼声，在捍卫代表自由的王后的利益时也恢复了自己作为人的权利；与此同时，雪莱在对阿里斯托芬的改写之改写中既复活了阿里斯托芬也复活了莎士比亚民众观的全貌。

在雪莱的思想渊源中，《裘力斯·恺撒》占有重要的地位。在更广义的英国乃至欧洲激进思想中，《裘力斯·恺撒》一直备受推崇；据安东尼·泰勒在《莎士比亚与激进主义》中考证，自17世纪起，英国辉格党人就视该剧为弑杀暴君和推翻詹姆斯二世提供了依据与模式，而勃鲁托斯则被视为对抗暴政的英雄。在19世纪，激进主义者们则通过引用《裘力斯·恺撒》论证共和主义与反抗独裁的合法性。[1] 就雪莱本身的接受而言，大卫·克拉克发现雪莱受莎士比亚影响极深，他在个人信件中大量谈及莎士比亚，"毫无例外地带着敬意评论莎士比亚或引用他以言说自身难以表达的观点或借此给予某一个论点以支持……在信中他常常赞美莎士比亚思想的深度，他的情感、克制、智慧、对人类品性的具有穿透力的洞察"，而其中"最常被讨论的就包括《裘力斯·恺撒》"。[2] 同样《裘力斯·恺撒》在雪莱创作中十多次被引用，如在雪莱少年时写就的最著名的长诗之一《麦布女王》（Queen Mab）第三部中，他就模仿《裘力斯·恺撒》中第四幕

---

[1] Antony Taylor, "Shakespeare and Radicalism: The Uses and Abuses of Shakespeare in Nineteenth-Century Popular Politics", in *The Historical Journal*. Vol. 45, No. 2 (June., 2002), pp. 362, 365, 367.

[2] David L. Clark, "Shelley and Shakespeare". PMLA. Vol. 54, No. 1 (Mar., 1939), p.261.

第三场"你那些无聊的恐吓，就像一阵微风吹过，引不起我的注意"，写出"人的短暂而脆弱的权威，像懒散刮过的风，软弱无力"。而恰恰是在《麦布女王》中，雪莱就已经开始大量探讨群氓这一命题。与菲尔丁一样，雪莱的民众观似乎也存在着意识形态与作家独立思考间的张力。雪莱夫人在描述他们第一次赴欧洲大陆旅行时，将同船乘客称为"蠕动着的人"，"谈论砍国王们的头"，而她和雪莱唯一的愿望就是"完全改造这些肮脏的动物。"[1]，但维波（Timothy Webb）发现，雪莱恐惧于群氓存在的同时，他实际是痛感并思考"那些靠无思想的大众才能存活的各类体制的存在"[2]。他的群氓形象，并非附和或简单反对当时流行的群氓建构形象，而是具有极为辩证的内涵，在《麦布女王》中，群氓既是狂热的，又是麻木甚至是无奈的。例如，当他在第四部第一次提及群氓时，他们是残暴而血腥的，是"保卫暴君王位的雇佣暴徒"。

与菲尔丁一样，雪莱将"群氓"一词的内涵视作游离不定，不光普通民众，甚至是统治者都可以变为群氓，这也就挑战着传统的群氓观和它隐含的上层阶级道德优越感和对民众的政治歧视。如在第五部中，他说道：

> ……农夫、贵族、教士，以及国王组成的群氓，
> 都在它（黄金）的形象面前，弯下腰去，

而在第七部中，当一个婴儿因见无神论者被烧死而哭泣时，围观的群众是冷酷而麻木的：

---

[1] Timothy Webb. *Shelley: a Voice not Understood*, Manchester: Manchester University Press, 1977, p. 93.

[2] Ibid.

> 群众默默地从旁观望
>
> ......
>
> 麻木的群氓欢呼胜利而我哭了。

　　这一幕无疑是对《圣经》中耶稣受难与冷酷群氓场景的模仿，但就在"麻木的群氓欢呼"这样一个充满悖论短语中，雪莱似乎用他诗作中常用的"逆喻"（oxymoron）这一修辞将我们导向从《圣经》开始塑造的群氓形象的另一面。关于雪莱对逆喻的频繁应用，艾莲·赫尔逊（Ellen B. Herson）指出："雪莱的逆喻让人思想震惊。它极具超感性和超理性，因为它以不协调的方式将意象与观念连接在一起，促使我们超越习惯性的经验并在惯常的语言和思维结构之外进行感知和思考。"[1] 那狂热群氓表象下群众逢场作戏以求生存的另一面在此微妙地浮出水面。而这样一种群氓形象在第五部中最为明显，在此处，群氓既非狂热的暴徒，也非狂热外表下的群众，而直接沦为暴君统治中"不会希望""已经麻木的"的"活零件"，在为暴君的煊赫声势呐喊中挣扎求生：

> ......专制的君主，
>
> 能够支配成批盲目驯服的群氓，
>
> 足不出户，便能随心所欲地调动
>
> 他计谋的傀儡，甚至就像奴隶，
>
> 在残酷主人暴力或饥饿驱使下，
>
> 去完成一项冷酷而野蛮的苦工；——

---

[1]　Ellen B. Herson, "Oxymoron and Dante's Gates of Hell in Shelley's Prometheus Unbound", in *Studies in Romanticism*. Vol. 29, No. 3, 1990, p.371.

> 他们已经不会希望，对恐惧已经
> 麻木，几乎只是一台死机器的
> 活零件，工程上的轮子

　　《麦布女王》所展现的狂热群氓表象中的多样性，尤其是狂热中做戏求生的民众形象在雪莱成年后的诗作《暴政的假面游行》（ *The Masque of Anarchy* ）中借伦敦居民的具体身份得以细致入微地展现，而它就是对《裘力斯·恺撒》第一幕的直接改写与呼应。这首诗的中部就如同《裘力斯·恺撒》的镜像，栩栩如生地照出这部莎剧开卷中狂热罗马人的另一面。同样是独裁者"凯旋故土"，当《裘力斯·恺撒》第一幕第一场中罗马群众蜂拥至街头欢呼庞贝、恺撒等独裁者进罗马城时，雪莱《暴政的假面游行》第十三至十八节中欢呼开进伦敦城的暴政和他的军队的却是被裹胁的极度惊恐的居民，他们在刽子手的胁迫中"衰弱而又凄怆恭候着光临"：

> 所有的居民全都惊慌失措，
> 衷心感到了极度的恐怖，
> 当他们听到暴政凯旋故土
> 所发出的狂风暴雨般欢呼。
> ……
> 受雇于他的刽子手们高唱：
> "你是上帝、法律、君王"
> ……
> 然后，他们全体异口同声：
> "你是上帝、恩主、明君，

我们向你，虔诚折腰致敬，

暴政啊，愿以你的名为圣！"

考克斯发现，雪莱经常在莎士比亚与阿里斯托芬戏剧中寻找创作的源泉[1]。这样一种浸染着雪莱对莎士比亚解读或重构的民众观也潜进了《暴虐的俄狄浦斯》中并进一步深化，在参与雪莱对这位古希腊喜剧作家的改写之改写时也参与了他们与18世纪柏克或托利党人为代表的保守思想的一次关于群氓的对话。雪莱夫人在《暴虐的俄狄浦斯》的"题记"中指出，她和雪莱在意大利居所外集市的猪群发出的嚎叫声启发了雪莱，诗人把这叫声比喻为阿里斯托芬讽刺剧中的"青蛙的合唱"并设想写一出以猪群为合唱队并影射时政的政治讽刺剧。[2] 在《暴虐的俄狄浦斯》的开始，群众就以一种柏克所建构的形象登场，他们是蜷缩在俄狄浦斯王朝神庙的"猪群"。(第一幕第一场)

这一形象，对柏克那引起轩然大波并成为18世纪末至19世纪初流行语的"猪猡般的群众"无疑是一种直接的指涉。正如本文第一节所述，早在1915年，坎贝尔便已考证出，"《暴虐的俄狄浦斯》是一个颇有意味的文学借用链中的一环，它上承柏克，下启卡莱尔"[3]。他发现，雪莱在旅居意大利期间，非常喜欢阅读英国著名的《检查者》(*Examiner*)杂志，在1818年8月30日，该杂志刊登了一篇名为《新编教义问答》("A New Catechism")的杂文，而正是这篇采用问答体的形式的杂文以

[1] Jeffrey N. Cox. "The dramatist", in *The Cambridge companion to Shelley*, Cambridge: Cambridge University Press, 1997.

[2] 江枫主编：《雪莱全集》，河北教育出版社，2000年，第438页。

[3] Gertrude H. Campbell. "The Swinish Multitude", pp. 161.

"上帝按他的形象将我造成人；《崇高和美》一书的作者将我造成猪猡"一语 [1]，辛辣地道破群众形象如何被柏克等人为构建。而巴特尔则发现雪莱早在1812年致友人的信中就已经使用此短语，并进一步认为"正是1790—1820年三十年间民主派的抗议成为雪莱的源头" [2]。

正如1790年连续不断的民主派抗议对柏克的嘲讽与戏仿那样，雪莱在《暴虐的俄狄浦斯》中再现的"猪群"远非柏克或查理斯一世心目中所恐惧的暴徒与文化践踏者；相反，他们是被暴君斯威夫特 [3] 统治肆意践踏而辗转呻吟的民众。在全剧一开场，暴君走入神庙，对那些祭坛周围的猪们"视若不见"，而当猪群以嚎叫声引起他注意时，他轻蔑地称其为"畜生"，并在与其对话中直接道出他们悲惨的命运为*被献上复仇女神的祭坛*（第一幕第一场）。

此处以任凭屠杀的"猪群"形象出现的民众，无疑与《麦布女王》和《暴政的假面游行》中那被践踏的民众一脉相承。与此同时，雪莱更进一步借"猪群"和斯威夫特的对话点破了统治阶层如何借建构群氓话语以否定民众合理诉求——当"猪群"甘愿被杀做"血肠、腌肉"，只是苦苦哀求他能给些"泔水、干净的草席、有棚的猪厩"并申辩"再说这也是法律"时，俄狄浦斯

---

[1]　Richard Porson."A NEW CATECHISM for the use of the NATIVES OF HAMPSHIRE", p.548.

[2]　Roland Bartel."Shelley and Burke's Swinish Multitude", p. 6.

[3]　雪莱《暴虐的俄狄浦斯》全名为《暴虐的俄狄浦斯或暴君斯威尔夫特：两幕悲剧——译自古希腊方言陶立克语》。俄狄浦斯（Oedipus）与斯威尔夫特（Swellfoot）为同一人，俄狄浦斯在希腊语中原为肿足之意，英语为Swellfoot，本文从顾子欣先生译本（雪莱"暴虐的俄狄浦斯"，顾子欣译：《雪莱全集·第4卷》，江枫主编，河北教育出版社，2000年。）中的音译斯威尔夫特。

恼羞成怒地称之为"这是煽动，彻头彻尾的渎神"，并以此为借口召唤卫士与屠夫进行"阉割""割喉"等血腥镇压。因此，这样一种早期雪莱与莎士比亚对话产生的悲惨的民众形象在这部号称关于古希腊的悲剧中颠覆了18—19世纪英国主流意识形态通过狂暴的动物意象所精心建构的群氓话语。

同时它也对后者通过改写阿里斯托芬所煞费苦心营造的粗暴愚昧的希腊与现代群氓形象构成改写之改写之势。哈利维尔在评论《暴虐的俄狄浦斯》中的希腊观时觉察到，雪莱的这部诗剧代表了"浪漫主义对古希腊更为挣脱束缚的态度"[1]，悲惨的希腊"猪群"在这样一部以希腊为背景并存在对阿里斯托芬强烈指涉的诗剧中开始取代17—19世纪流行的阿里斯托芬希腊群氓形象出现，而且这样一种取代，随着他们中的一部分的冷静与理智在剧中展开，特别是随着其成功地将王室斗争的悲剧转为自身狂欢的喜剧而逐渐变得清晰。

当象征着正义、被斯威尔夫特放逐的王后艾奥娜重返都城时，这些猪们立刻加入保卫她的行列。在斯威尔夫特的廷臣泼加纳克斯一厢情愿的设想中，只要一经谄媚，他们就如历史上一切群氓那样"能互相撕开肚皮，帮咱们除掉王后"，但正如雪莱所着力强调的，他们并非一伙乌合之众，而是"整齐"地作战保卫王后，并颇有策略的以贿赂瓦解敌军：

> 它们在广场上围绕着她，像犀牛一样
>
> 抵挡住了第一次冲锋，然后
>
> 整齐地撤退，以裸露的利牙

---

[1] Stephen Halliwell. "Introduction". *Birds*; *Lysistrata*; *Assembly-women*; *Wealth*. Oxford: Oxford University Press, 1998.

和多皱的鼻子面对着敌人，

将她胜利地带回公共猪厩中。

更糟的是，有些猪还将

苹果、松子和干果投给御猴军

它们扬起尾巴，一起高呼

"艾奥娜万岁！打到斯威尔夫特！"（第一幕第一场）

　　这样的"猪群"，就宛如《骑士》中的德谟斯或《吕西斯特拉特》中以吕西斯特拉特为代表的希腊妇女。正如勒菲弗尔在讨论改写时所言，"作者和改写者都可选择适应系统，在其制约因素所界定的参数中安于现状……或者他们也可选择反抗系统，竭力在其制约因素外行事……可以以离经叛道的方式阅读文学作品，以游离于特定时期特定地域所接受或规定的方式进行文学创作，或者以不容于一定时间和地域中占统治地位的诗学与意识形态的方式改写文学作品"，[1] 当托利党人通过打扮阿里斯托芬而推出希腊群氓形象在18—19世纪流行一时，雪莱这部以希腊为背景对阿里斯托芬有直接指涉的诗剧无疑将这样一种被颠倒的形象再次颠倒而使其真面目得以还原。林德看见《暴虐的俄狄浦斯》蕴涵着某种本文反复探讨的群氓场景中悲喜交加的精神，它也正是雪莱对阿里斯托芬的复活，他如此说道：

　　　　雪莱拥有浩瀚的精神，正是如此他能够既看见诸多事物悲剧的一面又能看见其喜剧的一面。……雪莱对暴政和上层阶级愚昧的苦涩感，在此诗篇中不是

---

[1] Andre Lefevere, *Translation, Rewriting and the Manipulation of Literary Fame*, p. 13.

慈悲就可调和；他对顽愚者，对统治者和政治流氓的鞭挞不遗余力。但是一个几近拉伯雷式的幽默却又闪烁在苦涩中，让我们能瞥见雪莱人格中未被发现的方面……一部滑稽模仿作品能成功展现作者对滑稽模仿对象的理解。它让我们脑海中浮现另一个被精确地广喻为雪莱和拉伯雷的混合体——阿里斯托芬。即使是想象的，这里的行动也充满生机。[1]

　　哈罗德·布鲁姆在分析雪莱时认为，所有时代的诗人都在为一首"不断发展的伟大诗篇"做出贡献[2]。更为微妙的是，雪莱和其剧中的多个源头互相产生一种循环往复的交流与升华。在某种意义上，随着剧情的发展，被复活的阿里斯托芬又使早期雪莱重构莎士比亚时所解读出的群众形象更为丰富。与雪莱早期诗作中"麻木""凄怆"的民众不尽相同的是，在《暴虐的俄狄浦斯》中，一部分民众在以被奴役的"猪群"形象出场后进而表现出远为积极的追求，并将宫廷斗争的悲剧转为狂欢中寻求自身解放的喜剧。在第一幕中，捍卫王后的"猪群"面临着演讲的煽动。而这一幕就如对《裘力斯·恺撒》市场演讲与煽动那经典一幕的挪用，但其中部分民众并非被狂热煽动的群氓而是冷静的群众。斯威尔夫特的巫师达克瑞吹嘘他已通过演讲煽动"猪群"，他所用的手段几乎经典地复制了勃鲁托斯，就像勃鲁托斯那样，他试图用"道德""纯洁"和"对国家的爱"等具有崇高意义的神秘词汇来唤起猪群的激情：

---

[1]　RobertL.Lind, "Shelley Reappraised", in *The Sewanee Review.* Vol. 43, No. 4（1935）, p. 430.

[2]　哈罗德·布鲁姆著，徐文博译：《影响的焦虑》，江苏教育出版社，2005，第19页。

我曾登上猪倌的塔楼楼顶，——

……向集合的

猪群发表长篇演说，

我谈到美、仁慈、公正、法律，

我谈到道德、惯例、无邪的纯洁，

还谈到通奸，寡廉鲜耻和离异，

谈到虔诚、信仰和国家的需要，

以及我多么热爱王后！后来，

我因自己的慷慨激昂而哭泣。（第一幕第一场）

　　这一幕，难道不就是勃鲁托斯那充满道德与爱国主义的著名市场演说的翻版？然而具有讽刺意义的是，当达克瑞沾沾自喜地回忆自己因"慷慨激昂"而哭泣时，回应他的却是户外猪群"艾奥娜万岁！打倒斯威尔夫特"冷静的呼声！

　　同样，在第二幕中，斯威尔夫特的廷臣泼加纳克斯吟诵"我们的身体在腐烂——国家走着下坡路"几乎就在套用勃鲁托斯的"整个的身心像一个小小的国家，临到了叛变突发的前夕"（第二幕第一场），而当他和勃鲁托斯一样同样滔滔不绝用"道德""纯洁"等词汇充斥他的演讲以渲染王后的不贞并居心叵测地诱惑猪群支持他用实为毒药的神液考验王后时，一头公猪却用他充满嘲讽的话语不无滑稽地表达"猪群"的理智和煽动的徒劳——"但我也建议，作为一项修正案，请泼加纳克斯也涂一点神液在他自己的脸上。"

　　这样一种清醒的民众形象，有着更复杂的源头。对此，雪莱夫人的题记无疑值得注意。她指出，《暴虐的俄狄浦斯》影射着当时引发英国政治危机的英王乔治四世与分居的卡罗琳王后之争，而在创作源头上，它与阿里斯托芬有着直接关系：

> 其时正值卡罗琳王后返回英国，乔治四世竭力想打消她（恢复后位）的要求，却未获成功，卡斯尔雷爵士……以国王的名义要求对王后的行为进行调查。这些事件一时成了英国人的热门话题……我们窗口下的广场有集市，雪莱向我们朗读了他的《自由颂》；伴随着被赶来集市出售的猪群发生的骚乱的哼叫声。雪莱把这叫声比喻为阿里斯托芬讽刺剧中的"青蛙的合唱"……雪莱便设想以当时事件为背景写一政治讽刺剧，猪群将在这剧中充当合唱队。[1]

因此，在这样一部受阿里斯托芬的启发而创作的诗剧中，阿里斯托芬的民众观的全貌无形中被雪莱复活并渗透入"猪群"的气质之中。他们中的部分既不是柏克的"猪猡般的群众"或传统观念所力图通过改写的阿里斯托芬构建的愚蠢大众，也已超越早期雪莱重构莎士比亚时所解读出的恐惧但已经麻木的群众，从而赋予后者更加立体和丰富的意义并进一步逼近莎士比亚那实质独立在政客倾轧间的民众更为深刻的原貌——就如阿里斯托芬《骑士》中在帕佛拉工和腊肠贩两个"流氓"争夺间"故意装傻"伺机寻找自身利益的德谟斯，或者就如在安东尼和勃鲁托斯角逐间寻找生存空间的某些罗马平民，他们是在乔治四世和卡罗琳王后的争夺之间，或斯威尔夫特与艾奥娜争夺之间寻找自己权利的人民。艾奥娜王后的面目无疑让人惊诧不已，因

---

[1] 江枫主编《雪莱全集》，河北教育出版社，2000年，第438页。

为她虽受冤屈并与暴君斯威尔夫特对立，但本身却数次在剧中被暗示有通奸行为甚至为争取支持不惜向猪发出肉体诱惑。俄克伦茨结合《暴虐的俄狄浦斯》创作背景指出，乔治四世和卡罗琳王后之争激起极大的政治风暴，包括雪莱在内的王后支持者对王后是否贞洁并不在意，他们在意的是在其中看见国王和政府对宪法的破坏，"在捍卫王后的事业时，那些保护王后的人们实际是在捍卫他们的事业……就像那些被激怒的代表着王后的人一贯将保护王后的权利同保护他们自身的权利相联系一样，猪群们将他们的事业与艾奥娜相等同"[1]。在第二幕中，当泼加纳克斯试图用演讲蛊惑"猪群"同意让艾奥娜接受神液考验时，有一头公猪确实轻信他的话并叫道"非凡、公正、高贵的泼加纳克斯啊"，但作为整体，"猪群"清楚地表达出自己参与这场王室内部权力之争的意图在于解放自身并捍卫自身的利益：

> 如果王后被剥掉衣服，
>
> 咱们的日子将更不好受，
>
> 将被剥皮，受百般凌辱；
>
> 咱们要竭力保护王后，
>
> 绝不许他们将她逮捕。（第二幕第一场）

这样一种类似于《裘力斯·恺撒》中罗马平民将贵族政治倾轧变为自身狂欢以寻求自身生存与解放的共谋动机在《暴虐的俄狄浦斯》的尾声中达到高潮，并重现了罗马群众在狂热表象中的冷静诉求。罗马平民为安东尼所承诺的"台伯河边的步道、

---

[1] Michael Erkelenz, " The Genre and Politics of Shelley ' s Swellfoot the Tyrant ", in *The Review of English Studies*, New Series, Vol. 47, No. 188 (1996), pp. 512-513.

花园" 和 "每人七十五德拉马克" 而喝彩；而当艾奥娜凭借饥饿女神的保护夺过毒药反将斯威尔夫特和他的朝臣们变为肮脏丑陋的动物时，原本 "在庙宇周围哼哼乱叫" 的 "猪群" 所做的是立刻开始 "抢食祭坛上的面包"：

> 猪群开始争抢神坛上的面包，不时被头颅绊倒；吃到面包的猪立即变成了牛，安静地在神坛后面排列成行。

他们，是这场宫廷政变的参加者。英国人常被称为约翰牛；这些猪们，成功地利用这场王室内讧将自己变为隐喻着人和人的权利的牛！

译者雅言
与雅集

心与心的对话 *

——谈我对 *À l' Orient de tout* 一书的翻译

朱　静 **

马洁宁　译

一、"程抱一与中西跨文化对话"研究团队

2002年，复旦大学成立了"程抱一与中西跨文化对话"研究团队。我的比较文学与法语方向的研究生们也从一开始便积极参与其中。他们与作家本人取得了联系，个别学生还有幸获邀造访巴黎——这几次会面对这些年轻人产生了非常重要的影响：他们对程抱一作品的理解不仅更为深刻，后者的思想还启发了他们自己的思考。

几年之后，他们中好几位的研究均获得了巨大的成功。蒋

---

* 这个说法并不比程抱一本人在他的书中所写的更大胆："……与生俱来的歌声在心与心，灵魂与灵魂之间传递", *Méditations*(《美的五次沉思》)，第160页。

　本文原刊载在2014年法国 DROZ 出版社出版的 *François Cheng à la croisée de la Chine et de l' Occident*(《程抱一研讨会论文集》)中，文中凡是《万有之东》一书中的选段译文均摘自《万有之东——程抱一诗辑》(程抱一著，朱静译，同济大学出版社，2007年)。

** 朱静，复旦大学外文学院法国文学教授、博士生导师，翻译家。

向艳[1]关于中国诗的博士论文和牛竞凡[2]关于程抱一的诗歌与小说创作的博士论文均付梓出版。随后，这两位青年学者还撰写并刊登了大量文章，对他们之前的论文进行了多方面的补充。就在最近，牛竞凡还在巴黎遇到了一位法国博士生，后者向她表示，自己完全为她的书所着迷——更精确地说，是为她对于一位来自"万有之东"的法国作家的作品所采用的"中国视角"所着迷。

此外，主要研究安德烈·纪德的景春雨[3]也曾针对《天一言》撰写过文章。今天已在上海译文出版社担任编辑的缪伶超曾就道家思想对于程抱一的影响写了一篇本科毕业论文。我还记得一件趣事，虽然我认为其并不止于趣事：在上海翻译家协会每年举办的金秋诗会上，我的几个学生受到了热烈嘉奖。2003年，学生们用双语朗诵了《谁来言说我们的夜晚》（*Qui dira notre nuit*）。然而复旦并非独此一家：众多来自中国其他高校的师生纷纷投身于对程抱一作品的研究之中。也就是说，相比上一代人，年轻一代对这位生于济南，今天已是法兰西学院院士的大作家产生了更为浓厚的兴趣。

我本人除了阅读他的作品以外，也曾独立或与他人合作将他的作品从法语翻译成汉语，并且收获了众多积极评论。大家会看到，翻译这件激动人心的事对我来说不仅仅止于学术范畴。我很高兴曾有过这样一段经历：这对我与程抱一之间"心与心的对话"起到了决定性的作用。

---

[1] 《程抱一的唐诗翻译和唐诗研究》，华东师大出版社，2008年。

[2] 《对话与融合：程抱一创作实践研究》，上海社会科学院出版社，2008年。

[3] 景春雨，比较文学博士，上海大学任教。

二、"真正的光 / 来自夜……" [1]

我曾经的学生黄蓓帮我从巴黎带了一本法文原版《谁来言说我们的夜晚》。我满怀热情地翻开这本诗集，一如我平时看到最新出版的作品一样，请学生们都积极阅读；他们与我一样，尝试找出其中的关键词汇，与让自己困惑的表达："我们的夜"、活过—再次活过—重识（vécu-revécu-reconnu）、聚集—重聚（uni-réuni）……我与我的学生们一起追寻着程抱一的诗歌的意义，而我只不过起着引导的作用而已。

我在暑假期间乘船来了一次长江之旅。有一天晚上，我踏上甲板，仰望天空。一位船员吃惊地问我："您在做什么？这里黑黢黢的，没什么好看的。"当然不是了！我深深地被我所见的而打动：皎洁的月光，寂静流淌的长江两岸的山峦顶上闪烁的星星；山脊上遍布点点光亮，仿佛折射的星光；空气中还常有萤火虫一闪而过。这幅场景带我进入到程抱一的诗意世界——"未见之深处 / 月光重启花园（Au plus noir du non-voir / La clarté lunaire rouvre le jardin... ）" [2] 就在那个时候，原本离我十分遥远的《我们的夜》突然有了意义，虽然我不敢说这就是程抱一所赋予的意义：共同的情感。独自面对自然，我明白了我可以与他"分享"许多情感，与他一起进入黑夜这个光明的源泉。

与过去种种相比，甚至我在前一天还感到未来的虚无，而这段经历在我的生命中却占据着重要的位置："涌出"的光明为我带来"重生"的希望——"白日给予生涯，/ 黑夜给予视

---

[1] 法文版《谁来言说我们的夜晚》(*Qui dira notre nuit*)，第23页。重新收录于法文版《万有之东》(*L'Orient de tout*)，第230页。这几句诗位于诗集的开篇，标题是：真正的光明生于真正的夜（ "Vraie lumière née de vraie nuit"）。

[2] 法文版《谁来言说我们的夜晚》，第33页。

看。//……生命对于我们，/总是纯粹再见。（Le jour donne à vivre / La nuit donne à voir//... Il ne nous est vie / Que du pur re-voir）”[1]。

与书法相遇[2]

书法是灵魂的音乐[3]。

我与我的手交谈，
你用你的双眼倾听；
我们理解对方，
一个微笑足以，不是吗[4]。

La calligraphie est une musique de l ' âme.

Je parle avec ma main,
Tu écoutes avec tes yeux;
Et nous nous comprenons,
N'est-ce pas, en un seul sourire.

[1] 法文版《谁来言说我们的夜晚》，第86页。重录于法文版《万有之东》，第265页。

[2] “相遇”这个词的意义在程抱一笔下非常深远，见马德莱娜·贝尔托（M. Bertaud）的《程抱一：走向开放生命的旅程》（*François Cheng, un cheminement vers la vie ouverte*），第6—7页。

[3] 原文为法文，《气乃化成符号》（*Et le souffle devient signe*，笔者引用的是2010年版本），第21页。牛竞凡将这一版翻译成了汉语，人民文学出版社，2012年6月。

[4] 朱耷，选自法文版《气乃化成符号》，第26页。

三、夜晚的梦境与清晨的书法

程抱一爱好在夜晚沉思——织女星只向 / 守候的心闪烁
（ Véga ne se signale / qu'aux cœurs qui veillent ）[1]。夜晚通常指
的是青蛙与猫头鹰在月光下鸣叫，树叶沙沙作响的场景，也能
让人联想到苦修参禅(我们的研讨会上已经多次指出)，或者是
奥菲斯义无反顾投身的黑暗，诗人没有在这个宇宙的奥秘中迷
失自己，而是从中带回新的知识。后来，我便胸有成竹地将我
对诗人的精神探索之旅的思考落笔成篇。

> 一笔足以
> 一切重演 [2]。

我的学生之一沈志红 [3]，为我从法国带回了一本法文版
《气乃化成符号》。每一页，我都感受到了艺术家的活力。程抱
一说，他常常躺在床上等待灵感集聚于心，酝酿书法。大清早
一起床，他便拿起毛笔，集中精力一挥而就，从头到尾不假思
索 [4]。由此得到的作品因而能够忠诚地(除非出现"失败之作"，
那么他便不得不重新开始)表现他的梦境、渴望、快乐、愤怒、
追求……因为他的呼吸"变成了语言"，所以用心凝视这些文字
使我们能够理解作者的内心世界。

---

[1]　法文版《我们时刻相迎》（*Que nos instants soient d'accuei*），第 9 页。

[2]　原文为法文，同上，第 21 页。2003 年，献给弗朗西斯·赫斯（*Francis Herth*）的
诗（《谁来言说我们的夜晚》，第 65—68 页）。

[3]　沈志红现为上海大学讲师。

[4]　《气乃化成符号》，第 96 页。

书 的 封 面 是 一 个 "夢" 字。在梦境之中，想象与真实交织在一起。真实发生过的与梦境中的场景能够重现。梦境中出现的事物能够侵入我们内心最深层的部分。在浓墨重彩的 "夢" 字之下，我们还看到了一层淡淡的墨影：我们可以猜想，那天晚上，这位书法家在梦境中看到了他的家乡，他的父母与朋友。他的思乡之情只能通过纸上形状才可稍加抑制——"对中国人来说，纸是一个生命的空间：在纸上游走如同在宇宙间遨游" [1]。有两个墨点打动了我们，一个位于这个字的中心位置，另一个在右下角：这不正像两个人正在相互呼唤，仿佛要说悄悄话一般？第一个墨点(中心位置)有一颗悸动的心，而右下角的墨点则更圆润一些，如同一个满怀思乡之情的游子正在试图与对方沟通。程抱一在这个墨点的下方盖上了自己的印章。这幅图景深深地触动了我们。我们仿佛感受到书法的脉搏，听到了他的心声。我们在他的出生地与他一同进入梦境，呼唤他，与他相遇，与他真正地交谈。

出现在我们眼前的是一个复杂的汉字 [2]。这个字的意思是中国，更确切地说，是 "中国的土地"。我们再一次注意到，在 "华" 字背后，还有一个用淡淡的墨迹组成的字，如同一个

---

[1] 《气乃化成符号》，第 8 页。

[2] 同上，第 109 页。评论在第 108 页。

影子。作者解释道，在他的两部关于中国的作品中，他选择了在这本凝结了他的一生的书中重现这个浓墨重彩的一笔，这个"如火焰一般"，"蕴藏着力量"的字。因为中国一方面代表着温柔与繁荣，另一方面，尤其是对程抱一同时代的人来说，中国始终是一片"痛苦之地"，洒满了同胞的鲜血——

> 我们痛饮了大地的露水，
> 却是以自己的鲜血换来。
> 那千百次焦焚了的大地，
> 因我们仍然活着而庆喜。

> Nous avons bu tant de rosées
> En échange de notre sang
> Ue la terre cent fois brûlée
> Nous sait bon gré d'être vivants[1].

　　程抱一是我父母亲的那辈人，他们经历了悲惨的20世纪[2]的种种可怕动荡。国家的历史进程让他们这代人付出了前所未有的代价。程抱一在《天一言》中向他们致敬，并且在《美的五次沉思》中用十分感人的话语提到了抗日战争[3]。我生于1945年，也就是抗日战争结束的那一年。在我的童年，我常常听到

---

[1] 这几句诗在程抱一的多本著作中均有出现，号称出自 Ya Ting 笔下（其实就是他本人）。此外，还在《天一言》中，从浩郎这个人物的口中，另外还在《万有之东》中被重新收录（第311页）。参考杜甫（712—770）："感时花溅泪"，程抱一《水云之间——中国诗再创》（*Entre source et nuage: La poésie chinoise réinventée*），2002年版，第42页。还可见第44页，《悲陈陶》："群胡归来血洗箭……"

[2] "我的身上带着……二十世纪的悲惨印记"。贝尔托记述《程抱一：走向开放生命的旅程》，第83页。

[3] 法文版《美的第五次沉思》，第18—19页。

我的母亲唱爱国歌曲——这些歌在战时，乃至战后都在中国十分流行。我们的父母辈常常向我们讲述他们抵抗日军侵略的历史[1]。当我阅读天一的叙述中的第一部分时，我仿佛正在听他出声讲述。这也许就是我为什么能够在"華"这个复杂的汉字前感受到与书法的心灵相通：这位在童年就经历了"南京大屠杀"时期的残忍与罪恶的诗人，在来到世界的另一头之后，仍旧保留了中国传统文人的爱国情怀。我对他的内心感同身受，而且也深深领略了他高屋建瓴地对"人类希望所下的赌注"：当他为他的祖国吟唱、哭泣、欢笑时，他是以一种普世的视角来看待祖国与祖国的未来的，并不会区分他对祖国与对世界的希冀。

在"華"字中，我们很清晰地看到三个墨点。两个较大的墨点是面对面的，一个在左边(西方)，一个在东方；第三个更小更圆的墨点似乎在这两点之间来往。这一个小小的墨点正是整幅字的气的来源，并且十分引人遐思。我很想知道这是否代表着(需要知道这幅字的完成年份)程抱一的境况，因为他当时正处于流亡国外的初期。我也在疑惑这是否表达了这位在法国重新扎根的艺术家的终极理想，他对此深信不疑，如同是他的灵魂的一部分[2]。这个小点圆润轻快地在东西方游移，回转自如，

---

[1] 用在街头演戏、大合唱和朗诵诗歌的方式动员群众，不顾危险，参与抗日辩论与游行。

[2] 见贝尔托《程抱一：走向开放生命的旅程》，第120页。

不偏好任何一方，而另外两个墨点则相对而望：渴望灵感的交汇，对话。因为程抱一在2002年就确信，假如没有对话，"（整个人类）将面临灭绝"，而东西方之间的对话会在21世纪得到实现[1]。

这是程抱一写的"和"字[2]。黑色墨汁将这个字分成两部分：左边的"禾"与右边的"口"，仿佛从好几个浅色的方块墨迹中出现。在"和"字下方，我们看到的是一个用黑色大写字母写的法文单词：HARMONIE。右下角则是程抱一标志性的签名：F.C.。但这个签名难道不能视为"Français-Chinois（法国—中国）"吗？

这幅书法不仅向我们传达了作者的中西对话理念，也体现了他所渴望的两种文化之间的和谐理想，后者经过他多年的不懈努力，已经成功地在他的笔下达成了水乳交融。"和"的意思是"一致"，也能够表示动词"使……一致"。根据中国的传统思想，"和谐不仅仅是一种状态"；和谐也意味着"一个进程"，"一种变化"，相互之间的付出与接受。在"和"字的结构中，左边的部分的意思是粮食，而另一边则是嘴巴。两者之间的本质联系是建立在给予与欲望的基础上的。人类赖以生存的粮食需要人类的耐心培育才能生长，而之后，人类才能"满怀感恩地"消化粮食。在这幅字中，左边的"禾"字略微向右边的两道弯弯的笔画倾斜。在左边与右边之间，我们再次发现了一个

---

[1] 法文版《对话：对法兰西语言的热情》(*Le Dialogue*, *Une passion pour la langue française*)，第83页。

[2] 《气乃化成符号》，第107页（评论在第106页）。

小小的墨点，并不十分圆，但却仿佛在以一种开放的态度，等待着被圆满。这难道不是对待"他者"应该持有的态度吗？这样也许本可以使我们的世界避免许多悲剧。没有一种强势文化有权将自己的文化强加于其他文化，也不能将其禁锢于后者之中。因此，这个圆点就意味着和谐，或者用这位"摆渡人"[1]喜爱的说法来说，就意味着中西之间的交流—改变（échange-change）[2]，这一丰富多样的关系只能从一种"欢迎而非征服的姿态"[3]中产出。让我们再继续深入下去，因为我们还未触及一个重要的词：爱情。

当然，这个词的意思并非天一在巴黎所看到的那样堕落败坏[4]，而这是有必要解释的。程抱一从那些被忽略的地区的诗歌与绘画中汲取精华，在数千年的文化中跋涉，努力达到他所谓的"开放的生命"[5]，他不断地思考何为真正的美与真正的善，继陀思妥耶夫斯基之后，确认"美将拯救世界"[6]。这个赌注意味着

---

[1] 正如贝尔托所指出的（出处同上，第 47 页），长久以来，虽然程抱一仍在担任这个角色，但是这个说法已经不足以概括这位大师的创作生涯了。

[2] 见他与弗洛伦斯·努瓦维尔（Florence Noiville）在巴黎蓬皮杜艺术中心的谈话，主题是"写作，写作……为了什么？"2007 年 2 月 18 日。

[3] 法文版《美的五次沉思》，第 22 页。

[4] 见法文版《天一言》，III，1，第 296 页。

[5] 这一说法常常在作者笔下出现。比如在《美的五次沉思》中，他在第 25 页中说道："每个人的独特性只有在面对其他独特个体，也是由于其他的独特个体，才能得到构建、确立、逐渐显现，并最终获得意义。这正是拥有开放生命的条件。"

[6] 同上，第 14 页。这一确信（见第 20 页："我本能地理解，生命如没有美，就实在没有必要经历"。）在《睁开的双眼与跳动的心》（Œil ouvert et cœur battant）中再次出现（见第 27 页："多亏了美，我们才没有受我们的悲惨境地所累，与生命亲密接触"。）这一确信既是建立在西方文化的基础上的——比如《美的五次沉思》中的第 76 页的这段话"……美向周围散播和谐，鼓励分享与交流，行善积德……"（同上，第 62—70 页）用抽象的说法解释了《蒙娜丽莎》的评论——也以汉文化的灵性（"真正的美是朝着天道的方向而去的"，同上，第 36 页），以及他的一些童年记忆（他在庐山见到的壮丽风景，同上，第 15 页）为基石。

理想中的爱情的普世联系[1]，并且显得尤其重要，因为他下这一赌注时正处在一个对美的品味与对"价值"的观念——两者显然是不可分割的——已经过时的年代[2]。对于我们普通人来说，我毫不怀疑，程抱一已经超越了流亡者的思乡之情，而是在心中保留了一个特殊的位置，为其赋予了特殊的意义。

封建时期的中国曾经数次打开国门，却并未显现自己的骄傲，也并未做好对外开放的准备。19世纪末，中国再次经历了一场西化运动(洋务运动，1861—1894)。张之洞作为这场运动的领袖之一，提出了中学为体，西学为用的指导思想。20世纪20年代，所有人都认可了向西方开放的必要性，但是关于对开放的结果的采取的态度的争论相当激烈，有些人坚决维护民族特色，而另一些人则主张摆脱过去，全盘西化[3]。

在那时，作家、思想家、翻译家鲁迅[4]在他的一篇著名文章中引入了一个概念，虽然有些名不副实，名叫"拿来主义"，把"拿来"变成一种学说——也就是说，毫无顾忌地把他者文化拿来己用。在当时，人们对跨文化交流还怀有戒心，鲁迅的"拿来主义"也许确有道理，但是我们已经进入了21世纪……

然而，鲁迅被称为"中国无产阶级文学的主将"；上面提

---

[1] 《美的五次沉思》，第20页："我认为我能够面对这一任务（思考美）的勇气来自我对完成一桩任务的渴望，无论这桩任务是关于那些遭受苦难的人与逝者，还是将来的人。"

[2] 同上，第13页和第20页。

[3] 程抱一在《天一言》的第一部分中塑造了这些学生、知识分子与艺术家的形象，他们为西方和苏联思想所吸引，期望从中汲取中国复兴的力量。

[4] 鲁迅（1881—1936），20世纪初，他在求学期间就领略的国外文化，先学习了法语，然后去了日本，又学了日语。他弃医从文，被视为中国现代文学的奠基人（见1923年出版的短篇小说集《呐喊》，后由塞巴斯蒂安·魏格（*Sebastian Veg*）翻译成法语，乌尔姆街出版社（*Editions rue d'Ulm*，2010）。虽然他与共产党人走得很近，但却并未加入共产党。

到的文章已经进入了学校的课本中。正如我们所知道的，在中国，包括中国学术界，我们从古到今都提倡尊师，因此，1949年以后长大的中国人都将"拿来主义"与其意义铭记于心。我敢说，要求自己的孩子只是学习他者文化，而毫无与其交流的意愿——用程抱一的说法，交流—改变，这并不是一种良好的教育。这种方法其实是导致中西对话常常失败的罪魁祸首。

在几十年的封闭之后，中国终于能够重新跨出国门，彼时的中国人相比前一代人对于中西对话的准备更为不足。对他们来说(对我来说)，爱与美在当时是禁忌的话题。我们需要时间，也需要指导。程抱一很早就远离了这一严重的缺陷，孜孜不倦地渴望与他者文化的邂逅。在我看来，他的思想与理想与鲁迅是截然不同的。在中国文化与他者文化之间，存在着"三"，程抱一很明确地解释了"三"对于减少"一"与"二"之间的冲突，将后两者共同提升到一种丰富的和谐境界是至关重要的[1]。这位在美的朝觐之路上孜孜以求长达半个多世纪的艺术家——他在《卢浮宫朝圣》(*Pèlerinage au Louvre*)中已将爱与美之间的关系推向了一定境界[2]——启发了他的众多同胞。他的每一部作品都向我们发出信号与召唤，因为中国当代文化"应当和任何其他文化一样，与外来文化中的精华对话"[3]。我甚至敢说，他为所有人开辟了一条开放的道路。

---

[1] 《冲虚之书》(*Livre du vide médian*)，2009 年版，前言，第 8—11 页，主要涉及道家对于宇宙的观念。

[2] 见第 38 页，关于基尔兰达约(Ghirlandaio)在 1490 年左右的《老人与孩子》的画像的感人评论；第 164 页，对弗米尔(Vermeer)的《花边女工》的评论。

[3] 《此情可待》(*L'Eternitén' est pas de trop*)，第 11 页。

四、从作者本人到其译者

在长江上的夜晚让我感到我与他如此贴近，于是我决心利用我的退休时光将他的 *À l'orient de tout* 翻译成汉语。在这本书中，《谁来言说我们的夜晚》占了五十多页。多年来，我不断翻阅他的作品，明白我还需要克服语言、文化、哲学和历史方面的多重困难（还包括我当时还没意识到的困难），但是，我克服困难的决心是十分坚定的。在翻译的过程中，我们（我用"我们"这个字眼，指的是诗人—译者这对组合）实践了一种跨文化对话。当我在翻译这本按照年代顺序排列的诗歌选集时——这部作品对他尤其重要，因为它使他能够在法语创作诗歌生涯的初期，检验自己的语言与主题——，程抱一和我几乎每天通过传真或电话联系。我一边翻译，一边把我的成果传送给他，因而我们能够齐头并进，共同讨论与修正。交流——改变。

我在我一开始提到的研究团队中，曾尝试翻译过他的几首诗；我与诗人，同时也是我的学生王云[1]合作翻译。我们受到了中国第一位翻译《茶花女》的译者林纾的启发：林纾获得了一位"王先生"的协助，后者先向他口头介绍小仲马的小说，然后他再把内容写下来。我们的翻译也是一样分两步走：我将程抱一的诗翻译成白话，然后王云将这些话用诗歌形式表达。我的同事，南京大学的钱林森将这些成果传给了程抱一(我当时和他

---

[1] 王云，上海戏剧学院教授，博士生导师。

还未取得联系 [1]），后者很有兴趣地阅读了译文。这段经历意义深刻：这让我确信，好的译文并不是字字对应的，而是应该对两种语言都有解读的能力，哪怕这两种工作需由同一个人完成。换句话说，我越来越相信，译者应当既与作者对话并不把后者与其文化割裂开，也保持与自身的沟通，并了解自己的文化，而翻译最大的困难正在于此。

与人们所认为的不同，这一困难对于一个中国人来说并不存在，因为程抱一毕竟是出生在中国的。程抱一本人的恳切建议使我获益颇多，尤其是其中涉及了一些没有汉语对应说法的法语字词，我对其丰富的内涵所知甚少，因为要深入了解并不能流于文字表面。举例来说：当提到上帝时，他希望我将人称代词"他"和"你"用"祂"和"祢"取代，后两个字在无神论者眼中是十分怪异的。说实话，我当时甚至不知道这两个字的存在，而且这两个字也没有被收录到我当时查阅的字典之中。在犹豫良久之后，我向一位年长的基督徒学者提出了这个问题，他向我解释道，信徒们不会用单人旁"亻"（意思是"人"）来指代上帝，而是用衣字旁"衤"来指代一切与神、仪式、庆典、礼拜、祷告——比如"祀"、"礼"、"祈祷"、"祝福"……不能将崇拜神明与崇拜个人混为一谈，上帝就是上帝，而不是——上帝化身的奥秘也不能改变什么——人类。我因此明白了程抱一所要求的修改的重要性："亻"这个偏旁是不合适的。

我进一步深入思考：上帝无欲无求，而每个人都有所欲，尤其是权力欲。人类，或某个人对荣誉的追求很可能会将人引向可怕的灾难。历史已经提供了证明。人们拥有的一切都来自

---

[1] 通过我以前的学生和我的法中两国朋友，这个问题非常轻易地得到了解决，我在此向他们表示感谢。

于上帝；人们"忍受"上帝的光辉荣耀，但对于人类的荣耀则嗤之以鼻：

Face à Toi les hommes ont porté
Leur génie à son comble. De l'œil
À la main, ils ont poursuivi
Leurs chimères, engendrant figures
De Rêves et de sang, à seule fin
De survivre à leur passion, de
Supporter un peu Ta splendeur

在祢面前，人们
发挥天才致极。
从眼到手追逐
缥缈，孕育梦中
血肉形象，以求
担负激情，担负
一毫祢的辉煌 [1]

中国曾经历了数千年的专制制度。个人崇拜不仅扎根于帝王们的思想之中——其中大量帝王是专制君主，也存在于人民的心中。我这一代人也经历了很长一段个人崇拜时期：个人崇拜被作为国民教育灌输给了人们，被毫无保留地不断加强。人的权力被捧上圣坛。这一严重的错误所导致的后果是可怕的，

---

[1] *À l'Orient de tout*，第 141 页，译文《万有之东》，第 149 页。

牺牲了数百万人的生命。今天，中国人终于开始明白个人崇拜会带来的祸害，但我们的思想仍然无法完全从中摆脱，而我本人则亲身体验了这一点：在研究"礻"与"亻"这两个偏旁时，我终于明白了一项普世的本质真相：人应当意识到自己的卑微。没有人是例外。

　　程抱一送了我一本法文版《万有之东》。在第一页上，他写道："我们之间有一个承诺"[1]。这句话让我陷入了对整本诗集精心设计的标题的思考：

立身万有之东，那大海
忆及之处，暴雨驱散了
龙的鳞片，龟的甲壳……
我们朝向寂静膜拜，
比流浪更远的寂静啊，
黄昏时立身万有之东，
那里，卷起无忘之巨风。

À l'orient de tout, là où se souvient
La mer, l'orage a dispersé écailles
Des dragons, carapaces des tortues
Nous nous prosternons vers le pur silence
Régnant par-delà la terre exilée
À l'heure du soir, à l'orient de tout

---

[1]　这句话来自第二部分中的一首诗——"我们心中之树讲述了"（"L'arbre en nous a parlé"），选自《双歌集》（*Double Chant*）。重录于法文版《万有之东》，第 99 页。

Où se lève le vent de l'unique mémoire[1].

　　这里谈到的东方似乎超越了这个词通常的意义。诗人所引导的跨文化对话意味着一种思想的提升，或者用他本人的话来说，一种"超验"——我的脑海中出现的是《美的五次沉思》："真正的超验矛盾地位于中间"[2]，而且在所有这些诗句中，中西各自的精神性深深地融合在了一起[3]。我在翻译2005年的诗集时，在认真研究作者对我的译文所做的修改时，我感到了自身所肩负的责任，那就是尽量使自己跟上他的层次，达到他的理想，否则的话，我就会违背原文。翻译他的文字的难度可见一斑。

　　感谢程抱一的鼓励与帮助，我最终完成了《万有之东》的双语版本。对我来说，这是一次绝妙的与程抱一进行一次心对心的跨文化对话的机会。他是一位值得尊敬的华裔法国诗人。我在此再次向他表达我的感激之情。

---

[1] 《冲虚之书》，2002 年版，第 69 页，《万有之东》，第 290 页。

[2] 同上，第 28 页。

[3] 在他最早的作品中就有体现。比如在《万有之东》中再次收录的《双歌集》（第 48 页），诗人提到了对中国人来说十分重要的石头（见《卢浮宫朝圣》，第 32 页："……在中国人眼中，石头是有生命的：石头通过自己孔隙呼吸。石头是形成中的宇宙的第一见证，或第一保管者，承载着最初的骚动。"），而石头则向不知道"哪里枕头"的"过路神仙"示意，这是马太福音（8，20）与路加福音（9，58）中的片段。

解谜与成谜 *
——诗歌翻译漫谈

包慧怡 **

一、不可能的任务?

　　美国诗人弗罗斯特说:"诗歌就是在翻译中失去的东西。"翻译理论家苏珊·巴斯内特对这句话嗤之以鼻,说它"奇蠢无比"(immensely silly)。今人的看法也无非是两派:消极者认为,译诗就是以一种语言的短处去对照另一种语言的长处,吃力不讨好,是在流沙上建城堡;积极者则认为,以短搏长是一件困难却充满梦幻色彩的事,知其不可为而为之恰是译诗的魅力所在,危险而前途未卜的炼金术永远比黄金更美,反过来也为语言开拓了新的伸展空间;当然还有那些中庸者,他们总想把两方面都说得完备,以至于我不记得他们都说了什么。

　　对译者困境的最好形容或许来自雪莱,他说:"想要把诗人的创作复制到另一种语言中去,就好比把一朵紫罗兰扔进坩埚,

---

*　本文系作者授权《复旦谈译录》首次刊载。

**　包慧怡,复旦大学外文学院讲师,诗人。

还想发现原先色泽和香味的法则——都是痴人说梦。植物必须从种子里重新抽芽，不然就不会开花——这就是我们所背负的巴别塔的诅咒。"

巴斯内特比雪莱乐观，在她那里，坩埚不再是腐化和毁灭的地方，而是变幻和新生的容器，是中转站，词之蛹，是凤凰最后和最初的栖息地。在她和安德烈·勒菲弗尔合著的《文化构建——文学翻译论集》(*Constructing Cultures：Essays on Literary Translation*)里一篇题为《移植种子：诗歌与翻译》的文章中，巴斯内特一上来就抨击了把写诗的过程神秘化、传奇化的做派，说这都是"后浪漫主义者干下的勾当"——在他们那里，诗人不是常人，而是一种昼伏夜出、怪癖多多(爱吃鱼眼珠，抠墙上的油漆，只穿一只袜子)、不喝酒不嗑药就无法创作的神圣、忧郁而纠结的生物。而诗歌这种醉狂的产物自然就成了"不可译"的——有谁能模仿另一个人的醉态呢？巴斯内特要求把诗人拉回人间，承认写诗和其他创作一样，是一种辛勤而可以把握的劳作，在此基础上再去脚踏实地地讨论诗歌翻译会遇到的实际问题。

二、庞德的"三分法"

诗人艾兹拉·庞德，美国意象派老祖，中国古诗集《华夏》(*Cathay*)的英译者(虽然他不懂中文)，诗论家，漩涡主义的提出者。他在《文学论文集》里将文字中的诗元素分为三类，分别是：第一种诗元素是诗音(melopoeia)。狭义的诗音即所谓音韵声律，广义的诗音则可指蕴含在文字中的一切对表情达意起作用的音乐性。庞德认为，诗音可以被"耳朵灵光的外国人"感知一二，却是不可翻译的，除非遇上"神圣绝伦的巧合"，或是以"每次翻译半行"的龟速——至多只能是重造。

不妨以最简单粗粝的，中古英语文学中盛行的头韵为例，对于"laverd Drihten Crist, domes waldende / Midelarde mund, monnen frovre"[1] 这样的句子，中译者要如何再现下半句中那三个如铁砧般轰响的"m"音？何况情况常常要复杂得多。一切音节皆有生命，"m"的发音令人想起所有浑浊、危险、未定形之物，比如月亮（moon），比如没药（myrrh），比如催眠术（mesmerism）。一个好的读诗者，其内耳和外耳应当是同时张开的，他必须对这些细微的、无声的暗示足够敏感，方能以自己的方式尽可能地接近作者，而这些细小的差异完全不是另一种语言可以复制的。单独一个辅音尚如此，更别提一个音步、一行诗、一个诗节了。老一辈译家中不乏用旧体诗的平仄去模仿西文诗的抑扬、严格调整汉字字数去对应西文诗长短音步的尝试，结果可想而知。从语言固有的内在差异性看来，这类尝试注定要失败。另一方面，尝试的过程也反过来提醒我们注意这种种差异性，带来了意外的趣味。可以说，翻译"诗音"的价值在翻译之外。

庞德举出的第二种诗元素是"诗象"（phanopoeia），"诗中之图"，也即语言中富于画面感的意象。自然，意象在庞德的诗歌体系里占据了中心地位，他认为诗象是三要素中最容易翻译的——最直接，最容易找到对等物——这也是他选择翻译高度意象化的日本俳句和中国古诗的原因之一。反过来，他自己最

[1] 莱亚门：《布鲁特》，卡利古拉手抄本 12760—12761 行。

富盛名、最多被译成中文的诗作亦是那些 "图画诗"，比如这首只有两行的《地铁车站》(*In a Station of the Metro*)：

> 人群中鬼魅般的脸，
>
> 湿漉漉的黑树枝上的花瓣。

第三种元素是 "诗蕴"（logopoeia）——诗歌的内在逻辑，语词间流动的思想。庞德认为诗蕴和诗音一样，都是不可翻译的，但可以被 "复述"，或通过加注等方法进行局部复制——虽然这样一来，诗歌的可读性就要大打折扣了。庞德建议译者首先揣测诗人落笔时的心境，于是这又把我们带回了雪莱那里，带回到 "移植种子" 这个玄乎的说法上来。具体如何操作？

三、福尔摩斯的 "四程式"

翻译家詹姆斯·福尔摩斯（James Holmes）提出，在翻译诗歌的外在形式时，有四种可供选择的基本程式。第一种是所谓的 "模仿式"（mimetic form），译者将一首诗的形式在另一种语言中完好保存下来——这当然是一种理想状态。最成功的 "模仿" 大概也只能被称作 "戏拟"。福尔摩斯举了将莎士比亚戏剧中的素体诗译成德语的例子。对我们而言，一个更精确的例子或许是《伊吕波歌》（"いろは歌"）的中译。

《伊吕波歌》又称《以吕叶歌》或《色叶歌》，是日本平安时代中期的一首七五调四句诗歌，相传是高僧空海大师所作(已被考证为不靠谱)，由五十音图中四十七个不同假名不重复地各出现一次编写而成，因此常被用作假名识字字帖，有点像我们的《三字经》，"いろは"相当于英文所说的 ABC，"最基本"的意思。后世的和歌和俳句许多都是从《伊吕波歌》演变而来，不过是把最初的"七五调"(前半句七字，后半句五字)加长或减短。《伊吕波歌》的这种形式和中国的七绝颇为相似，用模仿法将它译成七绝就比较具有可操作性，如下：

《伊吕波歌》原文：

いろはにほへと　　ちりぬるを
わかよたれそ　　　つねならむ
うゐのおくやま　　けふこえて
あさきゆめみし　　ゑひもせす

三种中译：

1. 花虽芳香奈何落，吾人谁寿百年多，
   现实深山今即越，不梦不醉免蹉跎。

2. 花香花谢几蹉跎，人世无常苦奈何，
   生灭超脱原是法，一场春梦醉中过。

3. 佛法常言色即空，落花犹比世无恒，
   深山此日从头越，不复沉沦醉梦中。

以上三首并不是严格意义上的七绝(平仄、复字等问题)，但就断句、义群和形式而言，已与平假名原文十分接近，反而没有必要非去复制一首完全符合近体诗格律的中国诗。

第二种是"类比式"（analogical form）。福尔摩斯认为，译者可以自行判断一首诗的形式具有何种功能，然后在另一种语言中寻找可以发挥近似功能的形式。比如法语亚历山大诗行（Alexandrine，每行12个音节，常在第六个音节后有一停顿）与英语素体诗（blank verse，不押韵，常为五步抑扬格）之间的互译——法语和英语最好的那一部分古典戏剧分别是以亚历山大体和素体写就的。类比法比较灵通，有时则太过灵通：1946年企鹅版荷马史诗的译者 E.V. Rieu 在译序中指出：《伊利亚特》应作古典悲剧读，《奥德赛》应作小说读——确实有道理——但他接下去理论联系实际，真的把《奥德赛》译成了一部散文体小说——也就取消了原著中所有属于诗歌的特性。

第三种是"内容派生式"（content-derivative form），或称"有机式"（organic form）。译者从原诗的语义着手，为它创造一种新的形式。在此过程中诗的形式被看作是外在于诗的内容而存在的，至少不是一一对应、密不可分的。随着自由诗兴起，20世纪大部分诗歌翻译家采取的都是这种做法，庞德在翻译中国古诗时，走的也是这个路子。

第四种是"偏离式"（deviant form），或称"外在式"（extraneous form）。使用这种方法的译者在为译诗寻找形式时既不依赖原诗的形式，又不参考其内容。要区分偏离法和内容派生法往往是困难的：巴西诗人奥古斯都·德·坎波斯（Augusto de Campos）将威廉·布莱克的名诗《病玫瑰》译成了一首"具象诗"——葡萄牙语单词围绕纸张形成一圈玫瑰花瓣，直至最后一个词逐渐消失在花心处——很难说这样的尝试是"派生"还是

"偏离"。第三、第四种方法常被看作是一种，合称为"有机法"。两者都回应了雪莱关于在新土壤中"移植种子"的主张，都强调翻译中的创作因素，旨在制造一件自树一帜的新作品，也鼓励译者最大限度地自由发挥。然而，"有机法"的缺点也是显而易见的，以庞德翻译的李白《送友人》为例：

李白原诗：

《送友人》
青山横北郭，白水绕东城。
此地一为别，孤蓬万里征。
浮云游子意，落日故人情。
挥手自兹去，萧萧班马鸣。

庞德的英译：

TAKING LEAVE OF A FRIEND

Blue mountains to the north of the walls,

White river winding about them;

Here we must make separation

And go out through a thousand miles of dead grass.

Mind like a floating wide cloud.

Sunset like the parting of old acquaintances

Who bow over their clasped hands at a distance.

Our horses neigh to each other as we are departing.

不难看出，尽管庞德成功地在英译中保存了原诗的大部分意象，这却不再是一首情景交融的离别绝唱。从遣词上讲，那些植根于中国文学传统，有着汉语旧诗读者所熟悉的弦外之音的词汇降格成了苍白的描述性词汇："枯死的草"（dead grass）代替了"孤蓬"，"飘荡的宽云"（floating wide cloud）代替了"浮云"，"我们的马"（our horses）代替了"班马"——"班马"本是离群之马，"萧萧班马鸣"化用自《诗经·小雅·车攻》（萧萧马鸣，悠悠旆旌。徒御不惊，大疱不盈。之子于征，有闻无声。允矣君子，展也大成），读到"萧萧班马鸣"时，我们自觉不自觉地亦被带入了《车攻》的意境中。李白的诗是写给会在想象中自动作此联系的读者看的，到了庞德的英译中，这类无声的互文则全然不见，稀释了原先充沛的诗意。至于像"游子"这样的题眼则干脆被第一人称的"我们"替代了。从音律上讲，庞德将一首五律译成了自由体——不是说自由体没有韵律，一首好的自由诗，其秘而不宣的内在韵律往往比传统的押韵等更能抓住读者的"内耳"——但我们在这首译诗中找不到诸如此类的音乐性。从诗歌的内在逻辑来讲，《送友人》孕育于一个强大的律诗传统，从首联到尾联，起承转合浑然天成，与之相比，庞德的句读则显得僵硬，将"落日故人情"与"挥手自兹去"用一个定语从句串起固然是语法需要，将"萧萧班马鸣"断为两行则没有必要。最后，方块字可以像搭积木一样，直接搭出"浮云游子意，落日故人情"这样的组合，英译却不得不连加两个醒目而尴尬的喻词："心思像飘荡的宽云，落日像离别的老友"——这当然是语言自身特性决定的，怪不得庞德，但李白若地下有知，恐怕很难对他感激涕零。《华夏》中的大部分译诗都存在类似的问题：意象大致保存了下来，作为一首诗却显得平淡和单薄不已。庞德说"诗音""诗蕴"不可译，唯"诗象"尚可操作，或许也是从自己的翻译实践中得出的无奈的结论。

在福尔摩斯提出的四种翻译程式中，"外在式"包含了最多的游戏空间，也给了译者最大的自由去重创一首诗的形式，然而类似于德·坎波斯译《病玫瑰》的灵感是可遇不可求的，正是钱锺书《寻诗》中所谓"寻诗争似诗寻我，伫兴追逋事不同。……五合可参虔礼谱，偶然欲作最能工"。更何况，一首诗的效果越是依赖于它的形式，要在另一种语言中找到同样有效的对等形式就越是困难，比如说，我们要如何把依·依·肯明斯的这首表现孤独的名诗译成中文？

I（a

----e.e.cummings

I（a

le

af

<pre>
                    fa

                    ll

                    s）

                    one

                    l

                    iness
</pre>

在这首诗中，一个单词被圆括号打断："l one l iness"——"loneliness"（孤独）。然后，在圆括号内有一个短语："一片树叶飘落"——描述了一个事件。庞德会把这种描述称作一个"意象"。在这首诗里，这个意象表现了关于"孤独"的一种想法或主题，由此将具体和抽象融合了起来。首先，注意诗中表现"一"的手法，"一"是"孤独"的符号之一，诗歌由字母"l"起头，在原诗的印刷体中，这个字母看起来像数字"1"。甚至把"l"和"a"隔开的单边圆括号也突出了字母"l"的孤立性。然后是"le"，法语中的单数定冠词。"一"的概念在"ll"的形状中成双。随后，肯明斯几乎是直抒胸臆地写上了"one"（一个）这个词，后面紧跟着"l"，以及最后的"iness"（"我性"？）。在初版的诗集中，这首诗是开篇立意的第一首。当我们的目光追随诗中的元音时，我们的眼睛沿着一条曲线蜿蜒向下，恰似一片树叶飘落的轨迹。那片唯一的、下坠的、消逝中的、走向死亡的树叶——许许多多树叶中的一片——完美地帮助我们从一个垂死者的视角加深了对于孤独的理解。人和树叶一样，活着的时候，他们彼此相依，成队成簇；然而。他们必须独自步向死亡，如同这片离群

的树叶。《I（a）》的意象如此具体直接，却是为了表达最为抽象的内涵，并且，尽管《I（a）》的"诗象"如此具体直接，我们却很难依照庞德的训诫，在任何一种别的语言中为它找到对等的形式。

四、隐喻的翻译

20世纪翻译理论巨擘之一彼得·纽马克（Peter Newmark）在《翻译问题探究》（*Approaches to Translation*）一书中将隐喻分为三类：死隐喻（或称"化石隐喻"）、标准隐喻（或称"库存隐喻"）和新隐喻（或称"创意隐喻"）。纽马克认为死隐喻最容易翻译，它们在源语言中被用了太多次，以至于已经起不了什么修辞效果，只需照字面直译，或在目标语言中找一个同样陈腐而不起眼的词语代替即可。被乔治·奥威尔诟病不已的"阿喀琉斯之踵"（Achilles' heel）、"像黄瓜一样冷静"（as cool as a cucumber）、"像马一样辛勤工作"（work like a horse）在今日的英语就属于这类过了气的"化石隐喻"——哪怕它们被直译成中文时看起来并不那么陈腐——有心的中译者当明白，一个英语作家在使用以上这些词组时并不想标新立异，只是在用家常词汇完成一次平淡的叙事，与之对等、同样不起眼的中译当为"致命伤""泰然自若"和"做死做活"。

比较有趣的是纽马克对翻译"创意隐喻"的看法，他认为："假定一个创意隐喻值得翻译，那么毫无疑问，它越是标新立异，令人弹眼落睛（因而距离本民族特有的文化越远），也就越是容易翻译，因为它在远离文化因素的同时，本质上也会远离一般的语义系统。"乍一看，这句容易让人想起钱锺书在《读〈拉奥孔〉》中所说的"不同处愈多愈大，则相同处愈有烘托；分得愈远，则合得愈出人意表，比喻就愈新颖"。但是，比喻越新颖，越"出人意表"，是否就一定距离本民族文化传统更远？纽马克圆括号里的假设并不总能成立，尽管令人惊喜的隐喻确实往往"会远离一般的语义系统"，却未必缺乏文化因素，有时候，其令人惊喜的效果恰恰就植根于本国的文化传统中。

　　比如顾贞观《弹指词》中一首《南乡子》云："掷罢金钱弄玉环，身似离爻中断也，单单"，诗人以经卦中离爻的形状来比喻闺中少妇的形单影只，可谓鲜活生动。而对于不熟悉《易》的非母语读者而言，要理解"像离爻一样孤单"（as lonely as the divinatory symbol of Li）是怎么个孤单法，就需要加上一长串译注，对诗歌阅读者而言，在这痛苦的"学习知识"的过程中，这个新奇比喻的妙趣也荡然无存了。类似可举徐尔铉《踏莎行》中"人言路远是天涯，天涯更比残更短"一句，用时间之长（"残更"）比拟距离之远（"天涯"）在中国古诗中并不鲜见，对于非汉语读者则称得上新奇，但要领会这新奇，读者必须先对"残更"究竟是哪个时间段有个大致了解，才会明白诗人是在用慢慢长路比喻黎明前的黑暗。有谁能说翻译这样的"创意隐喻"是小事一桩呢？再者有大家熟悉的老杜《赠卫八处士》中"人生不相见，动如参与商"一句，亦是植根于传统文化对全天二十八宿的划分。以上比喻就其效果而言都可列入纽马克所谓"创意隐喻"中，但却无不蕴涵着丰富的文化因素，并且也绝不容易翻译，不知纽马克会对此作何应答。

解谜与成谜

五、"测不准"与确定性

说来说去，我们到底应该如何去翻译一首诗？在译诗的过程中究竟发生了什么？巴斯内特在她的书中强调了一种"游戏性"（jouissance），作为情智训练的谐趣是读诗和译诗中不可缺少的环节。诗人奥克塔维亚·帕斯（Octavio Paz）则说：

> 沉浸在语言流动中、中了词语之魔的诗人选择一些词——或是被那些词语选择。他将它们组装成诗：一种由无可替代、不能改变的字符制成的什物。译者的起点并非那为诗人提供了原材料的流动中的语言，而是诗中固定下来的语言：凝固却依然有生命力的语言。译者的劳作过程与诗人相反：他不是用易变的字符来建造一个不可更改的文本，而是要拆卸文本中的各种固定元素，解放这些符号，使之重新流动，而后再将它们回归到语言中。

我们不妨认为，诗人的工作是使语言成谜，译者的工作是解谜，并在此依据上编写新的谜面；先为读者，再为作者。可以简单地用箭头表示这两种过程：

写诗："测不准"（比如：促使诗人落笔的动机）→ 确定性（以固定面貌呈现在读者面前的诗作）

译诗：确定性（以固定面貌呈现在读者面前的诗作）→ "测不准"（此诗在译者心中形成的印象、激发的情感）→ 确定性（以固定面貌呈现在读者面前的译诗）

除却其他众所周知的条件外，一首好的译诗当能维持与原诗相当的隐晦程度，换句话说，好的译者，他的工作是在解开"谜底"后，用新语言编制一个难度相当的"谜面"。就这一点而言，逐字直译的结果再如何"信"，若是以支离破碎的诗意为代价，就称不上是一首好的译诗，甚至称不上是一首诗。译诗者首先忠于的当是诗歌本身，以及诗人的风格，而非原诗的字面。理想的情况下，好的译诗者本人同时应该是个好诗人，通过诗歌与他的同行神交。如果他足够努力的话，语言的湍流藏匿暗礁也藏匿珍宝，在某个幸运的时刻，谁知道呢，巴别塔的诅咒也可能会变身为意外的福佑。

不只是互文理论家 *

——《克里斯蒂娃自选集》译者前言

赵英晖 **

本文集收录了克里斯蒂娃女士从《恨与谅》（*La Haine et le Pardon*，2005）和《时间的冲动》（*Pulsions du temps*，2013）两部文集中挑选出的9篇文章，文章问世年代在1999至2012年之间，且大部分集中在2005年以后，对于我们了解克里斯蒂娃女士近年来关注的主要问题、研究她近年来的思想具有重要意义。在此就各篇文章的内容做一个概述以方便阅读，并把总结出的贯穿9篇文章的脉络呈献出来以期斧正。

《在困境中思索自由》一文分为两个部分：一是由霍尔堡奖 [1] 对人文社会科学的礼遇出发，思索人文社会科学在今天的作用；二是作者总结自身的经历以回答是什么使自己与霍尔堡

---

* 本文原作为"译者前言"刊载在《克里斯蒂娃自选集》（复旦大学出版社，2014）一书中。

** 赵英晖，复旦大学外文学院法语系讲师。曾获第二届"依视路"杯全国法语文学翻译比赛一等奖。主要译作有《巨人》《恩培多克勒·斯宾诺莎的光芒》《克里斯蒂娃自选集》等。

[1] 霍尔堡奖的全称是"霍尔堡国际纪念奖（Holberg International Memorial Prize）"，颁发对象是人文社会科学领域的杰出成就者。克里斯蒂娃于2004年获得霍尔堡奖，是该奖项创立以来的第一位获奖者。

奖精神相契合。

就第一个问题，作者认为，人类在第三个千年之初面临的最大问题不是宗教战争，而是两类人之间的分歧：一类是人文社会科学工作者，想知道上帝是潜意识的；一类是宗教复兴主义者，拒绝知道上帝是潜意识的，继续用竞相攀涨的宗教许诺掀起宗教复兴的狂热浪潮，作者特别指出宗教复兴主义其实与虚无主义是殊途同归的。人文社会科学要做的就是寻找一种东西来取代上升中的宗教情感，也即取代这种虚无主义。怎样寻找？作者提出以文学和精神分析为纲对人文社会科学进行重新梳理。为什么是文学和精神分析？因为今天的言在已不再认为自己依赖于一个具有义务力量的超感性世界，理性/信仰、规范/自由的对立已不再站得住脚，因而能够对言在起到约束作用的肯定不是向信仰的回归。文学和精神分析打破了理智与信仰的形而上学对立，揭示出言在是与性不可分的，言在是在与性的关系中建立起来的。因而应当注重言在与性的关系，在言在与性的关系中理解言在，这样才能面对自动化的新野蛮，不求助于宗教复兴主义。但是，言在与性的关系为我们勾勒出的未来也不是一片光明的，这个关系虽然揭示了一种天生自由的人性，"但这种自由是怪诞的、无道德的"[1]"危险"的(《克》：12)。可我们对这种自由仍然要肯定，因为它意味着一种与生俱来的质疑能力，而唯有对固有身份进行质疑，才能够逃脱平庸之恶，还因为它是一种可"分享"(《克》：12)的"独特性"(《克》：12)，有了它，我们才能"超越命运施加给我们的分隔"

---

[1]　克里斯蒂娃著，赵英晖译：《克里斯蒂娃自选集》，复旦大学出版社，2015年，第10页。后文出自同一著作的引文，将随文标出该著名称首字（外文著作为首词）和引文出处页码，不再另注。

（《克》：12），"同时不忘每个人都是独特的"（《克》：12）。

在文章的第二部分，作者着重强调了自己的世界性命运，这样的命运有助于她不断打破原有的思想框架、质疑约定俗成的东西。作者的思想最初形成于保加利亚，得到了拜占庭的精神性、俄罗斯小说、德国哲学和启蒙主义的滋养。后来，她把自己的思想嫁接在法国文化和法国语言中。而在美国的生活与活动也对她的思想发展具有很大的影响。作者在这一部分主要引用了三句话来揭示自己的经历与思想间的关联之谜，这三句话分别是：普鲁斯特的"思想是忧愁的代替品"、柯莱特的"重生从未超出我的能力"以及作者本人一部小说中的"我自我旅行"。作者将自己的世界性命运看作一场"重建心理身份的旅行"（《克》：19），浪迹天涯的她能够移动自己内心的边界，因而地理的、学科间的和话语间的边界对她而言也就不再构成障碍，于是才有了接替忧愁的思想、才有了重生。作者在文章的结尾处又回到精神分析，指出精神分析的过程即是一场"重建心理身份的旅行"（《克》：19）。

简言之，在这篇文章中作者着重指出了文学和精神分析对于解决当今世界危机的重要性。也指出了它们对于作者本人思想形成的重要性。在困境中思索自由，意味着在宗教复兴主义高涨的时期，人文社会科学，尤其是文学和精神分析应当发挥其作用，在言在与性不可分的联系中专注于言在，关注相异性、质疑既定身份、改造主体概念和人的概念。

《从圣母像到裸体》讨论了基督教西方的女性美是如何形成的以及它的发展历程。

作者认为基督教特有的关于女性特质的认识深深影响了这

种美的概念的形成。基督教中有非常重要的两条原则：化身为人和爱。基督教对于女性特质的认识当然也是由这两条原则支撑的。不可见的上帝要想变得可见，必须经过化身为人的过程，而化身为人必须借助玛利亚的身体，于是玛利亚的形象便承载了基督教关于女性特质的认识，承载了基督教西方的女性美。因而在基督教的语境中，便出现了这样的现象，即把无限的上帝表现为一个"献身于他者的身体中爱的灵魂的无限性"(《克》：24)，于是美便扎根在了玛利亚爱的生命中。

接下来谈的是这种女性特质及女性美的发展。作者指出这种女性特质及女性美的历史是由西方艺术家尤其是画家实现的，经历了从圣母像到裸体的过程。作者选择了意大利文艺复兴时期的画家贝利尼[1]的创作历程，分三个阶段讲述了这个历史演进：第一阶段是圣母像阶段，作者对这个阶段着墨颇多。这一阶段作品中的女性"不具有任何情人特质"(《克》：43)，只是忠诚的、具有献身精神的母亲，这样的母亲在作者看来是前俄狄浦斯的，她与孩子之间的关系是前俄狄浦斯阶段的母子间早期联系：1.这样的母亲是"恢复我们身份根基"的"好妈妈"(《克》：44)，与欲望和冲动相对，是一种"比父亲保护更加早期的体恤"(《克》：44)，一种"比父亲给予的照顾更根本性的照顾"(《克》：44)，基督教通过玛利亚形象正是要赠给信徒这样的东西；2.儿子与这个献身的而不激发欲望的母亲(即前俄狄浦斯的母亲)的共生，使得男性的女性特质得以升华，女儿与这样的母亲共生，可以"通过把自己认同为二元(圣母与男性圣婴)中的两个

---

[1] 乔瓦尼·贝利尼（Giovanni Bellini，1430—1516），意大利画家，威尼斯画派的创始人，使威尼斯成为文艺复兴后期的中心。他拓展了绘画题材、在绘画形式和色彩上亦有创新。

主角，从而也找到平息自己欲望的东西"（《克》：45）；3. 可以"促进想象"（《克》：45），母与子的前俄狄浦斯联系是"一座前语言（pré-linguistique）或跨语言（trans-linguistique）的知识宝库"，玛利亚因而集合了语言之外的形象（音乐、绘画等等），成为艺术的主保圣人，而且使得具体的个体成为图像表现的对象；4. 还能够"安慰女性那总有些抑郁的孤独"（《克》：47），鼓励她们对于全能力量的幻想。作者认为这第一个阶段一旦发生，自身便带有自我解构的动力，"玛利亚的爱的生命一旦变为可见，美一旦盘曲在这个女性特质周围，便没有什么能够阻止多样化的表现主题和表现形式在其他文化、经济或政治启发下解放"（《克》：48）。因而，随着人文社会环境的变化，第二、第三阶段便自然而然地出现了。第二阶段是展现女性特质的阶段，这种女性特质并非女性所特有，它对于巩固男性和女性的性身份来说都十分必要，这个女性特质并不出现在画面中的玛利亚身上，而是出现在画家的艺术中，画家可以用风景、衣褶，甚至是男性来展现这种女性特质。第三阶段是裸女阶段，这一阶段的女性形象不再展示母性，而是展示女性享受，作者指出这个女性享受"处在自体性欲、欲望和理想的边界上，在孩子所代表的相异性的边沿"（《克》：59），正是被弗洛伊德称为"原始压抑"的东西被展现了出来。在这个阶段，女性与自己面对面了，女性遇见了自己，而不是像在第一阶段中那样在孩子所是的他者眼中。而与自己的面对面，意味着对自我身份的认知和构建，意味着自我身份的形成。

《青春，一种理想性综合征》的主要观点是，在对待青春期问题时，精神分析学者不应当只考虑弗洛伊德在《性学三论》

（1905）中提出的"多形变态"概念，"多形变态"并不是青春期最重要的特征，青春期最重要的特征是理想性综合征，青春的潜意识是由理想性支配的。青春具有一种对理想客体存在的绝对信仰，"相信绝对令人满意的情欲客体（欲望客体及／或爱的对象）的存在"（《克》：68），这就是理想性综合征，或者叫作天堂综合征。在理想性综合征的作用下，青春会通过以一个新模型取代父母而与父母分离，这个新模型就是对青春主体而言能够带来绝对满足的理想客体，青少年确信能够超越、废除父母，进入一种理想化的完全满足。另外，因为理想性综合征在现实中必定会遭遇挫败，在冲动的作用下，哪怕最小的失落就能将青少年引入抑郁或者惩罚行为，因而作者认为理想性综合征是一种虚无主义。

青春对于我们的启示有三方面：一是对于精神分析临床而言，分析师必须考虑到理想性综合征才能更好地陪护青少年患者；二是在文学研究方面，作者提出了对于欧洲小说起源的新看法，认为欧洲小说是围绕青春人物诞生的；三是如何正确对待青春危机在我们文明中的各种变体，例如虚无主义、完整主义、信仰需要等。

《我的字母表》一文可以分为两个部分：在第一部分中，作者从自己六七岁时参加文字节游行说开去，介绍了斯拉夫字母的历史和斯拉夫字母的意义，还告诉读者父亲对字母的虔诚如何影响了她、童年的经历如何让她被字母所征服。这些回顾和讲述都可以归结为一个词：Azbouka，即"字母表"，把这个词的每个部分拆解开来，便形成一句话，Az bouki vedi glagoli dobro est。不考虑语法将每个词对应成汉语即是"我／字母／懂得／语言(圣言)／善／存在。"作者从这个句子出发，以文字游戏的方式揭示了我、语言(圣言)、善之间的关系。这就是"字母表"一词的意义，也即斯拉夫字母对于作者而言的意义。作者说自己即是语言，语言即是她自己，古斯拉夫语虽已消逝，但她吸收了它，并用现代的语言对它进行重新创造。作者在这里想要说明的是她与生养她的保加利亚文化传统，尤其是保加利亚语言之间的关系。

在第二部分中，作者解释了自己没有用保加利亚语而是用法语写作的原因，这也是作者在表明自己对待相异性的态度。之所以是异乡语言而不是母语，第一个原因是作者在保加利亚经历了压制个体创造可能性的集权制度，又经历了共产主义帝国坍塌所带来的动荡，保加利亚成为了作者的"痛苦"(《克》：93)。第二个原因作者解释得较为详细，选择异乡语言，是因为作者把写作看成翻译，她引用普鲁斯特的话来支撑自己的观点："唯一真正的书，不是伟大作家创造的——因为它已然存在于我们每个人身上——，而是伟大作家翻译的。作家的责任和任务即是译者的责任和任务。"异乡人与作家之间有一种内在固有的亲缘性，即他们都是译者。因为译者处在两种语言的交锋之中，在翻译活动中经受着异质性的考验，必须敞开心扉去理解、阐释与己相异之物，而这种朝向异的敞开同时也是对自己固有身份的质疑，因而翻译是处在创造行为中心的。作者也由此表明了自己对待存在的态度，她说："如果我们不把内心生活之异暴露出来，搬移至其他符号中，我们不会有精神生活，甚至不会是活的存在"(《克》：96)，因而，"说另一种语言其实是活着的最低条件"(《克》：96)。

《精神分析的当代贡献》是一篇访谈，主要涉及了母—子间早期联系、象征与符号、潜意识与语言、意指生成、女性天才、女性想象、残疾人等问题。作者在回答中对自己的精神分析临床和案头研究工作进行了总结，介绍了自己以及同仁们的工作给当代的精神分析带来了什么。概言之，贡献是两个方面的：1.研究领域的拓宽。对弗洛伊德遗漏的一些问题进行了研究，把精神分析倾听向新的精神结构，尤其是向前俄狄浦斯阶段的精神结构敞开了。例如在母—子间早期联系方面的研究、对构成女性主体的两个俄狄浦斯的研究、"象征"和"符号"两个概念的提出、对客体关系的重新思索、对残疾人与性的问题的研究等等。这些研究应用于临床上，带来了精神病或孤独症治疗等方面的创新。2.研究方法更具综合性。建立起了跨学科的研究方法，在符号学、现象学的启示下研究语言、研究言在，不把弗洛伊德和拉康的贡献对立起来。也正是因为有了综合性的研究方法，克里斯蒂娃的思考才从未局限于精神分析领域，正如采访者布拉克尼耶（Braconnier）所说的那样，她总是"从冲动问题出发，从个人的神经官能症出发，最终走向人类文明中出现的问题"（《克》：119）。因而，精神分析的当代贡献，并不只是在精神疾患治疗方面，还有在文学语言的研究方面，而且更重要的是针对文明中的危机开出济世之方。尽管克里斯蒂娃本人的说法很谦虚："拯救历史是否还有可能？我远没有这样自命不凡的抱负，我只是提个醒，以防忘怀。"（《克》：90）

《性与宗教》开篇名义，"人是一种社会动物，但尤其是一种情欲存在"（《克》：124）。"性是根本反社会的"（《克》：125），如何处理性与社会之间的矛盾？作者首先谈了宗教是如何处理这个矛盾的：宗教对性采取了压抑的态度，各种形式的性都被神性掌控。但是神与性的共处有着"内在固有的错误"（《克》：127），世俗化已经揭露了这一错误所导致的弊端：宗教对性的过度压抑和蒙昧主义陋习、宗教机构中存在的性别歧视、"父亲"欲望的夸张、女性及母亲的从属地位或者遭受的迫害等等。

作者接下来谈了宗教与女性性欲的问题：宗教压抑性，尤其压抑女性之性，在犹太教、伊斯兰教中皆是如此。基督教的情况有些特殊，基督教虽然也强调脱离肉体的精神性、也没有实现男女间的真正平等，但是，因为基督教有圣言化为肉身之说，因而它自身便孕育出了自己的异端，即"培育圣言与肉体神圣结合"（《克》：130）的神秘主义者，他们用"感官参与到基督的受难中"（《克》：126），基督教神秘主义的重要人物有许多是女性，因而女性情欲便得以凸显出来。由此，妇女解放也开始酝酿并具形态，随着后来启蒙时代的到来而加快了发展步伐。今天，正是女性情欲的显露激化了宗教组织的危机、威胁所有宗教尤其是一神教的基础、挑起了全世界范围内完整主义反应的高涨。作者指出，基督教应当与这些完整主义倾向相对，在人身上建立主体，要求男性和女性成为"人"，"所谓'人'，即是一种主观感觉统一，追求普遍性和权利"（《克》：131），唯有如此才能"将新生的文化多样性联合起来"（《克》：131）。

精神分析发现了宗教对性的压抑，尤其是对女性性欲的压抑这个秘密，这样的发现等于改写了长期以来由宗教所书写的情欲故事。

圣方济各[1]、圣女大德兰[2]、埃克哈特[3]等等，是在两部文集中反复出现于作者笔下的名字，这些名字都与基督教中的一个特殊派别——神秘主义相关，作者在2008年还出版过一部以圣女大德兰的名字命名的小说《大德兰，我的爱》（*Thérèse, mon amour*）。可见神秘主义是作者近年来十分重视的一个问题，作者在这个问题中投入了大量的思考。《神秘的诱惑》一文便是这长期思考的结晶之一。作者在文中简要回顾了神秘主义的历史，集中谈了自己对于神秘主义的理解，尤其谈了神秘主义与精神分析的关系。

古希腊、犹太教、印度教、伊斯兰教、佛教都拥有自己的神秘流派，但神秘主义在基督教中的发展更为突出。在基督教中，神秘主义自13世纪时发端，到巴洛克时期达到鼎盛。基督教神秘主义最初被教会视为异端，而后逐渐得到了承认，一些重要的基督教神秘主义者还被封圣，并被认为为基督教的发展做出了卓越贡献。基督教神秘主义的影响远远超出了宗教范围，尤其延伸到西方哲学和艺术领域。神秘主义最突出的特点是对迷狂（extase）状态的重视，迷狂是一种在神秘体验中与神合一的状态。神秘主义者留下的文字许多都是对他们在迷狂中听到神启、目睹圣颜的回忆。

---

[1]   Francesco d'Assisi（1181—1226），或者 Saint François、François d'Assise，意大利天主教修士，阿西西的圣方济各，天主教方济各会和方济女修会的创始人，被视为宗教间对话的先驱。

[2]   圣女大德兰（Sainte Thérèse 即 Thérèse d'Avila，1515—1582），天主教女圣人，宗教改革家，神秘主义者。克里斯蒂娃在多篇文章中提到过圣女大德兰，并撰写了以她的名字命名的小说《大德兰，我的爱》（*Thérèse, mon amour, Fayard*, 2008）。

[3]   埃克哈特·冯·霍克海姆（Eckhart von Hochheim，1260—1327），德国神秘主义哲学家，神学家，人称埃克哈特大师（Meister Eckhart）。被视为德国新教、浪漫主义、存在主义的先驱。

作者将神秘主义视为一种与他者的特殊关系，认为"它总是从他者的爱出发并为了他者而经受考验、进行思考、展开行动"（《克》：136），神秘主义是一种爱，迷狂状态是信徒与他的神之间灵魂甚至身体的爱的合一。这一点是有别于理性主义对主客体关系的认识的。作者对神秘主义者给予了充分的尊重和肯定，认为他们"是在传统的应许之地寻找无所拘束的、开放的内心"的人（《克》：134），是真正的宗教改革家。

从精神分析的角度来看，作者把迷狂视作一种幻觉或边缘人格状态，因而指出神秘主义者开发和探索了新的心理空间。"分析性倾听不参与神秘经验，也不忽视神秘经验，而是给神秘经验的享受以意义。"（《克》：139）作者还引用了弗洛伊德的《精神分析新论》中关于神秘主义的部分并给出了她对这部分内容的理解。弗洛伊德是无神论者，但他在人生的最后几年却开始认为精神分析与神秘主义追求同样的目标，可他并未就此进行详细论述，仅留下了只言片语，且存在着一些前后矛盾，令后人费解。也许正是弗洛伊德的这些话激发了作者对神秘主义的好奇心，引领她在神秘主义中寻找思路，以解决精神分析甚至是人类文明中的问题，在本自选集的选文中，我们可以看到她成功了，神秘主义女性不止一次启发了她在女性解放问题上的探索。

《二十一世纪人文主义十原则》是作者以人文主义者的身份受教皇本笃十六世之邀参加阿西西集会时发表的演说，全文十分概括，并且使用了呼语，具有很强的号召力。

作者首先区分了基督教人文主义和以往的世俗化人文主义，并指出21世纪的人文主义面对这两方面的遗产应当做何取舍。基督教人文主义以耶稣、圣方济各、但丁、若望·保禄二世和本笃十六世为代表，把人定义为一种"不可毁灭的独特性"（《克》：147），鼓励人们与极权主义斗争，基督教人文主义通常被理解为"人在欲望和感觉的交织中被爱的语言超越"（《克》：150）。以往的世俗化人文主义以文艺复兴和启蒙运动为代表，宣告男女有反抗教条和压迫、解放精神和思想、质疑一切确定性、戒令或价值的自由，但是，世俗化的人文主义在攻击蒙昧主义的时候，忽视了信仰需要，忽视了死亡欲求的限制问题，因而不是真正的人文主义，而是"世俗化向宗派、科学技术至上主义、否定主义的偏移"（《克》：148）。作者要阐释的21世纪的人文主义，是一种新的世俗化人文主义，它在基督教人文主义以及源自文艺复兴、启蒙运动的人文主义之间建立联系的同时，敢于"揭示自由的险峻之路"（《克》：148）。

作者接下来列出了21世纪人文主义的十个原则，总的来看这十个原则的特点如下：1.强调创新性，强调对个人、历史和社会状况进行不断质疑，唯有质疑才能革新和发展；2.重视传统，尤其重视对一切传统价值的重估；3.尊重多样性，重视可分享的独特性；4.尊重人的身体性的一面，不禁止欲望自由，而是对欲望自由进行解释和陪护并使其升华；5.强调女性解放，指出欲望解放应当导向女性的解放。

《摩西、弗洛伊德与中国》探讨的问题是：在欧洲文化和中国文化间真正对话的可能性问题上，精神分析占有什么样的位置。

作者首先指出弗洛伊德精神分析与中国思想不能衔接：弗洛伊德精神分析追随启蒙主义和康德，追求一种创造性的独特。

而中国思想的基础却非建立在独特性的基础之上，"中国思想实际上既不关心基础也不关心起源"（《克》：157）。具有儒、释、道三重结构的中国思想，像一股"合一过程之流"，只有"养护并充实生命（养生）这一个方向，别无其它"（《克》：158）。那么精神分析是否不适用于中国呢？作者不这样认为，她对精神分析很有信心，因为精神分析是一门不断进行自我调节和自我创新的学科，精神分析给了我们方法去发现和考问多样性的人类经验。

作者主张尊重中国的独特性，把中国的独特性看作性心理学的方面。要陪护中国患者，首先要了解这个独特性，并在治疗中将其纳入考虑。

作者从西方自我和中国自我的差别入手阐释中国的独特性。在西方，自我源自古希腊的灵魂与身体的二元论，西方关于"内心"的思考，包括基督教中灵魂归于上帝的祷词，以及精神分析中所谓的"精神装置"，都或多或少传承了这个起源于古希腊的本体论概念。与之相对，中国思想中并没有发展出灵魂这个概念：道家"从生命潜能的角度来看待这个问题"（《克》：163），在身体形式内部发现了一种"逐渐从身体中分离出来的活力成分"（《克》：163），即"精"，儒家在身体的物质状态里发现了使用物质状态的能力（《克》：163），即"德"。"精"与"德"都不同于西方的"灵魂"。中国思想的出发点不是主体概念，而是"连接效能"概念（《克》：164），这种效能"源自人对道的从属"（《克》：164），它"不仅消融灵魂，也冲淡身体"（《克》：164）。中国身体的概念也是渐进的，是一个持续的变化过程。因而作者指出中国的自我"没有本质、没有个体化、也没有物质概念，是通过持续凝结而形成的'物质化'"（《克》：164）。

作者接下来从两方面解释了产生这样的中国自我的原因。首先是因为中国女性和母亲的特殊角色：中国神话、汉字"姓"的写法、中国至今仍然存在的母系氏族、道家的性技巧、甚至女性缠足制度中均隐藏着母性的强大影响力，这实际上是对于女性性权力的隐晦承认，给予了女性享受一个中心地位。二是因为汉语：汉语是调性语言，其音乐性"保存并发展了婴儿前语言能力的印记，在这些能力中沉淀着母—子间早期联系的痕迹"（《克》：171），汉字是形象化的，其形象部分"属于比句法—逻辑意义层面更加早期的心理层面"（《克》：172），汉字因而可以被视为"一座感觉潜意识的保管库"（《克》：172）。

由于中国女性尤其是母性的特殊地位，也由于中国语言的特殊性而形成了不同于西方的中国自我，因而要想更好地陪护中国患者，应当注重研究在主体／客体二元形成之前的"贱斥体"[1]现象，而不是俄狄浦斯和阉割。作者还提出应当培养中国自己的精神分析师，并对培养的方法提出建议：他们必须研究精神分析，也必须研究自己的文化传统。

克里斯蒂娃的研究横跨哲学、语言学、符号学、精神分析、女性主义、文化批评、文学理论等多个领域，她的渊博常常使人觉得她的文字包含的内容过于庞杂和深奥。然而，这种看似的庞杂和深奥也许正是由于我们在阅读时将她的文章按照主题进行了划分、归入了不同的领域。而克里斯蒂娃本人对于这样

---

[1] Abjet 或 abject，这个说法源自克里斯蒂娃本人，她在《恐怖的力量：论贱斥》（*Pouvoirs de l' horreur：Essai sur l' abjection*，Seuil，1980）一书中对这个概念进行了详细的阐述。Abjet 一词是作者根据 sujet（主体）和 objet（客体）两个词去掉各自的前缀 sub- 和 ob-，加入表示"分离、隔开"的前缀 ab- 而来的。克里斯蒂娃指出贱斥（abjection）先于文化、先于语言、先于俄狄浦斯的原始压抑，是在母性空间里的母子相互融合又相互排斥的机制，贱斥体既非主体又非客体。

截然的划分是一定会反对的，因为她反对传统的划分学科的方法，提出了对人文社会科学进行改造，她在巴黎第七大学和同事们一起成立了"当代思想研究所"，努力进行学科重构。如果划分的结果只是带来更深的迷惘，那么综合与重构也许会照亮我们的思路。这九篇文章给了我们这样一个综合与重构的机会，它们探讨的主题看似零散，艺术、精神分析、人文主义、宗教、汉学……都有，甚至在同一篇文章里也会涉及不同领域的问题，按照我们现有的学科划分方法，应当分别交给不同专业的研究人员去阅读。但其实并非如此，纵览这九篇文章便会发现，有一些恒常不变的量在每个主题的探讨中都会出现，主题的分割只是表面现象，透过主题的分割找到内在的关联才真正有助于我们理解克里斯蒂娃的思想。克里斯蒂娃的思想具有很大的发散性，一个问题常常会引发她对数个问题的思考，如同一个辐射点会在周围产生一片辐射域一样。本选集中的九篇文章是围绕三个"辐射点"形成的三个"辐射域"：

1. 性。"我们不是天使，我们有身体"，作者引用圣女大德兰的话来强调人的身体性的一面，强调言在与性的不可分。作者探讨自由问题、天才问题、创造性问题、青春问题、如何对待相异性问题的出发点都是性，由此也发展出了作者对宗教问题(如对宗教复兴主义热潮的态度)、对人文学科重组问题的看法。

2. 女性。尤其是女性性欲的问题。因为言在与性不可分，性冲动可以升华为创造力，对于女性性欲的肯定，即是对女性创造力的肯定。作者认为女性处于生物学和感觉的十字路口，女性由这个路口出发、由这个双重属性出发进行自我创造、自我超越。与女性之性相联系的问题有女性解放、神秘主义、基督教艺术的发展以及作者对宗教中普遍存在的歧视女性现象的看法。

3. 母性。确切地说是母子间早期联系。与弗洛伊德不同，克里斯蒂娃十分强调在俄狄浦斯出现之前的前俄狄浦斯阶段，这是主体/客体二元形成之前的阶段，在这一阶段中母子之间是一种前语言(或跨语言)的感觉经验，或称符号经验。母性是十分吸引克里斯蒂娃的一个大问题，围绕这个问题克里斯蒂娃的自创词汇最多，由母性这个大主题，发展出了母性情欲（érotisme maternel）、连接过程（reliance）、母性空间（chora）、贱斥（abjection）、符号（sémiotique）与象征（symbolique）、母亲—诱惑（mère-version）、母婴共兴奋、前语言、诗歌语言、中国自我的特殊性等等问题。

不难看出这三个辐射点之间呈递进关系，对于女性问题的讨论是从性的问题出发的，而母性中也是包含着女性特质的。这样的递进关系归根结底是由性生发出来的，这体现了作者扎根于精神分析，不仅在临床上也在研究中践行她所提出的"在言在与性不可分的关系中专注于言在"(《克》：12)的自由模式和人文主义原则。虽然整个体系是由性生发出来的，但在递进的发展中，克里斯蒂娃强调的是"爱"，她说："令人赞叹的不是物或行动，不是希腊的战功，也不是彭贝或密宗的性功绩，而是作为它们基础的充满爱的内心"(《克》：25)。她强调神秘主义者与神之间灵魂甚至身体的爱的合一，她指出要从爱的独特性出发来理解女性天才。她尤其指出母爱，特别是母—子间早期联系中的母爱，相对于其他一切爱而言的特殊地位：这份爱是一切爱的起源，是"我们身份的根基，是我们将来形象的根基"(《克》：44)，也是"灵长类人化过程的曙光"(《克》：152)，是人之为人的依据。

　　本自选集中的文章按照它们在原著中出现的先后顺序排列，每篇文章开头的注释就它们各自发表的时间和背景做了说明。书中出现的专有名词及人名较多，仅在第一次出现处加入了注释。对于书中出现的精神分析专业术语，在给出中文翻译的同时也在该词第一次出现处保留了法语原文。书后附有词汇表，汇集了书中出现的精神分析专业术语和作者的自创词汇，便于读者查阅。这部自选集中出现了大量精神分析专业术语，译者并非精神分析专业出身，在翻译的过程中虽然查阅了一定数量的资料，但在理解上仍然难免出现偏颇，恳请读者指正。

　　克里斯蒂娃在《我的字母表》一文中给予翻译以创造活动中心的地位，因为翻译意味着内心边界的迁移，意味着在一场异质性的考验中对固有身份进行不断质疑，因而也就意味着自由、意味着重生。她还在《在困境中思索自由》一文中提到，女性与时间的特殊关联[1]，使得重生从不曾超出女性的能力。感谢她让我意识到自己身上与生俱来、永不枯竭的重生能力，我在对她的翻译中重塑了自己。

---

[1]　此外，克里斯蒂娃尤其在《女性的时间》(*Le Temps des femmes*, 34 / 44: Cahiers de Recherche de Sciences des Textes et Documents，1979 年第 5 期，第 5—19 页) 一文中专门讨论了女性与时间的特殊关系，她认为女性的时间具有循环性和永恒性，而非线性时间。

附　录

英文标题与摘要
English Titles and Abstracts

Foreign Dissemination of Chinese Literature: Opportunities and Reflections

‖ Chen Sihe
‖ Notes on Foreign Translation of Chinese Literature（p.003）

Abstract: With China's rapid economic growth, the state is playing a significant role in leading the foreign translation of Chinese literature. However, the reception and influence of a Chinese author require not only the necessary economic support for cultural exchange but also a long time of research, introduction and promotion of the author abroad. The dissemination of Chinese literature, first of all, needs a platform that helps to establish the effective communication between the Chinese authors, translators and sinologists. Such an effective communication includes the translators' full understanding of the authors and their deep understanding of Chinese culture. As

Chinese culture is an integral part of the world culture, Chinese authors should not isolate themselves from the world outside. Also, the stylistic distinction among the authors calls for the translation of an author ' s style instead of the rewriting at the translator ' s will. All of these mentioned above demand the joint and conscious participation of the scholars, writers and translators.

‖   Xie Tianzhen

‖   On Translation and Dissemination of Chinese Literature: Questions and Essential Conceptions (p.016)

Abstract: How to translate and disseminate Chinese literature efficiently has drawn more and more attention from both the leaders and the people with the rise of China economically and politically. However, in a long time among the concerned government agencies, academia and translators there has been a serious misconception that the dissemination of Chinese literature is only of question of translation. Many believe that once it is translated, Chinese literature is disseminated, while ignoring the problems of the introduction from a weak culture to a strong culture, the essential difference between the translation into Chinese and from Chinese, and the temporal and lingual difference of the translation. The essay is to clarify the involved questions through medio-translatology.

‖ Wang Jiankai

‖ From Vernacular Classics to Western Academic Traditio-
nthe Process of Translated Chinese Poetry Admitted into
English and World Literary Kernel (p.033)

Abstract: Chinese literature going overseas is partly of the
effort by the Western scholars-sinologists. Such is a process
of self-selection, devoid of a benefit-driven intention. A good
example of this is Chinese poetry in English translations by
those sinologists who, out of their favor, have studied and
rendered the poetry (the gem of the Chinese literature) from
generation to generation. Thanks to their never ceasing work,
Chinese poetry is now part of the Western academic tradition,
winning also the general readership. This essay, by looking at
the three representative figures (Arthur Waley, Ezra Pound and
Burton Watson), endeavors to demonstrate the history of their
translating Chinese poetry and the way their translations entered
the anthologies of English and America literature as well as the
Norton Anthology Series. The author then goes on to analyze
the characteristic skills of the three translators in the hope of
explaining the key factors in their successful result. In summary,
through the translators, Chinese poetry has now settled into the
books of English and American literary masterpieces and further
into the Norton Anthology Series intended as textbooks for
university students who form a large readership. Moreover, their
translations, some of them are prize winners, are also modeled

upon for versification by American poets. Thus, Chinese poetry has finally become well embraced by the Western academic circle and the general readership as well, being a member of the world literary kernel.

‖ Tao Youlan

‖ An Investigation on Popularizing Strategies of Rendering Chinese Classics into English:A Case Study of the English Translation of the Lunyu (p.054)

Abstract: Rendering classics into other languages has always been regarded as serious academic translation because it not only needs to respect the integrity and philosophical implication of the original text, but also employs rigorous wording, careful textual analysis and various investigations for faithful rendering of the connotations of the original. If such translations expect to attract more general readers in their target cultures, some multi-faceted popularizing strategies have to be taken in regard to linguistic forms, specific content and modes of transmission. By analyzing more than thirty English translations of the Lunyu, this paper explores six such strategies: use of colloquial expressions, translation of contextualized meanings, localization of foreign concepts, rendering with the help of stories, connecting with the current times, and dissemination through multimedia channels such as the internet. These strategies help to make abstruse classics easier to understand, accommodating them to the taste and reading level of the general reader. In this way, target readers ' interest and curiosity in regard to Chinese culture can be triggered. This in turn helps in the effective dissemination of Chinese culture and promotion of cultural exchange and integration. Such popularizing strategies will provide more insights for globalizing Chinese culture and translating ancient Chinese classics into foreign languages.

‖ Hai An

‖ Translation and Communication: Modern Chinese Poetry in the English–Speaking World (p.080)

Abstract: The Chinese poetry has been communicated through translation into the English-speaking world for several centuries, but undoubtedly focusing on the classical Chinese poetry rather than the modern free-style poetry. There has been rapid development in the past twenty years to shift from the Misty Poetry School, the Third Generation Poets to Post-70-80s Poets translation and to carry on the western cultural tradition of translating Chinese poetry from Le Livre de Jade to Jade Ladder. Sincere collaboration between the Chinese and foreign translators has provided demonstration and enlightenment, highly beneficial to the English translation of the Chinese poetry.

Modes and Theoretical Construction for Translation

‖ Leo Tak-hung Chan

‖ Under the shadow of three lingua francae: repositioning
translation in East Asia (p.099)

Abstract: Translation as a form of resistance to globalization
can be studied in relation to the quest for a common language
in East Asia, the fastest-growing regional community in the
world in the last few decades. The region has seen at least three
lingua francae used in its history, including English, Chinese
and Japanese, and the roles of these " languages of wider
communication " have been variously documented and studied.
In particular, English, the present-day language of dominance,
has troubled the East Asian community. The successes of
over a century of learning English as a foreign language
notwithstanding, there is still skepticism concerning the amount
of time and effort spent on acquiring a foreign, western language.
In this light, translation becomes a much valorized solution.
After all, translation provides the conditions allowing for true
democratization, as the case of the European Union attests.

|| Yang Naiqiao

|| The Translation of Comparative Poetics and the Manipul-
ation of the Translator's Poetics: On Chinese Intellectu-
als in the Era of Post-Confucianism in the 21st Century
(p.122)

Abstract: René Etiemble correctly predicted that
" Comparative literature would then be irresistibly drawn towards
comparative poetics. " And his prediction revealed explicitly
that comparative literature in the West would begin to tend to
theoretical research in the 1960s. At the same time, the American
school of comparative literature developed and emphasized
paying special attention to aesthetics and literary theory for
research which was shortly afterwards known as parallel studies
from the perspectve of methodology. Furthermore, the parallel
studies of the American school, which made the study of
comparative literature turn to a new theoretical position, was
diametrically opposed to the influence studies of the French
school in practice. On the one hand, we should point out that
this theoretical turn for the study of comparative literature was
also deeply influenced by the literary ideological trends ocurring
around the world, which was referred to as general literature.
On the other hand, we need to concentrate on the translation of
comparative poetics which made poetics move internationally into
a fusion between source language and target language, so that
poetics in interlingual translation would also then be irresistibly

drawn towards comparative poetics. At the present, we should keep a watchful eye on the sinologists involved with the study of comparative poetics in the West; they write in English their articles and books about Chinese poetics. This kind of the writing in English can be defined as the first translation. Then, we can define the action with the Chinese texts as the second translation so long as this kind of the first translation is once again translated back into Chinese from English. And the second translation of the Chinese texts is far away from the original meaning, and it makes the interpretation of the significance of the original context become more and more complicated.

‖ Yang Chengshu

‖ Translators and Patronage: Translator Groups Built around Lin Hsien-tang (p.158)

Abstract: Power initiates translation, or at least controls it. In particular, when faced with a highly controlled political environment, translators seek patronage for the following reasons:

1. Translation becomes an economic necessity.

2. Translation is a form of political activity.

3. Translation becomes a creative opportunity.

When such power relationships occur, the services provided

by translators often serve the interests of those with power. Translators can only ensure economic, political and creative security through patrons who are politically and economically sound. (Delisle & Woodsworth, 1995:132, 144-145)

However, a variation of this relationship between translator and patron appeared during the colonial period in Taiwan (from 1895 to 1945). This variation, rarely seen in the history of translation activity, involved collective activity between private patrons and their translators, over a period of several decades and involving dozens of individuals. What ideologies and values can be found in the cross-cultural activities and production of these colonized patrons and translators? What roles did they play in the formation of new ideologies and values? This study will examine how these individuals formed a collective, complete with ideologies and activities, through examination of literature, historical sources, and interviews.

The collective goals, group relationships, activities, interpersonal connections, and the collectively established qualities and cultural positioning of these patrons and translators will be reorganized and reexamined, to determine the influences within. Through this, previous findings in the study of translation history and translation theory can be confirmed, while previously unexamined details in the study of Taiwan's history can also be brought to light.

‖ Zou Zhenhuan

‖ Chinese Translation of Western Learning and the History
   of Chinese Translation: A Bibliographical Approach（p.215）

Abstract: a fully-developed academic discipline requires a base of specialist topic bibliography. Since the 1980s, the study of the history of translation in China has made great progress. However, there has been little attention given to translation work bibliography, the base of the discipline. Whether looking at the history of translation into Chinese or vice versa, researchers are faced with a mountain of documents. Of these, translations into Chinese are mainly from Buddhist document, and from technical texts from the West. This paper focuses on the latter, and explores issues regarding different versions, the proofreading, and cataloguing of translations. This paper covers nine categories of catalogue: comprehensive, official, religious, commercial publication, private biographies, catalogues by discipline, catalogues by topic, translations by original author, and collector ' s editions of translations, and then provides a unique analysis of the academic and historical significance of cataloguing translations of western learning, as well as how to apply these catalogues to the study of the history of translation in China.

‖ Dai Congrong

‖ Advancing Cross-Cultural Understanding Through Experimental Literary Translation: Chinese Translation of Finnegans Wake in China (p.245)

Abstract: A fertile ground is needed for a work to be translated and accepted successfully in the target culture, which includes enough understanding of the ideology and poetics of the source text. Sometimes, a work could be translated and introduced into a culture too early before the readers there can understand the foreign idea and poetics. The innovative language and narrative experiment in Finnegans Wake are far ahead of the literary tradition in contemporary China, which makes it hard to be understood and accepted wholeheartedly by most Chinese readers. However, such experimental works should not be translated in a domesticating way to make them easier. If the experimental poetics in Finnegans Wake were kept in the translation as much as possible, it could advance the acceptance of new ideas and poetics in modern Chinese literature, especially when some efforts are given to make the translated work popular.

‖ Wang Baihua
‖ "Dwelling in Possibility" : How to translate Emily Dickinson? (p.261)

Abstract:Every literary text continues its life, and sometimes is reborn, through translation in its basic or broader sense as " moving " (translatio). The translation of Dickinson 's poems began with her own movements in her manuscripts, including transcription, use of alternate wording and phrases, changing manuscript sheets into booklets, and sending poems to her relatives and friends, and so on. In the century and more since her death, Dickinson's manuscripts have undergone dramatic moves and changes in terms of both materiality and textuality, from the publication of various printed editions to the establishment and openness of the digital archive. The mobility of Dickinson's poetry (" dwelling in possibility, " in her words) requires a trans-lingual translator alert to the work of different editors and able to keep pace with the latest developments or "moving" of interpretations. Based on a description of several editing choices of Dickinson's manuscript in print, this paper examines Chinese translations, especially the oversights and limitations in them, and looks forward to new possibilities for translating and interpreting Dickinson's poetry.

‖ Gao Tianxin
‖ Hermeneutics and Its Implications for Translation
   Theories: From Schleiermacher and Paepcke to Stolze
   (p.284)

Abstract: This essay discusses how hermeneutics is integrated into translation theories. Three German theorists are reconsidered, Schleiermacher, Paepcke and Stolze. Then this essay explores the relations between hermeneutics and linguistics to address the question of blank space in translation—how a hermeneutic approach could be applied to translation that involves two distant languages.

New Developments in Studies and Criticism of Translated Literature

‖ Lawrence Wong

‖ "Aixian" ("Sad Melody") and Human Literature:Zhou
Zuoren and Yuwai xiaoshuoji (Collection of Stories from
Abroad)(p. 299)

Abstract: Most studies of Yuwai xiaoshuoji (Collection of
Stories from Abroad, 1909) concur that this first collaborative
translation venture between Lu Xun and Zhou Zuoren was a great
success and that the success was largely, if not entirely, due to
Lu Xun's endeavor. It has also been a common practice to follow
Lu Xun's statements about Yuwai xiaoshuoji tha the works
were chosen and translated because they were nationalistic and
revolutionary, which were appealing to the Chinese who where
then trying to overthrow the Manchu rule. However, the present
essay argues that this widely-accepted evaluation of the works has
been heavily influenced by politics, one which is in line with the
political discourse on modern Chinese literature formulated after
the establishment of the People's Republic of China. As Lu Xun
has been hailed as the sage of modern China by Mao Zedong,
all credits go to Lu Xun who was quite infallible. But the essay,

after analyzing the various writings of Lu Xun and Zhou Zuoren, in particular those written by Zhou around the time when Yuwai xiaoshuoji was published, presents a different picture. First, it was by no means an unqualified success. Rather, it was completely neglected and did not make any impact on the literary or translation scene when it first appeared. Second, it is Zhou Zuoren who was instrumental in the project, not only in that most of the pieces were translated by him, but that the selection of works and the methodology in translating also reflected his own literary thinking. More specifically, Yuwai xiaoshuoji was a first literary venture of Zhou Zuoren that exhibits his advocacy of human literature in the late 1910s and early 1920s.

‖ Hong Seukpyo

‖ The Clash of "Paraphrase" Translation and Modern Translation: Yang Baek-hwa's Translation of The True Story of Ah Q in the Early 1930s and Reactions Toward Yang's Translation (p. 345)

Abstract: Around 1930, an unprecedented number of the Chinese New Culture Movement's and Lu Xun's literary works were introduced in Korea. The greatest reason lay in the existence of a group of scholars such as Yang Baek-hwa, Kim Tae-jun and Chong Nae-dong who were able to translate and critique the New Culturalists' writings. Moreover, Korea's interest in China's

New Culture Movement was heightened by the situational similarity between Chinese literary circles, which was going through radical changes as " revolutionary literature (proletarian literature) " rose to the mainstream, and Korean literary circles, where the ideological dispute was unfolding around proletarian literature. Lu Xun ' s The True Story of Ah Q (A Q zhengzhuan), translated by Yang Baek-hwa and published in Chosun Ilbo in January 1930, received particular interest from readers. Widely known around the world as the representative work of Lu Xun, The True Story of Ah Q was finally introduced to the Korean public through Yang ' s translation.

However, it is notable that Yang ' s rendering of The True Story of Ah Q was a secondhand translation of a Japanese translation. Yang based his own Korean adaptation of The True Story of Ah Q on Inoue Kobai ' s translation which Yang discovered by chance in the Japanese magazine Kitan, but Inoue ' s Japanese-language rendition had numerous errors. Judging that a Korean translation of The True Story of Ah Q was urgently needed, Yang used the Japanese version as soon as he found it, not realizing that Inoue ' s work had serious mistranslations which naturally caused the first Korean translation of the work to be full of errors. Consequently Chong Nae-dong, who studied China ' s New Culture Movement in Beijing, scathingly criticized Yang ' s The True Story of Ah Q with a line-by-line comparison of the original. Yang Baek-hwa, however, called his translation of The True Story of Ah Q a " paraphrase ", implying that it was a secondhand translation of a Japanese-language translation, as was the translating custom of the early 20th century modern enlightenment period. By contrast, Chong Nae-dong who studied in China in the late 1920s, was used to the modern translating custom of staying faithful to the " original text ". Therefore, Yang ' s secondhand translation and Chong ' s criticism of the mistranslation was an ideological conflict between the custom of " paraphrase " translation (which included " secondhand translation ") and modern translating customs. Perhaps Chong ' s scathing criticism of Yang ' s mistranslation was an essential occurrence in the conversion from the translating custom of paraphrasing toward modern translating customs.

Although Lu Xun and his works were actively introduced and critiqued in Korea around 1930, they lost the moral and material foundation for further development with the reinforced political and ideological control of the Japanese colonial authorities which brought about the dissolution of the KAPF and the inclusion of Lu Xun ' s works in the prohibitory index among other steps. As a result, the sound translation of Lu Xun ' s works only happened with Korea ' s liberation in 1945. The 1946 publication of Lu Xun ' s Short Stories (Volumes 1 and 2) by Kim Kwang-ju and Yi Yong-gyu, both of whom studied in China, heralded the first systematic translation of Lu Xun 's works in Korea. In particular, The True Story of Ah Q was translated by Kim Kwang-ju based on the " original text " and in a relatively sophisticated Korean style, at once overcoming the problems of Yang ' s second-hand translation and mistranslation.

‖　Li Zheng

‖　An Inquiry into Wenxue as a Loanword （p.372）

Abstract: The question when wenxue as a loanword appeared in early modern East Asia has great significance for reconsidering the transition in the humanities scholarship in early modern China and Japan. This essay makes an inquiry into three aspects of the question. First, it reads " Greece as the Origin of Western Literature" in the inaugural issue of *Liuhe congtan* (《六合丛谈》) and gives an introduction to the earliest use of wenxue in its early modern sense in East Asia. Second, by looking at the interaction in the translation of the Western knowledge between Joseph Edkins, the author of " Greece as the Origin of Western Literature " and the late Qing intellectuals, this essay analyses the concrete context for the invention of wenxue. Last, this essay offers an exploration of the dissemination and influence of Liuhe Congtan and other translations of the Western knowledge in Bakumatsu Japan.

‖　Jin Wen

‖　Sentimentalism's Transnational Journeys: Bitter Society
　　and Lin Shu's Translation of Uncle Tom's Cabin (p.388)

Abstract: This essay provides a transnational genealogy of sentimentalism in Chinese and Chinese American fiction from the early twentieth century byanalyzing the approaches to physical pain and suffering in the first Chinese translation of Uncle Tom's Cabin and in narratives of overseas Chineselabor from the same era as diverging responses to modern perceptionsof the Chinese pathology of "mamu", or callousness. It argues that a novel like Bitter Society (1905) provides an intriguingly creative response both to translated fiction and to modern discourses of the Chinese lack of empathy.

‖ Jiang Qian

‖ Translation and the Development of Science Fiction in Twentieth-Century China (p.416)

Abstract: This essay examines the role of translation in the evolution of science fiction as a literary genre in twentieth-century China. I focus my discussion on how translation became the impetus for the birth of sf in the late Qing period and on the impact of translations upon original works at different phases in the development of Chinese sf. I demonstrate the very significant position of sf translation in the history of Chinese sf literature in the twentieth century as a dynamic influence on the growth of the genre in China.

Translation in Interdisciplinary Perspectives

|| Chen Yinchi

|| Oral Approach for Indian Buddhist Tales ' Entry into China and Oral Communication (p. 439)

Abstract: This essay focuses on Indian Buddhist literature ' s entry into Medieval China (3rd-10th centuries) through its oral dissemination to the travelling Chinese monks that was set apart from its dissemination in the Buddhist scriptures. Then by using various historical sources, it attempts to outline the conditions and situations in which oral communication between China and India became possible, and thus gives a more concrete and detailed account of the context for Indian Buddhist literature ' s entry into China.

|| Markus Nornes

|| Afterthoughts on "For an Abusive Subtitling" (p. 464)

Abstract: In 1999 I published " For an Abusive Subtitling," which was reprinted in the Routledge Translation Studies Reader and became the subject of much debate over the years. The essay uncovered the invention of and historical transformations in subtitling practice in the 20th century. It demonstrated how the market pressures of capitalism "corrupt" the translation process, leading to subtitles that focus on superficial denotative meaning while downplaying cultural, gendered, linguistic and other differences. This "corrupt" approach has been enforced by a complex set of naturalized rules that translators accept without question. The essay ended by theorizing and advocating for an "abusive" approach inspired by emergent subtitling approaches, such as those of anime fansubbers. This paper revisits this often-misunderstood essay. It rejects key planks in the original argument, as well as the rhetorical violence of the essay for the new terms "sensible" and "sensuous" subtitling. Engaging critiques of "For an Abusive Subtitling," I clarify and refine a number of the original positions while opening up new theoretical perspectives on the practice—particularly significant differences to literary translation and a new ontology of the subtitle.

‖ Ji Meng

‖ Meng Exploring Early Chinese Scientific Translations Through Digital Multilingual Databases (p.505)

Abstract: This study offers an empirical investigation of the expansion of Western scientific concepts and ideas in China in the nineteenth century, which was a formative period for the construction of the national identity of modern China. It is based on the exploration of a large-scale online data base of historical Chinese texts and translations produced amidst the influx of Western sciences in the Qing dynasty (Lackner, Amelung and Kurtz, 2001). Instead of focusing on one particular Chinese translation and a Chinese or Western translator, this chapter attempts to explore underlying patterns of the dissemination and assimilation of key Western terms and expressions in China 's native language and cultural system.

‖ Liu Jingguo

‖ The apotheosis of a translator:Reassessing Xuan zang 's Accomplishments and Influence as a Buddhist Scripture Translator (p. 532)

Abstract: Of the numerous Buddhist translators, both foreign and Chinese, in ancient China, very few are labeled ' great ' by Chinese Buddhist historiographers or scholars of translation studies. Xuan-zang, a Buddhist priest in the early Tang dynasty, is considered not only one of the few great Buddhist translators, but, according to authoritative points of view, the greatest Buddhist translator in ancient China. This paper, by way of an investigation into the acceptance of Xuan-zang 's translations as compared with those of other ancient Buddhist translators, tries to demonstrate that Xuan-zang's real influence as a Buddhist translator does not match up to what his actual achievements warrant. A hypothesis is then presented concerning why Xuan-zang has, over centuries, been apotheosized in China as a Buddhist translator.

‖ Fan Ruoen

‖ The Swinish Multitude and the Rewrting of the Rewritten: Shakespeare, Aristophanes and the 17th–19th century British Mob Discourse in Fielding and Shelley (p.546)

Abstract: This essay reveals Shakespeare's encounter with his precursors and successors in the later ideological battle in England. It starts with a summary of the the 17th-19th century historical construction of the discourse of the mob; then it discusses Shakespeare's encounters with Aristophanes in the writings of Fielding and Shelley in a time when the dominating conservatives were attempting to dismiss the people's demand for political reform by appropriating the mob discourse and Aristophanes' comedies. Fielding and Shelly in their spiritual world inherited Aristophanes and Shakespeare's deep insights into the mob. Their multidimensional absorption of Shakespeare and Aristophanes enabled them to dismiss the discourse of the mob and revive the comprehensiveness of the populace as portrayed in Shakespearean plays.

Forum for Translators

‖ A Spiritual Dialogue:On My Translation of À l'Orient de tout (p. 585)

Abstract: This essay reflects on its author's Chinese translation of Francois Cheng's À l'Orient de tout. In the essay, the author gives an account of her translating process, the obstacle she overcame and the friendship she built with Cheng in the intercultural dialogue—all of these, she believes, will benefit the young generation of researchers and translators of Francois Cheng.

‖ Bao Huiyi

‖ The Unweaving and Reweaving of Riddles: Certainty and Uncertainty in Poetry Translation (p.602)

Abstract: A poetry translator's starting point is not the language in movement that provides the poet's raw material, but the fixed language of the poem. A language congealed, yet living. His procedure is the inverse of the poet's: he is not constructing an unalterable text from mobile characters; instead he is dismantling the elements of the text, freeing the signs into circulation, then returning them to language. This paper views the poet's work as the weaving of language into riddles, and the translator's as the unweaving of them to be followed by the reweaving of new riddles in another language. It will investigate a new possible standard in poetry translation from the perspective of the innate uncertainty and certainty of the poetic language.

‖ Zhao Yinghui

‖ More Than An Intertextual Theorist: Preface to Kristeva's Selected Works (p.616)

Abstract: This essay is the translator's preface to Kristeva's selected works. The author uses "three radiation spots" and "three radiation domains" to summarize Kristeva's recent thought track and to find the inner association between the selected articles. The nine selected articles appeared between 1999 and 2012, and most of them were published after 2005. They prove valuable for us to understand of the main question to which Kristeva pays special attention and to study her thoughts. Our scholars have long been confined to her theory of intertextuality and semiotics, and the advent of this anthology will broaden our horizons and let us see how she views the revival of faiths, mysticism, humanism, women's liberation and other issues from the perspective of a psychoanalyst.

复旦大学文学翻译研究中心简介

在复旦大学文科科研处和中文系的积极支持下，在国内外知名院校的鼎力帮助下，复旦大学文学翻译研究中心于2013年12月6日隆重成立，以推动国内外各大学在翻译、文学研究等方面的合作。翻译中心以促进国际文化交流为主要目的，同时旨在推动中国文学的外译，拓展外国文学作品的中译，并在此基础上深化对翻译理论的研究和对文学翻译的理论研究。中心致力于以高端的文学翻译实践和翻译研究为核心，并努力将二者相结合。在过去的近三年中，举办了一系列国际研讨会、工作坊和讲座。

中心坚持"国际视野、规范运行、高效工作"，在选择成员上以开放的态度和国际化的视野，积极调动本校内部的丰富资源，邀请中文、外文、历史各专业从事中外文学译介与研究工作的一流学者担任中心成员，同时通过项目制和代表制的方式与众多国外高校建立合作，根据各高校的不同特色建立不同的、固定的合作项目，合作高校也因此派一名代表进入学术委员会。

机构成员如下：

机构负责人：戴从容

名誉主任：陈思和、王宏志

中方主任：戴从容

外方主任：暂缺

中方副主任：王柏华、王建开

学术委员会主席：张汉良

学术委员会副主席：Kate Griffin

学术委员会委员（拼音排序）：陈思和、陈引驰、褚孝泉、何刚强、郜元宝、Peter Hajdu、洪昔杓、纪萌、Nicholas Koss、Duncan Large、Cristanne Miller、Markus Nornes、孙建、孙晶、王安忆、谢天振、杨炼、杨乃乔、赵毅衡、钟玲、周少明

翻译中心成员（拼音排序）：白钢、包慧怡、蔡基刚、储丹丹、范若恩、高天忻、谷红欣、姜倩、金雯、李定军、李线宜、李征、梁永安、卢丽安、曲卫国、邵毅平、陶友兰、王宏图、汪洪章、严锋、赵世锋、周荣胜、朱静、邹振环

成立后，翻译中心的重心立刻转入各项学术工作之中，高效率地推动高水平的翻译研究与翻译实践。中心甫一成立，就多方筹集经费，连续召开多次大型高水平国际会议。这些会议分别为：2014年5月与密歇根大学和东英吉利亚大学联合举办

"翻译与比较文化研究：中西对话国际研讨会"，会议的部分论文在《复旦人文社会科学论丛(英文刊)》2015年9月号上专栏发表；2014年10月与韩国梨花大学联合举办"文化的传播与变异：亚欧文学的译介研究"国际学术研讨会；2014年11月与美国艾米莉·狄金森国际学会联合召开"2014上海艾米莉·狄金森国际研讨会"；2016年11月与埃克斯特大学人文学院、香港中文大学翻译研究中心、辅仁大学跨文化研究所、梨花女子大学文学院和人文科学院、密歇根大学文学科学与艺术学院、上海翻译家协会联合举办"跨文化翻译与借鉴"国际研讨会。这些会议不但汇集了国内外众多知名高校的优秀学者，而且吸引了校内外各方学生和大批听众，在国内翻译界产生了比较大的影响。

除了以上三次国际研讨会之外，中心还举办了美国普林斯顿大学东亚研究系系主任柯马丁教授的文学翻译工作坊、"诗人互译"讲座、"梁宗岱译坛"。"诗人互译"讲座是邀请国内外的知名诗人和评论家介绍中英诗歌互译的发展情况，朗诵他们近年创作的诗歌，以及几位诗人相互间互相翻译的作品，是在理论性的学术研究之外另一种翻译研究模式的尝试。"梁宗岱译坛"是为了纪念曾执教复旦的一代翻译家梁宗岱教授，与复旦大学外国语言与文学院联合举办的系列讲座，邀请了中国当代有影响的青年译者丁骏博士、袁筱一教授、黄昱宁女士等就其翻译中的收获和感悟与对中外文化交流的展望与复旦师生交流。

中心还不定期邀请美国印第安纳大学比较文学教授欧阳桢等著名学者举办多次讲座或座谈会，中心成员也因其研究或翻译贡献应邀多次在国内外举行讲座，中心主任戴从容教授就因其翻译的《芬尼根的守灵夜》先后应邀在西澳大利亚大学、英国诺里奇作家中心、美国加州州立大学奇科分校、韩国延世大学做专题讲座或主题发言。此外，中心还积极支持在校学生的翻译能力培养，已经与西澳大利亚大学开展了学生互派的工作；王柏华副教授也建立起以复旦学生为主体的"奇境译坊"，通过讲座和实践培养学生的翻译能力。

为了总结中心的翻译成果，并进一步推动国内文学翻译研究的发展，翻译中心在"上海高校高峰高原学科建设"项目的支持下，将定期出版《复旦谈译录》，第一辑收录中心成员在翻译领域的代表文章，之后将面向国内外广泛征集优秀论文，将《复旦谈译录》打造为国内外翻译界的重要交流平台。

复旦大学文学翻译研究中心大事记

2013 年 12 月 6 日

复旦大学文学翻译研究中心成立仪式。

2014 年学术活动

1. 2014 年 3 月，邀请巴西作家克里斯托旺·泰扎做题为
"后现代巴西文学——从《永远的菲利普》说起"的文学讲座。

2. 2014 年 4 月，举办题为"跨越语言的诗歌魅力——中
英诗人互译"的讲座。

3. 2014 年 5 月，与美国密歇根大学和英国东英吉利亚大
学举行"翻译与比较文化研究——中西对话国际研讨会"。

4. 2014 年 6 月，与复旦大学外文学院联合举办"梁宗岱
译坛"系列讲座，邀请翻译家袁筱一、黄昱宁、丁骏等做系列
讲座。

5. 2014 年 10 月，邀请美国普林斯顿大学柯马丁教授，

举办"文学学术翻译工作坊"。

6. 2014 年 10 月，与韩国梨花女子大学联合举办"文化的传播与变异：亚欧文学的译介研究国际学术研讨会"。

7. 2014 年 11 月，与美国艾米莉·狄金森国际学会联合召开"2014 上海艾米莉·狄金森国际研讨会"。

2015 年学术活动

1. 2015 年 6—7 月，在复旦大学光华楼举办乔伊斯漫画艺术展。

2. 2015 年 6 月 12 日，邀请美国艺术家 Robert Berry 做题为"数码世界中的《尤利西斯》"的讲座。

3. 2015 年 6 月 17 日，邀请美国加州州立大学奇科分校张爱平教授，举办"'褐化中的美国'及其经典文学——少数民族文学对美国文学研究和教学的影响"。

4. 2015 年 6 月 19 日，邀请加拿大多伦多大学徐学清教授，做题为"历史性和文学想象：《残月楼》《玉牡丹》和《金山》对加拿大华裔历史的重新书写"的文学讲座。

5. 2015 年 12 月 4 日，邀请翻译家黄灿然，做题为"我的翻译艺术——翻译没有艺术"的文学讲座。

2016 年学术活动

1. 2016 年 1 月 12 日，邀请青年译者汪天艾做题为"面具与声音：塞尔努达诗歌"的翻译座谈会。

2. 2016 年 4 月 2 日，邀请青年译者田原做题为"日本当代诗歌及翻译：以谷川俊太郎为中心"的文学讲座。

3. 2016 年 4 月 15 日，邀请朱尚刚先生做"诗侣莎魂：我的父母亲朱生豪、宋清如"的文学讲座。

4. 2016 年 5 月 13 日，邀请翻译家海岸、陈杰做题为"贝克特诗歌翻译谈——语言与诗意的距离"的文学讲座。

5. 2016 年 5 月 27 日，邀请翻译家树才做题为"译诗——从'一个'到'另一个'"的文学讲座。

6. 2016 年 5 月 28 日，与上海翻译家协会和民生现代美术馆联合举办"经典与翻译"系列之首场座谈"诗歌经典经得起翻译的折腾吗？"

7. 2016 年 6 月，邀请西班牙汉学家 Alicia Relinque，做题为" The Art of Betray:On the Translation of Chinese Classical Literature"的文学讲座。

8. 2016 年 9 月 28 日，邀请青年译者杨铁军、雷武玲做希尼诗歌与翻译座谈会。

9. 2016 年 11 月 2 日，邀请英国埃克斯特大学 Emma Cayley 教授做题为" From Manuscript to iPad: Thinking through Materiality in Early French and English Literature and Culture（950-1550）"的文学讲座。

10. 2016 年 11 月，与英国埃克斯特大学、韩国梨花女子大学、美国密歇根大学以及香港中文大学、辅仁大学、上海市翻译家协会联合举办"跨越文化：翻译与借鉴国际研讨会"。

11. 2016 年 12 月，举办"诗歌翻译与批评研讨会暨'世界诗歌批评读本'丛书工作坊"。

征稿简则（Call for Papers）

　　癸巳肇造，承筐以求周行，三载之交，琴瑟和乐且湛。值此中外交流之盛世，复旦大学文学翻译研究中心获学校以及中文系大力资助于2013年建立，其间亦获其他人文系科和外校名家提携。今推出《复旦谈译录》，其愿无他，惟望承复旦百年文脉，为海内外学者与译者提供一交流的平台，借此促进译学进步和中外文学译业繁荣。

　　《复旦谈译录》第一辑主要展现复旦大学文学翻译研究中心过去三年成果，在刊登部分成员未发表论文之外，主要转载中心成员已发表研究。从第二辑始，《复旦谈译录》主要转向海内外征集未曾发表之文学翻译研究论文兼转载获作者授权的翻译研究中重大成果，并将结合当代译学和译介趋势以及重大历史纪念活动不定期推出专辑组稿。

　　惟此一心，祈集健者一晤，伏聆一言，他日精诚断金。

《复旦谈译录》编者 敬启

附：投稿指南

《复旦谈译录》希望与作者一起成长，以稿件质量为唯一选稿标准，尤其鼓励各高校青年教师和研究生投稿。本刊欢迎翻译理论研究、跨学科视野中的翻译研究以及中外文学文化交流中翻译个例研究。稿件一经收悉，将在一月之内电子邮件通知作者是否外送匿名评阅。凡外送匿名评阅之稿件，无论是否通过，都将在三个月之内将匿名评阅信息专呈作者，以供修改刊登或转投其他期刊。

投稿者请发送匿名论文和包含作者、机构、联系方式和论文标题的个人简介各一份。本刊现主要接受中英双语投稿（英文稿件将译为中文刊登），国内学者一般建议以中文投稿，如以其他语言投稿，本刊将视能否聘请匿名评阅人和翻译决定是否接受。稿件格式请遵循《外国文学评论》格式。

本刊投稿电子邮箱为 fudantranslation@fudan.edu.cn，投稿时请在电子邮件标题中标明"单位名＋作者姓名＋《复旦谈译录》"投稿。

本刊草创之初，经费和编辑人手极为有限，请作者务必阅读指南后投稿。本刊和其他任何机构无任何联系，不收取任何版面费。稿件一经刊登，即赠两本当期样刊。如刊登之稿件系在《复旦谈译录》首发，将支付作者一定稿酬。

Call for Submissions

As is said in Book of Poetry, " The baskets of offerings are presented to them./ The men love me, /And will show me the perfect path. (translated by James)" Founded at Fudan University on December 5th, 2013, Fudan Center for Literary Translation Studies is an integral part of Fudan's long established endeavor to encourage translation and translation studies. In 2017, the Center inaugurated *Translogopoeia: A Fudan Journal of Translation Studies*, with a mission to bring translation scholars, translators and other relevant researchers together to illuminate new paths for a vibrant discipline that needs to be further defined and explored in an age of (anti-)globalization.

Translogopoeia welcomes submissions from both emerging and established scholars and translators. It publishes essays on translation theory, translation in interdisciplinary perspectives and case studies of translation in intercultural communication. All the submissions should be in either Chinese (12, 000-20, 000 characters) or English (6, 000-9, 000 words). If you wish to submit an essay in another language, contact the editors before the submission. The receipt of your essay depends on the availability of the reviewer and the translator.

All the submissions are first internally reviewed by the editors. The submitters are notified within one month upon the receipt of their submissions of their eligibility for blind review. If a submission is sent for blind review, the anonymous reviewer's feedback and the editors' decision will be forwarded to the author in another two months.

A submission should include an anonymous essay in Word or pdf and an abstract headed with the title of the essay, the author's name, institutional affiliation, and contact information. Send submission to fudantranslation@fudan.edu.cn.

In preparing submission, the submitter should use footnotes that conform to the following format:

Book

Phillip F. Herring, *Joyce's Uncertainty Principle*, Princeton: Princeton University Press, 1987, p. 203.

Essay or Chapter in a Book

Lawrence Venuti, "Invisibility (Ⅱ)", in *Selected Readings of Contemporary Western Translation Theories*. Eds. Ma Huijuan, et al. Beijing: Foreign Language Teaching and Research Press, 2009, p. 193.

Article in a Journal

David C. S. Li, " Chinese as a Lingua Franca in Greater China", *in Annual Review of Applied Linguistics* 26 (2006), p. 152.

Editor

Douwe Fokkema et al., eds. *Approaching Postmodernism*. Amsterdam and Philadelphia: John Benjamins Publishing Company, 1986, pp. 92, 94.

Translation

Jaques Derrida, *Of Grammatology*, trans. Gayatri Chakravorty Spivak, Baltimore: John Hopkins University Press, 1967, p. 372.

图书在版编目（CIP）数据

复旦谈译录. 第一辑／范若恩，戴从容主编.
—上海：上海三联书店，2017.9
ISBN 978-7-5426-6036-7

Ⅰ. ①复… Ⅱ. ①范… ②戴… Ⅲ. ①翻译—研究 Ⅳ. ①H059

中国版本图书馆CIP数据核字（2017）第189924号

复旦谈译录（第一辑）

主　　编／范若恩　戴从容

责任编辑／陈启甸　朱静蔚

特约编辑／李志卿　王卓娅

装帧设计／阿　龙　许艳秋　苗庆东

监　　制／姚　军

责任校对／王卓娅

出版发行／上海三联书店

　　　　　（201199）中国上海市闵行区都市路4855号2座10楼

邮购电话／021-22895557

印　　刷／山东临沂新华印刷物流集团有限责任公司

版　　次／2017年9月第1版

印　　次／2017年9月第1次印刷

开　　本／889×1194　1/32

字　　数／495 千字

印　　张／21.25

书　　号／ISBN 978-7-5426-6036-7 ／ H·66

定　　价／88.00元

敬启读者，如发现本书有印装质量问题，请与印刷厂联系0539-2925680。